藏中しのぶ 編

古代文学と隣接諸学 2

古代の文化圏とネットワーク

竹林舎

監修のことば

『古代文学と隣接諸学』と題する本シリーズは、古代日本の文芸、言語や文字文化を対象とする文学のほか、歴史学、美術史学、宗教史学などの隣接諸分野の研究成果を広く包摂した全一〇巻の論文集である。すでに公刊されている『平安文学と隣接諸学』『中世文学と隣接諸学』などに続くシリーズとして、二〇一四年初夏、私が本シリーズの企画、編集のスーパーバイズを求められて以来、編者の委託、執筆者の依頼、内容の検討を経てここに実現するに至った。

『古代文学と隣接諸学』の各巻に共通する目標ないし特色は、古代日本の人々の様々な営みを東アジアの視点から認識する姿勢である。作品や資料を遡及的、解釈的に捉えるだけにとどめず、歴史的展開の諸要素を一々細かくフォーカスして、古代史像の総体的な復元に立ち向かうことである。特に歴史学については、古代史における王権や国家の働きをア・プリオリに認めるのでなく、個々の事実に基づいて真の成り立ちや実態を追い求め、本質を突こうと努めている。加えて、人々のイデオロギーや心性、社会と密接な芸術、生活空間、環境、交通などにも目配りしている。

このように『古代文学と隣接諸学』は、核とする文学とそれに隣り合う専門分野の第一線で活躍する大勢の中堅、気鋭による多彩で豊富な論考を集めて、今日の研究の最高峰を指し示すものである。

本シリーズには学際研究の新鮮なエッセンスが満ちている。学際研究は異分野の研究を互いに認め合って接近し、知識やヒントを得たり方法論や理論を摂取したりすることができる。既成の事実の再考察を促すこともある。さらには研究の融合、進化をも可能にする。文学では、上代、上古、中古などという独自の時代区分を考え直すことになる。文学と文芸の関係性を解く糸口が得られる。世界文学と日本文学をめぐる議論を作り出すかもしれない。歴史学でも、多様な知見に耳を傾け、または抗うことによって、細分化する傾向にある古代史研究の総合化、体系化の方向を展望できるであろう。

本シリーズが多くの読者を魅了し、諸学の成果を踏まえて未知の地平を切り拓き、今後の研究を押し広げ、深めるきっかけとなることが大いに期待される。それが新たな文学と文学史の再構築につながり、ひいては日本の人文科学の進展に寄与するならば幸いである。

二〇一七年四月

鈴木靖民

目次

Ⅱ　律令国家の秩序形成が生みだすもの

Ⅲ　古代仏教の時空の広がり

Ⅳ　文学創造の「場」と集団

序　文化の環をたどる
―「文化圏」「ネットワーク」という視座―

藏中　しのぶ

「古代文学と隣接諸学」第二巻は、「古代の文化圏とネットワーク」と題して、二十篇の論考を収める。

巻名に掲げた「文化圏」「ネットワーク」はともに地理学・社会学・経済学等々、他の領域で研究が蓄積された用語であり、古代文学を掲げる本シリーズにおいては、違和感を覚える向きもあるかもしれない。

しかし、「文化圏」が「個々の符合点が数多く存することから帰結される」文化領域の全体であり、それは「文化生活のあらゆる必要部分―物質的および経済的文化、社会的・道徳的および宗教的文化」に及ぶもの（W・シュミッド『民族学の歴史と方法』[注1]）とするならば、古代に生きた人々に対してもその視点を用いることは可能であろう。

一方「ネットワーク」は、一般には通信・放送・輸送について網の目のように張りめぐらされた組織、系列等の個々のつながりをいう。主に社会科学系の分野においては、個人や集団・組織をひとつの点（ノード node）とし、それらがどのような関係を形成しているのか、また、全体としてどのような状態にあるのかといった問題を課題とする。集合を把握する時、その結び付きや関係性に注目するこの手法を古代の時代にもあてはめてみたい。その際、文学研究の手法のひとつとして用いられる共時的視点・通時的視点による把握が有効な手段となるのではないか。

たとえばこの視座を用いることが、個別に存在しているかに見える事象形象について「共通項」と「中心性」等の法則を観察することと置き換えられるならば、古代文学においてもすでに、共通する文化領域を「文学圏」[注2]「サロン」[注3]「交際圏」[注4]「歌壇」[注5]などの名称とともに抽出し、その集団による文学活動の展開についてさまざまに研究が積み重ねられている。研究に共通するのは、文学の「場」を共有し、集団性をもった文学の創作活動を対象とすることである。集団の内部では、集団を構成する人々が、環を連ねるようにさまざまに結びあい、新たな文学作品を紡ぎだしてゆく。

そしてこれらひとつひとつは、同時代の他の文化領域とまったくの無関係に成立することは不可能であるから、ある文化圏はより大きな文化圏の一部を構成するといった多重構造をなす。ここに古代文化において複数の領域から研究が重ね合わせられる可能性を期待するのである。

古代日本の局面にこうしたさまざまな集合を見出し、それらの連鎖、連環という観点から、古代日本を見直してみようというのが、本巻の趣旨である。このような展望のもと、本巻は四つの局面を想定し、それぞれに古代文学と隣接する諸学から多彩な執筆者を迎え、さまざまな観点から論じていただいた。以下まことに簡単ながら紹介したい。

第Ⅰ章では「中央アジア・唐・朝鮮半島・日本をつなぐ」と題して、六本の論考を配した。

前田耕作「ユーラシアの奔流――越境し混じり合う人々」ではアフガニスタンのバーミヤン石窟の発掘調査の実体験に裏付けられた越境の感覚を述べる。氏が警鐘をならす「近現代の歴史のなかで、シルクロードの文化は、あまりにも東方へと引き寄せられすぎてきたのではないか」との言は、まなざしを限定することを諌め、より大きな視点を許容する。

落合俊典「敦煌――時空を超える古写本三種――」は全世界に散逸した敦煌文献がなぜかくも大量に日本に伝来するか、その一端を示す貴重な証言を紹介するとともに、その蓄積を礎に更新され続ける最新の研究動向から見出された、奈良写経と敦煌文献の、時空を越えて往来する文化事象をとりあげる。

石見清裕「唐の交通網と対外交流」は唐の駅伝制から、金田章裕「律令国家の京と国々――人・モノ・文化・情報――」は、五畿七道からなる京を中心に整備された官道と駅制から、唐と日本それぞれの律令国家が構築した交通システムを検証する。古代においては人やモノの接触に物理的な移動を伴わざるをえない以上、交通の問題は避けて通ることのできない課題であり、大規模な整備・運営・管理は国家にとっての重要政策であることが改めて明らかに示されよう。

梶川信行「深層の異国――『万葉集』と百済」は『万葉集』にみえる渡来系氏族の活躍を総体的に検証する。海運という移動手段から、万葉歌内に瀬戸内航路にかかわる瀬戸内の作家圏を見出すとともに、百済と日本の、海岸地形を共有するがゆえの親和性を万葉歌の分析によって示す。

鈴木貞美「近現代と往還しつつ、東アジア古代の文化交流史を問い直す」は、十九世紀後半から二十世紀にかけて形成された「日本文学史」なるものの歴史性、そこに展開する前近代の日本文学の作品に対する評価と基礎概念・価値基準を問い直す。「文献を網羅的に調べることが文献実証主義ではない」「時代時代の概念構成」を知ることなくして、「文献を〈深く読みこなし得る〉ことなどありえない」との主張のもと、東アジアの古代文化のネットワークのなかの日本文化論が繰り広げられる。

第Ⅱ章は「律令国家の秩序形成が生みだすもの」として、体制を構築する過程に見られる関係性の諸局面について の六本の論考を配した。

荻原千鶴「神話と神々のネットワーク――『古事記』・『日本書紀』・風土記――」は、奈良時代前期に相次いで生まれたこれらのテクストが相互通行的な面を捉える。古代の文献は、ある意味において、さまざまに寄せ集められた原史料の集積という一面をもち、記紀や風土記の神話のなかには、氏族が伝えた伝承が埋もれている。

北川和秀「古代における地名表記のネットワーク」は、整えられた「地名」表記に着目する。郡里名二字好字化の命に際し、同一の表記を選択した諸地域に、何らかの関係性を推測し、木簡・正倉院文書、平安初期の地名を網羅する二十巻本『和名類聚抄』から用例を採取し詳細に検討する。

大石泰夫「古代の儀礼――卯杖・卯槌と剛卯と――」は、古代日本の正月卯の日の儀礼に呪物として用いられた〈卯杖〉〈卯槌〉の通説に異を唱える。日本の古代文化は、固有のものと外来文化が融合して形成され、さらに伝承の過程でさまざまな変容を遂げた。儀礼もまた、例外ではない。

十川陽一「律令官人制と交流・交易――ネットワーク形成過程の一断面――」は、国衙を中心とした官衙における朝貢的な儀礼の場の機能と実態を解明する。朝貢儀礼の場は、中央の官人秩序を地方豪族に示す機会として働くとともに、実利的に中央と地方との交易を促した。国家の統治システムとしての律令官人制が、交易と朝貢を通して地方豪族支配のために機能している様相をとらえる。

石上英一「正倉院文書に見る書記文化圏の形成」は、第一に「正倉院文書」そのものについて、成立の由来を丁寧に辿ることで、対象としてとりあげる誰もが共有すべき、必須の基礎情報を提供する。続いて正史に収録されきれない、写経所や写経司の官人たちによる処世がための「記録」から、天平期の官人たちの息づかいとともに書記言語文化の普及を読み解く。

中田美絵「唐玄宗開元期における仏教政策と「胡」への対応」は、国家によって規定された秩序から逸脱した人々が対抗する勢力として新たな紐帯を結ぶ様相を、唐の武則天や韋后といった后妃公主らの権力掌握の過程を追うことで捉える。そしてそれを制圧した玄宗皇帝がおこなったのは反秩序を結ぶ紐帯を分断する施策であったという。

第Ⅲ章は「古代仏教の時空の広がり」と題し、仏教の日本における受容と変容について四本の論考を配した。

吉田一彦「飛鳥の仏教の文化圏——道慈以前の日本の仏教——」は、唐の仏教受容以前の日本の仏教の文化圏の歴史を三期に分かち、六世紀末の百済仏教受容の第一層、七世紀の新羅仏教受容の第二層、七世紀末〜八世紀初頭の唐仏教を受容した第三層という、国際社会の動向を視野に入れた時代区分を示す。

藏中しのぶ「氏族の伝・国家の伝・寺院の伝——「大安寺文化圏」以前の僧伝——」は、日本における草創期の僧伝を『続日本紀』薨卒伝を基軸に遡って体系立て、官人伝に先行する僧伝の優位性と、後世まで一貫して認められる僧伝独自の表現を導き出す。

藤本誠「官大寺僧の交通・交流・ネットワークと在地社会の仏教」は、智光・勤操ら、畿内から畿外へ派遣された官大寺僧の活動を追う。彼らの多くが在地において私的な檀越をもち、資材管理や仏像・経論を検校する役割をになうことで在地ネットワークの中心となると同時に、地方と中央を結ぶネットワークの結節点として機能していたという。

冨樫進「〈可能態〉としての仏典注釈――善珠『本願薬師経鈔』を中心に――」は仏典注釈のあらたな拡がりを提示する。皇権・国家の荘厳を第一の目的として〈功徳〉の〈廻施の論理〉を展開した善珠の〈廻施の論理〉は、鑑真一門の戒律思想から影響を受けたものであり、善珠・景戒・最澄は、鑑真一門による護国的戒律思想の影響下に育ったとみて、九世紀以降の関東地方北部・東北地方南部における仏教的教化に目を向ける。

第Ⅳ章は「文学創造の「場」と集団」と題し、四本を配した。文学形成の諸学面に改めて目をむけてみようと思う。

平舘英子「「献忍壁皇子歌」・「献舎人皇子歌」とその背景」は、人麻呂歌集の皇子への献歌に、若い皇子の成長への期待を読み取り、その根拠を、皇子の周囲に皇子の教育のため優れた知識人が集まって形成された「皇子文化圏」の、漢籍に対する共通理解にもとづくものとして、忍壁皇子・川島皇子・舎人皇子の三人の皇子たちをとりまく文学環境をあきらかに示す。

鉄野昌弘「大宰府の集団詠――「梅花歌」と「松浦河に遊ぶ」――」は、筑紫の大宰府で展開された大伴旅人、山上憶良ら官人集団による創作活動をとりあげる。唱和の検証から、都に対する「辺境」のみならず、大陸へと開く「最前線」たる矜恃という、大宰府に抱かれた両義性を読み解く。また、口頭での詠が記録されることで新たに大きな作品群の一部として取り入れられていく過程にも注目する。

高松寿夫「懐風藻詩の表現から文化の共有圏をうかがう――二つの「春苑応詔」詩を例に――」は、作品の注釈的分析を通して、文筆活動の解明をめざす。『懐風藻』侍宴応詔詩のなかから、同時詠でありながら志向するものがそれぞれに異なる田辺百枝と石川石足を抽出し、同時に詩群のなかに共有された語彙の共有性から、『懐風藻』詩人、律令官人の背後に広がる共有された文化を論じる。

小松（小川）靖彦「日本古代書物史序章」は、〈書物〉の〈モノ Object〉としての物質性、その〈形式〉に着目する。五～八世紀の中国文化圏を支えた〈書物〉は、直接的な人的交渉以上に中国の文化を日本に伝えた。〈書物〉の物質性という視点から、漢訳仏典・漢籍・「国書」（日本で撰述された書物）をトータルに捉えようとする「日本古代書物史」の構築をめざして、文書と〈書物〉をまとめて「ふみ」と意識していた古代日本人の意識を問う。年表「日本古代書物一覧」を付す。

以上、あらたな視座をもとめ試行錯誤した本巻に、日本文学、国語学、歴史学、歴史地理学、民俗学、日本思想史、仏教学等の諸分野から精力的な論考をお寄せくださった先生方に深く感謝申し上げるとともに、本巻の試みが古代文学と隣接諸学になんらかのヒントを提供することができれば、望外の喜びである。

I　中央アジア・唐・朝鮮半島・日本をつなぐ

ユーラシアの奔流

——越境し混じり合う人と文化——

前田　耕作

道は人が踏みひらいてできてゆくが、文化はそのあとでゆらり双方向的に流れ伝えられる。交易の道であったシルクロードの形成の跡をたどれば明らかである。シルクロードに沿って大小のネットを形成する道路上に残された数々の考古遺跡がそれを裏付けてくれる。

アジアでもっとも古くネットをなす小道を貫く大道を建設して一大流通路を建設したのは、アケメネス朝の王ダレイオス一世であった。エーゲ海に面するリュディア王国の海港エペソスからタウロス山脈を迂回し、ティグリス河上流域に出、いっきに首都スーサ、そしてアケメネス朝の始祖キュロスの王都パサルガダエ（ペルシアの砦）へと至る〈王道〉がそれである。この全長二四〇〇キロメートルにもおよぶ〈王道〉は文字通り国家的・政治的交通路であったが、それはエーゲ海と地中海の経済・文化圏と内奥のアジア大陸とを結び、さらにエリュトラー海へと突き出すインドへとつなぐ古代文化交流の基幹をなす道の形成を促す契機ともなったのである。これまで異なった民族集団がそれぞれに決めていた生存のため認め合った境界（フロンティア）が、いっきに一つの巨大な国域の中に統合されることによって、隣接する国々もはじめて「分かちながら繋がる両義的な境界」（フ

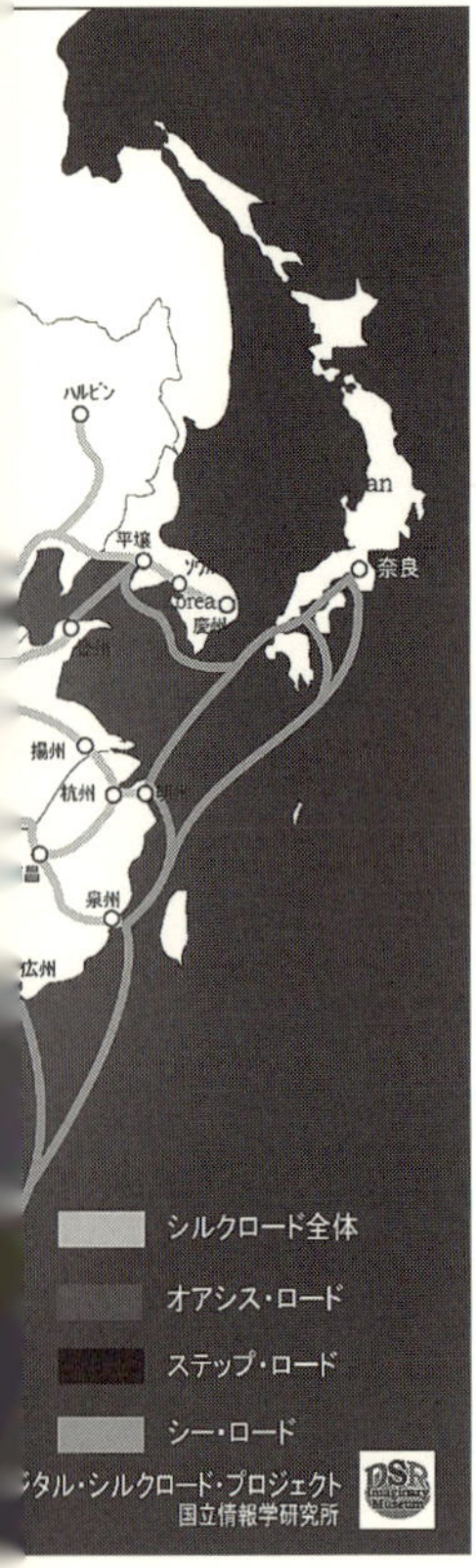

ランソワ・アルトーク『オデュッセウスの記憶』）から国域（バウンダリー）への変移を意識させられるのである。

　この大きな世界の変化はダレイオス一世やクセルクセス二世、アルタクセルクセス一世らが残した数々の碑文によっても明らかである。それと同時に王たちが残したこれらの碑文は、王権と宗権を合わせもつ王が拡大する王国を統一する精神の基盤に据えた神々との関係の変異をも鮮やかに映し出している。

　バビュロンとエジプトの文化はペルシアに吸収され、イスラエルはペルシアの支配を認め、神の律法を王の律法と重ね合わせる智恵で神殿の建設をなしとげた。旧約『エズラ書』はその証言である。それでもこうした〈和解と許し〉の成立は対立した人びとをさまざまな国への越境の旅へと駆りたてる動機ともなった。人びとの越境する往来の旅は同時に情報や事物の交流をうながし、宗教や思想や科学の相互の交錯をうながすことにもなった。エジプトやバビュロニアやペルシアを旅行したギリシアの歴史家や科学者は、東方アジアの歴史・宗教・科学に多大の関心をよせてその多様な文化を吸収し、新たな知見の創出に力を注いだ。その代表的な歴史家がヘロドトスであることは周知のところである。いくど読み返してもヘロドトスの交錯する複数の『歴史』には発見がある。アジア・スキュタイに関する記述などは優に二〇〇項目を越えていて、考古学的発掘が進むにつれてヘロドトスの歴史をつねに複数にして問い返す視線の深さが見直されている。古代の世界表象の中にアジアを位置づけ、さらなる東方に妖怪のうごめきを直感したヘロドトスの強烈な連続の意識は、そこに立ちはだかった巨大な不連続を身をもって体験したからこそ生まれ出たものなのであろう。飛躍にとんだ新しい関係をまなざしに捉えたヘロドトスはだからこそ《歴史の父》なのである。

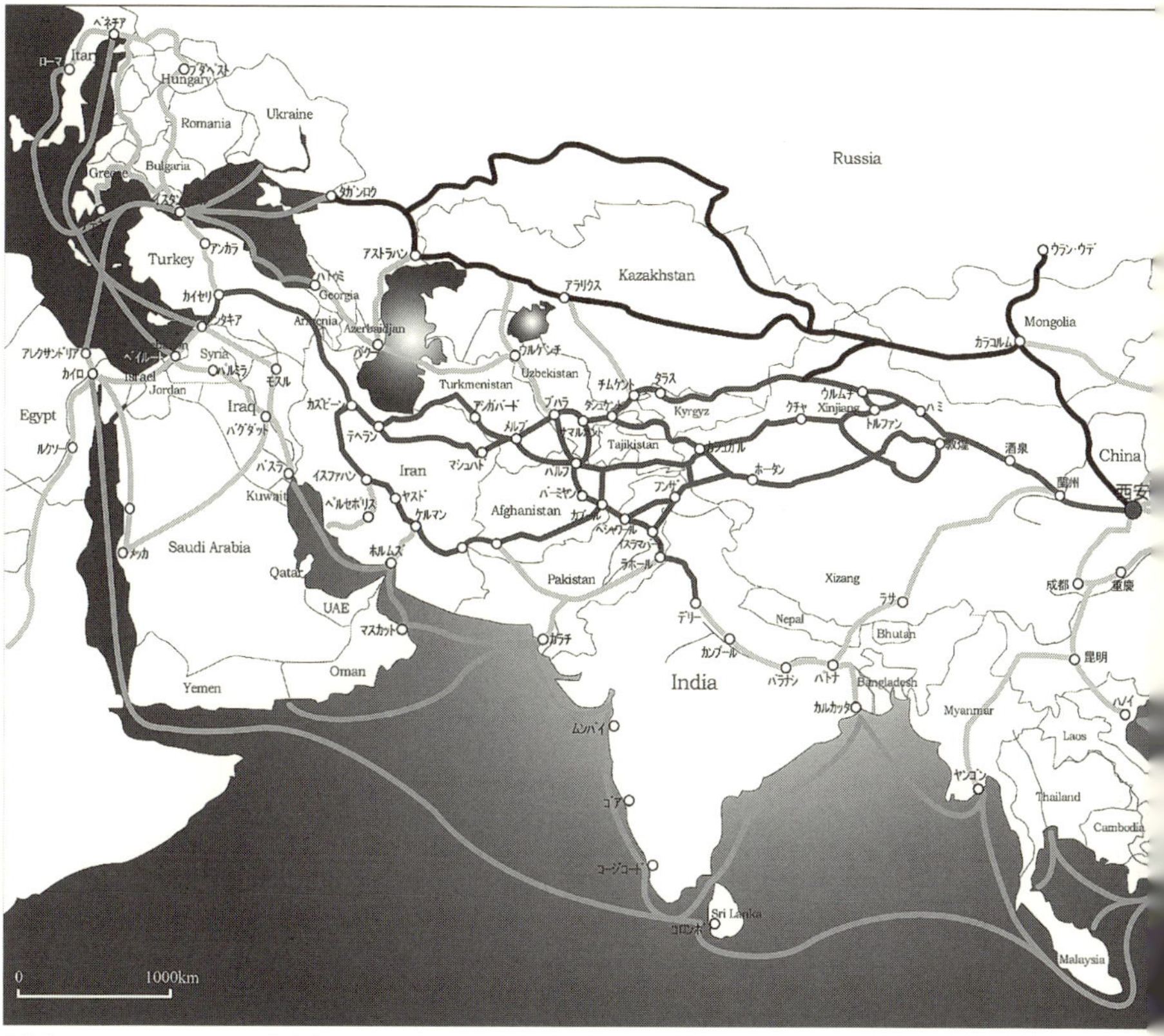

挿図1　シルクロード道路網（ネットワーク）

アルタクセルクセス二世ムネモス（前四〇四〜三五九）の宮廷に一人の医師がいた。この医師は兄アルタクセルクセスの王権に反逆する弟キュロスに属する反乱軍に身を投じていたが、クナクサの戦場で敗れ捕虜となった。しかしこの同じ激しい戦いで負傷したアルタクセルクセス王の傷をも治療し王から大きな信頼をかちえ、それから十七年間、王家の侍医として多くのペルシア貴族と交流をたもち過ごしたとプルタルコスは伝えている（『対比列伝』アルタクセルクセス）。キュロスを支援したギリシア傭兵は主を失って退却を余儀なくされ、ティグリス河の源流域を遡って黒海へと苦難の行軍を強いられた。軍を統率したのはソクラテスの弟子クセノポンであった。一万人の退却の名で知られる『アナバシス』（Ἀνάβασις）はこのときのティグリス河辺遡行の軍事の記録であると同時に、未知の土地の風土や民族の習俗をも記したものだが、この〈辺境の価値〉への目配りに新たな時代への変異が感じとられよう。

クセノポンと戦場で交叉したこの医師こそ小アジア・クニドス出身のギリシア人クテシアスである。スーサの宮廷において東方や西方から訪れる外交官や商人などから見聞し得た情報を、後年クテシアスは専門の『医書』のほかに『山岳誌』や『河川誌』を書いたというが、その詳細は判っていない。ただ『インド誌』（Indica）と『ペルシア誌』（Persica）は僅かではあるが残存したが、それも原典としてではなく、いずれも後世の著者の引用として伝えられたものに過ぎない。

石田幹之助は『欧人の支那研究』（昭和七・現代史学大系8）で「支那のことが始めて欧西の文籍に現れた」のには「二つの系統があって、一は専ら陸路により、他は主として海路によって西伝したものと認められる」と書いている。伝えられた名はセレス（Seres）またはセリカ（Serica）であった。誰がヘロドトスの認識の枠を越えてセレスの名を西方に伝えたかを古文献に照らして突きとめようとするこの論考は、ユール・コルディエの『極東に関するギリシア・ラテン作家の記事』（一九一〇年）を参照にして書かれたものである。石田幹之助は前一世紀にローマの地歴の書にセレス、セリケの名称が見えるのは確実であるが、クテシアスがその最初の人であるかどうかについては疑問を呈している。もっとも最近に編集されたクテシアスのテキスト（一九九一年・ベル・レットル版）を見ても、そこにはセレスの名は見えない。おそらくローマがセレスを絹の流行とともに視線のかなたに捉えたのはアウグストゥスの時代を迎える直前の頃であったと思われる。ウェルギウス・マローの『農耕詩』（第二歌・一二〇）、ホラティウス・フラックスの『カルミナ』（第一巻・十二章／第三巻・二十九章）、オウィディウス・

ナーソーの『恋の歌』（第一巻・十四歌）と「東の境に接する」セレスへの重なる言及は、いずれも詩節とはいえ彼らはみなバクトリアの遥か東方のセレス（支那）からもたらされた細く透き通るような布の到来を知ったからであろう。

小アジア・ポントスのアマセアの地理学者ストラボンの『地理誌』の記述にもセレスの名称が民族名として登場するのはその直後のことであると思われる。石田幹之助はその箇所を「第十五巻第一章第二十五節並びに第二十八節」としているが、正しくは第十五巻第一章第三十四節と第三十七節である。「一説にセレスがもっとも長命だという」（三十四節）、「セレスは長生きで寿命を二百歳以上にまで延ばす」（三十七節）という箇所がこれにあたる。どちらも民族名として記載されている。これより後、セレスについてプリニウスは次のような記事を載せている。「その地域の最初の居住者はセレスと呼ばれ、彼らの森から得られる毛織物で有名である」（『博物誌』第六巻・五十四）、「衣料を求めて遠くセレスまで出かけた」（第十二巻・二）と。前者は民族名をいい、後者は明らかに地域名である。石田幹之助はこうした文籍にみえる名称を整理して次のように記している。「Seres 又は Serice と称するもっぱら陸路により西伝した一類にあって、「セレスは支那人を指し、セリケは支那の地を呼ぶの名称」であった。また「支那の繒絹を意味するセリコン（Serikon）セリクム（Sericum）の語より出でたもので、支那の名産たる絹が早くより欧西の社会に喜ばれ、古来ソグジアナ、パルチア等の賈人を経て西輸せられ、仲介者としての彼等に莫大な利益を占められながらもギリシア・ローマの民の寳貴する所となっていたことは史上に著しい事実だからである。この絹貿易のかなり上代より存せしことに鑑みても、〈絹〉の語を通じてその産地を呼び、その産出者を名づくるということは相應古い時代からあり得たことと考えることが出来るであろう」（前掲書）。プトレマイオス・クラウディオスが『地理学』（第一巻・第六巻）にセレス、セリケの名称を記載したことは多くの人びとに知られるところである。すでに後二世紀のことである。

京大版『東洋史辞典』（一九八〇年版）の〈セレス〉の項には、「前一世紀ごろから、ギリシア・ローマ人が中国人をよんだ名称。国名としてはセリカ Serica が用いられた。中国の特産物でもあった絹をいう ser, serikon, sericum から派生したものと一般に考えられている」。『広辞苑』（二〇〇八年版）のセリカの項は、「古代のローマ人が中国を指した呼称。絹（sericum）に由来するという」と簡略である。辞典の言葉は指標であって、名称の派生を促す揺動し飛躍する文化のネットワークを提示することはできない。

挿図２　現代のアンタキア（古代のアンティオキア）

漢の武帝の使者張騫がオクソス河（現在のアムダリア）の北方に大月氏の王庭を訪ねたのは前一二九年のことであったから、ローマ帝国で絹が貴族社会の大きな話題にのぼるまでにほぼ一世紀にわたる時間が流れを要したのであろう。それには境界を利用して東西の政治・経済の動向を見据え、それぞれの社会の価値の違いを的確に計算し、商空間を自在に往来する商人たちの活動があらゆる障害を乗り越えさせたのであろう。西域都護の班超が武将の甘英を使者として安息国（パルティア）を経て大秦国へと向かわせたのは後九七年のことであり、ローマがドミティアヌス帝の殺害のあと、ネルウァより始まる五賢帝の時代へと移ってゆく

挿図３　甘英が至り着いた条支国の西端（セレウキア）
ピエリアから望む地中海沿岸とオロンテス河河口、遠方にカシウス山
前97年頃

時代、それは同時に西アジアがローマに深く斬り込まれてゆく時代でもあった。

甘英はクシャンが台頭し揺動するパルティアの東域から、ローマとすでに交易があり、条約も結んでいたカスピ海南東のヒルカニアを経て、条支国（シリア）のアンティオキア、セレウキアに至ったと考えられる。パルティア王パコレスの時代のことである。この時代には東方の産物の多くは、バクトリアを貫流するオクソス河を下り、カスピ海にもたらされ、そこからカスピ海を渡り、キュロス川の河口へと運ばれ、遡行し、川源から五日の陸路を経た後、パシス川に至り、そこから黒海（ポントゥス・エウクセヌス）へとつながる交易路を通して運ばれたのである。黒海の西岸、イストロス（ドナウ河）の河辺、黄金の豊かな山地で資源の獲得と領土拡大のために戦うローマは、アルゴー船に乗り組んだ勇者たちが求めた〈金羊毛〉の地コルキス（現在のジョージア）をも視野に留めていたに相違ない。

これまで中央アジアのおける古代ラテン語碑文の発見地の最東端地は現在のアゼルバイジャンの首都バクーから南へ六〇キロいったところにあるゴブスタン（古名カブリスタン）であるとされてきた。このいわゆるビユックダシュ石碑はドミティアヌス帝によって古代アルバニアに派遣されたローマ帝国第十二軍団雷鳴隊（フルミナタ）によって刻まれたものである。ユリウス・カエサルの創設になるこの軍団は転戦を重ねるが、あるとき軍隊が水不足により苦境に落ちいったとき、軍団の一人の兵士が「わたしたちの祈りの慣習にしたがい、地に跪いて神に祈願すると、その直後に奇異なことが起こり、落雷があって敵を遁走させ、雨が神に祈った軍団の上に降り、渇きで壊滅寸前にあった全員を蘇生させた」という。「祈りによって奇蹟をもたらされた軍団は、その後皇帝からその出来事にふさわしい呼び名を贈られ、ラテン語で雷鳴隊（fulminata）と呼ばれるようになった」（エウセビオス『教会史』第五巻・第五章）という。

ディオクレティアヌス帝の時代にローマはいわゆる四分割統治制へと大きな政治転換をおこなうと同時にローマ軍団の大幅な軍制改革をもおこなったが、それにともなって第十二軍団雷鳴隊（フルミナタ）は小アジアのカッパドキアの東方メリテネに駐屯し、時に応じエウプラテス河を越えて精鋭部隊をカスピ海の西岸域にまで出動させていたことをビユックダシュの碑文は裏付けるものであった。メリテネはキリスト教の信仰がもっとも早く始まった場所の一つであった。碑文には、「皇帝ドミティアヌス正帝治下、アウグストゥス・ゲルマニクス、ルキウス・ユリウス・マクシムス、第十二軍団　フルミナカ」と刻まれている。アジアに深く足跡を残したこの第十二軍団はさらにのち、シリアのパルミラに転営、王オダエナトゥス（王妃ゼノビア）の指揮下に入ったとされる。

ローマの軍隊は軍営地に銀器、ガラス製品、葡萄酒、金・銀貨など多くの日常品のほか宗教にかかわる遺跡や遺品を残したことはよく知られていているところであるが、新たな宗教遺跡がカスピ海のさらに東方、オクソス河（現在のアムダリヤ）の東岸、現在のウズベキスタンのスルハンダリヤ州のケリフ・シェラバード丘陵の傾斜面で発見された。この経緯と内容はウズベキスタンの考古学者エドヴァルト・ルトベラゼが『考古学が語るシルクロード史』（二〇一一年・平凡社・加藤九祚訳）で詳しく紹介されている。この遺跡の名はカラ・カマル（黒い洞窟）で五つの洞窟からなり、そのうち第一号から第三号まで三つの洞窟の保存状態はよかったが、第四号の洞窟

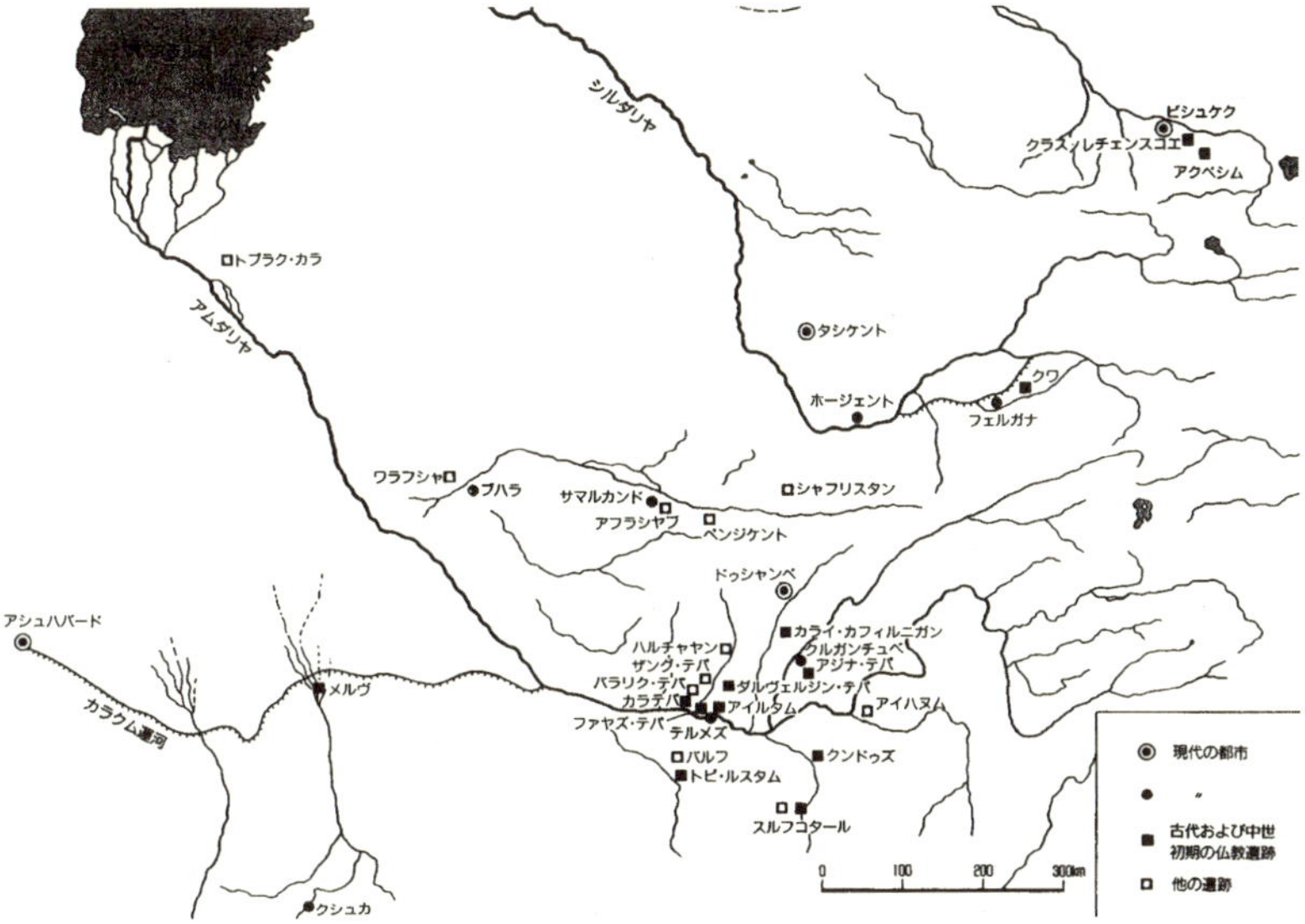

挿図4　アフガニスタン遺跡図

はひどく崩壊していた。第一号と第二号はアーチ型の通路でつながっており、奥の側壁には三角形の上下に重なる龕が設えられていた。灯明と香炉を置いたのであろうとルトヴェラゼは推測している。明らかに聖所であり、祈りや儀礼に不可欠のものである。聖壇があり、図像があり、壁画が残されていれば信仰の内容を知ることができる。動物や用具などはいくつも判別できるものの、それらをもって確実に信仰との関係性をたぐり寄せる手がかりとすることのできるものはなかった。しかし窟壁には、さまざまな言語の刻文が残されていて、注目されるのはバクトリア語刻文とラテン語刻文である。

ラテン文字は「第三号窟の入口の左側に、一・五メートルの間隔をおいて略字で上下に刻まれていて、一行目は **PAN**，二行目は **G. REX**，三行目は **AP. LG.** と読むことができた」という。つまりこの略字はトラキアとダキアの国境を流れるイストロス河の南岸にある属州パンノニアに駐屯した第十五軍団アッポナリスの武官ガイウスと読むことができるという。**REX** はガイウスの添え名であろうという。ポリュビオスは『歴史』（第十巻四十）のなかで、イベリア戦線で数々の功績をあげるプブリウス（大アフリカヌス）が兵士たちから REX と呼び掛けられて慌てて指揮官（dux）と呼ぶよう求める場面を描いているが、そして彼は事実最高司令官（imperator）であったのであるが、やはりここは肩書きというより添え名と読むべきだろう。下段の刻文には IM の文字が見られるが、これは Invicto Mithrae（不敗のミスラ）の省略形であるという。そうだとすればこの洞窟は、「ローマ・パルティア戦争で敗れ捕虜となり、パルティア帝国の東端にあるカラ・カマルへ移送された兵士たち」が自分たちのミスラ信仰の場をここに設け、この神に捧げた奉献文字を洞窟、彼らにとってはミスラエウム（Mithraeum）であり、その壁に自らの名も刻んだのであろう。フランツ・キュモンはこの軍団の一人の兵士が、ドナウ（イストロス）河畔の駐屯地カルヌントゥムにいたとき、ミスラ神に奉納する碑文を残したと指摘している（『ミスラの密儀』）。ミスラはそもそも古くイラーンの人びとが崇敬した神であるが、インド＝ヨーロッパ語族に共通した神性を有するがゆえに受け手によって、触れ合う文化の動態に合わせ自在に変身を続けたのであろう。ペルシア人の信仰する神としてミスラの名を最初に挙げた人はやはりヘロドトスであった（『歴史』Ⅰ・一三一）。

挿図５　王権の守護神ミスラ
小アジア東部の王国コンマゲネ

ミスラの神は岩を突き破って生まれでる。ミスラのその後の功業によってこの岩は創成の岩（ペトラ・ゲネトリクス）と呼ばれる。天の岩戸を想起させる。そして地上を支配する太陽と向き合い、一歩も引くところはない。ミスラは太陽が仕掛けるさまざまな試練を乗り越えて、太陽から至上権を譲り受け、盟約を結び、神事的な聖餐式（mysterion）のあと別れを告げる。この聖餐式をキリスト教はサクラメント（sacramentum）

と改変して受け継ぐのである。ゾロアスター教においては悪の力アフリマンに抗する善の力の代行者であったミスラが、西方でなぜアフラ・マズダーの最初の創造物である聖なる牡牛を殺害するのか、それはミスラ教の密儀の内容にかかわるものであったことは、ようやくフランツ・キュモンの研究によって明らかにされる。しかし、ユンクを熱狂させたその密儀はまだ謎に満ちている。「牛を殺す神の足下に群衆を引き寄せたこの神の本来の魅力」（キュモン『ミスラの密儀』第二章ローマ帝国への伝播）はどこにあったのか、ミスラ教の核心の解明はこれからである。

捕囚のローマ人が、バビュロンのユダヤ人と同じように、ミスラ教に染め上げられた新たな文化をアジアにどのように渡したのか、アジアはヨーロッパを舞台にキリスト教と死闘を繰り返したこの異教の神の里帰りをどのように受け入れたのか、興味は尽きない。

宗教や思想は風が運んでくるのではない。それを精神の糧と身に刻んだ人びとがそれぞれの幸・不幸を背負いながら、運・不運に付きまとわれて、戦争が打ち破った空間、富を求める交易が切り開いた地域、それぞれの敷居を越えて往来することで播種されるのである。

ベンヤミンの巧みな表現を借りれば、「敷居を越える経験」、この「幽霊の通り道」を見つけ出さねば、多様なパッサージュを受け止める古代文化圏など語ることはとてもかなわないにちがいない。

＊

いま恵比寿にある日仏会館（メゾン・フランコ・ジャポネーズ）はかつて麹町永田町の村井吉兵衛邸に創設された。会館の初期の館長たちはいずれも優れた東洋学者だった。アフガニスタンで最初の考古学調査を行ったアルフレッド・フーシェが、会館設立の準備のため、帰国の途次日本に派遣され、初めて中央アジアの文化の素晴らしさを私たちに伝えたことは、すでに詳しく拙著『巨像の風景』（中公新書）の中で語った。私を中央アジアへと駆り立てたのはこの会館に初代館長として赴任したインド学者シルヴァン・レヴィのストラスブール大学における講義集『文化を切り開くインド』（一九三八年、アドリアン・メゾヌーヴ書店）だった。邦訳は一九五八年に『インド文化史』（山口益・佐々木教悟訳、平楽寺書店）という題名で出版されたが、いまでも示唆に富んだ名著だと思う。ディアスポラのユダヤ人であったからこそインドの混沌を迎え入れ、その「歴然たる多様性」を「しなやかな韻律」の中に包み込むその文化に魅せられたのであろう。仏教文化についてシルヴァン・レヴィが語って邦訳のあるのは他に『仏教人文主義』（山田龍城訳、大雄閣書店、一九二八年）や『仏印文化概説』（村松嘉津訳、興風館、一九四三年）くらいしかない。主著である『インド演劇』、『ネパール』はもちろんだが、創見に富んだ仏教学の論考の多くがまだ眠ったままで、いまだ翻訳紹介されず残っているのは残念というほかない。

私が学生時代に大きな影響を与えられた『インド文化史』の最後を飾る頁に次のような文章がある。

イラーンはスキタイの保護のもとに、そのメシアの希望・天国・太陽（ミスラ）と光明との祭儀・神秘的な宇宙構成論の熱情をインドに伝えた。そして仏教は、伝播してゆくにつれてその内部において、メシアとしての弥勒、極楽浄土、光明の神々としての阿弥陀仏、観自在、グノーシス（般若）が浮かび上がってくるのをみる。

西方世界にも東方の世界にも大きな影響を与えた思想を媒介したスキタイとは何者か、ギボンが「不屈とその勇と疾風のごとき征服とをもって鳴った」と評し、浩瀚な『ローマ帝国衰亡史』の中で一章を捧げたスキタイへの興味が私の中央アジアへの究極の関心となった。「地の果てより興り、その響き逆巻く海にも似た大いなる

挿図6　スキタイ系サカ族の遺跡ティリヤ・テペから出土した死者の黄金の胸飾り
（ディオニュソスとアリアドネの結婚を表す）
後1世紀の初期

族《やから》」と『エレミヤ書』（第六章）に記された遊牧の民に惹かれない者がいるだろうか。

そして今に至るまで、スキタイを考える変わらぬ指針はやはり紀元前五世紀に書かれたイオニアの歴史家ヘロドトスの『歴史』（ヒストリエ）だろう。ギリシア人が伝える伝承と黒海の北岸で直接に聴取したスキタイの伝説の数々が記録されている『歴史』は、林俊雄が『スキタイと匈奴　遊牧の文明』（興亡の世界史・講談社）の中で見事に具体的事象をもって分析しているようにスキタイを考えるうえでいまなお不可欠な史料である。

いくつもの国境を踏み越えた遊牧の民を追うことは、定着した民族と交わされ、鏤められた語彙の集積から文法を探り当てる行為に似ている。ヘロドトスの記憶の聴取と記録はその最初の試みであった。拙著『アジアの原像』（NHKブックス）は、近代史の中で余りにも東方へ引き寄せ、単数化し過ぎたアジアの基軸をいまいちど原位置に戻し、アジアの多様性を世界史に据え直そうという試みでもあった。定住農耕社会が作り上げた結晶である文明にとっては、つねに危険をともないながら、異質な価値をもたらす遊牧民の躍動がなければ世界史的なものとして成立しないことを、フィールドを通していかに伝えてゆくか、それが私の課題でもあったのだ。東西南北のあらゆる文化が交錯するアフガニスタンとの出会いはその意味で私にとっては運命的ともいえるものだった。おわりにかえて、そこをひたすらにさまよい歩いた記録の一部を写真で紹介しよう。

東方をにらむ獅子
ヘレニズムの原点ギリシアのカイロネイア古戦場に据えられた獅子・前 338 年

アイ・ハヌムの泉の水の落とし口に付けられたギリシア喜劇の仮面

アイ・ハヌム
オクソス河畔（アフガニスタン）で発掘されたゼウス神殿　前 3 世紀

バーミヤン仏教石窟
（4～8世紀）

破壊された仏像（東大仏）

石窟へ登る

フォラディ石窟調査　壁画の断片を集める

南米からイラーンを経て 18 世紀に移入されたジャガイモ。バーミヤンでもっとも大きくなった。

敦煌

――時空を超える古写本三種――

落合　俊典

はじめに

敦煌は東アジアの古代の文化を考えるときに必ず一再ならず再三再四言及される名称である。敦煌にある五百ばかりの禅窟には天空の星雲のように描かれた壁画が残り、数千以上の仏菩薩の坐像も見上げる人の苦しさを誘うほどである。過去現在未来の『三千仏名経』はその名のとおり三千仏が出てくるが、かつて流行した『大仏名経』（異称『馬頭羅刹仏名経』）はおよそ一万二千の仏・菩薩・声聞・経典が列挙されている。この『大仏名経』（十六巻本・十八巻本・三十二巻本等）に対応する仏菩薩の坐像も残っているはずであるが、誰もその特定化に挑戦していない。それだから千仏洞などという後世に簡略化された数字を取り上げて命名しているのである。

敦煌には壁画だけではなく、敦煌より持ち出されてはいるが、舞踊・音楽・医学はもとより歴史・宗教・文学などの文献（遺書）が夥しく残っている。敦煌文献（遺書）は、一九〇〇年六月に発見されてから世界に散逸し、諸機関の所蔵となった。近年ようやくその現存状況が全体的に把握され点数も確定しつつある。方廣錩氏に依ればその数六万二千という。数センチの断片も一点として挙げるのでこの数値は一応の目安である。面積からの数値化も図るべきと方廣錩氏に述べたところ既に優秀なプログラマーに依頼してあり、結果が出ていた。それは少しく予想外の数値で驚いた。敦煌遺書の点数を順に挙げると①中国国家図書館、②大英図書館（スタイン本）、③仏蘭西国立図書館（ペリオ本）、④ロシア科学アカデミー本（俄蔵）となる。しかし、面積を測ると四番目に日本が入り、ロシアは五番目になる。果たして日本にそれほどの大量の敦煌本が齎されたのだろうか。この経緯については近代の日本の東洋学が大いに関係してくるので実に興味深い事象である。それは第一章「敦煌秘笈」の中で述べてみたいと思う。

次には二十一世紀に入って急速に研究が進んだ『金蔵論』を取り上げてみたいと思う。この書は、北斉の道紀が編集・撰述した類書である。我々（宮井里佳・本井牧子・筆者）の研究着手までは国文学の一部の研究者しか注目してこなかった文献であった。その研究史は敦煌文献の発見に類した知的探検史であったといえよう。

最後に取り上げるのは、敦煌文献の中書法として代表的な南朝梁代天監十八年（西暦五一九年）写の『出家人受菩薩戒法第一』（P.2196）である。一方奈良写経として残る『在家人布薩法第七』（重文・神谷本）も考察する。筆者は両書を『出要律儀』（全十四巻）のそれぞれ巻一と巻七であると推定する。正倉院文書はこの両本を並べて記録している。つまり今は無くなったが、ペリオ本に残る『出家人受菩薩戒法第七』が日本の奈良朝に存在していたのである。逆に考えると日本に現存する『在家人布薩法第七』は敦煌にもかつて存在していたと言えよう。敦煌と日本との文化の不思議なつながりを考えさせる資料の一つである。これも近年判明した研究成果である。

このように筆者が関わった敦煌文献（遺書）を中心に時空を超えて往来する文化事象を取り上げ述べていくこととするが、それは網羅的な研究概観とはいえず、些か偏った論考となっているが諸賢の寛恕を得られれば幸いである。

敦煌秘笈

〝敦煌秘笈〟とは李盛鐸（一八五八～一九三七）旧蔵敦煌本に名付けられたコレクション名である。筆者は牧田諦亮先生から羽田亨先生（一八八二～一九五五）稿の〝敦煌秘笈〟目録を見せて頂いた。これは羽田亨博士が生前認めたノートであるが、晩年塚本善隆博士に託され、さらに牧田諦亮博士に委託された資料であった。

二〇〇九年三月二十五日、李盛鐸旧蔵敦煌本の所蔵機関杏雨書屋から目録一冊が出版された。その書名は『敦煌秘笈目録冊』[注1]という。巻頭に吉川忠夫館長の「『敦煌秘笈』公刊の辞」があり、古泉圓順特別研究員による敦煌秘笈七六〇点[注2]の書誌解説が付されている。巻末に敦煌秘笈の目録が漢字の日本読み順に並べられている。跋文として書誌解説を担当した古泉圓順氏の「『敦煌秘笈』目録書後」がある。予定された影印本は都合九冊である。その後これらすべて刊行された。

吉川忠夫館長の公刊の辞に「ここに目録一冊、影片九冊をもって公刊する『敦煌秘笈』は、東洋学の泰斗であった羽田亨博士の旧蔵にかかる敦煌文書の集成である」と書かれているが、後跋の古泉圓順氏によれば「もともと武田薬品所有の敦煌文書」となっている。この記述の相違は恐らく吉川館長が高田時雄氏の論考によって記述したものと推定する。[注3]羽田亨博士は資金提供者（武田《たけだ》長兵衛《ちょうべえ》）の提供を受けて資料の蒐集と調査にあたった訳でその帰属は微妙であるが、最終的には武田家に入り、そして武田薬品が創立した武田科学振興財団に帰属するようになったのであろう。

古泉氏は続けて次のように述べている。

　敦煌文書は京都帝国大学本部総長室において、羽田亨総長の下に保管されていたのであるが、太平洋戦争の激化にともない、戦火から守るために疎開することが考えられた。昭和二十年七月十三日、同十五日に二回に分けて、第一号函から第十六号函、および番外函一函、計十七函を、総長室において梱包し、同日中に大阪市東淀川区十三西之町武田薬品工業株式会社大阪工場に送られて、同工場内鉄筋コンクリート造書庫に収蔵された。然しさらにつのる焼失の心配から、昭和二十年八月一日、兵庫県多紀郡《たきぐん》大山村《おおやまむら》西尾《にしお》新兵衛《しんべえ》宅の土蔵に保管してもらうべく、これを再度移送した。

敦煌秘笈が戦火をくぐり抜けて無事に山間の旧家の土蔵に入ったことは拙稿の調査でも明らかであった。[注4]この時は武田科学振興財団杏雨書屋からは具体的な情報を得られなかったのであったが、一歩一歩目録冊と影印本の刊行へ向けて着実な努力が積み重ねられていたのである。

さて牧田諦亮先生から筆者に渡された紙袋には武田薬品工業の武田長兵衛秘書山田寛一氏から羽田亨総長宛ての書簡二通が入っていた。そのことからも羽田亨総長の手元にあった書類であることは確実である。その書簡を紹介しよう。[注5]

【八月一日付羽田亨博士宛書簡】

（欄外）

「昭和二十年八月壹日　大阪市東區道修町二丁目二十七番地

武田薬品工業株式會社
大阪市東郵便局私書函一〇一號
電話北濱區代表五〇二一ノ九」

山本寛一拝

京都帝国大学
羽田亨先生　侍史

拝啓　愈々暑さも本調子に相成申候處、其後御健康如何ニ御座候や御伺申上候、當方主人始め皆様御元気に御座候間、何卒御安意被下度願上候、扨而先般御案内申上候燉煌秘笈蔵経巻全部、當社トラックにて本日正午出発、兵庫県多紀郡大山村西尾新平様倉庫へ運搬、今夕到着の事と存候。就ては御多忙中洵恐縮に存上候得共、被保険物移動（所在地）につき保険会社に御手続賜り度度御願申上候、去乍取急き御依頼申上度如斯ニ御座候
敬具

【八月二日付羽田亨博士宛書簡】
（欄外）
「昭和二十年八月二日　大阪市東區道修町二丁目二十七番地
武田薬品工業株式會社
大阪市東郵便局私書函一〇一號
電話北濱區代表五〇二一ノ九」

山本寛一拝

羽田亨先生　侍史

冠省

昨日は書面を以て申上候燉煌秘笈蔵経巻、丹波大山へ運搬致候もの、荷造目録作成致候ニ付き、壱部御届申上候間、何卒御査収被。下度御願申上候、丹波大山へは昨日無事到着収蔵の事と存居候得共、未だ報告無之、本夕迄ニハ判明の事と存居候、只今も亦小型機来襲有之、シャッターを閉した蒸し暑き事務室に於て精励致居候

敬具

この西尾新平氏と武田長兵衛との関係は、明治二十二年十月西尾家の養子となった西尾新平氏に長女幾が明治二十八年九月四日に生まれた。その幾が武田家に嫁したことから姻戚となったという次第である。

この書簡の記事内容は、古泉圓順氏の解説に書かれていることの傍証となるであろう。

敦煌秘笈を一点ずつ見ていくと、実はこれらの敦煌文献が伝来する前から日本と密接な関係を有していたものであることが分かる。

日本に敦煌文献がもたらされた嚆矢は恐らく大谷探検隊の三次にわたる西域探検に依るものであったと思われるが、数量ともに英仏に及ばなかった。敦煌に残存する文献全てを北京に運ぶという情報に接した内藤湖南等の東洋学者は、直接北京に赴き調査することとなった。この時閲覧した書目について松本文三郎が報告している。[注6]筆者は松本の報告を閲してやや隔靴掻痒の感を抱いていたが、その内藤等の報告書自体は長らく行方不明であった。近年それが関西大学図書館の内藤文庫から発見され、目録の影印・翻刻（校録）が刊行された。[注7]これが実に面白い。

第八葉の第五十六には大般若経巻十一に対して「書風ヤ、褚法ヲ帯ブ」などは中国書道史上での評価であるが、ほとんどが日本の古写経を例に挙げて見ている点である。第八葉第五十三の法華経巻二の評価が「書風東大寺願経ニ似タリ」とか第七葉第五十の最勝王経に対して「書法園城寺ニ存スル経疏類ニ似タリ」など日本にある古写経章疏類を例証としているのである。

このように七百点ほどの敦煌本を日本の古写経との比較から熟覧しているが、彼我の比較ということは東アジアの経巻の伝播を考察する上で実は相当に重要な方法であると考えられる。

金蔵論

『金蔵論』の日本説話文学への影響は、近年の研究[注8]（宮井里佳・本井牧子［二〇一三］）に依って『金蔵論』は『今昔物語集』巻二「天竺部」への大きな影響が明るみになってきた。従来は『今昔物語集』作者の言と想定されてきたものが実は『金蔵論』に記載されている文言と判明し、『金蔵論』が日本説話文学へ与えた影響が想定以上に大きかったことも明らかになってきたが、『日本霊異記』との関係については直接の関係は認められないとする論考[注9]（荒木浩［二〇一六］）が出てきた。これは従来から主流をなす視点であったが、新日本古典文学大系本『日本霊異記』（出雲路修［二〇〇〇］）の解題以来その可能性が論じ始められてきた。

荒木浩氏の論考は『日本霊異記』の著者景戒が乞食僧から書写せよと与えられた書物は道世撰『諸経要集』（二十巻）であるとする立場から論じている。出雲路修氏は「諸経要集」と「衆経要集」（金蔵論）と音が相似していることを主としてその可能性に言及したものであるが、荒木浩氏は内容を吟味して『諸経要集』と『日本霊異記』との密接な関係を指摘している。

ところで薬師寺僧景戒は乞食僧から「諸教要集」を書写するように反故紙を与えられている。『諸経要集』二十巻であるならばこの書写に要する紙数はおよそどの程度であったろうか。

一切経目録の基準とされる『開元録』巻二十に依れば『諸経要集』は五百八十二紙を要するという。これは一紙五〇センチ前後の紙に一行十七字にて二十八行を書写するという盛唐の基準をしめした場合である。日本の古写経を例に挙げても金剛寺一切経本では二十巻の内四巻を欠くが残り十六巻分で四百七紙である。五百八十二紙を積み重ねるとどれくらいになるであろうか。打紙にして薄くしたとしても一人が持ち帰るには相当な分量であろう。

一方、『金蔵論』七巻とした場合ではどうであろうか。経典以外になると一行が必ずしも十七字ではないが、もし一行二十数字になればそれだけ詰め込める訳で紙数も減らすことになる。ここでは一切経の平均一巻紙数を二十紙として、一行十七字で計算すると百四十紙となる。『諸経要集』を一巻二十紙で計算すると四百紙であるから、『諸経要集』は平均値から逸脱した経巻となるが賢聖集にあるものはおよそ紙数が多い。『金蔵論』の紙数を『諸経要集』の紙数に合わせて計ると二百三紙である。反故紙が二百三紙だとしたとしても大変な分量であるが、『諸経要集』の五百八十二紙は書写する対象として明らかに苦しい分量となることは自明である。

また蔵経内の『諸経要集』二十巻は西明寺に於いて道世が類書として編集したものであり、その内容は序に撰述意図が書かれている。「教えは沈み、仏道は喪われた。ために仏法の教訓（彝章）は衰替し、教迹は皆亡んでしまった。文言は厖大であるが、遂に尋ね覧ることが困難になった。それ故に顕慶年間に一切経を読み、私意に要文を抄出し、人の行に堪える者や善悪の業の報いなど千ばかりを抜き出し録文した。三十篇に分け、二帙（二十巻）に仕上げた。」[注10]という。この三十篇は「三宝部・敬塔部・摂念部・入道部・唄讃部・香燈部・受請部・受斎部・破斎部・富貴部・貧賤部・奨導部・報恩部・放生部・興福部・択交部・思慎部・六度部・業因部・欲蓋部・四生部・受報部・十悪部・詐偽部・惰慢部・酒肉部・占相部・地獄部・送終部・雑要部」となっている。三十分類の中、善悪の業報を記述した要文も多い。それでは景戒が手に取った経典はこの『諸経要集』であろうか。試みに巻六に収録されている貧賤部を見てみよう。先ず五縁（述意縁・引証縁・須達縁・貧児縁・貧女縁）を挙げる。その述意縁は含意に富んでいて文も練られている。以下原文をそのまま載せる。

夫貧富貴賤。並因往業。得失有無。皆由昔行。故經言。欲知過去因。當觀現在果。欲知未來果。當觀現在因。所以原憲之家。黔婁之室。繩樞瓮牖無掩風塵。席戶蓬扉不遮霜露。或舒稻蒿以為薦。或裁荷葉以充衣。斂肘即兩袖皆穿。納屨則雙襟同缺口腹乃資於安邑。宿止則寄在於靈臺。頭戴十年之冠。身被百結之縷。鄉里既無田宅。洛陽又闕主人。浪宕隨時。嶒峗度日。雖慚靈輒。而有翳桑之弊。乃愧伯夷。便致首陽之苦。裘裳頓乏。豈見陽春。升斗並無。何以卒歲。所以如此者。皆由曩日不行恵施常蘊慳貪。致令果報一朝頓盡。是故行者。宜當布施也。[注11]

これは五縁の内の最初の述意縁である。大凡の意味は取れるが正確に理解するには玄応の『一切経音義』二十五巻などの辞書類が求められる。まして第二縁から第五縁まで十二紙ほどの内容記事が凝縮している。どれも一気呵成に読み上げるのは難しいのではないだろうか。『金蔵論』七巻の内実の過半は『諸経要集』も含むが、しかし含むからと言って該当するとは限らない。それ故に景戒が乞食僧から受け取り、反故紙に書写したのは『諸経要集』二十巻ではないと推測する。さらに状況証拠に過ぎないが、興福寺本の『日本霊異記』巻六の裏側に『金蔵論』が書かれている事実は両書の深い関係を暗示するものと理解したい。なお『金蔵論』が表に書写され、紙背に『日本霊異記』が写されたことは熟覧調査に依って確認された。それは押界が『金蔵論』側に押されていたことからも立証される。また『金蔵論』の書き損じを行間に書かず、表から紙背に連続して書写しているが、『日本霊異記』はその箇所を飛び越して書いていることからも明らかである。

さて、『金蔵論』は興福寺本と大谷大学博物館蔵本（法隆寺旧蔵）の二本が従来知られていた写本であったが、その後敦煌本が確認され、さらに韓国からは高麗版本が次々と見つかったばかりか比較的新しい写本にも『金蔵論』が抄写されていることが分かった。敦煌本は荒見泰史氏が四点を確認した[注12]。荒見氏は敦煌本が散文体の説話資料として紹介したが、敦煌では物語の種本として使用された可能性を指摘している。これは『金蔵論』が読みやすい物語的類書であるという意味でもある。諸本の概要については宮井里佳・本井牧子共著の『金蔵論――本文と研究――』に詳しい。

出要律儀

『出要律儀』は梁代に武帝もしくは宝唱の撰述とされている律に関する綱要書である。『出要律儀』という書名は、『大唐内典録』巻四・巻十、『法苑珠林』巻百、『続高僧伝』巻二十一等に見られるが、それを撰述者別に分けて考察してみよう。

【宝唱説】……『大唐内典録』巻四・十[注13]、『法苑珠林』巻百[注14]。

【梁武帝説】……『続高僧伝』巻二十一「法超伝[注15]」、『四分律删繁補闕行事鈔』巻一[注16]。

宝唱（～五〇五～）と梁の武帝（四六四～五四九）は同時代の人物である。また『大唐内典録』の編者と『続高僧伝』や

『四分律删繁補闕行事鈔』の撰述者は同一人物、即ち道宣である。その道宣の著述に二説あるということになるが、撰述に関して最も詳しいのが『続高僧伝』である。その巻二十一「法超伝」には（梁の）武帝は律部が繁雑で廣範にわたっているので（戒法の諸問題を）明らかにしようと思っても容易に分からない。（そこで）公務の傍ら暇を見つけては戒律の条文を幅広く探してその要文をまとめて役立たせようとして十四巻に編集した。名付けて『出要律儀』とした。

このように梁の武帝は当時主流であった『十誦律』の広律が巻数も多く、かつ内容が繁雑であることを憂慮し、公務の傍ら律典――それは十誦律に限定することなく他の広律も参照した――を幅廣く考究し、要文を編集したところ十四巻となったという。これが『出要律儀』である。

なお、経録の中では『大唐内典録』以外に引用されないのは律が十誦律主流時代から四分律を主とした時代に移行したために用いられなくなったからであろう。

また宝唱撰と出るのは、恐らく梁の武帝が編集したと言っても本文の正確を期すために学僧の手が入ったことは現実的であろう。それがどの程度であるかなどは非常に難しい問題と考えられる。著者の問題をここで考察する時間的余裕がないので、今のところは梁の武帝説を採用しておきたい。

この『出要律儀』は早くに散逸し現存しないと考えられていた。筆者は、日本の古写経『在家人布薩法巻第七』（重文）という奈良写経の巻首写真を一見してペリオ本の『出家人受菩薩戒法巻第一』を想起した。そこで個人蔵である『在家人布薩法巻第七』を調査させていただくことにした。

日本古写経本（奈良写経・重要文化財「在家人布薩法巻第七」）

本写本（挿図参照）は、昭和十三年（一九三八）に重要文化財に指定された。その指定理由は明らかでないが、恐らく本文の内容的価値を認めたのではなく、むしろ稀覯本としての価値および書法の優雅性に依るものかと思われる。この指定により保存が厳重になされ今日まで維持管理されてきたことは慶賀の至りである。その半面、調査研究が実施されることなく、従って先行研究は皆無というのが現状である。筆者は京都国立博物館（当時）の赤尾栄慶氏と二〇一二年七月十四日に調査を行った。本写本は現在神谷昭男氏が所蔵されており、個人蔵となっている。

本書の書誌情報（主に赤尾氏に依る）は以下の通りである。

外題：在□□布薩法巻第七
印　：表紙と第一紙紙背に朱方印あり（「東大／寺印」）。
内題：在家人布薩法巻第七
尾題：在家人布薩法巻第七
紙色：うすい褐色
裏打ち：ナシ
簀の目：細かい
一行字数：一七字

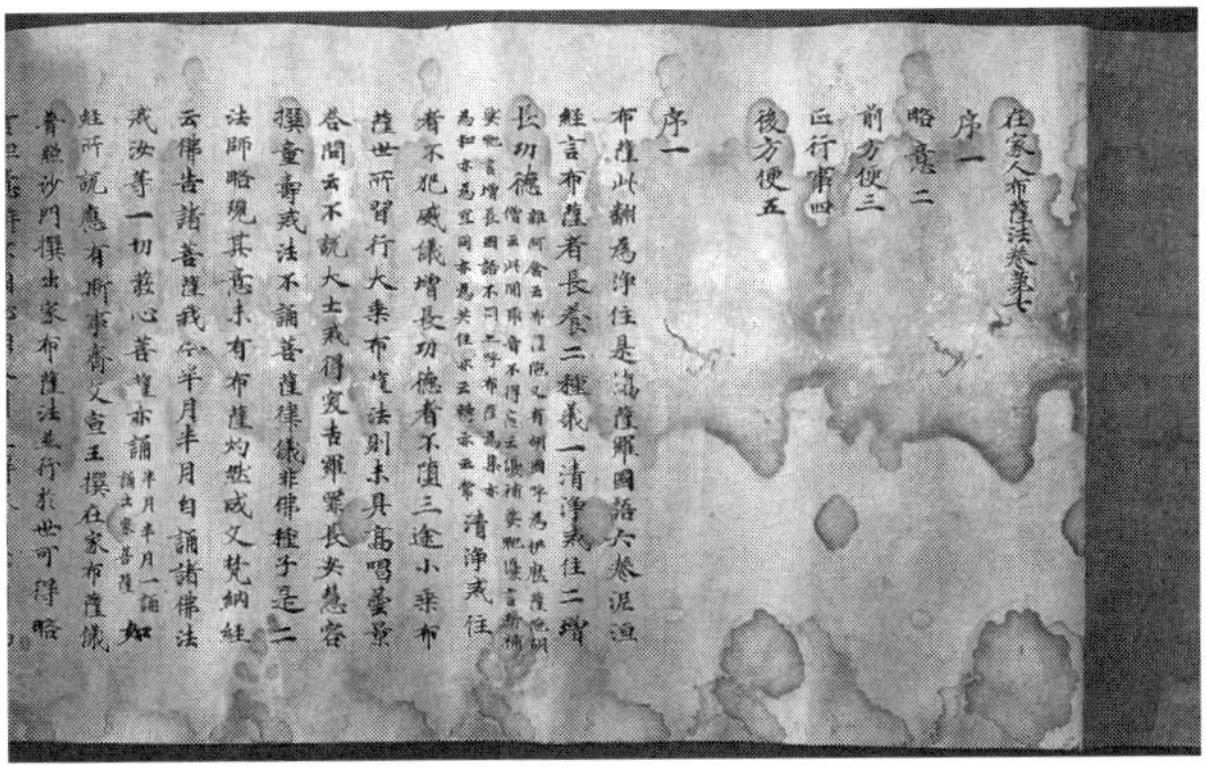

挿図　『在家人布薩法第七』（神谷本）

界高：二〇・〇cm
界巾：一・九cm
本紙縦：二六・四cm
見返し：一九・〇cm
保存状況：良好
法量：第一紙（横四四・〇cm。二四行）。第二紙（横四五・八cm。二五行）。第三紙（横四五・七cm。二五行）。第四紙（横四五・八cm。二五行）。第五紙（横四五・七cm。二五行）。第六紙（四五・七cm。二五行）。第七紙（横四五・七cm。二五行）。第八紙（横四五・六cm。二五行）。第九紙（横四五・六cm。二五行）。第一〇紙（横四五・五cm。二五行）。第一一紙（横四五・四cm。二五行）。第一二紙（横四三・七cm。二四行）。第一三紙（横二六・三cm。本文九行）。
その他：朱頂軸（棒軸、旧補）。漉き目の細かい上質紙。

本文の構成は、
序一（八行）
略意二（二五行）
前方便三（八五行）
正行事四（一八五行）
後方便五（二八四行）
となっている。本文行数は内題から三〇六行である。総文字数は約六四〇〇字。

敦煌本　（P.2196　出家人受菩薩戒法巻第一）

このペリオ本（P.2196）は敦煌本の中でも多方面から注目されてきた写本である。中国南北朝時代における南朝の代表的な書跡として取り上げられたことと、奥書に見られる「勅写」ならびに「天監十八年」（西暦五一九年）という年号から第一級の文献資料として扱われてきた。[注17] また戒律思想史からも梁武帝が菩薩戒を受戒した直後の記録資料という重要な文献として位置づけられてきた。[注18]

本文の構成は、

序一（一行）
方便二（八〇行）
請戒三（一一六行）
羯磨四（一六九行）
受摂大威儀戒法五（三四七行）
供養三宝戒六（五〇六行）
摂善法戒七（五一九行）
摂衆生戒八（五五九行）
略説罪相九（六二九行）

となっている。全体の行数は序一から数える六九一行である。総文字数は約一万三〇〇〇字である。

両本の比較

現在まで敦煌本（P.2196）が南朝梁代の天監十八年（五一九）の書写であることに異論は見られない。一方日本古写経本（神谷昭男氏蔵）は調査の結果、日本の奈良時代（八世紀）の書写であると鑑定された。両者は時代と地域を異にしているが、内題と構成を比較すると極めて類似したものとなっている。

先ず、内題（或いは尾題）を見てみよう。

敦煌本…………出家人受菩薩戒法巻第一

日本古写経本………在家人布薩法巻第七

従来は敦煌本の題は書名とされてきた。しかし、仏教経典に多く見られる品題とするならば全体の書名とみなす必要はなくなる。

次に構成はどうであろうか。

敦煌本には「序一」とあり、日本古写経本でも「序一」とあって全く同じである。以下は異なるが、敦煌本「方便二」に対して日本古写経本は「前方便三」「後方便五」と類似性が見られる。残りが異なるのは受菩薩戒法と布薩法の内容記述が別のものだからであろう。

一見すると必ずしも両者は類似しているとは言い切れないが、敦煌本は菩薩戒の受法についてその意義と経証を挙げ、ついで具体的な方法を順次述べる内容であり、日本古写経本も布薩法を述べるが記述方式は極めて類似している。

また奈良時代の写経書写記録に依れば、「一切経目録」（天平神護三年二月二十二日類収[注19]）に両者が並列して出てくる。これはこの両本が密接な関係を有していた文献である可能性を示している証左であると言える。

以上、題（品題）と構成から、また奈良時代の記録から両本は僚巻であろうと推測する。


道宣撰『四分律刪繁補闕行事鈔』に引用された『出要律儀』

日本の古写経本「在家人布薩法巻第七」の序の中につぎのような文章がある。

布薩此翻爲淨住。是憍薩羅國語。六巻泥洹經言「布薩者長養」二種義。一清淨戒住。二増長功徳（雜阿含云布薩陀。又有胡國呼爲伊歴薩陀。胡僧云此聞取音。不得應云。優補婆咃、優言斷、補婆咃言増長。國語不同。亦呼布薩爲集。亦爲和。亦爲宜同。亦爲共住。亦云轉。亦云常）。清淨戒住者不犯威儀。増長功徳者不堕三途。小乘布薩世所習行。大乘布薩法則未具。


【試訳】

布薩（Skt. uposatha upavasatha, uposada, Pāli.uposatha,Pr.posadha）は中国語に翻訳すると「浄住」である。この言葉は（インドの）憍薩羅国（kosalā コーサラ国）の言語である。『六巻泥洹経』には「布薩には長養の意味があり、二つの解釈がある。」と述べられている。一つは清浄なる戒を保つということ。二は功徳を増大させることである（『雑阿含経』には次のように述べられている。[注20]「布薩陀、または胡国で伊歴薩陀[注21]とすることがある」。胡僧が言うには、「これは音を聞き取って訳したもので正確ではない。「優補婆咃」（Skt.uposada,）の「優」は断を意味し、「補婆咃」は増長するという意味である。（インドと中国の）言語は同じでない。また布薩を集としたり、和としたり、宜同としたり、共住としたり、轉と言ったり、また常ということもある。）。清浄戒をたもつ者は威儀を犯さない。功徳を増長する者は地獄（三途）に堕ちない。小乗の布薩は世に行われているが、大乗の布薩法はまだ実践されていない。

以上の日本古写経本『在家人布薩法巻第七』の「序一」にある文章が、道宣が著した南山律に関する重要文献である『四分律刪繁補闕行事抄』巻一に「『出要律儀』曰く」として引用された文と同一である。

道宣撰『四分律刪繁補闕行事鈔』巻一

説戒正儀篇第十（布薩此云淨住。出要律儀云。「是憍薩羅國語。六巻泥洹云「布薩者長養。二義」。一清淨戒住。二增長功德。雜含云布薩陀婆。若正本音優補陀婆。優言斷。補陀婆言増長。國語不同。亦呼為集。為知。為宜。為同。為共住。為轉。為常也。三千威儀云。「布薩者秦言淨住。義言長養。又言和合也。」俱舍論八戒云布薩護也。明了言在心名護在身口名戒也。律云。「布薩法一處名布薩揵度。」即説戒也）

すなわち、日本の奈良時代の写経である「在家人布薩法巻第七」は『出要律儀』の一部ということになる。「在家人布薩法巻第七」と僚巻である敦煌本の「出家人受菩薩戒法巻第一」（P.2196）も畢竟『出要律儀』となるわけである。

まとめ

日本の古代・中世において中原からの所謂唐物の書籍は極上の知的文物であったに相違ない。それらが総量としてどの程度であったか、従来は想像することすら成しえなかったが、近年の新出資料から推し量ることが出来る。七寺一切経中にある『一切経論律章疏集伝録并私記』巻上の序に記されている記述は驚天動地の内容を含んでいた。仏教の総点数を「顕密真言梵漢総数」として「一万二千三百巻」を挙げる。

仏教以外には「右大臣求学十二宗三万九千巻」とあり、十二宗を「大学六 明経 記伝 明法 算経 音伝 図書 陰陽五 天文 漏尅 暦日 医方」と具体的に記述している。これらは漢籍の分類として伝統的なものに近い。しかも右大臣を吉備真備とするならば奈良時代に唐土を往還し将来した漢籍の総量ということになろう。この数字がどこまで正確かは分からないが、二つの資料から決して否定されるような数字でないことが理解される。その一つが『隋書』経籍志であり、二つが『新唐書』倭国伝である。前者に挙げられた漢籍の総数はほぼ四万巻であることから上記の記述が荒唐無稽の珍説と切り捨てることは避けなければならない。また後者には日本から長安・洛陽に来た官僚が市中の書籍を買い漁り帰国したとある。この人物は吉備真備と考えられているので「右大臣求学十二宗三万九千巻」に相応するであろう。

このように唐代、奈良朝において文物の交流が盛んであったことが類推される。梁代武帝によって撰述された『出要律儀』十四巻は、十誦律隆盛の六朝時代から四分律を中心とした南山律が主流となると大半が散逸してしまったと想定される。七世紀日本に伝来した『出要律儀』は僅々三巻程度になっていたと思われる。「出家人受菩薩戒法」（巻二）「在家人布薩法」（巻七）の二巻に加えて「菩薩羯磨」（巻未定）であったようである。一本は敦煌から、一本は奈良写経から出てきて確認された。もちろんこれらが『出要律儀』ではないという説もある。それは『翻梵語』などに引用された外国語の音義などと相応しないからというのであるが、『出要律儀』の大半が出現した段階で一致しないというのであればその説も妥当性があるが、今は僅か一巻が出てきたにすぎない。道宣の『四分律行事抄』に引用された『出要律儀』の文章と『在家人布薩法巻第七』の文章が一致するのであるからこれを認めるのが合理的な考えである。

ただ、発見以来五年ほど経過しているので全本文の紹介を早々に果たすべき時期に来ていると考えている。

注

1 財団法人武田科学振興財団杏雨書屋編集『敦煌秘笈目録冊』（古泉圓順執筆）。財団法人武田科学振興財団杏雨書屋発行。二九一頁。二〇〇九年三月二十五日。

2 番号は七七五番まで付いているが、欠番が四八六番から五〇〇番まであり、実数は七六〇点である。

3 高田時雄「李滂と白堅――李盛鐸旧蔵敦煌写本日本流入の背景――」（『敦煌写本研究年報』創刊号、二〇〇七年三月）

4 拙稿「敦煌秘笈――幻のシルクロード写本を探して――」（『華頂短期大学学報』第六号、二〇〇二年三月）。この調査は実際に「兵庫県多紀郡大山村西尾新兵衛宅の土蔵」を探して当地を訪れ、現当主西尾禎子さんから証言を得て書いたものである。

5 書簡の紹介は拙稿「羽田亨稿《敦煌秘笈目録》簡介」（『敦煌文献論集』遼寧人民出版社、二〇〇一年五月。）「敦煌秘笈――幻のシルクロード写本を探して――」（『華頂短期大学学報』六号、二〇〇二年三月。）で行ったが、当時は武田薬品から杏雨書屋へ移管した経緯については明確ではなかったので人名・地名等伏字にしておいたので今回全文紹介することとした。

6 松本文三郎「敦煌石室古写経の研究」（『仏典の研究』丙午出版社、一九二四年）

7 玄幸子・高田時雄編著『内藤湖南敦煌遺書調査記録』（関西大学東西学術研究所資料集刊三四、関西大学東西学術研究所、二〇一五年）。高田時雄氏のまえがきに簡にして要を得た解説がある。

8 宮井里佳・本井牧子『金蔵論――本文と研究――』（臨川書店、二〇一一年）

9 荒木浩「対外観の中の仏教説話と説話集――「諸教要集」をめぐって――」（『説話文学研究』第五十一号、二〇一六年八月）

10 『諸経要集』巻一序「教沈道喪。所以彝章訛替。教迹淪滑。文句浩汗。卒難尋覧。故於顯慶年中。讀一切經。隨情逐要。人堪行者。善惡業報。錄出一千。述篇三十。勒成兩帙。」（『大正蔵』五四巻一頁上段）

11 『諸経要集』巻六（『大正蔵』五四巻五三頁下段二七行～五四頁上段一〇行）

12 荒見泰史「敦煌文学与日本説話文学――新発現北京本《衆経要集金蔵論》的価値――」（国家図書館善本部敦煌吐魯番学資料研究中心編『敦煌与絲路文化学講座』一、北京図書館出版社、二〇〇三年九月）。

13 『大唐内典録』巻四の該当箇所には、「経律異相一部并目録五十五巻（天監十五年勅撰）。名僧伝并序目三十一巻。衆経飯供聖僧法五巻（亦十五年）。衆経目録四巻（十五年）。衆経護国鬼神名録三巻（十五年）。衆経諸仏名三巻（十五年）。衆経擁護国土諸龍王名録三巻（十六年）。衆経懺悔滅罪法三巻。出要律儀二十巻。右九部合一百二十七巻。帝以国土調適住持無諸災障。上資三宝。中頼四天。下藉龍王衆神祐助。如是種種世間蒼生始獲安楽雖具有文散在経論。急要究尋難得備睹。故天監中頻年降勅。令庄厳寺沙門釈宝唱等総撰集録以備要須。或建福禳災。或礼懺除障。或饗神鬼。或祭龍王。諸所祈求帝必親覧。指事祠禱訖多感霊。所以五十年間兆民荷頼縁斯力也。」（『大正蔵』五五巻二六六頁中段二九行～下段一七行）とある。同巻十には「梁楊都荘厳寺沙門釈宝唱奉勅撰諸経律相合一百餘巻。経律異相并目（五十五巻）。出要律儀（二十巻并翻梵言三巻）。名僧伝并序目（三十一巻）。飯聖僧法（五巻）。衆経目録（四巻）。衆経護国神録（三巻）。衆経護国龍録（三巻）。衆経滅罪法（三巻）。」（同三三一頁中段二三行～下段四行）となっている。

14 『法苑珠林』巻百には「經律異相一部并目録五十五巻。名僧傳并序目三十一巻。衆經供聖僧法五巻。衆經目録四巻。衆經護國鬼神名録三巻。衆經諸佛名三巻（十六年出）。衆經擁護國土諸龍名録一巻。衆經懺悔滅罪法三巻。出要律儀二十巻。右此九部一百二十二巻。梁帝勅莊嚴寺沙門釋寶唱等撰集。」（『大正藏』五三巻一〇二二頁中段二六行～下段七行）。

15 『續高僧傳』巻二十一の「法超傳」に「釈法超。姓孟氏。晉陵無錫人也。十一出家住霊根寺。幼而聡穎篤學無倦。從同寺僧護修習經論。而雅有深思。幽求討撃學論帰仰。貧無衣食乞□自資。心性柔軟労苦非慮。晩從安樂寺智称専攻十誦。致名命家語其折衷者。數過二百。自称公歿後獨歩京邑。中歳廃業頗失鴻緒。後復綴講衆重殷矣。帝謂律教乃是象運攸憑。覺慧階漸。治身滅罪之要。三聖由之而帰。必不得門如閉目夜行。常懼蹈諸坑塹。欲使僧尼於五篇七聚導意奨心。以超律學之秀。勅爲都邑僧正。庶其弘扇有徒。儀表斯立。武帝又律部繁廣臨事難究。聽覧餘隙遍尋戒検。附世結文。撰爲一十四巻。號曰出要律儀。以少許之詞網羅衆部。通下梁境並依詳用。普通六年。遍集知事及於名解。於平等殿勅超講律。帝親臨座聴受成規。以衆通道俗。恐陥於愆目。但略挙剛要宣示宏旨。三旬将満文言便竟。所以導揚秘部弘悟當機。遂得四衆移心朝宰胥悦。至七年冬。卒於天竺住寺。春秋七十有一。天子下勅流慰。并令有司葬鍾山開善寺墓。」（『大正藏』五〇巻六〇七上段七行～二九行）とある。

16 『四分律刪繁補闕行事鈔』巻一に「五百問法。出要律儀（梁武帝準律集）」（『大正蔵』四〇巻三頁中段二七行）とある。

17 書法として饒宗頤編『法蔵敦煌書苑精華』八冊（広東人民出版社、一九九三年）。同『敦煌書法叢刊』第二十巻「写経（一）」（二玄社、一九八三年）。趙聲良「南北朝書法芸術」（『敦煌書法庫』第一輯、甘粛人民美術出版社）。またペリオ本を鳥瞰して評した那波利貞「千佛巌莫高窟と敦煌文書」（『西域文化研究』第二、法蔵館、一九五九年）等がある。また池田温『中国古代写本識語集録』（大蔵出版社、一九九〇年）、姜亮夫『敦煌莫高窟年表』（姜亮夫全集十一、雲南人民出版社、二〇〇二年）等には書写年が採用されている。

18 土橋秀高「敦煌の律藏」（講座敦煌7『敦煌と中国仏教』大東出版社、一九八四年）。堪如「敦煌菩薩戒儀与菩薩戒牒之研究」（『敦煌研究』一九九七年第二期）。同『敦煌仏教律儀制度研究』（中華書局、二〇〇三年）。諏訪義純『中国南朝佛教史の研究』（法藏館、一九九七年）。

19 『大日本古文書』一七巻六一頁。東大史料編纂所、昭和二年。

20 この文章は現行の『雜阿含經』、『別譯阿含經』に見られない。

21 伊歷薩陀…現行の大藏經には採録されていない。CBETA-10参照。

唐の交通網と対外交流

石見　清裕

一　文化圏とネットワークの接点

本書のテーマの一つである「文化圏」には様々な定義が可能であろうが、「等質的な文化が分布する地域」、すなわち「その地域に特徴的な文化複合が広がる一定の範囲」とするとらえ方は、一般的な共通認識といってよいのではなかろうか。ただし、「等質的な文化」や「特徴的な文化複合」に何を設定するかによって、その「地域」や「範囲」に差異が生じるであろう。

戦前のウィーン民族学派は、個々の文化領域とその接触地帯・混合地帯に包含される一定数の文化要素が、どの文化領域においても常に同様の結びつきを示している場合、そういう個々の文化領域の全体を「文化圏」Kulturkreis と称した。[注1] したがって、この場合の文化圏は文化領域の集合であり、文化要素の設定如何によって文化領域は、そして文化圏も、変容する可能性を有している。

右にいう「文化要素の結びつき」とは、その地域に特徴的な文化要素の組み合わせであり、すなわち「文化複合」にほかならない。換言すれば、それはいくつかの文化層の重なりによって成立する。文化層とは、時間によって形成された文化の層であるから、「層」に時間・時間差の概念が生じ、共通した歴史的発展を共有する地域という歴史圏としての文化圏概念が生じてくる。同時に、層とそれを生み出した歴史に、ある文化圏から他の文化圏に流れる文化伝播の問題の入り込む余地が初めて生まれてくる。

一方、本書のもう一つのテーマ「ネットワーク」とは、複数の点（頂点）とそれらを結ぶ線（辺）の集合からなる形象をいう。ただし、「ワーク」という以上は、頂点と辺に何かが流れる現象をともなわねばならない。ネットワーク論とは、ある主体の行動論理を、その主体のもつ本質や所属集団によってではなく、他の主体と結ばれる関係性から説明づけようとする手法である。

もちろん、人間に本質的な心的素質（原質思念）によって、各地の精神的・物質的諸形態が多元的に、それぞれ独立的に産み出されるのは、ありえないことではない。しかし、全く独立的な異質事物の多数が、各地に相互関係もなく、恒常的に集結するのはありえない。この恒常的集結は、歴史関係によってのみ説明される。[注2]

とすれば、文化圏とネットワークを考えるには、ある文化圏の文化要素が他の文化圏に伝わり、それが後者の文化層の一つを形成し、在来の文化要素と結合してその文化領域と文化圏を作り直す、その全体の構造を考察しなければならないであろう。ただし、文化圏とネットワークの接点を以上のように考えるのであれば、ネットワークの問題の比重がより高まるのではないだろうか。

それならば、中国に唐王朝が存在した時代、それはどのような構造だったのであろうか。

二　ユーラシアの風土と文化圏

ユーラシア大陸は、気候と風土によって大きく次の三つの地帯に分けられる。すなわち、北部の亜湿潤地帯、中央部の乾燥地帯、南部の湿潤地帯である。亜湿潤地帯はシベリアに相当し、広大なタイガが続く。ここは人口密度が極めて低く、住民は狩猟に生活を委ねてきた。湿潤地帯はモンスーン帯を指し、農耕に適していて多くの地域で稲作が行われてきた。中央部を東西に貫く乾燥地帯は、さらに二つの地帯に分けられる。北方のステップ（草原）地帯と、その南の砂漠地帯である。ステップ地帯では遊牧を主たる生業とし、砂漠地帯では乾燥オアシス農耕が営まれてきた。[注3]

ステップ地帯と砂漠地帯の境界は、西から黒海北岸・カスピ海北岸・アラル海（旧湖域）北岸・シルダリア・天山山脈・中国内蒙古自治区をつなぐラインに、ほぼ相当する。一方、砂漠地帯とモンスーン帯の境界は、アフリカ大陸東岸のソマリア半島先端とロシアのカムチャッカ半島先端を結んだラインである。

目を中国に転ずると、中央部の秦嶺山脈と淮水とが砂漠地帯とモンスーン帯を分けており、内蒙古自治区の陰山山脈が砂漠地帯とステップ地帯を分けている。すなわち、中国本土は北半が乾燥農耕文化圏に、南半が稲作文化圏に属すのであり、中国の歴史がしばしば南北に分裂する原因はここにある。さらに北方には遊牧文化圏が控えており、中国にしばしば遊牧民族による征服王朝が誕生する理由はここにある。万里の長城が乾燥農耕と遊牧の両文化圏の境界に築かれたことは、しごく当然なのであった。遊牧民の遠征は家畜をともなうので、壁によって家畜の進出を制限するのは、ある程度は効果があったのである。

さて、以上のように見ると、中国の歴史はこの三つの文化圏の関連によって展開されたと思われるかもしれない。大局的に見れば、それは決して誤りではないが、実際には中国はこの三文化圏にのみ分類できるものではない。北方の遊牧文化圏と華北の乾燥農耕文化圏の間には、両文化の混在する中間地帯が帯状に伸びていたし、沿岸部には内陸部とは異なる文化が広がっていたであろう。今日の福建・広東・広西地方にあたる南方の沿岸部は、漢~唐代前半期にはまだ間接統治しか及んでおらず、甘粛西部の河西通廊には西方や北方の人や文化が混じり合っていた。中国内地においても、山岳部と平野部では当然ながら生活文化を異にしていた。これらの総体が中国の文明なのである。

それならば、中国が唐王朝の統治下にあった時代、これらの地域はどのようにつながっていたであろうか。

三　唐の交通システム——駅伝制と遣唐使節の移動——

今日、ネットワークという場合、通常それは通信網もしくは交通網を指すことが多い。それらによって人や物や情報が移動・流通・伝達する現象を想定する。しかし、今日のような通信手段や交通手段がなかった時代には、それらは人の手によって運ばねばならなかった。今日の進んだ情報伝達であっても、自ずとそこには道具が必要であるが、ましてや前近代においては情報も人と物に付随して運ばれた。したがって、唐代のネットワークを考える際には、どうしても当時の交通手段の問題を取り上げねばならない。

唐代の公的交通網は、各地の都市を道路がつないで成り立っていた。都市を頂点とすれば、道路は辺にあたる。頂点には、辺を通って人と物資が集まり、そのため情報密度が高まり、一層人が集中した。その頂点を結ぶ

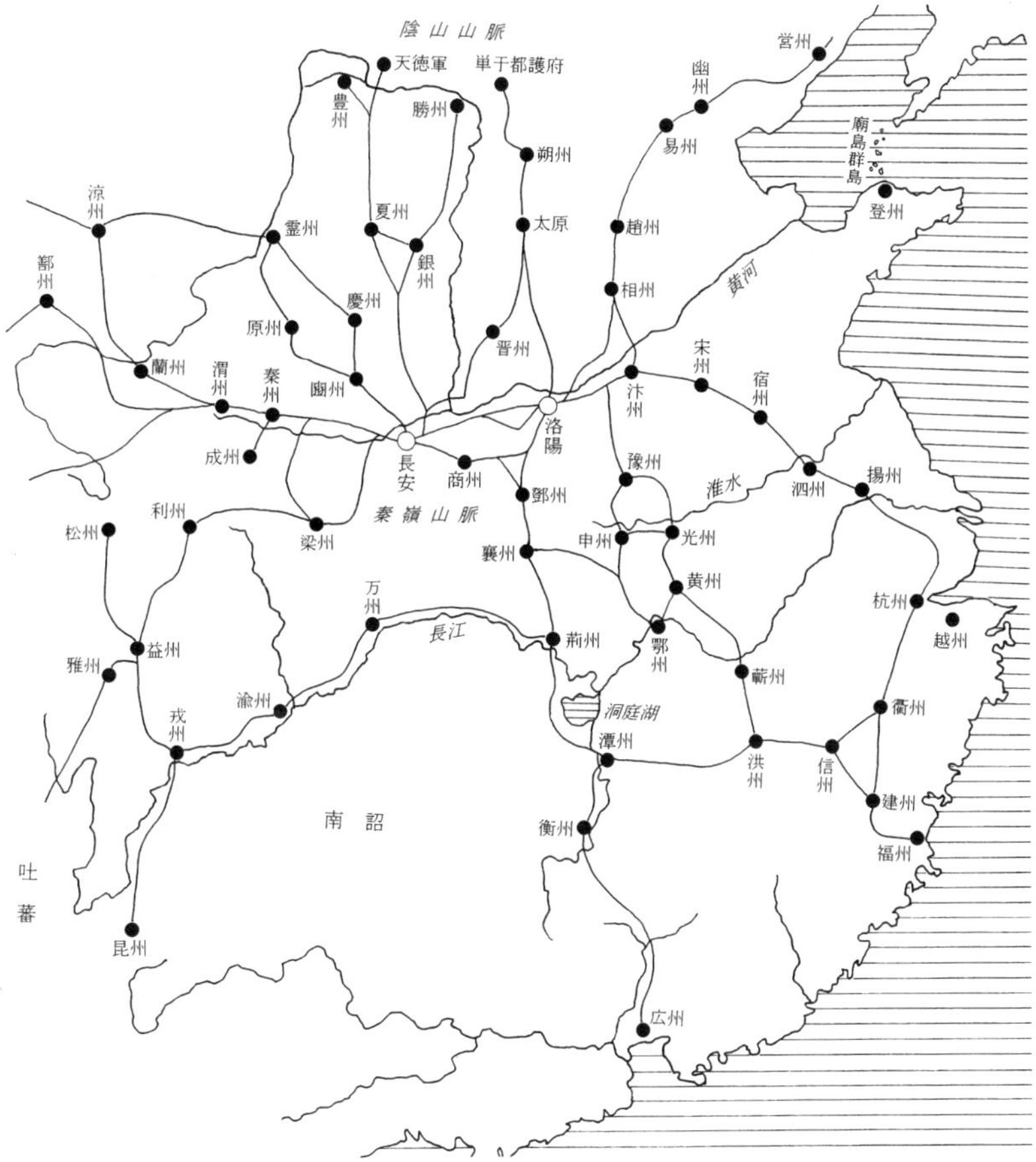

唐代主要駅道図
（厳耕望『唐代交通図考』1 ～ 6、青山定雄『唐宋時代の交通と地誌地図の研究』図版 1 に基づいて作成）

辺を移動する交通手段が、通常「駅伝制」と称される制度である。幹線道路である駅道と、そこから分かれる脇道の伝道によって構成され、それぞれを駅馬と伝馬によって走行する制度である。駅は三〇里ごとに設置され、当時の一里を約四四〇メートルで換算すると[注4]、駅と駅の間は一三・二キロメートルである。駅には宿泊施設と牧場があり、勤務する役人がいて、駅戸として国家に把握された近隣の戸の労役によって運営されていた。『大唐六典《りくてん》』巻五、兵部駕部郎中の条によれば、唐では全国一六三九所に駅が置かれていた。『新唐書』巻四六、百官志一、礼部主客郎中の条には、

殊俗の入朝する者は……、伝に乗る者は日に四駅、駅に乗る者は六駅。

と記される。すなわち、伝馬で伝道を走行する者は一日に四駅（一二〇里、五二・八キロ）、駅馬で駅道を走行する者は一日に六駅（一八〇里、七九・二キロ）を、それぞれ進行のノルマ、または目安とした。七九・二キロといえば、東海道を例にとると日本橋から小田原の距離にほぼ相当し、それを六頭の馬を交代させて進むのであるから、それほど無理な速度ではなかったと思われる。

右の『新唐書』百官志の史料は礼部主客郎中の条に載せられ、しかも冒頭の「殊俗の入朝する者」にかかる記事であるから、外国使節が唐国内で駅伝制を利用することを想定した規定と見なければならない。

それならば、外国使節が本当にこの速度で移動するのかというと、実はそれを裏付ける史料が存在する。『日本書紀』斉明天皇五年（六五九）秋七月戊寅の条所引「伊吉連博徳書《いきのむらじはかとこのふみ》」に、

閏十月一日、行きて越州の底（なか、治所）に到る。十月十五日、駅に乗りて京に入らんとす。廿九日、馳せて東京（洛陽）に到る。天子、東京に在り。

とある。文中の「十月十五日」を「閏十月十五日」の意と見れば、このときの遣唐使節は越州・洛陽間を一四日で移動したことになる。越州・洛陽間の距離を、『旧唐書《くとうじょ》』地理志三、『通典《つてん》』州郡典一二、『太平寰宇記《たいへいかんうき》』巻九六は、いずれも二八七〇里とし、『元和郡県図志《げんなぐんけんずし》』巻二六だけは二六七〇里とするが、ここは二八七〇里を採用してよいであろう。すると、二八七〇里を一四日で移動するには、一日に二〇五里を進まねばならず、この数値は駅馬の一日進行規定の一八〇里を上回る速度ということになる。

ただし、後期遣唐使の例を見ると、必ずしもこのような高速度で移動してはいない。たとえば、『続日本紀』宝亀九年（七七八）十月乙未条に見える小野滋野《おののしげの》の帰朝報告によれば、この時の上京使節は前年の十月十五日に揚州を出発して翌年の正月十三日に長安に到着している。『廿史朔閏表』や『唐代の暦』（唐代研究のしおり一）によれば、この年（唐・大暦十二年）の十月は大の月、十一月は大の月、十二月は小の月であるから、小野滋野らは揚州・長安間を八十七日かけて移動したのである。

また、承和の遣唐使を見ると、同行した円仁の『入唐求法巡礼行記』によれば、大使藤原常嗣《ふじわらのつねつぐ》らは唐・開成三年（八三八）十月五日に揚州を発ち、十二月三日に長安に着いている。その間、五八日である。

これらの遣唐入京使は、駅馬を利用したのではなく、船で移動している。したがって、前掲『新唐書』百官志の規定は後期遣唐使には適用されておらず、それは唐初期の規定を記したものと見られる。

それならば、こうした外国使節の移動の変容は、唐の駅伝制そのものの変化や弛緩と連動した現象なのであろうか。

四　行政と駅伝制

もう一度、『入唐求法巡礼行記』を取り上げてみよう。開成三年七月に揚州管内に上陸した円仁は、なるべく早く天台山に向かいたい旨の希望を遣唐大使経由で揚州に提出し、それは揚州から長安の中央政府の裁可を仰ぐこととなった。八月十日の条に、勾当の王友真が円仁に、

相公（揚州刺史李徳裕）の奏上、既に了んぬ。須らく勅の来るを待ち、発して台州に赴き去《ゆ》くべし。

と伝えたことが記される。長安からの返信の来着は、九月十三日の条に、

聞くならく、相公の奏状の報符、揚府に来ると。未だ子細を得ず。

と見える。つまり、この時の文書の往復は三三日を要したのである。中央で決済する時間が必要であるから、便宜上それを三日と考えると、揚州・長安間は往復三〇日、片道一五日ということになる。[注5]

天台行きを許可されかった円仁を揚州に残して、藤原常嗣ら入京使は揚州を出発したが、十二月十八日に王友真が来て、

大使ら、今月三日を以て京都に到り了んぬ。

と述べ、大使らの長安到着を伝えた。このケースは、十二月三日に使節の到着とともに長安を出発した連絡が十八日に揚州に届いたのであるから、片道は一五日かけたことになる。すなわち、揚州・長安間の移動時間は一五日というのが穏当な線といってよい。そして、これは官文書の伝達に要した時間である。

揚州・長安間の距離を、『旧唐書』地理志三は二七五三里、『通典』州郡典一一は二五六七里、『太平寰宇記』巻一二三は二七〇〇里とし、『元和郡県図志』は揚州は欠巻である。このうち、『通典』の二五六七里という数値はおかしく、これは同書が揚州より近い楚州・長安間の距離を記した里数と全く同じ数値である。したがって、ここは『旧唐書』と『太平寰宇記』を採用するのが妥当であり、仮に端数を切り捨て二七〇〇里とする。この里数を一五日かけて移動するのであれば、一日の行程は一八〇里となる。この数値は、駅馬による一日行程規定をぴったり一致する。つまり、以上の官文書は駅伝制によって伝達されたのであり、それ以外ではこの速度は得られなかったであろう。

すなわち、外国使節の唐国内移動の場合はともかく、官文書伝達においては、円仁が渡唐した九世紀半ばに

なっても、唐の移動行程規定は維持されていたのである。それも当然で、これが維持できなければ行政は運営できず、ひいては王朝の支配体制が保てない。当時の地理書に記される里程は、長安や洛陽からその地点までの直線距離ではなく、駅伝制を使った場合の必要日数を算出するためのものなのである。それが算出できなければ、詔勅を発した場合などに、どれほどの時間でそれが帝国内に行きわたるのかが、つかめないのである。

なお、行政上の通達には、当然緊急を要する事態が生じることがある。そうした急使の場合は上述の行程規定などは守ってはおられないのであって、駅伝制を利用して一日五〇〇里近く走破することもあった。[注6]もし揚州・長安間をこの速度で走れば、五・四日で伝達されることになる。これは特異な速度であろうが、日本の駅伝においては、たとえば天平十二年（七四〇）の藤原広嗣《ふじわらのひろつぐ》の乱の際には、大宰府と平城京（揚州・長安間の約半分の距離）は五日で連絡が通じている。[注7]

五　駅伝以外の移動規定

円仁『巡礼行記』には、開成四年（八三九）正月二十一日の条に、

　大使らの去る年十二月六日の書、将来す。其の状を案ずるに称す、「十二月三日、平善（無事）にて上都に到る……」と。

と記される。この書状は、長安から四四日かけて揚州に届いている。駅伝を利用したのであれば、これほどの日数を要するはずがなく、これは私文書であるから別の方法で届けられたのである。

唐の交通行程に関する規定には、駅伝以外に、『大唐六典』巻三、戸部度支郎中に次の一日行程の規定が見

える。

陸行の行程　馬…七〇里、徒歩および驢馬…五〇里、車…三〇里

水行の行程　重い舟での遡行　黄河…三〇里、長江…四〇里、他川…四五里

空舟での遡行　黄河…四〇里、長江…五〇里、他川…六〇里

沿流の舟（軽重とも）　黄河…一五〇里、長江…一〇〇里、他川…七〇里

この規定は、駅伝制とは無関係と見なければならない。なぜなら、ある駅から七十里や五十里を進んでも、そこには駅は存在しないからである。この行程は、たとえば租調庸の運搬や力役で指定場所に向かう役丁などの行程を規定したものである。また『唐律疏議《とうりつそぎ》』巻三、名例律「諸流配人在道会赦」条には、流配罪人が流配地に向かっている途中で恩赦が出た場合、行程規定に反している者は恩赦の対象としないと定めているが、「疏議」はその行程の解釈に右の『六典』度支郎中と同じ「令」文を引用している。

右の規定や駅伝の行程は、公的な移動・交通の場合に適用されるものであり、それ以外の私的な移動はなにもこの束縛をうけるものではない。しかしながら、そうはいっても全く自由な移動が容認されていた訳でもない。なぜなら、駅道には関所が設けられており、「過所」（通関手形）がなければ通れないからである。さらには、移動する者は今日のパスポートに相当する「公験」を所有していなければならなかった。過所も公験も、正当な理由と認められなければ発行してはもらえなかった。

こうして、王朝は人や物の移動を管理して権力を維持していた。強力な政権が長期間存続すると文化が均一的な性格へと向かう理由の一つとして、交通制度は重要な要素なのである。

六　朝貢と賓礼――唐と外国との交流――

中国前近代において、諸外国との国家レベルでも交流は「朝貢」ととらえられ、それは唐においても同様である。唐では、上述の交通網のさらにその外側には、外夷との関係が恒常的に控えていることを、明らかに認識していた。

中央官署の一つ尚書省戸部は国家収入を管轄するが、『大唐六典』巻三、戸部は、国内を十の「道」と称される行政区画に分けてそれを記す。十道とは、関内道（長安周辺と今日の陝西、寧夏、甘粛・内蒙古の一部）、河南道（河南、山東）、河東道（山西）、河北道（河北）、山南道（長江流域南部）、隴右道（甘粛）、淮南道（淮水・長江間）、江南道（江西、湖南、福建）、剣南道（四川、雲南）、嶺南道（広東、広西）である。

『六典』はそれぞれの道について、①昔の地域名、②今の管轄州、③四至（東西南北の境界）、④山川の自然地理、⑤賦（調庸）の納物、⑥貢（貢献＝特産品）の納物、の順に説明し、最後にいくつかの道では「遠夷の貢献」が記される。それらを挙げれば、次のとおりである。

関内道……遠夷は則ち北蕃の突厥の朝貢を控《ひ》くなり。

河南道……遠夷は則ち海東の新羅・日本の貢献を控くなり。

河北道……遠夷は則ち契丹・奚・靺鞨・室韋の貢献を控くなり。

隴右道……遠夷は則ち西域の胡戎の貢献を控くなり。

江南道……遠夷は則ち五渓の蛮を控くなり。

剣南道……遠夷は則ち西河河（西洱河）群蛮の貢献を控くなり。

嶺南道……遠夷は則ち百越及び林邑・扶南の貢献を控くなり。

ここには、合計十三の国・民族名が見えるが、『六典』巻四、礼部主客郎中の条には、同書編纂時（玄宗・開元年間、八世紀前半）のものとして七十余の朝貢国が記されるので、以上はその代表的な国を挙げたに過ぎない。

さて、右の史料には「貢献」と記されるので、外国使節が朝貢してもたらした財貨（国信物）は、国内の特産品の貢献と同様に扱われたことになる。唐の租税制度は、布帛で納められる調庸は都の左蔵庫に入れられ、各地の特産品である貢献物は右蔵庫に入れられた。外国の朝貢使節から唐・皇帝への献上品は貢献と扱われるのであるから、これも右蔵庫に保管された。日本の遣唐使がもたらした美濃絁・水織絁なども同様である。貢献物の一部、おそらくは品質の良いものは、皇帝の私庫である内蔵庫に移管され、さらには調庸物や貢献物を材料として都の官営工房で製品化され、それも内蔵庫に入れられた。そして、臣下への賜物や外国使節への返礼品は、内蔵庫から出された。したがって、日本からの国信物が他国への返礼品に再利用されることも、可能性としてはあり得たのである。

ところで、唐国内各地からの貢献は、地方官が管轄内の特産品を都に毎年送る制度であるが、「某所でいいものが採れたので今年はそれを送る」というものではなく、あらかじめ貢献する物品が土地ごとに定められていた。そしてそれは、専門に生産する戸や集落によって作られていた。たとえば、高級帛織物であれば、王建「織錦曲」（『王建詩集』巻二）に謳われる「織錦戸」、元稹「織婦詞」（『元氏長慶集』巻二三）の「貢綾戸」、白居易「繚綾」（『白氏文集』巻四）の「越渓の寒女」などが織って、それを地方官が買い上げて中央に貢献した。[注8] したがって、正倉院や法隆寺に伝わる錦が、こういう人たちによって織られたものである可能性も、否定できないのである。

ところで、唐・皇帝と外国使節とのこうした物品の授受は、中国に伝統的な五礼のうちの賓礼に則って行われた。唐代の朝貢使節は、使節構成員の多くは到着した辺境の州にとどまり、大使・副使などトップの構成員のみが入京するのであるが、都における賓礼は、次の手順を踏む。[注9]

①宮中からの使者による迎労の儀（長安の一つ手前の駅、または迎賓館）
②皇帝謁見日を伝達する儀（迎賓館）
③皇帝謁見の儀――外国使節が国書と献上品を渡す儀式（宮殿）
④宴会の儀――終了後に唐からの返礼品授与（宮殿）
⑤唐からの国書宣授の儀（迎賓館）
⑥辞見の儀――帰国前の暇乞い（宮殿）

以上が当時の正式な外交儀礼であるが、基本的にこの儀礼は文書と物品の交換によって成り立っていることがわかる。外国使節の国信物は、儀式③の前にあらかじめ鴻臚寺がその価値を調べた。儀式④で渡す返礼品の高下を決めなければならないからである。使節構成員は、国信のほかに、個人的に唐の高官などへ贈る物品も用意しなければならない。こうした私的な贈物のことを唐では「私覿《してき》」と呼ぶが、[注10]それも含めれば使節派遣には相当の費用がかかったはずである。

一方、儀式③と⑤で交換される国書は、この時代には唯一の国家意志伝達手段であった。いわば最重要文書に属するものであり、同時に漢字文化圏の諸国はそれから文言や伝達表現を学んだと思われる。唐の国書様式の一つ「慰労制書」を日本が「慰労詔書」として受容したのはその一例であり、さらには、延暦十五年（七九六）五月に渤海使節呂定琳に下された桓武天皇の慰労詔書は、張九齢撰「勅日本国王書」（『唐丞相曲江張先生文集』巻一

二、開元二十三年（七三五）の文言を参照したと思われる箇所が見られる。[注11]

唐の朝廷における外国使節の交流は、以上にとどまるものではない。上述の儀式は、いわば大使クラスの任務である。構成員の中心人員も参列するが、それよりも迎賓館などにおける唐の官僚との交流が重要であろう。特に鴻臚寺典客署と礼部主客郎中は外国の客に対応するので、使節はその官吏と接する機会が多かった。このような官吏と外国使節との交流は日本史においても注目され、佐藤信氏はそれを「大臣外交」と称している。[注12]

また、『六典』巻五、兵部職方郎中の条には、外国使節が京に来た時には、鴻臚寺に委ねて、その国の山川・風土を訪ねて地図を作成するとあるので、鴻臚寺は使節到来ごとに本国の状況を問いただしたのである。それらの情報は、中書省の史館に保存され、皇帝崩御後に編年体の『実録』が編纂される際に朝貢記事として入れられ、『国史』を経由して最終的には正史外国伝となる。宋代の例であるが、『新唐書』日本伝が、奝然《ちょうねん》の著作『王年代紀』を史料にして天皇の系譜を記したことは、河内春人氏によって考察されている。[注13]

外国使節側にしても、唐の朝廷の状況や都の情報の多くは、鴻臚寺や礼部の官吏との交流、あるいは場合によっては接待使との交流を通して入手し、それを本国に伝えたと思われる。

七　外地との交通

唐政府と外国との交流が以上のようであれば、当然ながらそこには外地から唐につながる交通網が存在しなければならない。この点については、『新唐書』巻四三下、地理志七下の末尾に、徳宗・貞元年間（八世紀末～九世紀初）の宰相を務めた賈耽《かたん》の作として、まとまった記述が見える。一般に『四夷述《しいじゅつ》』と称される史料で、辺地から外国に向かう次の七路が記される。

①営州（遼寧省朝陽）から松陘嶺を経由して安東都護府に通じる道[注14]
②登州（山東省蓬萊）から鴨緑江を経由して渤海に通じる道
③夏州（陝西省靖辺北方）から山西省北部の大同・雲中に通じる道
④中受降城（内蒙古包頭付近）から呼延谷を経由してウイグルに通じる道
⑤安西都護府（トゥルファン）から西方諸国に通じる道
⑥安南都護府（交趾）から天竺に通じる道
⑦広州から南海諸国に通じる道

ここには見えないが、日本はいうまでもなく海路でつながっており、先に掲げた『六典』戸部の「遠夷の貢献」記事では、日本の貢献は河南道の項に記されていたので、それは朝鮮半島経由で山東に上陸していた時代の様子を伝えたものと見られる。

山東半島は、新羅や渤海国ともつながっていた。円仁の時代であるが、彼は山東省文登県にあった新羅人の寺院「赤山法花院」に滞在したばかりか、その周辺に新羅坊と称される新羅人居留区の存在を伝えている。赤山法花院は新羅の清海鎮大使張宝高（張保皐）が寄進し建立した寺で、張宝高は山東半島・朝鮮半島・北九州をつなぐ貿易にたずさわっていた。新羅坊は、そうした商業に関わる新羅人が居住していたと思われる。[注15]

また、円仁は登州に立ち寄った際、『巡礼行記』開成五年（八四〇）三月二日条で、

城南の街東に新羅館、渤海館有り。

と記している。これらは、両国の使節や貿易商人の滞在する施設と思われる。さらに登州から西に向かった円仁

は、三月二十日に、北海県（濰坊《いぼう》）付近で帰国途上の渤海使節団とすれちがった。渤海と唐は、登州から廟島群島を経由して遼東半島の旅順に至る海路で通じていたのである。前掲『四夷述』のルート②であり、この路程が機能していた点は、振国の大祚栄を渤海郡王に冊立するために向かった唐の使節が、帰路に旅順で井戸を掘った記念碑「鴻臚井の碑」が旅順に残されていたことが、何よりも如実に物語っている。[注16]

南方は『四夷述』のルート⑥、⑦の海路で東南アジア・インド方面と通じているが、今日の福建・広東・広西地方は唐の前半期にはまだ直接統治が及んでおらず、中央との連絡ルートは広州から洞庭湖域に通じる道をとるのが普通であった。ただし、広州は以前から港市が開けており、宋代に活発化する市舶使は玄宗・開元二年（七一四）にすでに「嶺南市舶使」の名が見える（『唐会要《とうかいよう》』巻六二、御史台下、諫諍）。

北方に目を向けると、こちらは東方や南方よりもはるかに早く通じていた。『四夷述』のルート④であるが、突厥との交通路は唐初から「参天《さんてん》可汗道《かがんどう》」として知られていた。この名称は、唐・太宗が東突厥第一可汗国を滅ぼし、テュルク系諸族から「天可汗」の称号を贈られたことに因む。近年、モンゴル国の首都ウランバートルの南方約三八〇キロメートルにあるデル山の岩壁に、唐の「麟徳二年（六六五）六月廿八日」の紀年とともに、「劉文智」「霊州輔翼府校尉程憲」の二人の名が刻される漢文刻銘が見つかった。これは、霊州の管轄下にあった折衝府の一つ輔翼府の校尉であった程憲という人物が、唐がテュルク諸族統治のために置いた都護城と霊州との往復の際に記念として刻した落書きと思われ、参天可汗道の機能を証明する史料といえる。[注17]唐・儀鳳三年（六七八）「度支奏抄」には、

　安北都護府の諸駅の賜物は、霊州都督府より給せ。単于大都護府の諸駅の賜物は、朔州より給せ。

という条文が見えることからも、[注18]唐とモンゴリアとの交渉の拠点の一つが霊州に置かれていたことがわかる。ま

た、武田科学財団杏雨書屋所蔵の敦煌文献に通称「駅程記断簡」（羽〇三二）といわれる文書が存在し、そこには山西省雁門関から陰山山脈の南を西にたどって西受降城方面に通じるルートが記されている。[注19]

西方も、北方と同様に唐初より通じていた。太宗期に青海地方の吐谷渾を討伐し、トゥルファンの高昌国を滅ぼして、唐がその地に西州を、またジムサに庭州、クムルに伊州を置いてからは、通商は盛んとなった。『四夷述』のルート⑤である。この時代の西域のルートは、漢魏時代のように天山南路と崑崙北路とによって通じていたのではなく、主として天山山脈沿いのルートであった。したがって、以前のように敦煌を経由するのではなく、その東北の瓜州（甘粛省安西）より北西に向かってハミを経由し、トゥルファンに至るルートが主流であった。唐代にこのルートをとって西方から中国に通商しに来たのは、よく知られるペルシア系ソグド商人であった。ソグド人はそれ以前から華北に移住してコロニーを作っていたが、それは四世紀から本格化するユーラシアの民族移動と連動した現象であり、[注20]交易のための来往は唐代に活発化する。[注21]なお、西方オアシス諸国は遊牧政権と密接な関係をもつので、モンゴリアに強力な遊牧国家が成立すると、それを経由して中国とつながる。『隋書』巻六七、裴矩《はいく》伝に、突厥の射匱《しゃき》可汗の使者が「西蕃の諸胡」を率いて隋に朝貢したと見えるのはその一例であり、河西地方がチベット高原の吐蕃の勢力下に入ると、西域と唐とがモンゴリアのウイグルを経由してつながっていたのも同様である。

八　海商の時代

七世紀前半にインド留学に向かった玄奘三蔵は、高昌国を出る際に国王と、帰路に再度同国に立ち寄る約束をした。ところが、インド滞在中にその国王は死去し、高昌国も滅亡してしまったのであるが、玄奘はそのニュースを帰路の活国（クンドゥズ）で聞いたと考えられている。[注22]

七世紀末に、唐の支配から突厥の独立闘争をおこしたトニュククは、一時は敵に囲まれて窮地に陥ったが、『トニュクク碑文』南面第一行には、

oγuzduntan küräg kälti〔オグズの方から逃亡者が来た〕

とあり、その逃亡者からオグズ（突厥北方のテュルク系九部族）の情報を得て、行動を決した。このように、かなり離れた距離であっても、いつの時代にも情報は伝達されるものである。もっとも、『トニュクク碑文』の **küräg** は **körüg**（「見る」の派生語）と読み、「斥候」とする解釈もある。[注23]

斥候、間諜、スパイというものは、常に暗躍する。八世紀の初め、突厥第二可汗国の黙啜可汗が暗殺されて国内が混乱すると、多くの突厥人が難を逃れて南下し、唐は彼らをオルドス地方に受け入れた。それに対して、『旧唐書』巻九三、王晙《おうしゅん》伝には、

突厥から唐に帰ってきた者に聞いたところ、降付した突厥人は北に逃げ帰り、南北に情報が詳しく伝達され、彼ら降人は裏切って細作を行っているとのことです。

という旨の王晙の上奏が採録されている。「細作」とはスパイ行為をいう。

また、五代十国期のことであるが、『遼史拾遺』巻三、本紀太宗下、会同七年（九四四）十二月の条に、後晋・少主（出帝）の時代のこととして、抄訳すると、

脚のない美しい娘を、父親が車に乗せて、押して遼と中国の間を乞食をして回っていた。後に遼の間諜を捕まえて取り調べたところ、その娘が間諜の領袖であった。

というエピソードが載せられている。

間諜はその性格上、文献史料に記される例は極めて稀であろうが、いつの時代にも多くの者が活動していたであろう。ただし、彼らが伝える情報は、国家の政治機密である。そうではない一般的なニュース情報は、多くの場合は行人によってもたらされたと思われる。しかも、その多くは商人であろう。商業は、他の職業と比較してはるかに行動範囲が広いのであり、情報の多寡は商人の死活問題にかかわる。情報と商業とは、表裏一体のものなのである。

話を中国唐代に戻すと、八世紀中葉に勃発した安史の乱を境にして、唐の前半期は律令制がほぼ施行された時代と考えられる。ところが後半期になると、中国内地に節度使が林立し、唐は藩鎮割拠の体制となり、以前のように律令で全国を統治することが困難となった。中央の統制力が弱まり、束縛から逃れると動き出すのは商人である。国内の遠隔地交易が活発化し、それは外国貿易とも連動するようになった。九世紀になると、海商（海上貿易商人）が経済で重要な役割を演じ始める。それ以後は、もはや国家使節団が派遣される時代ではなくなった。事実、日本の『本朝文粋』巻七には、五代十国の一つで長江下流域に独立した呉越国に宛てた国書が二通載せられ、それらによれば呉越の蔣袞《しょうこん》・蔣丞勲という商人が両国の国書を運んでいたことが知られる。蔣丞勲は、『日本紀略』後篇二、承平五年九月・六年七月条に見える「蔣承勲」と同一人物、もしくは同族であろう。また、成尋《じょうじん》『参天台五臺山記』末尾には、宋・皇帝の御筆の文書（国書）が孫吉という海商の船に積み込まれたことが記される。

『旧唐書』巻一九九上、日本国伝には、日本の遣唐使は、
得る所の錫賚は、盡く文籍を市《か》い、海に泛《うか》びて還る。

と評されている。この記事は、玄宗・開元年間にかけられているので、日本の使節は唐前半期から中国の書籍を求め、それが唐側には特徴的と映ったのであろう。ただし、『唐会要』巻三六、蕃夷請経史の条には、新羅や渤海の使節が漢籍を求めてそれが許された記事が載せられるので、書籍に対する欲求は日本に限らず、漢字文化圏においては共通する現象であった。

そもそも、文化が伝播し、または交流して新しい文化が形成されるには、それぞれの文化の分野というものがある。農耕文化や青銅器・鉄器文化のような生活文化に大きく影響を及ぼす分野においては、作物や物品だけでなく技術者の移動が必要であろう。また、宗教文化や絵画・彫刻などの工芸文化においても、やはり作品だけでなく技術者を必要とするであろう。文化のどの側面に注目するかによって、様々の文化領域や文化圏が想定され、日本は列島各地の間にだけでなく、大陸との間に文化領域・文化圏を形成して、文化の層を重ねてきた。[注24]また、それらの文化が日本の社会や歴史に与えた影響についても、様々の問題が論じられてきた。[注25]

ただし、学術や文芸の分野の伝達においては、書物の移動をどうしてもともなわなければならない。日本は、漢字に接してその書写から始まり、和語の漢字訓読み化を経て漢文の日本語化に成功し、唐の時代はその文化層の上にさらに多くの書物を必要としたのである。[注26]したがって、日本の遣唐使は漢籍を求めたのであるが、その輸入に拍車がかけられるのは、むしろ唐後半期の海商の隆盛によってであろう。『文徳実録』巻三、仁寿元年九月乙未条に、藤原朝臣岳守死去の記事を載せ、岳守の生涯を記して、

〔承和五年（八三八）〕出でて大宰の少弐と為り、大唐の人の貨物を検校するに因り、適《たま》たま元白の詩筆を得て奏上す。帝、甚だ耽悦す。

とあるのは、その典型的な事例といえよう。文中の「詩筆」は、本居宣長が『玉勝間』四の巻で、

詩集を写し誤れるならむか、集ならば、はじめて渡りまうで来つるなるべし、こは楽天まだ世に在しほどのこと也き

と述べているが、元稹と白楽天の詩集であれば、驚くべき速さで輸出されているのである。

ところで、唐文化（特に学芸）の輸入というと、われわれはつい長安の文化の輸入を想定しがちである。ところが、丸山裕美子氏によれば、東大寺「赤漆文欟木御厨子」所収の聖武天皇筆『雑集』一巻に最も多く引用される唐の『鏡中釈霊実集』という書物は、両唐書の経籍志・芸文志には見えず、越州で記されたものであり、氏はそれを養老の遣唐使が持ち帰ったものであることを明らかにし、日本の唐文化輸入における越州の文化の重要性を指摘された。[注27]

さらに、原豊二氏は、主として承和の遣唐使を取り上げ、随行した楽人の多くは長安に行ってはおらず、彼らが学び、持ち帰った楽書・楽譜は揚州の文化であり、しかもそこにはソグド文化が色濃く反映されていることを述べられた。[注28]

これらの指摘は極めて重要である。八世紀・九世紀の遣唐使が帰国に際して出航した地は越州・揚州であり、日本への海商の出港も寧波が中心であるから、すなわち長江河口付近およびそのやや南方の沿岸地は、東アジア海域文化圏のネットワークの一つの頂点たり得るのである。

そもそも、ある文化が他文化の影響なしに形成されるということはほぼありえない。唐代の中国文化は、伝統的な中国文化に北方の遊牧系文化や西方のペルシア系文化が入り込み、それが使節や商人を媒介に日本に伝わるか、あるいは百済や新羅の文化を媒介に日本に伝わったのである。

さらに、もう少し広い視点でこの時代を見れば、漢魏晋期に確立した中国古典文化は、民族移動の余波を受け

て解体・分裂し、その後に北方文化・西方文化の影響を強く受けた隋唐によって再編され、それが周辺の国に広がり、そして唐の消滅によって各国・各民族独自の文化が成立するという歴史である。ここに、それぞれの国・民族間における文化層の関連性の一端に迫る可能性が開けるであろう。各国独自の文化の一例が固有文字の創設であり、日本のカナ文字もその一つである。妹尾達彦氏は、以上の時期を「多様性の出現（三～五世紀）」、「普遍の創造（六～八世紀）」「固有の形成（九～十三世紀）」と表現されたが、[注29]妥当なとらえ方といえるであろう。

注

1 W・シュミット、W・コッパース、大野俊一訳『民族と文化』上（河出書房新社、一九七〇年）一〇一～一〇二頁。
2 同右書、一〇三頁。
3 松田壽男『アジアの歴史』（NHK市民大学叢書21、一九七一年、『松田壽男著作集』五、六興出版、一九八七年、再録）。
4 森鹿三「漢唐一里の長さ」（同氏『東洋学研究――歴史地理篇――』同朋舎、一九七〇年、初出一九四〇年）。
5 中村裕一『唐代官文書研究』（中文出版社、一九九一年）第四章第八節一一「『入唐求法巡礼行記』にみえる情報伝達」（初出一九八八年）。
6 中村裕一前掲書、第四章第八節「唐代文献にみえる文書伝達例とその速度」（初出一九八三～八八年）。
7 近江俊秀『古代日本の情報戦略』（朝日新聞出版、二〇一六年）。
8 宮薗和禧『唐代貢献制の研究』（九州共立大学地域経済研究所、一九八八年）、石見清裕「唐の絹貿易と貢献制」（『九州大学東洋史論集』三三、二〇〇五年）。
9 石見清裕『唐の北方問題と国際秩序』（汲古書院、一九九八年）第Ⅲ部、および石見「唐の国書授与儀礼について」（『東洋史研究』五七―二、一九九八年）参照。
10 石見清裕「唐朝外交における私覿について」（鈴木靖民編『日本古代の王権と東アジア』吉川弘文館、二〇一二年）。

11　鈴木靖民・金子修一・石見清裕・浜田久美子編『訳註日本古代の外交文書』（八木書店、二〇一四年）、一一五頁、語釈（14）参照。

12　佐藤信「古代の『大臣外交』についての一考察」（村井章介・佐藤信・吉田伸之編『境界の日本史』山川出版社、一九九七年）、同「奈良時代の『大臣外交』と渤海」（佐藤信編『日本と渤海の古代史』山川出版社、二〇〇三年）。

13　河内春人「『新唐書』日本伝の成立」（河内『東アジア交流史のなかの遣唐使』汲古書院、二〇一三年、初出二〇〇四年）。

14　このルートに関しては、赤羽目匡由「安東都護府の推移と安史の乱における渤海の遼東進出問題――いわゆる賈耽「道里記」の「営州入安東道」記事の分析――」（赤羽目『渤海王国の政治と社会』吉川弘文館、二〇一一年、初出二〇〇七年）参照

15　堀敏一「唐代新羅人居留区と日本僧円仁入唐の由来」（『古代文化』五〇―九、一九九八年）、同「在唐新羅人の活動と日唐交通」（堀『東アジアのなかの古代日本』研文出版、一九九八年）。

16　酒寄雅志「『唐碑亭』、すなわち「鴻臚井の碑」をめぐって」（酒寄『渤海と古代の日本』校倉書房、二〇〇一年、初出一九九九年）。

17　鈴木宏節「ゴビの防人――モンゴル発見の唐代漢文銘文初探――」（『史滴』三七、二〇一五年）。

18　大津透「唐律令国家の予算について――儀鳳三年度支奏抄・四年金部旨符試釈――」（大津『日唐律令制の財政構造』岩波書店、二〇〇六年、初出一九八六・一九九〇・二〇〇〇年）。

19　齊藤茂雄「唐後半期における陰山と天徳軍――敦煌発現「駅程記断簡」（羽〇三二）文書の検討を通じて――」（関西大学『東西学術研究所紀要』四七、二〇一四年）。

20　石見清裕編著『ソグド人墓誌研究』（汲古書院、二〇一六年）。

21　荒川正晴『ユーラシアの交通・交易と唐帝国』（名古屋大学出版会、二〇一〇年）。

22　前嶋信次『玄奘三蔵』（岩波書店、一九五二年）一四六～一四七頁、長澤和俊『玄奘三蔵』（桃源社、一九七八年）三五七頁、注（15）、三六八頁、桑山正進・袴谷憲昭『人物 中国の仏教 玄奘』（大蔵出版、一九八一年）一〇五頁。

23　鈴木宏節「突厥トニュクク碑文劄記――斥候か逃亡者か――」（『待兼山論叢』四二、史学篇、二〇〇八年）。

24　こうした視点の研究としては、一部にとどめるが、下野敏見『東シナ海文化圏の民俗――地域研究から比較民俗学へ――』（未来社、一九八九年）、野村伸一『東シナ海文化圏――東の〈地中海〉の民俗世界――』（講談社、二〇一二年）、小林道憲『古代日本海文明交流圏――ユーラシアの文明変動の中で――』（世界思想社、二〇〇六年）等。

25 前注同様一部にとどめるが、鈴木靖民『日本古代の周縁史――エミシ・コシとアマミ・ハヤト』（岩波書店、二〇一四年）、同『日本古代の東アジア交流史』（勉誠出版、二〇一六年）、田中史生『越境の古代史』（筑摩書房、二〇〇九年）、同『国際交易と古代日本』（吉川弘文館、二〇一二年）、同『国際交易の古代列島』（KADOKAWA、二〇一六年）、皆川雅樹『日本古代王権と唐物交易』（吉川弘文館、二〇一四年）等。

26 漢字・漢文の日本語化については、大島正二『漢字伝来』（岩波書店、二〇〇六年）参照。

27 丸山裕美子「正倉院の「書籍」と隋唐文化」（シルクロード・奈良国際シンポジウム記録集六『シルクロードを翔る――遣隋使と遣唐使――』なら・シルクロード博記念国際交流財団シルクロード学研究センター、二〇〇三年）。

28 原豊二「多様なる遣唐楽人の姿――階層・地域・ブックロード――」（『和漢比較文学』五七、二〇一六年）。

29 妹尾達彦「中華の分裂と再生」（岩波講座世界歴史〈新版〉九『中華の分裂と再生』岩波書店、一九九九年）。

律令国家の京と国々

――人・モノ・文化・情報――

金田　章裕

はじめに

「古代のネットワーク」について歴史地理学的側面から見る、というのが著者に託された課題である。これを空間的・地域的ネットワークとすれば、それが形成されるためには、ネットワークの単位として地域が機能していないといけないことになる。とすれば、古代における地域の様相から眺めていく必要がある。

小稿では、まず日本古代の国や、国の集合としての地域単位について見ていきたい。基本的な地域単位を国とすれば、国の内部が郡に分割され、一方、国の集合は広域の地域となる。広域の単位は、国々の集合である「畿内」および「道《どう》」として整備され、出現していた。

そこで、これらの多様な規模の地域の成立過程と機能を概観したのち、それらを具体的に繋ぐ官道網とその変遷、および通交の状況について見ていく。大小の地域間を動くのは基本的に人とモノであるが、陸路を基本とした人の移動と、水運を最大限利用した重量物の輸送との違いと実態にも注目しておきたい。

さらに、人やモノの移動とともにいろいろな情報が伝わったことも重要であろう。京から各道へ、また道を構成する各国へと国家制度や政策が伝達され、また様々な京の文化が伝播した。一方、七道の各道や、各道に属する個々の国々など、それぞれの地域からも、人・モノ・文化・情報が京へと向かった。京出身の役人や、京を経験した人々もまた、赴任先へ京の文化を伝え、また地元へと文化を持ち帰った。これらの文化・情報そのものや、そのような文化・情報の伝達・伝播についても、それを担った人々を中心に、古代のネットワークの一端を見ていきたい。

一　畿内と七道の成立

日本では七世紀中ごろから次第に制度が整備され、八世紀初めの大宝律令によって律令国家の地域制度が確立した。その間若干の変更はあるが、九世紀初めの『延喜式』（民部上）において、その全体像を記している。[注1]

それによれば、国土全体が次の様に区分されていた。

「畿内」五か国（山城・大和・河内・和泉・摂津）、

「東海道」一五か国

（伊賀・伊勢・志摩・尾張・参河・遠江・駿河・伊豆・甲斐・相模・武蔵・安房・上総・下総・常陸）、

「東山道」八か国（近江・美濃・飛驒・信濃・上野・下野・陸奥・出羽）、

「北陸道」七か国（若狭・越前・加賀・能登・越中・越後・佐渡）、

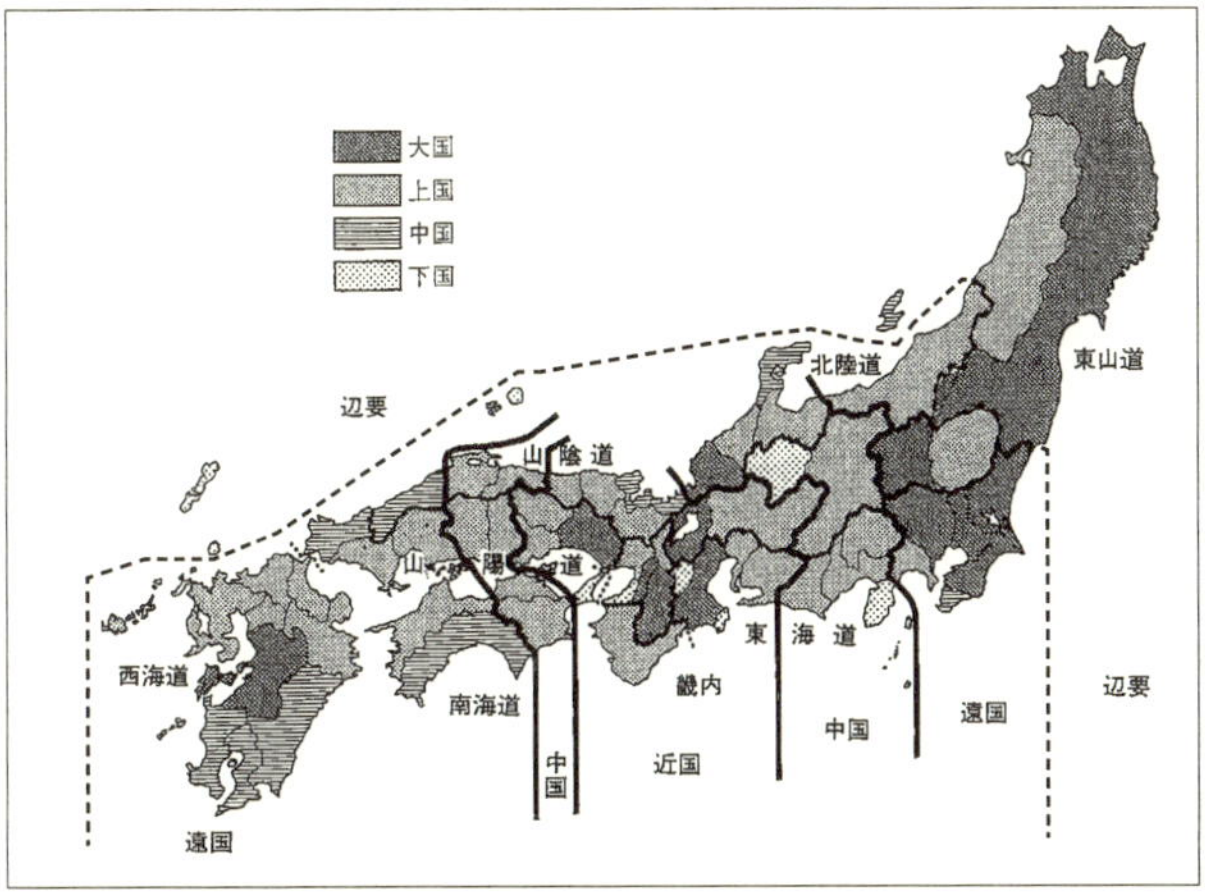

挿図１　古代日本の国々の位置付け

「山陰道」八か国（丹波・丹後・但馬・因幡・伯耆・出雲・石見・隠岐）、
「山陽道」八か国（播磨・美作・備前・備中・備後・安藝・周防・長門）、
「南海道」六か国（紀伊・淡路・阿波・讃岐・伊豫・土佐）、
「西街道」九か国二島（筑前・筑後・豊前・豊後・肥前・肥後・日向・大隅・薩摩・壱岐島・対馬島）

畿内は五か国からなり、「五畿」と称されることも多い。『延喜式』ではこれら五畿七道の国々について、規模を等級（大・上・中・下）として記し、さらにそれぞれの国の所属郡名をも一覧に表示している。

さらにこれらの国々を、畿内からの距離によって、近国・中国・遠国・辺要に区分している。

畿内から東・北では、東海道が、参河まで近国、甲斐まで中国、以下遠国であり、同様に東山道は、美濃まで近国、信濃まで中国、以下遠国、北陸道は、若狭が近国、越中まで中国、以下遠国であった。

西・南では、山陰道が因幡まで近国、出雲まで中国、以下遠国、山陽道は備前まで近国、備後まで中国、以下遠国であり、南海道は、淡路まで近国、讃岐まで中国、以下遠国であった。西海道はすべて遠国であった。これらのうち遠国ではさらに、東北端の陸奥・

出羽と佐渡・壱岐・対馬の島嶼国は「辺要」とされた。

このような五畿七道諸国の国々と区分は時期によって若干の変動をしたが、上記のような『延喜式』記載の状況はその結果である。

まず畿内から見ていきたい。畿内の範囲が最初に設定されているのは、史料的には「大化改新詔」(『日本書紀』大化二年(六四六))である。ただし『延喜式』のような五か国からなる畿内の範囲ではなく、「名墾横河・紀伊兄山・明石櫛淵・近江狭々波合坂山」という地点が表示された、四至内という設定であった。これを地図上で確認すると、長柄豊碕宮を中心にほぼ半径五〇キロメートルの範囲となる。次いで大津宮の時代には、近江国の周囲に「愛発・不破・鈴鹿」の三関が設定され、これらとは別に設置された「高安城」を加えて実質的な四至であったと推定されるが、やはりこれも大津宮を中心にほぼ五〇キロメートルの範囲となる。[注2]四か国(後に和泉監が自立して五か国)を基礎とした畿内国の確定は、『日本書紀』によれば天武四年(六七五)のことであった。

次いで天武十四年には、「東海道・東山道」の範囲を規定したことが記され、さらに「東海・東山・山陽・山陰・南海・筑紫」等の「使者」の記事がある。この記事に北陸・西海各道の名称は見られないが、これ以前の白雉五年(六五四)には「西道使」が見えるので、このころには七道がそろっていたとみてよい可能性がある。

これ以前には、この記事にみえる「筑紫」はじめ『延喜式』の国や道とは別の単位ないし呼称も使用されたようである。天武十四年条に北陸道が見えないことは前述のとおりであるが、それ以前の天智七年(六六八)にみえる「越国」や「越之路」などの表現の越国は、後に越前(分置した加賀国と、一時越中国に属した能登国を含む)・越中・越後の三国に区分され、さらに越後から出羽国が分置されたことを想起すれば、「越国」とは実質的に北陸道と大差ない。なお北陸道に限らず、もともと広域に及んだ国が、京から近い順に、前・中・後、あるいは上・下、等に分割されてそれぞれが一国となった例は多く、先に示した五畿七道の国々の一覧に見られるとおりである。

また『日本書紀』には、「東国」の表現が散見するが、これは別の地域単位に関わる可能性がある。ただし大化二年には、「東方八道」との表現も見られ、この場合の「道」は『延喜式』の「七道」とは異なった対象であったと思われる。

いずれにしても、天武十四年条の六道毎の「使者」は何らかの政治・行政上の任務を帯び、道はその範囲であったと見られる。ただしこの後、例外を除いて七道の各道は、これに類する常設の行政単位とはならなかったとみられる。

この例外とは西海道であり、そこに設置された「大宰府」は、職員令によれば帥―少典の定員一二人の官人からなり、式部省（定員一一人）を超える最大規模の役所であった。大宰府の名称が大宝二年（七〇二）に出現するまで、「筑紫都督府」（天智六年〔六六七〕）、「筑紫大宰」（推古十七年〔六〇九〕など）などとして設置され、西海道各国のとりまとめとともに、大陸との外交にあたっていた。

ただし、このような西海道・大宰府が例外とはいえ、道を単位とした役職はほかにも存在した。例えば、『続日本紀』天平宝字四年四月に「南海道巡察使」が任ぜられて「観㆓察民俗㆒、便即校㆑田」を業務としたことが知られるから、南海道では巡察使が道諸国の巡察と校田（田籍の確認）にあたったことになる。

さらに『日本紀略』延暦十四年（七九五）七月には、「任㆓畿内七道巡察使㆒」という記事が見えるので、「五畿七道」が、先の南海道に見られたような、臨時に巡察を実施する単位となっていたことはうかがえる。

さらに『延喜式』において、遠国のうち「辺要」とされた国々の原型と思われる表現は、『日本書紀』に蝦夷と境を接する「辺国」（大化元年）として現れる。これもまた、七世紀中ごろ以後の国土認識であり、その変化を反映する。

二　官道網の形成とその変更

七道は国々の集合からなる領域名であると同時に、宮都からそれぞれに延びる官営の道路（官道あるいは駅路）の名称でもあった。『日本書紀』には、すでに「駅馬・伝馬」のことが見える（大化元年）が、律令では「厩牧令」において、「毎卅里置一駅」と、三〇里（役一五キロメートル）毎に駅を設定することを定め、大路（山陽道）に駅馬二〇疋、中路（東海・東山道）一〇疋、小路（それ以外の四道）五疋、また伝馬を郡ごとに五疋と定めていた。駅には「駅長・駅子」が設定されて任務にあたった。駅の遺構も検出された例があり、小規模ながら官衙的構造であったことが知られている。

これらの官道の多くは、平野部では直線道であったことが知られており、丘陵部等では切通しをこしらえている例がしばしば確認されている。山陽道はじめ東海道や東山道など、大・中路では幅一二メートル程度で検出される例が多く、小路でも六メートル程度であった例がいくつも確認されている。[注3] 官道沿いには、ほぼ一五キロメートルごとに、駅が設置され、「厩牧令」に定められた駅馬が常備された。『延喜式』段階の四国（南海道）の官道網は挿図2の如くであったが、これもまたいくらかの改変の結果であった。

同図に示された『延喜式』の南海道は、淡路国を経て四国の阿波国東北部に入ると、讃岐国を通過した後、分岐して一方は伊予国府に向かい、他方は伊予国東端の大岡駅から別れて、土佐国府近くの頭駅へと直行するルートとなっている。もともと阿波・讃岐・伊予・土佐国の順に、西廻りに各国へと到達するルートであったもの

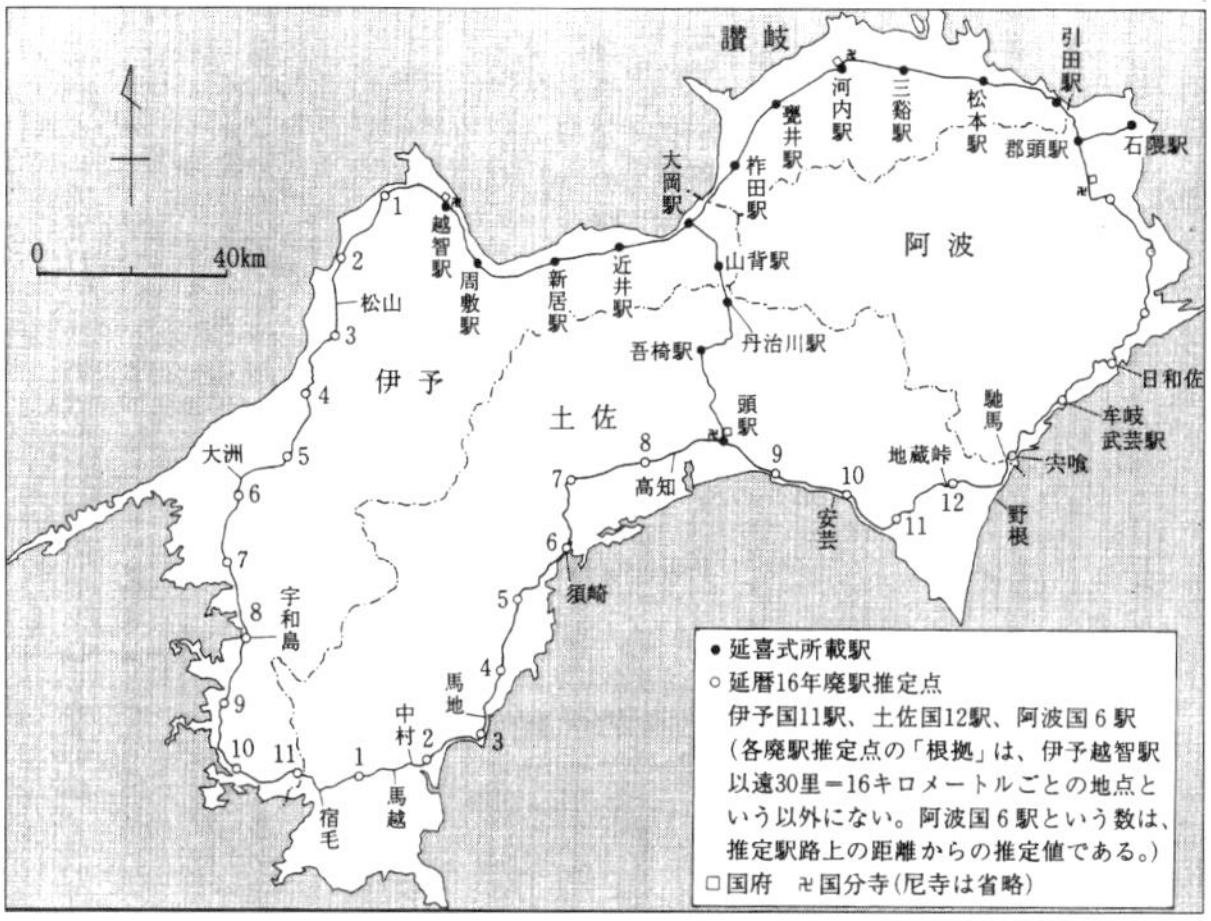

挿図２　四国環状路と延暦廃駅配置の想定（足利健亮「山陰・山陽・南海三道と土地計画」）

が、養老二年（七一八）に阿波国から土佐国への直接ルートが別に設定され、結果的に四国を一周する官道網となっていた。これが延暦十六年（七九七）に再度変更されて、挿図２のような『延喜式』のルートとなったものであった。

この経過と四国一周の官道ルートは、足利健亮によって明らかにされた。[注4] この場合、『続日本紀』養老二年五月七日条では次のような経過が記録されている。

土左（佐）国言。公私使直指㆓土左㆒。而其道経㆓伊予国㆒。行程迂遠山谷険難。但阿波国境土相接。往還甚易。請就㆓此国㆒以為㆓通路㆒。許㆑之。

つまり、「土佐国」から次の様に「言」ってきた。「公私の使いが直接土佐を目指すのに、伊予国を経てくるので非常に遠く、また道中の山岳地帯が険阻である。ところが阿波国からであれば隣接していて行き来が容易である。この国を通路としてほしい」というのである。そこで政府は、「これを許可した。」先述のような四度使等によって言上された、土佐国司の申し出を太政官が許可した、というのが実態であったと思われる。これによって、阿波国石隈駅から郡頭駅を経て讃岐・伊予国を経由した上で土佐国に至るルートと、郡頭駅から阿波国東部を経て土佐国に至るルートが設置され、四国を周回する官道が出来上がったことになる。

ところが『日本後紀』延暦十六年（七九七）には、「廃二阿波国駅家□、伊予国十一、土左（佐）国十二、新置二土左（佐）国吾椅舟川二駅一」とあって、伊予・土佐国だけで二十三駅（阿波国は不明）を廃止した。新たに土佐国に二駅を設置しているので、四国周縁を周回する官道ルートを廃止して、『延喜式』の挿図2のような各国国府への直行ルートへと変更したことが知られる。この前年には「南海道駅路迥遠、使令難レ通、因廃二旧路一通二新道一」との勅（『日本紀略』）が出されており、さらにその前年には、先に述べた「畿内七道巡察使」（『日本紀略』）が任命されていた。複数の国にまたがる官道の一部を廃止し、土佐国を含む各国への直行ルートの官道網を創設するという政策変更があったことになる。その背景には先に紹介した土佐国からの言上があったことは確かであるが、このような単一の国からの申し出はもちろんあったとしても、道全体に関わる巡察使の報告が直接の契機であったとして想定される。

三　近江・若狭間のルート変更

北陸道の官道ルートもまた、南海道と同じ頃に変化したとみられる。[注5] 挿図3のように、もともとの北陸道は、若狭国へまず向かい、次いで越前国以下の国々へと達するのが本来であったが、変更に伴い、『延喜式』では越前の気比駅（敦賀市）から若狭国へと向かう支路が設定されていた。この変更の前後のルートを示すと挿図3のようであり、旧北陸道沿いの若狭国には、平城宮木簡の検出によって玉置・野・葦田の各駅があったことが知られている。これらはいずれも、支路になった後の状況を記す『延喜式』では、すでに廃止されていたとみられ、濃飯・彌美の二駅（駅馬、各五匹）のみとなっていたことが知られる。おそらく彌美駅は継続していたものと推

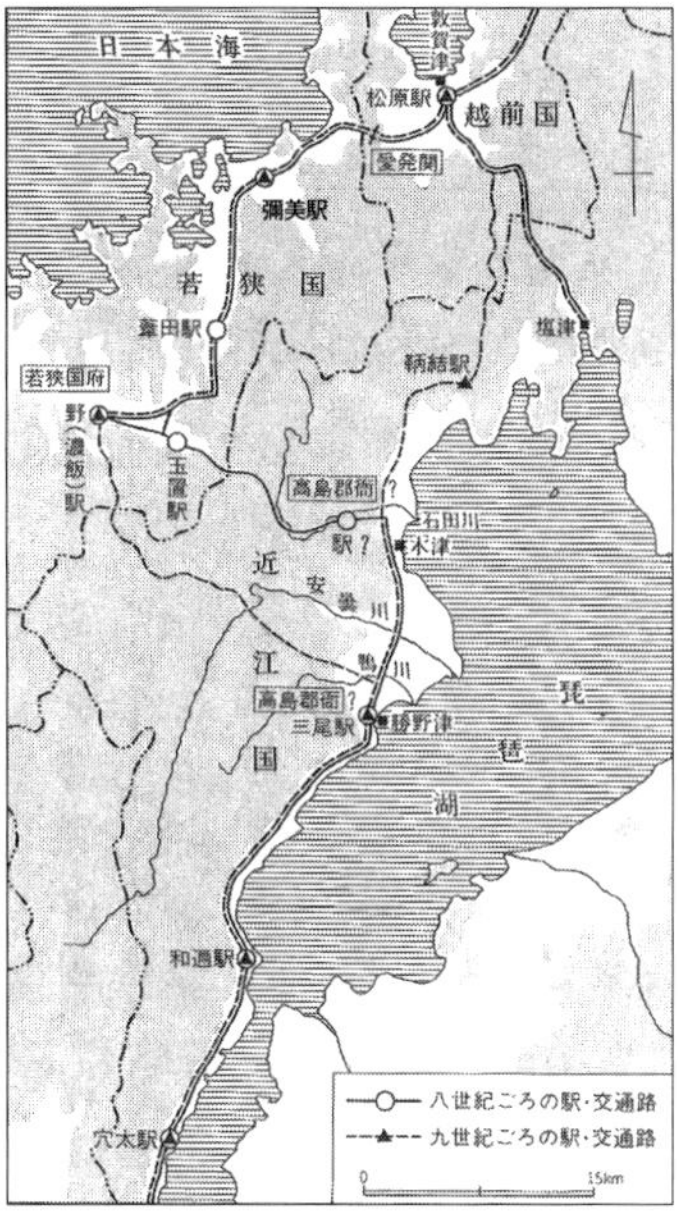

挿図３　北陸道のルート変更

定される。とすれば若狭国でも、ルート変更によって四駅から二駅へと減少したことになる。

ところが若狭国は、『延喜式』に北陸道の筆頭に書き挙げられている。北陸道では、若狭国だけが近国であり、越前国は中国であった。ほかの諸道についても、官道が最初に通る国が当然のことながら筆頭であり、京から最も近いとされていた。『延喜式』段階の北陸道が一旦越前国の敦賀郡に入った後で若狭国へ向かっているのであるから、筆頭国も越前であって不思議ではないが、ルート変更以前の配列がそのまま残っていたものと推定される。

このようにルートが変更されたとすれば、例えば『続日本紀』天平宝字八年（七六四）九月十八日条に記す、藤原仲麻呂の乱の際における、近江国・若狭国における一行の行程は次のようであったと理解される。

①まず、仲麻呂は自らが守であった近江国府へ入ろうとした。しかし、「高野天皇（孝謙）」が派遣した軍に「田原道」から先回りされ、瀬田川の「勢多橋」を焼かれたので、近江国府へ入るのをあきらめた。そこで一行は北へと転じて、息「辛加知」が守を務める越前国府を目指した。その途中の「高島郡」付近での行程は次のように複雑であった。

②高島郡に入り、「前少領角家足之宅」に「宿」した。

③その一方で、「精兵数十」を派遣して「愛発関」に入ろうとしたが、「拒」まれた。

④そこで、「船」に乗って「浅井郡塩津」へ向かったが、「逆風」で「漂没」しそうになって、おそらく引き返した。
⑤今度は、「山道」をとってまっすぐ「愛発関」を目指したが、これも拒まれて、八、九人が箭にあたって死んだ。
⑥一行は北陸道を、「高島郡三尾埼」へ引き返した。「勝野鬼江」で「官軍」と交戦したが「潰」れて、「妻子」三、四人と船に乗ったものの、「獲」えられて「斬」られた。さらに妻子の「従党」三四人も「斬」られた。
以上の経過からすれば、一行は少なくとも③のように兵数一〇、⑥のように妻子と従者三四人を含んでいたことになる。この妻子を含む大勢の行列は、近江国府に向けても官道を進み、近道である「田原道」をとっていない。おそらく北陸道についても同様であったと思われる。

従って、高島郡から「精兵」が目指した「愛発関」へのルートとは、仲麻呂一行のたどった経緯からして、挿図3の八世紀北陸道のルートであろう。これが「愛発関」軍に退けられたので、一旦湖上を「塩津」へ向かおうとしたが、逆風で沈没しそうになったので引き返した。その後改めて、「山道」から「愛発関」を目指したことになる。つまり、「愛発関」へ向かう「山道」は当時すでに存在したことになるが、それは、あくまで「山道」であり、正式な官道ではなかったとみられる。平安時代に入ってから官道のルートが変更されて、この「山道」が新しい官道のルートとされた。その結果近江国から若狭国へは、一旦越前国の敦賀平野へ入ってから、支路で向かうこととなったのである。

このルート変更についても、律令政府の査察があったものとみられる記事がある。前述の南海道の場合と異なって「巡察使」ではないが、延暦十四年（七九五）「左兵衛佐橘入居」を「近江若狭両国駅路」の検察に派遣した記事（『日本紀略』）がかかわっているとみられるのである。先に述べたような、近江国湖西から若狭国にまず入るもとの北陸道のルートから、『延喜式』段階のようにいったん越前国敦賀郡へと向かうには、近江国においてもルートおよび駅の改廃が必要となったであろう。このように、「近江若狭両国駅路」を特定した「検察」使派遣は、そのために不可欠な過程であったと思われる。『延喜式』記載の近江国「鞆結」駅は、近江国三尾駅から敦賀の松原駅への中間地点に、ルート変更に伴って、おそらく新設されたものであろう。

とすればこの『延喜式』の新しいルートとはさらに、天長七年（八三〇）に越前国正税三〇〇束と鉄一〇〇〇鋌を充当して作った「鹿□保険路」（『類聚国史』）という記事がかかわっていた可能性がある。三〇〇束の稲と鉄一〇〇〇鋌とは、道路工事にふさわしい糧食と工具であろう。仮に、労役に徴発された人々の糧食を一日二把とすれば延一五〇〇人分となり、一〇〇〇挺の鉄製工具を使用するにふさわしい。

この二年後の天長九年には、越前国が再び正税三〇〇束を充てた「荒道山道」の工事（『類聚国史』）の記事がある。「鹿□保険路」と「荒道山道」が、それぞれどこに相当するのかは特定できないが、少なくとも後者は普通名詞であり、山越道であったことは確かであろう。前者の「険」路、つまり険しい道、とも矛盾はしない。先に述べたように、藤原仲麻呂が最後にたどった「山道」に該当する可能性は高い。これらがいずれも、近江・越前国境付近の山越え新道の工事にかかわると推定しておきたい[注6]。

以上の南海道と北陸道の例のように、官道体系はもともと各道の諸国を周回するルートであった。それらが、当該の国からの言上、そこへの「巡察使」派遣、あるいは「検察」使の査察をへて、短絡ルートと支路を組み合わせるパターンへと変化した、と見てよい。九世紀前半における、この変更による変化は、駅数の減少による、駅を維持する経費と負担の軽減、および各国府と京の個別的短絡であった。要するに京と各国の連絡が早く行うことが可能となると同時に、この連絡が、個別の国に対し目的別に特定化される動向が強まったことになる。

それとともに、このようなルート変更に至る過程そのものに、個別の国の言上にとどまらず複数国にまたがる巡察・検察が実施されていたことが、当時の政治過程をめぐるネットワークの緊密性についての、何よりの具体例であったことになろう。

四　官道と交通

官道の駅に常備された駅馬を使用することができるのは、詳しく定められた用途に限られていた。「大瑞・軍機」をはじめ、災害や疾病の発生、謀反や外国からの渡来などの火急の通信用と、幣帛使などの公使や、国司などが各種報告のために上京する朝集使などの公務であった。これらの公務には「駅鈴」が支給され、それによって駅馬の使用が可能となった。壬申の乱の際に、大海部皇子（後の天武天皇）軍が駅鈴を管理した「留守官」に申請したものの、それが得られなかったことを記す記述（天武天皇元年五月二十四日条『日本書紀』）は、有名なこの経過の一つであった。

急を要さない、定例の伝達や報告などの公務には、郡に設置された「伝馬」が使用されたが、これには駅鈴と同様に「伝符」を必要とし、その使用数は位階によって規定されていた。典型的な使用例である新任国司が赴任する際などには、剋《こく》（尅とも、刻み）を施した伝府（位階によって剋が異なる）を得て、それに従った伝馬と食糧が給されるのが基本であった。「公式令」によれば、最高の「親王及一位」が駅鈴一〇剋、伝符三〇剋、五位が五剋と一〇剋であった。

従って、例えば『万葉集』で知られる大伴家持は、越中国守に任じられた天平十八年（七四六）、従五位下であったから、規定通りであれば、一〇剋の伝符が与えられ、一〇頭の伝馬を使用しつつ任地の越中国府へ向かったものであろうことになる。

具体的に、公務における役人への糧食の支給状況を示した史料がある。天平五年（七三三）越前国郡稲帳[注7]には、次のように記載している。

検舶使従六位上弟国若麻呂、四剋伝符一枚、食料稲六束四把、塩三合二勺、酒四升一人別稲四把塩二勺酒一升、三人別稲四把塩二勺、敦賀丹生二箇郡各経二箇日食料稲三束二把、塩一号六勺、酒二升

これによれば従六位上弟国若麻呂は、一行四人で四剋伝符（伝馬四頭）を使用して、越前国敦賀郡（敦賀津所在郡）と丹生郡（国府所在郡）の間を片道二日で往復した。その際の支給は、一日あたりの食料が、稲四把（現在の約八合）、塩二勺（同約〇・八勺）であった。ほかに若麻呂だけが、一日あたり酒一升を給されていた。

官道は、このような公務の役人のみならず、多くの人々が行き来した。税を納める運脚（農民の税の運搬者）や、役夫・仕丁などの労役、防人・衛士などの軍役などに向かう人々も数多く行き来した。しかもこれらの人々は、駅・伝馬を使用できず、往復の食料も本来自弁であった。例えば上記の例の越前国の場合、中国であったので、規定では荷物を伴った京への上りに七日、下りに四日を要した。この場合でも十一日分の食料を携行する必要があり、何とか京へ達して責務を果たしても、帰路には力尽きて餓死する人々があった。

『万葉集』には、ほかの人が馬で行くのに、自分の夫は歩いていくと思うと泣ける、と歌ったもの（三三一四）とか、「足柄の坂を過ぎて死れる人を見て作る歌」（一八〇〇詞書）なども載せられている。

また官道は基本的に道幅の広い直線道であったことが多かったが、新設の道や官道から離れたところはそうでもなかった可能性がある。やはり『万葉集』には、「信濃路は　今の墾道　刈株に　足ふましなむ　履著け吾

背」（三三九九）といった道路事情を含む有名な情景も収載されていて、当時の交通事情の一端を知ることができる。

前の歌（三三一四）のように、多くの人々は徒歩で行き、役務で移動する役人でなければ、食料も自弁で携帯する必要があった。運脚の中には、帰路に食料が尽きることも多く、行き倒れとなることも珍しくはなかったようで、途中食料を購うことができる制度も作られた。しかし、抜本的な解決とはなり得なかったものであろう。しかも後の歌（一八〇〇）の詞書には「大夫」とされているから、行き倒れとなった例は、身分を問わず発生したとみられる。[注8]

五　税と水陸の運送

官道網が基本的な人の移動の基本であり、物流もまたこれを基本とした。これらはいずれも陸路に関わるが、『延喜式』は諸国からの多くの貢進物について書き挙げ、それらの海路を含む運送方法や、その駄賃・船賃についても規定している。とりわけ当時、荷重の大きなものは可能な限り水運を使用した。臨海の諸国には国津が設定されていた。重いものの代表は米であるが、租は基本的に「正税（郡の正倉に納められて国司が管理した）」や「公廨（くがい、地子稲など国司管理（国司分を含む）の稲・穀（稲は脱穀していないもの、穀は脱穀してあるが籾のままのもの）」などとして国元での使用に留め置かれたが、租米の一部は京に送られた。京の官人用の「舂《しょう》米（つきよね、精米した白米や玄米）」の運送国は、次のようであった。

東海道、伊勢・尾張・三河・遠江、

東山道、近江・美濃、
北陸道、若狭・越前・加賀、
山陰道、丹波・丹後・但馬・因幡、
山陽道、播磨・美作・備前・備中・備後・安芸、
南海道、紀伊・讃岐・伊予・土佐

これらは基本的に京に近い近国であり、運送に便利な国々であった。やや遠い中国では遠江・越前・加賀・備中・備後・讃岐が含まれ、さらに遠い遠国では安芸・伊予・土佐が含まれていたが、中・遠国はすべて海運を利用できる国々であったのが注目される。

『延喜式』では一方（主税上）で「雑物運送功賃」を定めているが、例えば東海道諸国の陸路では、伊勢が「駄別（馬荷一頭分、現在量で米九斗ほどか）」稲一二束（米約二斗四升）」、尾張が二一束、三河が三三束、遠江が三五束であったが、海路は三河で船賃米一石（現在の約四斗）につき一六束二把（約三斗二升）、遠江は二三束であった。公定の駄賃と船賃の合計は、すでに遠江より京に近い三河の場合でさえ、運送する米そのものより高額となる。

山陽道の場合、播磨から安芸の国々で、陸路が駄別一五～四二束、各国津からの海路船賃が石別一～一束三把であった。瀬戸内海の船賃が東海道に比べて圧倒的に安く、京南の河港である与等津（京都市淀付近）までの船賃であった。

北陸道も陸路・海路を経たが、琵琶湖水運を経るので経路は複雑であった。若狭からはまず琵琶湖西岸の勝野津まで陸路（駄別一〇束五把）、勝野津から湖南の大津まで琵琶湖水運（石別一升）であった。越前・加賀から

は、陸路駄別二四束、比楽津《ひらが》（『延喜式』は越前からも加賀の分国以前の津を記載）から敦賀津への海路船賃石別七把としている。敦賀津から琵琶湖北岸の塩津まで駄賃一斗六升、塩津から大津へ船賃石別二升、大津から京への駄賃八升であった。

実際に『延喜式』記載の船賃通りであったとすれば、北陸道諸国も日本海・琵琶湖の水運が有利であり、瀬戸内沿岸諸国と同様に水運が物流の重要な軸となっていたことになる。

このうち琵琶湖水運の場合、湖西の勝野津―大津と、湖北からの塩津―大津との二系統が規定されている。北陸道の官道は湖西を通じていたので、塩津はこれと別位置であり、敦賀津―（陸路）―塩津―（水路）―大津のルートが、物流専用の交通路として官道とは別に整備されていたことになる。山陽道の各国から与等津へ至る、瀬戸内海の海路も陸の官道と別に存在したという点では同様である。

近江国から平城京への木材の搬送についても琵琶湖水運が使用されたが、大津からは瀬田川を下って宇治津に至り、そこから巨椋池を経て木津川へと出て、平城京北方の木津（京都府木津川市木津）へと向かった。そこから平城京へは陸路を辿ったが、木津には材木の津の遺構が発掘調査によって検出されている。木津の地名は、文字通りの機能に関わったものであった。

六　国家政策と巡察使・国司

上国には守、介、掾、目、各一人と史生三人が任ぜられ、大国では増員されて掾が大掾・少掾の二人に、目が大目・少目の二人になった。中国では介が、下国では介・掾がそれぞれ減じられた。

これらの国司によって、国内の「祠社」すなわち祭祀と、所属郡を巡行して「戸口・簿帳・勧農・租調」など行政一般を掌握し、さらに「倉廩・徭役・兵士・郵駅・伝馬」など施設・人員に関わる事項を管轄した。さらに「訴訟」など司法も統括し、国によっては「斥候・防守・関剗《せきとこ》」など軍事や関の管理も管轄した。

また、国司は四度公文（戸籍・大帳・税調などの基本文書）を「大帳使・貢調使・税調使・朝集使」（「四度使」）などとして都へ届け、諸状況を報告した。

例えば先に述べた南海道の経路変更の場合、『続日本紀』の記載から、まず土佐国から言上があり、第一段階は、土佐への伊予経由のルートに加えて阿波経由のルートの新設であった。次いで、おそらく巡察使の報告をもとに、四国周縁を周回するルートを廃止して、『延喜式』の図のような各国国府への直行ルートへと変わったことが知られる。

この点では先に述べたように、北陸道でも類似していたとみられる。まず若狭国に入るルートから、『延喜式』段階の気比駅（越前国敦賀郡）へ向かった後、そこから若狭へ分岐するルートへの変更にも、「近江若狭両国駅路」の検察が前提にあったと考えられる。

以上はいずれも官道をめぐる事例であるが、国からの申し出、あるいは施策の対象はこのような例に留まらない。例えば、木曽川の洪水と河道変更に関わって次の様な有名な記録が残っている。

神護景雲三年（七六九）の「尾張国言」（『続日本紀』）に始まる言上は、尾張・美濃国界の鵜沼川（木曽川）の洪水が、尾張国葉栗・中島・海部三郡を侵し「国府・国分二寺・百姓田宅」などが被災した、というものである。

貞観七年（八六五）には、やはり「尾張国言」で始まり、かつて美濃国に向かっていた広野河（木曽川）が、美濃国側へ流れて大きな被害を受けたとする。

翌貞観八年には、太政官の指示によって、この広野河の工事を行って旧流路へ戻そうとしたところ、美濃国各務・厚見郡の郡司等が来襲したとするのである。注9

これらの史料は、自然災害やその後の対応・争論についても、国司の申し出がまず基本であったことを示している。

これらを受けて必要な場合に、京から巡察使が派遣され、巡察の結果を京へと報告した、と見られる。やはり京から派遣される国司は、本来、国内の祭祀・司法・行政全般をつかさどり、徭役・兵士の徴発なども管理した。同時に四度使などの制度によって、京へと定期的な状況の報告や、災害などの緊急連絡・支援要請をし、また先の駅停廃・設置のような、所管に関わる要望を伝えた。これらが京における政策の決定や変更、また新たな指示の基礎となったことになろう。行政全般の基本的ネットワークが機能していたのである。

七　東大寺領荘園と国司——越中守家持

律令国家は基本的にすべての田（耕地）を国有とし、六年ごとにそれを班田収受の対象とした。例外は神田であり、寺田もこれに準じる場合があった。ところが若干の移行期を経て、天平十五年（七四三）の墾田永年私財法によって、墾田を私財とすることを認めた。この新法によって私財となる墾田の制約は、所有者の位階と職制による面積の上限のみとなった。とくに国司は、在任中に開墾した墾田を、離任後に所有し続けることが禁止された。

ほどなく天平勝宝元年（七四九）、東大寺には、大安寺・薬師寺・元興寺・興福寺などとともに墾田一〇〇町が勅施入され、さらに同年、四〇〇〇町の墾田所有枠が認められた。同時に認められたのは、元興寺二〇〇〇町、大安寺・薬師寺・興福寺・法華寺・諸国国分寺等が各一〇〇〇町であった。

東大寺の墾田経営はとりわけ活発であった。この年さっそく、「佐官法師平栄」を越前・越中に派遣して、墾田の設定に向けて活動を始めた。

丁度この少し前、天平十八年（七四六）に従五位下大伴家持が越中守に任ぜられ（『続日本紀』）、間もなく赴任したとみられる。同年八月には、越中守家持の館で宴を催した折の、家持自身をはじめ掾・大目・僧・史生等の歌が『万葉集』（三九四三）に採録されている。家持はもちろん大宰帥・中納言兼中務卿などを歴任した大伴旅人の息であり、天平勝宝三年（七五一）に少納言（『万葉集』四二五九など）となり、その後兵部少輔・山陰道巡察使・右中弁なども見える。要職を歴任した旅人と比べると家持の職歴はいま一つであるが、一般的に指摘されている大伴氏全体の衰勢傾向の中の状況であったものであろう。ところが『万葉集』に収載された歌が多いこともあり、当時の京から派遣された国司が任地において果たした活動の一端を具体的に知ることができる。

『万葉集』には、前記の「家持館」（「長官之館」（四一一六―四一一八）も同所）での「宴歌」を始め、「大目之館」および「客屋」（三九五六）、「掾之館」（三九九五―三九九八）、「少目之館」（四一三五）、「国庁」（四一三六）、「判官之館」（四一三七）などでの「宴歌」の開催を記している。特に天平勝宝二年の国庁における饗宴には、「諸郡司等」を集めて饗を給している（四一三六詞書）。『万葉集』ではその折に詠まれた歌を収載しているのであるから、行政的ネットワークに加えて饗・歌を通じた交流の展開もあったこととなる。このような国府各種施設での催し自体が、京の文化のネットワークに連なるものである。

さらに家持は、次のように東大寺領などの荘園についても深く関与していたことが知られる。

家持は天平感宝元年（七四九）五月五日、すでに述べたように東大寺から派遣されてきた「占墾地使僧平栄等」

を「饗」し（四〇八五詞書）次の歌と酒を送っている。

焼太刀を礪波の関に明日よりは守部遣り添へ君を留めむ　（四〇八五）

この際平栄は、越中国の東大寺領荘園の設定の多くに関与したとみられる。越中国には八世紀の東大寺領荘園が、計一〇か所（射水郡四、砺波郡四、新川郡二）も存在したことが知られるが、そのうちの射水郡楔田・須加・鳴戸、砺波郡伊加流伎・石粟、新川郡大藪・丈部の「開田地図」（正倉院宝物、石粟のみ「官施入田地図」）に平栄が、「佐官法師『平栄』」として署名している。すべてが天平宝字三年（七五九）十一月十四日付であり、家持はすでに離任した後であるが、守（「朝集使」）・員外介（「在京」）・目（「大帳使」）の三国司が平城京へ行っていて署名していないものの、在国の介と掾が署名していることからすれば越中国府で署名したものである可能性が高い。とすれば平栄は、家持の饗宴を受けた年の十年後にあたる署名時に、改めて越中を訪れていたと見られる。

平栄の最初の饗宴のあと家持はおそらく、平栄の意向を受けて東大寺墾田の占地に関わったと思われる。守として国政全般を統括する以上、国策に沿って東大寺荘園の占地と検察に関与していたであろうことは推定できるが、さらに具体的な状況も知られる。

最初の平栄の饗宴から七か月後、天平勝宝二年（七五〇）正月として『万葉集』は、家持の歌「荊波の里に宿借り春雨に隠《こも》り障《つつ》むと妹に告げつや」（四一三八）を掲載している。その詞書には、「墾田の地を検察することによりて、砺波郡の主張多治比部北里の家に宿る」、と記されている。

つまり、「墾田」の「検察」のために、国府のあった射水郡から、南の砺波郡へ来ていたことになる。この時期に検察が必要な墾田とは、設定間もない東大寺領である可能性が極めて高いと思われる。前記のような多くの東大寺領のうち四か所が砺波郡であったが、そのうちの三か所は砺波平野（砺波郡）の東辺にあった（挿図4参照）。残り一か所もその少し西にあって、荊波の里とは砺波郡北東部にあったものと考えられる。この郡司の一人（主帳）、多治比部北里の家が郡家や東大寺領とどのような位置関係であったのかは不明である。しかし挿図4に示したように、石粟村比定地の北に井戸を伴った八世紀の掘立建物跡（常国遺跡）が検出されており、その付近であれば、砺波郡の墾田の検察の際の宿として格好の位置であろう。

家持はこの際のほかにも、この付近を訪れているとみられる。やはり『万葉集』には、次のような一首が載せられている。

雄神川紅にほふ少女らし葦附採ると瀬に立たすらし　（四〇二一）

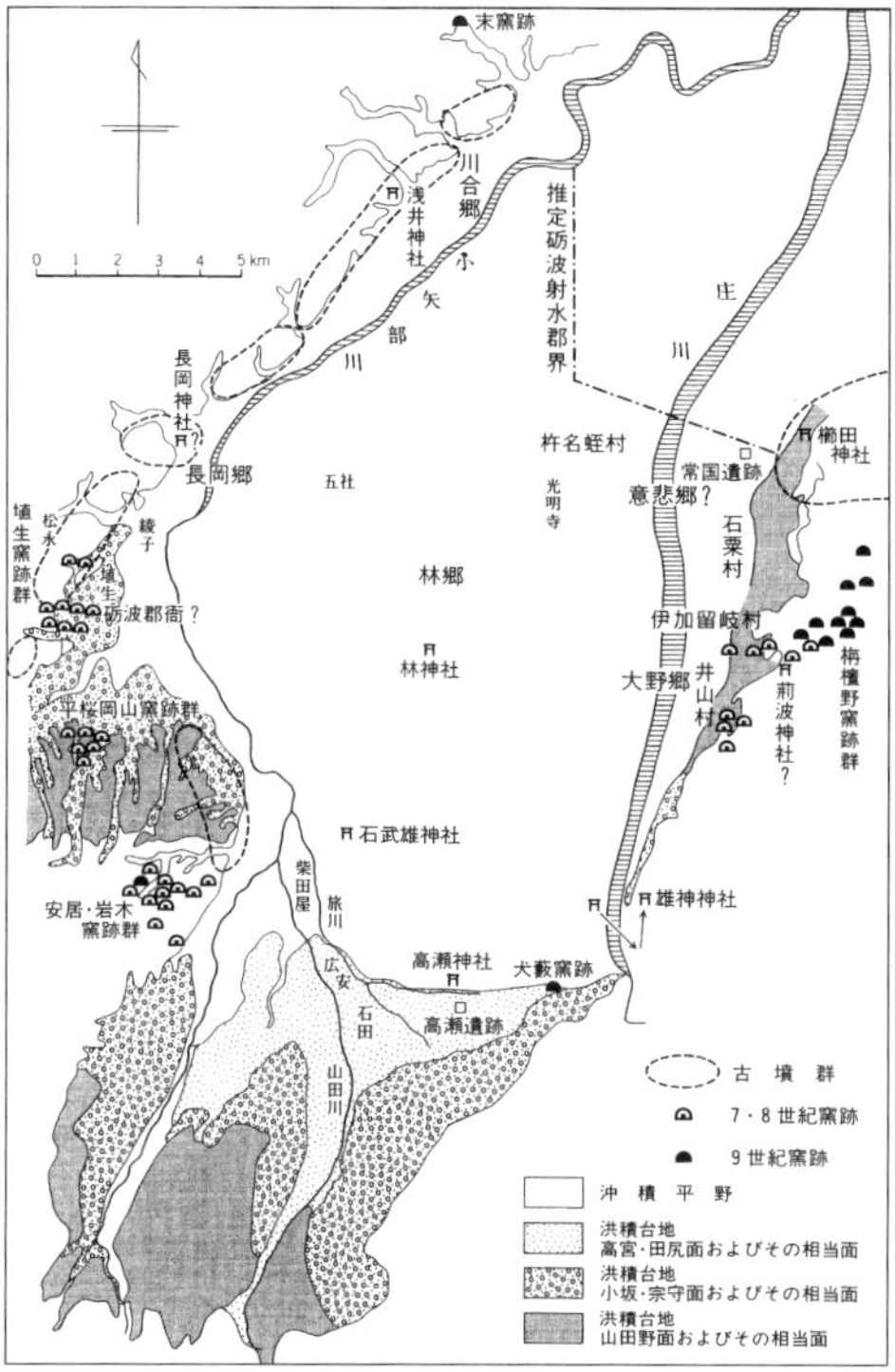

挿図4　砺波平野の地形と主要遺跡（河川は現在の河道）（金田、1998年、注13書）

その詞書には、「礪波郡の雄神川の辺にして作る歌一首」とあり、従来「雄神川」を単純に庄川の旧称と考えてきたのが通説であった。しかし、雄神付近から砺波郡東辺の東大寺領三ヵ荘の西側付近を流れていたのは旧谷地川の流路と考えられ、この流路が後に現在のような庄川の河床となったと推定される。おそらく雄神川は谷地川の旧称である。その川こそ、葦附を採るために少女が瀬に立つ、という情景にふさわしい。庄川は現在のように築堤されて一本の流れではなくとも、少なくとも大河川はこの情景には結びつきにくい。さらに言えば、当時の庄川の主流は後の千保川付近であった可能性が高いが、その下流付近は「杵名蛭川」であった可能性が高く、すぐ西には「速川」と「石黒川」が流れていた。注10

国司は「属郡巡行」(「戸令」)が任務の一つであり、家持が当時の越中国各地を訪れていたことは間違いなく、上記の雄神川の情景もその折に関わる可能性がある。さらに、国府周辺の射水郡とその北に臨む富山湾、およびすでに述べた砺波郡を除いても、『万葉集』には次のような歌ないし詞書が載せられている。

婦負の野の薄押しなべ降る雪に屋戸借る今日し悲しく思ほゆ　(四〇一六)

婦負郡の鸕坂河の辺　(四〇二二詞書)

新川郡の延槻河を渡る時　(四〇二三詞書)

婦負川の早き瀬ごとに篝さし八十伴の男は鵜川立ちけり　(四〇二四)

これで後の越中国の四郡すべてが「属郡巡行」の対象であったことがうかがえるが、家持の時代に越中国に合わせられていた能登についても、やはり『万葉集』に出現する。

能登郡の鹿島の津より発船して、熊来村を指して　(四〇二六・四〇二七詞書)

鳳至郡の堯(食偏)石川を渡りし時　(四〇二八詞書)

珠洲郡より発船して治布に還りし時　(四〇二九詞書)

などに見られるように実際に各郡へ出かけている。その目的を「春の出挙に依りて、諸郡を巡行し」と記しているので、春に官稲を農民に貸し付ける(種籾用)出挙の巡察に出かけたことが知られる。

八　東大寺領と下級国司——上毛野公奥麻呂

国司は基本的に京から派遣されたが、これは守だけではなく下級の国司でも基本的に同様であった。例えば、天平宝字三年（七五九）「東大寺領越前国糞置村開田地図」に「少目」として名が見られる上毛野公奥麻呂は、「暇」とあって署名はしていないが、正式には任が解かれていなかったものであろう。国司としては、四等官の最下級にあたる国司であり、さらに下位に史生三人があったはずである。奥麻呂の少目への就任が何時であったかは不明であるが、「暇」以前のおそらく七五〇年代であったと推定される。

ところで不思議なことに、天平神護二年（七六六）の「東大寺領越前国道守村開田地図」には、奥麻呂の戸口である田辺来女が多くの墾田を有していた。東大寺領道守村とは、生江臣東人の寄進を軸として形成されたものと考えられているから、田辺来女の墾田とは、本来は生江臣東人の墾田形成と相前後して造成されたものであろう。同年の「越前国司解」には、来女の墾田を「改正」（帳簿変更）によって東大寺田としたことを、次のように記している。[注11]

右京四条一坊戸主従七位上上毛野公奥麻呂戸口田辺来女等、治二開寺地一、為二己墾田一、（中略）没官

つまり上毛野公奥麻呂は、平城京右京四条一坊に本籍があった戸主であったこと、戸口に田辺来女がいたこと、開発をして墾田としていたこと、藤原仲麻呂の乱に連座（仲麻呂の息、辛加知が越前守であった）して「没官」とされたこと、などが知られる。改正して東大寺田としたことは別の政策であるが、一戸口である田辺来女（女性名）が墾田を開発して、その名義人となっていたことは、やはり不自然と言わざるを得ない。

この状況が発生した過程としては、詳細を省けば次のような想定をめぐらすことが可能であろう。まず事実として、奥麻呂は越前少目となって平城京から現地へ赴任した。時あたかも墾田永年私財法下で墾田の開発が推奨され、奥麻呂は少目として開墾に励んだと推定される。しかし墾田永年私財法によれば、国司着任中の墾田（墾田永年私財法はそれを想定に含めていた）は離任後返却せねばならない。そこで奥麻呂は墾田を来女の名義とした、と想定されることになる。開墾そのものが来女の名義で行われたたかもしれないので、その方が理解しやすいことになろう。[注12]

この時期、仲麻呂の乱は政治の激動の象徴であった。家持は乱の時点で京を離れていたものの、仲麻呂家と付き合いのあったということで、家持ですら多少の影響を免れ得なかったようである。天平宝字二年（七五八）には、家持は因幡守へと赴任して再び京を離れることとなった。

東大寺および仲麻呂の乱とのかかわりを別とすれば、京から越前へ赴任した、前述のような奥麻呂の活動自体が、この時期における下級国司の典型的動向の一端であろう。古代の人的ネットワークの具体例である。

九　東大寺領荘園と地方豪族——礪波臣志留志と生江臣東人

天平十五年の墾田永年私財法施行から、わずか数年を経た同十九年（七四七）に、「越中国人无位礪波臣志留志米三千碩、奉盧舎那仏知識、並授外従五位下」（『続日本紀』）とある。無位の礪（利）波臣志留志が、東大寺の建造に際して三〇〇〇碩もの多量の米を寄進して、いきなり外従五位下の位階を得たことが知られる。

志留志は一族が地元砺波郡の郡司を務める有力豪族であり、彼の土地は、天平宝字三年（七五九）「東大寺領越中国砺波郡伊加流伎開田地図」において、同荘の南側に「利波臣志留志地」と標記されている。この地は神護景雲元年（七六七）の「東大寺領越中国砺波郡井山村墾田地図」で表現されているから、志留志はさらにこの土地に拓いた墾田そのものを、東大寺に寄進したことになる。[注13]

志留志はこの寄進の年、「従五位下、専当国司、越中員外介」として同年の墾田地図に署名している。員外介という定員以外の国司ではあるが、地方豪族が国司に就任し、東大寺領の「専当」として活躍したのである。志留志はさらに宝亀十年（七七九）には「伊賀守」として史料にみえるので、おそらく東大寺との縁を維持して、やはり東大寺領の多い伊賀国の国司となったことになる。

志留志の出身一族のような郡司層は基本的に地方豪族である。地元有力者ではあっても他国で出世することは少なかったとみられるが、中には志留志のような転身例もあったことになろう。[注14]

このほか先にふれた生江臣東人も有力な地方豪族であった。東大寺領越前国足羽郡道守荘の中核となった墾田を寄進したとみられているが、史料上かなり知られた人物であり、足羽郡大領（長官）でもあった。彼もまた、志留志と同時代に、同じように活躍した。ただし志留志と異なって、就任したのはまず造東大寺司史生であり、次いで地元足羽郡の大領である。東人は天平勝宝元年（七四九）五月、初めて大初位上、造東大寺史生として史料にみえる。同年七月には東大寺の野占使となって東大寺領桑原荘の経営に関わった。翌年二月までには東大寺に稲三一三〇束を納め、天平神護二年（七六六）、「老衰」を理由に引退を決意する時までには、足羽郡大領・正六位上に進んでいた。

地方豪族の出身、東大寺との関係、大量の寄進、出世、といった点では東人と志留志は酷似するが、活動の場は異なった。東人の場合、「御使」の「勘問」に答え、彼自身が自らの事蹟を述べている。[注15]

この中で、とくに東人が誇っているのは「所進墾田壱百町之溝」と「墾田壱百十八町」であり、いずれも東大寺領足羽郡道守荘に関わる。前者は自身の「私功力」によって「長二千五百許丈」の溝を構築し、東大寺に進上したとするものである。天平神護二年（七六六）東大寺領越前国足羽郡道守開田地図に「寺溝」として描かれた用水路であり、「応堀溝長一千七百（以下欠損）」という長大な溝を含む。

後者はその東大寺領道守村開田地図に、荘園の中核となった「〇〇田　寺」と標記された田と、逐一「（生江臣）東人墾進寺」と注記された墾田等を指すものであろう。この事蹟の主張にはかつての争論となった事件における自身の潔白の主張も含まれ、最後に老衰という引退理由を述べたものである。注16

礪波臣志留志は東大寺への寄進を介して得た関係をもとに員外介ではあるが地元国司となり、次いで他国の守へと転身した。生江臣東人は京の新設官司である造東大寺司での勤務をもとに、また東大寺への寄進を契機として、地元の郡司としての活躍の場を広げた。

志留志と東人の両者の生き方は異なっていたが、いずれも地方豪族の活躍の例であり、京と地元との関係における活動の中で出現した事柄である。

京と各地のみならず、国府と国内もまた密接にかかわっていた。例えば各国府には官僚のほかに、所属の各郡の郡司子弟が採用された「健児」が所属し、各種施設等の警備にあたった。ここに述べた国では『延喜式』に、越前国に一〇〇人、越中国に五〇人としている。様々なレベルでの人の移動とそれに伴う、情報・文化の交流は、相当緊密なものであったと考えられる。

おわりに

古代の律令国家は、宮都を中心とした四至で画した畿内を構築した。『日本書紀』大化二年（六四六）にみえる長柄豊碕宮を中心とした畿内が最初であるが、続く大津宮の時期にも、三関等による同様の畿内が構想されていたとみられる。

次いで天武四年（六七五）には四か国からなる畿内国（後の五畿）が設定され、次いで後の七道の原型が出現し、同十四年には東海・東山道の範囲を確定したことが知られる。

道（七道）及びそれぞれの所属国の変更はあるものの、これが律令国家の地域構造の基本となった。各道の国々は、規模によって大・上・中・下（国）に区別され、また畿内からの距離に従って、近・中・遠・辺要（国）と位置付けられた。

七道の国々へは道によって大路・中路・小路の別はあるものの、それぞれ官道が築かれた。官道には駅が設定され、道の規模や必要に応じて頭数に違いがあるものの駅馬が配された。これには用途が定められていたが、官道と駅は交通の軸となっていた。四度使をはじめとする各国からの報告・言上も、京からの巡察使や検察使の派遣も官道網を使用した。官道網にも変化があり、そのためにも各国から四度使、都から巡察使などが行き来した。官道網が、もともと各道を巡回するパターンが多かったものが、直接各国に向かうルートと支道に再編された過程も、南海道と北陸道の例で説明したところである。

人の移動はこのような官道網が軸となったが、物とりわけ重量物の輸送には、水運が利用された。各国の国津から沿岸航路を利用した、京へのルートやその運送功賃が定められていた。瀬戸内海、北陸の日本海沿岸は、淀川ないし琵琶湖水運を含む海・水運が特に大きな比重を占めた。河川交通も重要であり、例えば近江国から平城京への木材の輸送には、琵琶湖から宇治川、巨椋池、木津川を経由した。

この時期、官道を中心とした交通ネットワークは、律令国家の体制を基本として、先ずは京を中心として構築されていた。以上のいくつかの例に見られるように、基本的に極めて体系的・組織的でもあった。しかしながら、交通一般の技術段階として徒歩交通を基本としており、駅馬の利用も乗馬と駄馬に限られ、京内外の近距離に使用された乗用の牛車を別とすれば、車は用いられていなかった。重量物には水運が用いられ、遠距離の官道とともに、水運のルートも公式に組み込まれていた。

人の移動は、この官道を通じて京からも各国からも相当に頻繁であった。それらの人の移動とともに、文化・情報が伝わったことも、大伴家持・上毛野公奥麻呂などの上級・下級国司の例、あるいは生江臣東人・砺波臣志留志などの地元有力者の例で垣間見た。

制度上の規制あるいは社会的状況によって、また技術的な制約によって、このようなネットワークが十分機能しない例があったことはもちろん、綻びをきたす例もあった。さらに、官道と駅制からなる交通体系そのものが、多大な負担の上で構築・維持された制度でもあったことは間違いないが、人・モノ・情報伝達のネットワークとして機能していたことはいくつかの例で確認した。このようなシステムは、若干の再考や修正はあったものの、古代国家の基本として、当時の社会のシステムと需要を支えるという点では、全体として十分に機能していたとみられる。

注および参考文献

1 『国史大系』(吉川弘文館)本による引用(以下同様)。
さらに『続日本紀』、『日本後記』、『日本史略』、『令義解』、『令集解』、『類聚国史』等も同シリーズによる。

なお、『日本書紀』、『万葉集』は『日本古典文学大系』(岩波書店)本による(以下同様)。
2 金田章裕『古代景観史の探究』吉川弘文館、二〇〇二年
3 古代交通路研究会編『日本古代交通路事典』八木書店、二〇〇四年
4 足利健亮「山陽・山陰・南海三道と土地計画」、稲田・八木編『新版古代の日本4 中国・四国』角川書店、一九九二年、所収。
金田章裕「南海道」、木下良編『古代を考える 古代道路』吉川弘文館、一九九六年、所収。
5 金田章裕『古代・中世遺跡と歴史地理学』吉川弘文館、二〇一一年
6 金田章裕『大地へのまなざし』思文閣出版、二〇〇八年
7 『大日本古文書』編年一、東京大学出版会
8 金田、前掲注6。
9 金田章裕「条里と尾張・三河の条里遺構」愛知県史編纂委員会編『愛知県史 通史編1 原始・古代』愛知県、二〇一六年、所収。
10 金田章裕『古地図から見た古代日本』中公新書、一九九九年
11 天平神護二年(七六六)「越前国足羽郡大領生江臣東人解」『東南院文書之二』)
12 前掲注7と同。
13 金田章裕『古代荘園図と景観』東京大学出版会、一九九八年
14 前掲注13と同。
15 金田章裕「生江臣東人と景観史」、『岩波講座 日本歴史 月報14』岩波書店、二〇一五年、所収。
16 前掲注11と同。

深層の異国

──『万葉集』と百済──

梶川 信行

一

『日本書紀』と『続日本紀』には、朝鮮半島に関わる記事が非常に多い。たとえば、『書紀』には百済という国名が二三九例、新羅は二三一例、高麗は一三三例見られる。半島とはまさに一衣帯水であり、古代においても、人々の往来が活発だったということを裏づける。したがって、半島諸国の人たちの名も頻出する。『書紀』には百済人一七〇人、新羅人九二人、高麗人四四人の名が見える。

また、半島からの渡来氏族の人々の名も、枚挙にいとまがない。たとえば百済の義慈王の子余善光は、舒明朝に渡来し、百済の滅亡後も日本に留まった（『続紀』天平神護二年六月条）。持統朝には百済王という姓を賜わり、百済王氏の祖となったが、その一族は『続紀』に四〇人も登場する。藤原氏の一五三人は特別だが、阿倍氏は九五人、大伴氏は五九人。そうした伝統的氏族と比べても、それほど遜色がない。また、比較的交流の少なかった高句麗の場合でさえ、従三位にまで昇った高麗福信をはじめ、高麗氏・狛氏の人たちが、合わせて一一人見える。

『古事記』の国生み神話も、朝鮮半島の存在を抜きにしては成り立ち得ないものであろう。大八島は「淡道之穂之狭別島（淡路島）」「伊予之二名島（四国）」「隠岐之三子島（隠岐諸島）」「筑紫島（九州）」「伊伎島（壱岐）」「津島（対馬）」「佐度島（佐渡）」「大倭豊秋津島」[注1]の謂だが、明らかに西日本に偏っている。瀬戸内航路から壱岐・対馬を経て朝鮮半島へというルートと、日本海の島々によって構成されている。列島の西側には中国大陸と朝鮮半島があるが、「日出づる処」の王権は、総じて西向きであったと考えられる。[注2]古代の日本という国家は、東アジア世界を視野に入れてこそ成り立ち得るものだったということを、国生みの神話でも語らずして示していると見ることができる。

もちろん、そうした事情は『万葉集』でも同じである。登場する地名を都道府県別に整理してみると、[注3]瀬戸内海を中心に、半島への航路に沿った地名に偏っていることが見て取れる。現在でも、大阪と韓国南部の釜山市との間には、週三回フェリーが就航しているが、古代においても、瀬戸内海を西航し、関門海峡を抜けて対馬海峡を渡るルートは、国際航路であったと見做すことができる。

たとえば中国地方では、大阪を起点とする瀬戸内航路に面した兵庫県・岡山県・広島県・山口県の地名の総数が一九五例であるのに対して、日本海側の鳥取県・島根県の地名の合計は三九例に過ぎない。[注4]四国も同様である。瀬戸内航路に面した香川県・愛媛県が二六例であるのに対して、徳島県[注5]・高知県は三例に留まり、大きな違いが見られる。九州の場合も、朝鮮半島への航路に面した福岡県・佐賀県・長崎県（壱岐・対馬を含む）の地名が二〇〇例であるのに対して、その他の県の合計は二五例に過ぎない。遣新羅使歌群の一四五首があることも考慮すべきではあろうが、こうした傾向は、『万葉集』に収録された歌々の作者の多くを占める律令官人たちの活動範囲を反映したものであったと考えられる。

周知のように、二十一世紀の今日まで、決して良好な関係の時ばかりではなかったが、朝鮮半島に隣接するこの列島に住む私たちにとって、その国々と歴史を共有して行くことは、宿命と言うほかはあるまい。もちろん、大和を拠点とした古代王権の歴史も、半島情勢と無縁のものではあり得なかった。

中国大陸の文化と文学が『万葉集』にどのような影響を与えたかという研究は、今日までまさに汗牛充棟であった。日中の比較文学は現在でも、もっとも重要な研究分野の一つである。その一方で、「東アジア」というキーワードが一般化して来たにも関わらず、朝鮮半島から渡来した人や文化が『万葉集』にどのような影響を与えたかという研究は、立ち遅れていると言うしかない。[注6]

とは言え、もっとも近い外国である朝鮮半島の問題を視野に入れなければ、漢字という東アジア共通の文字によって成り立つ『万葉集』の本質は、十全に見えては来ない。七世紀後半から八世紀半ば頃までの間に、『万葉集』はどのような人と文化のネットワークの中で成立したのか。本稿は、そうした問題を考えてみることを課題とする。

二

『万葉集』に登場する人名は、七四〇人ほど。[注7] 当然だが、「大伴淡等」「大伴卿」「帥老」などと、複数の呼称で記録されている場合は、一人と数えた数である。ところが、何人なのか確定できない「石川郎女」「娘子」「日並皇子尊宮の舎人」「傔従等」などといった作者名もあって、確実な数字を出すことはほとんど不可能である。また、人名とは言えない「藤原宮の役民」「遣唐使の母」などや、実在したとは思えない伝説の主人公「水江の浦島子」「竹取の翁」「真間の手児奈」なども、人数の確定を困難にしている。さらには、「難波天皇」「磐姫皇后」のように、古い時代の伝承的な存在や、「釈迦如来」「羅睺羅」といった、明らかに万葉の時代の日本にはいなかった外国人の名も含まれる。そうした人名と人名に準ずるものは、凡そ一〇〇種。したがって、ごく大雑把な数字でしかないが、七、八世紀の日本に確かに実在したと見られるのは六四〇人ほど、ということになろう。

その中に渡来系の人が何人いたかということも、正確な数字を出すことは難しい。軍王や山上憶良のように、渡来系か否かと議論の分かれる人や、「高氏」「山氏」のような略称だが、渡来系の可能性のある人も含まれるからである。しかも、「婆羅門」（巻十六・三八五六）はインドの高僧を意味する普通名詞だが、天平八年（七三六）に来日した菩提僊那を指すとする注もある。[注8] さらには、東国には多くの渡来人が入植したが、伝未詳の防人たちの中に、彼らがどの程度含まれているのか。その点については、まったく手がかりがない。したがって、こちらも概数でしかないが、五〇人余りといったところであろう。[注9] とすれば、渡来系とされる人は全体の約八パーセントということになる。

法務省民事局の統計によると、昭和四十二年から平成二十七年までの間に日本に帰化した人の総数は、五三万人ほどであると言う。[注10] 年平均にすると一万人強だが、多い年でも二万人には届かない。また、法務省入国管理局の統計によれば、外国人登録をして日本国内に居住している人は、在日韓国人・朝鮮人を含め、約二二三万人。[注11] 全人口の二パーセントに満たない。このように、国際化の著しい今日と比べてみても、『万葉集』の約八パーセントという数字が、いかに大きなものかということがわかる。

しかし、渡来系氏族であることが明らかな場合でも、果たしてその出身地はどこなのかということになると、それを確定することが困難な氏族も見られる。たとえば秦氏である。『新撰姓氏録』（右京諸蕃上）には、秦の始皇帝の子孫の功満王が応神朝に渡来したとされているが、実は半島出身であるとする説[注12]が有力である。また長意吉麻呂は、渡来系氏族に多く与えられた忌寸の姓を持つので、渡来系である可能性が高いと考えられる。しかし、その系譜等はまったくわからない。さらには、渡来した時期も区々で、四世紀以来、数世紀にわたっている。

このように、以下はたくさんの留保をつけた上での結果である。また議論の分かれる人も含んでいるが、『万葉集』中に登場する渡来系氏族の人々、あるいは渡来系と称している人たちは、概ね左記のように整理することができる。

百済系

麻田連陽春・安宿奈杼麻呂・宇努首男人・馬史国人・生石村主真人・大石蓑麻呂・按作村主益人・椎野連長年・高丘連河内・調使首・調首淡海・刀理宣令・葛井連大成・葛井連子老・葛井連広成・葛井連諸会・史戸大原・文忌寸馬養・依羅娘子・吉田連老・吉田連宜・余明軍・縁達師

新羅系

尼理願

高句麗系

消奈行文・高麗朝臣福信・高氏老・高氏義通

漢系

大蔵忌寸麻呂・内蔵忌寸縄麻呂・坂上忌寸人長・山氏若麻呂・田辺秋庭・田辺史福麻呂・張氏福子・秦忌寸石竹・秦忌寸八千島・秦許遍麻呂・秦田麻呂・秦間満・山田史君麻呂・山田史土麻呂・山田史御母

出自不明

板持連安麻呂・磐余伊美吉諸君・神社忌寸老麻呂・按作村主益人・薩妙観・田部忌寸櫟子・田氏肥人・田氏真上・長忌寸意吉麻呂・長忌寸娘

その他

秦忌寸朝元（日中のハーフ）・菩提僊那（インド僧）

周知のように、新羅との交流は緊密だったものの、敵対していることも多かった。また、高句麗とは距離的に遠く、交流自体も百済・新羅に比べて少なかったということは、すでに見た通りである。世界の中心と自任する大帝国の人々が、蕃国と見做した僻遠の島国に進んで帰化しようとしたとは考えにくい。したがって、斉明六年（六六〇）に国が滅び、天智二年（六六三）に白村江の海戦で敗れた後、大挙して渡来した百済人とその子孫が多い、という結果になる。

しかし、秦氏のように、漢系とされてはいても、実は朝鮮半島の出身であったと見られる氏族がある。大国の由緒ある出自を僭称しているのであろう。『古事記』序文には、諸家の持つ帝紀と本辞には多くの「虚偽」があると、天武天皇が述べたと伝えている。自家の立場を有利にするためであろうが、渡来系氏族とて、そうした事情に違いはあるまい。漢系や出自不明の者の中にも百済系の人が存在したことが考えられる。逆に、漢系の人が半島系を名乗ることは考えにくい。したがって、百済系の割合が高かったということは否定できない。むしろ、その比率はもっと高かったのではないかとも想像される。

いずれにせよ、白村江以後に渡来した余自信・沙宅紹明を法官大輔に、鬼室集斯を学職頭に登用したように、『日本書紀』（天智十年正月条）は、兵法・薬・五経・陰陽などの専門的な知識を持つ百済人たちを、天智天皇が厚遇したことを伝えている。また、八世紀の律令国家が渡来系の人々を積極的に登用したということは、『万葉集』に多くの渡来系の人が登場することからも窺える。大伴旅人・大伴家持周辺の宴席歌はとりわけ顕著[注13]だが、『万葉集』という大部な歌集の形成を促した歌文化の成熟に関しても、大伴氏のような伝統的氏族の果たした役割ばかりでなく、渡来系氏族の人々の活躍をも視野に入れて考えなければなるまい。

とは言え、右の人たちの中で、自ら海を渡って来たことが確実なのは、尼理願・秦忌寸朝元・菩提僊那の三人に過ぎない。祖父の代に渡来したことが知られるのも、高麗朝臣福信のみ。百済系の人たちの中には、白村江以後の渡来者が多く含まれている可能性は高いものの、すでに日本社会にすっかり定着していた氏族の出身者が多いと見なければならない。

たとえば『続日本紀』には、白村江での敗戦からほぼ百年を経た天平宝字五年（七六一）三月、渡来系の人たちに対する賜姓のことが見られる。百済系一三一人、高句麗系二九人、新羅系二〇人、漢系八人に、新たな姓が与えられている。ここでも百済系が圧倒的に多いのだが、彼らに与えられた姓の多くは、中山・松井・石野・長沼・小川・中野などといった現在の日本人の中にも多く見られるものである。時間が経過すれば、渡来系であることに基づく氏族的な特色も薄らいで行ったことは想像に難くない。

天平宝字五年は、『万葉集』最後の歌の二年後だが、白村江での敗戦からほぼ百年。万葉の時代は渡来系の人たちが日本社会に同化して行く最終段階であったと見ることもできよう。したがって、たとえ出自に関する矜持は強固なものであったとしても、何世代にもわたって日本で、そして日本語で生活して来たという事実は重い。彼らの中の百済は、心の深層に秘められたものとなっていたと見るべきではないか。

三

言うまでもなく、八世紀の日本の外交政策では、唐がもっとも重要視されていた。「隣国者大唐、蕃国者新羅也」(『令集解』公式令・古記)と、唐が「大唐」と記されている一方で、新羅は「蕃国」という扱いであった。しかし、『万葉集』でも唐が重視されているかと言えば、必ずしもそうではない。

巻十五は、長歌六首を含む一四五首からなる遣新羅使歌群が、その七割ほどを占めている。東歌の二三〇首を除けば、一つのテーマに基づく『万葉集』最大の歌群である。一方、遣唐使関係の歌は、巻一・巻五・巻八・巻九・巻十九という各巻に、合わせて長歌五首と短歌一七首が散在するに過ぎない。[注14]量的に言えば、新羅関係の方が圧倒的に多い。しかし、こうした明確な事実以外でも、『万葉集』には朝鮮半島の影が窺える。

『万葉集』の原点であり、その中核をなす巻一・巻二は、

泊瀬朝倉宮御宇天皇代
高市岡本宮御宇天皇代
明日香川原宮御宇天皇代

と、天皇の代ごとに歴史化されているが、そのほとんどは、奈良盆地の中に営まれた宮殿の名によって示されている。登場する地名を都道府県別に見ても、奈良県の地名は八九七と、二位大阪府の二一八を大きく引き離し

て、断然トップである。このように、『万葉集』が奈良を中心とした歌集であるということは否定できない。

しかし、『万葉集』巻一に収録された歌々は、必ずしも奈良盆地で詠まれたものばかりではない。泊瀬（奈良県桜井市）を舞台としたと見られる巻頭の雄略天皇御製（巻一・一）と、続く舒明天皇の香具山（奈良県橿原市）での望国歌（巻一・二）は、確かに盆地の中が舞台である。ところが、それに続く宇智野遊猟歌（巻一・三～四）で盆地の外（奈良県五條市）に出ると、讃岐国安益郡（巻一・五～六）、兎道（宇治）の宮処（巻一・七）、熟田津（巻一・八）、紀温泉（巻一・九～一二）、印南国原（巻一・一四）と、盆地の外で詠まれたと見られる歌々が並んでいる。

その多くは行幸先だが、巻一には盆地の外で作られた歌の方が多い。天智天皇の時代の都となった近江大津、皇祖神天照の祀られた伊勢、天武系皇統の原点となった吉野で作られた歌が多いのは当然のことであろうが、そうした中で、特に巻一の巻頭近くに、讃岐国安益郡・熟田津・印南国原といった瀬戸内海沿岸の地域が目立つ点にも注意をしておく必要があろう。

とりわけ、熟田津は重要である。斉明七年（六六一）一月、斉明天皇一行が熟田津に碇泊したのは、滅亡した百済を救援するため、新羅と一戦交えることを目的とした航海の時であった。熟田津は現在の愛媛県松山市周辺に設けられた港だが、その具体的な位置については、古来諸説があって判然としない。しかし、諸説の中では、干潮時に干潟のできる重信川の河口とする説[注15]がもっとも蓋然性が高いように思われる。いずれにせよ、そこが瀬戸内航路の重要な拠点の一つであったことは間違いない。[注16]

山部赤人も熟田津を詠んでいる（巻三・三二二）が、その長歌では「射狭庭の崗」もうたわれている（巻三・三二二）。道後温泉東側の伊佐爾波神社（松山市桜谷町）の鎮座する丘であろう。伊佐爾波神社は『延喜式』の神名帳に載る古社だが、古代においては、道後山の東南山腹に位置する現社地ではなかったとも言われる。[注17]とは言え、現在の祭神からすると、熱田津という港と一体の神社であったことが窺える。

その祭神は、誉田別命（八幡神）・足仲彦尊（仲哀天皇）・気長足姫尊（神功皇后）、そして市杵島姫尊・湍津姫尊・田心姫尊といった宗像三女神である。[注18] 伊佐爾波神社の創建が斉明七年以前であったか否かは不明だが、この祭神の構成は、熱田津という港の性格をよく表している。言うまでもなく、誉田別命・足仲彦尊・気長足姫尊は、記紀の新羅征討伝承に関わる。武力神として、外征を守護する神々である。一方、宗像三女神は対馬海峡の自然環境から生まれた神々であり、航海守護の神であるとされる。[注19] それらの祭神は新羅との関係を優位に運ぶとともに、半島への航路を安泰ならしめる神々であったと考えられる。

瀬戸内海は総じて干満の差が大きい。松山市周辺では、一日の干満の差が四メートル近くになることもあると言う。[注20] 熱田津とは穏やかな田んぼのような港の意で、そこがラグーン（潟湖）を利用した港であったことを示している。[注21] 干潮の時、干潟の広がる入江では、桟橋を築く必要がない。船に梯子を掛ければ、陸から直接乗り降りできる。また、満潮になると自然と船が浮かび上がり、スムーズに出航できる。したがって、そこには船底の平らな船が適している。

百済は朝鮮半島の西側で、黄海に面していたが、黄海も総じて干満の差が大きい。百済の最後の都であった扶余（韓国・忠清南道扶余郡扶余邑泗沘）から白馬江（『三国史記〈百済本紀第六〉』は泗沘川と呼ぶ）を下り、その河口の群山（全羅北道群山市）に行くと、干潮時には広大な干潟が広がっている。そこが唐との海戦の行なわれた白村江（『日本書紀』天智二年八月条）だとされる。

扶余には現在、百済歴史文化館という施設がある。そこには白村江と思しい百済の港のジオラマが展示されているが、干潟の上に座り込むように碇泊している底の平らな船の姿が見られる。タラップのような梯子を掛け、荷物を運びこむ男の姿もある（挿図1）。ラグーンの港では、こうした形の船が適していたのだ。
一方、新羅は半島の東側で、日本海に面していた。人麻呂が石見の海を「浦なしと」「潟なしと」（巻二・一三一）とうたっているように、日本海は概して干満の差がほとんどない。百済の海は干満の差が大きく、新羅の海はその差が少ないのだ。航海の方法も、当然異なっていたことであろう。

挿図1　百済の港のジオラマ

周知のように、古来、日本は百済との交流が盛んで、たとえば応神記には『論語』と『千字文』を百済から和邇吉師が伝えたとされている。百済から瀬戸内へと、干満の差の大きい海を航行するに適した百済様式の船によって、両国は繫がっていたのである。

また、印南国原は中大兄皇子の歌（巻一・一四）に詠まれたもの。一般に、斉明七年における百済救援のための西征の途次、そこに碇泊した時の歌だと考えられている。[注22] 斉明天皇一行が熟田津に碇泊する一週間ほど前である。

時代は少し下るが、『続日本紀』によれば、神亀三年（七二六）十月、聖武天皇は播磨国印南野へと行幸している。住吉大社の神領への行幸であった。[注23] その行幸に従駕した笠金村は、「名寸隅の船瀬」をうたっている（巻六・九三五）。兵庫県明石市大久保町江井島の江井ヶ島漁港だとされるが、[注24]『住吉大社神代記』に「明石郡名次浜」と記された海浜に設置された港である。そこは「魚住泊」（三善清行「意見封事十二箇条」『本朝文粋』）とも呼ばれ、行基が整備したと伝えられるが、潮の流れの速い明石海峡を通過するための潮待ちの港だったと考えられている。印南野は、古代の航海に必要不可欠な港を設置した土地だったからこそ、航海守護の神である住吉大社の神領とされたのであろう。

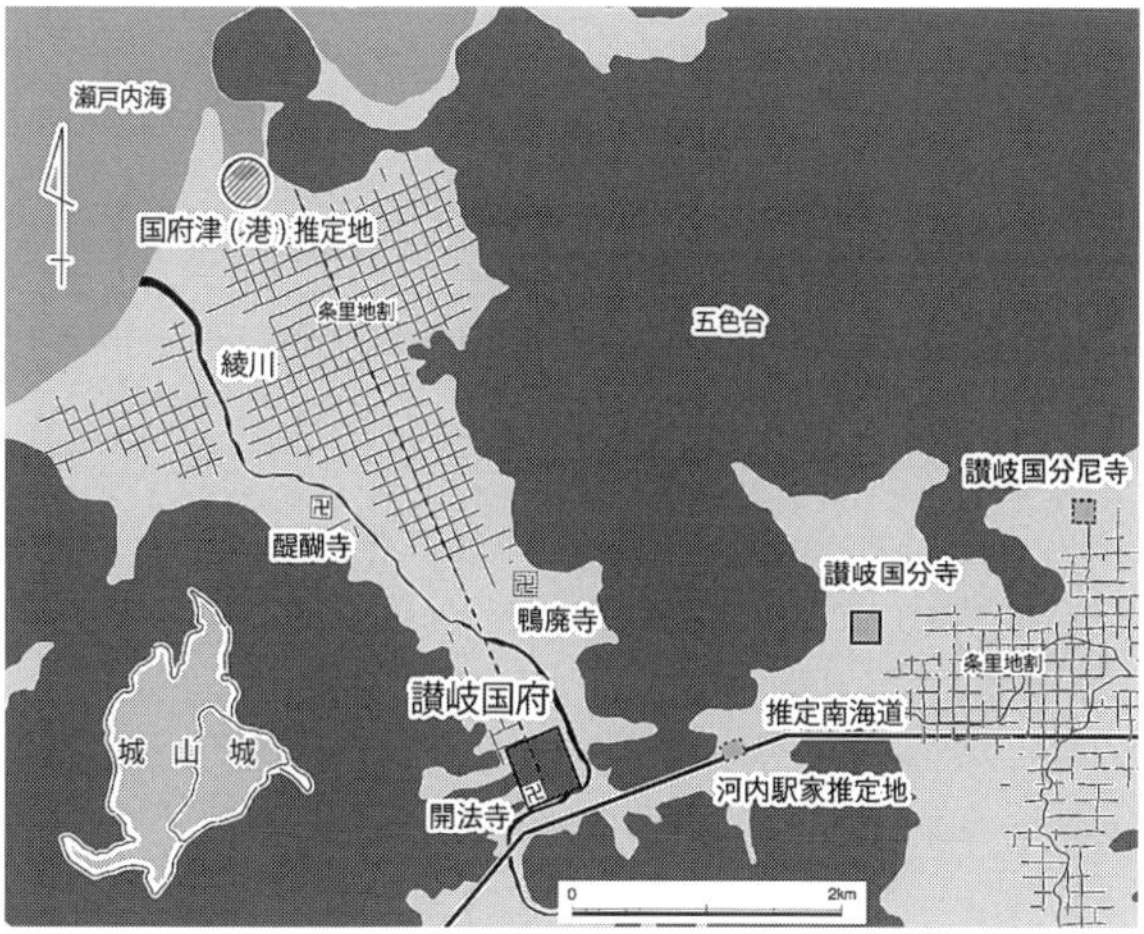

挿図２　讃岐国府周辺の歴史的環境

整備されたものであったのか否かは別として、行基以前も、明石海峡を通過する際に、潮待ちの港が必要だったことには違いがあるまい。だからこそ、中大兄もそこに立ち寄ったのであり、その際に印南国原がうたわれたのだと考えられる。注25

やはり『住吉大社神代記』によれば、住吉の神は摂津国を起点として、関門海峡に面した長門国豊浦郡、娜大津（現在の博多港）を擁する筑前国那珂郡、さらには大唐国・新羅国にも配置されたとされている。また『延喜式』神名帳には、朝鮮半島への航路である壱岐・対馬にも住吉の神が置かれたことが見える。各地の住吉の神は、朝鮮半島への国際航路を守護するために配置されたものであったと考えられる。

讃岐国安益郡と住吉の神との関係は不明だが、律令時代の讃岐国の国府は阿野郡（安益郡）に置かれていた（『倭名類聚鈔』巻五）。現在の香川県坂出市府中町で、近年、国府跡の遺構も確認されている。[注26]舒明天皇の時代、そこに行幸があり、軍王が長歌（巻一・五～六）をなしている。

その付近を流れる綾川は、国府の北側の平野に流れ出し、やがて瀬戸内海に注いでいるが、河口の周辺は大正期から埋め立てが進められて来た。[注27]遠浅だったからであろう。現在、洲鼻・浜中・浜西・新開・新田・昭和町といった地名が分布しているが、国土地理院の地形図（電子国土Ｗｅｂ）によると、その一帯は標高二～三メートル以下。また、坂出市周辺の海浜は、一日の潮位の差が二～三メートルほどになる。したがって、かつての国府は干潮時には干潟の広がる入江の奥にあったことが窺える。

瀬戸内航路では、武庫の浦・[注28]長井の浦・風早の浦・麻里布の浦と、「浦」（入江）に泊まりを重ねる航海であったことが、『万葉集』巻十五の遣新羅使歌群によって知られる。そもそも、その起点が澪標で知られる難波だったが、そこにも干潟が広がっていた。また、右の浦々も、現在は埋め立て地となっているが、いずれも干満の差が大きく、かつては河口に干潟の広がっていたことが推定できる点で共通している。綾川の河口周辺には国府津という港の存在も推定されているが、[注29]軍王の歌には「網の浦」（巻一・五）がうたわれている。してみると、「網の浦」と呼ばれる入江の中に、干潟を利用した国府津が存在したということになろう。

国府の傍には古代の南海道が走っていたと見られるが、[注30]ラグーンを利用した港の存在も、そこに国府が置かれた理由の一つであろう。すなわち、讃岐の国府周辺の地形も、古代の瀬戸内航路における官船の航海の方法を教えてくれる。

かつて、奈良県とその周辺の各県（大阪・和歌山・三重・京都・滋賀）以外の万葉歌を、東国・越中・山陰・筑紫といった四つの「かたまり」として把握する説があった。[注31]しかし、地名の数から言っても、特色あるうたいぶりから言っても、瀬戸内航路に関わる歌々といった「かたまり」を外すことはできない。瀬戸内は重要な作歌圏の一つであったと見做すことができる。注32 あるいは、とりわけ越中・山陰といった「かたまり」が、家持と人麻呂個人に由来するものであったのに対して、瀬戸内航路は王権の国際的視野そのものに由来していたと言ってもよい。巻一にもしばしば、瀬戸内海沿岸の地が詠まれるのは、そうした理由であったと考えられる。

このように、『万葉集』巻一の深層にも、半島の国々とのさまざまな形での交流の跡が隠されていることを見て取ることができる。

四

『万葉集』の「難波」という地名は、「難波の国」「難波の海」「難波潟」「難波津」などといった形で、七四例見られる。奈良の地名の中でももっとも多い「春日」の五七例と比べても、瀬戸内航路の起点であった難波の地が、いかに重視されていたかということが窺える。

その難波を出航し、瀬戸内航路を朝鮮半島・大陸へと向かう時、もっとも重要な港は、やはり娜大津（現在の博多港）であろう。職員令には、大宰府の広範な職掌の中に「蕃客、帰化、饗讌の事」ということが挙げられている。娜大津を玄関口として、その奥座敷とも言うべき大宰府は、九州全体を統括するとともに、外交の拠点でもあったということを示している。

大宰府は地方に置かれた最大級の役所だったが、『万葉集』においても、そこを中心的な舞台とした筑紫歌群とも呼ばれる特徴的な歌々が収められている。大伴旅人が大宰帥として赴任していた神亀五年（七二八）頃から天平三年（七三一）までの歌々である。巻三・巻四・巻五・巻六・巻八の各巻に分散して収録されているが、認定の揺れを認めても、二〇〇首に近い数であったことには違いがない。[注33] 筑紫が四つの「かたまり」の一つとされたのは、当然のことであろう。つまり、『万葉集』には難波・瀬戸内・筑紫という、国際航路に沿った大きな作歌圏が存在したことが確認できる。

筑紫歌群に登場する人たちを見てみよう。歌を作った人ばかりではなく、名前だけ登場する人も含むが、便宜的にできるだけわかりやすい呼称で示すことにする。それは、以下の四七人である。

麻田陽春・阿倍奥島・粟田大夫（比登）・石川足人・石上堅魚・板持安麻呂・宇努男人・大伴稲公・大伴郎女・大伴胡麻呂・大伴坂上郎女・大伴旅人・大伴道足・大伴三依・大伴百代・大伴家持・大伴四綱・小野老・小野国堅・小野田守・門部石足・磯氏法麻呂・紀男人・荒氏稲布・高氏海人・高氏（高向）老・高氏義通・遊行女婦児島・佐氏子首・沙彌満誓・志紀大道・史氏大原・村氏彼方・建部牛麻呂・田氏（田辺）真上・丹氏麻呂・（丹生女王）・張福子・田氏肥人・土師水道・土師百村・葛井大成・葛井広成・（藤原房前）・山氏（山口）若麻呂・野氏宿奈麻呂・山上憶良

藤原房前と丹生女王には旅人との間に贈答歌が見られるが、いずれも都にいたことが確実なので、その人数には含めない。ここでもその認定に揺れが生ずることは避けられないが、右の中で、二重傍線を付した人が渡来系氏族の出身者だと考えられる。すなわち、四五人中の一一人。ほぼ四人に一人ということになる。

しかし、大伴稲公と大伴胡麻呂は、旅人が病気の時に都から遣わされた人で、大宰府の官人だったわけではない。また、大伴家持は当時、十二、三歳の少年だった。父旅人について下向しただけなので、これも人数には含めない。大伴郎女・大伴坂上郎女・児島といった女性たちも、大宰府とその管轄下の役人として選任されたわけではない。そこで、彼らを除くと三九人中の一一人。すなわち、約二八パーセントが渡来系だということになる。

さらに、傍線を付した四人は、渡来系とする説の見られる人である。したがって、実際には三〇パーセントを超えていた可能性が高い。『万葉集』全体では八パーセントほどだったが、国際的な玄関口であった大宰府では、その比率がさらに高かった、ということになろう。そして、その中には出自不明の者もいるが、麻田陽春・宇努男人・史氏大原・葛井広成・葛井大成という五人は、百済系であることが確実である。また、張福子・山氏若麻呂は漢系である。一口に渡来系氏族と言っても、大宰府には多様な出自の人が集っていたということも、忘れてはなるまい。

かつて、旅人と憶良を中心として大宰府とその周辺で展開された作歌活動が、「筑紫歌壇」と呼ばれたこともあった。[注34]「歌壇」という用語で捉えることに関しては、必ずしも賛成ではないが、少なくとも数年間、継続的に、宴席などの社交の場で、多くの人によって歌が披露される状態があったことは確実である。そして、そうした場の形成にとって、渡来系の人たちが果たした役割は、決して小さくなかったと言わなければなるまい。

その活躍ぶりの一端を見てみよう。

天平二年（七三〇）正月、大宰帥の邸宅で梅見の宴が催された。大宰府の主な役人と、たまたま大宰府に参向していた管下の役人たちが歌を披露したが、その中に百済系の渡来氏族に生を受けた葛井連大成も列席していた。次の歌は、その時披露された「梅花歌卅二首」のうちの一首である。当時の大成は、外従五位下。主人旅人を除く、上座の七人のうちの一人であった。[注35]

梅の花　今盛りなり
思ふどち　挿頭にしてな

今盛りなり　筑後守葛井大夫　（巻五・八二〇）

『続日本紀』養老四年（七二〇）五月条に、「白猪史の氏を改めて葛井連の姓を賜ふ」と見える。また『日本書紀』欽明天皇三十年（五六九）春四月条には、

　胆津、白猪田部の丁者を検へ閲て、詔の依に籍を定む。果して田戸を成す。天皇、胆津が籍を定めし功を嘉して、姓を賜ひて白猪史とし、尋ぎて田令に拝けたまひ、瑞子が副としたまふ。

と伝えられている。白猪史氏の胆津は王辰爾の甥だとされる。これによって、白猪史氏が百済系の渡来氏族であったことが知られる。すなわち、葛井連氏は六世紀には渡来していた氏族であった。しかし、わずか十年前まで、半島系の姓を名乗っていたことになる。

　右の一首を含め、渡来系氏族の作者の歌に、大伴氏などの伝統的氏族の人たちの歌とは異なる何らかの特徴的な傾向があるかと言えば、まったくないと言うしかない。しかし、むしろ、一般的な歌の表現様式や発想と何ら変わるところがないからこそ、彼らの活躍が意味を持っていたと考えた方がよい。この時代の歌文化の成熟にあたって、彼らもその一翼を担っていたと見られるからである。「梅花歌卅二首」の序は王羲之の「蘭亭集序」の影響と見るのが通説[注36]である。すなわち、東アジアにおける漢字文化圏で共有されていた教養を前提として成り立っていた宴席だと見るべきだが、漢籍からの影響ばかりでなく、人的な交流という面も、東アジア的であったということにほかならない。

　さて、第二句と第五句を繰り返す大成の歌は、一見無技巧なもののように見える。しかし、この日の宴席のめでたさを称えるためには、むしろこうした単純な形が功を奏したのであろう。また「思ふどち」とは、気の合った者同士、気心の知れた間柄の意で、宴席歌にはしばしば見られる表現である。この宴席に集まった人々の中に

は、壱岐・対馬などの島嶼部や、薩摩といった辺境から来た官人もいる。初めて顔を合わせた者もいたはずである。しかし、そうした人々を「思ふどち」と見做し、歌に詠み込むことは、主人旅人の意向と宴席の気分を的確に捉えたものであったと考えられる。

第二句と第五句の繰り返しは、古歌謡の形式に則ったものとされる。ゆったりとしたそのうたいぶりは、「管弦に舞などを伴っての詠出ではなかったか」[注37]とする向きもある。そこまで想像を逞しくしなくても、大成の歌は一点の曇りもなく、この日の宴席のめでたさを謳歌した一首であるように見える。心からの賛辞だったのか、単なる社交辞令だったのかは不明だが、気配りに満ちた歌であり、こうした社交の場にふさわしい一首であったと見て間違いない。

その他の参加者の中にも、山氏若麻呂・張福子・板氏安麻呂・田氏肥人・田氏真上という渡来系氏族の出身と思しき人たちが列席していた。大伴旅人や坂上郎女を中心とした作歌に親しんでいた家の人々の個人的な集まりではない。通常の律令官人たちの集まりでさえ、二割に近い渡来系の人がいて、彼らも歌を詠んでいたということになる。漢籍の影響もさることながら、ヤマトウタは決して、この列島の中の固有の文化として純粋培養されたものではなかった。その後、千数百年にわたって生き続けた和歌の強かさは、そうした中で培われたものだったのであろう。

五

もちろん、平城京の宴席において活躍する百済系渡来氏族の姿も見られる。その典型は、葛井連広成である。

葛井連氏は先進的な学問を伝えた家柄であったと言われるが、[注38]『経国集』（巻二十）に「白広成」の名で「対策文」二篇が見える。白猪を名乗っていた時期の広成である。年月日の記載はないが、それは官人としての登竜門であった。広成は従六位上であることが知られる養老三年（七一九）以前に、「対策文」で式部省の秀才の試験に合格したことによって、官人として出仕したのであろう。

広成は養老三年閏七月、大外記従六位上で遣新羅使に任じられている。大外記とは太政官の一員で、その職掌は「詔奏を感へむこと、及び公文読み申し、文案を勘署し、稽失を検へ出さむこと」（職員令2）とされ、文書の作成等に関わるポストであった。天平十五年（七四三）三月には筑紫において、外従五位下で新羅使の検校にあたっている。百済系氏族の職掌として、通訳の役割を果たしたのかも知れない。同二十年（七四八）八月、聖武天皇が群臣を率いて散位の広成の自宅に行幸し、宴飲。そのまま宿泊した上に、正五位上を授け、二階級昇進させている。天平勝宝元年（七四九）八月には、中務卿。従四位上相当の官で、詔勅の起草に関わる役所の最高責任者であった。聖武の信頼が篤かったことが窺える。

『懐風藻』には中務少輔とある。従五位上相当の官だから、天平二十年頃のことであろう。五言詩二首（一一九、一二〇）が収録されている。藤原不比等の吉野詩に和した詩などである。この点からも文学的素養に恵まれた人物であったことが知られる。『家伝下』（武智麻呂伝）にも「文雅」として、その名が見える。

天平八年（七三六）十二月十二日に、歌儛所の諸王と臣の子等が広成の家に集まって宴を催したが、その席で広成によって伝誦歌二首が披露されている。広成は歌儛所の中心的人物であり、この宴はその忘年会だったとされる。[注39]

そこで広成はまず、参会者に対して次のように呼びかけている。

比来、古儛盛りに興り、古歳漸に晩れぬ。理に、共に古情を尽くし、同じく古歌を唱ふべし。故に、この趣に擬して、輙ち古曲二節を献る。風流意気の士、儻にこの集へるが中にあらば、争ひて念を発し、心々に古体に和せよ。

と、自分が披露する「古曲二節」に和する歌を求めたのだ。文中に六回も「古」の字が繰り返されているが、同字の繰り返しは六朝の詩賦によく見られるものであるということが指摘されている。[注40]『経国集』に「対策文」、『懐風藻』に漢詩が見えることからも窺えるように、漢籍に堪能だったのであろう。

そこで披露された「古曲二節」とは、

我が屋戸の　梅咲きたりと　告げ遣らば
来と云ふに似たり
散りぬともよし　（巻六・一〇一一）
春去れば　をゝりにをゝり
鶯の　鳴く吾が山斎ぞ
やまず通はせ　（巻六・一〇一二）

という歌々である。どちらも、春が来たら「我が屋戸」の庭園を来訪するようにと促す歌であって、「梅」に「鶯」を対にして詠んでいる。「梅」や「鶯」を詠むことは、中国文化への関心の中から現れた天平期の新しい文化であったことが指摘されている。[注41]広成は、声に出して、朗々と披露したのであろう。

この二首は古歌であって、広成の作ではあるまい。しかし、序の「古」というレトリックと一貫させるためにも、古くさい歌だと謙る気持ちを込めて、自らの歌を「古曲」と言ったと見ることもできる。いずれにせよ、この場にふさわしいものであろう。これも広成がまさに「文雅」の士であったことを窺わせるに十分である。

歌儛所とは和歌の弾琴唱和に関わる宮中の部署であろうが、雅楽寮と同一のものか否かで意見が分かれている。「別とすれば、外来の音楽を管掌する雅楽寮に対して、日本古来の歌舞を伝え演じるために、楽器を管理し、楽人、歌人、舞人をおいて教習や演奏を行ったものと考えられる[注42]」。つまり、伝統的な音楽を管掌する部署の中心に、渡来系の人がいたことになる。

ともあれ、広成はこの時、外従五位下に過ぎなかった。その広成が、諸王のいる席で、「風流意気の士」がいれば「古体に和せよ」と呼びかけているのだ。二首の古歌をも含め、確かに彼は、「文雅」の才によって歌儛所の中心的人物と見られていたことを窺わせる。広成が歌の場を領導する人物として、一目置かれていたということを物語っていよう。

また、広成には次のような歌も見られる。

天平二年庚午　勅して擢駿馬使の大伴道足の宿禰を遣はす時の歌一首

奥山の　磐に苔生し
恐くも　問ひ賜ふかも
念ひあへなくに　　（巻六・九六二）

右、勅使大伴道足宿禰を帥の家に饗す。この日に、会ひ集ふ衆諸、駅使葛井連広成を相誘ひて、歌詞を作るべしと言ふ。登時広成声に応へて、即ちこの歌を吟ふ。

「奥山の　磐に苔生し」は「恐くも」を導き出す序詞で、歌を所望されようとは思ってもみませんでした、という意味の歌。すなわち、私は皆さんから歌を求められるような人間ではございませんと謙る姿勢を、即座に歌の形で見せたことが、広成の機知である。あるいは、「その古曲めいた詠法と要望に添えないという応え方のちぐはぐさ加減が、かえって宴の座に笑いを巻き起こした」[注43]とする見方もある。いずれにせよ、宴席に集った人々は、広成の機知に富んだ歌に拍手を送ったに違いあるまい。広成の歌はこの一首しか見えないが、十分作歌に習熟していたことが窺える。

近年、各地から歌木簡の出土が相次いでいる。その結果として、たとえば紫香楽宮跡とされる宮町遺跡（滋賀県甲賀市信楽町宮町）や馬場南遺跡（京都府木津川市大字木津小字糠田）など、『万葉集』に登場しないところにも歌の場があったということが明らかになっている。当然のことだが、社交の歌という文化は大伴氏の周辺だけで成熟したのではなかったということである。『万葉集』中の広成の歌は一首に過ぎないが、広成は別の交友圏を持っていて、それなりに作歌の修練を積んでいたということであろう。

百済系の中には、椎野連長年という人物もいる。『万葉集』巻十六に、次のような歌が見られる。

古歌に曰く

橘の　寺の長屋に
吾が率寝し　童女放りは　髪上げつらむか　（巻十六・三八二二）

右の歌、椎野連長年、脈みて曰く、「それ寺家の屋は、俗人の寝る処にあらず。また若冠の女を偁ひて、放髪丱と云へれば、尾句に重ねて著冠の辞を云ふべからじか」といふ。

決めて曰く

橘の　照れる長屋に
吾が率寝し　童女放りに　髪上げつらむか　（巻十六・三八二三）

『日本書紀』天智天皇四年（六六五）八月条に、「達率憶礼福留・達率四比福夫を筑紫国に遣して、大野と椽、二城を築かしむ」と見える。憶礼福留は、天智十年（六七一）正月、「兵法に閑へり」という理由で、大山下の位を授けられている。四比福夫も、築城の技術など、兵法に詳しかったのであろう。「達率」は百済の官位で、十六階の第二。貴族であった。四比は百済の王都泗沘（忠清南道扶余郡扶余邑泗沘）に因む姓と見られるが、現代の韓国人の姓にはない。福夫は、百済の滅亡によって亡命して来た人たちの一人であろう。

『続日本紀』神亀元年（七二四）五月条に、渡来系の人々に対する賜姓が見られるが、その中に「正七位上四比忠勇に椎野連」を賜ったとされる。また天平神護二年（七六六）三月にも、「右京の人正七位上四比河守に姓を椎野連と賜ふ」とする記事が見える。和銅七年（七一四）十一月に、夫の死後まで舅姑に孝養を尽くしたことで課役を免除された四比信沙も同族の者であろう。

右のように、長年が百済系渡来氏族の出身者であったことは確実である。伝未詳だが、『万葉集』に右の歌が一首。巻十六に収録されているので、天平十六年（七四四）以前の作だと見られる。その点からすれば、渡来二世もしくは三世であろう。百済からの渡来者の中には、「薬を解れり」とされた者が多かった（『日本書紀』天智十年正月条）が、長年も医師だったのであろうか。[注44] あるいは、医療も外来の先端知識と見られたからであろうか。「古歌」の「脈」を見たとされている。歌から見る限りは、プライドの高い教養人であった半面、パロディーを理解しない朴念仁であり、しかも得々と強弁するような人物だったとする説もある。[注45] それはともあれ、この人の周辺でも、短歌という形式が人間関係の潤滑油となっていたことが知られる。

葛井連氏も椎野連氏も、百済系であることの矜持を氏族として持ち続けていたことであろう。しかし、賜姓を受けることが天皇に対する恭順の意の表明であったことは間違いない。[注46] 日本社会に同化しようとする意志を示したことになろう。そうした中で、彼らがごく自然に歌を作る環境にあり、それぞれ場にふさわしい歌をなしている姿を、見過ごすわけには行かない。彼らの中では、父祖の国百済は次第に異国となり、その文化は平城京の官人社会の深層へと沈殿して行ったのではないかと考えられる。

本稿で取り上げた人物は、百済系のほんの一部に過ぎない。しかし、彼らはさまざまな場で歌をなしている。『万葉集』は、そうした人々の活動をも含めた上で成立したことになろう。

六

現行の「高等学校学習指導要領」（平成二十一年三月文部科学省告示）は、「古典」及び「古典講読」という科目の指導事項の一つとして、「古典を読んで、日本文化の特質や日本文化と中国文化の関係について考えること」としている。古典文学の中に、さまざまな形で漢籍の影響が見られることを考えても、これは当然の学習課題であろう。しかし、朝鮮半島との交流については、まったく触れるところがない。

記紀には朝鮮半島に関わる記事が多い。それもあって、古代文学や古代史の研究者たちの間では、朝鮮半島をも含めた東アジアの中の日本という見方が定着して来た。しかし、「学習指導要領」は相変わらず、「隣国者大唐、蕃国者新羅也」という意識であるようにも見える。少なくとも、そうした意識の残滓が完全には払拭されてはいない、ということであろう。「学習指導要領」の「国語」も、今後は東アジアのみならず、世界を広く見据えたものになる必要があるように思われる。

在日の作家金達寿が、日本の中の朝鮮文化を精力的に発掘するようになってから、すでに半世紀が過ぎようとしている。近年は、新たに出土した文字資料などから、日韓の文化交流を問い直す研究も蓄積されつつある。しかし、『万葉集』研究における朝鮮半島の問題の解明は、遅々として進んでいない。

書物が厳然と残存することによって影響関係の見えやすい中国文学・文化に対して、渡来した人たちが身につけていた文化は、時代が下れば下るほど、消えて行くからであろうか。あるいは、彼らが日本社会に定着するとともに同化が進み、この国の固有の文化と混然一体のものとなって行ったからであろうか。それは社会の深層に沈み、やがて意識されなくなってしまったようにも見える。

しかし、表層のみを見ていても、その本質は見えない。資料があまりなく、困難を伴うとは思うものの、その深層に踏み込む研究の進展が望まれる。

注

1 「ここでは本州をさす」（西郷信綱『古事記注釈 第一巻』平凡社、一九七五）とする注と、「大和の国を中心にした「畿内の地」を指す（中略）。普通一般には深くも考へずに「本州」を指すと説かれてゐるが、それは誤りである」（倉野憲司『古事記全註釈第二巻』三省堂、一九七四）とする注がある。

2 拙稿「阿騎野と宇智野――『万葉集』のコスモロジー――」（『万葉集と新羅』翰林書房、二〇〇九）。

3 犬養孝『万葉の旅 下』（社会思想社、一九六四）所収「万葉全地名の解説三」の一覧表による。以下、同じ。

4 柿本人麻呂の石見関係の地名が大半だが、そうした特殊な例を除くと、山陰の地名はごくわずかに過ぎない。

5 難波宮行幸の時の歌に「雲居に見ゆる 阿波の山」（巻六・九九八）と見えるのが、旧国名の阿波であるとされる。しかし、難波から阿波は見えない。したがって、「淡路島南部の山地を漠然とさしていった」（小島憲之ほか校注・訳『萬葉集②〈新編日本古典文学全集〉』小学館、一九九五）とする注もある。とすれば、徳島県の地名はないということになる。

6　中西進「万葉集における古代朝鮮」（『万葉の時代と風土』角川書店、一九八〇）に、「万葉集の中に古代朝鮮の影はけっしてとぼしくない」という発言がある。また、「白村江以後――万葉集の形成と渡来者――」（『同』）という論文もあるが、中国文学からの影響に関する研究の厚みに比べると、わずかでしかない。
7　中西進・辰巳正明・日吉盛幸『万葉集歌人集成』（講談社、一九九〇）の見出しによる。
8　比較的近年の注では、伊藤博『萬葉集釋注八』（集英社、一九九八）、多田一臣『万葉集全解6』（筑摩書房、二〇一〇）が、苫提儞那だと明言している。
9　拙稿「渡来系人物事典」（『万葉集と新羅』）に、若干の修正を加えた数字である。
10　法務省のＨＰ「帰化許可申請者数、帰化許可者数及び帰化不許可者数の推移」（二〇一六年九月九日閲覧）。
11　入国管理局ＨＰ「在留外国人統計」（二〇一五年一二月）。
12　最近では、水谷千秋『謎の渡来人　秦氏』（文春新書、二〇〇九）、武光誠『渡来人とは何者だったか』（河出書房新社、二〇一六）など。
13　拙稿「東アジアの中の『万葉集』」（『万葉集と新羅』）。
14　巻十三所収の「柿本朝臣人麻呂歌集曰」とされた長歌（三二五三〜三二五四）も、明確な記述はないが、遣唐使に関わる歌であろうとする注が多い。それを含めれば、長歌六首、短歌一八首ということになる。
15　松原弘宣「熟田津の所在地について」（『熟田津と古代伊予国』創風社出版、一九九二）。
16　拙稿「御船西征――熟田津の歌の周辺――」（『日本大学文理学部研究紀要』五〇号、一九九五）。
17　田中歳雄「伊佐尓波神社」（式内社研究会編『式内社調査報告　第二十三巻』皇學館大學出版部、一九八七）、客野澄博「伊佐爾波神社」（『日本の神々　神社と聖地　第二巻』白水社、二〇〇〇）。
18　注17に同じ。
19　水野祐「出雲大神と宗像神――出雲文化の中の漁撈文化――」（神道学会編『出雲学論攷』出雲大社、一九七七）。
20　海上保安庁海洋情報部ＨＰ「潮汐推算」による。以下、潮位に関する記述はこれによる。
21　拙稿「熟田津――潮も適ひぬ」（『額田王　熟田津に船乗りせむと』ミネルヴァ書房、二〇〇九）。
22　山田孝雄『萬葉集講義 巻第一』（寳文館出版、一九二八）が早いものであろう。

23 拙稿「コトバから文字へ――印南野従駕歌の論――」(『万葉史の論　山部赤人』翰林書房、一九九七)。
24 千田稔「五泊の位置」(『埋れた港』学生社、一九七四)。
25 拙稿「三山歌と住吉大社」(『美夫君志』四三号、一九九一)。真弓常忠編『住吉大社事典』(国書刊行会、二〇〇九)に再録。
26 香川県埋蔵文化財センター編『讃岐国府跡の発掘調査(現地説明会資料)』(二〇一四年二月九日)。
27 市史編纂委員会編『坂出市史』(坂出市役所、一九五二)。
28 武庫の浦の地形と港の機能などについては、拙稿「武庫の浦の入江――遣新羅使歌群の冒頭歌をめぐって――」(『万葉集と新羅』)で論じた。
29 注26に同じ。
30 山本英之「讃岐国」(古代交通研究会編『日本古代道路事典』八木書店、二〇〇四)。
31 犬養孝「萬葉地理――その風土性――」(澤瀉久孝ほか編『萬葉集大成　風土篇』平凡社、一九五五)。
32 拙稿「万葉の瀬戸内――平城京を視野に――」(針原孝之編『古代文学の創造と継承』新典社、二〇一一)。
33 巻三・三二八～三五一、三九一～三九三、四三八～四四〇、四四六～四五三、巻四・五四九～五七六、巻五・七九三～八八一、巻六・九五五～九六八、巻八、一四七二～一四七四、一五二三～一五三一、一六三九～一六四〇。
34 伊藤博「古代の歌壇」(『萬葉集の表現と方法　上』塙書房、一九七五)。
35 拙稿「『万葉集』の宴席を考える――梅花の宴を通して――」(『語文』一四三輯、二〇一二)。
36 契沖『萬葉代匠記〔初稿本〕』(『契沖全集』岩波書店、一九七四)、古沢未知男「『梅花歌序』と『蘭亭集序』」(『漢詩文引用よりみた万葉集の研究』桜楓社、一九六六)など。
37 大久保廣行「梅花の歌三十二首」(神野志隆光ほか編『セミナー万葉の歌人と作品　第四巻』和泉書院、二〇〇〇)。
38 大久保廣行「葛井氏の歌詠と伝統」(『筑紫文学圏　大伴旅人／筑紫文学圏』笠間書院、一九九八)。
39 井村哲夫「『歌儛所』私見――天平万葉史の一課題――」(『憶良・虫麻呂と天平歌壇』翰林書房、一九九七)。
40 小島憲之「天平における萬葉集の詩文」(『上代日本文學と中國文學　中』塙書房、一九六四)。
41 辰巳正明「持統朝の漢文学――梅と鶯の文学史――」(『万葉集と中国文学 第二』笠間書院、一九九三)。
42 阿蘇瑞枝『萬葉集全歌講義三』(笠間書院、二〇〇七)。

43　注38に同じ。
44　武田祐吉『増訂 萬葉集全註釋 十一』（角川書店、一九五七）、多田一臣『万葉集全解6』（筑摩書房、二〇一〇）など。
45　影山尚之「「橘の寺の長屋」と「橘の照れる長屋」」（『萬葉和歌の表現空間』塙書房、二〇〇九）。
46　福田武史「『古事記』における百済・新羅の位置づけ」（『歴史民俗資料学研究』一四号、二〇〇九）は、「応神記・允恭記の渡来記事は大陸文明が半島を通じてもたらされたことを伝説的に語っているもの」ではなく、「天皇との個人的な従属関係」を伝えるものだとする。賜姓も同様の関係であろう。

【付記】「讃岐国府周辺の歴史的環境」の図については、香川県埋蔵文化財センターからデータの提供を受けました。記して感謝申し上げます。

近現代と往還しつつ、東アジア古代の文化交流史を問い直す

鈴木　貞美

一　二〇世紀の古代文学論を点検する

国際的文化ネットワークにおいて日本文化諸相の解明を進めることは、今日の研究者の共有の課題になりつつある。古代については中国を中心にする東アジア文化圏における日本文化の特殊性が問われる。だが、それには、近代キリスト教圏で形づくられ、一九世紀後半から二〇世紀に国際的に拡がった「宗教」「芸術」「文学」をはじめとする基礎概念とその評価基準の歴史性を問い直すことが不可欠である。

本稿では、まず、中国と日本で、奇しくも一九〇八年、とくに宋代の漢詩の「主客統一」と古代和歌の「主客混融」の技法がそれぞれに固有の文化伝統と論じられた事例をあげ、それらの歴史性を問う。その事例とは、中国で詩、小説、戯曲を中心にする言語芸術をいう狭義の「文学」概念に立ち、近代文芸批評を開拓した王国維の『人間詞話』[注1]（一九〇八）と、明治後期の気鋭の国文学者、藤岡作太郎が、「原始時代」の神話や伝承に関心を寄

せる国際的な動きを受けて、信仰をふくむ文化全般を見渡しながらまとめた『国文学史講話』（東京開成館、一九〇八）である。

そののち、一九二〇年代には、土居光知『文学序説』[注2]（岩波書店、一九二二）によって、イギリス流の「文学」形態の発展論にもとづき、「日本文学史」の見取り図が書かれた。平安時代に「日記文学」及び「随筆文学」という新たなジャンルを発明するなど、その後の国文学にも影を投げかけ、第二次世界大戦後、その一部が国語教科書にも採用されるなど、その影響は今日まで広範に及んでいる。また第二次大戦後、一九五〇年代には、土居光知の流儀に対し、ドイツ流の見取り図を応用した小西甚一『日本文学史』（弘文堂、一九五三）が書かれた。その文庫版（講談社学術文庫、一九九三）「序」には率直に影響は小さかったと述べられているが、ドナルド・キーンの解説が付され、また小西が大著『日本文藝史』（全五巻、講談社 一九八五〜九二、歿後の編集による別巻、笠間書院、二〇〇九）をまとめて文化功労者に選ばれたこともはたらき、今日まで版を重ねている。

この両著ともに「比較文学」を名のり、中国文化との交渉の解明に道を拓く姿勢をもつ。本稿は、これらを手がかりに、記紀の神話や歌謡、また『万葉集』に収められた和歌などの評価をめぐって、基礎概念とその価値基準を問い直し、最後に、東アジアの文化ネットワークのなかに置いて、神・儒・仏・道の四教の相互関係が生んだ事態の概略をまとめてみたい。

二　伝統の再解釈

二〇一四年九月二二〜二三日、方維規教授の企画により、北京師範大学で開催された国際シンポジウム「思想と方法——近代中国の文化政治と知識の見直し」において、清華大学中文系教授・羅鋼が行った報告「創られた伝統——『人間詞話』は、いかにして国学経典とされたか」[注3]は、最近の中国における「国学」ブームのなかで、王国維『人間詞話』が経典（キャノン）、「文学革命」の先駆のように称揚される傾向に対して、『人間詞話』は当時、それほど広範な影響をもたず、かつ長く照明があてられてこなかったこと、そこで王国維が中国古代詩の形象を「情」と「景」の「統一」、芸術における主観と客観の「境界」と論じているのは、ドイツ感情移入美学を借りた「伝統の発明」（invention of tradition）であること、つまりは、「伝統の発明」が二重に行われていることを鮮やかに論じるものだった。[注4]

その報告に耳を傾けながら、わたしは、中国古典における最大の理論書、南朝・梁の劉勰による『文心雕龍』〔物色〕篇が対象に密着する景物の描写を称揚し、かつ「余情」をもって作詩の秘訣と論じていたことなど想い浮かべ、中国でも、二〇世紀初めに伝統の発明が行われていたこと、そして、それが一九〇一年に日本に留学し、病を得て一年で帰国したのち、『紅楼夢評伝』（一九〇四）など近代文芸批評を開拓した王国維の手でなされ、しかも、それが感情移入美学によるものだったことを知り、大いに関心をかきたてられた（なお、台湾からのシンポジウム参加者は、『人間詞話』は台湾ではよく読まれたと発言し、大陸でもかなり読まれたという人もいる。その点は、保留すべきかもしれない）。それと同じ年に刊行された藤岡作太郎『国文学史講話』が『万葉集』中、淡海公、すなわち藤原不比等の屋敷跡が荒れ果てていることをうたう山部赤人の次のうたをあげ、「主客混融」の表現と論じ、それを中国の詩の影響を受ける以前の日本の固有のものと論じていたからである。

故太政大臣《おほきおほまへつきみ》藤原家の山池《しまのいけ》を詠める歌一首

古へのふるき堤は年深み　池のなぎさに水草生ひにけり　（巻三、三七八）

このうたは、景物のみをうたい、言外に懐旧の情を滲ませる。[注5]『万葉集』巻一一、一二の相聞歌の部立でいえば、「正述心緒」に対する「寄物陳思」、物に寄せて思いを述べる技法、広くは「寓」（和語「ことよせ」）に類するものと考えてよい。

王国維は詩の形象のつくり方における主観と客観の「統一」ないし「境界」を論じ、藤岡作太郎は和歌の景物観照の態度における主客「混融」を論じている点がちがうが、全く同時期に日本と中国で、それぞれに固有の「伝統の発明」がなされたことは、二〇世紀初めの東アジアにおける知のネットワークの例として興味深いものがあろう。

英語でも日本語でも、古い血筋や長い歴史をもつ特定集団の因習を意味していた「伝統」（tradition）という語に、諸民族や国民の生活文化、精神文化を貫く特徴のような意味が加わるのは、国民国家形成に伴う文化ナショナリズムによるもの。その中核を担うのが、固有の国民性を明らかにするという目的を掲げた各国語で記された優れた人文学の著作の歴史、すなわち「文学史」だった。その概念のアジアでの受容過程を簡単に振り返っておく。

三　二つの近代的「文学」

一九世紀半ばの香港で、ヨーロッパの"polite literature"（著述一般を意味する広義に対し、立派な自国語の著作を指す中義）、すなわち人文学（the humanities）——神の言葉に対して人間の言葉の領域——と、詩文のワザを含み、文章博学を意味する中国語の伝統的な「文学」とが互いに翻訳語になった。だが、大陸には拡らず、むしろ日本

で積極的に受容された。[注6]

江戸時代の日本では、藩校の儒学の先生を呼ぶ名に「文学」が用いられたことが強くはたらき、和歌も物語も「文学」と呼ばれたことはなかったし、自国語に限定する近代的「文学」に相当する概念は生まれなかった。明治中期につくられた「日本文学（史）」の概念は、ヨーロッパの「人文学」の範疇を大きく破り、自国語に限らず和製の漢詩文、古代神話や宗教書の類（鎌倉時代の日蓮『立正安国論』、室町時代の道元『正法眼蔵』など）、そして元禄期の井原西鶴の好色ものや近松門左衛門の浄瑠璃台本、芭蕉俳諧をはじめとする民衆文芸（popular literature）を含む編制をとった。その基本形は、日本で最初の「日本文学史」を名のる三上参次・高津鍬三郎合著『日本文学史』上下二巻（金港堂、一八九〇）がつくった。[注7]

その「日本的人文学」に対して、感情表現に重きをおく詩、小説、戯曲など言語芸術（狭義の "literature"）は、しばしば「美文学」と称された。これはドイツ流の "shöone literature"（"wissenschaft literature"、知的な文学に対する語）の訳語である。その概念に立つことを宣言したのが、芳賀矢一『国文学十講』（冨山房、一八九九）で、和文を尊重し、記録性と感情表現が未分化な歴史叙述を「歴史物語」「軍記物語」と呼び、「物語」の領域を拡大した。国文学の教師向けの講演記録で、国学者の参考書を多く紹介している。[注8]

ヨーロッパ近代では、キリスト教が邪教と見なした古代ギリシャなど多神教の神話は、専ら芸術の題材として鑑賞されるタテマエだった。が、一九世紀後半に、いわゆる原始社会の信仰や風俗の研究（人類学）が進展し、また、グリム童話など、自国語の民間伝承への関心も盛んになった。二〇世紀への転換期には、民族独立運動が活発化し、民族信仰を盛り込んだ芸術が象徴主義と呼ばれ、国際的に台頭した。インドの詩人、ラビンドラナス・タゴールが、ヒンドゥー神秘主義を歌いあげた詩集『ギータンジャリ』（*Gitanjali*, 1909）で一九一三年にアジ

ア人で初めてノーベル文学賞を受賞したことに代表される。[注9]

藤岡作太郎は、それらの動きを受け、既成の国文学史を一新する意気ごみで『国文学史講話』をまとめた。記紀の伝承を「動物説話」などの語を用いて説明している個所もある。ジェームズ・フレーザー『金枝篇』（*The Golden Bough*, 1890–1936）が説く原始信仰のトーテミズムを参照してのことだろう。そのように信仰をふくむ日本の文化全般（日本的人文学）を広く見渡しながら、言語芸術を意味する狭義の「文学」を「純文学」と呼び、尊重する立場をとった。その「総論」では、日露戦争後の機運を受け、天皇を国民の父親のように戴く「家族国家」論を参照して、国民性の特長として「団結力の強さ」を説き、また西洋は「人間中心」、アジアは「自然随順」、そのなかで日本文化の特長として「自然への積極的な愛」とうたった。先の山部赤人のうたに「主客混淆」を述べた理由が知れる。[注10]

藤岡作太郎が山部赤人の景物描写を「主客混融」と論じたことについて、わたしは『国文学史講話』に序文を寄せている西田幾多郎が『善の研究』（一九一一）で説く「純粋経験」論と関連づけてきた。[注11]が、先の羅鋼教授の報告により、ドイツ感情移入美学受容によるものではなかったか、と再考を迫られたのである。

四　感情移入美学と象徴主義の受容

日本における感情移入美学の受容過程は、今日、かなり明らかにされている。[注12]ここでは、その発端に着目してみたい。エドゥアルト・フォン・ハルトマンは、絶対理性を掲げるヘーゲル哲学と「宇宙の意志」が個人の「生の盲目的意志」となって現れると説くアルトゥール・ショーペンハウアーの哲学の統合を企て、『無意識の哲学』（*Philosophie des Unbewussten*, 1869; 10th ed. 1890）で無意識の領域の普遍性を論じて国際的に知られた。そののち、『美の哲学』（*Die Religion des Geistes*, 1887）の第一巻「美の概念」では、美を主観のはたらきによるものとし、感官の受けとる「実情」（実感に同じ──引用者。以下同じ）と想像による「仮情」（仮構した感情）に分け、それらを受動的な「反応」（reaction）と対象に同化する「同応」（sympathy）に分けて説いた。前者は強大なものを見て怖れを抱く類、後者は逆に、自分を投影して壮大な者になった感じを抱く類をいう。その第一部を森鷗外が「審美論」と題して、一八九二年一〇月から翌年六月にかけて『めさまし草』に断続的に翻訳連載した。そこでは、たとえば「同応仮情」が〈おのが情況（感情の状態のこと）を客中に移して、おのが覚ゆる所を客の情況の直に映じ来たるものとおもへり〉と説明している。[注13] 鷗外は、のち、全体の要約を大村西崖と共著で『審美綱領』上下巻（一八九九）に刊行するが、これを確認すれば、懸案は一挙に解決する。国木田独歩『武蔵野』（一九〇一）所収の「忘れえぬ人々」（一八九八）の最後近くに登場する「同情」の語に目を向けてみよう。

「……僕は今夜のやうな晩に独り夜更て灯に向かつてゐると此生の孤立を感じて堪え難いほどの哀惜を催ふして来る。その時僕の主我の角がぽきり折れてしまつて、何だか人懐かしくなつて来る。色々の古い事や友の上を考へだす。其時油然として僕の心に浮かんでくるのは即ち此等の人人である。[注14]」

〈此等の人人〉とは、語り手が旅の途中などで見かけてきた。自然のなかで一人、絵を描いている人びとを指している。モノローグは続く。

「皆な是此生を天の一方地の一角に享けて悠々たる行路を辿り、相携へて無窮の天に帰る者ではないか、といふやふな感が心の底から起つて来て我知らず涙が頰をつたうことがある。其時は我もなければ他もない、ただ誰れも彼れも懐かしくつて、忍ばれて来る。／「僕は其時ほど心の平穏を感ずることはない。其時ほど自由を感ずることはない、其時ほど名利競争の俗念消えて総ての物に対する同情の深い時はない。」

この〈総ての物に対する同情〉は、先の鷗外訳の「同応実情」を参照したものと想われる。その意識状態は、『武蔵野』中、巻頭「武蔵野」(一八九九)では〈自然の静粛を感じ、永遠の呼吸身に迫るを覚ゆるであらう〉、絵画の印象主義にならった「小春」(一九〇〇)では、ワーズワースの詩句を引き、〈瞑想静思の極に到れば我実に一呼吸の機微に万有の生命と触着するを感じたりき〉と示されていた。[注15] ラルフ・ウォルド・エマーソンの超越論哲学を受容した北村透谷「内部生命論」(一八九三)を先駆として、[注16] トマス・カーライル、ジョン・ラスキンの系譜にいう普遍的観念、「宇宙の生命」(Unversal Life)の受容は、このあたりにはじまる。だが、その受容過程を追うのに急で、わたしは感情移入の件を疎かにしてきた。つまり国木田独歩『武蔵野』における「情景」描写は、景から受ける印象と景への感情移入の双方に橋をかけ、「自然の生命」の象徴表現へと道を拓くものだった。[注17]

ヨーロッパの「象徴」の基本は、バラを愛の「象徴」(symbol)とするように、形而上の観念を具体物と一対一に対応させる。いわゆる原始信仰における特定のスピリッツとその像は、近代のロマン主義でも実証主義の影響を受けた写実主義でも、価値の低いものとされてきたが、二〇世紀への転換期に、その価値が大きく転換し、ギリシャ古典劇なども象徴主義と呼ばれるようになっていった。[注18] そして、対象から受ける印象(純粋経験)の再現も、その場の雰囲気に浸った気分情調を醸しだす詩法も、[注19] みな「主客同一」や「主客混融」と称され、「象徴主義」と一括されてゆく。蒲原有明『春鳥集』(一九〇七)自序に、

元禄期には芭蕉出でて、隻句に玄致を寓せ、凡を錬りて霊を得たり(ほんの一句に宇宙の根源をことよせ、平凡なことを錬りあげて神妙の境地を獲得したというほどの意味)。わが文学中最も象徴的なるもの。

と述べ、北原白秋『邪宗門』(一九〇九)〔例言〕は、感覚の諧調(ハーモニー)を狙うことを象徴主義と呼ぶ。

他方、和歌の世界では、長く『古今和歌集』が「花も実もある」と称されて手本にされ、江戸時代に、わずかに「国学」系の荷田在満《かだのありまろ》と本居宣長、そして後期には石原正明『尾張廼家苞《おはりのいへづと》』（一八一九）が、それぞれの観点から高い評価を与えたのを例外として、「花ばかり」と低く評価されてきた『新古今和歌集』を、東京帝国大学国文科で藤岡作太郎とも交友のあった塩井雨江が、ヨーロッパのロマン主義文芸が精神の高みに向かい、暗示や象徴性を獲得してゆく過程に触発されて高く評価し、『新古今集詳解』（一八九七〜一九〇八）をまとめた。それを承けて、宣長の流れを尊重する佐佐木信綱がその著『定家歌集』（一九一〇）で、藤原定家の歌を〈今日の所謂象徴詩の端を為せるかと思はるるものあり〉[注20]と評した。信綱は、『古今和歌集』のうたぶりを尊重し、藤原俊成が唱えた「余情」を重んじる幽玄体ではなく、定家の超絶技巧に走る、いわば「実のない」幽玄体を、当世風の評価に近づけたのである。[注21] 藤岡作太郎は、これらの感情移入や象徴美学を西田幾多郎の説く「純粋経験」＝「主客合一」論を参照して、「主客混融」の意識の状態とし、山部赤人のうたを例証して、日本文化の底に「自然と一体化」する欲求を論じたのだった。

五　土居光知『文学序説』

ヨーロッパ近代では、多神教の神話や信仰は邪教とされ、芸術の素材として享受されるタテマエだったが、ドイツ・ロマン主義がローマ期の古典芸術に関心を向け、さらに諸民族が遭遇してきた出来事とそれに対する感情が神話伝承に記され、また身体表現により儀礼や舞踏に展開されていることに目を向ける動きが活発化し、芸術の本質として叙情性を考え、それに出来事性や演劇性が付加されてゆく過程を「抒情詩」「叙事詩」、それらを総合した「劇詩」（drama）の三段階に想定する芸術史観が築かれた。すでに明治後期にはよく知られていたが、それを柔軟に日本の古代文芸に適用したのが土居光知『文学序説』だった。

その「日本文学の展開」の章では、言語芸術において「叙情」「叙事」「戯曲」の三段階が繰り返されるという発展段階論が説かれている。とくに「原始時代の文学」の章では、西欧の神話学や無文字社会の儀礼や習俗の研究成果を援用し、神代記に見える歌謡と舞踏や劇との関係を論じ、また「日本文学の展開」「文学様式の展開について」の二章では、日本神話中の歌謡や『万葉集』の和歌の考察を行い、ともすれば文献の探索と批判、作者の事績の追求に傾きがちな国文学研究に新鮮な息吹きを吹き込み、折口信夫『古代研究』〔国文学篇〕（一九二九）や西郷信綱らの『万葉集』研究などにも少なからぬ影響を与えた。

英語圏における原始的信仰の研究は、キリスト教を基準にした宗教進化論に立つ。それを参照しているため、土居は、記紀神話で「天ツ神」に対していわれる「国ツ神」を簡単に「アニミズム」と言い換えてしまう。[注22]「アニミズム」は、エドワード・バーネット・タイラー『原始文化』（*Primitive Culture; Researches into the Development of Mythology, Philosophy, Religion, Art and Custom*, 1871）に由来する語で、自然や生物に霊魂が宿るという信仰一般をいう限りでは問題ない。が、なぜ、「スピリッツ」（精霊）ではなく、「アニマ」と呼ばれたのか。キリスト教におけるイエスの再生、復活の考えの起源を「原始信仰」の世界に探り、他の生物への生まれ変わり（輪廻転生）の考えに、「永遠の生命」の種子のようなものが含まれていると考えたからにほかならない。[注23]

だが、土居光知『文学序説』中「原始時代の文学」の〔上代の舞台〕の項では、「トキジクの香の実」の説話を生命樹伝説の名残りと見ている。これは西欧宗教学にいうアニミズムと永生を願う道教の考えを安直に結びつけるもので、生命原理主義の発想の影を見てよい。「日本文学の展開」の章にも、文学は〈生命の源泉に帰り行かんとする〉[注24]という考えが容易に拾える。『文学序説』の後半、イギリス文芸批評のうちから、「生命エネルギー」を世界原理として考えていたトマス・カーライルやウィリアム・ペイターに力を注いでいるところからも、彼自身が生命主義の傾向に染まっていたことがわかる。

それとは別に、「日本文学の展開」の章では、聖徳太子の十七条憲法に見られる「和」の思想や山上憶良の「令反感情歌」（まどへるこころをかへさしむるうた）（八〇〇）に〈儒仏の精神を融合した〉ような教えを読み取り、もって、〈日本固有の精神〉としている。[注25]日本の場合、仏教崇拝をめぐって、有力な豪族のあいだに争闘が起こったことはよく知られるが、今日では、十七条憲法に、蘇我氏の横暴を抑える意図が読み取られている。[注26]

平城京の律令体制を支えた官吏のうちには、七〇二年に遣唐使の一員として長安に赴き、さまざまな書物を摂取した山上憶良がそうであったように四教を兼修する態度も生じていた（後述）。憶良の「沈痾自哀文」（『万葉集』巻五）にうたわれる道教系民間医療の知識が必要とされ、神道は汚れを嫌うため、大宰府で憶良が大伴旅人ともに神仙思想をうたにしたのも、神道思想と抵触するものではない。だが、兼修の態度は、その内部に優劣の選択をもはらむ。憶良が筑前の長官を務めていたときの「令反惑情歌」では、天皇の治める国の民は出家、隠棲することのないように訴えていることに明らかなように儒を優先している。よく知られる「思子等（子らを思う）歌一首」の序には『大刃般涅槃経』（南本序品）より、釈迦の入寂に際しての言、〈等思衆生、如羅睺羅〉（衆生を我が子ラゴラの如く思い）、また（北本寿命品）より、〈愛無過子〉（愛するは子に過ぎたるはなし）を引き、〈至極大聖、尚有愛子之心〉（至極の大聖にしてなお、愛子の心あり）とまとめ、それを逆手にとって、ただの世間の民に子を愛さない者がいようかと述べて、長歌「瓜食めば」（八〇二）のうたの詞書きとし、そして「銀も、金も玉も」の反歌をそえる態度にも、それは明らかである。[注27]

六　自然への愛

土居光知『文学序説』のもうひとつの著しい特徴は「自然への愛」という章を掲げて、もって日本文学の特徴とするところにある。藤岡作太郎『国文学史講話』が日本に固有の精神として「自然に対する積極的な愛」を論じていたことを承け、『万葉集』の実感吐露から『古今和歌集』の叙情の構成へと発展する段階としてまとめようとしたともいえよう。その叙情の構成意識が『蜻蛉日記』『紫式部日記』『和泉式部日記』などの「日記文学」を生むという具合に、行論は進む。これが「日記文学」ということばが用いられた嚆矢らしい。官による宮廷行事や日々の出来事の記録である「日記」とは異なり、内面性をもって「文学」と呼んでいることは明らかである。[注28]

『古今和歌集』の真名、仮名両序は『毛詩正義』『詩評』『文心雕龍』などを踏まえ、詩の自然発生性を原理に掲げるが、叙情とは無縁な機知を歓ぶ精神を加えて編まれていることは、今日、定説であろう。機知は、漢詩のスタイルのひとつである誹諧詩（誹はそしる、諧は皆が笑うの意）、愚かな者を弄する詩や謎を隠した言語遊戯的な隠詩に発すると考えてよい。[注29]

だが、土居光知は、西欧近代の狭義の「文学」の概念で文化的基盤の異なる日本の言語作品を切り分け、知的要素は「芸術」作品における叙情の構成法としてのみ考えてしまう。広く人文学史の立場に立つなら、柿本人麻呂にせよ、憶良にせよ、彼らが漢詩を日本化する試みのなかから、日本語の表記法をもつくりだしてきたことに思い到るはずである。[注30]『万葉集』が当初、『詩経』を模して企図されたことは歴然としている。山上憶良の最晩年の「好去好来の歌（遣唐使を送る）」（天平五年〔七三三〕）は、漢詩を和歌に翻訳したものとも推測されよう。歌人たちの漢詩文との格闘の跡がもっと探られてよい。注31

最後に、土居光知が「自然の愛の発達」の章で、山部赤人の『万葉集』巻六の次のようなうたをあげ、「清新幽玄」と評していることにふれておきたい。注32

ぬばたまの夜のふけゆけば久木《ひさき》生《お》ふる　清き川原に千鳥しば鳴く　（九二五）

「久木」は、今日も不詳だが、夜の気配の底に感じられるものを詠っていると見てよいだろう。土居光知のいう「清新幽玄」は、清らかな漠たる気配というほどの意味だろうが、「幽玄」が隠されている根源の意味で古くから用いられてきた漢語であることを彼が知らないはずはない。そして彼は、『万葉集』における恋愛詩人の自然詩人への変容を語り、〈奈良朝の中程から詩人は恋愛の情を自然の中に移入して歌うことを好むようになった〉と述べている。感情移入美学を和歌のことよせや余情の技法の説明に発展させているのも明らかだろう。

蒲原有明『春鳥集』自序が日本の象徴文芸の手本として芭蕉俳諧をあげて以来、詩壇、俳壇、歌壇、文壇に「生命の根源」の象徴表現として「幽玄」の語が氾濫するようになっていた。たとえば新傾向俳諧をリードした荻原井泉水は、俳論集『我が小き泉より』（一九二四）中「新しき俳句の使命」で芭蕉俳諧を手本にあげ、次のようにいう。

自然の内部に私は凡ての概念に曇らされない本源的なものとして大きな生命を見る。我々人間の生活は此の大きな生命の分派に外ならない、而して我々の生命が此の根源たる生命との交融を感ずる所に、自然に対しての憧憬親和を覚ゆるのである。注33

そして、萩原朔太郎が『日本詩人』一九二六年一一月号に掲載した「日本詩歌の象徴主義」は『万葉集』以来の和歌の流れを象徴主義の展開と論じ、『新古今和歌集』を極みと見る。彼は、この考えの細部を修正し、『詩の原理』（一九二八）にまとめる。国文学界にも大筋で同調する風巻景次郎『新古今時代』（一九三二）などが出、一九三五年を前後する時期のアカデミズムの美学＝芸術論は、わび、さびや幽玄の中世美学を「日本的なるもの」として賞賛するようになってゆく。この傾向は、第二次世界大戦後にも引き継がれる。[注34]

七　小西甚一『日本文学史』

小西甚一『日本文学史』〔序説〕は、土居光知『文学序説』がイギリス文学の公式にそって日本の古典の発展段階を追おうとしたことを批判し、ドイツ近代流の「古典主義」から「ロマン主義」への発展史観を対置し、[注35]〈実験〉と称して、表現理念として規範的古典への志向を〈雅〉、その規範を破ろうとする志向、ないしは逸脱する衝動を〈俗〉として立て、そのふたつの傾向が交代する歴史として狭義の「文学」の歴史を構想する。時代区分としては、古代の〈俗〉は〈日本的なるもの〉、〈中世〉は平安時代からを指し、〈シナ的〉表現理念を受け取った「雅」が支配的になると見る。だが、その〈雅〉〈俗〉の区分は、江戸時代にはうまくアテハマラないので、その両方の性格を兼ね備えた中間の〈俳諧〉〔もと〈雅俗〉〕とする。そして近代を西洋的〈俗〉の時代とする。その実験精神も表現の様式に着目する態度も、もとの模式を実態にあわせて改作する工夫も賞賛してよい。だが、その〔序〕は、狭義の近代的「文学」概念〔それを小西は〈文藝〉と呼ぶ〕に絞りこむといいながら、“Literature wissenschaft”に踏み出していることも率直に述べている。本文では、たとえば〈文藝史のなかに取りあげるのは問題であろうか〉と断りつつ、道元の『正法眼蔵』の〈表現の独創性はすばらしい〉と賞賛する。[注36]それなら、近代の狭義の「文学」にこだわらず、言語作品全般の表現の理念とその実際の歴史的展開を追うべきではないか。

　その第一章「古代」一「萌芽時代」に少し踏み込んでみる。〈鉄器という能率的な生産用具を獲得したわたしどもの祖先は、自然の環境をどしどし切り拓いてゆき、人間であるのに適《ふさ》わしい生活を建設することになったので、文藝と呼ぶことのできるものが、ほんの少しではあるが、勢いよく芽を出してきた〉とはじめている。対象的自然と人間との分立を大前提にしている。そして、同じ共同体に属していようといまいと、女を呼ばう男と呼ばわれる女とは、互いに明確に他者と区別して相手を選んでいるので、その意味での個の分立はあらためて論じるべくもない。

　だが、歌謡の場合には、集団の共同の表現であり、表現主体の個の分立が問題となる。そこで小西は記紀歌謡について、まず表現される側において個人が現れるといい、その例としてスサノオとヤマトタケルをあげる。そして、ヤマトタケルをギリシャ神話の英雄像に引き寄せた解釈が横行していることに対して、西洋では〈英雄時代の理想的性格として、詩的・浪漫的・主情的・活動的・民族的などの諸点があげられ、また階級や職業が後の文化時代のようにはっきり分かれていなかった社会〉の反映が論じられ、だが、〈そうした姿での英雄時代が日本に実在したかどうかは、なお疑うべき〉[注37]だという。

　原始歌謡と伝承説話とは集団の意識の産物という点では同じだが、伝承説話は登場人物をもつストーリーであり、その差は歴然としている。和歌の起源とされる「八雲立つ　出雲八重垣　妻籠に　八重垣作る　その八重垣を」という妻籠にまつわる歌謡がスサノオという「天ツ神」をめぐる神話に組み込まれたのは、記紀のストーリーを編む者の作為によるもの。問題にすべきは、表現対象の分立ではなく、編纂の意識である。『万葉集』巻一の巻頭に雄略天皇に仮託した歌謡が載せられたのは、元嘉暦という暦を採用するなど、彼の施策が古代王権の画期と見なされたゆえ、という説が今日、有力視されている。[注38] つまりは編纂者の歴史観によるものである。

　籠もよ　み籠持ち　掘串《ふくし》もよ　み掘串持ち　この岳《おか》に　菜摘ます兒　家かな　告《の》らさね……我にこそは告《の》らめ　家をも名をも

昼間から若い娘を呼ばう歌謡を想わせる。夜這いの風習を逸脱した厚顔無知な行いは、むしろ、戯れにうたわれたものだったことを想わせよう。その態度が雄略の像に重ねられ、「そらみつ大和の国は　おしなべて我こそ居れ　しきなべて　我こそ座《ま》せ」が途中に挟まれたということも想定しうるだろう。

記紀でスサノオは神であるのに対して、ヤマトタケルは父親・景行天皇を「現人神」といい、朝廷が服属させるべき蝦夷の「国ツ神」と対話し、超人的な活躍を見せ、そののちに死ぬ。ギリシャ神話では神は死なないが、英雄は死ぬ。そこで、ヤマトタケルがギリシャ神話の英雄とアナロジーされて語られてきた。ところが、記紀神話では、タカミムスビに背いたアメワカヒコのように「天ツ神」も殺されることがある。ギリシャ神話とは神と英雄の性格のちがいを考えるべきところで、小西は、社会のしくみのちがいをいう。だが、『出雲風土記』で活躍する「国ツ神」、オオナムチは出雲のあちこちの人間の女性と婚姻しており、身分制がそれほどはっきりしない時代があったことを想定することができる。このあたり、小西の議論の杜撰さが目につく。

小西は表現者の個が分立する過程として、『万葉集』巻二に、別々の歌謡が磐姫（磐之姫）皇后の作に仮託されていることをあげる。そのうたのひとつをあげる。

　ありつつも　君をば待たむ　打ち靡く　わが黒髪に　霜の置くまでに

このうたは、男を思う深さを示そうとして、白髪になっても待ちつづけるという一般には度を越した表現が生まれたとき、記憶にとどめられるものになったと考えることができるだろう。あるいは、『古事記』に仁徳への思いの深さが語り伝えられ、その嫉妬深さが記されている磐之姫皇后の身になって、誰かがうたってみたと想像することも可能だろう。要するに、記紀にせよ、万葉にせよ、その編纂者が歌謡の作者として「天ツ神」や「天皇」、磐姫皇后を仮託先に選んだと考えればよいことである。

集団的歌謡における個の分立についていえば、歌い手と聞き手に分離する場面を考えてみればよい。いくら萌芽であろうと享受者を措定しない表現はありえない。それが言語である限り、独言でも伝達対象が措定されている。これは、音声にせよ、記述にせよ、発語以前の意識を「内言」として想定する「言語過程説」への批判でもある。

そして表現者としての個の分立についてなら、民間の歌謡に類歌が多いことを考えてみればよい。次つぎに替え歌がつくられていったのである。その過程で、その突飛さゆえに、そのうたの個性が人びとの記憶に残るようなうたが、作者の名とともに集団内で語り伝えられた、という事態を考えてみればよい。先の「ありつつも」のうたなども、その類だったかもしれない。そして、このようなうたを踏み台にして、度外れた恋の妄執をうたううたがあまたつくられ、「恋の奴」という常套句も生まれ、自嘲に転じてゆくことになる。そのように考えれば、逆に、作り手の名など、官位などの理由で仮託されたり、書き留められたりしたという、うたの流れを追うことができるだろう。

小西甚一がはっきりと個性の成立を認めるのは柿本人麻呂である。人麻呂が対句技法を見事にこなしていることなどをあげ、〈シナ的なもの〉の摂取を認め、だが、それはまだ「形式」とか「素材」などの段階にとどまり、〈表現の内部ふかく――把握態度とか『様式』とか――までは浸透していない〉という。[注39] 人麻呂は助詞や用言活用語尾をなるべく省いた、いわゆる孤立語的な語法で、今日、「略歌体」と呼ばれるうたを二百首ほどつくっている。それを賀茂真淵『万葉考』（一七六八）は「常体」の和歌と区別して〈詩体〉と呼んでいる。中国の詩文の語法によく通じていた真淵は、漢詩の型を日本化しようとした人麻呂の試みを見抜いていたのである。注40

小西が、それを指して「形式」の模倣の段階で、「様式」には至らないというのなら、その基準が問われることになる。だが、彼は「様式」の問題を和歌における〈対象把握の態度〉の問題と結びつけてしまう。小西は、人麻呂に範を仰いだ山部赤人における「景情融合」は意識的なものではなく、大伴家持におけるそれは意識的になされ、精神と対象的自然の分離が前提になっているという。先に引いた山部赤人の「古へのふるき堤は年深み」のうたの詞書は、その堤が藤原不比等の屋敷跡の堤であることを読み手に明示している。そして言外に、それに懐旧の情を覚えている自分を提示しており、藤岡作太郎は、その表現技法を詠み手の意識に還元して論じたので「主客混融」の状態としていたのだ。それに比して土居光知は、たとえば、次の赤人のうたを、夜の景の底に隠れている清らかな幽かな気配、幽玄を詠ったものと見ていた。

ぬばたまの夜のふけゆけば久木生ふる　清き川原に千鳥しば鳴く

ここにも、詠い手の意識や感情がそれとして提示されていない。詠い手は一心に夜の河原に幽かに動く清らかなものの気配を感じとろうしている。何か精霊のようなものと交感していると読む人もいるかもしれない。しばしば原始人が自然と交感しているといわれるのは、自然に宿る神や霊を感じとるという意味においてである。

どうやら小西甚一は、自然と冥合した意識から個の意識が分立してくる過程を想定しているらしいが、これは対象的自然に対する意識の分立や融合の問題ではない。一心に対象に意識を傾け、意識が自分に帰らない、ウィリアム・ジェイムズのいう「純粋経験」は、いつでも誰にでも頻繁に起こる。この山部赤人のうたも、自己意識を消して、意識に浮かび出る景物をうたっているだけともいいうる。〈此瞑想・沈思と言った独坐深夜の幽情〉を高市黒人へ遡らせ、「文学」（漢詩）技法の受容以前と見たのは折口信夫だった。[注41]

何処《イヅク》にか 船泊《ハ》てすらむ。安礼《アレ》ノ崎 漕ぎ廻《タ》み行きし棚《タナ》なし小舟

（万葉集巻一・五八）

八 実証主義のイデオロギー性と概念構成の軽視

小西甚一『日本文学史』は、きわめて簡潔にまとめられた「実験的」なものにちがいないが、見てきたように、概念も論理もあまりに杜撰である。小西甚一は文献学（フィロロギイ）の徹底とイデオロギーによる批判を排した批評を主張した人だが、本人は立場をそれぞれの時代に内在させているつもりでも、何よりも彼のいう「文藝」が西洋近代につくられた狭義の「文学」だった。実証主義とは程遠い。

小西甚一『日本文学原論』（未完）の「回顧ふうな序説」一〈日本文学の履歴（一）〉「フィロロギイの移入と変質」の一節に、藤岡作太郎『国文学全史平安朝篇』（一九〇五）が、平安時代の文献を網羅的にあげて批判している態度を絶賛したのち、次のようにいう。

風巻景次郎（一九〇二―六〇）は、芳賀のいわゆる日本文献学が江戸期からの国学をフィロロギイの方法・体系に当てはめた再活性化であり、国民思想の歴史的な把握を志向する点において藤岡も芳賀と別ものでない――と主張した〔風巻―一九五五・六一四―二〇〕。風巻説の前半はそのとおりだが、後半の論には賛成しかねる。わたくしが『国文学全史平安朝篇』に見るのは、それぞれの作品（藤岡の立場では「文献」）についての批判をこそ主眼とする態度であり、作品は国民思想を把握するための材料であることをやめ、それ自

（字組は引用者が変更した）

身が研究の直接的な対象になっている。[注42]

小西は、芳賀矢一の文献学の主張が「国学」の〈再活性化〉であるという風巻説の前半を〈そのとおり〉と認めている。「国学」に、国民思想を把握し、教化するための学問、すなわち西欧近代の文化ナショナリズムを見ていることにもなる。本居宣長はオランダ渡りの暦と中国と日本の暦を比較して日本のそれが格段に優れていると述べているが、彼が『万葉集』や『古事記』の漢字の並びの向こうに透視しようとしたのは、上古の一般庶民の話し言葉ではない。日本の庶民の話し言葉をはじめて研究対象にしたのは、室町時代に渡来したイエズス会の宣教師たちが布教のためにしたことだった。「国学」の学統が、それを参照した節はない。これは学問の目的に関することである。国学の学統に実証主義と国民主義を認める風巻景次郎も小西甚一も、江戸時代のうちに近代化への動きを見ようとする内在的近代化論というイデオロギーに染まっていたといわざるをえない。

そして、実証主義にもイデオロギー（虚偽の観念）はつきものである。文献実証主義歴史学の祖とされるレエボルド・ランケその人が、物理学で台頭していたエネルギー一元論に便乗し、フランス革命史の動因にモラリッシェ・エネルギーなるものを想定していた。[注43]また、文献批判にも錯誤は生じる。藤岡作太郎は『国文学史講話』で、鎌倉時代における仮託書の流行を指摘しつつ、鴨長明『方丈記』『発心集』をともに偽書と断じ、その五年後に、『方丈記』の流布本系を偽書とし、古本系の引き締まった文章を、のちの推敲によるとする論文を提出した。が、『方丈記』については、大正期のうちに鎌倉前期と見られる大福光寺本が見つかり、簗瀬一雄「方丈記研究序説」（一九三六）が藤岡の推論に根拠らしい根拠がないと論じていた。文献を網羅的に調べることが、文献実証主義ではない。

ちなみに小西甚一の博士論文は『文鏡秘府論考』である。『研究篇上』（大八洲出版、一九四八、大日本雄弁会講談社、一九五二）、『第二研究篇下』（大日本雄弁会講談社　一九五一）、『第三、攷文篇』（大日本雄弁会講談社、一九五三）の三部が刊行された。空海『文鏡秘府論』の伝本を網羅的に校訂（『攷文篇』）し、平安初期以降の唐代漢籍について述べた文献を徹底して調べ（『研究篇上』）、『古今和歌集』仮名序の理念の解明などに役立てようとする仕事である（『研究篇下』）。驚嘆すべきであり、三五歳の若さで日本学士院賞を受賞したのはゆえなしとしない。だが、わたしは『古今和歌集』序の六義説の考察に際し、その『研究篇下』に目を通した際、そこに『日本文学史』に展開する「雅」「俗」の発想とともに、概念操作の欠陥も胚胎していることに気づいた。たとえば中国の詩の六義説をめぐって、孔穎達《くようだつ》による『毛詩正義』が政教と修辞を見事に統一しているとし[注44]、紀貫之仮名序が『文心雕龍』などを参照して、駢儷体の対句表現をこなしていることなどを指摘しながら、なお、和歌本来の意義を説く貫之の意図は、経学派のそれを排除し、中唐の詩文家の修辞的解釈に倣ったといい、もって和歌尊重の態度と論じている[注45]。

『毛詩正義』巻一〈国風〉序が冒頭で、つがいの鳥の和をもって世の秩序になぞらえるのは、正しいことがすなわち美しいこととする孔子の文章論にのっとったもの。劉勰『文心雕龍』も道理と美とは不可分とするがゆえに、文飾に走る傾向を戒め、本義に戻そうとしたのである。菅原道真にしても、『古今和歌集』の真名、仮名両序にしても、その姿勢は変わらない。政教と修辞のどちらかに偏ることはあっても、そもそも理念において分岐していないものが統一されるはずがあるまい。経学と修辞とを二派に分けて考えるのは、詩を弄ぶことを「玩物喪志」と非難する朱熹以降の態度である。

日本では、一九二〇年を前後する時期から民間の哲学者として活躍した土田杏村《つちだきょうそん》が、その「国文学の哲学的研究」シリーズの第二巻『文学の発生』（一九二八）第八章〔批評文学の発生と其の源泉〕で、『古今和歌集』

真名序に『詩品』と『文心雕龍』の影を指摘した際、『詩品』に〈純粋芸術主義〉を、『文心雕龍』に〈道徳主義〉を見て、それらの折衷的態度と論じた。これは土田杏村自身の純粋芸術派的態度によるものである。[注46]わたしの見落としでなければ、小西はこれにふれていないが、朱熹以前の詩論を経学派と修辞派とを安直に二分する態度も、二〇世紀の風潮に染まったものと見てよいと思う。[注47]またたとえば、小西甚一『第二研究篇下』には、次のような一文がある。

凡庸の連続たる古今六義の展開において、稀に秀れた識見が無いのではない。それらは皆、文献を深くよみこなし得る学者によつてうち建てられたのであり、概念構成を得意とする人たちの与かるところではなかつた。[注48]

ここには小西が〈文献を深くよみこなし得る学者〉を自認し、〈概念構成を得意とする人たち〉を軽蔑する態度が露わである。少し飛んで、次の行文が来る。

「日本精神を唯情意的として非論理的と考へ、神秘的と考へる如きは、却つて真の日本精神に遠ざかる」といはれる。しかし、我を空しくして事の真実に従うのは、卓越せる「真の日本精神」のみが能くするところで、日本民族の大多数は、やはり「情」に生きる方が好きであつたと認めたい。その結果、理の世界をも情化する傾向に陥つたのではなかろうか。

〈日本精神を唯情意的として〉云々は、西田幾多郎『日本文化の問題』（一九四〇）中の一文である。西田幾多郎が独自の生命原理主義の論理に立ち、皇道は権力に染まってはならない、日本の帝国主義侵略をあってはならないとし、中国侵略を鼓舞するような「日本精神」の喧伝を戒める文脈でいわれている。[注49]それを、まるで民衆の情意を否定するものであるかのように揶揄する小西の調子は、そのまま先の〈概念構成を得意とする人たち〉への蔑視と底を通じたものだろう。一九三〇年代に、ドイツのヴィルヘルム・ディルタイの解釈学などを受容した帝大系の学者たち、とりわけ概念操作に極めて意識的な西田幾多郎門下の京都学派が台頭したことを念頭においてのものと知れる。[注50]ここには「あの戦争」の影とともに、師範出身者の帝大閥への対抗意識も覗いていよう。その風潮は、戦後にも色濃く残っていた。

小西甚一は、そののちも、概念構成とその歴史性に無頓着なまま、中世の「道」を〈専門のこと〉と説明するなど、独断的な規定を振りまきつづけた（『「道」——中世の理念』講談社現代新書、一九七五、『中世の文藝——「道」という理念』講談社学術文庫、一九九七）。「道」は、原理や方法、作法などを意味する多義的な語として広く用いられ、「茶道」など、小西のいう専門の作法に用いることも中国に発する。日本の中世における用法の特色としては、個々の集団が独自の主張を「道」として語る傾向が顕著になったことをあげるべきだろう。北畠親房『神皇正統記』が、一党一派が独善的に「道」を名のることを揶揄している。時代時代の概念構成を知ることがなければ、どの時代の文献をも〈深く読みこなし得る〉ことなどありえない。

九　神・儒・仏・道の関係

東アジア古代の文化ネットワークのなかで日本文化の様相を考察するには、中国から渡来した儒・仏・道の受容過程と日本に固有の神道の関係を根本に据え、漢字および漢語の意味が日本的に変容したさまなどから探り直さなくてはならないはずだ。旧石器時代には、日本列島の内陸部に、のちに「蝦夷」と呼ばれることになる民族が狩猟生活を、沿岸部には海洋民族が漁労生活を営んでいたと見てよいが、古代王権によって「土蜘蛛」「蝦夷」などと蔑称された先住民にあたる人びとは文字を持たず、彼らの口頭による神話伝承類は、朝廷の文官や国造らによって掬い取られ、記録されたものから推測するよりほかにない。今日、『万葉集』巻一四の「東歌」などにアイヌ語からの借用語が報告されており、[注51]「蝦夷」とアイヌの民族的連続性は言語学的にも確定されたと見てよい。だが、中国大陸から直接、また多くは朝鮮半島を経由して、移住してくる人びとも絶えなかった。各地の天神地祇を祀る民間道教や仏教を奉じる者たちもあったと想われ、その影響も被っているはずである。

五世紀ころ、鉄剣と馬（蒙古系）との武力によって西日本から中央日本一帯を征服した、いわゆる皇統（平安時代初期に編纂された『新撰姓氏録』にいう「皇別」を含む）に連なる勢力と、それに早くから服属した氏族（「天神」系）による王権が、その版図を一元的な「文化」（文字による統治）のもとに置いてゆくと見られる。稲荷山古墳などから出土した鉄剣に象嵌された漢字の用法には、百済風の様式が混じり、早くから百済系文官の関与が知れる。『古事記』が『千字文』成立以前の応神天皇期に、百済から和邇吉師が『論語』一〇篇と『千字文』を伝えたとするのは（『日本書紀』では王仁）、百済系（ないし百済経由で渡来した中国系）の文官が自らの出自を示そうと伝承を記したものだろう。

折口信夫「古代生活の研究」（一九二五）は、〈神道家の神道論〉、すなわち「国学」は、これまで〈陰陽神道・両部神道・儒教的神道・衛生神道・常識神道などに安住して〉きたが、〈古義神道、或いは「神道以前」の考察〉を提案している。それが彼の目指す「新しい国学」の意味である。〈陰陽神道〉は『易経』の陰陽五行説による天文、占筮、遁甲、暦法などを取り込み、節句などの行事を行うようになった神道、〈両部神道〉は密教系のそれをいう語だが、ここでは神仏習合全般の意味にとる。〈儒教的神道〉は、古代国家の宗教的権威として王家を祀る思想によるもの、〈衛生神道〉は生を衛る道教系養生思想を受け取って変容した神道をいい、神仙思想を含むものだろう。「トキジクの香の実」説話など、長寿、永生を願う道教の影響下にあり、トコヨ（常夜）の意味も、『老子』第一六章にいう〈夫物芸芸　各復帰其根　帰根曰静　是謂復命　復命曰常〉（それ物は芸芸《うんうん》〔盛んの意〕たれども、おのおのその根に復帰す。根に帰るを静と曰い、是を命に復《かえ》ると謂う。命に復するを常と曰う）によって変容を受けたと考えるのだろう（この〈命〉には、儒学系でいう命令の意味はない）。〈常識神道〉は、当代の神道と読んでおく。〈神道の意義は、明治に入って〉、〈憲法に拠る自由信教を超越する為に、倫理内容を故意に増して来た傾きがある〉と述べており、「忠君愛国」思想が押し出されてきたことを指していると見てよい。

古代中国における儒・仏・道の関係を見ておこう。道教を奉じた漢の武帝は、文書官理に儒官をあて、皇帝の宗教的権威を保証させ、のちのちまで、歴代王朝の史官は儒者に委ねられることになった。五世紀半ばの北朝、北魏においては、道教教団と結んだ太武帝により廃仏が断行された。だが、五世紀後期、とりわけ第六代皇帝・孝文帝以降、崇仏が盛んになる。インドの仏が地祇となって現れるという「本地垂迹」の考えが本格化するのは、この時代ではないかとわたしは推測している。普遍神（ヒンドゥーでいうクリシュナ神）が各地それぞれの神に姿を変えて現れるという考えを変奏し、天神の位置に仏を据える習合形態だろう。南朝では六世紀前半、梁の武帝の時期に崇仏が盛んになり、唐に引き継がれた。

日本の公伝では六世紀半ば、百済の聖王によって、仏教の権威を王権が纏うことの有効性が朝廷にもたらされたとされる。神祇をいわば国教として保持しようとする氏族と仏教をいわば国教化しようとする勢力とのあいだに角逐が生じたが、推古朝期に仏教が鎮護国家の儀礼に採用され、飛鳥朝に仏教色の濃い文化が展開したことはよく知られる。だが、大化の改新の過程で、「惟神」が朝廷の祭祀の中軸に据え直された、と折口信夫は指摘している。[注52]

唐によって百済が滅ぼされ（六六〇年）、前後して百済の貴族、官人層が技術者集団を率いて、渡来したと推測される。斉明天皇が道教方式の地祇崇拝を採用し、白村江の敗戦（六六三年）ののち、持統朝にも受け継がれる。そして平城京期（遷都は七一〇年）にかけて大和朝廷に神・儒・仏・道の四教併存状態が本格化したと考えてよい。ただし、朝廷においては、黄帝信仰を根幹とする道教は『易』中心の陰陽道に組み替えられた。

天武は唐に対抗するような大規模な律令国家体制を企画し、持統、元明期を通じて実施されてゆく。東アジアの古代王権の「政」（祭りごと）の基本モデルは、宗教的権威を「礼」（儀礼）によって維持し、詩歌や稗史（巷説類）によって民意を汲みあげ、「文」（詔や律令）によって治め、敵対する者には「武」で応じるものだった。その文化装置を揃えようとしたのである。朝鮮半島の高麗、新羅、百済と異なり、唐の柵封を受けず、日本列島は東夷の地域と見なされていた。支援の要請を受けるなどして、独立・対抗の気風が養われたのだろう。平城京の名は北魏の都が平城県にあったことに倣ったもの。「神亀」「天平」の元号などにも、また平安遷都後、嵯峨天皇が臣籍降下した皇族に源氏の名を与えて護衛集団とするのも、北魏に倣ったものである。注53

そして天武、持統朝期から、『日本書紀』（七二〇年成立）、『風土記』『万葉集』の編纂が企てられたことはよく知られる。都の建設に時間と各種資源をかけたのに比して、初めての正史たる『日本書紀』の編纂は、唐を強く意識し、地の文を正則の漢文（漢音）で綴るが、構成は簡便なものになった。漢音表記ができる史官の人材不足が主な原因だろう。注54「伝」（伝記）や「志」（記録）を別記せずに、「紀」のあいだに挟み入れる。よく知られるように「神代紀」に、各氏の伝（氏文）から「一書曰」と抜き書きするのも「志」の類である。天武が氏文などの提出を求めたのは「天神」「皇別」氏族を尊重する意図によるものだろう。

『日本書紀』は、時系列に沿って神話群を編んだ部分が半ばを占めるのが大きな特徴である。各地の神話伝承の複合の様子を残すヨーロッパの神話、史書のなかに埋め込まれた中国の神話伝承に比べても相違は際立っている。天ツ神が失敗したのち、国ツ神の勢力を治め直すストーリーが展開し、九州王権、出雲王権、各地の国ツ神との関係を推測させるエピソードがちりばめられている。いわゆる天孫系の統治の正統性をいう編纂意図が露わで、朝廷と仏・道の関係が記されているのも特色である。

中国の正史の「紀」に仏・道は、詳しく記されず、『魏書』〔釈老志〕（本紀・列伝は五五四年、志は五五九年成立）と『元史』〔釈老伝〕のみに現れる。『魏書』の編纂者、北斉の魏収は、北魏における歴代皇帝の崇仏を無視しえなかったためだろう。元代にも各宗を祀った。『日本書紀』は『魏書』を参照した可能性を考えてよい。

『日本書紀』〔天武天皇十年〕に「帝皇日嗣」「先紀」、〔欽明天皇二年三月〕条に「帝王本紀」などが見え、古記録があったことは、相互関係は別にして、疑えない。『古事記』（七一二年成立）序文〔元明天皇に提出された上表文〕は、「先代旧辞」及び「本辞」をもとに皇統神話を編纂しようとした天武の意図とともに、天武の徳を儒の思想によって称えている。太安万侶が古い記述を漢訳できないため、漢字の字音を用いて「訓述」する部分があるとことわっているのは、固有名詞は別にして、当代中国語に比して、古いヤマトコトバでは概念の分節化が著しく進んでいなかったのが主な理由だろう。つまり「先代旧辞」及び「本辞」はすでに理解できないものだったので、古いヤマトコトバに通じた稗田阿礼が召されたが、それでも解決がつかないところ、杜撰な伝承が多いことが安万侶から天武に報告されていた、と考えれば、天武が『紀』編纂の詔勅を下した動機のひとつになろう。『記』は、いわば予備的な私撰だったことになる。[注55]

『記』『紀』とともに、歌謡など万葉仮名方式で記された部分には、のちに漢音に対して、古い音韻を総じていう「呉音」の声調が用いられている。声調は、聞き分ける耳と習得した書記法によって記し分けられるので、渡来系氏族の文官がヤマトコトバをそれに近い字音を宛てて記したものを写したと考えてよい。[注56]『風土記』は、『尚書』（書経）〔夏書・禹貢〕を祖型に、版図を掌握するための地誌の書である（中国の正史には「志」として編入）。各地の神話伝承、歌謡をも掬い取り、天ツ神と国ツ神の角逐・服属関係を語り遺す伝承も記されている。各国司の文官の手になり、地方ごとに程度の異なる日本化した漢文で記されている（なお、『出雲国風土記』は、地つきの文官の手になり、草木名に『山海経』からの借用が指摘されている）。

天孫系の神祇と異国の教えである仏教との対立は、本地垂迹説が浸透することにより解消に向かう。その時期は、天応元年（七八一）、光仁天皇の勅により、修験道の開祖とされる役小角と修験道の僧、泰澄が開いたとされる愛宕権現に、和気清麻呂と慶俊僧都によって、地蔵菩薩を本地仏とし、日本の神々の母とされるイザナミを垂迹神として祀る白雲寺が建立されたことが一つの指標になろう。だが、民間に仏教を布教する私度僧は、地祇信仰に立ちふさがれ、また修験道との角逐も長くつづいたと想われる。その様子は、平安時代初期、私度僧から薬師寺の僧に昇った景戒によって編まれた『日本国現報善悪日本霊異記』中に屈折した叙述となって示されていよう。[注57]

中国の古典も日本のそれも後代に繰り返し参照され、新たな概念と価値観によって次つぎに解釈換えされてきた。日本の場合、近代の文化ナショナリズムの受け皿として神道イデオロギーに立つ近世の「国学」の学統がはたらき、また二〇世紀における芸術概念の変容を受け取った象徴伝統論もなされてきた。前近代の東アジアにおける基礎概念の構成（編制）と価値観の変遷を解明する作業は、西洋近現代のそれらを相対化する道を拓く。二〇世紀後半の世界を覆ってきた冷たい世界戦争の終結後、二一世紀への転換期から国際的にナショナリズムがむき出しになる風潮が高まっており、短絡的な議論も増えている。が、そうした、われわれが直面する困難は、再考の契機を増やしてもくれるだろう。

注

1 『国粋学報』に連載、歿後、一九一〇年に『人間詞話』上巻として刊行された。

2 増訂版一九二七、再訂版、一九四九、『著作集5』一九七七。

3 羅鋼「『人間詞話』是如何成為国学経典的?」、方維規主編『思想与方法』——近代中国的文化政治与知識建構』(北京大学出版社、二〇一五)。

4 「創られた伝統」論は、イギリスのケンブリッジ大学の歴史学者たちが生活文化史研究(カルチュラル・スタディーズ)を開拓するなかで、近代ナショナリズムが数かずの「伝統の発明」を生んだことを明らかにしたものである(一九六三年)。スコットランドの民族衣装、キルトが一九世紀半ばにロンドンの仕立て屋が考案したものだったことが代表例としてあげられる。だが、それに用いられるタータンチェックに似たキルトと呼ばれる布地は、かなり古くからスコットランドの特産品だったし、そこで、アフリカの諸部族の儀礼が大英帝国の使節を迎えるために、より壮麗になったことも事例の一つにあげられていることを考慮するなら、精確には、伝統の再編であり、精神文化に用いる場合には、伝統の再解釈と理論化すべきであろう。

また今日、中国で最初の美学理論書とされる呂澂『美学概論』(一九二三)は、巻頭で、重要な概念として「感情移入」を挙げ、ドイツの美学者、テオドール・リップスともに、日本におけるその紹介者、阿部次郎、稲垣末松、大西克礼、菅原教造、石田三治の名をあげているという。楊冰「中国の『美学』の創建期における近代日本の美学研究の影響——心理学的美学の萌芽と形成」大阪府立大紀要『人文学論集』三四号、二〇一六、一九一頁を参照。

5 『万葉集』巻三のうたの配列の年代にはかなりの乱れが指摘されているが、一応、長屋王の変(神亀六年〔七二九〕)の後、藤原四子政権の時期の作と見ておく。そうでなくとも、論旨には響かない。赤人の歿年は天平八年(七三六)、藤原四子が流行り病で歿し、橘諸兄が台頭する前年とされる。

6 "literature"の中義と「文学」が互いに翻訳語になりえたのは、中国の学芸全般の伝統的大分類(経・史・子・集)のうち、「経」には儒学のほか、仏教、道教経典も含むが、現世主義の強い儒学の経典が中心だったことによる。なお、「子」には、小説家も含む。近代概念の流布を阻んだものは、詩文を弄ぶことを「玩物喪志」と警告した朱熹がまとめた朱子学が、元代以降、科挙を支えており、一九世紀半ばの西欧で詩、小説、戯曲など感情の表出を主とする言語芸術を意味する狭義の"literatur"の概念は受け止めにくく、また、その領域では、想像力による創造性を重視するロマン主義が盛んだったため、「虚偽」を退ける儒学の価値観と抵触したゆえだろう。鈴木貞美『日本の「文学」概念』（作品社、一九九〇）を参照されたい。以下『概念』と略称する。

7 三上と高津のあいだには、「文学」の理念の上でも、漢文の処置をめぐっても揺れが見られるが、全体には、国学者流を退け、実際のところ、日本化した漢文による神話伝承の日本語訳や江戸時代の漢文の書物も例示している。鈴木貞美『「日記」と「随筆」――ジャンル概念の日本史』臨川書店、二〇一六、一八六頁を参照。以下、『「日記」と「随筆」』。

8 『「日記」と「随筆」』第三章一節を参照。

9 鈴木貞美『「日本文学」の成立』作品社、二〇〇九、第八章を参照。

10 江戸時代までの儒学や仏教、陰陽道はもちろん、国学でも解かれなかったし、明治中期からの武張った時期にも現れようがない。明治中期に政府の鹿鳴館政策に示される欧化主義に対して、「国粋保存主義」を名のった政教社の論客、地理学者、志賀重昂は『日本風景論』（一八九四）で、熱力学が生んだエネルギーこそ世界を動かすおおもとという考えを受け、火山活動が活発なことをもって、日本を自然エネルギーが最もよく現れる国と論じ、日清戦争期にナショナリズムを鼓吹した。だが彼は、日清戦争後には『山水叢書　河及び湖沢』（一八九七）を著し、山林保護の伝統をうたった。戦争や足尾鉱毒事件などによる山林破壊に警告を発するもので、藤岡の考えと軌を一にしよう。鈴木貞美『生命観の探究――重層する危機のなかで』作品社、二〇〇七、五九七～五九九頁、および『近代の超克――その戦前、戦中、戦後』作品社、二〇一五、一八七～一八八頁を参照。以下、それぞれ『探究』、『超克』。

11 アメリカの哲学者、ウィリアム・ジェイムズは『心理学原理』（*The Principles of Psychology*, 1890）で、あとから意識の一時の状態を反省しても、間断なく流れる意識を論じたことにはならないと主張し、意識の底には「生命の流れ」があると述べ、また論文「純粋経験の世界」（A world of pure experience, 1904）で、意識が対象に囚われ、記憶想起や空想や追憶にふけって、自分に帰らない状態を「純粋経験」――直接経験（direct consciousness）、非反省意識（non-reflective consciousness）に同じ――と呼び、その連続性を考察した。西田幾多郎は、その「純粋経験」の例として、崖から落ちまいと無我夢中でへばりついているときの意識や母親に抱かれている赤ん坊の意識、一心に絵筆を動かしている画家の意識を例にあげ、対象と一体化した「主客同一」の状態を意識本来のあり方とし、それが人類と一体化しようとする人類愛、神、すなわち「永遠の真生命」との一体化を望む宗教的欲求の底にあると論じた。「純粋経験」のさまざまと禅の修行で自意識を消して、自己の底に到達する悟りの境地を、「多即一」の論理により、本質的同一性を説くのには無理がある。また諸宗教の教義の違いを無視してもいる。だが、この出発点に反省を加えつつ、西田幾多郎は独自の生命哲学をひらいてゆく。『探究』第六章を参照。

12 権藤愛順「明治期における感情移入美学の受容と展開――「新自然主義」から象徴主義まで」（『日本研究』四三号、二〇一一）を参照。

13 『鷗外全集21』岩波書店、一九七六、一二一～一二三頁。

14 国木田独歩『武蔵野』民友社、一九〇一、復刻版日本近代文学館、一九八四、二五九～二〇六頁。

15 同前、一三頁。

16 『探究』第五章一節を参照。

17 ヨーロッパ一九世紀末の文芸では、一時期、「自然主義」に傾いた、ないしはそのように見なされたノルウェーの劇作家、ヘンリク・イプセンが撃ち落とされ、野生に帰ることのできない野鴨を象徴的に用いた『野鴨』（*Vildanden*, 1884）あたりから象徴主義の作風に進み、フランスの作家、ジョリス＝カルル・ユイスマンスがペシミズムを深め、人工楽園の世界を『さかしま』（*À rebours*, 1884）に書き、ドイツのゲアハルト・ハウプトマンが民間伝承に題材をとるメルヘン調の『沈鐘』（*Die versunkene Glocke*, 1897）を書くなどしていた。その傾向を、ドイツの批評家、ヨハネス・フォルケルトが『美学上の時事問題』（*Ästhetisce Zeitfragen*, 1895）の「自然主義」の章で、デカダンスをふくむ象徴主義の人びとは〈自然主義は陳腐になった〉というが、自然の〈深秘なる内性の暴露に向かう『後自然主義』（Nachnaturalismus）は、自然の神秘に向かう象徴主義と本質を同じくし〉ているといい、「自然主義」の概念を「後自然主義」や象徴主義にまで拡張した。これを森鷗外が『審美新説』として翻訳紹介した（『柵草子』一八九一八九八～九九年に連載、刊行一九〇〇）。その反響が岩野泡鳴『神秘的半獣主義』（一九〇六）、田山花袋「象徴主義」（一九〇七）など、これまで「自然主義」やその変種のように見なされてきた作家たちに拡がってゆき、一九世紀西欧文芸を総括する「ロマン主義」対「自然主義」図式は実際上、過去のものになっていた。鈴木貞美『入門　日本近現代文芸史』平凡社新書、二〇一三、第二章二節を参照。以下『入門』。

18 パリの詩人たちの交友を通じて象徴主義の系譜を掬いだしたロンドンの詩人、アーサー・シモンズ『文芸における象徴主義運動』（*The Symbolist Movement in Literature*, 1899）が、その序文で、民族信仰や超越論における「永遠」など、神聖な見えないものを具体物で示す象徴技法を意識的に用いる方法を象徴主義と定義し、とりわけステファヌ・マラルメを高く掲げて、デカダンスの喧騒からその流れを掬い出した。象徴主義は国際的に「宇宙の生命」「自然の生命」など普遍的な生命エネルギーの具象化という理念を根幹に置き、歪んだ感情を歪んだ画像に描く表現主義などさまざまな傾向のアーリイ・モダニズムに展開し、二〇年代にはモダニズム諸派に分岐する構図で考えると、二〇世紀芸術の展開はとらえやすい。見えない観念を具体物に一対一的に置き換える象徴表現は、東アジアにおいても古代から見られる。だが、それを分岐することなく、英語でいえばアレゴリー（寓意）にあたる「寓」（ことよせ）と一括されていた。それゆえ中江兆民は、ウージェーヌ・ベロンの *L'Esth tique*, 1878）の翻訳『維氏美学』（一八八三〜八四）で新造語したものだった。『入門』第二章二節を参照。

19 『超克』一二六頁を参照。

20 佐佐木信綱『定家歌集』、一九一〇、二四頁。

21 岩井茂樹「『幽玄』と『象徴』——『新古今和歌集』の評価をめぐって」（岩井茂樹・鈴木貞美共編『わび・さび・幽玄——「本的なるもの」への道程』水声社、二〇〇六）を参照。

22 土居光知『文学序説』岩波書店、再訂版、一九四九、六九頁。

23 「原始宗教」の世界では、アニマに対抗的な病気や死をもたらすスピリッツが想定されているのが一般的で、死んだ動物や神々さえ死んだまま生まれかわらない神話伝承などいくらでもある（シャーマニズムは善悪二神論の傾向が強い）。たとえばメソポタミアの『ギルガメシュ』では、森の守護神、フンババは、ギルガメシュとその盟友、エンキドに殺されるが、エンキドは、その祟りで死ぬ。これを文芸の発展段階論により、「叙事詩」に発展したものだとするなら、記紀神話も、その段階と考えてよい。「天ツ神」のイザナミは死んでも、その魂は死者の国で生きている様子が語られるが、アメワカヒコはタカミムスビの命令に背いたために罰せられて死ぬ。「国ツ神」も転生しない。

24 土居光知『文学序説』前掲書、一二三頁。

25 同前、八二頁。

26 千田稔『平城京遷都——女帝・皇后と「ヤマトの時代」』中公新書、二〇〇八、五七〜六〇頁を参照。

27 今日、この憶良の態度を、一種の詭弁のようにとったり、意味を日本流にズラシしたりしているとする見解がある（井村哲夫「山上憶良論——その文学の思想と方法」神野志隆光・坂本信幸『セミナー葉の歌人と作品5』和泉書院、二〇〇〇、上野誠「漢字を飼い慣らす知性——日本知識人の誕生」『アステイオン』八三号、二〇一五）。が、憶良はここで、我が子と衆生の誰彼とを分け隔てなく思う平等思想の断ち難さをいう釈迦のことばの本意を曲解したり、短絡して解釈したりしているわけではない。愛欲の迷いを絶った大聖人、釈迦でさえ、わが子への愛念が最も断ちがいものというのだから、ましてただの草莽の民に過ぎないわれわれは、と逆手にとっているのである。このように相手の言を逆手にとる論法は『荘子』などに見えており、日本的特徴とはいえない。

28 この「日記文学」なる新発明のジャンル概念が、そののち、池田亀鑑によって、「自照文学」と呼ばれ、『平安女流日記文学』（一九二七）を生むことになるが、それには、一九一〇年～二〇年代前半における「日記」「私小説」「心境小説」などの概念が密接に関係している。『「日記」と「随筆」』序章一を参照。

29 南朝、梁の劉勰『文心雕龍』〔諧隠〕篇は、諧や隠の詩は、規範を逸脱しているが〈意は義正に帰する〉と論じている。劉勰は「正」と「美」とは本来一つの規範と考えており、この条では政教の役に立つのであれば、排除することはないと述べている。鈴木貞美「東アジアにおける「文」の概念をめぐる覚え書き」『日本における「文」と「ブンガク」』勉誠出版、二〇一三を参照。

30 鈴木貞美『日本語の「常識」を問う』平凡社新書、二〇〇七、一一四～一二〇頁を参照。

31 同前、第一章を参照。

32 土居光知『文学序説』前掲書、二二六頁。

33 荻原井泉水『我が小き泉より』交蘭社、一九二四、三八頁。

34 『探究』第九章五節を参照。

35 そのもとは、ゲオルク・ヴィルヘルム・フリードリヒ・ヘーゲル『美学講義』（*Vorlesungen über die Ästhetik*, 1835, 1931、歿後の編集）中、彫塑や彫刻を対象に、制作者の観念と作品の形態の関係を客観して、美術史を三段階に分けて論じた一章にある。観念の過剰が作品をグロテスクな形態にする原始美術、観念と形態のバランスがとれた芸術中の芸術としてギリシャ古典、観念が形態を支配するこれからの芸術としてロマン主義およびキリスト教美術を発展段階として説く。

36 小西甚一『日本文学史』講談社学術文庫、一九九三、一〇四頁。

37 同前、二五頁。

38 岸俊男『古代史からみた万葉歌』学生社、一九九一を参照。

39 小西甚一『日本文学史』前掲書、三八頁。
40 鈴木貞美『日本語の「常識」を問う』前掲書、二〇一一、一一四頁を参照。
41 『折口信夫全集1』中央公論社、一九九五、二二五頁。
42 小西甚一『日本文学史』前掲書、四二頁。
43 『超克』三〇〇頁〜を参照。
44 小西甚一『文鏡秘府論考第二研究篇下』前掲書、三一六〜三一八頁。
45 同前、三五五〜三六七頁。
46 鈴木貞美『鴨長明——自由のこころ』ちくま新書、一〇五〜一一〇頁、『「日記」と「随筆」』一二九〜一三〇頁を参照。
47 『古今和歌集』序にふれたついでに述べておく。真名序は、柿本人麻呂を「独歩古今之間」（独り古今の間を歩む）と称賛したのち、山部赤人を「並和歌仙也」（並びに和歌の仙なり）と併称しているが、仮名序は「人麿は赤人の上に立たむことかたく、赤人は人麿が下に立たむことかたくなむありける」（人麻呂は赤人の上に立つことはできず、赤人は人麻呂の下にはなれない）という。今日の注釈のなかに、小西甚一の『文鏡秘符論』を参照して、これを「互いに上に立てない」と読み違いしているものがある（『日本古典文学全集　古今和歌集』小学館、一九七一、五六〜五七頁など）。が、該当箇所で小西は『古今和歌集』仮名序から中国詩文にいう「回文的対句法」を用いた例をあげているだけで、これは小西の責任ではない。「回文的対句法」の「回」は繰り返しの意味で、同義反復が基本である。とくに『老子』に頻出する。
48 小西甚一『文鏡秘府論考第二研究篇下』前掲書、三九三頁。
49 『超克』第三章三—3を参照。
50 同前、第三章一—8を参照。
51 Alexander·Vobin, *Man'yōshū, Book 14: A New English Translation Containing the Original Text, Kana Transliteration, Romanization, Glossing and Commentary*, Global Oriental/Brill,（2016）など。
52 鈴木貞美『「死者の書」の謎——折口信夫とその時代』作品社、二〇一七、九九〜一〇三頁を参照。
53 福永光司『「馬」の文化と「船」の文化——古代日本と中国文化』人文書院、一九九六、一五頁を参照。
54 持統朝は漢音に通じた続守言、薩弘恪の二名の音博士を招聘しているが、彼らが直接、『日本書紀』の編纂過程にかかわったか、長安から史官を招いたか、新羅からの官吏も加わったのか、文書の整理にあたらせたくらいに留まるものか、いまのわたしには、判断する材料もない。官人層にその後、桓武天皇による平安京遷都後、漢音使用を奨励する詔勅（延暦一一年〈七九二〉）までのあいだ、平城京の官人層の構成に、どの程度の変化が生じたのかも判断しえない。

55 平安中期から江戸前期にかけて最古の史書として尊重された『先代旧事本紀』は、今日では物部氏の朝廷への貢献を伝えるため、九世紀ころに編まれたと推定されている。一部に古記録が編入されており、言語学的にも、そのうちに『記』より古い用法が確認されている。『日本書紀』は延喜年間より三〇年に一度の割合で、大規模な講義が行われ、また『続日本紀』など六国史の編纂が重ねられたが、『古事記』は、南北朝期にいわば発掘されるまで捨ておかれたのも同然だった。天武の、いわば私撰の書として扱われたと見てよい。江戸時代に本居宣長ら、いわゆる国学の学統が尊重し、王政復古を掲げた明治維新後、あたかも正史の一つであるかのように扱われるようになったもの。今日、『記』の上表文が『紀』の編纂とは矛盾する編纂意図を語っているとし、九世紀ころに記されたとする説があるが（三浦祐之『古事記のひみつ――歴史書の成立』吉川弘文館、二〇〇七など）、『紀』の成立後に別の編纂意図を天武に仮託して記す理由が見つからない。

56 今日、中国古代の音韻は地方ごとに研究され、江南地方の「呉音」の研究も進んでいる。『記』『紀』中の歌謡の表記には、朝鮮語音による音仮名も混じっているが、それぞれに異なる。一律に漢音と異なる古い音を「呉音」として扱うことなく、『風土記』を含め、中国・朝鮮の方言の混じり具合を分析するなら、これまでよりは明確な答が得られるかもしれない。記述者の耳と接触範囲（地域と階層）のちがい、表記の習慣とのズレの問題は、『類聚名義抄』や『日葡辞書』など「キリシタン文献」にも及ぶ。

57 『「日記」と「随筆」』一一八～一一九頁を参照。

Ⅱ　律令国家の秩序形成が生みだすもの

神話と神々のネットワーク
―『古事記』・『日本書紀』・風土記―

荻原　千鶴

一　『古事記』と『日本書紀』

奈良時代前期には、和銅五年に『古事記』、養老四年に『日本書紀』、和銅六年の官命を受けて各国風土記（成立年代が確定できるのは、天平五年の『出雲国風土記』のみ）と、次々に散文を主体としたテクストが生まれた。これらは、神々を登場させてその行為を描くこと、歴代の天皇を登場させてその行為を描くこと、天皇代に過去の時間指標の役割をもたせること、以上三点において共通性をもつ。

ことに『古事記』『日本書紀』にあっては、何らかの連関があったことは対応する記事の多さから容易に推察される。ことに『古事記』上巻と『日本書紀』神代巻（巻一・巻二）は、そのプロットが大筋において一致していることからも両者の内的連亙を窺うことができる。『日本書紀』神代巻の一書群の中に、『古事記』に近似した一書があることはよく知られているが[注1]、最も大きな問題は『日本書紀』巻一第一段では国土創成の筆頭神に国常立尊が、本文・一書群を通じ安定的に登場するのに対し、一書第四中に「又曰はく」として導入される別伝のみは、「高天原に所生れます神の名を、天御中主尊と曰す。次に高皇産霊尊。次に神皇産霊尊」としていて、『古事記』の冒頭部が「天地初発之時」に「高天原」に成った神を天之御中主神・高御産巣日神・神産巣日神の三神とするのと一致することだ。『古事記』の伝が異彩を放つことを考えると、『日本書紀』一書第四の別伝は、『古事記』そのものである可能性も高い。ことがそこに留まるならば、話は『日本書紀』が編纂に用いた膨大な資料の中に『古事記』（あるいは『古事記』が依拠した資料）もあって、その一端が『日本書紀』の片隅に顔をのぞかせている、といった程度の事象に過ぎないことになる。しかし『日本書紀』神代は、その冒頭において本書に高皇産霊尊を登場させないまま進行し、巻二の天孫降臨章に至って突如、高皇産霊尊を降臨の司令神として本書に登場させ、以後の展開を差配させている。

天孫降臨については、早く三品彰英氏が『古事記』『日本書紀』本書・一書群の様態から指摘された[注2]ような、神話の発展段階を想定せざるをえないと思われる。すなわちタカミムスヒがニニギを降臨させる形に、アマテラスがいったんはオシホミミ降臨を予定しながらオシホミミの交替を経てニニギを降臨させるという形が新たに参入するというもので、三品氏はタカミムスヒがニニギ降臨を司令する原形（『日本書紀』第九段本書・一書第六）から、アマテラスの参入によってタカミムスヒとアマテラスの二神を司令神とし、降臨神の交替や、随伴神・神宝などの要素を付加した複雑な形（『日本書紀』第九段一書第二・『古事記』）へ、さらにはアマテラス一神を司令神とする成熟形（『日本書紀』第九段一書第一）へという変容過程を考えた。しかし、三品氏が降臨司令神をタカミムスヒ・アマテラスの二神並立と考えた一書第二については、『日本書紀』においてタカミムスヒとアマテラスは併称されないことを中村啓信氏[注3]が、降臨に関する司令神はアマテラスとみるべきであることを西條勉氏[注4]が指摘している。三品説は、タカミムスヒを司令神とする所伝からアマテラスを司令神とする所伝へ、さらに最終的に『古事記』のアマテラス・タカミムスヒ二神並立によるニニギ降臨の実現という形に落ち着いたものとして修正されるべきであろう。[注5]

このことは、「皇祖高皇産霊尊」と「皇孫瓊瓊杵尊」の強固な関係にもとづく天孫降臨神話が、『日本書紀』編纂の史局で正伝として認定されつつあったことを、『古事記』の側は承知しつつ天照大御神系神話との統合を果たしたことを示している。そのために『古事記』は、ひるがえって冒頭部をも天孫降臨に呼応する形で整え、高御産巣日神を天地初発神として新たに位置づけたものと受け取れる。また逆に、『古事記』が整えた天照大御神の領有する高天原という概念を『日本書紀』神代巻本書は持たないのだが、[注6]巻一第五段においては、本書の「大日孁貴」の「一書に曰く」としてしか登場しない「天照大神」、また天孫降臨章本書の司令神ではない天照大神の名を、『日本書紀』巻三神武即位前紀は、

我が皇祖天照大神、以て基業を助け成さむと欲せるか。（『日本書紀』巻三　神武天皇即位前紀戊午年六月）

と、まぎれもなく「皇祖」として位置づけ、天照大神の石窟神話に直結する「天香山」の埴土を得たことが天下平定につながったとし（『日本書紀』巻三　神武天皇即位前紀戊午年九月条・同己未年二月条）、続く神武天皇の即位を、

故に古語に称して曰はく、「畝傍の橿原に、底磐之根に宮柱太立て、高天之原に搏風峻峙りて、始馭天下之天皇」といひ、号けて神日本磐余彦火火出見天皇と曰ふ。（『日本書紀』巻三　神武天皇元年正月）

と「高天之原」によって讃えていることは、「古語」の引用とはいえ、『日本書紀』の史局の側も、『古事記』に反映されるような天照大神（高天原の主宰神）の皇祖神化に目を配り、なかば受容した結果と受けとれる。『日本書紀』神代巻では、高皇産霊尊と天照大神は『古事記』のような統合が遂げられていないが、神武紀においてそ

れが部分的に果たされようとしているのを見ることができる。『古事記』に結実していく作業現場の側からも、『日本書紀』に結実していく作業現場の側からも、対手の動向へのアップトゥデートなリサーチが行われていると解釈すべきだろう。『古事記』と『日本書紀』の間は、相互通行的であり、『古事記』における強力な神話の統合が、神話のネットワークを生んでいく。

二　『日本書紀』と九州風土記

次に、風土記の編纂と『日本書紀』の関係について考えてみる。『続日本紀』和銅六年五月甲子条にみえる朝命によって各国で編纂されたと思われる解文を古風土記と呼び習わしているわけだが、「郡」の下位行政単位名によって『常陸国風土記』『播磨国風土記』は、おおよそ霊亀元年以前が中心の成立と考えられるのに対し、『出雲国風土記』は天平五年二月三十日の奥付をもち、成立年代に幅がある。『豊後国風土記』『肥前国風土記』の成立年は明らかではないが、『日本書紀』に拠っていることと郷里制の反映から、養老四年～天平十二年の間の成立と考えることができる。

本節では『日本書紀』編纂の直接的影響が考えられる九州風土記[注7]を取り上げる。九州風土記は書式上の特質から甲類・乙類の二類に分けることができ[注8]、甲類・乙類の二種の存在する事由や、成立の先後関係、『日本書紀』との関係性をめぐってさまざまな論議がなされてきたが、私は乙類が先で、甲類が後、乙類の執筆者は『日本書紀』編纂の場に身を置いたか、あるいはそれを知悉することができるような何らかのポジションにいた者であると考えている。[注9]

九州風土記乙類にみられる仮名字母が『日本書紀』に酷似することを指摘したのが北川和秀氏[注10]で、北川氏は上代文献において孤立的である『日本書紀』の字音仮名が、九州風土記乙類のそれと共通性をもつことを指摘し、「日本書紀の編纂に携わった者のうちの誰かが、日本書紀成立後、乙類風土記の編纂にも従事した可能性」が考えられることを指摘した。北川氏の指摘された、『日本書紀』との間に専対的親近性をみせる仮名字母について、森博達氏の『日本書紀』をα群・β群の二類に分け、書記者の違いを想定する考え方[注11]に則って、『日本書紀』での分布状況を調査すると、それらの用字はどちらかの群に偏って用いられるのではなく、両群にわたって遍在することを指摘できる。たとえば、

婀邏礼符縷　耆資麼能多塏塢　嵯峨紫弥台　区縒刀理我泥底　伊母我提塢刀縷

（『万葉集註釈』所引『肥前国風土記』乙類）

について、傍線を付した字は、北川和秀氏が「『古事記』『万葉集』には見えず、『日本書紀』には使用されている」とされたものであるが、これらの『日本書紀』における分布状況は、その多くが『日本書紀』全般、すなわちα群・β群の双方にわたっていて、中にはα群のみに見られるもの（「符」「嵯」「峨」）、β群のみに見られるもの（「資」「塢」「台」「区」）も存在する。このほかの「『古事記』『万葉集』には使用されていないが『日本書紀』には使用されている乙類風土記の仮名字母」についても、同様のことが指摘できる。[注12]こうした仮名字母の分布状況から推すと、乙類の書記者は、α群のみ、あるいはβ群のみ、といった関わり方をしているのではなく、『日本書紀』全般の表記になじんでいるといえる。乙類九州風土記の書記者は、α群専属の書記者でもβ群専属の書記者でもなく、完成しつつあった『日本書紀』全体に目を通すようなポジションにあった可能性が高く、官人層の広範なネットワークの中にいたことが想像される。

一方、九州風土記甲類は、乙類とは異なり、記事を天皇の行為や天皇代に関連づけて叙述する傾向がたいへん強い。[注13]九州風土記甲類の、地名を項目として事務的に処理していくような傾向[注14]と併せ考えると、九州風土記甲類は、乙類成立後に『日本書紀』の時間軸とのすりあわせを要請されて成ったものと考えられる。[注15]たとえば次のような記事、

〇仍与群臣議之曰、今多動兵衆、以討土蜘蛛。若其畏我兵勢、将隠山野、必為後愁。則採海石榴樹、作椎為兵、因簡猛卒、授兵椎以、穿山排草、襲石室之土蜘蛛、而破于稲葉川上、悉殺其党。血流至踝。故時人其作海石榴椎之処、曰海石榴市。亦血流之処、曰血田也。

（『日本書紀』巻七　景行天皇十二年十月）

〇仍欲誅鼠石窟土蜘蛛、而詔群臣、伐採海石榴樹、作椎為兵、即簡猛卒、授兵椎以、穿山靡草、襲土蜘蛛、而悉誅殺。流血没踝。其作椎之処、曰海石榴市。亦流血之処、曰血田也。

（『豊後国風土記』大野郡）

を比較してみれば、『豊後国風土記』が『日本書紀』を下敷きにして作文されていることが知られる。こうした場合、『日本書紀』と『豊後国風土記』（九州風土記甲類）の関係は、既に成立した『日本書紀』を九州風土記甲類が利用するといった、いわば静的な関係性のように見える。しかし次のような例は、かなり複雑な事情が考えられる。

ⓐ昔者、同じき天皇、巡り幸しし時に、志式嶋の行宮に在して、西の海を御覧はすに、海中に嶋有り、烟気多に覆へり。陪従阿曇連百足に勒せて、遣りて察しめたまふ。爰に八十余り有りて、就中の二つの嶋は、嶋別に人有り。第一の嶋の名は小近、土蜘蛛大耳居み、第二の嶋の名は大近、土蜘蛛垂耳居めり。自余の嶋は、並びに人在らず。茲に、百足、大耳等を獲りて奏し聞ゆ。天皇勅して、誅ひ殺さしめむとしたまふ。時に大耳等、叩頭て陳べ聞えて曰ひしく、……茲に、天皇、恩を垂れて赦し放ちたまひき。

九州風土記甲類にはこのように、巡行した天皇が従者を遣わして在地の人々を平定させるという話形が、地名起源記事のひとつの定形として見られる。

（『肥前国風土記』松浦郡値嘉郷）

ⓑ景行天皇が陪従大屋田子（日部君等の祖）を遣して、土蜘蛛を誅滅させた。

（『肥前国風土記』松浦郡賀周里）

ⓒ景行天皇が陪従穉日子（紀直等の祖）を遣して、土蜘蛛を誅滅させようとしたところ、土蜘蛛が命乞いをした。

（『肥前国風土記』藤津郡能美郷）

ⓓ景行天皇が陪従神代直を遣して、土蜘蛛の持つ珠を献上させた。

（『肥前国風土記』彼杵郡郡名）

ⓔ景行天皇が神代直を遣して土蜘蛛を誅させた。

（『肥前国風土記』彼杵郡浮穴郷）

ⓕ景行天皇が神大野宿禰を遣わしたところ、山の神が迎えに来た。

（『肥前国風土記』高来郡郡名）

ⓖ神功皇后が島に停泊して、陪従大浜・小浜のうち小浜に火を求めさせた。

（『釈日本紀』所引『筑前国風土記』逸文、糟屋郡資珂島）

多くは土蜘蛛の平定と関わり、派遣される陪従は、ほぼ在地の豪族の祖である。[注16] 風土記における「陪従」は、他にも『常陸国風土記』多珂郡飽田村条・『播磨国風土記』揖保郡萩原里条・『肥前国風土記』彼杵郡周賀郷条にもみえ、それらは必ずしも在地豪族とはみなしがたいが、右のような九州風土記甲類における土蜘蛛平定に派遣される「陪従」に限っていえば、彼らはいずれも在地の土豪の祖とみなされる。西海道地域を巡行する天皇の「陪従」として自氏の先祖が供奉し、土地の王化に功あったとするのがその地の豪族の主張であり、九州風土記甲類は、『日本書紀』との摺り合わせの際に、地方豪族の主張をも積極的に取り込んだのだと考えられる。

その中でⓐは異色である。ⓑ～ⓖと同形（ⓑⓔⓖは霞・烟火を発端とするところまで同工）であることから推せば、ⓐの陪従阿曇連百足も地方豪族であったことになる。しかし阿曇連は本来は難波を本貫とした中央伴造氏族であり、それが北九州にも進出し、松浦郡値嘉郷などに勢力基盤を築いたものと考えられ、[注17]ⓑ～ⓔの陪従と全く同一とすることはできない。ⓐが他に比して格段に長文で、しかも『播磨国風土記』揖保郡石海里条や『日本三代実録』貞観六年八月条にも登場する「阿曇連百足」という、おそらく阿曇連にとって最重要と思われる祖名を用いていること、ⓖの「大浜」が「阿曇連の祖大浜宿禰」（『日本書紀』巻十、応神天皇三年十一月条）を思わせ、ⓐとともに阿曇連の関与を窺わせる記事となっていることは、ⓐやⓖが中央伴造氏としての阿曇氏の主張の介在によって成った記事であることを示唆している。

ⓐについて次田眞幸氏が、内膳司安曇宿禰（阿曇連）の、同職であった高橋朝臣（膳臣）への対抗関係を見出したのは重要である。

阿曇連百足が景行天皇の巡幸に陪従したと伝えているのは、磐鹿六鴈が景行天皇の東国巡狩に随行して御膳を献った、とする高橋氏の伝承に対抗して伝えたものと考えられる。高橋氏がその出自を景行天皇朝のこととするのに対して、阿曇氏は景行天皇に陪従して値嘉島の海人に御贄を貢進することを誓わせたとするのである。[注18]

安曇宿禰が高橋朝臣と内膳職の行立の前後を争ったことは、『高橋氏文』（延暦八年提出）によって知られ、両氏の抗争が顕著になるのは奈良朝に入ってからだが、『日本書紀』巻十二（履中天皇紀）には阿曇連と膳臣の対抗関係を見ることができ、[注19]両氏の競合は奈良時代以前から存在した可能性が高い。高橋朝臣の始祖顕彰譚は『高橋氏文』に詳しく、磐鹿六獦命が景行天皇の東国巡狩に随行し、留守居の大后八坂媛の、奇声の鳥を見たいとの仰せに従った結果、さまざまな経緯を経て海産物を調達し、天皇に御膳を献った次第が詳述されている。類似の記事が『日本書紀』にもみえる。

上総国に至りて、海路より淡水門を渡る。是の時に、覚賀鳥の声聞ゆ。其の鳥の形を見むと欲ひて、尋ねて海の中に出づ。仍りて白蛤を得。是に、膳臣が遠祖、名は磐鹿六鴈、蒲を以て手繦にして、白蛤を膾に為りて進る。故、六鴈臣の功を美めて、膳大伴部を賜ふ。（『日本書紀』巻七　景行天皇五十三年十月）

『日本書紀』の方が『高橋氏文』よりはるかに早く成立しているにもかかわらず、『日本書紀』の書きぶりは、「見むと欲ひて」の主体の不明瞭さ、「海の中に出づ。仍りて」の因果関係の不明瞭さなどが目立ち、『高橋氏文』などのような、より詳細な記述をもつ資料をダイジェストしたために、こうした不明瞭さが生じたものと考えられる。すなわち『日本書紀』は、のちの『高橋氏文』のもとになった高橋（膳）氏の家記を参着していると考えることができ、持統朝に主要氏族に要求された家記提出と、『日本書紀』が用いた編纂資料の間を架橋することができよう。

十八の氏大三輪・雀部・石上・藤原・石川・巨勢・膳部・春日・上毛野・大伴・紀伊・平群・羽田・阿倍・佐伯・釆女・穂積・阿曇に詔して、其の祖等の墓記を上進らしむ。（『日本書紀』巻三十　持統天皇五年八月）

中には膳臣・阿曇連も含まれている。氏族の始祖に関わる神話伝説や氏族の歴史に関わる記録が、おそらくは『日本書紀』編纂の資料として求められたのであり、こうして提出された膳臣の記録が素材となって、先掲の景行紀の記述ができあがったのである。

考慮すべきは、『肥前国風土記』（九州風土記甲類）の成立にあたって、こうした『日本書紀』編纂に用いられた資料が、再び情報提供をした面があったのではないかということだ。少なくともⓐは膳臣の家記や、それをもとにした『日本書紀』の記述を意識した阿曇連の対抗的主張が見られるものである。阿曇連側の家記が、『肥前国風土記』制作の際の資料のひとつを提供している可能性が高い。

九州風土記乙類と、その後に制作された九州風土記甲類を比較してみると、前者では氏族名を負う人物の登場がきわめて少なく、しかも中央氏族がほとんどであるのに対し、後者では地方氏族がたいへん多く登場することに気づく。

【九州風土記乙類】：藤原朝臣、筑紫君、大伴連

【九州風土記甲類】：大浜（阿曇連か）、怡土県主、筑紫君、肥君（三箇所）、豊国直、旱部君（三箇所）、卜部、海部、県主、大伴連、阿曇連、紀直、神代直（二箇所）、神大野宿祢

このことと同様の傾向を示すのが「神」であり、九州風土記乙類では神はほとんど登場しないが、甲類にはたいへん多く登場し、荒ぶる神の交通妨害のパターンも多く見られる。

【九州風土記乙類】：比古神・比売神・御子神（いずれも山の名としてのみ登場）、耆小の神（甲類の可能性あり）

【九州風土記甲類】：日桙、大三輪の神、麁猛ぶる神（甕依姫）、鹿春の神、天神地祇、阿蘇都彦・阿蘇都媛、天より降りし神、三輪の神、国造りし神、櫛梳の神、久津媛、この地の神（永世の神）、荒ぶる神（姫社）、物部経津主神、荒ぶる神（神埼郡）、荒ぶる神（佐嘉郡）、石神（世田姫）、海の神、高来津座

九州風土記甲類は、『日本書紀』の歴史時間軸の移植を要請され、そのためのサンプルとして制作されたものであるが、[注20]風土記という地方を舞台とするテクストが、中央の歴史時間軸の統制を蒙るとき、『日本書紀』が中央氏族の家記を求めたように、風土記は地方氏族の伝承を求め、『日本書紀』が神々の話を求めたように、風土記も各地方の神々の話を求めたのである。いわば『日本書紀』の統制を蒙るときに、風土記編纂の現場では、か

つて『日本書紀』が成るためにとった方法が、地方版のバリエーションとしてとられたことを表している。風土記の各国における編纂の具体を知ることは困難だが、九州風土記甲類については、以上のようなプロセスを想定することができる。

風土記逸文の中には、『伊勢国風土記』の「伊勢国号」（『万葉集註釈』ほか所引）、『淡路国風土記』の「鹿子湊」（『詞林采葉抄』所引）など、『日本書紀』に基づいて記事を作文しているとみられるものもあり、『日本書紀』との摺り合わせを要請されたのは、九州風土記甲類にとどまらないと思われる。

三　風土記の神々と『古事記』『日本書紀』

前節では比較的成立年代の新しい九州風土記をとりあげたが、本節では他の風土記も含めて『古事記』『日本書紀』との関係性を考えてみる。各国風土記には土地に密着したさまざまな神が登場し、その特性もさまざまで、必ずしも中央の『古事記』『日本書紀』と同調してはいない。だが今、神の存在をあらわす表現をみていくと、神々が山や川や国境（山川）を居所としている場合が多いことがわかる。[注21] たとえば、

㋐筑波山に有す飯名の神……　（『常陸国風土記』信太郡）

㋑東の大き山を賀毗礼の高峰と謂ふ。即ち天神在す。[注22]　（『常陸国風土記』久慈郡）

㋒此の里に舟引原あり。昔、神前の村に荒ぶる神ありて、毎に行く人の舟を半ば留めき。　（『播磨国風土記』賀古郡鴨波里）

㋓伊和の大神の妹、阿和加比売命、此の山に在す。故、阿和加山と曰ふ。（『播磨国風土記』宍禾郡阿和賀山）

㋔神前と号くる所以は、伊和の大神のみ子、建石敷命、山埼の村の神前山に在す。（『播磨国風土記』神前郡）

㋕品太の天皇のみ世に、出雲の御蔭の大神、枚方の里の神尾山に坐して、毎に行く人を遮へ、半を死し、半を生かせり。尓の時、伯耆の人小保弖・因幡の布久漏・出雲の都伎也の三人相憂へて、朝庭に申しき。是に、額田部連久等々を遣りて、……（『播磨国風土記』揖保郡意此川）

㋖昔者、此の川の西に荒ぶる神有りて、行路く人、多に殺害され、半は凌ぎ、半は殺にき。……（『肥前国風土記』基肆郡姫社郷）

㋗昔者、此の郡に荒ぶる神有りて、往来の人、多に殺害されき。纏向の日代の宮に御宇しし天皇、巡り狩しし時に、此の神和平びき。……（『肥前国風土記』神埼郡）

㋘此の川上に荒ぶる神有りて、往来の人の半を生かし、半を殺しき。ここに、県主等の祖大荒田、占問ひき。……（『肥前国風土記』佐嘉郡）

㋙昔、此の堺の上に麁猛ぶる神有り、往来の人、半は生き、半は死せにき。其の数極多なり。因りて人の命尽の神と曰ふ。時に、筑紫君・肥君等占ふるに、筑紫君等が祖、甕依姫を祝と為して祭らしめき。爾より以降、行路く人、神に害はれず。是を以て、筑紫の神と曰ふ。（『釈日本紀』所引『筑後国風土記』逸文：甲類）

神は山や川といった、人間の居住空間ではない空間に居を占める。人間の通交によって神の空間が侵食されれば、神の心が荒れ、神による妨害がおこることになる。風土記には天皇巡行など、共通した枠組みをもつ説話が複数の国々にわたってみられることから、田川麗氏は風土記の編纂にあたって具体的な説話の例示を含むガイドラインが示された可能性を指摘している。[注23] 右の㋒㋕㋖㋗㋘㋙など、神による交通妨害も一部定型化してさまざまな国々の風土記に現れる。編纂にあたってのガイドラインに、こうした説話の例示があった可能性も高い。一方でまた、妨害の解消にはさまざまなバリエーションがあることも注目され、祭り鎮める主体も、土地の人（㋖㋘）㋙）である場合と、天皇や朝廷の力（㋕㋗）である場合とがある。

今ここで『古事記』のコトムケ記事を参考にしてみる。

㋚大吉備津日子命と若建吉備津日子命の二柱は、相副ひて、針間の氷河之前に忌瓮を居ゑて、針間を道の口と為て吉備国を言向け和しき。故、此の大吉備津日子命は吉備の上つ道臣が祖そ。次に若日子建吉備津日子命は吉備の下道臣・笠臣が祖そ。（『古事記』中巻　孝霊天皇）

㋛然して還り上る時に、山の神・河の神と穴戸神とを、皆言向け和して、参ゐ上りき。（『古事記』中巻　景行天皇）

㋜爾して天皇、亦、頻に倭建命に詔はく、「東の方十二道の荒ぶる神とまつろはぬ人等とを言向け和平せ」とのりたまひて、吉備臣等が祖、名は御鉏友耳建日子を副へて遣しし時に、ひひら木の八尋矛を給ひき。（『古事記』中巻　景行天皇）

㋝東の国に幸して、悉く山河の荒ぶる神と伏はぬ人等とを言向け和平しき。（『古事記』中巻　景行天皇）

㋞其より入り幸して、悉く荒ぶる蝦夷等を言向け、亦、山河の荒ぶる神等を平和して、還り上り幸しし時に、足柄の坂本に到りて……（『古事記』中巻、景行天皇）

㋟其の国より科野国に越えて、乃ち科野之坂の神を言向けて、尾張国に還り来て……（『古事記』中巻　景行天皇）

コトムケ（「言趣」「言向」）は『古事記』に特徴的な語で、上巻葦原中国平定条（三例）、中巻神武記（二例）、中巻孝霊記（一例㋚）、中巻景行記（五例㋛～㋟）に集中的に現れることが知られており、建御雷神の葦原中国平定・神武東征・倭建命の東征が、互いに深い連関を有することが砂入恒夫氏[注24]によって、「あるべき秩序を達成する劃期」「〈王化〉の劃期たる位置」を与えられていることが神野志隆光氏[注25]によって指摘されている。それが「荒ぶる神」を対象とし、「服属を誓う「言《コト》」をこちらへ向けるようにさせること」であること[注26]を考慮すると、風土記の交通妨害説話は『古事記』のコトムケの担う趣旨を踏まえたものであることがわかる。風土記の神々が山や川に居住し、荒ぶる心の現れとして通行を妨害し、その結果鎮静され服属することは、㋝〜㋟の倭建命による言向が、荒ぶる「山の神・河の神、山河の神」を対象として行われることと同質で、それが郡や郷里の地名起源にかけて叙述されるのは、『古事記』のコトムケの風土記的な表現ということができる。㋙の国境にいる「麁猛ぶる神」が甕依姫の祭祀によって鎮められるのも、㋚のコトムケが国境で「忌瓮」を据えることによってなされるのと同一である。[注27]

『古事記』のコトムケは原則として「復奏」を要求される、統治者の命令を受けた使者の行為であり[注28]、風土記でも㋕は朝廷から派遣された者、㋘の県主、㋚の筑紫君・肥君等は大和朝廷に地方官として認可された国造層であり[注29]、『古事記』のコトムケにおける中央派遣使者が、大和朝廷に安堵された土地の豪族に姿を変えてゆくところに、在地性を旨とする風土記の側からの志向をみることができる。

一方でまた風土記の場合は㋒のように、天皇自身の巡行によって、『古事記』のコトムケにあたる、神の和順化が果たされることにも注意すべきだろう。左は各国風土記における、天皇代記述をもつ記事件数（■）、および天皇の行為記述をもつ記事件数（○および◎）の一覧表である。風土記において、「天皇」は重要な位置を占める。できごとの時間指標の役割を果たすのが天皇代であり、現地の地名を起こすのはしばしば天皇の行為である。風土記の時間指標は、『日本書紀』成立以前の成立が考えられる『播磨国風土記』『常陸国風土記』にあっ

	播磨	常陸	出雲	豊後	肥前	逸文（九州乙類）	逸文（九州甲類）	逸文（除九州）
神武天皇								◎2 ■1
崇神天皇		■5			○1 ■1		○1	◎1 ■3
垂仁天皇		■1						
景行天皇	◎5	◎2	○1	◎13 ○1	◎23		◎5	◎3 ■1
倭武天皇		◎13 ■1						◎3
成務天皇	■1	■1						
仲哀天皇	◎1						◎1	◎1
神功皇后	◎8	■2			◎4	◎1	◎5	◎4 ■2
応神天皇	◎32				■1			◎2 ■2
宇治天皇	■1							
仁徳天皇	○1 ■3							■3
履中天皇	◎2							
雄略天皇	■1							■1
顕宗・仁賢天皇	◎1							
継体天皇		■1				■1		■1
安閑天皇	■1							
宣化天皇					■1	■1		■1
欽明天皇	■2		■2	■1				
推古天皇					○1			
舒明天皇								
孝徳天皇	■3	■6						◎1 ■2
皇極・斉明天皇	■1（注）							◎2
天智天皇	■2	■2						◎1
天武天皇		■3	■1	■1				◎1

■天皇代　○天皇の行為（都で）　◎天皇の行為（現地で）
（注）『播磨国風土記』の「皇極・斉明天皇」については、推古天皇と解する説もある。

ては「宇治天皇」（播磨）・「倭武天皇」（常陸）といった記紀にみられない「天皇」が登場したり、景行朝と成務朝の前後関係の齟齬がみられたり（播磨）するものの、風土記の天皇代はおおよそ『古事記』『日本書紀』の天皇代に合致しており、時の史局との情報共有が想定できる。地名掌握が朝廷の地方掌握に必須であればこそ、天皇が現地に赴き、そこでの行為がその地の地名の起源となることは、風土記の編纂にあたり推奨される地名由来パターンであったのだと推察される。ために㋒のような景行天皇自身による神の和順化が語られもする。

　右掲表にもみられるように、景行天皇は唯一、五風土記すべてに登場する「行為する天皇」である。これは、コトムケの多用によって景行記を王化の劃期として位置づけた、『古事記』の歴史観がもたらしたものと考えられる。『播磨国風土記』でも景行天皇は、『古事記』で倭建命の母とされる「印南別嬢」（『古事記』の「針間伊那毗能大郎女」にあたると思われる）と結婚するが、別嬢の出自は、

丸部臣等が始祖比古汝茅を遣りて、国の堺を定めしめき。爾の時に、吉備比古・吉備比売二人参迎へき。ここに、比古汝茅、吉備比売に娶ひて生める児、印南の別嬢なり。此の女の端正しきこと、当時に秀れたり。爾の時に、大帯日古の天皇、此の女に娶はむと欲ひて、下り幸行しき。（『播磨国風土記』賀古郡）

とあり、播磨と吉備の国境の制定や吉備の氏族との関連など、『古事記』の㋚のコトムケ記事を思わせるものとなっている。

一方、『常陸国風土記』に「倭武天皇」が現れるのは、土地の賊の平定が風土記において「天皇」の行為であることを志向されていることと関係があろう（『肥前国風土記』㋗の、天皇による神の和順化も思い合わされる）。『常陸国風土記』が『古事記』のコトムケの世界を体現しようとしていることは、次の記事からも窺うことができる。

天地の草昧より已前、諸の祖の天つ神たち、俗、賀味留彌・賀味留岐と云ふ。八百万の神たちを高天之原に会集へし時に、諸の祖神たち告云ひしく、「今、我が御孫の命の光宅さむ豊葦原の水穂之国」とのりたまひき。高天原より降り来し大神のみ名を、香島の天の大神と称ふ。天にては則ち、日の香島の宮と号け、地にては則ち、豊香島の宮と名く。俗云はく、豊葦原の水穂の国を依さし奉らむと詔へるに、「荒ぶる神等、又、石根・木立・草の片葉も辞語ひて、昼は狭蝿なす音声ひ、夜は火の光明く国なり。此を事向け平定さむ大御神」とのりたまへば、天降り供へ奉りき。其の後、初国知らし美麻貴の天皇のみ世に至りて……俗曰はく、美麻貴の天皇のみ世に、大坂山の頂に、白細の大御服ましして、白桙の御杖取りまし、識し賜ふ命

は、「我がみ前を治めまつらば、汝が聞こし看す食国を、大国小国、事依さし給はむ」と識し賜ひき。時に、八十の伴緒を追集へ、此の事を挙げて訪問ひたまひき。是に、大中臣の神聞勝命、答へて曰はく、「大八嶋国は、汝が知ろし食さむ国と事向け賜ひて香島の国に坐す天津大御神の挙教しまし事ぞ」といひき。天皇、これを聞こしめして、即ち恐れ驚きたまひて、前の件の幣帛を神の宮に納め奉りき。

（『常陸国風土記』香島郡）

『古事記』以外のテクストにおけるコトムケの確例は、右の『常陸国風土記』のみである。香島の神の功績について、『古事記』の葦原中国平定条のコトムケを踏まえ[注30]、天照大御神の司令による建御雷神の貢献を『常陸国風土記』において主張したもので[注31]、そこには藤原氏による操作があったと考えられる。[注32]『常陸国風土記』は香島神宮の祭神を建御雷神とした藤原氏の主張を強く受け、『古事記』の世界を導入しつつ[注33]、香島神宮の顕彰を行っているものと考えられる。

『古事記』の倭建命のコトムケは、「荒ぶる神」とともに、時に「まつろはぬ人等」㋜・「伏はぬ人等」㋝をも対象とするのだが、人を対象とした王化は、『日本書紀』では天皇の行為として強調される。『日本書紀』景行紀では、日本武尊の西征の前段階に景行天皇自身の親征を位置づけ、『礼記』王制の天子の「八月西巡守」を踏まえて構成する。[注34]『日本書紀』でも『古事記』景行記の倭建命による荒ぶる神のコトムケは、

吉備の穴済の神と難波の柏済の神のみ、皆害ふ心有りて、毒しき気を放ちて、路人を苦びしめ、並に禍害の藪と為れり。故、悉に其の悪しき神を殺し、並に水陸の径を開けり。

（『日本書紀』巻七　景行天皇二十八年二月）

山の神、王を苦びしめむとして、白き鹿と化りて王の前に立つ。王異びたまひて、一箇蒜を以て白き鹿に弾けつ。則ち眼に中りて殺しつ。

（『日本書紀』巻七　景行天皇四十年是歳）

のように日本武尊によって「殺」の形で果たされているのだが、加えて『日本書紀』では天皇の巡狩の思想が導

入されており、それがことに九州風土記甲類に受け継がれていると思われる。いきおい九州風土記甲類の場合は、神々の平定よりもむしろ服従しない人々の平定が主眼になっているのだが、九州風土記甲類に特徴的なのは、

昔者、纏向の日代の宮に御宇しめしし大足彦の天皇、……此の郡に幸しき。神有り、名を久津媛と曰ふ。人と化為りて参迎へ、国の消息を弁へ申しき。（『豊後国風土記』日田郡）

爰に人有り、迎へ来て、曰はく、「僕は此の山の神、名は高来津座といふ。天皇の使の来ることを聞きて、迎へ奉らくのみ」といふ。因りて高来の郡と曰ふ。（『肥前国風土記』高来郡）

昔者、纏向の日代の宮に御宇しめしし天皇、……原野曠遠くして人物を見ず。即ち歎きて曰はく、「此の国に人有りや」といふ。時に二の神有り、化して人と為りて曰はく、「吾が二の神、阿蘇都彦と阿蘇都媛、見此の国に在り。何そ人無くあらむや」といふ。……（「阿蘇家文書」所引『肥後国風土記』逸文、甲類）

など、神が人に姿を変えて、巡行する景行天皇を迎えに現れる記事である。九州風土記甲類が、神と人に分化した『日本書紀』的平定を、『古事記』景行記のコトムケの趣旨に沿って捉え直しているように思われる。それはまた、『古事記』中巻（神武天皇）に頻出する、コトムケする天神御子を奉迎する国神の、人と神のあわいに立つが如き振る舞いを思わせるものでもある。

吉野河の河尻に到りし時に、筌を作りて魚取れる人有り。爾して、天神の御子、「汝は、誰ぞ」と問へば、「僕は、国神、名は贄持之子と謂ふ」と答へ白しき。（『古事記』中巻　神武天皇）

其地より幸行せば、尾生ふる人、井より出で来。其の井に光有り。爾して、「汝は誰ぞ」と問へば、「僕は、国神、名は井氷鹿と謂ふ」と答へ白しき。（同右）

即ち其の山に入れば、亦、尾生ふる人に遇ひき。此の人、巌を押し分けて出で来。爾して、「汝は、誰ぞ」

と問へば、「僕は、国神、名は石押分之子と謂ふ。今、天神の御子幸行しぬと聞きつるが故に、参ゐ向へつるにこそ」と答へ白しき。（同右）

天皇の行為をほとんど記すことのない『出雲国風土記』にあってさえ、景行天皇は同風土記で唯一の行為する天皇として登場する。その登場も、

纏向檜代宮に御宇しし天皇、勅りたまひしく、「朕が御子、倭健命の御名を忘れじ」とのりたまひて、健部を定め給ふ。尓の時、神門臣古祢を健部と定め給ふ。（『出雲国風土記』出雲郡健部郷）

と、『古事記』のコトムケの主体である倭建命に関わるものであり、ヤマトタケルの用字が「倭健命」であること、『日本書紀』の日本武尊は出雲に立ち寄っていないことを考えると、右の『出雲国風土記』記事は、『古事記』の倭建命記事の世界に関わるものとみてよい。

九州風土記甲類が景行紀（景行記と関連する）の世界に親近していることは言うまでもなく、また『出雲国風土記』が『古事記』の葦原中国平定条と関わることも言うまでもないが、こうして見てくると、九州・出雲のみならず古風土記はいずれも、『古事記』のコトムケ記事の世界全般を色濃く反映していることが看取される。『古事記』における、神と人を対象とした王化の論理が、『日本書紀』・風土記の編纂現場に継承され、大きな影を投げかけ続けているのを見るのである。これこそが神話と神々のネットワークを編み出していく。

四　『出雲国風土記』と『古事記』『日本書紀』

もはや紙幅が尽きているので、『出雲国風土記』については「天の下所造らしし大神、大穴持命」の眷属神数

についてのみ、簡単に触れるにとどめる。『古事記』において葦原中国のコトムケは、大国主命の帰順の誓詞を引き出すことによって完遂された。

「僕が子等二はしらの神が白す随に、僕は違はじ。此の葦原中国は、命の随に既に献らむ。唯僕が住所は、天つ神の御子の天津日継知らすとだる天の御巣の如くして、底津石根に宮柱ふとしり、高天原に氷木たかしりて、治め賜はば、僕は百足らず八十坰手に隠りて侍らむ。亦僕が子等、百八十神は、即ち八重事代主神、神の御尾前と為て仕へ奉らば、違ふ神は非じ」と、如此白して、……

（『古事記』上巻）

と、大国主神は自身のみならず、「僕が子等百八十神」の服属をも述べている。これについては『日本書紀』にも、

一書に曰はく、大国主神、亦は大物主神と名し、亦は国作大己貴命と号し、亦は葦原醜男と曰し、亦は八千戈神と曰し、亦は大国玉神と曰し、亦は顕国玉神と曰す。其の子凡て一百八十一神有す。

（『日本書紀』巻一　第八段一書第六）

と、大国主神の子を「百八十一神」とする記事があることが参考になる。

一方『出雲国風土記』でも、

佐香の河内に百八十神等集ひ坐して、御厨立て給ひて、酒を醸させ給ひき。即ち百八十日喜燕きて解散け坐しき。故、佐香と云ふ。

（『出雲国風土記』楯縫郡佐香郷）

と、集う神々を「百八十神」とする記事を見出すことができるのが、当面注意される。当該条の直前に楯縫郡の郡名起源が次のように記される。

楯縫と号くる所以は、神魂命詔りたまひしく、「吾が十足る天の日栖の宮の縦横の御量は、千尋の栲紲持ちて、百八十結び結び下げて、此の天の御量持ちて、天の下所造らしし大神の宮、造り奉れ」と詔りたまひ

て、御子天御鳥命を、楯部と為て、天下し給ひき。……

（『出雲国風土記』楯縫郡）

大穴持命の宮を彩る修辞も「百八十」であり、佐香郷に集った「百八十神」は大穴持命につながる神々である可能性が高い。こうしてみると「百八十」には、大穴持命に関わって出雲側からの何らかのこだわりがあると考えられる。

八・八十・百八十・八千・八十万・八百万などは、いずれも数の多いことを表すものであり、そのため右掲のような「百八十」も、従来、大国主命の子の数の多さを表現するものとみなされてきた。しかし、『出雲国風土記』冒頭の総記に記された神祇官搭載社数が、

合せて、神の社三百九十九所。

一百八十四所。神祇官に在り。

二百一十五所。神祇官に在らず。

（『出雲国風土記』総記）

とあるように百八十四社とされること、また「出雲国造神賀詞」では、

……伊射那伎の日まな子、かぶろき熊野の大神、櫛御気野の命、国作りましし大穴持の命二柱の神を始めて、百八十六社に坐す皇神等を、……

（「出雲国造神賀詞」）

と、出雲国造の奉仕する神々を「百八十六社」としていることが注意される。これらは「所造天下大神」の率いる出雲の神々が、百八十神として実数化してゆく経緯を反映している。[注35]『古事記』上巻でコトムケられる出雲の大国主神は、その「子等」を率いて服属を誓うのであり、「子等」である出雲の神々は「百八十神」で象徴され、朝廷の台帳に登録される出雲の神社も、おおよそ百八十社に収束させられていく。そこには当時の朝廷の神祇政策が関わっていると考えられる。

「神」に関わって朝廷との折衝にあたったのは出雲国造であろう。朝廷の神祇政策が立案されていく中で、出雲国造と朝廷の間には、幾段階もの折衝や調整があったはずである。それらの交渉の過程で、神話と神々の折衝や調整がはかられる。そのことが『古事記』や『日本書紀』や風土記に結実する神話と神々に、さまざまな局面をもたらしたと思われるが、問題が多岐にわたるため、今は擱筆して別稿を期することとしたい。

注

1 長野正「『日本書紀』神代巻の「一書」について」（『芳賀幸四郎先生古稀記念　日本文化史研究』笠間書院、一九八〇年五月）など。
2 三品彰英「天孫降臨神話異伝考」（『建国神話の諸問題　三品彰英論集第二巻』平凡社、一九七一年二月。初出は一九三四年五月）。
3 中村啓信「タカミムスヒノカミ」（『古事記の本性』おうふう、二〇〇〇年一月。初出は一九六八年十一月）。
4 西條勉「アマテラス大神と皇祖神の誕生」（『古事記と王家の系譜学』笠間書院、二〇〇五年十一月。初出は一九九四年三月）。
5 拙稿「天忍穂耳命・邇々芸命の交替――ウケヒ・天孫降臨をめぐって――」（『古事記年報』第四十二号、二〇〇〇年一月）。
6 中村啓信「高天の原について」（注3掲出書所収、初出は一九七四年九月）。
7 現存『豊後国風土記』『肥前国風土記』と九州各国の逸文を合わせての総称として、「九州風土記（西海道風土記）」の語が用いられる。
8 井上通泰『西海道風土記逸文新考』（巧人社、一九三五年四月）。
9 拙稿「九州風土記の甲類・乙類と『日本書紀』」（『風土記研究』第三十三号、二〇〇九年六月）。
10 北川和秀「西海道風土記の字音仮名について」（『群馬県立女子大学国文学研究』第十九号、一九九九年三月）。
11 森博達『日本書紀の謎を解く』（中央公論新社、一九九九年十月）。
12 以上の仮名字母分布の具体については、注9掲出拙稿参照。
13 拙稿「九州風土記と『出雲国風土記』――中国南朝地方志・『水経注』をめぐって――」（『古事記年報』第五十七号、二〇一五年一月)。
14 拙稿「豊後・肥前国風土記の地名叙述」(『国語と国文学』第八十一巻第十一号、二〇〇四年十一月)。
15 注9・注13掲出拙稿。
16 拙稿「阿曇連――海宮遊行神話論にむけて――」(『日本古代の神話と文学』塙書房、一九九八年一月)。
17 注16掲出拙稿。
18 次田眞幸「天語歌と纏向の日代の宮」(『日本神話の構成と成立』明治書院、一九八五年十一月。初出は一九七七年一月)。
19 注16掲出拙稿。
20 注13掲出拙稿。
21 『出雲国風土記』では、「神坐す」とされる場所は「郷」であり、この点が他の風土記とは大きく異なる『出雲国風土記』の特性である。拙稿「『出雲国風土記』の時間構造――『日本書紀』『古事記』『日本霊異記』の感情表現を対照に――」(『国語と国文学』第九十巻第八号、二〇一三年八月)、および拙稿「『出雲国風土記』の想像力と時空」(『古代出雲ゼミナール』ハーベスト出版、二〇一四年八月)参照。この『出雲国風土記』の問題は、紙幅の関係で本論では取り上げない。
22 『常陸国風土記』は、この神はもと樹上にいたが、百姓の懇願によって高山に移ったとしており、「山」こそが神の居所と考えられていることがわかる。
23 田川麗「「天皇巡行」という枠組み――『播磨国風土記』応神天皇説話を中心に――」(『国語と国文学』第九十四巻第二号、二〇一七年二月)。
24 砂入恒夫「ヤマトタケル伝説の成立に関する試論――言向和平の表記をめぐって――」(『日本文学研究資料叢書　古事記・日本書紀Ⅱ』所収、有精堂出版、一九七五年四月。初出は一九六九年三月)。
25 神野志隆光「荒神」(『古事記の達成』東京大学出版会、一九八三年九月。初出は一九七五年一月)。
26 倉野憲司『古典と上代精神』(至文堂、一九四二年)、神野志隆光注25掲出論文、大野晋「古事記五　海幸・山幸の話/倭建命の話」(『国文学解釈と鑑賞』第三十一巻第十一号、一九六六年九月)、神野志隆光「ことむけ」(注25掲出書所収、初出は一九七五年一月)。
27 吉野裕『風土記』三六六頁(東洋文庫、平凡社、一九六九年八月)は、甕依姫について「国境に瓶を埋める信仰から出た名称であろう」と注し、孝霊記との関連を示唆している。

28 拙稿「景行記――山河の神の言向――」（『日本古代の神話と文学』塙書房、一九九八年一月。初出は一九七九年二月）。

29 井上辰雄「筑・豊・肥の豪族と大和朝廷」（『古代の日本3九州』角川書店、一九七〇年二月）。

30 爾して高御産巣日神・天照大御神の命以て、天安河の河原に八百万の神を神集へ集へて、思金神に思はしめて詔ひしく、「此の葦原中国は、我が御子の知らさむ国と言依し賜へる国ぞ。故、此の国に道速振る荒振る国つ神等が多在るを以為ふに、是、何れの神を使はしてか言趣けむ」とのりたまひき。……天照大御神・高御産巣日神……詔ひしく、「汝行きて天若日子を問はむ状は、『汝を葦原中国に使はせる所以は、其の国の荒振る神等を言趣け和せとぞ。何とかも八年に至るまで復奏さぬ』ととへ」とのりたまひき。……故、建御雷神、返り参上り、葦原中国を言向け和平しつる状を、復奏しき。（『古事記』上巻）

31 吉井巖「タケミカヅチノ神」（『天皇の系譜と神話二』塙書房、一九七六年六月。初出は一九七二年八月）。寺川眞知夫「香島の天の大神と国譲神話」（『風土記研究』第三十七号、二〇一五年一月）は、『常陸国風土記』にみえる、香島の神についての「高天の原より降り来し大神のみ名を、香島の大神と称ふ」という高天原を加えた表現は記の国譲神話の建御雷神の活躍を踏まえたもの」と述べている。

32 松前健「鹿島・香取二神をめぐる諸氏族」（『日本神話の形成』塙書房、一九七〇年五月）。

33 拙稿「『出雲国風土記』の時間表象――「大穴持命」と「斐伊川」――」（『風土記研究』第三十七号、二〇一五年一月）で、『常陸国風土記』の「古老」の位置づけ方が、『古事記』の「国神」を描く手法と同一であることを指摘している。

34 拙稿「九州風土記の構想と『文選』賦――『豊後国風土記』大野郡網磯野条を中心に――」（『古代文芸論叢』おうふう、二〇〇九年十一月）。

35 拙著『出雲国風土記』一七一頁（講談社学術文庫、講談社、一九九九年六月）。

古代における地名表記のネットワーク

北川　和秀

一　はじめに

大宝以前、地名表記は全く自由で、使用文字や使用文字数には何ら制約はなかったものと考えられる。ところが、大宝年間に国名表記が二字に統一され、和銅の頃には郡里名についても二字・嘉名にするようにとの命令が出された。

それ以前と異なり、全ての行政地名を例外なく二字表記に統一し、文字の選択にも留意しなければならないとなると困難も伴ったことであろう。この作業に諸国は大いに知恵を絞ったものと思われる。二字化の指示を受けて変更されたとおぼしき地名表記の中には、「那珂」「那賀」「賀茂」「拝志」「拝師」など、同一の文字表記が複数の地域に出現した例がある。これらは、離れた地域で偶然に同一の地名表記が案出されたわけではなく、他国の例に倣って表記を定めたものもあったのではないだろうか。また、一音節の地名を二字表記にするという難題を克服するに際して、その一音節に当該音節の母音を付加するという方法が案出された。たとえば、「木」国を「紀伊」国とするように。このパターンの郡郷名も少なからず指摘し得る。本稿においては、こういった例を具体的にとり上げて、検討を加えることとする。

資料には、平安初期の郡郷名を網羅している二十巻本『和名類聚抄』を用いる。二十巻本『和名類聚抄』の主要な写本には以下の四本がある。

ａ古活字本　元和三年（一六一七）刊。那波道円が校訂刊行したもので、流布本の祖。

ｂ大東急記念文庫本　室町中期の写。大東急記念文庫蔵。略称、東急本。

ｃ名古屋市博物館本　永禄九年（一五六六）写。名古屋市博物館蔵。略称、名博本。

ｄ高山寺本　平安末期の写。天理図書館蔵。

これら四本は、Ａグループ（ａｂ）とＢグループ（ｃｄ）との二類に分けられる。本稿では、グループ別に配慮しつつ、この四本を参照した。

『和名類聚抄』以外には、木簡や正倉院文書等も参照した。

二　郡郷名の二字好字化

郡郷里名の二字化に関してはこれまでに何度か論じてきたので、ここでは現在における考えをなるべく簡明に述べる。[注1] まず、関係する史料としては以下のようなものがある。

①凡そ諸国の部内の郡里等の名は、並に二字を用ゐ、必ず嘉き名を取れ。

（凡諸国部内郡里等名、並用二字、必取嘉名。）（『延喜式』民部上）

②制すらく。畿内七道諸国の郡郷名は、好き字を着けしむ。

（制。畿内七道諸国郡郷名、着好字。）（『続日本紀』和銅六・五・二）

③其の郷の名の字は、神亀三年の民部省の口宣を被りて、改めぬ。

（其郷名字者、被神亀三年民部省口宣、改之。）（『出雲国風土記』総記）

・拝志の郷　本の字は林なり（拝志郷　本字林）（『出雲国風土記』意宇郡）

・飯石の郷　本の字は伊鼻志なり（飯石郷　本字伊鼻志）（『出雲国風土記』飯石郡）

など

①は、②よりも時代が降った『延喜式』の本文である。しかし、この本文には「郡里」とあるのが注目される。この表記は、『延喜式』編纂時の地方行政単位名である「郡郷」ではなく、郡里制の時代（大宝元年〔七〇一〕～霊亀三年[注2]〔七一七〕）の表記を反映している。これとは逆に②は郡里制の時代に出された命令でありながら、「郡郷」とあり、時代が整合しない。この本文には『続日本紀』編纂時に、編纂時の制度に合わせて用語の書き換えが行われたものと推測される。①と②との間には、他に、「二字」という指示の有無、「嘉名」と「好字」との相違などがある。

一般に、郡里名の二字化は和銅六年（七一三）の②の命令に始まると考えられているが、そう考えた場合、②の本文に二字化の指示がないことが不審である。また、②は風土記編纂の命令の第一条に当たるので、そこに郡里名二字化の指示が謳われることには違和感がある。さらに、郡里名の二字化はこれよりも前の和銅四年頃にはすでに始まっていたであろうことが木簡から知られる。[注3]

西暦	年号	天皇	国以下	事項
六九三	持統七	持統	評里	
六九四	八			藤原宮に遷都
六九五	九			
六九六	一〇			
六九七	文武元			
六九八	二	文武		
六九九	三			
七〇〇	四			
七〇一	大宝元			大宝律令を制定
七〇二	二		郡里	大宝律令を施行
七〇三	三			
七〇四	慶雲元			
七〇五	二			
七〇六	三			
七〇七	四			
七〇八	和銅元	元明		
七〇九	二			
七一〇	三			平城京に遷都
七一一	四			この頃、郡里名は二字嘉名にとの指示か
七一二	五			古事記撰進
七一三	六			風土記撰進の詔（地名は好字でとの指示）
七一四	七			
七一五	霊亀元			
七一六	二	元正		

長屋王家木簡

西暦	年号	天皇	国以下	事項
七一七	養老元			この年、郷里制施行か
七一八	二		郡郷里	養老律令成立
七一九	三			
七二〇	四			日本書紀撰進
七二一	五			
七二二	六			
七二三	七			
七二四	神亀元			
七二五	二	聖武		
七二六	三			民部省の口宣（郷名は（好字）二字の指示）
七二七	四			
七二八	五			
七二九	天平元			
七三〇	二			
七三一	三			
七三二	四			
七三三	五			出雲国風土記勘造
七三四	六			
七三五	七			
七三六	八			
七三七	九			
七三八	一〇			
七三九	一一			郷里制はこの年の末頃まで
七四〇	一二		郡郷	藤原広嗣の乱。恭仁京に遷都

以上のことから、①と②との関係は次のように考える。まず①の命令が和銅四年頃に出され、そこで、郡里名の表記は二字に統一すること、地名は嘉名（めでたい地名）にすることが求められた。しかし、全ての郡里名を二字化することだけでも困難であったのに、それに加えてめでたい地名にせよと言われても、それは相当に無理な要求であったろう。そこで、二字化の指示は継続しながらも、文字の選択に当たっては若干緩和することにしたのであろう。折しも諸国に風土記の編纂を命じることになった。風土記には当然、当該国の多数の（あるいは全て

の）郡里名が記載されることになるので、その郡里名の表記には好字（ふさわしい文字／適切な文字。二字であることは前提）を用いるようにと指示したのが②なのではあるまいか。[注1]

それでも郡里名の二字化はなかなか徹底しなかったとみえ、神亀三年（七二六）に至って、③の民部省の口宣でその徹底（当時は、「里」は「郷」となっていた）を図ったのであろう。出雲国ではこの口宣を受けて風土記の編纂を進め、天平五年（七三三）に完成した『出雲国風土記』では全ての郡郷名が二字化されている。

三　賀美・那珂・資母郷

『和名類聚抄』には「賀美郡」が二例（武蔵、陸奥各一例）、「賀美郷」が一八例（山城一例、大和五例、河内三例、和泉一例、摂津二例、伊勢一例、甲斐一例、常陸一例、陸奥一例、丹波一例、播磨一例）見える。

この郷名のうち、同じ郡内にカミ・ナカ・シモが揃っているものが三例ある。以下の通りである。

大和国宇智郡　賀美郷、那珂郷、資母郷
大和国吉野郡　賀美郷、那珂郷、資母郷
播磨国多可郡　賀美郷、那珂郷、資母郷

また、同じ郡内にカミ・シモのあるものは二例ある。以下の通りである。

河内国安宿郡　賀美郷、資母郷
伊勢国河曲郡　賀美郷、資母郷

これらは、同じ郡内にカミ（・ナカ）・シモが揃っていることから、郷名の意味は上（・中）・下であったろうと推測される。正倉院文書の次のような例が参考になる。

河内国安宿郡上郷岡田里戸主従八位下溝辺広津戸口（天平八年十二月　氏名闕優婆塞貢進解）

（『編年文書　二四』四七頁）

また、次のような木簡もある。

・播磨国多可郡中郷三宅里

・日下部漢目庸米六斗（平城京二条大路木簡）

（『平城京木簡　三』五七二五）

この木簡も、出土遺構から、右の正倉院文書とほぼ同様の時期のものと推定される。二字化の命令から二十年以上を経ているにもかかわらず、どちらもまだ郷名の二字化が実施されていなかったようで、それぞれ「上郷」「中郷」とある。

上に示したカミ（・ナカ）・シモの五例も、二字表記化の命令が出る以前は、上（・中）・下と表記されていたことであろう。それが地名二字好字の命令によって、いつまでも元のままの表記では済まなくなった。そこで案出されたのが賀美・那珂・資母の表記なのであろう。

「賀」「美」はいずれもプラスイメージの文字である。「那」には美しい、「珂」には玉の意があるので、「那珂」も好字と考えられる。「資」には助ける意があるので、「資母」は母を助けるという徳義を意味しそうである。これで、賀美・那珂・資母はそれぞれに好字を用いた地名と考えられる。上・中・下を二字化するに当たって、カミ・ナカ・シモはいずれも二音節語であるから、字音仮名二字で表記すればことは足りる。しかし、それだけでは「好字」の条件を満たせないので、このような表記が案出されたのであろう。ただ、カミ・ナカ・シモを表記するのに、これらだけが好字とは限るまい。「加美」も美しさを加えるということで十分に好字といえよう。他にも選択肢がある中で、賀美（・那珂）・資母のセットが別々の地で偶然に生まれたとはとても考えられない。どこかで最初にこの表記が生まれ、他の地はそれに倣ったのであろう。上記の五例の地域も、大和（二例）、河内、伊勢、播磨と近接している。

なお、上記五例のうち、河内国安宿郡は『和名類聚抄』には賀美郷と資母郷しか存在しないが、天平二十年四月二十五日の「写経所解」に「河内国安宿郡奈加郷戸主正七位下安宿造直」（『編年文書　三』八〇頁）とあるので、天平時代にはナカ郷も存在したことが知られる。ただし表記は「那珂郷」ではなく「奈加郷」である。また、天平十三年閏三月七日の「左京職移」に「大養徳国添上郡志茂郷少初位下大宅朝臣賀是麻呂」（『編年文書　二』二八二頁）、同年六月二十六日の「山背国司移」に「添上郡師毛里戸主少初位下大宅朝臣賀是麻呂戸」（同三〇二頁）という例がある。同じ天平十三年のものでありながら、「志茂郷」「師毛里」と表記が定まっていない。『和名類聚抄』には大和国添上郡にはカミ・ナカ・シモいずれの郷も存在しない。表記が固定するまでには年数を要したことであろうし、途中で消滅してしまった郷名もあったであろう。そういう経緯を経て、『和名類聚抄』の時代には上記の五例が賀美郷（・那珂郷）・資母郷のセットとして存在したということになる。このセットの発祥の地がどこであるのかは現時点では分からない。今後、木簡の発掘などによって手がかりが得られることを期待している。

本項では賀美郡・賀美郷に注目して、カミ・ナカ・シモの郷名を考えてきたが、カミ・ナカ・シモというセットとは別に「那珂」のみを取り上げれば、『和名類聚抄』に那珂郡は四例（または五例）、那珂郷は一二例存在する。以下の通りである。

武蔵国那珂郡
常陸国那賀郡（高山寺本・名博本は「那賀」、東急本・古活字本は「那珂」）
讃岐国那珂郡
筑前国那珂郡
日向国那珂郡
大和国平群郡那珂郷
大和国宇智郡那珂郷（既出）
大和国吉野郡那珂郷（既出）
武蔵国幡羅郡那珂郷
武蔵国那珂郡那珂郷
常陸国那賀郡那珂郷
美濃国安八郡那珂郷
美濃国席田郡那珂郷
美濃国各務郡那珂郷
越後国魚沼郡那珂郷
播磨国多珂郡那珂郷（既出）
筑前国那珂郡那珂郷

これらの那珂郡・那珂郷については、「既出」としたものを除いて、連れとなるカミやシモが『和名類聚抄』

には存在しないので、地名の由来が「中」であるかどうかは分からない。しかし、これだけ「那珂」という表記が多数存在するからには、これらもそれぞれの土地で他とは全く無関係に発生した地名表記なのではなく、他に倣ったものとする方が考えやすい。那珂郷が大和国には三例、美濃国にも三例、武蔵国に二例・近隣の常陸国に一例存在することも意味がありそうである。

四　那賀郡（郷）

『和名類聚抄』には那賀郡が四郡（または五郡）、那賀郷が四例ある。以下の通りである。

伊豆国那賀郡
常陸国那賀郡（高山寺本・名博本は「那賀」、東急本・古活字本は「那珂」）
石見国那賀郡
紀伊国那賀郡
阿波国那賀郡
伊豆国那賀郡那賀郷
紀伊国那賀郡那賀郷
伊与国風早郡那賀郷
壱岐国壱伎郡那賀郷

このうち、那賀郷のうちの二例は郡名も那賀郡であるので、郡名は郷名に由来するものと推定される。

これらの「那賀」の訓みにはナカとナガとがある。

伊豆国那賀郡は以下の史料などからナカ郡であったことが知られる。

伊豆国仲郡（藤原宮木簡）　（『藤原宮木簡　一』一七七）

伊豆国中郡石火郷物部廣足調堅魚十一斤十両「九連丸」（平城京二条大路木簡）　（『平城宮木簡概報　二二』二八一）

常陸国那賀郡も以下の史料などからナカ郡であったことが知られる。

・□《大カ》部□□《里カ》大部真目

・仲郡　吉田里人　（藤原宮木簡）　（『木簡研究　五』八五頁）

仲国造（「茨城国造」と「久自国造」との間にあり）（『国造本紀』）

一方、阿波国那賀郡は以下の史料などからナガ郡であったことが知られる。

・長評和佐里

・郡□〔直ヵ〕方俵（藤原宮木簡）『荷札木簡集成』一二三五

＊阿波国那賀郡には和射郷があるので、この木簡は阿波国那賀郡のものと推定できる。

阿波国長郡坂野里黒米五斗（長屋王家木簡）　（『平城京木簡　二』二一八九）

長国造（「粟国造」と「讃岐国造」との間にあり）（『国造本紀』）

以上、那賀郡（郷）にはナカ郡とナガ郡という異なる訓みのものを含みながら、少なからぬ同一表記が存在している。これらも本来は「中（仲）」または「長」という一字表記の地名であったものが二字好字の命令のために表記の変更を余儀なくされ、用字の選択に当たっては他国の例を参考にしつつ「那賀」という表記を選択したのであろうと推察される。

五　賀茂郡・賀茂郷

『和名類聚抄』において賀茂郡は六郡（参河、伊豆、美濃、佐渡、播磨、安藝）、賀茂郷は二四郷（山城国愛宕郡、山城国相楽郡、参河国賀茂郡、参河国宝飫郡、参河国設楽郡、伊豆国賀茂郡、安房国長狭郡、越前国丹生郡、佐渡国賀茂郡、丹波国氷上郡、伯耆国会見郡、出雲国能義郡、隠岐国周吉郡、美作国勝田郡、美作国苫東郡、美作国久米郡、備前国津高郡、備前国児島郡、安藝国賀茂郡、安藝国山県郡、紀伊国伊都郡、淡路国津名郡、阿波国名東郡、伊与国新居郡）を数える。郡郷名合わせて三〇例、いずれも表記は揃って「賀茂」である。

これらの地名は、賀茂氏や賀茂神社に由来するのであろう。今日、「賀茂」という表記はごく一般的な表記で、何の違和感も感じないが、古くカモは「鴨」「加毛」「可毛」などと表記することが一般的で、「賀茂」の表記が現れるのは平城遷都以後である。

平城遷都以前の表記からいくつかを例示すれば以下の通りである。

【鴨】

・三川国鴨
・□□□□□上□□（藤原宮木簡）　（『木簡研究　三三』一四三頁）
・次評鴨里鴨部
　止乃身軍布（藤原宮木簡）　（『荷札木簡集成』一八八）

・備道前国勝間田郡

・鴨里□□□□
　田部□□　（藤原宮木簡）　（『藤原宮木簡　三』一一八一）

・辛巳年鴨評加毛五十戸

・矢田部米都御調卅五斤　（石神木簡・天武十年）　（『荷札木簡集成』六八）

鴨評万枯里物部稲都弥米五斗　（石神木簡）　（『荷札木簡集成』四七）

壬辰年九月七日三川国鴨評□□　（石神木簡・持統六年）　（『荷札木簡集成』四九）

【加毛】

・加毛評柞原里人

・「児嶋部□俵」　（飛鳥池木簡）　（『飛鳥藤原京木簡　一』一〇六）

・戊子年四月三野国加毛評

・度里石部加奈見六斗　（飛鳥京苑池木簡・持統二年）　（『荷札木簡集成』一〇三）

御野国加毛郡半布里太宝弐年戸籍　（当該戸籍継目裏書）　（『編年文書　一』五七頁）

可毛里矢田部三国一斗一合「二二」　（藤原宮木簡）　（『藤原宮木簡　三』一二〇五）

【可毛】

・可毛評

・五十戸　（石神木簡）　（『荷札木簡集成』二五四）

一方、「賀茂」と記した木簡は平城遷都以降のものに限られる。その中で比較的古いと考えられるのは以下の二点である。

・淡路国津名郡賀茂里人
・夫 中臣足嶋庸米三斗 同姓山□〔部カ〕庸米三斗 并六斗（平城京木簡）
（『木簡研究 一六』一八九頁）

伊豆国賀茂郡賀茂郷川合里伊福部別調荒堅魚十一斤十□（長屋王家木簡）
（『平城京木簡 二』六九）

二点とも年紀はなく、具体的な年代は不明であるが、一点目は郡里制の時期のものであるので、平城遷都の和銅三年（七一〇）から郡里制の最終年である霊亀三年（七一七）までの八年間のものである。二点目は長屋王家木簡であるので、和銅三年（七一〇）から霊亀三年（七一七）までの八年間に収まるが、霊亀三年に始まる郡郷里制下のものであるので、この範囲の最終年である霊亀三年のものと推定される。

平城遷都以前には「賀茂」という表記はまだ行われておらず、「鴨」「加毛」「可毛」などと表記されていたとみられる。それが、平城遷都後程なく「賀茂」の表記が行われ始めた。この表記は、「賀」が「茂」しという意で、二字の好字を目指した結果であると考えられる。

『出雲国風土記』には次のような記事がある。

賀茂の神戸。郡家の東南卅四里なり。天の下造らしし大神の命《みこと》の御子、阿遅須枳高日子命、葛城の賀茂の社に坐す。此の神の神戸なり。故、鴨と云ふ。神亀三年、字を賀茂と改む。すなはち正倉あり。
（『出雲国風土記』意宇郡）

この記事によれば、出雲国では、旧表記の「鴨」を神亀三年の民部省の口宣を受けて「賀茂」と改めたことが知られる。他の諸国においても、遅速はあっても旧来の表記は順次「賀茂」に置き換わっていったのであろう。そして、『和名類聚抄』の頃にはすべて「賀茂」に統一されるに至った。

六　はやし（拝志／拝師）郷

『出雲国風土記』に次のような記事がある。

拝志の郷。郡家の正西廿一里二百一十歩なり。天の下造らしし大神の命《みこと》、越《こし》の八口を平《ことむ》けむとして幸《いでま》しし時に、此処の樹林《はやし》茂盛なり。その時詔りたまひしく、「吾が御心の波夜志《はやし》」と詔りたまひき。故、林と云ふ。神亀三年、字を拝志と改む。すなはち正倉あり。

（『出雲国風土記』意宇郡）

ここには、旧表記の「林」を神亀三年の民部省の口宣を受けて「拝志」と改めたことが記されている。『和名類聚抄』には拝志郷が六例（山城国紀伊郡、山城国久世郡、河内国志紀郡、出雲国意宇郡、伊与国越智郡、伊与国浮穴郡）、拝師郷が一〇例（尾張国中島郡、常陸国茨城郡、加賀国石川郡、越中国礪波郡、丹波国天田郡、丹波国何鹿郡、丹後国与謝郡、備中国浅口郡、阿波国阿波郡、讃岐国山田郡）ある。『和名類聚抄』に附訓のあるものもあり、それによれば、読みはいずれも「はやし」と考えられる。

出雲国意宇郡の林郷は神亀三年の民部省の口宣を受けて拝志郷の表記に変わったが、河内国志紀郡では、天平勝宝三年三月三日の「奴婢見来帳」に「河内国志紀郡林郷戸主上部古理戸口上部白麻呂之家在五年」（『編年文書　三』四九〇頁）とあり、また、山背国（の紀伊郡または久世郡であろう）では、天平宝字二年九月一日の「阿刀老女等啓」に「山背国在林郷阿刀老女等」（『編年文書　四』二九九頁）とあって、奈良朝後期になってもまだ「林郷」の表記が用いられていたことが知られる。

遅速の差はあっても、諸国の「林郷」表記は、「拝志郷」か「拝師郷」かのいずれかに収束してゆくことになった。その際、山城国と伊与国では、ともに二例とも「拝志」、丹波国では二例とも「拝師」というように、同一国内では同一の表記が採用されているが、同じ四国であるのに、伊与が二例とも「拝志」であるのに対して、阿波・讃岐では「拝師」であるなど、近隣の国同士だからといって、必ずしも表記は揃っているわけでもない。

丹後国風土記逸文に「与謝の郡。郡家の東北の隅の方に速石の里あり」という本文がある。「速石」と書いて「はやし」と訓ませたものであろう。国名不明ながら、平城宮木簡にも「速石郷白米五斗」（『平城宮木簡　七』一二六四九）と書いたものがある。「林」を二字化するに当たっては、こうした訓字二字による表記も行われたことが分かるが、これも後には全て字音仮名表記に改められ、丹後国与謝郡の例も『和名類聚抄』では「拝師」となっている。

七　英多と幡羅

複数の地域で同一の表記が行われているものには、上に述べた他に「英多」や「幡羅」などもある。『和名類聚抄』に英多郡は一例、英多郷は七例ないし九例ある。以下の通りである。

美作国英多郡
河内国河内郡英多郷
伊勢国鈴鹿郡英太郷（古活字本のみ「英多」、他は「英太」）
遠江国浜名郡英多郷

信濃国埴科郡英多郷
加賀国加賀郡英多郷（高山寺本・名博本「英多」、東急本・古活字本「英太」）
美作国英多郡英多郷
紀伊国在田郡英多郷
伊与国濃満郡英多郷
日向国臼杵郡英多郷

参考となる木簡に次の二点がある。

・紀伊国安諦郡県里辛金打赤兄戸同□□
・　霊亀二年十月（平城宮木簡）　（『木簡研究　一六』一一頁）

・伊勢国安農郡県
・里人飛鳥戸椅万呂五斗（平城宮木簡）　（『平城宮木簡　七』一一二八七）

一点目には霊亀二年（七一六）の年紀がある。二点目も郡里制下のものであり、一点目と同様の時期のものと考えられる。

いずれも「県里」とあり、よみは「あがたのさと」であろう。どちらもこの時点では「県」と表記しているが、もうすでに二字化の命令が出ている時期であり、このままいつまでも一字表記のままでは済まなくなり、やがて好字二字の「英多（または英太）」に改めたのであろう。

なお、『和名類聚抄』の附訓は、伊勢国鈴鹿郡には「阿賀多」（高山寺本）、「アカタ」（名博本）、「安加多」（東急本・古活字本）、伊与国濃満郡には「阿加多」（高山寺本）とある一方、信濃国埴科郡には「叡太」（高山寺本）、

「エタ」（名博本）、「衣太」（東急本・古活字本）、加賀国加賀郡には「江多」（高山寺本・東急本・古活字本）、「エタ」（名博本）とあり、これらは文字に引かれて読みが変わってしまったものと思われる。

『和名類聚抄』に幡羅郡は一例、幡羅郷は四例ある。以下の通りである。

武蔵国幡羅郡
遠江国佐野郡幡羅郷
武蔵国幡羅郡幡羅郷
阿波国那賀郡幡羅郷
讃岐国三木郡幡羅郷

参考となる木簡に次のものがある。

・阿波国那賀郡原郷白米五斗
・戸主百済牧夫戸同部前守（平城宮木簡）

（『平城宮木簡概報　六』八頁）

上の諸例は、いずれももとは「原郷」なのであろう。二字化の命令を受けて「幡羅郷」と改めたのであろうが、「幡」は旗、「羅」は網または薄物の意で特に好字とは思えない。ただ、幡は仏教関係の文字ともいえるので、そこがある意味で好字と認識されたのかもしれない。

八　紀伊型の郡郷名[注4]

行政地名を二字化するに当たって、一音節の地名を二字表記するのは困難であったろう。その際、「湯郡（ゆのこほり）」を「温泉郡」と表記する（よみは従来通り「ゆのこほり」であろう）という、一種の翻訳のような方法も採られた。別の方法として、一字地名（を字音仮名表記して）にその地名の母音を付加して二字にすることも行われた。

例えば、紀伊国は古事記において「木国」と表記されている。よみは「き」の国であろう。この国名を二字化するに当たっては、まず「き」を字音仮名で「紀」と表記し、その後ろにkiの母音iの字音仮名表記「伊」を付加して「紀伊」と表記した。表記は二字となるが、発音は「き」のままであったろう。現代の関西では、一音節語は「木（きぃ）」「火（ひぃ）」の様に発音される。上代においても一音節語は同様に発音していたのではあるまいか。それでこのような方法が案出されたものと考えられる。[注5]

この型の表記は、国名では紀伊だけであるが、郡郷名では『和名類聚抄』において二〇例以上拾うことができる。以下、この例を西から東へという順で示す。〔 〕内は『和名類聚抄』に付されている訓である。

【国名】

紀伊国

【郡名】

大隅国噌唹郡〔曽於〕

肥前国基肄郡

備中国都宇郡〔津〕

山城国紀伊郡〔文〕

参河国宝飯郡〔穂〕←宝飫郡

【郷名】

日向国児湯郡覩唹郷
肥前国基肄郡基肄郷［木伊］
肥後国八代郡肥伊郷
豊前国田河郡雉怡郷
筑前国早良郡毗伊郷［比］
讃岐国苅田郡紀伊郷
周防国玖珂郡由宇郷
出雲国大原郡斐伊郷
安藝国沼田郡都宇郷
安藝国佐伯郡濃唹郷
備後国奴可郡斗意郷
備後国沼隈郡津宇郷
備中国下道郡弟翳郷〔弓〕（高山寺本）
和泉国日根郡呼唹郷
紀伊国名草郡野応郷
山城国紀伊郡紀伊郷
近江国浅井郡都宇郷

遠江国引佐郡渭伊郷〔井以〕（高山寺本）・〔イヽ〕（名博本）・〔為以〕（東急本）

越後国頸城郡都有郷［都宇］（東急本）・［豆宇］（高山寺本）

附訓されている例の中には、訓は一音のものと二音のものとがある。一音のものは古形を保っているもの、二音のものは表記に引かれて訓みも二音節化してしまったものであろう。

右に列挙した地名表記は見事なまでに分布が西日本に偏っており、東日本に位置するのは参河国宝飯郡、遠江国引佐郡渭伊郷、越後国頸城郡都有郷のみである。この現象は、上代における一音節語の発音が西日本と東日本とで相違していたことを推測させる。注5 参河国宝飯郡は国造本紀に見える「穂国」に相当すると考えられる。国造本紀の排列は地理上の位置関係に対応しており、「穂国造」が「参河国造」と「遠淡海国造」との間に位置していることも、穂国が後の宝飯郡と関係することを裏づける。なお、宝飯郡は木簡では宝飫郡と表記されているところが「飫」があまり用いられない文字であることから、後世、「飯」と誤写され、それがそのまま定着して、訓みも「ほい」に変化したものである。

一音節地名を二字で表記せよとは無理な注文であり、対応に苦慮したところであろうが、幸いに、郡里名の二字化に先だって、大宝年間に国名はすでに二字化されており、その折に生まれた「紀伊」の例があるので、西日本諸国はこれに倣って同様の方法で二字化を果したものと考える。では東日本諸国はどのように対応したのか気になるが、『和名類聚抄』を見る限り、東日本にはもともと一音節であったとおぼしき郡郷名が見つからない。これは言語の東西の差に由来するものであるのか、それとも東日本にも一音節の地名は存在したのに、二字化するために地名自体を変更してしまったのか、はっきりしない。今後の課題としたい。

九　おわりに

以上、『和名類聚抄』において、少なからぬ数の同一表記の郡郷名が見出された。ここに示した諸例は、旧来の地名を二字の好字で表記するために案出された表記であると考えられる。

『和名類聚抄』の段階に至るまでにはさまざまな表記が工夫されたことであろう。また良い表記が考えつかなかった故か、相当遅くまで旧表記が使い続けられた場合もあった。しかし、やがて、さまざまな表記の中からすぐれた表記が他国でも採用され、その結果、同じ表記がさまざまな土地で用いられるようになったものであろう。

同じ国内では同じ表記が用いられているが、国内の郡郷名は当該国が定めるのだとすれば、そのような結果は当然のことと思われる。また、近隣の国のことは情報も入りやすかったであろうから、近隣諸国に同一表記が現れやすいということもあろう。

その一方で、遠い国同士であるのに同一の表記が存在する例もある。これは、国司の転勤に際して、新任の国司が前任地の情報を伝えたことで採用されたものかもしれない。

本稿では、同一表記の存在の指摘に留まり、それぞれの表記が初めにどこで作り出され、どのように他国でも採用されるに至ったのかについての経緯は全く明らかにすることができなかった。今後発見される木簡によって考察の材料が増加すれば、そのようなことも次第に明らかにし得るかもしれない。今後を期したい。

注

1　詳細は、拙稿「地名二字表記化をめぐって」（『上代文学』一一一。平成二五年一一月）参照。

2　「里」が「郷」に移行した時期は、出雲国風土記総記にある「右の件の郷の字は、霊亀元年の式に依りて、里を改めて郷と為せり」という記載によれば霊亀元年（七一五）となるが、鎌田元一氏の説（「郷里制の施行と霊亀元年式」『古代の日本と東アジア』所収。一九九一年五月。小学館）に従い、霊亀三年と考える。

3　郡里名二字化の指示は和銅六年の風土記撰進の詔の第一条とされているが、出土木簡には、和銅四年の頃には二字化の指示が出されていたことを窺わせるものがある。拙稿「郡郷里名二字表記化の時期について」（『論集上代文学』三三。平成二三年五月。笠間書院）

4　本稿の内容は、拙稿「古代史料にみる三遠」（『道と越境の歴史文化』青簡舎、平成二九年四月）の第四節においても述べた。ただし、その折には用例をいくつか見落としていたので、今回それを補った。

5　これに関しては、遠藤邦基氏「古代東国語の音節構造――中央語との比較から――」（『叙説』二、昭和五三年四月）、蜂矢眞郷氏『古代語の謎を解く』（大阪大学出版会、平成二二年三月）、同氏「地名の二字化――和名類聚抄の地名を中心に――」（京都地名研究会『地名探求』一〇、平成二四年四月）に詳しく述べられている。

＊略号で示した出典は次の通りである。
編年文書……『大日本古文書　編年文書』（東京大学出版会）
平城宮木簡概報……『平城宮発掘調査出土木簡概報』（奈良国立文化財研究所）
荷札木簡集成……『評制下荷札木簡集成』（東京大学出版会）

古代の儀礼
——卯杖・卯槌と剛卯と——

大石　泰夫

序

『枕草子』には次のような記述がある。

御文あけさせたまへれば、五寸ばかりなる卯槌《うづち》二つを、卯杖《うづゑ》のさまに、頭《かしら》などを包みて、山橘《やまたちばな》、日隠《ひかげ》、山菅《やますげ》など、うつくしげに飾りて、御文はなし。「ただなるやうあらむやは」とて御覧ずれば、卯杖の頭包みたる小さき紙に、

山とよむをののひびきをたづぬればいはひの杖《つゑ》の音《おと》にぞありける

（第八三段）[注1]

上部を紙で包み、その紙には歌が記され、植物でかわいらしくきれいに飾った大きさ五寸ほどの〈卯槌〉が記されている。そして、そのように上部を包むのは本来〈卯槌〉のあり方ではないらしく、「卯杖のさまに」と記されて、後段には「卯杖の頭包みたる小さき紙」と〈卯槌〉を包んだ紙を呼んで、歌にも槌ではなく「杖の音」と

うたわれている。そもそも、五寸の大きさでは杖にはならず、槌の上部を本来〈卯杖〉に施すように紙に包んだ形状にしていることで、〈卯槌〉を〈卯杖〉に見立てたということなのであろう。これは長徳五年（九九九）正月一日乙卯に、中宮定子のもとに賀茂の斎院から〈卯槌〉が届けられた場面である。この日には〈卯杖〉と〈卯槌〉が用いられたことが知られる。

この〈卯杖〉と〈卯槌〉であるが、『日本国語大辞典』では次のように説明されている。

「卯杖」

中古、正月初の卯の日に悪鬼を払う意味で地面をたたくために、大舎人寮《おおとねりりょう》、諸衛府から天皇、皇后、東宮などへ献上した杖。年木《としき》の信仰に中国の剛卯杖《ごううづえ》の風習が重なってできたものと思われる。梅、桃、柳その他諸種の木を長さ五尺三寸（約一・六メートル）に切り、一本ないし三本ずつに束ねて奉る。御杖《みづえ》。

「卯槌」

中古、正月初の卯の日に糸所《いとどころ》および六衛府から、内裏に邪気払いとして奉った槌。卯杖の変形したもので普通桃の木を用い、長さ三寸（約一〇センチメートル）、幅一寸（約三センチメートル）四方の直方体を作り、縦に穴をあけ、一〇本ないし一五本の五色の組糸を五尺（約一・五メートル）ばかり垂らしたもの。円形のものもあった。内裏では昼御座《ひのおまし》の西南の角の柱にかける。中国漢代の剛卯《ごうぼう》をまねた風習で民間でも行なわれ、江戸時代には初卯詣でにそのつくりものが売られた。

ここで注目したいのは、〈卯杖〉〈卯槌〉とも、中国の〈剛卯杖〉の風習が影響してできたもので、〈卯槌〉は〈卯杖〉の変形したものとして説明されていることである。この二つは、正月初卯の日の呪物として用いられていたことは共通している。また冒頭紹介した『枕草子』に見るように似せたもの、見立てたものとして扱われているが、そのことは逆にみれば、明確に異なるものと理解していたということになり、〈卯槌〉は〈卯杖〉の変形したものと説明されることには違和感がある。

日本の古代文化は、固有に育まれたものと、中国を中心とした外来文化が融合して形づくられ、さらに伝承されていく中で様々な影響を受けて変容して形成されたものである。それを考究するには、歴史・考古・文学・民俗などのあらゆる資料を総合的に扱わなければならない。かつて筆者は、『万葉集』や同時代の文献を用いて、その時代の文化を明らかにしようとする試みに加わったが、[注2]それは『万葉集』に限定されることではなく、古典文学全般に拡大できるものと考えられよう。[注3]

本稿はそうした趣旨に立って、日本古代の宮廷の儀礼と伊勢神宮の祭祀とに伝承され、『枕草子』などには貴族の生活に定着していたことがうかがえる、〈卯杖〉〈卯槌〉を明らかにしようとするものである。

一　〈卯杖〉と〈剛卯〉と

先に『日本国語大辞典』の〈卯杖〉〈卯槌〉の説明を紹介したが、実際に古代文献によってこれが用いられた初卯の日の行事を確認してみよう。

「六国史」における〈卯杖〉の初出は、『日本書紀』持統天皇三年（六八九）条で、「乙卯、大學寮獻㆓杖八十枚㆒」と記されるものである。この正月初卯の日に〈杖〉を献じるという記述は、天長七年（八三〇）（『日本後紀』）、承和三、五年（八三六、八）（『続日本後紀』）と散見され、『文徳実録』には五回、『三代実録』ではほとんど毎年のように記述があって、その後の摂関時代を通じて行われていた。具体的にその記述を紹介する。

・『日本書紀』持統天皇三年（六八九）「乙卯、大學寮獻㆓杖八十枚㆒。」

・『日本後紀』天長七年（八三〇）「己卯、天皇御二紫宸殿一、皇太子献二御杖一。」

・『続日本後紀』承和三年（八三六）「癸卯、天皇御二紫宸殿一、皇太子献二御杖一。」

承和五年（八三八）にも同じ記述。

・『文徳実録』仁寿二年（八五二）「己卯、諸衛府献二殺杖一逐二精魅一也。」

同書仁寿三年（八五三）「癸卯、諸衛府献二殺杖一内侍傳レ旨。」

斉衡元年（八五四）、斉衡三年（八五六）、天安元年（八五七）にも同様の記述。

・『三代実録』

貞観元年（八五九）「十日丁卯、所司献二剛卯杖一、天皇不レ御二前殿一付二内侍一奏。」

以下、仁和二年（八八六）まで、ほぼ毎年「剛卯杖」を献じる儀礼の記述。

このように「六国史」では、持統朝の後の『続日本紀』の時代が空白となるが、正倉院には「卯杖御杖机」が残されており、そこには「卯日御杖机覆　天平宝字二年正月」の墨書がある。したがって、この卯の日の御杖を献じる行事は、この天平宝字二年（七五八）頃には実際に行われていたわけである。『公事根源』は、『文徳実録』の仁寿二年（八五二）の例が〈杖〉を大学寮から諸衛府が献じることに変わった起源としているが、中山裕は『内裏式』と『儀式』の記述を挙げて、仁寿二年以前に儀礼的に整えられていたとしている。[注4] 後述するが、この正月初卯の日の儀礼は『内裏式』『儀式』『延喜式』『西宮記』『北山抄』『江家次第』などに詳細に記述されている。加えて、『建武年中行事』にも行われていたことが記され、江戸時代後期成立の類書『古今要覧稿』には、「この儀建武の御宇まではたしかに行はれたれども、いつよりたえになん、近代はきこえず」と記されている。[注5]

「六国史」の記述をみると、この初卯の日に最勝会が行われたり（承和五年・貞観十年・貞観十四年）、雅楽寮が楽を奏して吉野國栖風俗歌が奏されたりしているが（貞観十五年・貞観十八年・元慶三年・元慶四年）、〈杖〉を献じる儀礼以外は固定したものではない。

このように、宮廷儀礼としての正月初卯の日の〈杖〉を献じる儀礼については、持統朝に淵源をもち、中世期まで継続していたことが知られる。

また、伊勢神宮においても延暦二十三年（八〇四）に上進された『延暦儀式帳』に記述があり、そのことから伊勢神宮においても持統朝以降、七世紀末には行われていたとされている。注6

具体的にどのようなことが行われていたということについては、前掲の書誌に記されているが、ここでは『延喜式』春宮式を挙げてみる。

凡正月上卯早旦。東宮参二於内裏一。坊官率二舎人四人一預擇二定容皃端正同位者一舁二御杖案一隋之。天皇御二紫宸殿一。坊官大夫以下四人舁レ案。東宮杖入二日花門一。昇レ自二南階一安二簀子敷上一退出。卽入二中宮獻亦如レ之。訖還宮。左右兵衞各屯二門外一。及開門如二常儀一。帯刀。舎人服二中儀一。分頭陣二階下一。主殿署官人率二舎人等一。舁レ机参二入自二南門一安二庭中一罷出。坊官率二品官舎人等一各捧レ杖。東西相分入立二庭中一。太夫差進啓曰。正月能上卯日能御杖供奉氏進良久登申給登申。令曰置之。主典已上倶稱唯。轉安二案上一退出。次大舎人寮。次兵衞府。竝無二啓辭一。

（『延喜式』春宮式）

これによれば、天皇は東宮とともに紫宸殿に出御して、大舎人寮や兵衛府によって杖が献じられるという儀式であるということがわかる。また、この杖は同書の「大舎人式」に次のようにある。

其杖曾波木二束、比比良木、棗、毛保許、桃、梅、各六束已上二株爲レ束、焼椿十六束、皮椿四束、黒木八束已上四株爲束、

中宮比比良木、棗、毛保許、桃、梅各二束、焼椿十六束、皮椿各五束但奉儀見二兩宮式一、拭細布四丈五尺、裏紙五百

冊張、木綿六斤、木賊十五兩、十二月五日申レ省。

とあって、諸誌によりまた箇所によって記される品種や束数に違いはあるが、〈卯杖〉は柊・棗・桃・椿などを用いた杖で、一本ではなく束ねられ、併せて布が用いられることがわかり、同書の「左右兵衛式」には「各長五尺三寸」とあって、平均的身長より少し長い長さであった。また、平安時代中期の源高明著『西宮記』では、作物所が洲浜を作ってその上に飾った岩石などを立て、生気《しょうげ》の方角にあたる獣のかたちを作って杖を持たせるなどの趣向を凝らしていたことが知られる。

現代の中国天津市の市場の小物。桃製であることが強調されている。

ところで、〈卯杖〉が献じられる意味であるが、前掲の『文徳実録』仁寿二年（八五二）条には「己卯、諸衛府献二毅杖一逐二精魅一也。」とあって、「〈精魅〉をやらう」意味があるとしている。このことに関わって、平安時代後期の大江匡房著『江家次第』には、「漢官儀云、正月卯日、以二桃枝一作レ杖、厭二悪鬼一。」と記されることで、〈桃〉で作った杖が中国から伝来したものであり、これには「悪（邪）鬼を払う」という意識があったことが知られる。中国では、今日でもこの「〈桃〉が邪鬼払いとなる」意識は強く民間に浸透していて、日常的な装飾品や手元に置く小物が桃材によって作られている（写真参照）。

この出典とされる『漢官儀』は、後漢の応劭が建安元年（一九六）に献帝に献じた漢代の官制や礼儀を説明する書で、『隋書』経籍志によれば全十巻である。しかし、そのほとんどが散逸し、清代に逸文蒐集が行われ、今日では二巻が『漢官六種』に収められているが、ここで引用した逸文は収録されていない。また、同様に『漢官六種』にはないが『西宮記』には、「漢官儀云、正月卯日、以㆓桃枝㆒作㆓剛卯杖㆒、厭㆑鬼也。」というように記されている。『江家次第』で単に「杖」であるものが、ここでは「剛卯杖」となっている。この「剛卯杖」だが、「六国史」においては『三代実録』の表記がすべて「剛卯杖」となっている。また、『文徳実録』の「毅杖」という表記も、「毅」という文字は『説文解字』によると「毅、毅攺、大剛卯也、㠯逐㆓精鬽㆒、从㆑殳亥聲。」とあって、語の構成としては同じものと考えることができる。

さて、この日本に伝わる『漢官儀』逸文に〈剛卯杖〉という表現がみられ、『三代実録』にその表記が認められるので、〈卯杖〉〈卯杖〉に関わるものとして、中国の〈剛卯〉についての次の『漢書』の記述がよく用いられている。ここでは服虔と晉灼の注とともに紹介する。

始建国元年正月朔（中略）今百姓咸言、皇天革㆑漢而立㆑新、廃㆑劉而興㆑王、夫劉之為㆑字卯金刀也、正月剛卯金刀之利皆不㆑得㆑行。

服虔曰、剛卯以㆓正月卯日㆒作佩㆑之、長三寸、廣一寸、四方、或用㆑玉、或用㆑金、或用㆑桃、著㆓革帯㆒、佩㆑之、今有㆓玉在者㆒、銘㆓其一面㆒曰㆓正月剛卯㆒金刀莽所㆑鋳之銭也。

晉灼曰、剛卯長一寸、廣五分、四方。當㆓中央㆒従穿㆓作穴㆒、以㆓采絲㆒葺㆓其底㆒、如㆓冠纓頭蕤㆒刻㆓其上面㆒、作㆓両行書㆒。（後略）

（『漢書』王莽伝）

この記述は、王莽が劉氏の前漢を滅ぼした時に劉氏を忌み、劉氏の「劉」は「卯」「金」「刀」の三字からなる字であるのでこれを嫌い、卯の日に〈剛卯〉と称するものを作る習俗を禁じたことを伝えている。注7

これを受けて中山は、次のように述べる。

したがってわが国では中国のこの風習が、卯の日に作った杖を用いて邪気をはらうということに転化してひろく行なわれるようになったのである。[注8]

この中山の見解は今日ほぼ定説となっている。

しかし、この『漢書』の記述には〈杖〉とは描かれていない。しかも服虔の注に描かれる〈剛卯〉は大きさが「長三寸、広一寸、四方」で、晉灼の注では「長一寸、廣五分、四方」であり、中央に糸を通す形状と伝えている。また、中山は「剛卯と称する木を作ることからはじまる」として、この伝承を〈杖〉と結びつけているが、桃でも作られてはいるが服虔の注では「佩」「玉」「金」でも作られると記されていて、〈杖〉とはとても思えないものとなっている。実際、中国では装飾物としての〈剛卯〉は、変化があるが西周時代から作られており、中国のそれはあくまで〈杖〉ではない。[注9]

劉暁峰は、この中国の〈剛卯〉と日本の〈卯杖〉との特徴を検討して相違を指摘し、

このように、日本の卯杖の風俗は中国の剛卯から起源したと伝わったが、両者の間の差異が極めて大きいということが確認できる。剛卯から如何にそしてなぜ卯杖まで変化したかは更に追究する必要があると思われる。

（中略）

卯杖の風俗が剛卯から起源したといっても、二者の違いは前述のように大変大きいのである。中国の漢朝において正月にどういう方法で剛卯を作ったのか、また、どのように其れを身につけるのかは、全く明らかではない。しかし、中国の剛卯と日本の卯杖とは作り方から使い方までかなり異なるであろうと推測できる。

では、剛卯を起源とする卯杖は、一体どのような経緯で中国の剛卯から後の卯杖になったのであろうか。[注10]と述べる。そして、日本の各地に伝わる〈卯杖〉の伝承を検討し、名古屋市熱田神宮の〈踏歌神事〉の中に〈卯杖舞〉が伝わり、その所作の中で土を踏み叩くという所作があることに注目する。そして、それについて、『荊楚歳時記』の正月行事に杖をもって糞を叩くという所作が伝わることとの関係性を指摘している。

要するに、劉は定説とされる「〈剛卯〉から〈卯杖〉」という流れを想定する考え方を踏襲して検証しながら、方向を変えて『荊楚歳時記』の〈杖〉の伝承を〈卯杖〉につながるというように説くのである。しかし、そのように考えると、〈殺杖〉〈剛卯杖〉という「六国史」の表記を、どのように考えればよいのだろうか。その問題は後述する。

ところで、〈卯杖〉はこうした史書や故実書の儀礼の記録としてだけではなく、文学作品にも登場している。『赤染衛門集』には、次のような〈卯杖〉の儀礼に関わる歌が伝えられる。

　正月に業遠が卯杖して台盤所に入たりしに

いかなりし杖のさがりの日陰とも　誰《た》が言霊と見えも分かれず

　返し、業遠

分きてこそ　思かけさす山の端に　我言霊の杖も切りしか

このやりとりは、初卯の〈卯杖〉の儀礼の際に、奏上する寿詞が誰のものであるかわからないと歌いかけたのに対して、他でもないあなたのために〈卯杖〉を作り寿詞を奏上したと歌い返したというものである。

また、『貫之集』には、

　卯杖

卯杖つく君の姿は翁にて　千年の坂を今や越えなん

という歌が伝わる。この歌にみられる〈卯杖〉は、明らかに歩行を補佐する杖の機能と、聖者としての〈翁〉の姿の持ち物としてうたわれている。

このように〈卯杖〉とその儀式は、宮廷貴族の生活にも定着していたのである。そして、これは中国の初卯の日に伝わる〈剛卯〉が伝来して、宮廷儀礼として行われ、それが広まったものと理解されている。しかし、劉が指摘するように、中国の〈剛卯〉は〈杖〉ではなく、日本の〈卯杖〉とには大きな隔たりがあるのである。

二　〈卯槌〉と〈剛卯〉と

冒頭、『枕草子』第八三段を紹介し、〈卯杖〉の頭部に似せた〈卯槌〉を紹介した。しかし、検証したように「六国史」の初卯の日の記述には、〈卯槌〉が記されていないのである。卯の日の儀礼に用いられる〈卯槌〉は、『江家次第』に記されている。ここには正月初卯の「卯杖の事」の条で、次のように記されている。

左・剛卯　右・卯槌（『古今要覧稿』）

> 次絲所進二卯槌一。其料絲卯槌。御机組。并縫二覆敷一料十両二分。結組料七両二分。已上申二請納殿一。蔵人取レ之。結二付晝御帳懸角柱一。副二立細木一為レ柱。槌末出五寸許可レ用二桃木一。又四方可レ削。近代丸也。失歟。

ここには〈卯槌〉の材質・形状までが細かに記述され、この前に左右兵衛府、この後には作物所が〈卯杖〉を献上することが記されている。また、〈卯槌〉という記載はないが、『西宮記』にも糸所の役割が「糸所女孺傳取立二孫廂御前レ覧レ之。後以レ杖立二晝後帳西柱一。返二給机一。」と記されている。『江家次第』では、〈桃〉で作った槌の部分が五寸で、本来直方体であったが、近年これが円柱形になっていることが嘆かれている。そもそも〈卯槌〉と呼ばれるのは、その形状が槌（ハンマー・ヘッド）の形状を取っているからであろう。

諸誌の記述を踏まえ、中山は

わが国では桃の木で作り、長さ三寸、幅一寸で四角または直方体を作り、たてに穴をあけ五色の組糸を下げたもので、卯杖と同じく正月初卯の日に糸所の女が献上し内裏の昼御座の角の柱にかけて飾りとしてながめたらしい。[注11]

としている。

〈卯槌〉はこのように、〈卯杖〉の儀礼に伴うものというような印象で、影が薄い存在である。しかし、『枕草子』は次のように伝えている。

正月十余《よ》日《ひ》のほど、（中略）えせ者の家のあら畑といふものの、土うるはしうもなほからぬ、桃の木の若立ちて、いとしもとがちにさし出《い》でたる、（中略）髪をかしげなる童《わらは》の、衵《あこめ》どもほころびがちにて袴《はかま》萎《な》えたれど、よき袿《うちき》着たる三、四人来て、「卯槌の木のよからむ切りておろせ。御前《おまへ》にも召す」など言ひて、おろしたれば、ばひしらがひ取りて、さし仰《あふ》ぎて、「われにおほく」など言ひたるこそをかしけれ。

（『枕草子』第一三八段[注12]）

この記述からは、〈卯槌〉を作るために、競って〈桃〉の木の枝が刈られたことが知られるのである。これは宮廷における卯の日の儀礼とは関係ないものであろう。つまり、宮廷儀礼や伊勢神宮の祭祀というものではなく、貴族たちの私的な年中行事として初卯の日の〈卯槌〉が使われたのである。どういうようにして使われたのかということついて、『源氏物語』浮舟巻は次のように記している。

正月《むつき》の朔日《ついたち》過ぎたるころ、渡りたまひて、若君の年まさりたまへるをもてあそびうつくしみたまふ、昼つ方、小さき童《わらは》、緑の薄様《うすやう》なる包文《つつみぶみ》のおほきやかなるに、小さき鬚籠《ひげこ》を小松につけたる、また、すくすくしき立文《たてぶみ》とりそへて、奥《あう》なく走り参る、女君に奉れば、宮、

「それはいづくよりぞ」とのたまふ。

（中略）

この立文を見たまへば、げに、女の手にて、

右近 年あらたまりて何ごとかさぶらふ。御私にも、いかにたのしき御よろこび多くはべらん。ここには、いとめでたき御住ひの心深さを、なほふさはしからず見たてまつる。かくてのみ、つくづくとながめさせたまふよりは、時々は渡り参らせたまひて、御心も慰めさせたまへと思ひはべるに、つつましく恐ろしきものに思しとりてなん、ものうきことに嘆かせたまふめる。若宮の御前《おまへ》にとて、卯槌まゐらせたまふ。大き御前の御覧ぜざらんほどに、御覧ぜさせたまへとてなん。

と、こまごまと言忌《こといみ》もえしあへず、もの嘆かしげなるさまのかたくなしげなるも、うち返しうち返しあやしと御覧じて、匂宮「今はのたまへかし。誰がぞ」とのたまへば、中の君「昔、かの山里にありける人のむすめの、さるやうありて、このごろかしこにあるとなむ聞きはべりし」と聞こえたまへば、おしなべて仕うまつるとは見えぬ文書《ふみが》きを心得たまふに、かのわづらはしきことあるに思しあはせつ。卯槌をかしう、つれづ

れなりける人のしわざと見えたり。またぶりに、山橘《やまたちばな》作りて、貫《つらぬ》きそへたる枝に、
浮舟 まだ古《ふ》りぬものにはあれど君がためふかき心にまつと知らなん[注13]

これは匂宮と中君との間に生まれた若君のもとに、中君の異母妹の浮舟から、年頭に誕生祝いとして〈卯槌〉が届けられた場面である。〈卯槌〉は「小さき鬚籠を、小松につけたる」もので、小松の「またぶりに、山橘《やまたちばな》作りて、貫《つらぬ》きそへたる枝に」歌を添えて送ってきたものである。歌は、若君の千代の御栄えを、松に添えて祈念するというものとなっている。つまり、卯の日の呪物である〈卯槌〉は、誕生祝いの贈り物としても使われていたということを示している。

さて、この〈卯槌〉だが、『江家次第』などが伝えるものと『枕草子』『源氏物語』が伝えるものとは形状が異なっている。しかし、文学のそれも〈槌〉を称している以上、基本的には『江家次第』が伝えるような形状のものに装飾を施した小型の呪物をさしていると思われる。それはともかくとして、『江家次第』の伝える形状は、『漢書』の注に記されているものと同種のものとみることができる。『漢書』の注自体も、服虔と晉灼の示すものでは大きさなどが異なっているが、『江家次第』と色糸を通す形状であることなど似ているところが多い。こうしたことから考えると、正月初卯の日に作る呪物として中国から伝えられたのは、形状や用いられ方からみると、〈卯杖〉ではなく〈卯槌〉であったということになる。

三 「毅杖」「剛卯杖」の問題

ここで、『文徳実録』の「毅杖」と、『三代実録』の「剛卯杖」とについて検討してみたい。まず、前提とな

ることを箇条書きにしてみる。

・中国の正月初卯の日の邪鬼払いの呪物は〈剛卯〉であり、糸を通したりして作る装飾品で、〈桃〉の木で作られる他、玉や金でも作られた。

・日本の正月卯の日の儀礼は、中国の〈剛卯〉が伝来したものと説明されているが、〈杖〉の儀礼が中心で、形状が〈剛卯〉と似ている〈卯槌〉は、その儀礼の一環として行われている。

・〈卯杖〉は、『日本書紀』持統天皇三年（六八九）の初出から『続日本後紀』承和三年（八三六）までは「杖」「御杖」と表記され、『文徳実録』仁寿二年（八五二）に「殺杖」、『三代実録』貞観元年（八五九）「剛卯杖」と表記されている。

・宮廷儀礼とは別に、卯の日の呪物として〈卯槌〉は広がりをみせていて、きれいに飾った呪物として贈答されていた。

日本の卯の日の儀礼と中国の〈剛卯〉を結ぶものは、逸文となっている『漢官儀』である。『西宮記』の引用を改めて紹介すると「漢官儀云、正月卯日、以㆓桃枝㆒作㆓剛卯杖㆒、厭㆑鬼也。」である。『三代実録』は、卯の日の儀礼において〈桃〉の枝で作るものを、「剛卯杖」と記述している。しかし、縷々述べてきたとおり、〈剛卯〉は〈杖〉ではなく、この日本に伝わる逸文の『漢官儀』以外に、中国文献に「剛卯杖」という表記はみられないのである。

そもそも〈剛卯〉は労榦が明らかにするように、西周時代から漢代にかけて作られていた。[注14] そしてそれは正月初卯の日の邪鬼払いの呪物ではあったが、日本のように〈杖〉ではなかった。ということになると、中国には残っておらず、日本の文献に逸文として伝わる『漢官儀』の表記が問題となろう。現実に書かれていることを否定して、起きている事象から本来を推測する作業であるから、あくまで想像の域を出ないが、可能性を考えてみたい。

一つには、中国では「剛卯杖」という熟語がそもそも考えられないのであるから、〈卯杖〉の儀礼はそもそも日本固有のもので、卯の日の儀礼ということから、『漢官儀』の〈剛卯〉を〈杖〉と誤解して由来に結びつけたと考えることである。「六国史」の表記が〈剛卯〉と関わるようになるのは『文徳実録』仁寿二年（八五二）からなので、その始発の時には中国の民俗とは関係がなかったとすることも可能である。しかし、これはあくまで中国の実態を無視した考え方であるので、可能性があるとだけにしておきたい。

もうひとつの考え方としては、「剛卯杖」という表記を、「剛卯」「杖」の二つのものを併記した表現であるととらえ、正月卯の日に〈剛卯〉と〈杖〉の両方を〈桃〉の枝で作るという表現であるとすることが考えられる。『漢官儀』は、中国の初卯の日の儀礼では、「剛卯」「杖」の二つのものを〈桃〉の枝から作ると伝えているとする理解である。日本では正月卯の日の儀礼として、〈卯杖〉だけでなく、形状が〈剛卯〉に似ている〈卯槌〉が伝えられている。このように考えると、日本の卯の日の儀礼に二つの呪物が伝えられる理由も明白となる。しかし、そのように理解すると、中国の初卯の日に〈杖〉の儀礼がなければならないことになる。

『漢官儀』が記しているのは、邪気を払うという目的で〈桃〉を使って呪物を作るということであるが、〈桃〉及び〈桃の杖〉が邪気を払うということについては、『日本書紀』神代第五段一書第九が事例として著名である。

是時、雷等皆起追来。時道辺有二大桃樹一。故伊奘諾尊、隠二其樹下一、因採二其実一、以擲レ雷者、雷等皆退走矣。此用レ桃避レ鬼之縁也。時伊奘諾尊、乃投二其杖一曰、自レ此以還、雷不二敢来一。

この条は、伊奘諾尊が死んだ伊奘冉尊に会いたいと殯に行き、「みるなの禁」を破って醜い姿をみて逃げてしまい、追ってきた雷に対峙する場面である。伊奘諾が道の傍らにあった桃の木の実を投げつけると、雷が逃げ帰ったといい、その理由を「此用レ桃避レ鬼之縁也」と記している。加えて〈桃の杖〉を投げつけて「自レ此以還、雷不二敢来一」と伊奘諾が言ったと伝えている。

また、〈桃の杖〉については、『延喜式』中務式の「追儺」の項に「未二傳宣一之前。以二桃弓葦矢桃杖一。陰陽寮作進之頒二充儺人一。」また、同書大舎人式の「追儺」の項にも「親王已下執二桃弓葦箭桃杖一儺二出宮城四門一。」とあって、〈桃の杖〉が邪気を払う呪具として用いられていたことが、日本の〈追儺〉の儀礼にも定着していたことが知られる。また、この〈桃〉が邪気を払うということは、『山海経』や『淮南子』にみられ、『後漢書』志第五禮儀（中）「大儺」に「桃杖」が同様の趣旨で用いられたことが記される。『荊楚歳時記』が正月儀礼として伝える「桃板」「桃符」に付けられた注にも説明されており、中国伝来の民俗であることが多く指摘されている。ちなみに『続日本紀』慶雲三年（七〇六）十二月が日本の〈追儺〉の初出である。

このように、〈桃の杖〉が邪気を払うという信仰は、中国伝来の信仰であることが明らかであり、それが「追儺」の儀礼にも定着していた。〈剛卯〉に対する〈卯槌〉のように、〈卯杖〉に結びつく中国の卯の日の儀礼の呪物は認められないが、邪鬼払いとしての〈桃の杖〉は〈追儺〉の儀礼に用いられており、それが邪鬼のための呪物として〈卯杖〉になる可能性はあったといえるだろう。しかし、本来初卯の日の呪物でなかったものがそうなるには、日本側の理由が考えられなければならないだろう。

四　年頭儀礼の〈杖〉

ここまでみてきたように、古代日本の正月初卯の日の宮廷儀礼として、また貴族の年中行事として、中国の

〈剛卯〉が伝来したとみられる〈卯槌〉が伝えられていた。また、この日の呪物が邪鬼払いという目的をもつことから、中国の〈桃〉の信仰を基にする〈卯杖〉を献じる儀礼が行われたと考えてみた。しかし、中国の卯の日の呪物である〈剛卯〉が〈卯槌〉となるのとは異なり、〈卯杖〉が用いられるには日本固有の事情もあったとみるべきである。

ここまで中国からの伝来を基本的な考えとして検討してきたが、「六国史」の記述をみても、最初は「杖」「御杖」から始まっているのであって、〈剛卯〉が受け入れられるよりも前に、単独で〈卯杖〉が始まっている可能性がある。そして、儀礼のあり方からすれば、正月卯の日の儀礼はあくまで〈卯杖〉が中心の儀礼なのである。

日本全国の神社に〈卯杖祭〉が伝わるが、先にも紹介した名古屋市熱田神宮の〈踏歌神事〉には〈卯杖舞〉が伝えられている。こうした〈卯杖祭〉は、宮廷と伊勢神宮の儀礼が伝播したと考えるのが基本であろうが、独自の展開を見せているものが伝えられている。折口信夫は〈卯杖〉〈卯槌〉について次のように述べる。

正月に使用するうづゐ（卯杖）・うづち（卯槌）など、言ふものがある。形は支那から来て居るが、其元の信仰は日本のものである。うつには、意味がある。捨てるも「うつ」である。うつちやる・なげうつも、捨てる事である。古い処では「うつ」は、放擲すると言ふ事に使用されて居る。だから、私は、卯杖・卯槌は、地べたのものを追ひ払ふ為に、たゝくものだと考へて居る。土を敲くのは、土の精霊を呼び醒す事であり、土地の精霊を追ひ払ふ事とも考へて居た。[注15]

折口はここで「つゑ」「つち」の語源として「うつ」に言及し、〈卯杖〉〈卯槌〉の原理的な意味を説いている。すなわち、これらは土地の精霊を「うつ」ための呪物だ、とするのである。『漢官儀』を引用して説明する諸誌は、中国伝来の桃の邪鬼払いの意味がこの呪物にあるとは説明していても、なぜ〈杖〉なのか、〈槌〉なのかを

説明していないのである。折口はさらに、年頭の儀礼の〈杖〉に注目して、

即、離れた山から、神、或は神の代表者が、山の木の杖をついて村の祝福に来るのである。平安朝の日記類に見えるうづゑも、この一種である。伊勢大神宮では椿のほこで、地方によつては、柊・栢《かや》など、木に限りはない様だ。とにかく、山の神は杖をついて来て、其杖で地を衝く事によつて、其土地の精霊を圧へ付け、そして最後に神の来た徴に、杖を立て、行くのである。[注16]

折口のいう「山の木の杖をついて村の祝福に来る神」とは、前掲した『貫之集』の「千年の坂を今や越えなん」とする「翁」の姿ではなかろうか。

日本の年頭行事には〈卯杖〉以外にも、〈年木《としぎ》〉〈御薪《みかまぎ》〉〈粥木〉といった山から伐ってきた木を用いる儀礼が多く伝えられている。岩手県奥州市黒石寺に伝わる蘇民祭には、杖の形状のいくつかの呪物が用いられる。まず、一つは〈お立て木〉と呼ばれるものである。山で柴木を伐ってきて、これを三〇センチほどに束ね、これを四、五〇束作って、径二メートルほどの円形にまとめる。この外側を太めの木で包むように囲んで、縄を通常は十二回閏年は十三回廻して固める。門屋光昭は、この〈お立て木〉を北上市内などでみられる〈一本門松〉と同じものだと解釈している。[注17] また、〈打人《たちきり》〉〈祓人《はらいと》〉と呼ばれる行列のお渡りの警護にあたる人たちは、〈手木《てぎ》〉（または〈式棒《しきぼう》〉）と呼ばれる棒をもつ。〈打人〉用のものは、太さ五センチ、長さ九〇センチで三分の二の長さの皮をはぐ。〈祓人〉用は太さ四センチ、長さ四五センチで同様に皮をはぐ。どちらも〈カツノ木〉で作られ、前者は四本、後者は四〇〇本作られている。これらは警護棒のようなものであるが、邪気を祓う呪物として意識されている。

折口の理論は、こうした年頭の儀礼の〈杖〉が多く伝えられる理由を説いたものである。要するに、こうした

日本固有の年頭儀礼における〈杖〉のあり方が、〈卯杖〉〈卯槌〉という年頭の卯の日の呪物の基層にあるといえるだろう。

結

本稿は、古代日本の正月卯の日に伝えられた儀礼に呪物として用いられた〈卯杖〉〈卯槌〉が、有職故実書などが伝える『漢官儀』の記述と『漢書』王莽伝の記述を検討して、従来〈剛卯〉が伝来して〈剛卯杖〉となり、それが〈卯杖〉〈卯槌〉となったとする通説に検討を加えたものである。

特に装飾物である〈剛卯〉が、〈杖〉に転化すると考えることには無理があることを指摘し、〈剛卯〉は〈卯槌〉となったとした。そして、〈卯杖〉については、邪鬼払いを目的としたものであるということと〈桃の杖〉であることから、中国伝来の〈桃の杖〉の信仰に基づいたものであることを指摘しつつ、日本固有の年頭の〈杖〉の信仰が基層となっていると論じた。

後半、現在の民俗も視野において、年頭の〈杖〉の伝承を取り上げたが、折口のいう杖を衝くことで土地の精霊を押さえつけるという意義は、熱田神宮の〈卯杖舞〉という芸能を考えるにあたっても示唆的な見解である。

冒頭に日本の古代文化は、固有に育まれたものと、中国を中心とした外来文化が融合して形づくられ、さらに伝承されていく中で様々な影響を受けて変容してきたものであると述べたが、まさしく本稿で扱った正月卯の日の〈卯杖〉〈卯槌〉はその典型例といえるだろう。そして、文学の記述を読み解くことは、宮廷儀礼とは違った展開をみせて生活の中に定着している姿を捕捉可能にさせているのである。

注

1 引用は『枕草子』（新編日本古典文学全集18、小学館、一九九七年、一五八、九頁）。

2 櫻井満監修『万葉集の民俗学』（桜楓社、一九九三年）及び上野誠・大石編『万葉民俗学を学ぶ人のために』（世界思想社、二〇〇三年）。

3 櫻井満は自らが代表を務める古典と民俗学の会の十周年を記念した「古典と民俗学――椰子の島――海南島の話から」と題する講演で、「古典民俗学」を主張している（古典と民俗学の会編『古典と民俗学』第十二号、一九八八年、一頁）。

4 中山裕「卯杖」（『平安朝の年中行事』塙選書75、塙書房、一九七二年、一四五、六頁）。

5 屋代弘賢編『古今要覧稿』巻第五十事令部（西山松之助・朝倉治彦監修復刻版第一巻、原書房、一九八一年、七五四～七六〇頁）。文政四年（一八二一）～天保十三年（一八四二）成立。

6 三宅和朗「古代伊勢神宮の年中行事」（『古代の王権祭祀と自然』吉川弘文館、二〇〇八年）。

7 「服虔曰」以下は服虔の注釈であるが、剛卯の形状等を把握するのに有益であるので併せて紹介した。また、中山は注4前掲書において、この記述を以て剛卯の起源と説明しているが、劉暁峰は「卯杖考」（『古代日本における中国年中行事の受容』桂書房、二〇〇二年）において、王莽がすでに行われていた習俗を排除したと解釈している。注9の勞榦の論文などでも、漢代以前の剛卯の存在は明らかで、この劉の説に従いたい。

8 注4前掲書、一四四頁。

9 勞榦「玉佩與剛卯」（『勞榦学術論文集』甲編、藝文印書館、一九七六年）。

10 注7劉前掲論文、二二二頁及び三〇頁。

11 注4中山前掲書、一四八頁。

12 引用は注1前掲書、二六五、六頁。

13 引用は『源氏物語6』（新編日本古典文学全集25、小学館、一九九八年、一〇九～一一二頁）。

14 注9勞前掲書。また、注7劉前掲書では東晋成立の背景から、東晋以降剛卯は廃俗となったとしている。

15 折口信夫「花の話」（『折口信夫全集』2、中央公論社、一九九五年、四四四頁）。

16 折口「鷽替へ神事と山姥」（『折口信夫全集』17、中央公論社、一九九六年、二九二頁）。

17 岩手県立博物館編『岩手民間信仰事典』一九九一年、一五三頁。

律令官人制と交流・交易

――ネットワーク形成過程の一断面――

十川　陽一

はじめに

律令国家は、駅路を中心とした公的なネットワークで全国を結び、行政命令の伝達や税物の貢納など、多くの人・物の移動を可能にした。また、地方末端まで行政機構を設定し、中央から派遣された国司のみならず、郡司・軍毅など土人（どにん。当土の人）採用の枠があり、雑任なども含めれば多くの人間が官人、あるいは官人に准じるポストに任ぜられた。

こうした律令制の施行に伴う交流や交易の展開については、すでに多くの研究がある。とりわけ近年でも、律令制下の交易やそれをめぐる人々についてのすぐれた概説がなされている。[注1]また、官人制と交易との関係について中村太一氏は、地方豪族たちの交易においては、威信財の一つとして位階が存在し、蓄銭叙位令などに基づいて位階と互換性のある銭貨を獲得する行為であったことを指摘されている。[注2]官人制と交易の問題を本質的な次元において理解する上での重要な指摘であり、特に官人制を受け入れる人々の需要がクリアにされたといえる。ただし、官人制という国家の統治システムが展開してゆく過程にあって、こうした交易が具体的にどのような役割を果たしていったのか、という点については論及の余地も残されているように思われる。

そこで本稿では、主に奈良時代を中心として官人制と交易の具体的な接点を探ることにより、律令官人制の地方への展開と、列島を結ぶネットワーク形成の関係について考察を試みたい。

一　官人制と交易の展開

1　朝貢と交易

律令制が展開してゆく過程は、地域によって時期も様相も多様であるが、一般的には国造制といった前段階を経て、これらを郡司へと繋がる地方官へと編成することなどによって、地方豪族を支配に組み込んでゆく。一方、東北地方においては、国造制などの前段階がない地域も多く、城柵の設置によって律令制が展開されていった。本章ではこうした辺境地域を素材として、官人制と交易の展開について考えたい。

さて、東北地方については、中央の朝庭や地方官衙における朝貢が贈与交換の場となり、都はもとより国府・城柵などにおける饗応も、蝦夷支配を進めるうえで重要な役割を果たしたと考えられている。[注3]朝貢という場面においては、都では天皇、国府や城柵では国司や城司などを中心とした官人秩序を目の当たりにし、参加する蝦夷たちもその秩序内に位置づけられた。さらに朝貢—回賜といった広い意味での交易を伴うことで、官人制と交易を結び付ける場面ともなったことが想定される。このような、朝貢を媒介とした交易は、東北地方以外にはどこまで敷衍できるであろうか。そこでまずは、諸国における朝貢に近い場面として、国府の元日朝拝について検討を加えたい。

元日には、都の大極殿に天皇が出御し、その前庭である朝堂院に百官人が列立して拝賀する、元日朝賀が行われる。さらに、都における元日朝賀と平行して、諸国府においても朝拝が行われた。儀制令18元日国司条によれば、

凡元日、国司皆率㆓僚属郡司等㆒、向㆑庁朝拝。訖長官受㆑賀。設㆑宴者聴。〈其食、以㆓当処官物及正倉㆒充。所㆑須多少、従㆓別式㆒。〉

とあるように、国司以下郡司にいたるまで、国府の正庁を拝するよう規定されていた。その後、国司の長官である守が、介以下の国司や郡司の賀を受けることとなっていた。このような国府における朝拝について、天平年間（七二九〜七四九）の諸国の正税帳等の記載から検討してみたい。

正税帳の記載のうち、元日に関わる記載を列挙すると、以下のとおりである。注4

①天平二年度　大倭国正税帳　二五二行目（添上郡）

進元日酒四斛一斗三升料七十二束三把

②天平十年度　駿河国正税帳　一二三・四行目

元日拝朝刀祢拾壱人（国司史生已上三口 軍毅少毅已上二口 郡司主帳已上六口）食稲弐束弐把　酒壱斗壱升（人別稲二把酒一升）

③天平四年度　越前国郡稲帳　一五・六行目

元日刀祢郡司及軍毅并参拾弐人食料稲陸束肆把塩参拾弐勺酒壱斗陸升（人別稲二把塩一勺酒五合）丹生郡

④天平九年度　但馬国正税帳　四四〜六行目

依令元日設宴充稲五束弐把

酒弐斗陸升

拝朝参国司以下軍毅以上惣廿六人々別給米一升酒一升

⑤天平十年度　淡路国正税帳　三二〜六行目

雑用頴五仟陸伯捌拾肆束

酒肆斛肆斗肆合

元日設宴給米弐升充稲肆把

酒弐升

拝朝庭参国司長官已下史生已上合二人々別給米一升酒一升

⑥天平八年度　薩摩国正税帳　四一・二行目

元日拝朝庭刀祢国司以下少毅以上惣陸拾捌人

食稲壱拾参束陸把人別二把　酒陸斗捌升人別一升

以上、現存正税帳のうち六カ国で元日に関する記載が確認できる。ただ、このうち①は『延喜式』民部上144正月三節酒条の、

凡正月三節及十一月新嘗会等料酒、預仰二畿内一、用二正税一醸、送二造酒司一。〈山城国四石二斗一升、大和、河内、摂津等国各四石〉。

との規定に対応するような、平城宮内における正月節の儀礼で用いる酒に関する記載とみられるため、以下の検討では除外する。それ以外が諸国府における元日朝拝に関する事例となるが、記載内容は参加者数・賜宴の存

在・食料支給のみである。このうち、諸国府における元日儀礼の参加者とその人数についてみると、

②（駿河）国司〜少毅一一人
③（越前）（国司？）郡司〜軍毅　三二人
④（但馬）国司〜軍毅二六人
⑤（淡路）国司〜史生二人
⑥（薩摩）国司〜少毅　六八人

となっている。

これらをみると、現存正税帳から確認できる六カ国のみとはいえ、⑥の薩摩国の参加人数が飛びぬけて多いことが注意される。③越前の、郡司・軍毅のみで三二名という数字はやや多いが、それでも薩摩の六八人は突出していよう。薩摩はいうまでもなく、大隅とともに隼人の住む地域である。隼人については、中村明蔵氏や今泉隆雄氏によって都への朝貢の実態や意義が明らかにされているが[注5]、ここでは薩摩国内での朝拝について考えられることを若干述べてみたい。

この時期の薩摩国における郡郷数は、養老五年（七二一）四月〜天平十二年八月の状況を記載した『律書残篇[注6]』に、「薩摩国十三郡二十五郷」とある。加えて、薩摩国正税帳の二九行目に、

酒壱拾陸斛弐斗漆升漆合（充隼人一十一郡六斛九斗一升八合／当郡九斛三斗五升九合）

とあるように、一一郡は隼人郡と称される、一郡あたり平均二・二郷の小郡である。令の規定では、小郡の郡司は領・主帳各一名の二名構成である。薩摩国正税帳に記載された郡司は、隼人郡である薩摩郡で五名、同じく阿多郡で四名が確認できることから、郡司の数は令制の定員よりも多かったとみられる。このことから、薩摩国に

おいては隼人の有力者を同時期に郡司に採用し、国府における元日朝拝に、郡司・軍毅を中心とした官職を持つ隼人を多数参加させたことを推測させる。[注7]

さて史料上、都へ隼人たちが朝貢したことが確認できる事例は、天武十一年（六八二）から延暦十二年（七九三）まで一六回あり、特に霊亀二年（七一六）以降は、朝貢のために上京した隼人は六年間都に勤務することとなっていた。こうした朝貢にともなっては、都へ朝貢した際と、その後六年の滞在を経て帰郷する際に、郡司層を中心とした引率者格の隼人に叙位が行われたことなどが明らかにされている。[注8] この点からすれば、隼人にとっての朝貢や、それに伴う交易は専ら都が中心であった。ただし上述の国府における元日朝拝からすれば、薩摩においても郡司らを中心として多くの在地の人々が参列していたことが想定される。薩摩国においては大宝二年（七〇二）に柵が建てられているが、『続日本紀』天平神護二年（七六六）六月丁亥条に、「日向・大隅・薩摩三国大風、桑麻損尽。詔、勿レ収二柵戸調庸一。」とあるように、この時期にも柵戸がみえることから柵そのものの存続も想定される。すなわち、南九州は八世紀半ばを過ぎても不安定さを残す地域であった。そうした地域の先住者である隼人と律令国家との関係の中で、六年相替の上京といった機会とは別に、国府における毎年の元日儀礼が、官人であることを触媒にした朝貢的な儀礼としての意味を有したと想定できる余地はあろう。すなわち、本節の冒頭で述べた陸奥・出羽に限らず、辺境における支配の展開にあっては、国府を中心とした官衙における儀礼や交易が積極的な意味を持った可能性を見出すことができる。

2　出羽国からみた官人制と交易

それでは、交易と官人制との関係について、再び東北地方に視点を戻しつつ具体的に検討してみたい。

東北地方における交易については、『類聚三代格』巻十九、禁制事、延暦六年（七八七）正月二十一日官符において私的な交易を禁止した際、「依二故按察使従三位大野朝臣東人制法一随レ事推決」とされていることが注意される。大野東人は、養老～天平年間にかけて鎮守府将軍などとして東北地方にあり、陸奥・出羽直線道の開削など、律令国家の領域拡大に大きな影響を与えた人物であるが、この東人の時点において交易に関する「制法」が存在したとみられることから、八世紀前半から活発な交易が展開していたと考えられる。[注9]本節では特に、東北地方の中でもとりわけ交易の比重が大きかったとみられる出羽国に注目する。なお、出羽国の地域的性格や交易との関係については既に別稿で述べたことがあるので詳細はそちらを参照されたいが、[注10]本稿の論点とも関わる部分も多いので、関係の限りで本節において再論することとする。

出羽国における支配の最前線であった秋田城は、宝亀初年に「秋田難レ保、河辺易レ治」として移転が議論された。それにも関わらず、宝亀十一年（七八〇）にいたっても「積以二歳月一、尚未二移徙一。以レ此言之、百姓重レ遷明矣。」という状況が継続し、移転が進捗していない状況が問題視されている（ともに『続日本紀』宝亀十一年八月乙卯条）。この背景には、官衙を維持するという公的な問題とは別に、秋田城において活発な交易が展開しており、その利を求めた人々が移転に素直に従わなかったという事情があったものとみられる。[注11]また『扶桑略記』養老二年（七一八）八月乙亥条には、

出羽并渡嶋蝦夷八十七人来、貢二馬千疋一。則授二位・禄一。

との記事がみえる。本条は現行の『続日本紀』にはみえないものの、『類聚国史』巻百九十、俘囚には、日付のみ見えており、本来の『続日本紀』には記事が存在していた可能性が高い。出羽は八世紀の早い時期から渡嶋蝦夷との交易の場であったと考えられるが、[注12]このように出羽国の蝦夷たちは、馬などの特産物を貢上して都に朝貢

することで位階などを得ており、官人制と交易との接点を見て取ることができる。また、『続日本紀』養老七年九月己卯条に、

出羽国司正六位上多治比真人家主言、蝦夷等惣五十二人、功効已顕、酬賞未レ霑。仰レ頭引レ領、久望二天恩一。伏惟、芳餌之末、必繋二深淵之魚一、重禄之下、必致二忠節之臣一。今夷狄愚闇、始趨二奔命一。久不二撫慰一、恐二解散一。仍具レ状請レ裁。有レ勅、随二彼勲績一、並加二賞爵一。

と、「賞爵」によって蝦夷をつなぎとめることの重要性が出羽国司によって上申されているように、八世紀前半から叙勲あるいは叙位、またはそれに伴う賜物が支配に有効に機能していたことが確認できる。

このような出羽国における官人制のあり方を考える上で、宝亀三年・四年の蝦夷の朝貢に関する資料は示唆的である。『続日本紀』によれば、宝亀三年と四年の二年連続で、元日朝賀に参列した陸奥・出羽の蝦夷に対する叙位・賜物が行われたことがみえている。しかしその翌年、同五年正月庚申条には、「詔、停二蝦夷俘囚入朝一。」とあって、蝦夷・俘囚の入朝そのものが停止されている。これについては今泉隆雄氏の指摘があるように、同年七月に陸奥国で反乱が起こっているという不穏な情勢を見越したうえでの入朝停止と考えてよい。[注13]

ただし、入朝停止の措置が取られる四日前の『同』宝亀五年正月丙辰条には、

宴二五位已上於楊梅宮一。饗二出羽蝦夷俘囚於朝堂一。叙レ位、賜レ禄有レ差。

とあり、この年には出羽だけを対象とし、なおかつ饗宴も行われていることは注目される。

入朝した蝦夷たちは、元日朝賀に参列した後、前述の記事のように叙位・賜禄に与って帰郷するが、そうした中で確実に饗宴が行われた例は少なく、大規模な征夷や移民政策の展開など、支配政策の伸展があった場合に、特に饗応を実施したものとみられる。

出羽国は、宝亀七年二月甲子条には、陸奥国内の山道・海道蝦夷征討を行うために、出羽国からも軍士四〇〇〇人の発兵が行われているように、陸奥国の不安定な情勢に対応する拠点の一つであった。こうした点からすれば、宝亀五年に出羽からのみ入朝が許され、饗宴が行われていることは、陸奥国の不安定な情勢を受けて、出羽地域の首長との君臣関係の確認が図られた可能性が推測される。

このように、律令国家へ朝貢し服属する地域の蝦夷たちに対して、朝貢の見返りとはいえ位階を与えることによって国家的支配に積極的に協力させてゆくという、律令国家の姿勢を読み取ることができよう。

さて、『延喜式』主税上21地子条には、諸国の地子の使途についての規定が見える。

凡五畿内、伊賀等国地子、混㆓合正税㆒。其陸奥充㆓儲糒幷鎮兵粮㆒。出羽狄禄。大宰所管諸国、充㆓対馬島司公廨㆒之外、交㆓易軽貨㆒、送㆓太政官厨㆒。（後略）

これによれば、諸国の地子のうち、陸奥は「儲糒幷鎮兵粮」すなわち軍事的な備えに用いると規定されているが、同じ東北地方である出羽は「狄禄」すなわち日本海側の蝦夷への禄に充てるよう規定されている。

東北地方において、蝦夷らを懐柔するためにさまざまな饗応やそれに伴う禄物の賜与が必要であったことは、『続日本紀』養老六年閏四月乙丑条に「更税助辺之資、使㆑擬㆓賜㆑夷之禄㆒。」とみえることからも明らかである。前述した、中央の朝廷や地方官衙における朝貢が贈与交換の場であるという指摘のように[注14]、蝦夷による朝貢と、国家から蝦夷への賜禄が交易としての性格を帯びていたことは疑いない。とりわけ出羽においては、『類聚三代格』巻十八、夷俘幷外蕃人事、貞観十七年（八七五）五月十五日官符に、

太政官符

応㆑定㆘給㆓狄徒㆒年料禄狭布一万端㆖事

右得二出羽国解一偁、検二案内一、従二貞観六年一以降、正税帳所二立用過給一狄禄、狭布二万五千六百九端、具録載二不与前守安倍朝臣比高解由状一、進レ官已畢。厥後国吏等依レ例給レ饗行レ禄。而帰来狄徒毎年数千、過給之数及二万三千六百端一。今以二有レ定之禄一、給二無レ限之徒一、人衆物寡、渓谿難レ塡。夫夷狄為レ性、無レ遵二教喩一、啻対二恩賞一、纔和二野心一。望請、准二先例一被レ定二年料一万三千六十端一。然則所司不レ労二勘出一、国吏無レ煩二遷替一。謹請二官裁一者。右大臣宣、奉レ勅、宜下以二一万端一定為中年料上。若調狭布不レ足、以二正税一買充。但過行以二国司公廨一塡納。立為二恒例一。

貞観十七年五月十五日

とみえるように、貞観六年以降、狄禄の増加があったことが確認され、一貫して賜禄による懐柔が行われていたらしい。なお本条については、従来よりも禄の分を減額したために蝦夷の不満を噴出させ、元慶の乱の一因となった可能性なども指摘されている。[注15]

では、その元慶の乱の経過から、禄のあり方についてみてゆきたい。まず『日本三代実録』元慶二年（八七八）三月二十九日乙丑晦条に、

出羽国守正五位下藤原朝臣興世飛駅上奏、夷俘叛乱、今月十五日焼二損秋田城幷郡院屋舎城辺民家一。仍且以二鎮兵一防守、且徴二発諸郡軍一。勅符曰、得二彼国今月十七日奏状一、既知。夷虜悖逆、攻二焼城邑一。犬羊狂心、暴悪為レ性。不レ加二追討一、何有二懲乂一。事須下量二発精兵一、扼中其喉咽上。但時在二農要一、人事二耕種一。若多動レ衆、恐妨二民務一。夫上兵伐レ謀、良将不レ戦。巧設二方略一、以安二辺民一。亦別有二勅符一、下二陸奥国一。若当国之兵力不レ足レ制者、早告二陸奥一、令二レ其赴救一。凡蛮貊之心、候レ時而動。雖レ云二醜類之可一レ責、抑亦国宰之不レ良。宜下施二慰撫之化一、以遏中風塵之乱上。（後略）

とあって、元慶の乱勃発にあたり、陸奥への援兵を指示しつつも、要月すなわち農繁期であることから戦わずに鎮圧することを要求している。このことは、本来的に出羽国の軍備は軽微であったことなど、[注16]そもそも出羽国が戦える状況ではなかったことに基づくと考えられる。ただ、『藤原保則伝』にも、「若教以二義方一、示以二威信一、播二我徳音一、変二彼野心一、不レ用二尺兵一、大寇自平。昭宣公曰、善。公亦曰、今当下以二恩信一化中服夷狄上。」とあって、「義方」「徳音」「恩信」による懐柔が一貫して主張され、承認されている点を踏まえれば、陸奥からの援兵を期待しての軍事行動以上に、懐柔策が重要な意味を持っていた可能性が高い。

実際、乱の戦局が出羽国優勢に傾いてくる直前の『日本三代実録』元慶二年八月四日丁卯条には、「送二致綵帛一百卌疋於出羽国一、班二禄俘囚一。又令下越中越後両国、各送二米一千斛一、以充中軍糧上。」と、軍糧とともに俘囚の禄に充てる綵帛を出羽国に送るという措置が取られている。乱鎮圧に協力した俘囚への禄とみられ、戦局における禄の重要性が窺える。

さらに、乱鎮圧後の『同』元慶四年二月十七日辛丑条には、興味深い記述が見えている。

是日、正五位下守右中弁兼行出羽権守藤原朝臣保則、飛駅奏曰、（中略）又夷俘賜レ饗之日、多以二他死亡位記一、自称二其姓名一、貪レ預二賜禄一。(権大目・春海連)奥雄責二取死亡位記一百六枚一。

夷俘を饗応する際に、死亡した他者の位記を持参して、その者に成りすまして禄に与ろうとした夷俘がすくなくとも一〇六名は存在したらしい。この史料からは、まず元慶の乱後においても夷俘の饗応と賜禄が大きな影響力を有しており、出羽の安定において狄・俘囚への禄が必要不可欠であったことを示す。

また、この史料に関してももう一つ強調しておきたいのは、死亡した他人の位記を持参して賜禄に与ろうとしている、という点である。饗応に参加するために位記を持っている必要があるということは、位階の有無や高下による禄物の多寡などもあろうが、その点を含めても、饗応への参加資格として位階を有していることに大きな意味があったと理解することができる。この点に、交易と官人制との明確な接点を見出すことができよう。

以上本章では、朝貢という場面に注目して、官人制と交易の接点を探ってきた。まず薩摩国を取り上げ、他国と比べて元日朝拝の参加者が多いことから、辺境における国府の儀礼の重要性を確認した。また出羽国のように交易が活発に行われた地域においては、朝貢への参加と禄の獲得とが積極的に結びついていたことを見出すことができ、官人制の展開と交易とが結びついた顕著な例として評価できる。出羽国は、本質的に渡嶋・郡という遠方を結ぶ交易が基盤にある国であり、元々広域のネットワークが存在する地域であった。それゆえ、朝貢を媒介とした官人制が展開する余地も大きかったといえる。薩摩国の場合は朝拝と交易との関係ははっきりしない部分もあるが、薩摩が七世紀以前から南島との交易をめぐる拠点であったことは多くの指摘がある。[注17] このような地域に官人制が展開することにより、朝貢などの交易の場に参加するための資格の一つとしても位階が志向され、官人制と交易が連関して蝦夷・俘囚、あるいは隼人も取り込みながら展開していった様子を想定したい。[注18]

二　律令制とネットワーク

1　官人の移動と交易

本章では、官人の移動と交易の全体像から、律令制と交易の展開について概観したい。

まずは漆部伊波という人物についてみてゆくこととする。伊波は、遠距離交易を行った官人の代表格でもあり、すでに先行研究によって多くの点が明らかにされている。[注19]

伊波は相模国の出身で、天平二十年（七四八）二月壬戌に大仏殿建立の知識物を貢進した事によって外従五位下を得た。これ以後相模守や贓贖正などを経て、天平宝字八年（七六四）には仲麻呂追討の功によって内位を得て、右兵衛佐など中央官人として活躍する。また天平神護元年（七六五）には勲二等を与えられ、称徳天皇の信任も厚かったとみられる。[注20] またその一方では、神護景雲二年（七六八）には相模宿禰を賜姓され、相模国造に任ぜられており、相模国造の一族であったとの指摘もある、[注21] 相模国の有力豪族出身の人物であった。

この伊波が貢進した知識物とは、『東大寺要録』巻二、造寺材木知識記によれば、盧舎那仏知識として商布二万段とある。商布とはすなわち交易によって流通する布であることなどから、伊波は遠距離交易者として活動していたものと考えられている。[注22] また伊波は難波に家地を保有していたことが知られ、[注23] 京と難波に拠点を持ったものとみられる。

さて、この難波における伊波の土地の隣に庄地があったが、この地は天平勝宝四年（七五二）正月、安宿王家によって買得された。その際の文書を掲出しておく。[注24]

□□〔未立カ〕甲倉一□〔字〕 □〔長〕高広如上 无扇敷板 □〔敷〕板

在摂津国西生郡美努郷

直銭壱伯貫文

右、寺家得今月十一日牒偁、為寺家庄□□〔欲買カ〕件地者、宮□□〔家以カ〕牒旨、依請已畢、今録事状、□報如前、以牒、

天平勝宝四年正月十四日奉事木工大属従六位下貴室虫万呂

この文書に署名している人物、すなわち土地の買得にあたったのは、当時安宿王家に仕えていた、貴室虫麻呂と

いう人物である。この貴室虫麻呂は、その後、天平勝宝七歳には相模大目となっていたことが確認できる。[注25] このことから、伊波の隣地を買得した背後に、どうやら虫麻呂と伊波の個人的な関係があったと推測される。そして虫麻呂が相模大目となっていった背景にも、漆部氏の人脈があった可能性が高いと考えられている。[注26] また平城京内には、市の周辺に諸国の調邸が置かれ、京進された調の一時保管や過不足の調整が行われていたと考えられる。そうした調邸のうち、史料上確認されるのは相模国のみであるが、相模出身の豪族でありながら都の官人となって中央と相模を結ぶ商業活動を展開した漆部伊波もまた、調邸などを活用していたことが想定される。[注27]

栄原永遠男氏によれば、伊波は、在地の勢力を背景にしつつ遠距離交易を展開し、献物叙位によって中央の官僚機構に入り込んで以後も交易活動を継続したものと評価されている。とりわけ、『類聚三代格』巻五、定内外五位等級事、神亀五年（七二八）三月二十八日官奏には、外五位の処遇について規定するうち、「欲レ令下家人奴婢居二住市廛一興販上即聴」とあるように、市での店舗設置が許可されている。このことは、交易の担い手である郡領層の要望に応える措置であったとみられ、[注28] 在地有力者の側にも積極的に交易に参加するニーズが存在した様子が窺える。

漆部伊波の例などは、地方から中央へ出仕した官人の流れであったが、逆に中央から地方へ下向した官人についても、交流・交通に大きな役割を果たしたことが窺える。例えば鈴木景二氏は、下級官人の昇進コースについて、在京下級官人→諸国目・史生→在京官人、というコースの存在を指摘され、それに基づいた交通・人間関係が、都鄙間を結ぶ文化的・政治的役割を果たしたことなどを論じられている。[注29] 地方に下向した国司の交易については、『続日本紀』天平八年五月丙申条において、国司らの所部における交関を禁止しつつ、所部における交関禁止については天平勝宝六年九月丁未条においても再確認されているように原則として禁止されていた。ただし天平八年五月丙申条では「但買㆓衣食㆒者聴之」とあるように、日用品の購入は認められており、天平宝字五年八月癸丑朔条では、告発された美作介の県犬養宿禰沙弥麻呂の違法行為や失政の中に「兼復不㆑拠㆓時価㆒、抑㆓買民物㆒。」とあるように、何らかの交易は日常的に行われていたものとみられる。

このように官人の移動によって、様々な物の移動・交易も展開したことが想定される。そもそも官人制の全国的な展開は人の移動を伴うものであり、そこに交易との関係が生まれる素地が存在するものと評価できよう。このように、律令制の展開によって形成されたネットワークを地方豪族が活用して、さらに展開を促していったものと考えられる。

さて、再び視点を地方豪族に戻し、『日本霊異記』に登場する尾張国愛智郡片輪里に住む力女の例を通じて、地方内での交易の様子を見てみたい。この力女は、三野国片県郡の小川市で往還の商人たちへの強盗を働いていた女を懲らしめるため、自ら捕った蛤を市に売りに行ったという説話がみえる（中巻第四縁）。また他の説話では、尾張国中嶋郡大領の尾張宿禰久玖利の妻とみえ、川で洗濯をしていた時、通りすがりの船に乗った商人にからかわれたことに対し、怪力をもって船を陸に引き上げてしまったという（中巻第二十七縁）。これらの説話からは、まず郡領層やその周辺の人々による周辺国郡も含めた交易への参加の様子が窺え、日常的に周辺地域との交流を持ち、交易も行っていたとみられる。[注30] さらにこの説話において、からかわれたことによるとはいえ、移動中の商船を引き上げて通行を妨害していることは、郡領層が自らの支配領域において、交易参加者に対して強い影響力を有したことの反映でもあろう。[注31]

郡領は、任命された時点で無位であれば、大領は外従八位上、少領は外従八位下に叙される規定となっていた（選叙令13郡司条）。それ以後、位階を昇進させてゆくことも多々あるが、そのような場合に交易と関わる制度として蓄銭叙位がある。和銅四年（七一一）十月に、蓄積した銭貨の多寡によって位階を与えるよう制されたことを端緒とし、和銅六年三月には、郡領遷任の条件として六貫以上の蓄銭が必要とされるなど、銭貨によって官人の地位の獲得の道が示され、銭貨を富の象徴とする観念に結びつくものと理解される。[注32]

このような点を踏まえれば、在地の有力者は位階によってさらに在地での権威を強化するために交易に積極的に参加したことが想定される。また、遠距離交易を担った地方豪族たちがより高い官位を得ることにより、中央・地方双方の拠点における立場を確立し、いっそうの交易の安定化が図られたものとみられる。

2　人と物の移動の多様性――古代の東北地方を事例として――

前章の2節において、出羽を中心として交易と官人制の関係について検討を加えたが、ここで再び東北地方を素材に、人と物の移動を考えてみたい。

都と東北地方の交易によっては、『類聚三代格』巻十九、禁制事、延暦六年（七八七）正月二十一日官符にみえるように、「王臣及国司等争買二狄馬及俘奴婢一」すなわち都の人間が馬や奴婢を買い、「売二此国家之貨一買二彼夷俘之物一、綿既着二賊襖一冑鉄亦造二敵農器一」すなわち対価である綿・鉄が蝦夷の衣服・農具になっているという事態が述べられている。このように都から東北地方にもたらされる物品が、交易によって蝦夷の人々の生活と関わるものへと転換した様子が見て取られる。

官人たちの移動と交易によって多くの人・物・文化が移動したことは論を俟たず、たとえば鈴木景二氏は、下級国司の地方下向では、地方における経典書写や、地方における実務経験、伝説などの収集によって様々な文化の交通があったことを想定されている。[注33] 鈴木氏も述べられるように、こうした事例は文献史料からはあまり見え

てこないが、例えば経典書写に関しては、前章で扱った出羽国においても、道伝遺跡（山形県川西町）から、

・「四天王□」

合三百卅□〔部ヵ〕観世音経一　精進経一百八　十一面陀一百十　多心経十六　涅般経陀六十五　八名普密陀卅」

・「□」

と、経典の名称が記された木簡も出土している。

そこでここでは、東北地方をめぐる人と物の移動について検討を加えてみたい。

地方から都へ出仕する人々の中に、帳内・資人がある。帳内は皇族に、資人は貴族に与えられた、公的な従者である。律令制下において都鄙間を移動した人々の一例として、まずはこれらについて整理しておく。

帳内・資人の採用基準について、軍防令48帳内条をみると、

凡帳内、取二六位以下子及庶人一為之。其資人、不レ得レ取二内八位以上子一。唯充二職分一者聴。並不レ得レ取二三関及大宰部内・陸奥・石城・石背・越中・越後国人一。

とあり、傍線部のように三関・大宰部内・陸奥・石城・石背・越中・越後から帳内・資人を採用することは不可とされている。この部分は大宝令には存在せず、採用禁止範囲は八世紀に順次拡大されていったものである。陸奥・出羽についてその流れを確認しておく。

まず、『続日本紀』養老六年（七二二）閏四月乙丑条に、

太政官奏曰、迺者、辺郡人民、暴被二寇賊一、遂適二東西一、流離分散。若不レ加二矜恤一、恐貽二後患一。是以、聖王立レ制、亦務実レ辺者、蓋以レ安二中国一也。望請、陸奥按察使管内、百姓庸調侵免、勧二課農桑一、教二習射騎一。更税助辺之資、使レ擬二賜レ夷之禄一。其税者、毎二卒一人一、輸レ布長一丈三尺、濶一尺八寸、三丁成レ端。其国

授刀・兵衛・衛士及位子・帳内・資人幷防閤・仕丁・采女・仕女、如レ此之類、皆悉放還、各従二本色一。若有レ得レ考者、以二六年一為レ叙。一叙以後、自依二外考一。（後略）

とあるように、辺郡の人民が流散している状況を受け、陸奥按察使管内から出仕した、「授刀・兵衛・衛士及位子・帳内・資人・幷防閤・仕丁・采女・仕女」を放還する措置が取られている。この少し前の『続日本紀』養老五年八月癸巳条には、「出羽隷二陸奥按察使一」とあることから、この太政官奏の対象範囲には出羽も含まれていたと考えられる。ともあれ、養老六年の時点までは、陸奥・出羽両国から帳内・資人などとして出仕したものが一定数存在したことが確認される。

その後、神亀五年（七二八）三月甲子（二十八日）条には、

又勅、補二事業・位分資人一者、依二養老三年十二月七日格一、更無二改張一。（中略）其三関・筑紫・飛騨・陸奥・出羽国人、不レ得二補充一。余依レ令。

と、事業位分資人の採用について定めた養老三年十二月庚寅条[注34]を前提とし、三関・筑紫・飛騨・陸奥・出羽国人は採用しないよう追加されている。これらの措置は公民人口確保のためとみられ[注35]、陸奥・出羽から帳内・資人として出仕することは制度上不可能とされてゆき、『延喜式』式部上110不得補条の、

凡飛騨・陸奥・出羽及大宰府所管諸国人、皆不レ得レ補二帳内、職分・位分資人一、亦陸奥人不レ聴レ補二雑色一。

という条文に継承されていった。

ただしそのような中、『類聚三代格』巻十二、隠首括出浪人事、寛平五年（八九三）七月十九日官符が引く、天応二年（七八二）閏正月廿六日官符には、

被下太政官去天応二年閏正月廿六日下二左右京職一符上偁、陸奥出羽人在レ京者不レ別二雑色一皆還二本郷一。寔是

豊二辺戍一備二外禦一之術也。此事中停不レ用有レ日、興二言於今一理尤可レ行。職宜下承知、自今以後、両国人任二王臣家□（仕王臣家カ）一及浮二宕京内一、能加二捜括一、随レ得且申上。若有二脱漏及相匿一者、不レ論二多少一科二違勅罪一者。

とあって、天応二年の時点で、王臣家に仕え京内に浮宕する陸奥・出羽人が多数存在しており、これらを捜索して送り返す措置が取られていることが見える。養老六年の放還以後も、絶えず人の移動があったことが窺える。

さて、この天応二年官符の内容から、実際には授刀・兵衛・釆女などとして、東北地方から郡領層の子弟・子女の都への出仕がある程度行われていたとする見解もある。[注36]ただし、本条から陸奥・出羽両国における中央への指向は窺えるものの、王臣家を対象とし「不レ別二雑色一」「浮二宕京内一」とあることは注意を要する。雑色の範囲は難しいが、少し後の事例を参照すれば、『類聚三代格』巻十八、関幷烽候事、元慶四年（八八〇）九月五日官符に「内外官人及諸司諸家雑色等」などとあるように、諸家雑色は厳密には官人外もしくは最外縁に位置する存在である可能性が高い。また浮宕とあることから、少なくともその時点では王臣家などへの恒常的な出仕という状況は考え難いようにも思われる。こうしたことから天応二年官符で捜索対象とされているのは、授刀・兵衛・釆女ではない、私的に出仕や上京した者を想定すべきではないかと考える。

それでは天応二年官符で捜索の対象とされた人々は何を求めて都へ上っていったのだろうか。鈴木拓也氏は、陸奥・出羽人が王臣家に仕える目的は、資人などとして官途につくことであると指摘されている。[注37]ただしこの点については、地方一般の事例について論じた寺崎保広氏の論[注38]を敷衍されたものであり、上記のように制度的な出仕が不可能となっている以上は再考を要する。

そこで、陸奥・出羽国の人と中央との関係をみると、『類聚三代格』巻十九、禁制事、弘仁六年（八一五）三月二十日官符に「権貴之使・豪富之民、互相往来」とあること、同、延暦六年（七八七）正月二十一日官符に、王臣・

国司による狄馬・俘奴婢の購入や、百姓による「夷俘之物」の購入が見えること、同、延暦二十一年六月二十四日官符に、王臣諸家による渡嶋狄からの好皮の購入がみえること、など、八世紀末〜九世紀初頭における、夷俘と王臣・国司・百姓との交易の禁制が多く発せられている。[注39]このことは、律令制の展開が交通・交易を活発化させた事例と評価できるが、そうした交易の担い手として「弘羊之徒」（延暦六年正月二十一日官符）のような、商人的な存在がみえることは注意される。こうした点について蓑島栄紀氏は、天応二年官符で問題視されている陸奥・出羽人に「豪富之民」（弘仁六年三月二十日官符）なども含まれた可能性を推測されている。[注40]上述のように、この時の陸奥・出羽人は純粋な官人制の枠内での出仕ではなく、私的な上京であると考えられることからも、陸奥・出羽人が王臣家へ出仕してゆく動機としては、第一に交易を想定するのが妥当であろう。

このように、天応二年官符から窺える陸奥・出羽人の上京と官人制とはひとまず切り離して理解すべきと考えるが、一方で養老六年以前に都へ出仕する公的なルートが存在していたことが、都と陸奥・出羽を結ぶ交易が展開する前提条件となったであろうことは推測される。すなわち、官人制の展開による人と物の移動が交易を促し、公的な出仕が禁止された後も、交易や王臣家などへの私的出仕へと展開してゆくものと見通しておきたい。

以上本章では、律令制が展開することによって人・物の移動が活発化する様子について整理を加えてきた。律令官人制は律令国家の支配を担う官人を地方末端まで展開させるものであり、それに伴って人・物の移動も展開したことは、「はじめに」でも述べた通りであるが、律令国家、中でも官人制の存在は人・物の移動を活発化させるインフラとしての役割も担っていたことを改めて強調しておきたい。

おわりに

以上雑駁ながら、律令制とともに交易が展開してゆく中で、官人制が果たした役割について検討してきた。大まかには①官人身分そのものが、朝貢という交易の場に参加する資格となりうるという側面、②律令官人が交易の担い手であり、官人制が展開することによって官人以外による人・物の動きも活発化するというインフラ的な側面を指摘した。これら①②が双方向的に作用することにより、律令官人制が地方へも展開し、さらに交易の展開へと繋がったものと評価できる。

中国では、春秋戦国時代から士農工商の身分区別があり、日本では『令集解』営繕令7解巧作条古記に「戸令巧作貿易為レ工、屠沽興販為レ商一種耳。」とあることから、大宝令の段階では導入されていた可能性もあるが、養老令には見えず、結局根付くことはなかった。これについては舘野和己氏が、いまだ専業的な商人がそれほどいなかったことに大きな要因があるとされた理解が当を得ていよう。[注41] 士農工商のうち、工人身分が導入されなかった、あるいは定着しなかったことについては別稿を参照されたいが、日本令では散在する技術者も含めて班田農民と位置づけたことなどが大きい。[注42] 商身分についても、交易の主な担い手は専業の商業者ではなく律令官人、あるいは律令官人制の展開によって活発化したルートを活用した人々であった。この点において、交易における律令官人制の果たした役割の大きさを改めて確認しつつ、稿を終えたい。

注

1 舘野和己「市と交易――平城京東西市を中心に」（上原真人ほか編『列島の古代史4　人と物の移動』岩波書店、二〇〇五年）、荒井秀規「律令制下の交易と交通」（舘野和己・出田和久編『日本古代の交通・交流・情報2』吉川弘文館、二〇一六年）など。

2 中村太一「日本古代の交易者」（『国立歴史民俗博物館研究報告』一一三、二〇〇四年）。

3 今泉隆雄「蝦夷の朝貢と饗給」（『古代国家の東北辺境支配』吉川弘文館、二〇一五年。初出一九八六年）。

4 以下、正税帳の行数については、林陸朗・鈴木靖民編『復原　天平諸国正税帳』（現代思潮社、一九八五年）による。

5 中村明蔵「隼人の朝貢をめぐる諸問題」（『新訂　隼人の研究』丸山学芸図書、一九九三年。初出一九七五年）。今泉氏前掲注3論文。

6 坂本太郎「律書残篇の一考察」（『坂本太郎著作集7　律令制度』吉川弘文館、一九八九年。初出一九三四年）。

7 なお、薩摩郡・阿多郡の郡領は隼人系豪族であり、隼人を中心に編成された郡とみられるが、郡司の中には肥君（薩摩郡主帳）、建部（阿多郡主帳）などの非隼人系豪族が含まれており、隼人郡にも一定の非隼人系住民が存在したとみられる（熊谷明希「隼人郡の成立と「隼人之調」」『ヒストリア』二六二、二〇一七年）

8 中村氏前掲注5論文。

9 酒寄雅志「古代日本と蝦夷・隼人、東アジア諸国」（佐藤信編『日本の時代史4　律令国家と天平文化』吉川弘文館、二〇〇二年）

10 拙稿「律令国家と出羽国――地域的特質についての基礎的考察――」（『山形大学歴史・地理・人類学論集』一八、二〇一七年）。

11 熊谷公男「秋田城の成立・展開とその特質」（『国立歴史民俗博物館研究報告』一七九、二〇一三年）。

12 関口明「渡嶋蝦夷と毛皮交易」（『古代東北の蝦夷と北海道』吉川弘文館、二〇〇三年。初出一九八七年）。

13 今泉氏前掲注3論文。

14 今泉氏前掲注3論文。

15 中村英重「渡島蝦夷の朝貢と交易」（木本好信編『古代の東北――歴史と民俗――』高科書店、一九八九年）。

16 鈴木拓也「古代出羽国の軍制」（『古代東北の支配構造』吉川弘文館、一九九八年。初出一九九二年）。

17 蓑島栄紀「倭王権段階の南島社会と交流」（『国史学』一七〇、二〇〇〇年）、竹森友子「南島と隼人――文武四年覓国使剽却事件の歴史的背景――」（『人間文化研究科年報』二二、二〇〇二年）。

18　なお、出羽における交易には秋田城の存在が大きな意味を持っていたが、元慶の乱後には、北海道と本州北部の在地勢力の結合によって秋田城を媒介しない交易が模索されてゆくとみられている（蓑島栄紀「古代日本と北海道・東北北部の交易・交流」『「もの」と交易の古代北方史――奈良・平安日本と北海道・アイヌ――』勉誠出版、二〇一五年）。律令制が一時的に機能しなくなることにより、本来的な交易への回帰が志向されたものと理解しておきたい。

19　栄原永遠男「日本古代の遠距離交易について」（『奈良時代流通経済史の研究』塙書房、一九九二年。初出一九七六年）、大谷治孝「「摂津国家地売買公験案」の基礎的考察」（『ヒストリア』八二、一九七九年）、舘野和己『日本古代の交通と社会』（塙書房、一九九八年）など。

20　拙稿「地方における律令官人制の展開と受容――勲位を中心に――」（三田古代史研究会編『法制と社会の古代史』慶應義塾大学出版会、二〇一五年）など。

21　新野直吉「地方神祇官国造」（『日本古代地方制度の研究』吉川弘文館、一九七四年）。

22　栄原永遠男「日本古代の遠距離交易について」（『奈良時代流通経済史の研究』塙書房、一九九二年。初出一九七六年）。

23　「摂津国家地売買公験案」（『大日本古文書』家わけ第十八、東南院文書之三、一四頁）。

24　『大日本古文書』東南院文書、三―一三。

25　『大日本古文書』四―五九「相模国司牒」。

26　大谷治孝「「摂津国家地売買公験案」の基礎的研究」（『ヒストリア』八二、一九七九年）。

27　荒井氏前掲注1論文。

28　舘野氏前掲注1論文。

29　鈴木景二「下級国司の任用と交通――二条大路木簡を手がかりに――」（『木簡研究』一四、一九九二年）、松原弘宣「地方官の交通と伝馬制」（『古代交通研究』一一、二〇〇二年）など。

30　こうした交易の場となった地方の市については、常陸国茨城郡高浜における「商豎農夫」の往来（『常陸国風土記』）、出雲国意宇郡や嶋根郡における交通の要衝での市の形成、などの存在が指摘されている（栄原永遠男「奈良時代の流通経済」、栄原氏前掲書、初出一九七二年）。

31　力女の説話については、美濃国小川市における尾張の豪族の交易活動と、それを排除しようとする美濃の豪族との、交易権をめぐる争いとの指摘もある（松原弘宣「地域交易圏の形成と交通形態」『日本古代水上交通史の研究』吉川弘文館、一九八五年。初出一九八二年）。

32 栄原永遠男「銭貨の多様性――日本古代銭貨の場合――」（荒野泰典・石井正敏・村井章介編『アジアのなかの日本史Ⅲ　海上の道』東京大学出版会、一九九二年）。

33 鈴木景二氏前掲注28論文。

34 「始以㆓外六位内外初位及勲七等子年廿以上㆒、為㆓位分資人㆒、八年一替。又五位已上家、補㆓事業防閤仗身㆒、自㆑是始矣。」

35 北啓太「征夷軍編成についての一考察」（『書陵部紀要』三九、一九八八年）。

36 熊谷公男「道嶋氏の起源とその発展」（石巻市編さん委員会編『石巻の歴史　第6巻　特別史編』石巻市、一九九二年）。

37 鈴木拓也「陸奥・出羽の浮浪逃亡政策」（鈴木氏前掲注15書。初出一九九七年）。

38 寺崎保広「奈良時代の浮浪逃亡と浮浪人の長」（『日本歴史』三八九、一九八〇年）。

39 中央の貴族が地方において交易する事例としては、ほかに大宰府における新羅物の購入（東野治之「鳥毛立女屏風下貼文書の研究」『正倉院文書と木簡の研究』塙書房、一九七七年。初出一九七四年参照）などもあるが、ここでは触れない。

40 村岡薫「八世紀末「征夷」策の再検討」（竹内理三編『古代天皇制と社会構造』校倉書房、一九八〇年）、蓑島栄紀「古代の陸奥・出羽における交易と交易者」（『古代国家と北方社会』吉川弘文館、二〇〇一年）。

41 舘野氏前掲注1論文。

42 拙稿「律令制下の技術労働力――日唐における徴発規定をめぐって――」（『日本古代の国家と造営事業』吉川弘文館、二〇一三年。初出二〇〇八年）。

正倉院文書に見る書記文化圏の形成

石上　英一

本稿は、紙に書かれ地上の倉に伝えられた世界にも稀な八世紀の正倉院文書の概要を示し、また正倉院文書により八世紀中葉の写経事業に関わる人々の日常活動における書記言語利用の事例を見つつ、日本における漢文文化圏展開の一端を考えるものである。日本の八世紀の書記言語は、漢字（魏晋南北朝・隋唐期に日本に継受された中国文字の通称）・漢語（中国語語彙の通称。文における複数文字の連携・複合使用（「曰…者」、「不可」など）も含む）・中国語文法を用いた正格の漢文（中国文の通称）と、正格漢文の誤用や意図的変改により変格された和化漢文と、漢字使用和文（和語の書記文。固有名詞の漢字表記。宣命体文（漢文と和文から成る）や万葉仮名文）、即ち正格漢文・和化漢文・漢字使用和文の三種で構成されていた。詩文・学術・仏教に関わる文、また律令法典は、当然のことながら正格漢文により記述される。そして、法令・行政文書・史書等は、正格漢文を基礎とし和化漢文による記述へと転換していく。八世紀の文書は、『類聚三代格』等の法令集や文集に収載された写のほか、現物（写、案文等を含む）として、造東大寺司写経機関伝来文書としての正倉院宝物「正倉院古文書」（通称、正倉院文書）、正倉院宝物中の文書（国家珍宝帳等）、東大寺文書（塔頭伝来文書や、現在は正倉院所蔵の東南院文書を含む）、唐招提寺文書、弘福寺文書（一一世紀に弘福寺の本寺となった東寺に、東寺文書として伝来）、東京国立博物館所蔵九条家本『延喜式』紙背文書、吉田家伝来文書、銘文としての金石文、出土遺物としての木簡・漆紙文書・土器墨書等が、現在に伝えられる。また、文字史料としては、諸寺院等伝来の経巻、東大寺聖護院聖語蔵経巻（明治二六年（一八九三）に皇室に寄贈され現在は正倉院事務所所蔵「聖語蔵経巻」）も、訓点（角筆を含む）、跋語、書写校正書入を有するものとして重要である。これらの中で最も数の多いのが造東大寺司写経機関伝来文書としての正倉院文書である。正倉院文書中の写経事業や皇后宮職・造東大寺司の運営に関わる文書、また反故として写経事業に転用された戸籍・計帳・正税帳等は、正格漢文、和化漢文の混合体として、重要な研究対象となる。和化漢文の形成は三〜五世紀頃から始まったのであろうが、八世紀に漢字漢文記述が社会全体に普及する過程を、正倉院文書に垣間見ることとしたい。

一　正倉院文書の概要

1　正倉院文書の公開と学術利用環境の整備

初めに、盧舎那仏を本尊とする東大寺[注1]の正倉院[注2]に収蔵されてきた正倉院文書の概要を簡単に紹介しておく。

聖武太上天皇は、天平勝宝八歳（七五六）五月二日に崩御した。皇太后藤原光明子は、聖武の七七忌（六月二十一日）に、その遺品を大仏に献納した。この時の目録が、正倉院宝物の国家珍宝帳である。献納品は東大寺の倉の一つに収納された。その倉が現在に残る正倉院の建物である。正倉院に現存する宝庫は北倉・中倉・南倉の三区画からなり、聖武の遺品は北倉に納められ勅封とされた。また、東大寺の宝物や器物、更に造東大寺司写経機関の文書も、順次、正倉院に収蔵された。広義の正倉院文書には、北倉の国家珍宝帳等の献物帳から、本稿で対象とする正倉院古文書（中倉15）まで、多様な文書が含まれる。造東大寺司写経機関（写経機関には変遷があり名称も変わる）の文書（造東大寺司が造営した石山寺の造営関係文書群等や、明治期整理・成巻過程で取り込まれた文書も含まれる）としての正倉院文書は、元禄六年（一六九三）五月十六日から同六月七日まで行われた正倉院開封において、北倉の唐櫃一匣に「記録水帳」、南倉の唐櫃二匣に「御経ノ切、水帳ノ写、其外反故数多」と「記録水帳」があることが確認され、さらに新たに唐櫃一匣に「記録」が収められた（皆川「正倉院文書の整理とその写本」二一三～二一四頁）。これらの文書は、天保四年（一八三三）十月十八日より同七年六月二十日迄の正倉院開封の間に、穂井田忠友により整理され、後に正集と称される「正倉院文書」四十五巻が編成された（皆川「正倉院文書の整理とその写本」）。その後、明治八年（一八七五）～同二十七年（一八九四）の間に、明治政府の内務省・教部省さらに宮内省により、再度、文書が整理され「続修古文書」（五十巻）・「続修別集古文書」（五十巻）・「続修後集古文書」（五十二巻。後、東南院文書からの混入分が東南院文書に戻され、現在、四十三巻）・「塵芥」（三十九巻。現在、三十九巻三冊）が編成され、残りは「未修古文書」として仮編成され、また正倉院宝物出納文書が抽出されて「御物納目散帳」として編成された。そして、明治二十五年（一八九二）に宮内省に正倉院御物整理掛が設置され、「未修古文書」等の再編成が行われて「続々修正倉院古文書」（四百四十巻、二冊）が編成され、正倉院に納められた（西洋子『正倉院文書整理過程の研究』。石上「正倉院文書目録編纂の成果と古代文書論再検討の視角」四〇～四二頁）。但し、正倉院文書には、「鳥毛立女屏風」（正倉院宝物、北倉44）の下貼に使用された「買新羅物解」文書群等も、宝物整理の過程で取り込まれている。正倉院文書の整理の成果は、奈良帝室博物館正倉院掛編『正倉院古文書目録』（一九二九年）として公にされた。

東京帝国大学史料編纂掛は、明治三十三年（一九〇〇）に奈良時代以降の古文書の編年史料集として『大日本古文書』刊行を計画し、宮内省の許可を得て調査を開始し、正倉院文書を中心とした『大日本古文書』一〜六（大宝二年〔七〇二〕〜宝亀十一年〔七八〇〕）を一九〇一年〜一九〇四年に、同追加七〜二十三（和銅二年〔七〇九〕〜宝亀十年〔七七九〕）を一九〇七年〜一九三七年に、補遺二十四・二十五（天武天皇十四年〔六八五〕〜宝亀七年〔七七六〕。二十三までに未収の文書と丹裏文書（正倉院宝物中の丹の裏紙に使用された造東大寺司の反故文書）・正倉院御物出納文書）を一九三九年・一九四〇年に刊行した。正倉院文書を中心とした奈良時代文書集である『大日本古文書』は、一九〇三年に平安時代以降の古文書集として『大日本古文書』家わけの刊行が決定されたので、『大日本古文書』編年文書と称されるようになった。なお、本稿では、『大日本古文書』編年文書を『大日本古文書』の書名をもって記す。

一九五四年から一九六四年にわたり、宮内庁書陵部により正倉院文書のマイクロフィルム撮影が行われて公開され、写真版による研究が可能となった。『大日本古文書』には、未収録の正倉院文書（以下、帳簿も含む）もあり、また断簡接続による文書の原形復原、複数料紙を貼継いだ続紙の文書の復原、複数文書を貼継いだ継文の復原、更に料紙の二次利用における表裏関係の確認など、補訂・修正すべきところがあった。そこで史料編纂所は、宮内庁正倉院事務所の許可を得て『正倉院文書目録』の編纂を開始し、一九八七年から刊行を始め、これまでに正集・続修・続修後集・続修別集・塵芥・続々修一・続々修二の七冊が刊行されている。史料編纂所では、『大日本古文書』のデータベース（『大日本古文書』版面画像を公開）を、「奈良時代古文書フルテキストデータベース」・「正倉院文書マルチ支援データベース」（『正倉院文書目録』既刊分収載）として公開している。また、正倉院宝物の天平勝宝八歳（七五六）「東大寺山堺四至図」及び開田図は『大日本古文書』東大寺文書之四・東南院文書四・東大寺開田図（図版及び図録。一九六五年）として刊行され、更にそれらは、東南院文書中の荘園図（摂津国島上郡水瀬荘図等）と共に、一九九二年から東京大学史料編纂所編『日本荘園絵図聚影』東日本編二・近畿編一・近畿編二・西日本編二に採録され、画像と釈文が公開されている。

宮内庁正倉院事務所では、正倉院宝物調査の一環として、一九七五年から正倉院文書の詳細な経常調査を始め（佐々田悠「正倉院事務所における古文書調査のあゆみ」四六頁）、その成果は一九八八年から、写真版と解説とからなる『正倉院古文書影印集成』（八木書店）として刊行され、現在、正集から塵芥までの一七冊が刊行されている。また一九八一年から、国立歴史民俗博物館が宮内庁正倉院事務所の許可を得て正倉院文書の高精細カラー画像撮影による複製版の作成を開始した（仁藤敦史「正倉院文書研究と歴博複製事業の役割」五九頁）。また国立歴史民俗博物館は、正倉院庫外の正倉院文書の写真版、釈文を集成した『正倉院文書拾遺』（便利堂、一九九二年四月）を刊行した。

正倉院宝物には、正倉院文書以外の文書、木簡、器物に使用された反故文書、器物の銘文などの文字資料が膨大にある。[注3] また、正倉院事務所による毎年の宝物調査により文書や銘文などの新たな文字資料が明らかにされ、それらは『正倉院紀要』（二〇一七年三月に三九号刊行。一八号までは『正倉院年報』）の論考や「年次報告」に報告されている。正倉院宝物を総覧できる資料集としては、正倉院事務所編『正倉院宝物』1～10（毎日新聞社、一九九四年～一九九七年）があり、宮内庁ホームページ「正倉院」から宝物の画像が公開されている。正倉院文書は、『正倉院古文書影印集成』で公開されていることもあり、『正倉院宝物』では略されている。そして、奈良国立博物館で毎秋開催される「正倉院展」には正倉院文書・聖語蔵聖教も毎年出陳され、図録『正倉院展』に図版・解説が掲載されている。毎年の出陳目録は奈良国立文化財研究所のホームページから公開されている。

本稿では、慣例に従い、「正倉院古文書」（正倉院文書）の類別は正集・続修・続修後集・続修別集・塵芥・

続々修の略称を用い、文書番号は『正倉院文書目録』既刊部分については同書に従い正集四十四①の如くに表記する（『正倉院文書目録』凡例、参照。石上「正倉院文書目録編纂の成果と古代文書論再検討の視角」四七〜五〇頁）。

2　造東大寺司写経機関文書群としての正倉院文書

皇后宮職写経機関から造東大寺司写経機関へと継承され展開した写経機関については、山下有美『正倉院文書と写経所の研究』、栄原永遠男『奈良時代の写経と内裏』、山本幸男『写経所文書の基礎的研究』、山口英男「正倉院文書と古代史料学」、山上憲太郎「「初期写経所」の変遷過程と写経生編成」等により論じられ、また養老七年〜天平宝字七年の写経関係文書編年目録作成が石田実洋・須原祥二・三上喜孝・飯田剛彦・有富純也・野尻忠・新井重行・佐々田悠・浅野啓介・稲田奈津子・有富純也・矢越葉子・磐下徹・北村安裕・武井紀子・吉永匡史・吉松大志・宮川麻紀・山本祥隆「正倉院文書写経機関関係文書編年目録」（『東京大学日本史学研究室紀要』三号〜一六号、一九九九年〜二〇一二年。編年目録無しの年次もあり）によりなされている。

（1）第一段階の写経文書群　藤原光明子家における写経

造東大寺司写経機関に伝えられた写経事業文書の始まりは、聖武天皇夫人藤原光明子（安宿媛）の家政機関で行われた写経事業の文書群である。藤原光明子は、藤原不比等（六五九年生、養老四年〈七二〇〉八月三日薨）の第三女として、母を県犬養橘三千代（天平五年〈七三三〉正月十一日薨）とし、大宝元年（七〇一）に生まれ、霊亀二年（七一六）に皇太子首皇子（大宝元年生。後、聖武天皇）に嫁し、首皇子の神亀元年（七二四）二月四日の即位に伴い同二月六日に大夫人となり、天平元年（七二九）八月十日に皇后となった。藤原光明子は、養老二年（七一八）に女（後、阿倍内親王、孝謙天皇・称徳天皇）を生み、次いで神亀四年閏九月二十九日に皇子を生んだ。皇子は、同年十一月二日に皇太子となったが、翌神亀五年（七二八）九月十三日に夭折した。

正倉院文書の中で、反故として写経事業に二次利用された戸籍・正税帳等の公文書を除く写経事業文書で最も古いものは、神亀四年（七二七）三月二十三日から同五年九月二十六日までの大般若経等の料紙等の受取りを記録した「藤原夫人家写経料紙収納帳（前後欠）」（正倉院文書続々修四帙二十⑫裏。『大日本古文書』一、三八一〜三八三頁。『正倉院文書目録』六、五〇〇頁）である。

（2）第二段階の写経文書群　皇后宮職写経機関

藤原光明子が天平元年八月十日に皇后となったことに伴い、九月二十八日に皇后宮大夫が任じられ、皇后宮の政務等を掌る皇后宮職が設けられ、藤原光明子の家政機関の下で行われていた写経事業も、皇后宮職管轄下の写経機関で実施されることとなった。皇后藤原光明子願経一切経（天平十二年五月一日願文により五月一日経と称される）は、天平九年九月から玄昉将来経等に基づき、皇后宮職写経機関で開始された。

（3）第三段階の写経文書群　金光明寺・東大寺における写経機関

天平十三年（七四一）二月十四日国分寺建立詔にもとづき、天平十四年七月十四日太政官符（『東大寺要録』巻七・雑事章第十・金鐘寺安居宣旨事）により春日山西麓にあった金鍾寺（東大寺本『東大寺要録』所収太政官符には金鐘寺と記す）が大養徳国金光明寺とされた（石上「コスモロジー――東大寺大仏造立と世界の具現」、三〇七〜三〇八頁）。

天平十四年十二月八日金光明寺写一切経所解（正倉院文書続々修七帙四⑵。『大日本古文書』八、一五〇〜一五三

頁。三上喜孝・飯田剛彦「正倉院文書写経機関関係文書編年目録：天平十四年・天平十五年」参看）には、事実書に「自六月一日至十一月卅日奉写経并布施物」、端裏書に「自天平十四年六月一日至十一月卅日千手経生并装潢校生等手実案文帳」とあり、日下の署判が皇后宮職写経司の史生であった高屋赤万呂なので、天平十四年（七四二）六月に皇后宮職写経司が、大養徳国金光明寺に移管され金光明寺写一切経所となったことが示されている。この後、天平十七年五月十一日平城京への遷都がなされ（『続日本紀』）、同年八月二十三日に盧舎那仏造立が開始され（『東大寺要録』巻二・縁起章第二、大仏殿碑文等）、天平十九年九月一日から十二月十五日までの間経（五月一日経以外の写経）の布施を申請した天平十九年十二月十五日東大寺写経所解に[注4]「東大寺写経所」の名が使用されているので、天平十九年十二月十五日以前に、金光明寺に東大寺の寺号が与えられたことがわかる。天平二十年七月二十四日東大寺写経所解案（正倉院文書続々修二十四帙六裏、『大日本古文書』十、三一六～三一七頁）の判が造東大寺司長官・次官・判官によってなされているので、金光明寺造仏所も造東大寺司と改称されたことがわかる。造東大寺司写経所では、五月一日経書写事業（天平勝宝八年〔七五六〕終結）を中心に様々な写経事業が展開され、写経事業文書群が作成された。

（4）第四段階　天平宝字六年（七六二）より宝亀年間迄

天平宝字六年（七六二）十二月には内裏で発願された奉写二部大般若経書写を造東大寺司写経所が行った。この頃から内裏の奉写御執経所やそれに次ぐ奉写一切経司での写経・勘経事業の分担の作業が造東大寺司写経所の写経業務の中心を占めるようになった。神護景雲二年（七六八）五月十三日に称徳天皇が先帝淳仁天皇供養のため発願した一切経書写でも造東大寺司はその補助的役割を果たした。宝亀七年（七七六）頃には大規模な写経事業もほぼ終了したようで、造東大寺司の機能縮小もあり、東大寺における大規模な写経事業は終焉を迎えた。造東大寺司は延暦八年（七八九）三月十六日に廃された（『続日本紀』巻四十延暦八年三月戊午〔十六日〕条）。この時期の正倉院文書からは称徳天皇を中心とする内裏での写経事業を知ることができる。

（5）正倉院文書の特徴

正倉院文書の中核は、皇后宮職の写経事業、金光明寺・東大寺の写経事業、造東大寺司が担った石山院の造営・写経事業、そして造東大寺司写経所が分担した内裏の写経事業に関わる文書である。また、写経事業の事務書類作成のために太政官から金光明寺写経所に反故として払い下げられた正税帳・戸籍等の公文や、写経機関の上部官司である皇后宮職や造東大寺司で反故とされた文書（皇后宮職の反故文書には興福寺西金堂造営文書等がある）で写経機関で写経事業に二次利用されたものもある。さらに、写経機関官人が持込んだ文書等もある。正倉院文書は、造東大寺司写経所保管文書群が、恐らく延暦八年三月の造東大寺司の廃止の頃に正倉院に保管されることになったものと考えられている。

二　宣命を写す――政治状況を記録する

『類聚三代格』、吉田家文書（宝亀三年の神祇関係の太政官符三通。現在、一通は天理図書館所蔵、二通は個人蔵）、東京国立博物館所蔵九条家本『延喜式』巻三十二・巻三十六紙背宝亀四年太政官符案帳等には、文武天皇元年（六九七）より桓武天皇の延暦十年（七九一）までの九十五年間の編年体正史である『続日本紀』に採録されていない同時期の太政官符などの公文書が残されている。そして、正倉院文書にも、造東大寺司写経所の官人が書写して保存した、孝謙天皇に関わる詔勅等の写が残されている。

（1）天平勝宝九歳三月二十五日詔写

孝謙天皇に関わる詔勅等の写の第一は、天平勝宝九歳（七五七）三月二十五日詔写である（正倉院文書正集四十四①。『正倉院古文書影印集成』二・正集二十二～四十五（一九九〇年）、正集第四十四巻第1紙　天平勝宝九歳瑞字宣命、影印三〇四頁、解説八六頁。『大日本古文書』四、二二五～二二六頁。『正倉院文書目録』一・正集、正集四十四①孝謙天皇詔（案））。文書名を、『正倉院古文書影印集成』は「天平勝宝九歳瑞字宣命」とし、『正倉院文書目録』は「孝謙天皇詔（案）」とするが、本文書は詔の作成・施行過程における詔の正文や案ではなく、施行された詔の写であるので、[注5]天平勝宝九歳三月二十五日孝謙天皇宣命写とする。また、発布年月日は、奥には「三月廿五日」とのみあり年が書かれていないが、文中に「天平勝寶九歳三月廿日」とあるので、発布年月日は天平勝宝九歳三月二十五日である。本文書は、裏空で、左端裏に左方に貼り継がれてあった料紙の剝がし取り痕が残る（右端、剝がし取り痕不明）。

○史料1　天平勝宝九歳三月二十五日孝謙天皇宣命写（以下、改行は「／」で表す）

天皇我大命良末等宣布大命乎衆聞食倍止[*1]亻、宣此乃天平／勝寶九歳三月廿日天乃賜倍留大奈留瑞乎頂尓受賜波理／貴美恐美親王等王等臣等百官人等天下公民等／皆尓受所賜貴刀夫倍支物尓雖在今間供奉政乃趣異／志麻尓在尓他支事交倍波恐美供奉政畢弖後尓趣波／宣牟加久太尓母宣賜祢波汝等伊布加志美意保々志／念牟加止奈母所念止宣大命乎諸聞食宣

三月廿五日中務卿宣命三月＊2

注　＊1「衆聞食」の次に「倍」と大字で「イ」まで書きかけて墨抹。＊2「三月」を墨抹。

本詔は、次のように読み起こされる（『新日本古典文学大系』続日本紀三、巻第二十補注、五一二頁。詳細な注解は金子武雄『続日本紀宣命講』復刻版、四四八～四五二頁、参看）。

天皇《すめら》が大命《おほみこと》らまと宣《のりたま》ふ大命を、衆聞食《もろもろききたま》へと宣《のる》、此《こ》の天平勝寶九歳三月廿日、天《あめ》の賜《たま》へる大《おほき》なる瑞《しるし》を頂《いただき》に受賜《うけたま》はり、貴《たふと》み恐《かしこ》み、親王等《みこたち》、王等《おほきみ》、臣等《おみ》、百官人等《もものつかさのひととも》、天下公民等《あめのしたのおおみたからとも》、皆《ことごと》に受所賜貴《うけたまはりとふ》とふへき物《もの》に雖在《あるといへとも》、今間《いまのま》、供奉政《つかへまつるまつりこと》の趣《おもぶきこと》異しまに在《ある》に、他《あたし》き事交《ことまし》へは恐《かしこ》み、供奉政畢《をへ》て後《のち》に趣は宣はむ、かくたにも宣賜《のりたまは》ねは、汝等《いましたち》いふかしみおほゝし念《おもは》むかとなも所念《おもほす》、と宣大命《のりたまふおほみこと》を、諸聞食宣《もろもろききたまへとのる》、

正倉院文書正集四十四②に写が残る天平勝宝九歳三月二十五日詔は、天平勝宝九歳（八月十八日、天平宝字に改元）正月紀より天平宝字二年（七五八）七月紀までを収める『続日本紀』巻二十（起天平宝字元年正月、尽二年七月）には採録されていない。即ち、三月二十五日前後の『続日本紀』巻二十は、次に掲げるような、天平勝宝九歳三月二十日に平城宮の孝謙天皇の寝殿の承塵の裏に「天下大平」の四文字が生じ、二十二日に親王・群臣に「天下大平」の瑞字を見せたこと、そして二十九日に故聖武太上天皇喪中の皇太子道祖王の廃太子を行ったことの条文等からなっており、二十五日宣布の詔は採録されていない。

○『続日本紀』巻二十天平宝字元年（七五七）

三月戊辰（二十日）、天皇寝殿承塵之裏、天下大平四字自生焉、庚午（二十二日）、勅、召親王及群臣、令見瑞字、乙亥（二十七日）、勅、自今以後、改藤原部姓為久須波良部、君子部為吉美侯部、丁丑（二十九日）、皇太子道祖王、身居諒闇、志在淫縦、雖加教勅、曾无改悔、於是、勅召群臣、以示先帝遺詔、因問廢不之事、右大臣已下同奏云、不敢乖違顧命之旨、是

日、廃皇太子、以王帰第、

天平勝宝九歳は、聖武太上天皇の崩御の後、光明皇太后の下で、藤原仲麻呂が権力を掌握し、道祖王の廃太子（三月二十九日）、大炊王の立太子（四月四日）、反対勢力の橘奈良麻呂の追討（橘奈良麻呂の変、七月）がなされ、天平宝字への改元が行われた（八月十八日）、八世紀中葉における権力体制変動の画期であった。天平勝宝九歳三月二十五日詔には、三月二十日に「頂」に受賜わった「天の賜へる大なる瑞」、即ち『続日本紀』の記す「天皇寝殿承塵之裏」に自生した「天下大平」の四字を、王・臣・官人・公民と共に貴ぶべきであるが「供奉政の趣、異しまに在る」により、「供奉政、畢て後に趣は宣む」と記されている。「中務卿宣命」とあるので、この詔は宣命使中務卿藤原永手により、平城宮のおそらく朝堂院で、官人に宣布されたことがわかる。「異しま」（異様）に在る政とは、天平勝宝八歳（七五六）五月二日崩御した聖武太上天皇の遺詔により皇太子となった道祖王（天武天皇の孫、新田部親王の子）が、故聖武太上天皇の諒闇中に「淫縦」の行為があったとして廃太子が画策されていたことを示している。そして、二十五日詔発布の直後の二十九日、皇太子道祖王は廃され、次いで四月四日（『続日本紀』巻二十天平勝宝九歳四月辛巳（四日）条）、大炊王（天武天皇の孫、舎人親王の子）が皇太子となり、五月二日に故聖武太上天皇の周忌法会が東大寺において行われ、七月二日に起こった橘奈良麻呂の乱の平定を経て、三月二十日出現の「天下大平」の文字と天平勝宝九歳八月十三日に駿河国益頭郡人金刺舎人麻自が献じた「五月八日開下帝釈標知天皇命百年息」との蚕の産成したる字とを嘉符として天平勝宝九歳八月十八日をもって天平宝字と改元された。

天平勝宝九歳三月二十五日詔が、『続日本紀』巻二十に採録されなかった理由について、早川庄八「続日本紀宣命詔・三題について」は、公式令詔書条に、「宣命詔の草案は天皇の内意をうけた内記がこれを書き、それを中務省の卿以下の上級官人が確認したうえで太政官に送り、種々の手続きを経たうえで施行することになっている」が、「この宣命詔を読んでみると、そうした公式令条文での行事とは無関係に、列立する臣下たちの面前で女帝孝謙が中務卿永手に命令し、その場で宣命使永手が作成し読みあげた宣命詔を、かたわらにいた何者かが耳で聴き書き留めたものではないか、と思われてならないのである。続日本紀の編纂者がこの宣命詔を記事として採用しなかった理由の一つには、このような、造東大寺司にはたまたま記事として伝えられ残されたが、中央の太政官もしくは中務省には公文として残されていなかった、という事情があったのではなかろうか」（一八九頁）と論じた。しかし、天平勝宝九歳三月二十五日詔写の奥に「中務卿宣命」とあるのは、中務卿藤原永手が宣命使を務めて官人（平城宮に在る、五位以上の官人又は諸司主典〔第四等官〕以上の官人）に口頭宣布したことを示すのであり、天皇が恣意により太政官を経ずに中務卿を使い宣布したことを示すのではない。

大宝令（養老令施行は天平勝宝九歳五月二十日）の公式令に依れば、天皇の命を受け内記が書した詔を天皇が覧じて御画日を書き加えて中務卿に給し、中務省で御画日のある詔（中務省に留めて案とする）を基に詔の写を作成して中務卿・大輔・少輔が署名して天皇御璽（内印）を踏印して太政官に送り、太政官で中務省から送付された内印のある詔に大臣・大納言が署判を加えて天皇に覆奏し天皇が裁可し奥に「可」（御画可）を書き太政官に給し、官人への宣布は、太政官が諸司主典以上または五位以上の官人を朝堂院朝庭等に招集し、御画可の加えられた詔（太政官に留める）の写を以て宣命使が詔（太政官で施行用に作成された詔〔内印があり天皇の御画可をある詔〕の写）を読み上げて施行された。なお、次に掲げる天平宝字二年八月一日詔写には、五位以上官人に宣布されたことが注記されている。天平勝宝九歳三月二十五日詔も、孝謙天皇が直接に中務卿を通じて宣布したものではなく、公式令詔書式の定めるところにより太政官が覆奏して天皇の御画可の承認を受けた詔を基に、宣命使が宣布したものと考えるべきである。天平勝宝九歳三月二十五日詔が正史たる『続日本紀』に採録されていないのは、詔文中の皇太子道祖王廃太子に関わる文言が正史掲載に適切ではないと編者に判断されてのことか、或いは『続日本紀』の前半部二十巻分は淳仁天皇治下に『日本書紀』を継ぐ正史の稿本として編纂された「曹案三十巻」が光仁天皇治下で改訂された際に巻三十の天平宝字元年紀の稿本が亡失したとされて桓武天皇の下で亡失巻を再編し三十巻が二十巻に再編成されたためかの何れかの事情によると推定される[注6]（『新日本古典文学大系』続日本紀三、補注五一二頁、参照）。

正倉院文書に残される天平勝宝九歳三月二十五日詔写は、宣命宣布に参列した造東大寺司の四等官（長官正五位上市原王等）あるいは五位以上官人、または造東大寺司の命を受けた官人が、太政官において宣布に用いられた詔から写し取ったものか、あるいはその写から再転写したものであり、造東大寺司被管の写経所の官人が写経所事務文書の内に保管したものであろう。詔写料紙の紙背が空であることは、たとえ写としても、尊厳を有する詔の故であろう。この詔写の書写者は、後掲の正倉院文書続修一②の、写経所官人上村主馬養の書写と見られる天平宝字二年八月一日勅写・（天平宝字二年八月）一日叙位補任并諸司主典已上禄法・（天平宝字二年八月一日）詔写と、「宣」などの筆致が似ており、上村主馬養と推定される。上馬養は、本貫は河内国大県郡津積郷、天平十一年（七三九）九月経師上日帳（『大日本古文書』七、四一九頁）に「□馬甘」と見え、皇后宮職写経司で経師・校生として務め、天平勝宝二年（七五〇）見仕并不仕経師以下歴名案（『大日本古文書』十一、三八四～三八七頁）に少初位下・「散」（散位）と見え、（天平宝字元年）造東大寺司解（後闕）（『大日本古文書』十三、二三二頁）に「散位従八位下上村主馬養年四十」と見え、その後、宝亀二年（七七一）には正六位上に至り、宝亀七年には奉写一切経所案主と見え（奉写一切経所食口案帳（『大日本古文書』二十三、一八五～三一六頁）所収宝亀七年六月八日奉写一切経所食口文、三一一頁)、四十八年間、造東大寺司の写経事業や石山寺造営事業に携わった。上馬養は、天平宝字二年(七五八)十月に造東大寺司案主として見えるが(天平宝字二年写経食料雑物納帳、『大日本古文書』四、三二七~三三六頁)、案主となったのは写書所解を発するようになった天平勝宝五年(天平勝宝五年四月二十九日写書所解、『大日本古文書』二十四、六二~六四頁)の頃と推定される。

(2)天平宝字二年八月一日勅写・(天平宝字二年八月)一日二日叙位補任并一日諸司主典巳上禄法・(天平宝字二年八月一日)詔写

孝謙天皇に関わる詔勅等の写の第二は、正倉院文書続修一②天平宝字二年八月一日勅写・(天平宝字二年八月)一日二日叙位補任并諸司主典巳上禄法・(天平宝字二年八月一日)詔写である(『正倉院古文書影印集成』五・続修一~二十五〔一九九一年〕、続修巻一第3~6紙　天平宝字二年八月一日報上尊号勅・(天平宝字二年八月)二日叙位禄法・(天平宝字二年)譲位宣命、影印六~一〇頁、解説七頁。『大日本古文書』四、二八二~二八五頁、孝謙天皇詔勅草(天平寶字二年詔書草、叙位・諸司主典巳上禄法・叙位、譲位ノ宣命)、『正倉院文書目録』二・続修、孝謙天皇勅(案)、叙位幷諸司主典巳上禄法、孝謙天皇詔(案))。本文書は、貼継がれた料紙四紙(右端及び左端裏の継目剝がし取り痕不明。紙長は第一紙五四・七センチ、第二紙・第三紙各五八・二センチ、第四紙三四・四センチ、第四紙奥余白二〇・五センチ)に追込みで、同筆で書かれている。

○史料2　天平宝字二年(七五八)八月一日勅写・(天平宝字二年八月)一日二日叙位補任并諸司主典巳上禄法・(天平宝字二年八月一日)詔写

A勅(第一紙)[*1]、朕、覧卿等所請、鴻業良峻、祖(祇)畏允深、忝／以寡薄、何當休各(名)、而上天降祜、帳字開／平、厚地薦[*2]祥、
蛩文表徳、竊惟此事、天／意難違、俯従衆願、敬膺典礼、号曰／寶字稱徳孝謙皇帝、又見上皇太后／之尊
号、感喜交懐、日興忘倦、任公卿之／所表、従耆緇之所乞、策曰天平應真仁正／皇太后、受此惟新之号、何
無洗奮之令、宜／改百官之名、載施寛大之澤、其天下見禁／囚徒、罪無軽重、咸従放免、但流人至配／所、
不在此限[*3]、其依先格、放却本土、无故／不上之徒、悉還本司、又自天平寶字元／年已前、監臨自盗、々所監
臨、及官物／欠負未納悉免、天下諸(国)隠於山林清行近[*4]／七十年已上、皆令得度、其中臣・忌部、元／預神宮常
祀、不闕供奉久年、宜両氏／六位已下加位一級、其大學生、醫生、針生、／暦[*5][*6]生、竿生、天文生、陰陽生、
年廿五已上、叙／位一階、其依犯擯出僧等、戒律無闕、移／近(第二紙)一国、其鑒真和上、戒律轉潔、白頚[*7]不変、／
遠渉[*8]滄波、歸我聖朝、号曰大和上、供敬／供養、政事躁煩、不敢労老、宜停之、集／諸寺僧尼、欲孝[*9]戒律
者、皆属令習、主／者施行[*10]、

天平寶字二年八月一日[*11]

（注）＊1 勅、続日本紀、詔報曰ニ作ル、＊2薦、一文字擦消ノ上ニ書ス、＊3但流人至配所不在此限、続日本紀、ナシ、＊4近、続日本紀、逸士ニ作ル、＊5暦、初メ「歴」ト書シ、「止」ニ「日」ヲ重書キシ、更ニ下方ニ「日」ヲ加エ、「暦」ニ改ム、＊6生、続日本紀、ナシ、＊7頚、頭ノ誤写カ、＊8渉、旁「歩」ノ行書体、＊9孝、「㚔」ト書セントシテ「孝」ニ誤写、＊10主者施行、続日本紀、ナシ、＊11天平寶字二年八月一日、続日本紀、ナシ、

B二日、(叙位)山口伊美吉佐美万呂入内　外従五位下茨田枚野／山口忌寸又船東人粳手叙位一階

C(女叙位)正三位當麻真人山背　従三位河内女王／従四下奈貴女王　従五位下伊刀女王　垂水女王／内真人糸井　粟田
朝臣諸姉　藤原影／外従五位下黄文連白女　上道臣広羽女／爪工宿祢飯足二日叙位(ママ)(E続)(一日叙位末尾)外従五位下忌部黒麻呂

D諸司主典已上禄法

内相絁八十匹　綿五褁　中納言絁卅匹　綿一褁／参議三絁廿匹　綿六十屯　参議四位及三位絁十匹／綿卌
屯　四位位絁八匹　綿卅屯　五位絁六匹　綿廿屯／外五位絁四匹　綿十屯　六位絁二匹　布二端　八位初
／位絁一匹　布一端　神祇官史生伴部大神宮／内人祝各布三端、但祢宜准本位諸社祢宜／祝各布二端
女禄法(女禄法)　井上親王絁卌匹　綿二褁／不破親王及夫人絁卅匹　綿一褁　尚蔵絁廿匹／綿六十屯　自餘准男
僧尼施法(僧尼施禄法)　僧正絁廿匹／綿六十屯(第三紙)　大小僧都絁十匹　綿卌屯　律師絁八匹／綿卅屯　諸寺師位僧尼各絁二
匹綿屯ㇾ四

E正(叙位)三位石川朝臣　従三位船王　池田王　氷上真人／正四上白壁王　従四位上佐伯毛人(今脱)　藤原巨勢万呂　従四
位下／藤原御楯本名千尋正五位上粟田奈勢万呂　従五位下管(菅)生王／従五位上紀五百　阿倍子嶋　石川豊成　藤
原真先(光)弖取／當麻浄成　従五位下文馬甘　藤原楓万呂／藤原久須万呂浄弁　紀牛甘　佐伯三方　穂積小東人／
大野廣楯　笠真足　縣犬甘吉男　石川廣成／中臣毛人　阿倍於宇万呂　大伴東人　管(菅)生島足／外宍(外位)人倭万呂
廣田連小床　宇自可山道／大和斐太万呂　山邊小笠　參議文屋真人智奴／藤原巨勢万呂

F現(詔)神御宇天皇詔旨良奈麻止(衍)宣勅乎、親王・諸王・諸臣・／百官人等、衆聞食宣、高天原神積坐皇親神／魯弃《魯美》[*1]
命吾孫将知食国天下止、事依奉乃任尓、／遠皇祖御世始弖天皇御世御世聞看東食《来》／国高御座乃業止奈止《母》随神所念
行久止宣天皇勅、／衆聞食宣、　加久聞看来天日嗣高御座乃／業波、　天坐神・地坐祇乃相宇王《豆》奈比奉相扶奉事尓／
依弖之此座平安御座弖、　天下者所知物尓在自止／奈母随神所念行須、　然皇止坐弖天下政乎聞／看事者、　勞岐重棄事尓
在家利、　年長久日□《多》久／此座坐波、　荷重力弱之弖不堪負擔[*2]、　加以、　□《挂》畏／朕婆々(第四紙)皇太后朝乎母[*3]人子之理尓不得定者《省》
波、／聖[*4]情母日夜不安、　是以、　此位避弖聞《間》乃人尓在／弖之如理婆々尓波仕奉倍自止所念行弖奈母日嗣止定／賜弊流皇太子
尓授賜久止宣天皇御命、　衆聞／食宣、

注＊1初メ、「皇親神魯弃魯神美□」ト書シ、尋デ割書右行「魯弃魯」ノ三字目「魯」ト同左行「神美□」ヲ墨抹シ、「神魯美」ヲ補シ、「皇親神魯弃美神魯美」ト改ム。＊2負擔　続日本紀、負荷ニ作ル。＊3乎　続日本紀蓬左文庫本、「乎」、谷森本等、「尓」。＊4聖　続日本紀、「朕」。

この文書の書写者は、天平宝字二年当時、造東大寺司案主であった上村主馬養と考えられ（『正倉院展図録』第五八回、一六頁）、次のA～F六つの部分で構成されている。

A天平宝字二年八月一日勅写　『大日本古文書』四、二八二頁第四行～二八三頁第三行。『続日本紀』天平宝字二年八月庚子朔（一日）条の第六段の詔（尊号を奉る上表に答える詔）に相当。『大日本古文書』は首部（二八二頁第三行）に、原本にはない「天平宝字二年詔書草」の題を加える。

B（天平宝字二年八月）二日叙位五名　『大日本古文書』四、二八三頁第四行～第五行。

C（八月一日）女叙位十一名。追記、男官叙位一名（Eの続き）。女叙位歴名の末尾に「二日叙位」とあるのは「一日叙位」の間違い。　『大日本古文書』四、二八三頁第六行～第一〇行。

D諸司主典已上禄法　『大日本古文書』四、二八三頁第一一行～二八四頁第六行。

E叙位三十四名・参議補任二名　『大日本古文書』四、二八四頁第七行～二八五頁第一行。なお、Cの末尾に叙位の三五人目の忌部黒麻呂が記載されている（E続）。

F（天平宝字二年八月一日）宣命写　『大日本古文書』四、二八五頁第二行～第一二行。

『続日本紀』天平宝字二年八月庚子朔（一日）条・辛丑条（二日）の構成と、正倉院文書続修一②天平宝字二

年八月一日勅写・（天平宝字二年八月）一日二日叙位補任并一日諸司主典已上禄法・（天平宝字二年八月一日）詔写の関係は、『新日本古典文学大系』続日本紀三・巻二十一補注（五三一頁）を参照すれば、次の如くなる（『続日本紀』天平宝字二年八月一日・二日条との対比では「〈続修一②のA〉」の如くに『正倉院文書目録』断簡番号（続修一②」を付す）。

○『続日本紀』巻二十一・天平宝字二年八月庚子朔（一日）・辛丑（二日）条

八月庚子朔条

(1)孝謙天皇譲位詔〈続修一②のF〉『続日本紀』、「内召五位已上宣命」なし。

(2)「是日、皇太子受禅、即天皇位於大極殿」

(3)淳仁天皇即位詔　続修一②に詔の記載なし。〈続修一②のD〉は、即位詔の「百官職事已上及大神宮乎始弖諸社禰宜・祝尓大御物夫、僧綱始弖諸寺師位僧尼等尓物布施賜夫」による「諸司主典已上禄法」（神祇官、大神宮、諸社禄を含む）、「女禄法」（女官禄法）、「僧尼施法」を記す。但し、『続日本紀』にこれらの禄法の記載なし。

(4)叙位（三十五名に叙位）〈続修一②のE及びE続〉は、人名表記には姓の略、誤記、別文字使用、記載順の異同あれども、三十五人全員を掲げる。但し、『続日本紀』の表記順三十五人目の忌部黒麻呂のみ、女叙位の文末に記す。

(5)女叙位（十一名に叙位）〈続修一②のC〉人名表記には姓の略、別文字使用、記載順の異同あれども、十一人全員を掲げる。文末の「二日叙位」は「一日叙位」の誤記で、あるいは一日の叙位の三十五人目の「外従五位下忌部黒麻呂」を、女叙位記の前の八月二日叙位の記（続修一②のB）に追加する旨の注記。

(6)「是日、百官及僧綱詣朝堂上表」（百官表及び僧綱表） 続修一②に記載なし。

(7)孝謙報詔（宝字称徳孝謙皇帝号を受けること、百官名改称、恩赦、鑑真に大和上号を賜うこと等を宣す）〈続修一②のA〉は、『続日本紀』の詔と文に少異あり、文末に「天平寶字二年八月一日」の宣布日の記あり。

(8)光仁天皇勅（藤原仲麻呂の名の諮問） 続修一②に記載なし。

八月辛丑条

(9)僧延慶辞爵位 続修一②に記載なし。

(10)叙位（二名に叙位）〈続修一②のB〉は山口伊美吉佐美万呂の入内と叙位、茨田枚野の叙位及び船東人粳手への叙位を記す。

『続日本紀』天平宝字二年八月癸卯（四日）条には任官儀による「以㆓従五位下笠朝臣真足㆒為㆓伊勢介㆒、正五位下大伴宿禰犬養為㆓右衛士督㆒」の二名のみの任官が記録されるが、正倉院文書続々修第四十六帙五第一断簡の神祇大輔中臣毛人等百七人歴名（料紙表裏に連続して書される。『大日本古文書』十五、一二九～一三二頁）は奥に「合一百七人」と記された任官歴名で、「伊勢介笠真足」（一三〇頁）、「右衛士府督大伴犬甘」（一三二頁）も記載されている。続々修第四十六帙五第一断簡の任官歴名は、神祇官、太政官、八省、京司、国司、衛府の順に記されており、実際に任官された官人の歴名であり、二名しか記していない『続日本紀』巻二十一の八月癸卯条は任官歴名の抄録である。

天平勝宝八歳から天平宝字二年の時期は、天平勝宝八歳五月二日聖武太上天皇崩御、同九歳三月の皇太子道祖王廃太子、天平宝字二年八月の孝謙天皇譲位と淳仁天皇即位と、政治体制変動期であり、同時に天平勝宝九歳五月二日の聖武太上天皇周忌法会に向けた東大寺造営事業（東大寺大仏殿回廊や大仏座蓮弁の完成等）の画期でもあった（石上「コスモロジー」。石上「『東大寺要録』巻一所引延暦僧録文「仁政皇后菩薩」伝について」）。このような天皇を巡る政治状況の変動、それと直接に関わる東大寺造営事業の動向は、造東大寺司に仕える官人達、そして写経事業に参加する下級官人や写経生・校生・装潢等にとっても、日々強い関心をもつところであったであろう。かかる状況の下、写経所官人の上馬養等が、造東大寺司の四等官の官人等を通して、詔勅の写や、叙位・任官歴名や禄法の情報を入手し記録として保管したと推測される。このように、文字文化は、書記者とその周囲の者達による政治状況理解のために、詔勅に及ぶ行政文書や政務儀礼の記録を為すこととしても機能したのである。即ち、東大寺の造営と写経事業に参加する人々による「書記文化圏」の形成・発展、日常化・常態化の営為を、天平勝宝九歳三月二十五日詔や天平宝字二年八月一日詔の書写保存の事例から知ることができる。

三　写経生の訴え——情報提出による自己存在確認

杉本一樹編著『日本の美術』四四〇号に第98図「写経司解案」として写真版が掲載されている正倉院文書続々修四十六帙八第十一紙（奈良帝室博物館正倉院掛編『正倉院古文書目録』中巻、「寫經司々穩便事解壹張」。『大日本古文書』二十四、一一六～一一八頁）の写経司解案（年月日欠）は、皇后宮職被管の写経司の官人が待遇改善等を皇后宮職に上申せんとして作成した解の草案である。

○史料3　写経司解案

（端裏下部、天地逆）「寫經司解申三月内寫經事」

（行間試字、以下同ジ）「□申去月内造物事　寫經司解　申三月内寫経事／寫　寫　寫經司解　申　申　物　事　无　无　寫寫寫」

一切經寫司解　申司内穏便事　「經師廿　无寫寫寫凡」
「寫經司解　申三月　解　解申　申　經師廿一人　凡（土持）河内　寫　凡河内」
一　召經師且停事「事　寫　寫經司解　申三月」
見（遺）紙四千張〕・見経師廿人　廿五箇日単功五百／應寫紙四千張　人別八枚（寫）
右、紙少人多、計必斷手、請、且留停、其／「无」間設紙、來八月中旬、擬□物召（更）集（加）、
一　欲換浄衣事
右、浄衣、去年二月給付、或壊或垢、雖洗尚／臰、請、除被及帳以外、悉皆改換、
一　經師假休事
右、經師等情願（請）、毎月一度退以五日爲休、（請休假五日）（假）（箇休息）／實為无慨者、
一　装潢并校生食麁悪事
右、比者、以黒飯給、請改給中品精食、
一　請經師等薬分酒事
右、案机久坐（常居）、胷痛脚痺、請以三箇日／一度給酒者、
「酒」
一　經師等毎日麦給事
右、承前毎日給麦、就中断之、請依前／毎日給之、
以前六條事、随經師等情願、顕注如前、請謹處分、以解、

（注）1　線を引き、装潢并校生食麁悪事以下の項を、請薬分酒事、毎日麦給事の次に移す。2　『大日本古文書』、「紙面餘白ニ樂書アリ、今省略ニ従フ、」として行間の試字（楽書）を略す。試字及び端裏「寫經司解申三月内寫經事」は、本文書作成

後に記載。3　続々修第四十六帙第八巻は、単独の文書を書した一一紙を貼り継いでおり、第一一紙の本文書の右端は糊代として、第一〇紙の左端の下にあり。よって、右端の試字（楽書）の一部は継目下にあり読めず。

本文書の作成時期について、『大日本古文書』は「コノ文書、既刊巻七（追加一）第二七四頁寫經司月食帳案ニ據ルニ、天平十一年ノモノナルヘシ、」とし天平十一年に収める。皇后宮職管下の写経機関では、天平八年九月より、唐より帰国した入唐学問僧玄昉の将来した一切経を底本として『開元釈教録』収載経典の書写を目指して一切経の書写事業が開始された。玄昉は、霊亀二年（七一六）八月に任じられ養老元年（七一七）三月に出発した遣唐使（押使多治比真人県守。養老二年十月、大宰府に帰着）に入唐留学生下道真備（吉備真備）と共に入唐学問僧として随行し、天平五年（七三三）四月に発し天平六年十一月に多褹嶋に帰着した遣唐使多治比真人広成に随行して下道真備と共に帰国した。遣唐大使多治比広成は天平七年三月に朝拝し、下道真備は天平七年四月に唐で蒐集した大衍暦・唐礼等を聖武天皇に献上している。恐らく、玄昉も、遣唐大使多治比広成や下道真備と同じ頃に拝朝したのであろう。『続日本紀』巻十六天平十八年六月己亥（十八日）条の寂伝には、「天平七年、随大使多治比真人広成還帰、賷経論五千餘巻及諸佛像来」とある。この「経論五千餘巻」が、唐僧智昇が開元十八年（七三〇）に撰した一切経目録の『開元釈教録』二十巻に基づく蒐書という。正倉院文書続々修十六帙八「写経請本帳」（『大日本古文書』七、五四～九〇頁、天平八年〔七三六〕九月廿九日始経本請〔玄昉〕和上所より天平十三年〔七四一〕閏三月二十一日請経文までの文書を収める）に、皇后宮職管下の写経所が玄昉将来一切経の借用請求を天平八年九月二十九日から開始した記録が残されている。皇后藤原光明子は、亡父藤原不比等（養老四年〔七二〇〕薨）と亡母県犬養三千代（天平五年〔七三三〕薨）の追善供養のため、玄昉将来経等を底本に『開元釈教録』に目録として収載される一切経五千四十八巻を目標にした写経を天平八年九月から開始し、天平十二年四月十五日までには約三分の二の三千五百三十一巻の書写がなされた（正倉院文書続々修十七帙三、天平十二年四月十五日写経司啓、『大日本古文書』七、四八五～四八六頁。正倉院文書続修四十五①天平十二年四月十五日写経司啓（案）、『正倉院古文書影印集成』四、『大日本古文書』二十四、一二六～一二七頁、『正倉院文書目録』二・続修、続修四十五①）。そして、天平十二年五月一日の藤原光明子願文が作成され、書写済の経典の奥に加えられていった。天平八年九月に始まった『開元釈教録』に基づく玄昉将来経等を底本とする一切経書写事業により書写された経典は、願文の日付により「五月一日経」と称されている。五月一日経の書写は天平十二年四月を以て一時中断されて既に書写されていた経巻の奥に願文が添付され、一切経書写はその後天平十三年閏三月に再開されて天平勝宝八歳（七五六）まで継続された（皆川「光明皇后願経五月一日経の書写について」一三〇～一三二頁）。

藤原光明子の一切経願文は次の如くである（『正倉院展』第五四回、如来興願経巻第一、願文、による）。

○天平十二年五月一日皇后藤原光明子願文

皇后藤原氏光明子奉爲／尊考贈正一位太政大臣府君尊／妣贈従一位橘氏夫人敬寫一切／經論及律莊嚴既了伏願憑斯／勝因奉資冥助永庇菩提之樹長／遊般若之津又願上奉／聖朝恒延福寿下及寮采共盡忠／節又光明子自発誓言弘濟沈淪／勤除煩障妙窮諸法早契菩提乃／至傳燈無窮流布天下聞名持巻／獲福消災一切迷方會歸覺路

天平十一年五月一日記

この願文の句構造は、天理図書館所蔵東寺観智院本『作文大体』（『天理善本叢書』和書之部五七巻、八木書店、一九八四年一月）の「筆大体」（石上「源順伝から学ぶ」。石上「『東大寺要録』巻一所引延暦僧録文「仁政皇后菩薩伝」について」）を参考とすれば、次の如くである（傍点：○平声。●他声。便宜、返点・句点を附す）。

皇后藤原氏光明子、奉二為[*1]尊孝贈正一位太政大臣府君・[*2]尊妣贈従一位橘氏夫人一、敬寫二一切經論及律一、莊嚴

既了、　第一段・起（敬写）

伏願、　第二段・承（亡父母への請願）

憑二斯勝因○一、奉レ資二[*3]冥助●一、　〔緊句、一対〕

[*4]永庇二菩提之樹●一、[*5]長遊二般若之津○一、　〔長句、一対〕

又願、　第三段・転（天皇福寿・臣下忠節）

上奉二[*6]聖朝○一、恒延二福寿●一、　〔緊句、二対〕

下及二[*7]寮采●一、共尽二忠節●一、　（平他不調）

又光明子、自発二誓言一、　第四段・結（自誓言）

弘濟二沈淪○一、勤除二煩障●一、　〔緊句、二対〕

妙窮二諸法●一、早契二菩提○一、

乃至、

傳燈無窮○、流二布天下●一、　〔緊句、三対〕

聞名レ持レ卷●、獲レ福消レ災○、

一切迷方○、會二歸[*8]覺路●一、

天平十一年五月一日記

（注）＊1尊孝贈正一位太政大臣府君　藤原不比等。＊2尊妣贈従一位橘氏夫人　橘三千代。＊3冥助　目に見えない神仏の助け。＊4永庇菩提之樹　釈迦がブッダガヤーの菩提樹の下で悟りを開いたことに因み仏法を擁護することの喩え。

＊5長遊般若之津　悟りの彼岸に渡るための智慧（般若）を船に譬え、智慧の船の渡し（津）に赴くこと、即ち般若獲得のために修行すること。永庇菩提之樹と合わせて亡父母の菩提を弔うこと。＊6聖朝　聖武天皇。＊7寮采　官人、女官、臣下。＊8覚路　悟りの道。

この願文の訓読私案を示しておこう。

皇后藤原氏光明子、尊孝贈正一位太政大臣府君、尊妣贈従一位橘氏夫人の奉為《おんため》に、敬《つつし》みて一切経論及び律を写《うつ》し、荘厳《シヤウゴン》し既に了りぬ、伏して願はくは、斯《こ》の勝因に憑《たの》みて、冥助《ミヤウジョ》に資《シ》し奉《まつ》り、永く菩提之樹《ボダイのき》を庇《かば》ひ、長《なが》く般若之津《ハンニャのつ》に遊《あそ》ばむことを、又《また》願はくは、上《かみ》は聖朝《シヤウテウ》の奉《おんため》に、福寿《フクジュ》を恒延《コウエン》し、下《しも》は寮采《レウサイ》に及ぶまで、共《とも》に忠節を盡《つく》さんことを。

又、光明子、自《みずか》ら誓言《セイゴン》を発し、弘《ひろ》く沈淪《チンリン》を済《たす》け、勤《つと》めて煩障《ハンシヤウ》を除かむとす、妙窮《メウグウ》の諸法、早く菩提を契《ちぎ》り、乃至《あるい》《ナイシ》は、傳燈無窮《デントウムグウ》にして、天下に流布せむ、名《ミョウ》を聞きて巻《クワン》を持《ジ》し、福《フク》を獲《え》て災《わざはひ》を消《け》さば、一切迷方《イッサイメイハウ》、覚路《カクロ》に会帰《クワイキ》せん、

願文に「上奉聖朝　恒延福寿」とある「福寿」の語は、天平十一年（七三九）には春日山西山腹に建立され一切経写経事業も行われていた福寿寺が、光明子が夫の聖武天皇の長命、幸福を祈願するために設けられた寺であったことを示している。また、「弘済沈淪　勤除煩障」の句は、光明子が天平二年（七三〇）皇后宮職に施薬院を置いたこと（『続日本紀』天平二年四月辛未〔十七日〕条）、更に施薬院と共に悲田院も設けたこと（『続日本紀』天平宝字四年〔七六〇〕六月乙丑〔七日〕条、光明皇太后崩伝）を記している。寺院を建立し仏の名号を聞き、一切経を書写し経典を持すことにより悟りの道に巡り会うことを願うと、この願文は記している。なお、藤原光明子は、神亀四年（七二七）閏九月二十九日に生んだ皇子（同年十一月二日、立太子）が神亀五年（七二八）九月十三日に夭逝したの

で、その冥福を祈るため春日山南山腹に香山堂を造営している（石上「コスモロジー」二九三頁）。

天平八年九月から始まる玄昉将来経と『開元釈教録』を基にする一切経書写事業の展開のために、皇后宮職の写経組織は天平十年三月に写経司に整備された。[注7] 前掲の如く『大日本古文書』が続修四十六帙八巻所収の写経司解案を、写経司月食帳案（『大日本古文書』七、二七四〜三〇〇頁）により、天平十一年のものと推定する根拠は、恐らく、次の二点であろう。[注8] 第一は、写経司解案第一条に、「見経師廿人」であるが写経料紙が不足しているので且く参仕を留め料紙を補充して「來八月中旬」に招集せんとすとあるところの経師の人数が、八月食料を申請した天平十一年七月三十日写経司解（『大日本古文書』七、二九一〜二九三頁）が計画する八月の日毎に参仕する経師の人数二十人と一致することであろう。第二は、写経司解案第二条において浄衣が「去年二月」に「給付」されたが傷み汚れたので換えることを要求するのが、皇后宮職管下写経組織が写経司に編成し直されたのが天平十年三月であることと関わるからであろう。写経司の皇后宮職への浄衣支給申請は、天平十一年四月にもなされている（天平十一年四月二十六日写経司解。続修別集十六①、『大日本古文書』二、一六九頁。山下「写経機構の内部構造と運営」）。また、写経司解案に案作成の後に書き込まれた、料紙表右端の試字（楽書）の「写経司解　申三月内寫経事」「写経司解　申三月」と、料紙右端裏の天地逆の「写経司解申三月内寫経事」の書き出し文言は、天平十二年三月の写経司解の作成に関わる試字であろう。

写経司解案の作成が天平十一年七月下旬頃であったとすると、写経司解案の六箇条に記された「司穏便」のための「経師等情願」に基づく皇后宮職への要求内容は、この案に基づく写経司解の正文が作成され皇后宮職に呈上されなかったとしても、皇后藤原光明子願経一切経書写遂行を任務とする写経司の活動において、経典制作を担う経師・校生・装潢の待遇改善を写経司官人が如何に認識し改善すべきと考えていたのかを示すと言えよう。

第一条は、料紙不足により経師の参仕日数を二十五日とするのが適当とする提案で、第三条の経師の情願により休暇を毎月五日とするとの提案と対応する。写経料紙在庫数不足の故に一月の参仕日数を二十五日とすべきであるとの第一条は、料紙不足状況が事実あったとしても、第三条の経師の情願を実現するための理由付けとして記された要求であったとも考えられる。実際、写経司月食帳案所収の、八月の「月料米用」を報告する天平十一年九月二日写経司解（『大日本古文書』七、二九〇〜二九一頁）によれば、八月の経師の食口四百九十一人、不食口八十九人で、小の月で二十九日の八月の参仕日として二十人の二十九日分としての五百八十日の予定の内、実際の参仕日が平均一人二十四日余であったことが皇后宮職に報告されており、経師の月五日の休暇がほぼ実現していたことがわかる。第二条は、前年二月給付の浄衣に換えて、新たな浄衣が経師・校生・装潢に支給されることを要求している。但し、新たな被（衾）と帳（湯帳、浴衣）の支給は要求していない。第四条、第五条、第六条は、墨線で条の移動を示し、経師等（経師・校生・装潢）に関わる第五条を第四条に、同じく第六条を第五条に、装潢と校生に関わる第四条を第六条に改め、経師・校生・装潢の職種順に要求事項の配列を改めている。第四条は、装潢と校生への支給が「黒飯」（玄米）なので、精米度の高い「中品精食」の支給を要求している。第五条は、経師・校生・装潢が案机に常居して仕事をし胸痛・脚痺となるので、三日に一回、薬分酒を支給して欲しいことを要求している（丸山裕美子『日本古代の医療制度』一三五頁）。第六条は、以前から麦を給されていたが中断しているので、前例に従い毎日、支給されること要求している。

写経組織の経師が足の病（脚気）で休暇を申請した文書が、天平十一年よりは後のものであるが、次の広田清足請暇解にも見える。

○広田清足請暇解（正倉院文書続々修二帙六①⑹裏、『大日本古文書』十四、四四七〜四四八頁）

廣田連清足謹解　申請暇日事
右、従今月廿三日夕、足瘇、不便歩行、望請、十箇日暇、療治、仍具事状、謹解、
天平宝字四年十月廿四日
（異筆）「經師廣田清足帙了、今月十五日、依例休去、以十九日可到、過限不到、今申送病状、
廿四日史生下道福麻呂
造東大寺司主典安都宿祢參行幸所」
（又異筆）「以十一月十九日参」

広田清足は、天平宝字四年（七六〇）に造東大寺司写経所に参仕した経師で、十月十五日より仕事を終え休みとなり十月十九日より出仕の予定であったが出仕せず、写経所に解（請暇解）を提出し、十月二十四日に前日の夕より足瘇（脚気）で歩行不便となったので十日の休暇を申請した。造東大寺司写経所では、休暇申請の解を受けことを解の奥に記入し、更に十一月十九日から参仕が再開されたことを解の奥に記録した。

薬酒が写経事業従事者に支給されたことは、奉作阿弥陀仏像幷写経用度文案所収天平宝字四年四月二十六日写経所解（続々修四十三帙十五、『大日本古文書』十四、三三六～三四二頁）に見える「八百卌文薬酒八斗九升直」の薬酒購入の記載からも知られる（丸山前掲書、一三二頁）。

皇后藤原光明子願経である一切経の書写・校正・装潢を担当する経師・校生・装潢の待遇改善を、写経司解案に記される如く、彼らの「情願」に従い、経師への月五日休暇保証、浄衣交換、校生・装潢への「中品」米支給、経師等への三日に一度の「薬分酒」支給と麦の毎日支給により実施することを、写経司が案の如くに正文を作成し皇后宮職に申請したか否かは、残された正倉院文書からは不詳である。しかし、前述の如く、写経司解案

が作成されたと推定される天平十一年七月の翌月の経師二十人の平均勤務日数が二十四日余で平均して五日程の休暇が実施されていたことは、写経料紙の在庫状況による事情もあるであろうが、経師の要求がほぼ実現されたことを示しているとも考えられる。一切経書写事業に携わる経師・校生・装潢の安寧なる執務環境を実現することは、皇后藤原光明子が、「下は寮采に及び、共に忠節を尽くす」こと、「福を獲て災を消す」ことを願う一切経書写において、皇后宮職においても重要な課題であったのであろう。天平九年九月末から天平十二年四月までの間に一切経の約三分の二の三千五百三十一巻の書写を実現し天平十二年五月一日願文を附することに成功した結果は、「穏便」なる写経事業環境を保全せずしては皇后の願いを実現できないとの写経事業運営の方針を皇后宮職と写経司の官人が有していたことを示すとも言えよう。一方、「司内穏便」の環境の実現は、経典書写作成に携わる経師・校生・装潢の立場からすれば、衆生救済の理念に反する可能性のある執務環境を「情願」という要求提示により改善させるという、現代風に言えば「待遇改善運動」でもあった。

結び

正倉院文書続修一②天平宝字二年八月一日勅写・（天平宝字二年八月）一日二日叙位補任并諸司主典已上禄法・（天平宝字二年八月一日）詔写、正集四十四②天平勝宝九歳三月二十五日詔写、続々修第四十六帙五第第一紙任官歴名の史料群は、造東大寺司写経所の官人が如何にして朝廷の政治状況の情報把握に努めていたのかを示している。天平勝宝八歳から天平宝字二年における、聖武太上天皇の天平勝宝八歳五月二日の崩御、天平勝宝九歳五月二日聖武太上天皇周忌法会、天平勝宝九歳三月の「天下大平」の祥瑞文字の出現、聖武太上天皇の遺詔により皇太子となった道祖王の天平勝宝九歳三月の廃太子、同四月大炊王の立太子と天平宝字二年八月の孝謙天皇の譲位の政治状況は、東大寺造営と写経という仏教による国家安泰の実現を担う造東大寺司の管下の写経事業担当者にとっても、己等の進む道を知るために詳細な情報を取得し記録することを必要とさせたと考えられる。書記言語文化の普及は、多様な階層、職業の人々にとって、政治状況の記録と伝達の機会、更には取得した情報に基づく政治状況への参加を可能とした。天平十一年七月のものかと推定される、写経司官人が経師・校生・装潢の待遇改善を皇后宮職に申請せんとして作成した写経司解案は、皇后藤原光明子願経としての一切経書写に働く人々の「情願」が、律令官司体制の中で機能し得たことを示している。書記言語文化の普及は、仏典書写による社会の安寧と人々の救済の実現と共に、現代風に言えば「勤労者」の勤労環境への認識の社会的共有をも実現したと言えよう。

本稿は、当初予定した、社会諸相への書記文化圏の拡大と深化の事例としての、物（銭）の動きを記録する月借銭解、物（経典・経櫃）と共に移動する奉請文、民の意思を伝える請暇解などを紹介する計画であったが果たせなかった。また、正倉院文書から、日本と唐・新羅との書記文化交流を考え、さらに唐僧鑑真等の唐からの渡来と日本仏教の展開への役割等を俯瞰し、東アジアにおける日本文化圏の形成を検討することには及ばなかった。その故、『古代文学と隣接諸学』第二巻の「文化圏とネットワーク」の主題に十分に対応しえていないと自省の次第であるが、正倉院文書の概観と事例提示の試みとしてご了解願いたい。

注

1　石上「コスモロジー――東大寺大仏造立と世界の具現」において、信楽さらに平城京東郊春日山麓へ移っての盧舎那仏造立が、国家安泰のための盧舎那仏による加護を求めるための華厳経に基づく蓮華蔵世界の具現にあったことを述べた。

2　東大寺境内にいくつかあった正倉（倉庫群）のうち、現存する正倉院の双蔵（北倉・中倉・南倉）を「西双蔵」（延暦十二年〔七九三〕六月十一日東大寺使牒〔外題「曝涼目録」〕、『大日本古文書』二十五、東大寺御物収納文書七、三四～五四頁）に「庁院西双蔵」（三四頁）の名を掲げる）として擁したのが、「正蔵院」（『東大寺要録』巻第四諸院章〔東大寺本〕）・「蔵院」（長元八年〔一〇三五〕十一月二日東大寺三綱堂舎損色検録帳、『東大寺文書』東南院文書之一・二二一、二五四～二七二頁。『東大寺文書』は「長久八年」とする）と称された倉庫群であった。正蔵院の諸倉で現存するのが、「正倉院」である。

3　石上「正倉院文書目録編纂の成果と古代文書論再検討の視角」「正倉院文書と東大寺法華堂」にも記したが、広義の正倉院文書には次のような五つの史料群がある。宝物番号等は、正倉院事務所編『正倉院宝物』北倉Ⅰ～Ⅲ、中倉Ⅰ～Ⅲ、南倉Ⅰ～Ⅳ（一九九四年七月～一九九七年七月、毎日新聞社）、松嶋順正編『正倉院宝物銘文集成』（吉川弘文館、一九七八年七月）参照。

Ⅰ北倉宝物の施入・管理に関する文書

A献物帳　1天平勝宝八歳〔七五六〕六月二十一日献物帳（国家珍宝帳）（北倉157）　2天平勝宝八歳六月二十一日献物帳（種々薬帳）（北倉158）　3天平勝宝八歳七月二十六日献物帳（屏風花氈等帳）（北倉159）　4天平宝字二年〔七五八〕六月一日献物帳（大小王真跡帳）（北倉160）　5天平宝字二年十月一日献物帳（藤原公真跡屏風帳）（北倉161）

B出納文書（宝物勘検文書、宝物出納文書等）　1延暦六年〔七八七〕六月二十六日曝涼使解（北倉162）　2延暦十二年〔七九三〕六月十一日曝涼使解（北倉163）　3弘仁二年〔八一一〕九月二十五日勘物使解（北倉164）　4斉衡三年〔八五六〕六月二十五日雑財物実録帳（北倉165）　5礼冠礼服目録断簡（北倉166）（斉衡三年六月二十五日雑財物実録帳の首部の一部）　6雑物出入継文（北倉167）

7沙金桂心請文（天平勝宝九歳〔七五七〕正月十八日請沙金文・天平宝字三年三月十九日請桂心文）（北倉168）　8出蔵帳（天平宝字三年〔七五九〕十二月二十六日）（北倉169）　9出入帳（雙倉北雑物出用帳）（北倉170）　10王羲之書法返納文書（延暦三年〔七八四〕三月二十九日）（北倉171）　11雑物出入帳（双倉雑物下帳）　12御物納目散帳（北倉173）

Ⅱ写経所文書

C正倉院古文書（通称、正倉院文書）（中倉15～20）

D正倉院古文書の往来軸（中倉22）『正倉院宝物銘文集成』・『正倉院宝物』中倉Ⅲ。Cの正倉院古文書から分離した往来軸の完形品（中倉22　往来、第1号～62号）、題籤など上部のみ残る往来軸（中倉22　往来　残欠、第1号～第9号）、題籤の一部や全部が欠失したり軸の一部のみ残る往来軸（中倉22　往来　残欠、第10号～第15号）。

E近代に献納された正倉院文書（庫外品）　図書寮文書や日名子文書のように、一旦、正倉院庫外に出た正倉院文書（狭義）で、後に正倉院に戻ったもの。

Ⅲ造東大寺司文書

F木簡（中倉21雑札、中倉165金銅火舎第三号木牌165、中倉202櫃第七十一号、南倉187琴瑟類残材木札）『正倉院宝物』中倉Ⅰ・Ⅲ。造東大寺司あるいは写経所で、物品や経典の管理に際して作成された木簡。

G丹裹文書（北倉148丹）『大日本古文書』二十五「丹裹古文書」、『正倉院宝物』北倉Ⅱ。造東大寺司で保管する顔料の裏紙に利用された造東大寺司反故文書。巾着裹の状態で顔料を入れたまま保存。

Ⅳ東大寺文書

H所領施入文書（中倉14）『正倉院宝物』中倉Ⅲ。東大寺印蔵伝来文書で、明治初年に皇室に献納された東大寺献納図書（所領の由緒を示す文書・絵図・銅板及び山水図など）のうち。　1天平勝宝元年（七四九）東大寺封戸勅書　2天平宝字四年（七六〇）東大寺封戸処分勅書　3天平勝宝四年（七五二）造東大寺司牒　4天平勝宝八歳（七五六）六月九日東大寺山堺勅定　5天平勝宝八歳六月九日東大寺山堺四至図　6弘仁九年（八一八）三月二十七日酒人内親王施入帳

I東南院文書　一一二巻（中倉14）　東大寺印蔵伝来の東大寺寺家の文書で東大寺献納図書の一つ。東京大学史料編纂所編『大日本古文書』東大寺文書・東南院文書一～三。近代の整理の過程で東南院文書（第七帙四巻）に混入した正倉院文書（宝亀三年（七七二）四月奉写一切経司食口帳断簡）もある。東南院古文書付属として、勅書銅版（表、天平勝宝五年（七五三）正月十五日聖武太上天皇願文。裏、天平勝宝元年（七四九）聖武天皇勅施入願文）がある。

J東大寺開田図（中倉14）　東大寺献納図書のうち。『正倉院宝物』中倉Ⅲ。東京大学史料編纂所編『大日本古文書』東大寺文書・東南院文書之四・東大寺開田図（一九六六年三月）、同編『日本荘園絵図聚影』一東日本上・二東日本下・釈文編一古代（一九九五年二月、一九九六年二月、二〇〇七年九月）。庫外品に越中国射水郡鳴戸村墾田図（奈良国立博物館所蔵）等がある。

Ⅴ宝物附随文書、宝物材料使用反故紙

K新羅文書（新羅からの輸入品に附属または使用されている文書） 1佐波理加盤附属文書 新羅から輸入された佐波理製加盤（南倉47）に附随。 2氈の白布貼箋文書 新羅から輸入された氈に縫い付けられている布製荷札箋二点。（中倉七四号櫃新六号花氈残闕、北倉151花氈6号）。『正倉院宝物銘文集成』二五〇号・二五一号。 3新羅村落文書 華厳経論帙（中倉59）の巻帙の芯に使用された反故文書。『正倉院宝物銘文集成』五〇号。 4佐波理匙を束ねた紙縒（南倉44 佐波理匙1—5号）。

L器物材料に使用の反故 1買新羅物解 鳥毛立女屛風（北倉44）の画面・屛風枠の下貼りに使用された天平勝宝四年（七五二）の新羅使との交易を内蔵寮に申請した諸家等の文書で、屛風修理の際に取り外されたもの（正倉院文書続修後集四十三・続々修四十七ノ四。庫外には、「尊経閣古文書纂」編年文書所蔵〔東野治之「鳥毛立女屛風下貼文書の研究」『正倉院文書と木簡の研究』塙書房、一九七七年〕、並川誠三郎氏所蔵『千古遺響』所収断簡〔所在不詳。東京大学史料編纂所所蔵影写本「並川文書」、皆川完一「買新羅物解 拾遺」〕）と、屛風に残されているもの（『正倉院年報』一二号、一九九〇年）。 2鳥兜裏貼文書 舞楽衣装の緋=鳥兜残欠（南倉3）の裏貼に転用された播磨国府関係文書（東野「鳥兜残欠より発見された奈良時代の文書と墨画」『正倉院文書と木簡の研究』。『正倉院の絵画』。『正倉院宝物』南倉Ⅳ）。宝物附随文書・宝物材料使用反故や文書断簡は、正倉院事務所による宝物の調査修理によっても確認され、『正倉院紀要』の「年次報告」等に報告されている。

Ⅵ典籍・経典

1「雑集」（北倉3 御書） 天平三年（七三一）、聖武天皇書写。中国の詩文集。 2「杜家立成」（北倉3 御書） 光明皇后書写。 3「楽毅論」（北倉3 御書） 天平十六年（七四四）、光明皇后書写。 4「梵網経」

4 天平十九年十二月十五日東大寺写経所解案、正集三⑫（2）裏（『大日本古文書』九、六三二～六三五頁）・正集四①裏（同九、六三五頁）・続修十五⑥（同二、七二二～七二三頁）・続修十五⑦（同二、七二一頁）・続修十五④（同二、七二四～七二六頁）・続修十五⑤（同二、七二三～七二四頁）・続修十五③（1）（同二、七二六頁二～一二行）・続修十五③（2）（同二、七二七頁一行～七二八頁）・正集三⑫（1）裏（同九、六三五～六三六頁）。

5 詔は、養老令（天平宝字二年施行）の公式注解書である『令義解』（内閣文庫所蔵紅葉山文庫本。『令義解 紅葉山文庫本』東京堂出版、一九九九年、二色刷影印本。『新訂増補国史大系』巻二十二、律・令義解。『日本思想大系』三・律令、岩波書店、一九七六年一二月）から知られる養老令によれば、次の諸段階で起案・施行される。なお、『令集解』巻三十一公式令一所引「古記」（大宝令の注釈書）により、大宝令詔書条文が部分的に復元され養老令詔書条文と文言の異なるところもあるが、詔書の作成・施行過程は養老令の制度も大宝令の制度も大きな違いはなかったとしておく。以下、『日本思想大系』三・律令の補注「詔書の起草・発布・施行」（六四〇頁）により概述する。

(1)内記による詔の作成　天皇の意を受けて内記が御所にて詔（詔一）を書し、天皇が詔を覧じて詔（詔一）の文末の「其年其月日」に日の数字を書き入れる（御画日）この行為により、この詔（詔一）は「御画日」とも称される。

(2)中務省における詔の作成　御所に中務省官人を召して詔（詔一）を中務卿に給し、中務省で詔（詔一）を基に清書した詔（詔二）を作成する。「御画日」のある詔（詔一）は案として中務省に留め、中務省では詔（詔二）を写して末尾に中務卿・中務大輔・中務少輔の官位姓を書した詔（詔二―一）を作成し、卿・大輔・少輔が名を署し内印（天皇御璽）を踏し、太政官に送る。

(3)詔の太政官から天皇への覆奏　太政官で外記が詔（詔二―一）の奥に大臣・大納言の官位姓と「等言、詔書如右、付外施行、謹言／其年其月其日」を書き加え、大臣・大納言が官位姓の下に名を自署し、大納言がこの詔（詔二―二）を天皇に覆奏する。

(4)天皇による詔の裁可　天皇が詔（詔二―二）を覧じ、奥に「可」を書き入れる（御画可、詔二―三）。

(5)太政官による詔の宣布　太政官は、御画可のある詔（詔二―三）を受け取り案として留め、詔（詔二―三）を新たに写した詔（詔三）をもって施行する。官人・官司への宣布による施行の方法は、『令集解』巻三十一公式令第一詔書条所引「古記」（大宝令の注釈書）に「問、「宣訖付㆑省施行、未㆑知、宣方、又施行方」、答、「有㆓聚㆒衆宣、或直付㆑省施行、或太政官造㆑符施行、或直写㆓詔書㆒施行也」、付㆑省、謂、八省所㆑由之省也」（『新訂増補国史大系』令集解後編、七八一頁）と、「有聚衆宣」、「直付省施行」（八省の所由の省）、「太政官造符施行」、「直写詔書施行」の四方法で行われた。

(5)―1「有聚衆宣」（官人への宣布）　大極殿前の朝堂院にて詔使（参議以上又は中務卿）が、官人を集めて詔（詔三）を口頭で宣布する。

(5)―2「直付省施行」　八省のうち「所由之省」に直接に詔（詔三）の写しの詔（詔三の写）を下付し施行を命ずる。

(5)―3「太政官造符施行」　在京諸司には、詔（詔三）の写しの詔（詔三の写）を作成し詔施行の旨の太政官符を作成し、詔（詔三の写）と太政官符を下付し、施行を命ずる。

(5)―4「直写詔書施行」　在外諸司には、詔（詔三）を写し込んだ太政官符（謄詔官符）を作成し下付し、施行を命ずる。

6　『続日本紀』巻二十（自天平宝字元年正月尽二年七月）の天平宝字元年紀（天平勝宝九歳正月より同年八月十八日、天平宝字元年八月

十八日より十二月）については、『日本後紀』巻五延暦十六年（七九七）二月己巳（十三日）条所引の菅野真道等の『続日本紀』四十巻撰上の上表文に、「初起二文武《（六九七年）》天皇元年歳次丁酉一、盡二宝字《（八五七年）》元年丁酉一、惣六十一年、所レ有曹案卅巻、語多二米塩一、事亦疎漏、前朝《（光仁天皇）》詔二故中納言従三位石川朝臣名足・刑部卿従四位下淡海真人三船・刑部大輔従五位上當麻真人永嗣等一、分レ帙修撰、以継二前紀《（日本書紀）》一、而因コ循舊案一、竟无二刊正一、其所レ上者、唯廿九巻而已、宝字元年之紀、全亡不レ存、臣等、捜二故実於司存一、詢二前聞於舊老一、綴コ叙残篠一、補コ緝缺文一、雅論英猷、義関二貽謀一者、惣而載レ之、細語常事、理非二書者、並従二略諸一、凡所二刊削一廿巻、幷レ前九十五年卌巻」とあり、光仁天皇（神護景雲四年〔七七〇〕十月一日、即位、天応元年〔七八一〕四月三日譲位）の下で石川名足・淡海三船・当麻永嗣等により文武天皇元年より天平宝字元年までの「曹案卅巻」の「分帙修撰」がなされたが、「因循舊案、竟无刊正」でかつ撰上されたのが二十九巻で「宝字元年之紀、全亡不存」の状態であったので、菅野真道等が文武天皇元年より天平宝字元年までの紀を二十巻に刊削したと奏上されている。天平宝字元年紀の「全亡不存」が逸失によるのか、天平宝字元年の廃太子等の不祥事の取り扱いによるものかは不明である。

7 写経司と称される令外官は、別に、聖武天皇勅願一切経に付された聖武天皇願文の奥に「天平六年歳在甲戌始寫／寫經司治部卿従四位上門部王」とあることから、聖武天皇勅願一切経書写のために天平六年以前に令外官（所管する官司は不詳）として存在していた（栄原「天平六年の聖武天皇発願一切経」）。天平六年聖武天皇願文を附す経典は、現在、根津美術館所蔵観世音菩薩受記経、檀王法林寺所蔵七知経、阪急文化財団所蔵雙観無量寿経巻上が残る（重要文化財指定）。観世音菩薩受記経の聖武天皇願文は『大日本古文書』二四（四五頁）に掲載され、国指定文化財等データベースから画像が公開されている。

8 皇后宮職管下の写経機関には、天平十年（七三八）二月三十日迄は写経所、経師所があった。天平十年二月三十日経師所解（正倉院文書続々修三十七帙九巻所収。『大日本古文書』七、一六五～一六六頁）の日下に署する小野国方（國堅）は、「雑受書幷進書案文及返書」（正倉院文書続々修十七帙一巻。『大日本古文書』七、一六七～一七九頁。石田実洋・須原祥二「正倉院文書写経機関関係文書編年目録――養老七年より天平十年まで――」九六・九七頁）所収天平九年三月三十日写経司啓案（『大日本古文書』七、一六七～一六八頁）の日下署判に「小野」と見え、天平十一年四月十五日写経司啓（正倉院文書塵芥六、『大日本古文書』二、一六一～一六五頁）に「史生小野朝臣国方」として見えるので、天平十年三月には皇后宮職の写経組織は写経司として整備されたことがわかる。

〔文献一覧〕

有富純也「正倉院文書写経機関関係文書編年目録――天平十二年・天平十三年――」『東京大学日本史学研究室紀要』五号、二〇〇一年三月
石田実洋・須原祥二「正倉院文書写経機関関係文書編年目録――養老七年より天平十年まで――」『東京大学日本史学研究室紀要』三号、一九九九年三月
石上英一「正倉院文書目録編纂の成果と古代文書論再検討の視角」石上・加藤友康・山口英男編『古代文書論　正倉院文書と木簡・漆紙文書』、東京大学出版会、一九九九年一一月
「源順伝から学ぶ」池田温編『日本古代史を学ぶための漢文入門』、吉川弘文館、二〇〇六年一二月
「コスモロジー――東大寺大仏造立と世界の具現――」『列島の古代史』7信仰と世界観、岩波書店、二〇〇六年五月
「古代日本史料の世界」深津行徳・浦野聡編『古代文字史料の中心性と周縁性』春風社、二〇〇六年三月
「『東大寺要録』巻一所引延暦僧録文「仁政皇后菩薩」伝について」『正倉院文書研究』一四号、吉川弘文館、二〇一五年一二月
金子武雄『続日本紀宣命講』白帝社、一九四一年一一月、復刻版、高科書店、一九八九年九月
栄原永遠男「天平六年の聖武天皇発願一切経」「初期写経所に関する二三の問題」『奈良時代の写経と内裏』塙書房、二〇〇〇年三月
佐々田悠「正倉院事務所における古文書調査のあゆみ」『国立歴史民俗博物館研究報告』一九二号、二〇一四年一二月
杉本一樹編著『日本の美術』四四〇号、至文堂、二〇〇三年一月
奈良国立博物館『正倉院展図録』第五八回、二〇〇六年一〇月
西洋子『正倉院文書整理過程の研究』吉川弘文館、二〇〇二年一月
仁藤敦史「正倉院文書研究と歴博複製事業の役割」『国立歴史民俗博物館研究報告』一九二号、二〇一四年一二月
早川庄八「続日本紀宣命詔・三題について」『名古屋大学文学部研究論集』史学四一一、一九九六年三月
丸山裕美子『日本古代の医療制度』名著刊行会、一九九八年五月
三上喜孝・飯田剛彦「正倉院文書写経機関関係文書編年目録：天平十四年・天平十五年」『東京大学日本史学研究室紀要』四号、

二〇〇〇年三月
皆川完一「光明皇后願経五月一日経の書写について」「正倉院文書の整理とその写本」「買新羅物解　拾遺」『正倉院文書と古代中世史料の研究』吉川弘文館、二〇一二年一一月。
山上憲太郎「「初期写経所」の変遷過程と写経生編成」『續日本紀研究』四一三号、二〇一七年一月
山口英男「正倉院文書と古代史料学」『岩波講座　日本歴史』第二二巻、岩波書店、二〇一六年二月
「正倉院文書の〈書類学〉」『日本史研究』六四三号、二〇一六年三月
山下有美「写経機構の変遷」「写経機構の内部構造と運営」『正倉院文書と写経所の研究』吉川弘文館、一九九九年一月
山本幸男『写経所文書の基礎的研究』吉川弘文館、二〇〇二年二月

唐玄宗開元期における仏教政策と「胡」への対応

中田 美絵

はじめに

玄宗開元年間は、武則天や韋后などに代表される女性が権力を握り政治を動かした「武韋の禍」を終息させ、諸改革が行われた「開元の治」として語られる。[注1] 武韋期は、負のイメージで語られるが、商人や地主などが経済力を背景に台頭する活気に満ちた時期でもある。仏教においても、造寺造仏のほか、売度も頻繁に行われ、銭さえ出せば僧侶になれる（偽濫僧）など、出家の道が広く開かれた。玄宗は、武韋体制の打破を目指すが、仏教に対しても、過度な信仰や偽濫僧を取り締まる措置を行った。[注2] そもそも武韋期の仏教信仰は、后妃公主ら女性を頂点とする政治勢力が主導したのであるが、彼女たちにとって寺院や僧侶は重要な支持基盤であった。つまり、玄宗が体制転換を遂行するうえで、武韋期の女性たちの権力基盤となった寺院や僧侶への取締りは不可欠であったといえる。そして、筆者が別稿で論じたように、武韋期の后妃公主の実権獲得の背景には、ソグド人などの外来系の人々の支持があったことも無視できない［中田二〇一三、二〇一六a・b］。唐代のソグド人を主とする西北地域出身の外来人は漢文史料中で「胡」や「胡人」などと表されることが多いが[注3]、この「胡」と呼ばれるような人々が后妃公主らと提携し、武韋期の政治体制を支える重要な役割を担ったとすれば、玄宗が体制転換を図るうえで、仏教政策と並行して、「胡」に対しても何らかの対策を取らざるを得なかったはずである。

ところで、唐代において仏教への取り締まりがより強力な形となって現れたのは、九世紀半ばの会昌の廃仏である。近年、この廃仏が、仏教を含む外来宗教全体への弾圧であり、中華純粋主義の一環、あるいは排外国粋の潮流のもとに実施された排他的なものであったことが指摘されている［氣賀澤二〇〇五、二八六～二八八頁／石見二〇〇九、一三六～一四二頁］。無論、開元年間の仏教政策は弾圧ではないものの、それでもなお、同時に「胡」への諸対応がみられることから見て、外来文化の受容やそれとの相克という点においては、会昌の廃仏と通じる側面があったとみられる。唐代における外来宗教やそれを信奉する人々と国家との関係の考察は、唐の政治体制史の全体の動きをとらえるうえで重要であると考える。そこで、本稿においては、開元期に実施された仏教政策と共に「胡」はどう扱われたのかについて、議論の前提となる武韋期とあわせて考察したい。

一　武則天・太平公主と「胡」

武韋期の売官や売度は、新たな階層の台頭を生み、社会構造の変化を促したことで知られるが、このほかにも、当該時期は、外来系の人々の活躍が顕著であったことでも特筆される。以下、武則天期の例と太平公主の例を見ておきたい[注4]。

1　武則天

武則天は、皇帝として即位するための正統化の過程で、仏教を積極的に利用した。[注5] 武則天の王権は、有名な薛懐義のような仏教僧侶が支えたことで知られるが、加えて、非漢族の人々の支持があったことも無視できない。たとえば、武韋期に洛陽や長安で実施された仏典の翻訳事業には、ソグド、トハリスタン、罽賓（カーブル～カーピシー）、カシミール、コータンなどの出身者が参加するなど国際的な顔ぶれが揃った［中田二〇一三、同二〇一六b］。また、次の『資治通鑑』にあるように武則天期の天枢の建設においても非漢族の支援が顕著にみえる。[注6]

『資治通鑑』巻二〇五、延載元年（六九四）八月条［中華書局　六四九六頁］

武三思は四夷酋長を帥いて銅鉄を鋳りて天枢を為し、端門の外に立て、功徳を銘紀し、唐を黜け周を頌うを請う。姚璹を以って督作使と為す。諸胡　銭を聚むること百万億にして、銅鉄を買うも足る能はざれば、民間の農器を賦り以って之に足す。

『資治通鑑』巻二〇五、天冊万歳元年（六九五）［中華書局　六五〇二～六五〇三頁］

夏、四月、天枢成る。高さ一百五尺、径は十二尺、八面にして、各径は五尺なり。下に鉄山を為し、周は百七十尺、銅を以って蟠龍・麒麟を為し之を縈繞す。上は騰雲承露盤を為し、径は三丈、四龍人立ちて火珠を捧げること、高さ一丈なり。工人毛婆羅　模を造り、武三思　文を為し、百官及び四夷酋長の名を刻し、太后自ら其の榜を書して曰く「大周萬国頌徳天枢」と。

まず、武三思によって、周をたたえるための記念碑として四夷の酋長らの協力を得て、天枢建設の提案がなされた。天枢完成の六九五年には、百官と四夷の酋長の名を天枢に刻み、さらに武則天が自ら「大周萬国頌徳天枢」と題字を記したという。Forte氏は、天枢は、その特徴から判断して仏教に基づくものとみている。[注7] さらに、その名称に「萬国」が付いていることから、天枢は周建国を天下へ向けてアピールするための記念碑であったのだろう。[注8] 天枢建設事業で注目されるのは、「諸胡」が膨大な資金を集めるなど経済的支援をしたことである。この「諸胡」の多くは、当時、国際商人として最も経済的実力を有していたソグド商人であろう。

さらに、記事に描かれる四夷や諸胡の天枢建設における積極的な協力は、他史料からも裏付けることが可能である。たとえば、洛陽出土の「泉献誠墓誌」によると、高句麗の武将泉献誠は、「検校天枢子来使」に任命されており、天枢建造の責任者の一人とみられている。さらに、洛陽出土の「阿羅憾丘銘」によると、波斯国大酋長の阿羅憾は、[注9]「又為則天大聖皇后召諸蕃王、建造天枢、…」とあることから、天枢建造に際して、諸蕃王の召集にあたった〔栄一九九六（二〇〇一、二一六～二一七頁）〕。

外来人の武周政権への支持を示すものは天枢に限らない。栄新江氏は、高宗と武則天の合葬墓である乾陵の六十一蕃臣像をとりあげ、これらは、朝廷に供奉した胡族の文臣・武将または臣服した外蕃国王の首領をかたどったもので、武周政権と「胡人」の密接な関係を物語るものとする。さらに、敦煌文献のP.2005『沙州図経』巻三「廿祥瑞」や、吐魯番出土の康居士によって作成された「康居士写経功徳記碑」からも、敦煌や吐魯番の「胡人」が武周政権を支持するなど、武周政権に対する四夷蕃人の絶大なる支持があったことが明らかになっている〔栄一九九六（二〇〇一、二一七～二一九頁）〕。

2　太平公主

武韋期の偽濫僧は、太平公主の権力にも関わる問題であるので、ここで言及しておきたい。まず、『旧唐書』

巻九六、姚崇伝にみえる中宗期の偽濫僧の実態をみてみよう。

是より先、中宗の時、公主外戚は皆な奏請し人を度して僧尼と為す。亦た私財を出して寺を造る者有り。富戸強丁は皆な経営して役を避け、遠近に充満す。［中華書局 三〇二三頁］

中宗の時期、奏請を行い人々を得度して僧尼を生み出していたのは公主・外戚であった。また富戸強丁は、仏道修行のためではなく徭役を避けるために僧尼になっていたという［吉川一九六二（一九六五、一四三頁）］。同じく中宗期に尚書右僕謝知兵部尚書の魏元忠に書簡をおくり朝廷の十失を述べた袁楚客は、その第三失のなかで次のように述べている。

『新唐書』巻一二二、魏元忠伝［中華書局 四三四六頁］

今、人を度すこと既に多く、緇衣は道に半ばし、行業を本とせず。専ら重宝を以て権門に附す。皆な定直有り。昔の売官、銭 公府に入るも、今の売度、銭 私家に入る。茲を以て入道するも徒らに游食と為るのみ。此れ朝廷の三失なり。

ここでいう「権門」「私家」とは、吉川忠夫氏が指摘するように后妃、公主、外戚ないしそれらにつらなる女性たちなどを指す。緇衣すなわち僧は修行を行わず、重宝で売度牒の窓口であった「権門」「私家」に近づいていたことを物語っている［谷川一九五六、五八頁／吉川一九六二（一九六五、一四三頁）］。得度のための「定直」は、一僧あたり銭三万である［『資治通鑑』巻二〇九、景龍二年七月条］。さきの『旧唐書』姚崇伝では、偽濫僧のなかには得度後も「経営」をしていたとあり、さらに『旧唐書』巻一〇一、辛替否伝でも、出家後も「殖貨営生」、つまり財を増やすために生業を続けていたとある。注10 太平公主も、売度牒の窓口となって金銭を受け取っていた、あるいは、生業を維持する偽濫僧とのつながりを確保し自らの支持基盤としていた可能性もあろう。

次に、太平公主の場合、権力基盤を固める上で重要であったのは、史料中で「胡僧」と記される恵範[注11]との結びつきとそれを介して広がる人脈であった。恵範は、後宮の女性と結びつき、宮廷に出入りし、神龍元年と先天二年の二度の宮廷政変にも関わるなど、この時期の中央政界の動向に深く関わった。恵範は三つの寺院の寺主にも就任し、仏教界においても影響力を持つに至るが、そのうち、聖善寺と西明寺はそれぞれ、洛陽城南市の東南にある章善坊と、長安城西市の東南にある延康坊に位置しており、いずれも市の近くにある。この一帯はソグド人を含む多くの商人らが往来した場所であることからも〔栄一九九九（二〇〇一、七六～九〇頁）／福島二〇一四、一四四～一五二頁〕、彼らとの接点が多かったことが推測される。また、恵範の人脈は、法蔵や万歳などのソグド人僧侶や、在家のソグド人である安達摩にも広がっており、太平公主の勢力は、こうした恵範のもつ寺院やソグド人のネットワークを介して拡大した〔中田二〇一六a、五五～五九頁〕。

また、太平公主の邸宅の一つが醴泉坊の東南隅にあったことにも注目したい〔『両京城坊考』巻四／小野一九八七、八～一〇頁〕。醴泉坊は長安城の西街四条四坊に位置し、坊内には祆祠や波斯胡寺があり、さらに複数のソグド人の居住が確認されるほか〔栄一九九九（二〇〇一、七六～八五頁）／福島二〇一四、一四四～一四五頁〕、後述するサマルカンド由来の舞踏である撥寒胡戯が行われた場所としても知られる。また、南は金光門街を隔てて西市に接しており、ペルシア商人やソグド商人が多く行き交う場所であることなどから、公主はソグド人などの非漢族と接する機会が多かったに違いない。太平公主の実力は、こうした種々の人脈があったことも無関係ではないだろう。そして、『旧唐書』巻一八三、太平公主伝〔中華書局、四七三九～四七四〇頁〕からは、その豪奢な生活ぶりがうかがえ、所有する田園は京畿の至る所にあり、邸宅の荘厳な様は、宮掖にも等しく、公主死後、その邸宅から没収された財宝は、「御府」（天子の府庫）に匹敵するほどであったという。また、田園のほか、「馬牧・羊牧」や「質庫」も所有していたという。一方の恵範については、次の記事が注目される。

『旧唐書』巻一〇一、薛登伝［中華書局 三一四一頁］

時に僧恵範 太平公主の権勢を恃み、百姓の店・肆を逼奪するも、州・縣 理する能はず。

恵範が、太平公主の権勢を背景に、「店・肆」を無理やり奪取していたとある。店あるいは邸店は旅宿・飲食・倉庫業を行い、さらに金融業などを兼ねるものもあった［日野一九六八・一九七〇］。当時、富寺が邸店を兼併することが問題となっていたが、これはその典型例であろう［日野一九六八（一九九二、二一一四～二一一六・二一三七～二一四〇）、同一九七〇（一九九二、五六八～五八四頁）］。また、「店・肆」は、荒川正晴氏によれば、長安・洛陽を中心に、四方に延びる主要駅道をほぼ網羅するようにおかれ商旅に供しており、さらにソグド人のコロニーの配置が主要駅道上に点在する「店」の広がりと概ね重なっていることから、「店」は漢人ばかりでなく、ソグド商人の活動にとっても不可欠なものになっていたことがうかがえるという。しかも、唐内地に本貫を有するソグド人が「胡（商胡）」をターゲットにして「店」を設置する例もあるなどソグド人が経営する店も珍しくなかった［荒川二〇一〇、三七八～三八四頁］[注12]。恵範も、「店・肆」を確保することで、そこに来るソグド人をはじめとする商人と交易を行うなど富商さながらの活動を行い利を得ていたのだろう［中田二〇一六a、五八～五九頁］。こうして、恵範と太平公主とは、仏教寺院との結びつきや経済力を背景に、朝野における脅威となり、玄宗に倒されるまで両者の関係は続いた。

さらに太平公主の支持基盤として、社会的・経済的実力を有していた三階教教団の存在も無視できない。三階教の化度寺の無尽蔵は、滅罪のために財物の布施を勧め、集められた財物は寺塔の修復や貧困者への施し、無遮会などに使われた。そこに集められた銭帛金玉は計ることもできないほどであったという［西本一九九八、一三二～一三五頁］。仏教経典目録の『大周刊定衆経目録』巻十五［大正新脩大蔵経（以下、大正蔵と略）五五、四七五頁］

によれば、武則天期には、証聖元年（六九五）の勅で三階教は「仏意に違背」し、「異端」を構えるものとしてその典籍は偽経や雑符録とされ、さらに聖暦二年（六九九）には三階教典籍は目録に編入せず削除するよう命が下っている。[注13] ところが、中宗・睿宗期に入ると状況が変わり、化度寺で無遮会が催されるなど、三階教の活動が一気に盛んになった［西本一九九八、一三三〜一三四頁］。太平公主と三階教教団の結びつきを指摘した蘇瑶崇氏によれば、景龍元年（七〇七）に始まる三階教の偽経『仏説示所犯者瑜伽法鏡経』の「翻訳」事業に、「詳定」として参加した官員のなかに、太平公主派の中心人物である盧藏用・賈膺福・崔湜・薛稷が含まれており、公主派が三階教の訳経に関与していたことがわかる［蘇一九九七、一三〇〜一三一頁］。本経典の奥書には、延和元年（七一二）六月に「入目録訖流行」と記されており［池田一九九〇、二八四頁］、再び三階教経典が入録され流行させることが決定している。延和元年は睿宗最後の年号（五月改元）で、その年の八月には玄宗が即位しており、翻訳事業の背後にいた太平公主派の勢いも顕著な頃だったとみられる。さらに、この翻訳には、「大首領 安達摩」というソグド姓を持つ人物が、偽経にもかかわらず「訳語」として公主一派と共に名を連ねていることも無視できない。つまり、太平公主派は恵範や安達摩のようなソグド系の人々を取り込み、さらには経済力のある三階教教団とも結びついていたのである。

以上のように武韋期の后妃・公主の権力の背景には、仏教勢力と「胡」との結びつきがあった。以上から、玄宗が武韋体制の転換を図るには、仏教と同時に「胡」に対しても何らかの対策をとる必要があったことがわかるであろう。

二　開元期の「胡」への対応

玄宗は、太平公主一派を打倒した翌年の開元二年より、偽濫僧の沙汰や造寺造仏の規制、寺院・道観と俗人との交流や結託の禁止など、仏教教団への抑圧策を進めた[注14]〔藤井一九五三、三〜五頁／竹島一九六九、五三〜五七頁／礪波一九八六、四四六〜四五一頁〕。既に武韋期においても、たとえば辛替否が中宗や睿宗に時政を論じる上疏を行い皇帝を諌めたように、寺塔造立の莫大さや偽濫僧の横溢は、官僚らが問題視していた[注15]。睿宗に至っては「誡励風俗勅」を出し、私度を禁じ、寺観による広大な田地所有を制限させようとしたが[注16]、宮中で勢力をふるう太平公主の前に、実行は難しかったようである〔礪波一九八六、四四八〜四四九頁〕。

また、玄宗は、三階教に対して特に強硬な姿勢でのぞんだ。開元九年四月に、「禁士女施銭仏寺詔」（『冊府元亀』巻一五九、『全唐文』巻二八）を発布し、士女らの長安化度寺・洛陽福先寺の無尽蔵への施捨を禁じ、さらに同年六月には「分散化度寺無尽蔵財物詔」（『冊府元亀』巻一五九、『全唐文』巻二八）によって化度寺の無尽蔵の財物が分散させられた[注17]。これは、三階教を支えてきた経済活動に対する禁圧であった。そして、開元十三年には、三階教が真実に反し虚妄を構えることを理由に、諸寺の三階院はすべて隔障を除去し大院と通じさせて衆僧と交わって住まわせるなど、その修行スタイルにまで手が及び、さらに開祖信行の『三階集録』も禁断・除毀された〔礪波一九八六、四五一〜四五七頁／西本一九九八、一二三五〜一二三六頁〕。このように仏教政策がすすめられる一方で、次のように、玄宗期は「胡」への様々な対応がとられたことが確認できる。

①天枢の破壊

玄宗が政敵の太平公主一派を打倒したのは、先天二年（七一三）七月三日のことであった。[注18] そして、同月のこととして、『旧唐書』巻八、玄宗本紀上に、

（先天二年七月）甲戌（十三日）、天樞を毀ち、其の銅鐵を取り軍國雜用に充てしむ。　［中華書局一七〇頁］

とあるように、太平公主一派打倒からわずか十日ほどで天枢の破壊を決定している。[注19] 前章で述べたように、天枢は、「諸胡」の経済的支援を受け、多くの外来系の人々の支持のもとに成り立ったものであり、武則天の万国支配を象徴する建造物であった。太平公主も、母親の武則天と同様に、「胡」と結びつき、政治的・経済的実力を備えていた。つまり、太平公主派の打倒は、武則天以来続く「胡」の支援を得た女性勢力の終焉を意味した。玄宗が新体制を確立するうえで、「諸胡」の支援を得て建造された武則天の権威の象徴でもある天枢は、すぐに取り除く必要があったのだろう。

②撥寒胡戯の禁止

次に、「胡」に関連する事柄として注目すべきは、撥寒胡戯の禁止である。[注20] 中宗の神龍・景龍年間前後に、胡旋舞・骨塵舞など外来系の舞踏が大流行するが［羽田一九二三（一九五八、五二七頁）］、撥寒胡戯はそのひとつであった。撥寒胡戯は、史料中では、撥胡王乞寒戯・乞寒撥胡、あるいは略して撥寒・乞寒・索寒などとも称され、寒気を克服して陽春などを待つための行事である［小野一九六七、一八頁］。『唐会要』巻九九の康國の条に、「十月に至り、鼓舞乞寒し、水をもって相い潑《そそ》ぐ。盛んに戯樂をなす」とあるように、康国、すなわちサマルカンドがその由来である。その後、インドや亀茲を経て、北周宣帝の時には中国にも伝わっていた［向一九五七（二〇〇一、七五頁）］。

潑寒胡戯は武則天の末年には盛に実施されており〔『旧唐書』巻九七、張説伝〕、神龍元年十一月己丑には、中宗が洛城南門に御幸し潑寒胡戲を観賞し〔『旧唐書』巻七、中宗本紀／『新唐書』巻四、中宗本紀／『資治通鑑』巻第二百八、神龍元年十一月己丑条〕、睿宗景雲二年十二月にも実施の記録がある〔『新唐書』巻五、睿宗本紀〕。また景龍三年十二月乙酉には、「諸司長官をして醴泉坊に向かい潑胡王乞寒戲を看せしむ」〔『旧唐書』巻七、中宗本紀（中華書局、一四九頁）〕とあり、諸司の長官に命じ、醴泉坊で潑胡王乞寒戲を観賞させている。醴泉坊は先述のとおり、ソグド人らと深く関わる場所であり、太平公主の邸宅が置かれた坊であった。

ところで、唐以前より西域からの散楽・舞楽の流入はとどまることを知らず、唐高宗は、西域の関所・渡し場にあてて散楽を中国に入れないよう命じたものの、中宗や睿宗の頃になると宮廷だけでなく民衆に至るまで広く受容された〔渡辺二〇一三、三一一～三一二頁〕。潑寒胡戲に対しては、武韋期の頃より実施反対の声を上げる者もおり、中宗神龍二年には呂元泰が、睿宗景雲二年には韓朝宗が相継いでその実施を諫める上言を出している。たとえば呂元泰はその理由を次のように述べている。

『唐会要』巻三四、論楽〔上海古籍出版社 七三〇頁〕

（神龍）二年三月、幷州清源縣尉呂元泰 上疏して曰く、「比ごろ都邑城市を見るに、相い率いて渾脱を為す。駿馬胡服にして、名づけて蘇莫遮と為す。旗鼓相い當るは軍陣の勢なり。騰逐し喧譟なるは戰爭の象なり。錦繡もて誇競するは、女工を害するなり。貧弱を徵斂するは、政體を傷つくるなり。胡服もて相い效うは、雅樂に非ざるなり。渾脱もて號を為すは、美名に非ざるなり。安んぞ禮儀の朝を以て、戎虜の俗に法るべけんや。……」と。[注21]

ちかごろ都邑城市では、渾脱とよばれる歌舞戯がおこなわれ、胡服を着て駿馬に跨り、これを蘇莫遮とよんだという。那波利貞氏によれば、蘇莫遮の楽曲に伴う渾脱舞が、すなわちサマルカンドの風俗に起源する撥寒胡戯であるという〔那波一九四一、四八六～四八八頁〕[注22]。上疏によれば、その様は、戦闘をイメージさせるものであったことがわかる。呂元泰の批判のポイントの一つは、「礼儀を重んじる国が、どうして戎虜の風俗にならうのか（安可以禮義之朝、法戎虜之俗）」とあるように、儒教の礼義に背き胡俗に従うことであった。いっぽうの韓朝宗は、次のように述べている。

『唐会要』巻三四　雑録〔上海古籍出版社　七三四頁〕

景雲二年、右拾遺韓朝宗諫めて曰く、「伝に曰く「辛有 伊川に適き、被髪野祭する者を見て曰く『百年に及ばず、此れ其れ戎とならんか。其の禮先ず亡ぶ』と。後ち、秦・晉 陸渾の戎を伊川に遷す」と。其の中國の人を以て、戎狄の事を習う。一言以って貫き、百代知る可し。今の乞寒は、胡俗に濫觴す。伏して乞うらくは三思し、其の所以を籌らんことを」と。[注23]

かつて周の辛有が伊川に行き、髪を振り乱し野外で祭祀を行う者をみて、百年もたたない間に戎の住む所になりかわること、中国の礼が失われていることを嘆いたという例をあげ、皇帝に乞寒の禁止を促している。ここから、胡俗の受容は中国の礼の喪失につながるという危機感があったことが分かる。しかし、以上のように官僚らの反対にあいながらも、武韋期に潑寒胡戯がすたれることはなかった。

玄宗開元元年十二月になると、潑寒胡戯を禁ずる詔勅が下った。[注24] この禁止に先立って張説は上疏のなかで禁止すべき理由を次のように述べている。[注25]

『旧唐書』巻九七、張説伝〔中華書局　三〇五二頁〕

則天末年自り、季冬に潑寒胡戯を為し、中宗 嘗て樓に御し以って之を觀る。是に至り、蕃夷の入朝するに因り、又た此の戲を作す。說 上疏し諫めて曰く「臣聞くならく、韓宣は魯に適き、周禮を見て歎ず。孔子は齊に會し、倡優の罪を數う。列國此くの如くなれば、況んや天朝をや。今外蕃 和を請い、選使し朝謁するに、望む所は接するに礼樂を以てし、示すに兵威を以てせんことを。戎夷と曰うと雖も、輕易すべからず。焉くんぞ駒支の辯、由余の賢無きを知らんや。且つ潑寒胡は未だ典故を聞かず。裸體跳足す、盛德何ぞ觀ん。揮水投泥す、失容なること斯れ甚し。……略……」と。[注26]

張説は、潑寒胡戯が蕃夷の来朝の際にも実施されることに対し、皇帝を諫める上疏を行った。外国から人々をもてなすには礼楽で迎え、圧倒的な軍事力（兵威）を示すこと、また、戎夷であっても軽んじるべきでないとしている。そして、潑寒胡戯は典故を聞いたこともなく、皇帝が観賞すべきものではないと諫めている。ここから、外来のものではなく、中国の礼楽で周辺諸国を迎え、自らの文化的優位性を顕示するべきであるとの主張が読み取れる。[注27]呂元泰や韓朝宗、そして張説の主張は、胡俗の受容が中国の伝統的な礼の喪失につながり、皇帝の権威を失墜するという点にあった。

そして、禁止決定の時期が、開元の治の初期段階である点に注目したい。太平公主派を打倒したのは七一三年七月のことで、①で述べたように、同月のうちに天枢の破壊も決定し、同年の十二月朔日に開元に改元した。つまり、玄宗政権は体制転換を図る初期の段階に、「胡」の政策に取り組んでいたことがわかる。玄宗が倒した武韋体制が、仏教や「胡」を基盤に成り立つものであることから、そうした「胡」への警戒感が背景にあったと考えられよう。胡俗への取り締まりを強化し、[注28]皇帝を頂点とする礼教主義による統治を行おうしたのであろう。

③胡人による南海貿易推進とそれへの対応

開元四年（七一六）に、「胡人」が南海貿易を唐朝に推進した際の唐側の対応を見てみよう。

『資治通鑑』巻第二百一十一、開元四年五月条［中華書局　六七一八頁］

胡人の上言する有り、海南に珠翠奇寶多く、往きて營致すべきにして、因りて市舶の利を言う。又た師子國に往きて、靈藥及び善醫の嫗を求め、之を官掖に寘かんことを欲す。上は監察御史楊範臣に命じ胡人と偕に往きて之を求めしめんとす。範臣は從容として奏して曰く、「階下、前年珠玉・錦繡を焚き、復た用いざるを示す。今求むる所は何を以って焚きし所のものに異ならんや。彼の市舶もて商賈と利を争うは、殆ど王者の體に非ず。胡藥の性、中國多く知る能はず。況んや胡嫗において、豈に宜しく之を宮掖に寘くべけん。…中略…　此れ特に胡人は眩惑求媚し、聖徳に益する無し。竊かに陛下の意に非ざるを恐る。願はくは之を熟思されんことを」と。上遽かに自ら引咎し、慰諭して之を罷む。

玄宗は胡人の上言を受け、師子国に胡人と楊範臣を派遣し、霊薬と医薬に詳しい老女を求めようとするが、楊範臣は中国における胡薬の効果の疑わしさを述べるほか、胡の老女を宮廷に置くことなどあってはならないとした。また、皇帝が商人と利を争って交易をすべきでないこと、胡人の媚び諂う態度は、皇帝の聖徳に何の益もないことを説いた。ここでは、玄宗は交易に関心を持ちつつも、臣下は胡人への強い警戒感を抱いており、結局それを断念するに至ったことが分かる。

④マニ教の禁令

ここでは、開元二十年（七三二）のマニ教に対する禁令をとりあげ、玄宗の外来宗教への対応をみておきたい。

マニ教の中国伝来に関する最初の記事は、『仏祖統紀』巻三九にあり、それによれば、延載元年（六九四）の武則天の時期であった。その後、開元七年（七一九）に吐火羅からの朝貢で慕闍（＝教父）が派遣された［『冊府元亀』巻九七一］。さらに開元十九年に『摩尼光仏教法儀略』が訳出され唐朝に進められるが、その翌年の開元二十年には次のマニ教の禁令が出された［吉田二〇一五、三七～三八／同二〇一六、二二三～二二四頁］。

『通典』巻四〇 職官二二［中華書局、一一〇三頁］

開元二十年七月敕すらく「未摩尼法、本は是れ邪見にして、妄りに佛教を稱し、黎元を誑惑す。宜しく嚴しく禁斷を加うべし。其れ西胡等 既に是れ鄕法なるを以て、當に身自ら行うべし。須らく罪を科すべからず」といえり。

勅によれば、マニ教は「邪見」であるのに、妄りに仏教と称し人々を惑わしているとの理由で、中国人への布教が禁じられ、「西胡」が信仰することは認められた。中国人への布教を禁ずることから判断して、この時点で一定程度の信者がいたと考えられている［吉田二〇一五、三八頁／同二〇一六、二二四頁］。なお、この「西胡」の指す範囲を特定することは難しく、ソグド人を指すとの理解もあるが、広く「西から来た外国人」の意味でとらえるのが妥当のようである［吉田二〇一五、三八頁注四六／同二〇一六、三八頁注十一］。この勅令からは、マニ教と仏教との明確な区別化、そして、中国人マニ教信者の拡大に対する警戒感が読み取れる。ちょうど開元期には、邪術や邪道の意味を持つ左道の禁令が度々出されるなど、仏教が左道と結びつくことが警戒されており［礪波一九八六、四五一頁］、マニ教に関する禁令はこのこととも関係していたのであろう。王媛媛氏は、当時の異端仏教は反社会的であり、唐の統治秩序に影響をもたらすものであり、玄宗からみれば、マニ教もこれと同様のものとして禁断の対象となったとみている［王二〇一二、一五三～一五四頁］。

国家認定のいわゆる正統仏教と、そうでない邪教や左道とを分類しようとする開元期の動きは、先述の三階教に対して特に顕著であった。開元九・十三年の詔は、三階教教団の勢力を一気に減退させた。また、開元十八年（七三〇）に撰述された仏教経典の目録である『開元釈教目録』（以下、『開元録』と略）では、巻十八「疑惑再詳録」（偽経の疑いがあり再検討を要する経典の目録）に、先に言及した太平公主一派が翻訳事業に参加した三階教の『瑜伽法鏡經』二巻が収められている。つまり、睿宗の延和元年には、仏典として入録の対象であったものが、『開元録』では疑いのあるものに分類された。同じく『開元録』巻十八には『彌勒摩尼佛説開悟佛性經』一巻が収録されているが、これが、近年、マニ教経典であることが明らかになっており［曹二〇一二、三二四～三二六頁／吉田二〇一五、三三八～三三九頁／同二〇一六、二二六～二二七頁］、この頃、マニ教に対しても仏教と明確な区別をしようとしていたことが分かる。邪教や左道と正統（とみなす）仏教とを厳密に区別しようとしたのであろう。さらには、太平公主のようにソグド人らを取り込んだ世俗権力と三階教教団とが連携していたことに鑑み、マニ教が中国の人々と結びつき同様の脅威とならぬよう、早い段階から邪教と位置付け、その布教活動に制限を加えようとしたとも考えられるのではないだろうか。

玄宗期は西域などの外来文化が盛んであったことで知られるが、一方で開元期は以上のような「胡」に関わる抑圧策もとられていた。これは、武韋期の政治体制を転換し、中国の儒教に基づく統治を目指すものであり、さらには、「胡」と世俗勢力とが再び結びつくことを妨げようとする意図もあったと考えられる。

三　外国蕃僧に対する帰国命令

開元年間の仏教に対する玄宗の諸対応のなかで、「胡」にもかかわる問題として注目されるのは、『宋高僧伝』

巻一「唐洛陽廣福寺金剛智傳」で言及される次の記事である。

時に帝は玄牝に留心し、未だ空門を重んぜず。所司は旨を希い、外國蕃僧をして歸國せしむるを奏し、行うこと有日なり。侍者 智に聞し、智 曰く「吾れ是れ梵僧にして且つ蕃胡に非ず。明勅に干《そむ》かざれば、吾れ終に去らず」と。數日にして忽ち傳に乗り將に雁門に之きて奉辭せんとせば、帝 大いに驚き、手詔を下し留住せしむ。

〔大正蔵五〇、七一一頁〕

これによれば、道教（玄牝）に心を寄せ仏教を重視していない玄宗に対し、所司は上奏して外国蕃僧を帰国させるように求め、それが決定したという。これに対し、金剛智は、自分は「梵僧」であり、「蕃胡」ではないので、これには該当しないと述べている。ところが、数日後、金剛智は突然去ろうとしたため、驚いた玄宗がとどまるよう詔を下したという。手島一真氏は、この詔発布の背景について考察し、玄宗による『金剛経』の御注撰述により皇帝のお墨付きを得た仏教が再び勢力を増大していたために、道教側とのバランスが崩れており、それを抑制する方策として外国僧排除の動きに至ったとした〔手島一九九一、一一四頁〕。また、王氏は後掲の『貞元新定釈教目録』（以下『貞元録』と略）巻十四の史料と併せて、この頃の玄宗は道教に傾倒しており、異端仏教問題の深刻化によって玄宗の「胡僧」に対する嫌悪感が強くなったことが命令の背景にあるとみている〔王二〇〇二、一五八頁〕。以上の玄宗の道教重視という側面に加え、筆者は金剛智の主張内容から外国蕃僧帰国命令にいたる理由を考察してみたい。

外国蕃僧への帰国命令は、本記事の金剛智の主張から判断すれば、すべての外国僧に該当するものではない。つまり、金剛智は中天竺の出身であるので、注29「梵僧」とは天竺出身の僧侶を指し、一方、「蕃胡」は天竺以外の外国僧侶であり、これが国外退去の対象となる。唐代の「胡」の分析を行った栄氏は、本史料についても言及し、インド僧侶の金剛智からすれば、梵と蕃・胡には区別があり、胡はインド以外の外国蕃僧に包含されているとした［栄二〇〇八、五頁］。天竺を除くとすれば、第一章で言及したように、武韋期の長安や洛陽で活躍が顕著であったソグド、トハリスタン、罽賓、カシミール、コータンなどの出身者を指すのが妥当であろう。[注30] この外国蕃僧への帰国命令に関わる内容は、『貞元録』巻十四の法月の伝記のなかにも掲載されている。[注31]

> 明歳（開元二十八年）に洎び、劉志成は狂賊にして潜かに兇謀を搆え、卜日するに宝花三藏に問う。天長からずして、悪逆の黨は平除さる。凡そ是れ蕃僧は詔もて本國に帰せしむ。法月三藏 恩もて尚お延留するも、後ち忽ち郷を思い本國に還るを請う。二十九年七月二十六日、遠く丹闕を辭す。［大正蔵五五、八七八頁］

ここから、外国蕃僧への帰国命令は、開元二十八年（七四〇）に出されており、『宋高僧伝』巻一の金剛智伝の帰国命令もこれに該当するとみられる。この『貞元録』の文脈で外国蕃僧への帰国命令が出た背景を解釈すると、劉志成［あるいは劉志誠］と、「卜日（反乱を起こすのに適切な日を占う）」を行ういわゆる左道の宝花三蔵とが結びついて起こした反乱に原因があったことがわかる。また、「蕃僧」への帰国命令が出たものの、法月については滞留が認められていたが、のち本国に戻ることを希望したという。帰国命令を受けなかった法月は、東天竺国の人である［大正蔵五五、八七八頁］。このことからも、開元二十八年に帰国命令を受けた外国蕃僧には、天竺出身の僧侶は含まれていなかった可能性が高いことがわかる。そして、外国蕃僧への帰国命令を出すきっかけが、劉志成と宝花三蔵との反乱にあるという流れで記述されていることから、反乱に与した宝花三蔵は、外国蕃僧であったとみられ、『宋高僧伝』の金剛智伝でいう所の「蕃胡」ということになろう。

劉志成の反乱は『資治通鑑』巻二一四や『新唐書』巻五、玄宗本紀から開元二十四年五月に起こったことがわかっているが、[注32] 外国蕃僧に対する詔が発布される開元二十八年まで何故約四年も要したのかは不明である。この点に関連して王氏は、この反乱は玄宗の「胡僧」に対する嫌悪感が現れるターニングポイントになったとし、そして、何故、開元二十八年に至ってようやく命令が下ったのかという点については、ちょうど外国蕃僧の帰国命令が出たのと同じ年（開元二十八年）の三月に「厳禁左道詔」（『冊府元亀』巻六三、『全唐文』巻三一）が出され、異端仏教への厳しい処置がとられていることから、反乱から四年経た開元二十八年にいたるまで左道が力を持っており、それに伴って「胡僧」への嫌悪感も高まっていたためとする［王二〇一三、一五八頁］。左道の取り締まりと外国蕃僧への帰国命令とが連動するとみるのは重要な指摘であろう。既に開元十四年四月に「禁左道詔」（『冊府元亀』巻一五九、『全唐文』巻二九）が出されたにもかかわらず再び左道を禁ずる命を出すのは、左道が仏教を騙って活動を継続していたためであろう。そして、宝花三蔵のような左道でもある外国蕃僧が活躍していた可能性もある。だからこそ、開元二十八年に至って、「厳禁左道詔」とあわせて外国蕃僧に帰国命令を出し、そうした問題を一掃しようとしたのだろう。ただし、玄宗の「胡僧」への嫌悪感自体は、宝花三蔵の反乱に端を発するのでなく、前章までで述べてきたように、その即位時からあったはずである。この反乱は、玄宗の「胡僧」への警戒心をより強めることになった出来事といえるだろう。

そもそも、玄宗にとって左道排除は仏教政策における重要事項であった。左道を問題視する例は、開元期を通じて確認されており、左道と皇后や百官との結びつきに関する事案が度々みられるほか、「禁百官与僧道往還制」（開元二年七月／『冊府元亀』巻一五九、『唐会要』巻四九、『全唐文』巻二一）、「禁断妖訛等勅」（開元三年十一月／『冊府元亀』巻一五九、『文苑英華』巻四六五、『唐大詔令集』巻一一三、『全唐文』巻二五四）、「禁左道詔」（開元十四年四月）、「厳禁左道詔」（開元二十八年三月）等の左道に関連する詔勅も出ている［竹島一九六九、五三～五五頁／礪波一九八六、四五一頁］。左道を取り締まる目的は、竹島淳夫氏によれば、左道を契機とする仏教と政治勢力との結合を禁止し、玄宗政権を脅かすことを未然に防ぐことにあった〔竹島一九六九、五三二～五七頁〕。世俗権力と結びついた僧侶としてまず想起されるのは、武韋期の薛懐義や恵範である。なかでも、太平公主と手を組んだ恵範は、「胡僧」であり、かつ左道として官僚の批判対象となっていた。注33 つまり、宝花三蔵はいわば恵範の再来ととらえられてもおかしくはない。玄宗政権は、左道が政治勢力と結びつくことを警戒したのであり、特にかつて自らが倒した恵範のような「胡僧」が再び出現することに危機感を抱いていたと考えられる。

ところで、「厳禁左道詔」や外国蕃僧への帰国命令が出された開元二十年代は玄宗の仏教政策において重要な局面を迎えた時期に当たる。そこで、外国僧侶への帰国命令が、玄宗開元期の仏教政策の中にどう位置づけられるかをみておきたい。

開元二十一年に僧尼に対する拝君親の命が下った。これは、玄宗政権の仏教政策のなかでも仏法と王法との関係において極めて重要な意味を持つ。本来、出家者である僧尼は、仏法に従うものであり、世俗の王法に従う必要はない。そのため仏教が中国に伝来していらい、儒教の礼教主義に僧尼を服従させるか否かは、王法の優位性にも関わる重要な問題であった。既に開元二年閏二月発布の「令僧尼道士女冠拝父母勅」によって、拝父母は命じられていたが、ここにいたって拝父母を再確認するとともに、拝君も命ぜられた。拝君親の断行によって、仏法に対する王法の優位が決定づけられ、仏法が王法に屈服することになった〔礪波一九八六、四九六～五〇一頁〕。また、開元二十年代に入ると、玄宗は儒・道・仏の三教調和に熱意を示した〔礪波一九八六、五〇一～五〇三頁〕。開元二十三年（七三五）八月には、玄宗は自らの誕生日である千秋節に儒・道・仏の三教の同異を講論させ、同年九月には、『御注考経』（開元十年六月）と『御注道徳経』（開元二十三年三月）と並んで、『金剛般若波羅蜜経』に御注を撰述した。その御注の完成に際し、中書令であった張九齢は、「賀御注金剛経状」（『曲江集』巻十五）のなかで次のように述べている。

陛下、至徳は天に法り、平らかに儒述を分かち、道は已に其の宗を広め、僧は又た其の願に違わず、三教並列し、万姓帰するを知る。

ここからは、三教に優劣を付けようという意図はみえず、小川隆氏が指摘するように、「「天」にひとしき皇帝の絶対性のもとに、三教をすべて包摂・統合」しようとする主旨がみてとれる〔小川一九九六、六二頁〕。また、これへの御批で玄宗は、「かの孝経・道経とともに、三教闕くるなし」と述べており、やはり三教の調和が説かれている。開元二十六年（七三八）六月には開元寺・観が全国諸州に設けられ、翌年には従来は龍興寺観で行われていた国忌日の法要と皇帝誕節の祝賀儀式のうち、祝賀儀式は開元寺観にうつしておこなわれることとなった。天宝三載（七四四）にいたると今上等身の天尊像と仏像を開元観と開元寺それぞれに祀ることが決まった。こうして仏教は、皇帝の恩恵のもと、儒教や道教と並んで政治体制を支持する役割を担うようになった〔礪波一九八六、五〇一〜五〇三頁／手島一九九一／小川一九九六、六一〜六二頁〕。

すなわち、開元二十年頃からの一連の仏教政策は、仏法を王法に従属させるという意味において重要な局面をむかえていた。その一方で、この時期に天竺以外の外国蕃僧に対し帰国命令が出されたのは、なお、「胡僧」が活躍していたことを暗に示している。開元二十四年の劉志成と宝花三蔵の反乱や、その後も力を持った左道や「胡僧」の存在は、仏教を体制下に置こうとする玄宗政権にとって無視できる問題ではなかったはずである。太平公主の権力が「胡僧」恵範とその人脈網に支えられていたように、仏教を介して「胡」と世俗勢力とが結びつくことは、玄宗政権にとっては脅威であり、避けなければならなかった。仏法に対する王法の優位性を確立させる中で、王法への脅威となり得る外国蕃僧への帰国命令は下されたのであろう。[注34]

おわりに

玄宗開元期は仏教政策が進められる一方で、「胡」への対策も同時に遂行された。それは、中国伝統の礼に基づき唐朝を再建しようという意図のあらわれであり、武韋期の政治体制への反動でもあった。さらには、武韋期の后妃公主らのように、非正統の世俗権力が寺院・僧侶および「胡」と結びつき実権を獲得することを妨げるためでもあった。そして、開元末頃には、仏法の王法への屈服が決定づけられ、儒教・道教と並んで仏教は玄宗に奉仕する役割を担わされようになり、さらには、外国蕃僧の排除も実行されるなど、他の諸政策とも合わせて武韋体制からの方向転換がすすんだ。開元期の仏教政策は、会昌の廃仏のように「仏は本より西戎の人」〔『入唐求法巡礼行記』巻四、会昌三年六月〕とし外来宗教として仏教そのものを否定するような排外主義的なものではない。しかし、外国蕃僧に帰国命令を出すことなどからは、同様の排他的な面が表れていたことがうかがえる。

玄宗天宝末になると、「胡」の代表格たるソグド系の安禄山・史思明が唐を揺るがす安史の乱を引き起こし、玄宗期の仏教政策は一気に綻びを見せる。反乱中の上元二年（七六一）には、僧尼の拝君が撤回された。また、戦費を賄うために売度が行われるなど、武韋体制への反動から進められてきた仏教政策は空文に帰することになった[注35]〔礪波一九八六、五〇一～五〇八頁〕。そして、この時期より、内廷では宦官の台頭が顕著となり、彼らは熱心に仏教を信仰し、また胡僧と称される不空[注36]やその取り巻きのソグド人らとも結びつき、長安の仏教を隆盛へと導くことになる〔中田二〇〇七〕。この宦官と胡僧との結びつきは、武韋期の場合と似ており、いずれも、后妃公主や宦官といった儒教的なジェンダー秩序から逸脱[注37]した人々が、胡人のような中華に対する夷狄として蔑視された人々、そして社会に対し出世間の立場をとる仏教寺院・僧侶と、仏教を紐帯に結びつき、唐の政治に大きな影響力を持った。開元期の仏教政策と「胡」への対応は、この種の「非正統」的な政治勢力に対抗し、皇帝を頂点とする男性官僚からなる正統な政治体制の復活を目指そうとする反動的なものであった。では、唐後半期の宦官を後ろ盾とした仏教勢力はやがて会昌の廃仏で弾圧を被るに至るが、そこにはいかなる政治的背景があるのであろうか。これについては今後の課題としたい。

【参考文献】

日文

荒川正晴二〇一〇『ユーラシアの交通・交易と唐帝国』名古屋大学出版会

池田温一九九〇『中国古代写本識語集録』東京大学東洋文化研究所

石見清裕二〇〇九「円仁と会昌の廃仏」『円仁とその時代』（鈴木靖民編）高志書院、一二九～一四五頁

小川隆一九九六「唐代長安の宗教」『月刊しにか』（特集　花の都・長安）』大修館書店、第七巻 第九号、六〇～六五頁

小野勝年一九八七「大道長安に通ず――醴泉坊と醴泉寺をめぐって」『東洋史苑』二八、一～四五頁

笠松哲二〇二三「金輪王、封禅す」『洛北史学』一四、九九～一一九頁

氣賀澤保規二〇〇五『絢爛たる世界帝国・隋唐時代』講談社

黄海静二〇二三「武周政権における仏教の役割――「訳場列位」に登場する賈膺福を中心とした一考察」『中国――社会と文化』二七、二八八～三〇七頁

蘇瑶崇一九九七「唐前期の仏教政策について」『史林』八〇―二、一一四～一三四頁

竹島淳夫一九六九「唐朝玄宗の宗教観と開元の仏教政策」『仏教大学研究紀要』五三、五一～七八頁

谷川道雄一九五六「武后朝末年より玄宗朝初年にいたる政争について：唐代貴族制研究への一視角」『東洋史研究』一四―四、四七～

七〇頁
手島一真一九九一「玄宗の三教斉一志向について」『立正大学東洋史論集』四、一五～三〇頁
礪波護一九八六『唐代政治社会史研究』同朋社（主に第Ⅳ部「仏教と国家」三九五～五一八頁）
中田美絵二〇〇七「不空の長安仏教界台頭とソグド人」『東洋学報』八九―三、三三～六五頁
――二〇一二「長安・洛陽における仏典翻訳と中央アジア出身者――武則天・中宗期を中心に――」『アジアにおける文化システムの展開と交流』（森部豊・橋寺知子編）、関西大学出版部、九三～一一七頁
――二〇一六a「唐代中国におけるソグド人の仏教「改宗」をめぐって」『東洋史研究』，第七五巻第三号、三四～七〇頁
那波利貞一九四一「蘇莫遮攷」『紀元二千六百年記念史學論文集』京都帝国大学文学部史学科編、四四七～五一三頁
西本照真一九九八『三階教の研究』春秋社
羽田亨一九三三「舞楽の渾脱といふ名称につきて」『市村博士古稀記念東洋史論叢』（同一九五八『羽田博士史学論文集　下巻』五二六～五三〇頁）
日野開三郎一九六六「武・韋両后時代税役避免偽度の盛行と玄宗の粛清」『佐賀龍谷學會紀要』一三（同一九九九『日野開三郎　東洋史学論集』第一二巻、一六七～一八四頁）
――一九六八『唐代邸店の研究』（同一九九二『日野開三郎　東洋史学論集』第一七巻）
――一九七〇『続唐代邸店の研究』（同一九九二『日野開三郎　東洋史学論集』第一八巻）
福島恵二〇一四「長安・洛陽のソグド人」『ソグド人と東ユーラシアの文化交渉』勉誠出版、一四一～一六〇頁
藤井清一九五二「唐の玄宗朝に於ける仏教政策」『福井大学学芸学部紀要』第一号、一～八頁
藤善真澄一九六九「唐中期仏教史序説――僧尼拝君親を中心に」『南都仏教』二二（同二〇一三『中国仏教史研究　隋唐仏教への視角』一一〇～一二二頁）
道端良秀一九五七『唐代仏教史の研究』法蔵館（第一章「唐朝の仏教対策」第四節「寺院僧尼の取締と沙汰」九五～一七七頁）
三成美保・姫岡とし子・小浜正子編二〇一四『歴史を読み替える　ジェンダーから見た世界史』大月書店
森部豊二〇一〇『ソグド人の東方活動と東ユーラシア世界の歴史的展開』関西大学出版部
森安孝夫二〇〇七「唐代における胡と仏教的世界地理」『東洋史研究』六六―三（同二〇一五『東西ウイグルと中央ユーラシア』名古屋大学出

版会、三七六～四〇六頁）
吉川忠夫一九六二「仏は心に在り――「白黒論」から姚崇の「遺令」まで――」『中国中世の宗教と文化』京都大学人文科学研究所（再録一九八五：同『中国古代人の夢と死』平凡社、一一一～一九八頁）
吉田豊二〇一六「唐代におけるマニ教信仰――新出の霞浦資料から見えてくること」『唐代史研究』十九、二二～四一頁
吉田豊・古川攝一編二〇一五『中国江南マニ教絵画研究』臨川書店
渡辺信一郎二〇一三『中国古代の楽制と国家　日本雅楽の源流』文理閣

中文・欧文

曹凌二〇一三「敦煌遺書『仏性経』残片考」『中華文史論叢』一〇二、三〇九～三三七頁
蔡鴻生一九九八『唐代九姓胡与突厥文化』中華書局
栄新江一九九六「胡人対武周政権之態度――吐魯番出土《武周康居士写経功徳記碑》校考」『民大史学』一九九六―一（同二〇〇一『中古中国与外来文明』二〇四～二二一頁）
――一九九九「北朝隋唐粟特人之遷徙及其聚落」『国学研究』六（同二〇〇一『中古中国与外来文明』三七～一一〇頁）
――二〇〇八「何謂胡人？――隋唐時期胡人族属的自認与他認」『乾陵文化研究』四、三～九頁
王媛媛二〇一二『従波斯到中国：摩尼教在中亜和中国的伝播』中華書局
向達一九五七『唐代長安与西域文明』三聯書店（同二〇〇一、河北教育出版社）
中田美絵二〇一六b「唐代訳経僧的活動和中亜地区」『粟特人在中国：考古発現与出土文献的新印証』科学出版社、三三七～三四九頁
朱玉麒二〇一六「撥寒胡戯在唐代長安的境遇――以張説的変化為中心」『粟特人在中国：考古発現与出土文献的新印証』科学出版社、六九八～七〇五頁
Chen Jinhua 2002 "Śarīra and Scepter: Empress Wu's Political Use of Buddhist Relics." *Journal of the International Association of Buddhist Studies* 25. 1-2, pp. 33-150.
Chou Yiliang 1945 "Tantrism in China", *Harvard Journal of Asiatic Studies* 8, pp. 241–332;
Forte Antonino 1996 "On the So-Called Abraham from Persia. A Case of Mistaken Identity", in: P.Pelliot, *L'inscription Nestorienne de Si-ngan-*

fou, edited with supplements by Antonino Forte, Kyoto, Paris.

注

1 本稿では行論の便宜上、武氏立后から玄宗が太平公主派を誅殺し、その親政を始めるまでの時期（六五五～七一三年）をよぶ。

2 玄宗期の仏教政策に関わる問題については、藤井一九五二、谷川一九五六、道端一九五七、日野一九六六、竹島一九六九、藤善一九六九、礪波一九八六、蘇一九九七などを参照。

3 「胡」の意味は広汎に及ぶが、森安孝夫氏の研究で明らかになったように、盛唐から中唐の終わりころまで、「胡国」が「ソグド国」を指し、「胡」がソグド（人・語）を意味するのが一般的であった［森安二〇〇七（二〇一五）］。ただ、森安氏は、『往五天竺伝』で慧超が「胡」とする各地の人間の範囲が、ガンダーラ、バーミヤーン、カシミール北東、ギルギット、トハリスタンの一部、焉耆にまで及んでいることから、「胡」には広義の用法があることにも言及している［森安二〇〇七（二〇一五、三九三頁）］。また、栄氏も、唐代の「胡人」は、広義では西北地区の外蕃人を指し、狭義ではソグド人を指す場合が多いことを指摘している［栄二〇〇八］。これらの研究に基づき、本稿で言及する「胡」とは、ソグドを含む広義のものを指すこととし、「梵」＝天竺・インドとは明確に区別する。

4 本章は、拙稿二〇一二・二〇一六a・bをもとに、関連する箇所の要旨のみを記している。詳細は拙稿を参照されたい。

5 武則天の王権と仏教に関わる研究は、本稿で言及する栄一九九六、Forte 1996、Chen 2002 のほかにも多くの蓄積があるが、紙幅の都合によりここでは省略する。近年の成果としては、笠松二〇一二を参照されたい。

6 『旧唐書』巻八九 姚璹伝、『新唐書』巻七六 后妃上等にも同様の記事がある。

7 Forte1996, pp. 400–401. ただし、Forte 氏は天枢にみられるシンクレティズムの可能性も否定していない。

8 Chen 氏は「大周萬国頌徳天枢」の「萬国」は、『大雲経疏』（S. 6502）においても強調されていることを指摘している［Chen2002, p. 78］。

9 森安氏によれば、波斯都督府すなわちササン朝亡命政権か、あるいはホラーサーン～トハリスタンにあったキリスト教徒集団に関わる重要人物と考えられている［森安二〇〇七（二〇一五、三八九頁）］。

10 『旧唐書』巻一〇一辛賛否伝［中華書局 三一五七～三一五八頁］

…臣以為出家者、捨塵俗、離朋黨、無私愛。今殖貨營生、非捨塵俗、抜親樹知、非離朋黨、畜妻養孥、非無私愛。

11 『旧唐書』巻七七・九一・一八三、『新唐書』巻一一二・一二〇、『資治通鑑』巻二〇八、『唐会要』巻五二・六七等。

12 森部豊氏は房山石経題記から幽州の「店」にソグド人が関係していたことを明らかにしている〔森部二〇一〇、五三～五六頁〕。

13 ただし、西本照真氏が指摘するように、武則天がどの程度徹底した禁圧を行ったのかは疑問が残る〔西本一九九八、一三四頁〕。黄海静氏が明らかにしたように、武則天が化度寺無尽蔵がもつ経済力や三階教の社会・民衆への影響力を掌握しようとしていたことにも注意が必要である〔黄二〇一二〕。

14 開元二年に集中して詔勅が出されており、例をあげると、正月に偽濫僧還俗の命が下り、翌二月に「禁創造寺観詔」（タイトルは『全唐文』巻二六による）、閏二月に「令僧尼道士女冠拝父母勅」（タイトルは『唐大詔令集』一一三による）、七月に「禁百官与僧道往還制」と「禁坊市鋳仏写経詔」（タイトルは『全唐文』巻二一・二六による）がある〔竹島一九六九、五七～五八頁、礪波一九八六、四五〇～四五一頁〕。

15 「諫中宗置公主府官疏」『文苑英華』巻六九八、『冊府元亀』巻五四五・諫諍部・直諫。いずれも、礪波一九八六、四四七～四四八頁に詳しい。

16 『文苑英華』巻四六五、『唐大詔令集』巻一一〇。

17 無尽蔵の禁止時期は、従来は『両京新記』に基づき開元元年とされてきたが、礪波護氏によって、開元九年が正しいことが明らかになった〔礪波一九八六、四五一～四五七頁〕。

18 『資治通鑑』巻二一〇、開元元年七月条、『旧唐書』巻八玄宗本紀上、『新唐書』巻五玄宗本紀

19 『旧唐書』巻八、玄宗本紀上によれば、「（開元二年三月）…去年九月有詔毀天樞、至今春始〔中華書局一七三頁〕」とあるので、実際に破壊したのは翌年の春である。なお、ここでは「九月」とあるが、本文の引用箇所に拠れば七月である。

20 撥寒胡戯や蘇莫遮に関しては、向一九五七（二〇〇一、七三～七八頁）、那波一九四一、小野一九六七、一八～二〇頁、蔡一九九八、三四～三五頁、朱二〇一六などの研究がある。なお、中国の研究全てを挙げることは不可能なので、詳しくは朱二〇一六の注にある文献等を参照されたい。

21 同内容の記事は、『新唐書』巻一一八、呂元泰伝にもある。なお、上疏全文は、『全唐文』巻二七〇「陳時政疏」を参照。

22 なお、那波氏は、「水を盛る皮袋が動物の渾脱」であったので、「渾脱舞」と称されたとし（四八八頁）、羽田一九二三では、渾脱

は、動物の肉や骨を除去した嚢状のもので、「渾脱舞」とはそれを一種の帽子としてかぶって舞ったのに因む名前とする。渡辺二〇一三、三〇一頁では、「渾脱（蘇莫遮）は、仮面をつけて舞う武舞」とする。

23 同内容の記事は、『新唐書』巻一一八 韓朝宗伝、『通典』巻一四六「楽」六にもある。なお、『通典』は景雲二年とする。上表全文は、『文苑英華』巻六二〇「諫作乞寒胡戯表」を参照。

24 『旧唐書』巻八、玄宗本紀上に「開元元年十二月己亥（十日）、禁斷潑寒胡戯」［中華書局一七二頁］とあり、開元に年号が改められた十二月に禁断の命令が下った。『新唐書』巻五と『冊府元亀』巻一五九も同年月日であるが、『唐会要』巻三四は開元元年十月七日とし、『文苑英華』巻四六五と『唐大詔令集』巻一〇九の「禁断臘月乞寒勅」は開元二年十二月七日になっている。

25 『唐会要』巻三四によれば、上疏は、先天二年（七一三）十月に行われた。

26 同内容の記事は、『唐会要』巻三四、『新唐書』巻一二五 張説伝、叢書集成初編『張燕公集』巻十一「諫潑寒戯疏」、『全唐文』巻二二三「諫潑寒胡戯疏」。

27 この点は、小野勝年氏や朱玉麒氏の指摘にも通ずるので、以下に述べておく。小野氏は、「為政者の中華の伝統主義」から、この行事が外来のものであり、風俗を乱し、政容を妨げ礼経を乱すという理由が禁止の背景にあると指摘し［小野一九六七、二〇頁］、朱氏は、張説の上疏から外来文化の良からぬ影響を取り除き、儒家文明の秩序の基礎をつくり、法度を尊ぶ大唐文化の建設が目指されたとする［朱二〇一六、七〇四～七〇五頁］。

28 ただし、渡辺信一郎氏が指摘するように、開元年間は亀茲を中心に西域から音楽・舞楽が流入し、それらが受容・洗練されていった時期でもあるので［渡辺二〇一三、三四八～三四九頁］、決して流入自体を阻止したわけではないことにも注意が必要である。

29 『宋高僧伝』では、南印度摩頼耶国の人とするが、『貞元録』巻一四（大正蔵五五、八七五頁）などから、中天竺の出身であることは明らかである。

30 なお、Chou 氏は、「チベットあるいは中央アジア」と解釈とし［1945, p. 278］、王氏は「中央アジア地区」とする［二〇一二、一五七頁］。

31 本史料については、Chou1945, p. 320, 手島一九九一、二一四頁、王二〇一二、一五七頁でも言及がある。

32 『旧唐書』巻八、玄宗本紀に、開元二十四年六月とあるのは誤りであることは王二〇一二、一五七頁注三で指摘されている。

33 たとえば、『資治通鑑』巻第二〇八、神龍元年二月条に「彦範復表言、慧〔恵〕範執左道以乱政、請誅之。」とある。他にも、『旧唐書』巻九一、『新唐書』巻一二〇などでも確認できる。

34 なお、このことは、外国蕃僧の帰国命令が、玄宗の道教重視の傾向と関係することを否定するものではない。複数の要因が重層的に存在していたはずであり、道教への傾倒もその一つだろう。

35 既に天宝期より、寺院や道観の増加などがみられ、寺観創建禁止に関する詔などは意味を持たなくなっていたことが指摘されている〔藤井一九五二、七～八頁〕。

36 『資治通鑑』巻二二四、大暦二年条、『旧唐書』巻一一八、王縉伝など。

37 この表現は、三成・姫岡・小浜編二〇一四、七三頁（小浜氏担当）によった。

Ⅲ　古代仏教の時空の広がり

飛鳥の仏教の文化圏
――道慈以前の日本の仏教――

吉田　一彦

はじめに

六世紀、日本に仏教が伝わり、仏教文化が形成された。仏教は、アジア東部の国や地域にとって外来の宗教であると同時に先進的な文化であり、これを受容すること、さらには興隆せしめることには、政治的選択、判断がともなった。日本も、また国際政治の中で仏教の問題に向き合った（なお、この時代、「倭」という国号が用いられ、のち七世紀末頃から「日本」の国号〈王朝名〉[注1]が用いられるようになるが、煩雑さを避けるため、一部を除いて「日本」の名称で統一的に表記することとする）。

六世紀中期、中国では北朝に北斉と北周が並び、南朝には梁ついで陳があった。やがて六世紀末期に統一国家たる隋が成立した。それは、新しい一つの時代のはじまりであった。これにより、アジア東部では政治的緊張が高まり、まもなく激しい争いが開始された。仏教をはじめとする宗教の問題は、国際関係と密接に連動していた。日本は、中国における政治権力の動向を意識しながら、百済から仏教を受容する道を選択した。

日本の仏教史を顧みるに、日本は各時代に新しい仏教を外から受容し、旧い仏教の層の上に新しい層を積み重ねた。その第一層は百済から受容した仏教が形成した。しかし、百済はまもなく新羅、唐によって滅ぼされてしまった。日本は百済救援の軍事行動を行なう道を選択したが、戦いは不調に終わり、著名な白村江の戦いで敗北して撤退した。[注2]これにより、日本と新羅、日本と唐とは緊張関係となった。

その後、唐・新羅によって高句麗が滅ぼされ、朝鮮半島に唐の影響力が強まると、唐と新羅が不和となり、唐新羅戦争が行なわれた。日本は今度は新羅と政治的、文化的に交流する道を選び、新羅から仏教を受容するようになった。これが日本の仏教の第二層を形成した。七世紀の日本の寺院を見ると、前期・中期は塔と金堂が南北に一直線に並ぶ様式の寺院が多く建立されたが、末期になると塔を東西に二基造る双塔式の寺院が建立されるようになった。私見では、これは新羅の寺院様式を受容したものと理解している。

こうした様相が大きく変わるのは七世紀末〜八世紀初めのことで、日本の外交、文化交流は唐を主たる対象にするものになった。日唐の直接交流の契機となったのは、大宝二年（七〇二）に派遣された大宝の遣唐使であった。これは政治的には唐との本格的な国交回復を目指すという重要任務を帯び、同時に文化面では仏教など唐の文化を積極的に受容することを目的にしていた。以後、日本は朝鮮半島ではなく、唐に仏教の規範を求め、唐仏教を直接受容する道を歩んでいった。これが日本の仏教の第三層を形成した。この時の遣唐使で入唐し、中国の仏教を日本に伝えたのが道慈[注3]（六七〇前後〜七四四）であった。

この間の国内の仏教を見ると、六世紀末に日本最初期仏教の記念碑的寺院である飛鳥寺が蘇我馬子によって建立された。そして、仏教文化が興隆し、七世紀前期までに複数の寺院が建立された。だが、その数は必ずしも多くはなく、地域的にも畿内の特定の地域に限定的に建立された。だが、そうした様相は七世紀後期になると一変し、日本列島の広い地域に多数の仏教寺院が創られていった。特に七世紀第Ⅳ四半世紀には各地に盛んに寺院が建立され、寺院建立ブームとでも呼ぶべき状況が訪れた。中央でも、再び政治権力の中心になった飛鳥の地に薬師寺などが建立された。

小論では、唐仏教の本格的な受容以前の時代の日本の政治と宗教の問題を内外の諸相から検討し、これにより、六世紀末～七世紀の日本の仏教の文化圏について考究したい。

一 六世紀末～七世紀のアジア東部の政治と宗教

1 北周の武帝の廃仏と隋の文帝の仏法再興

この時代のアジア東部における政治と宗教を考える起点となるのは、北周の武帝による廃仏と、その後の楊堅による仏法再興、そして隋の成立と中国統一である。

中国に仏教が伝えられたのは、西暦一世紀頃のことで、後漢の時代であった。中国にとって仏教は外来の宗教であり、また外国人の宗教と認識されていた。中国にはそれ以前から独自の宗教、思想が存在したから、仏教ははじめはなかなか受け入れられず、漢人の統治する社会に広く流布することはなかった。

この状況が大きく変化するのは四世紀頃のことで、中国に広く仏教が広く受容され、社会に根付くようになっていった。それは、この時代、いわゆる「五胡十六国」が興起し、非漢人（胡人）の王朝による統治が行なわれたことが大きな契機となっている。胡人たちは仏教を積極的に取り入れ、国家的に興隆させた。[注4] 石勒（二七四～三三三）

の後趙、苻賢（三三八～三八五）の前秦、あるいは姚氏の後秦などによる仏法興隆はよく知られている。やがて鮮卑族のタクバツ部族による北魏が成立し、国家的な仏法興隆が一層進められた。江南地方に展開した漢人の国家もこの動向に呼応して仏教を重視し、南北朝時代には中国全体で仏教が大いに興隆した。しかし、仏教が興隆すると、その反作用のように廃仏が行なわれた。北魏の太武帝（四〇八～四五二）の廃仏、北周の武帝の廃仏[注5]は大きな廃仏としてよく知られている。

北周の武帝（五四三～五七八）は、還俗僧の衛元嵩、道士の張賓の進言を聞き入れて、建徳三年（五七四）、仏教、道教の二教および民俗信仰を禁断した。これにより経典、仏像などが廃棄され、僧尼たちは還俗させられて、数多くの寺院が廃寺とされた。同六年（五七七）、北周が北斉を滅ぼすと、廃仏は北斉の領域にも拡大された。廃仏は、しかし宣政元年（五七八）の武帝の死とともに終焉にむかった。

武帝の死去を承けて即位した長子の宣帝（五五九～五八〇）は、大成元年（五七九）正月、任道林の意見を容れて三宝尊重の詔を発布し、二月には王公から人民まで仏教を崇奉してよいとする詔を発布して、仏像や天尊像も復活し、仏教は復興に向かった（『広弘明集』巻十）。宣帝は同年（大象元年）退位し、長子の静帝が七歳にして帝位に即いた。ここで権力の中枢に立ったのは、宣帝の皇后楊麗華の父の楊賢（五四一～六〇四）であった。翌大象二年（五八〇）、宣帝は急病により二十二歳にして世を去り、楊堅は翌大定元年（開皇元年、五八一）、静帝から帝位を奪取して自ら皇帝として即位した。隋の成立である。

その後、仏教はさらなる復興を遂げた。楊賢すなわち隋の文帝は仏教の信心があつく、多数の寺院を建立し、数多くの僧尼を得度させ、仏像、仏画、織像を造立し、大量の写経を行なった（『弁正論』巻三）。彼は二十余年にわたって仏法興隆の事業を推進した。[注6]

よく知られているように、文帝は、開皇九年（五八九）、南朝の陳を滅ぼして南北朝時代に終止符を打ち、約三百五十年ぶりの統一国家を実現した。これにより、アジア東部の国際政治は全く新しい段階を迎えることになった。この間の中国においては、政治史と宗教史がからみあいながら進展しており、仏教の問題は政治の問題と直接連関していた。

2　国際政治の中の仏教受容

日本の最初期の仏教は百済の仏教を受容したものである。『隋書』巻第八十一「東夷伝」倭国条（隋書倭国伝）には、

　敬仏法、於百済求得仏経、始有文字。知卜筮、尤信巫覡。

とある。『隋書』は、唐の貞観十年（六三六）に帝紀五巻、列伝五十巻の五十五巻が成立し、その後顕慶元年（六五六）に志三十巻が作られ、『隋書』に編入されて全八十五巻となった。魏徴、長孫無忌らの撰である。[注7] これに、倭は仏法を敬っており、百済に仏教の経典を求め、これによってはじめて文字を知るようになったと記される。また、中国的な「卜筮」を知っており、神の言葉を伝える「巫覡」をもっとも信じたとある。

ここで重要なのは、『隋書』を作成した唐が、倭と仏教との関係、特に倭がどこから仏教を得たのかについて関心を持ち、それを史書に記述していることである。唐は、倭は百済から仏教を得たと認識していた。この認識は隋まで遡る可能性が高い。もう一つ注目されるのは、「始有文字」という理解が記されていることである。日本では、実際には王賜銘鉄剣や稲荷山古墳出土鉄剣銘をはじめとして、仏教初伝以前から漢字が用いられていた。だから、この理解は事実認識としては誤りとしなければならない。にもかかわらず、こうした記述がなされ

るのは、中国周辺の非漢族国家の一つである倭について、文明の象徴というべき「文字」の使用が、仏教の初伝と一体的にとらえられていたからで、仏教を途上国にとっての文明ととらえる認識が示された記事と読解される。唐は――おそらく隋も――、倭の仏教受容を文明化の一指標と見ていたものと思われる。

この時代、アジア東部において一本立ちした国家として他と交流するには、仏教の興隆が一つの鍵になる重要な意味を持っていた。

3　隋と高句麗、隋と新羅

隋が成立すると、アジア東部の国々はただちに隋との外交を開始した。開皇元年（五八一）十月には百済が、同年十二月には高句麗が、少し遅れて同十四年（五九四）には新羅が遣使を送って冊封を受けた。隋は、しかし高句麗攻撃を準備し、同十八年（五九八）、大規模な高句麗侵攻を行なった。これは失敗に終わったが、続く煬帝の時代にも三回にわたって執拗に高句麗に侵攻した。さらにそれは唐に引き継がれ、太宗、高宗の時代に繰り返し侵攻が実施された。[注8]

新羅は長く高句麗からの圧迫を受けていたが、隋の成立を好機ととらえ、隋と連携して高句麗に対抗し、攻撃した。ここで注目されるのが仏教史である。『三国史記』巻四、真平王三十五年（六一三）七月条には「隋使王世儀、皇龍寺に至り、百高座を設け、円光等の法師を邀へ、経を説かしむ」とあり、隋使の王世儀の出席のもと、皇龍寺に「百高座」が設けられ、円光らの法師をむかえて経を説かしめたという。これは「百高座」という記述から、『仁王経』（『仏説仁王般若波羅蜜経』二巻、大正新修大蔵経〈以下「大正」と略称〉八、No.245）を講経する「仁王会」が挙行された記事だと考えられる。[注9]

円光は、『新羅殊異伝』[注10]『海東高僧伝』[注11]『三国遺事』[注12]『続高僧伝』[注13]などによるに、入陳して仏教を学び、中国の激動の歴史を間近に体験して、真平王二十二年（六〇〇）、朝聘使の奈麻諸文、大舎横川に召還されて隋から新羅に帰国した。同三十年（六〇八）、よく知られているように、円光は王に命じられて「乞師表」を作成した。「乞師表」とは新羅から隋に高句麗出兵を願い出る文書のことで、円光は他者を滅ぼすようなことは沙門の行ないではないのかもしれないが、自分は大王の土地で大王の水草を食べて生きているから大王の命に背くことはないと説いて表を作成したという（『三国史記』巻四、真平王）。

『仁王経』の「護国」の信仰を中国から新羅にもたらしたのはこの円光であった。[注14]この真平王三十五年の百座講経（仁王会）については、史料に直接の記述はないが、対高句麗の戦勝祈願を主たる目的に実施されたと見る指摘がある。[注15]この推測は、後年の不空（七〇五〜七七四）による『仁王経』新訳（改作）作成時のことを参照するなら、当たっている可能性があると考える。不空の『仁王経』翻訳（『仁王護国般若波羅蜜多経』二巻、大正八、No.246）は、安史の乱鎮圧後の永泰元年（七六五）、僕固懐恩の反乱に呼応するように作成作業が開始された。そして完成後には、長安の西明寺と資聖寺にて「百法師」「百高座」の法会が行なわれた。まもなく僕固懐恩は病死して反乱はおさまり、無遮斎会が実施されたという。[注16]『仁王経』は、このように軍事的に「護国」を担う経典と認識されることがあった。これを参照するなら、隋使来席のこの新羅の百座講経（仁王会）も、戦勝による護国の祈願を含意するものであり、隋と新羅の軍事的結合を仏教の力から支える法会であった可能性が高い。

二　蘇我氏の仏法興隆と百済

1　飛鳥寺の歴史的意義

日本への仏教初伝をめぐっては、『日本書紀』をはじめとして、「元興寺伽藍縁起幷流記資財帳」『上宮聖徳法王帝説』などに記述が見える。ただ、これらは歴史的事実をそのまま記録したような言説ではなく、ある特定の立場からの宗教的言説を記述したものという性格が色濃く、歴史学の視座からは十分な史料批判が必要になる。それについては、別著にて私見を詳述したので、そちらを参照されたい。[注17]

日本の最初期の仏教で画期的重要性を持つのは、日本最初の本格的な寺院である飛鳥寺の創建である。これについても別著にて私見を述べたが、[注18]今、小論に必要な範囲でその要点を述べておきたい。奈良県高市郡明日香村飛鳥の飛鳥寺では、昭和三十年（一九五五）より発掘調査が行なわれ、多くの成果を得ることができた。[注19]坪井清足氏の整理によれば、

（1）一塔三金堂形式の伽藍配置であったこと。

（2）西金堂と東金堂の基壇は二重基壇で、上成基壇と下成基壇の両者に礎石が配されていたこと。

（3）塔の心礎は地下式であり、舎利等が埋納されていたこと。

などが判明したという。[注20]このうち（1）は高句麗の寺院と共通性があり、（2）は百済、新羅の寺院と共通性があり、（3）は地下式心礎という点で百済の寺院と共通性があり、舎利容器の埋納という点で百済、新羅の寺院と共通性がある。さらに、その後、出土瓦についての研究が進展し、それらが百済の瓦の系譜を引くものであっ

たことが明らかになった[注21]。

飛鳥寺の創建については『日本書紀』崇峻元年（五八八）是歳条に記述がある。

> 是歳、百済国遣二使幷僧恵総、令斤、恵寔等一、献二仏舎利一。百済国遣二恩率首信、徳率蓋文、那率福富味身等一、進レ調、幷献二仏舎利、僧聆照律師、令威、恵衆、恵宿、道厳、令開等、寺工太良未太、文賈古子、鑪盤博士将徳白昧淳、瓦博士麻奈父奴、陽貴文、陵貴文、昔麻帝弥、画工白加一。蘇我馬子宿禰、請二百済僧等一、問二受戒之法一。以二善信尼等一、付二百済国使恩率首信等一、発二遣学問一。壊二飛鳥衣縫造祖樹葉之家一、始作二法興寺一。此地名二飛鳥真神原一。亦名二飛鳥苫田一。

『日本書紀』の仏教初伝から仏教興隆に至る一連の記述には創作史話と見るべきものが多いが、この崇峻元年是歳条に関しては、飛鳥寺の創建時の遺構が発掘調査により検出され、遺構、遺物がこの時代のものとして矛盾がないこと、近年の韓国における寺院の発掘調査の進展により、百済の寺院と飛鳥寺との共通性、影響関係が確認されたことから、一定の信憑性があるものと判断される。

百済では、軍守里廃寺、陵山寺廃寺、王興寺が地下式心礎であり、軍守里廃寺は深いタイプ、陵山寺廃寺、王興寺は浅いタイプであるという[注22]。飛鳥寺は深いタイプの地下式心礎であった。二〇〇七年、扶余の王興寺址で塔の心礎に作られた舎利孔から舎利容器が発見され、大きな話題となった。王興寺での発掘調査の成果[注23]に注目した鈴木靖民氏は、王興寺と飛鳥寺の舎利荘厳具に類似性があること、どちらも舎利孔に舎利容器を埋納すること、時代が共通することなどから王興寺と飛鳥寺の連関性を指摘している[注24]。

先の『日本書紀』の記事によるなら、百済国は、この時、仏舎利、僧、寺工、鑪盤博士、瓦博士、画工を日本に贈った。日本側でこれを受けたのは蘇我馬子であった。それらは国家間の外交関係の中で国家的に日本に贈与されたものであった。これによって蘇我馬子は日本最初の本格的な仏教寺院、飛鳥寺を建立した。それは、伽藍の中心となる塔に納める仏舎利、寺院で活動する僧、寺院造営のための技術者など、ほぼすべてが百済国からの贈与によって成立した寺院であった。他方、百済は、それと引き換えに、日本との同盟関係を強固なものにすることに成功した。両国とも、国際情勢を見すえ、国益にかなうと判断しての政治選択だったと理解される。[注25]

飛鳥寺の建立開始は、『日本書紀』の年紀を史料として採用するなら、隋が成立した七年後、そして隋が陳を滅ぼして南北朝を統一する前年のことになる。『隋書』によるなら、その後、日本は開皇二十年（六〇〇）に隋に遣使を派遣した。

2　百済様式の寺院

大阪府富田林市緑ヶ丘町中野の新堂廃寺址では、昭和三十四年（一九五九）より発掘調査が行なわれて、再建時の建物四棟の遺構などが検出された。その後、平成五年（一九九三）、同九年（一九九七）からの調査では、創建期の中門と回廊の遺構が検出され、塔の基壇の下層に創建期の基壇土を確認した。これらにより、この寺が、塔、金堂、講堂を南北に一直線に配置する直列式の伽藍配置の寺院として創建されたことが判明した。[注26]

はやく藤沢一夫氏はこの寺の寺号を「烏含寺」であったろうと推定し、それは百済の扶余にあった寺院、烏含寺の寺号と関連性があるという推論を提出している。[注27]有力な推論だと考える。花谷浩氏は、新堂廃寺跡から飛鳥寺の軒丸瓦のうち素弁九弁のものと同笵の瓦が出土したことに注目し、「石川中流域での飛鳥寺同笵瓦は初出で、この地域の寺院建立に、蘇我氏と飛鳥寺が関与していたことを推測させる」と論じている。[注28]

奈良県高市郡明日香村豊浦の豊浦寺址は、同地に現在所在する浄土真宗本願寺派の寺院、向原寺の境内地と重なり合うように存在する。ここでは、昭和三十二年（一九五七）より発掘調査が行なわれて、金堂、塔、講堂、回廊の遺構などが検出された。それは北から講堂、金堂、塔が並ぶ配置であったが、塔が金堂から距離的にやや離れている（約一〇〇メートル）こと、塔の方位のみが真北を向いていて他の二棟とは異なることなどの問題があるが、広い意味での四天王寺式伽藍配置の範疇でとらえることもできると説かれている。[注29]

出土した軒丸瓦の中には、飛鳥寺の笵に改変を加えて作成された百済系のものがあり、また高句麗系のものが十四種もあったことが大きな特色であるという。[注30]瓦の様式に基づく研究によるなら、豊浦寺の創建は、飛鳥寺以降、法隆寺（若草伽藍）以前と考えられるといい、七世紀初頭頃と推定されている。[注31]ただし、講堂は少し遅れ、七世紀第Ⅱ四半世紀の建立と考えられるという。[注32]

なお、豊浦寺の創建については、醍醐寺に伝わる『元興寺縁起』に収められる「元興寺伽藍縁起幷流記資財帳」の記述に依拠して理解する見解が存在するが、別著で詳述したように、この文書は平安時代に二段階にわたって作成された偽文書であり、[注33]その内容も年代矛盾や不整合が多く、これに依って理解すべきではない。豊浦寺は考古学の研究成果が示すように蘇我氏系の寺院と理解され、かつて福山敏男氏が説いたように、[注34]しばしば「豊浦大臣」と称された蘇我蝦夷と関連が深い寺院とすべきだろう。この理解はその後複数の研究者に継承され、[注35]私もこれを支持している。

奈良県生駒郡斑鳩町法隆寺の法隆寺では、昭和十四年（一九三九）の石田茂作、末永雅雄らによる発掘調査により、天智九年（六七〇）の焼失以前の最初の伽藍である「若草伽藍」の遺構が検出され、それが塔と金堂を一直線に配置する直列式の伽藍配置であったことが判明した。また、創建期の瓦が百済の寺院と共通する様式のものであることが確認された。[注36]戦後も複数回の発掘調査が実施され、創建瓦のうち素弁九弁の軒丸瓦は、「もともと飛鳥寺創建期に塔金堂院で用いられた瓦の瓦笵が豊浦寺創建時に改笵されたのち、若草伽藍においても利用されるようになったもの」[注37]であることが判明した。

大阪府天王寺区四天王寺の四天王寺では、昭和九年（一九三四）の台風による塔の倒壊により昭和再興事業が行なわれ、それにともなう発掘調査が実施され、戦後も昭和三十年（一九五五）から発掘調査が行なわれるなど、複数回の調査が実施されてきた。これらにより、塔、金堂、講堂などの遺構が確認され、創建期においても、塔、金堂、講堂を一直線に配置する直列式の伽藍配置、いわゆる四天王寺式伽藍配置であったことが確認された。また、創建期の素弁八弁の軒丸瓦は若草伽藍の瓦と同笵であり、さらにそれが四天王寺から近い、大阪府枚方市および京都府八幡市にまたがる楠葉平野山瓦窯にて作成されたものであることが判明した。[注38]四天王寺は、伽藍の構造も瓦などの遺物も、百済の寺院の影響を受けたものであることが指摘されている。[注39]

以上、日本の最初期の寺院が飛鳥寺の創建を端緒としてその影響の下に建立されていること、それらの寺院が百済の寺院の様式、技術を受容して建立されていることを確認しておきたい。なお、塔、金堂、講堂が南北に一直線に配置される伽藍配置は、これまで長く「四天王寺式伽藍配置」と呼ばれてきたが、①四天王寺を起源とする様式ではないこと、②新羅の四天王寺址（大韓民国慶尚北道慶州市）の伽藍配置と混同するおそれのない用語とすべきことの二点から、二十一世紀の今日、用語として再考すべきではないかと考える。考古学者ではない私がこうした提案をすることが可能なのかどうか心もとないが、ただ私にはこの用語はおさまりがよくない。私見では、個別の寺院の名称を付した用語ではなく、形態を表現する用語に改めるべきだと考えるが、いかがであろうか。

三　新羅の仏教と日本

1　寺院建立の時代の到来

七世紀は日本列島の広い範囲に多数の寺院が建立された、寺院建立の時代であった。[注40]ただ、寺院建立は七世紀の第Ⅰ四半世紀にはまだ数が少なく、地域的にも畿内の限定された範囲で造営がなされていた。それが、第Ⅱ四半世紀になると寺院数はやや増加し、第Ⅲ四半世紀には大きく増加し、さらに第Ⅳ四半世紀になると爆発的に増加して、その傾向が八世紀の第Ⅰ四半世紀に継続した。この七世紀第Ⅳ四半世紀～八世紀第Ⅰ四半世紀の寺院数の爆発的増加は大いに注目されるところである。[注41]

その具体的な寺院数については、現在も新しい寺院址が発見され、あるいは調査が進められている過程の中にあって、数値の提示は容易ではない。奈良文化財研究所「古代寺院遺跡データベース[注42]」には一七四五の寺院遺跡が列挙されているが、これは七世紀頃～十一世紀の寺院遺跡を知られる限り網羅的に総覧したものである。このうちには、七世紀第Ⅳ四半世紀～八世紀第Ⅰ四半世紀に創建されたものがかなりの割合をもって存在すると推定されるが、具体的数値の推定については後考をまちたい。

これらの寺院は、飛鳥、あるいは難波、近江といった権力の中枢部に建立されただけでなく、地方においても多数が建立されたことが注目される。それらを創建、運営した中心は、『日本霊異記』や『出雲国風土記』などの記述から地方豪族層と考えられ、評造のち郡司の地位についたものが多かったと推定される。

では、これらの寺院が続々と建立されていった理由はどう理解すればよいのだろうか。以下、文明史、国際政治史、国内政治史の三つの観点から考察していきたい。

2 文明史的観点

最初に文明史的観点から考察したい。日本列島はアジア東部に位置し、そこに成立した国家である日本は、中国文明圏の周辺的国家の一つとして世界史を歩んだ。そうした地理的条件のもとにある日本に、世界宗教の一つである仏教が伝わり、流通したのは必然的なことであると考えられる。仏教は、中国に一世紀頃に伝播し、四世紀頃から広く流通を開始し、朝鮮半島には四世紀末～五世紀に伝播した。日本には六世紀に伝播した。そして、日本にも他のアジアの仏教国と同じように仏教が興隆し、以後今日に至るまで日本は仏教国として歴史を歩んできた。日本には仏教が広く流通し、多くの仏教寺院が建立され、仏像が造立され、経典が書写、読誦され、僧尼が活動した。これは、文明史的観点から見れば必然的なことだったと言える。

歴史学の見地からすると、問題は、それがそれ以前でもそれ以後でもなく、なぜ七世紀だったのかというところにあり、さらに七世紀前期と七世紀後期の差異をどう理解するかということが重要になるだろう。

3 国際政治史的観点

なぜ七世紀だったのかという点に関しては、先に述べたように、中国に隋が成立したこと、次いで唐が成立したことが大きな契機となっている。これにより、朝鮮半島では中国の侵攻と三国の戦乱が起こり、まもなく百済、高句麗は滅亡していく。そうした状況の中で、百済は日本に仏舎利、僧、技術者などを贈与し、日本に本格的な仏教寺院飛鳥寺が創建された。この一連の外交過程によって、百済は日本との同盟関係を強固なものにすることに成功し、他方、日本は文明としての仏教を入手することができた。仏教は、しかし、先端的建造物である寺院建築、新しい美意識に立脚する仏像、仏画といった視角的要素だけでなく、思想、信仰という内面的要素を持っている。それは、非理念的で非体系的だったと推定されるそれまでの日本の神信仰とは質的に大きく異なるものであり、仏教に親近感を持つことも、その思想を理解することもそう簡単なことではなかったろう。特に、仏教思想の中核にある「戒律」の思想は、一般的な神信仰にはないものであり、最も難解な要素だったろうと思われる。

七世紀中期、日本は、百済との同盟関係およびそれに伴う権益を重視して朝鮮半島の戦乱に参戦した。『日本霊異記』上巻第七には次のような話がある。備後国三谷郡大領の先祖が百済救援の戦いに遣わされ、無事の帰国が可能になった時に弘済という禅師を招請し、彼とともに日本に戻った。その後、誓願の通り、仏教寺院の三谷寺を造立したという。[注43]この三谷寺は、広島県三次市向江田町の寺町廃寺に比定されており、発掘調査の結果、塔と金堂が東西に並立する、いわゆる法起寺式伽藍配置の寺院であったこと、三角状の突起である「水きり」を有する百済系の瓦が創建瓦として用いられていたことなどが判明している。[注44]三谷寺は、百済の寺院の影響を受けて創建された地方寺院であった。

また、上巻第十七には次のような話がある。伊予国越智郡の大領の先祖の越智直は、百済救援戦争に遣わされた時、唐の捕虜にされてしまい、ある島に幽閉された。しかし、そこで一つの観音菩薩像を手に入れ、熱心にそれを信敬したところ、船による脱出、帰国に成功した。帰国後は、郡を立て、寺を造り、その観音菩薩像を安置したという。[注45]

百済救援戦争には、多くの地方豪族たちが参戦せしめられたが、彼らは現地において百済や新羅の人々の仏教信仰に間近に接したものと考えられる。それは仏教についての理解を深める役割をはたしたであろう。また、百済滅亡後には、史料に名をのこすような亡命百済人が日本で活躍した[注46]ほか、多数の百済人、高句麗人が日本に渡来し、定着した。彼らの中には熱心な仏教信仰を有する者が存在した。これにより、日本列島における仏教理解は全体に深まっていったものと考えられる。

4　国内政治史的観点

七世紀後期における寺院建立の活性化については、こうした国際政治史的な要因ばかりでなく、国内政治史の観点からも考察する必要がある。七世紀前期と後期の国内政治の最大の変化は、乙巳の変による蘇我本家を中心とする政権の滅亡と新政権の成立である。蘇我氏は飛鳥寺の創建をはじめとして仏教の導入に積極的であったにもかかわらず、蘇我氏が政権を担っていた時代、日本にはいまだ限定された地域に限定された数の寺院しか建立されなかった。これに対し、新政権が樹立されたのちの難波朝廷や近江朝廷の時代になると、日本列島の寺院はその数も建立の地理的範囲も大きく増広され、壬申の乱後の飛鳥浄御原宮や藤原京の時代になると、日本列島の広い範囲に多数の寺院が建立されていった。

それはなぜか。仏教信仰に対する理解、浸透にはそれだけの時間が必要だったという文明史的観点からの理由が一つ想定される。しかし、それだけでは十分な説明とはならないだろう。何らかの国内政治史上の要因がなければ、寺院の急増を説明することはできないと考える。だが、かつてのように、天武朝の政権が全国に地方寺院の建立を命じ、それによって地方豪族たちが寺院を建立していったと理解するのは妥当ではないと考える。[注47]その理由は、一つは、地方寺院の発掘調査が進展し、それによって一郡内に複数の寺院が建立されている地域があったり、逆に郡内に全く寺院の建立が見られない地域があることが判明し、寺院の建立には地域的な粗密が見られることが判明したことである。これは、当該地域の地方豪族の宗教意識の差異を示すものと判断される。仏教に積極的な豪族とそうでない豪族が存在したのである。もう一つは、後の奈良時代の国分寺国分尼寺建立の事業との比較である。国分寺国分尼寺は政府の命令によるものであったが、伽藍の造営は簡単には進展せず、長い時間がかかった。これに比するに、七世紀第Ⅳ四半世紀から八世紀第Ⅰ四半世紀には、短い期間に多数の寺院が爆発的に建立された。そうした情勢は地方豪族たちの積極的な意志なしに形成されるものではない。

以上のことを勘案するなら、七世紀後期における地方寺院の盛んな建立は、国家の命令に端を発するものではなく、第一義的には地方豪族たち自身の意志によるものと見るべきだろう。このことは、先に見た『日本霊異記』上巻第七、第十七の説話からも確認される。日本にとって仏教は文明であり、それを手に入れることは中央の政治権力ばかりでなく、地方豪族にとっても重要な政治的・文化的意味があった。

ただし、寺院の建立は、技術的にも文化的にも新しい要素を含むものであったろうから、それを可能とするような政治的条件が整うことによってはじめて造営が可能になる。しかりとするなら、七世紀前期から後期への寺院建立の様相の大きな変化は、地方豪族たちの宗教意識の高まりに対応するように、中央の政治権力による仏教の独占から開放へという変化が存在したと見るべきだろうと私は考える。

七世紀前期、仏法興隆の中心にあった蘇我氏は、文明の象徴であり、政治的・文化的な権益でもあった仏教を占有的に享受し、寺院建立の技術や人材に関しても独占的な姿勢をとったため、限定された範囲にしか仏教が分与されず、結果として少数の寺院しか建立されなかったのではないか。それが、乙巳の変によって蘇我氏の政権が倒され、これによって仏教が開放され、多数の寺院の建立が可能になったのではないか。私たちが現在有する情報から、私はそのような国内政治史上の要因を想定しており、今後発掘データが増加することを頼りにこの視座からの考究を深めたいと考えている。

5　新羅仏教の導入

七世紀末期、天智朝～天武朝～持統朝の時代、日本は遣新羅使を派遣するなど、新羅との政治的・文化的な交流を深めることによって、新たな時代の国際政治に対処した。これによって新羅の文化が日本に導入された[注48]。また唐の文化が新羅を通じて日本に流入した。

中でも重要なのは、すでに指摘があるように、日本の天皇制度を成立せしめる契機となる、唐の高宗が「天皇」という君主号を称したという情報が新羅経由で伝えられたと考えられることである。増尾伸一郎氏によれば、新羅の文武王（六二六～六八一）の碑（建立は六八二年か）には「天皇大帝」の文言が見え、文武王の弟の金仁問の墓碑には「高宗天皇大帝」の文言が見えるという。ここから、唐の高宗の「天皇」号の情報がいち早く新羅に伝えられていたことが知られ、増尾氏は、この情報が新羅から日本に伝えられたと論じている[注49]。

仏教史に関しては、日本から多数の僧が新羅に留学して仏教および連関する諸学を学び、また新羅の僧が日本に来て活動したことが知られている[注50]。これによって、日本に新しい仏教の層が形成された。新羅の仏教は、百済の仏教に比して仏教教学が隆盛したことに特色があり、多くの経典注釈書が作成され、日本に影響を与えた。新羅の僧では、円光、円測（六一三～六九六）、義湘（六二五～七〇二）、慈蔵など、入陳（のち隋で修学）、入唐した僧が知られており[注51]、元暁、義寂、太賢などの著作は日本仏教に影響を与えている。新羅の仏教教学は、独自の理解を多数含むところがあるとはいえ、思想・論述の形式としては、隋・唐の仏教教学に連なるものであった。

さらに寺院史の観点からすると、慶州市の狼山の山麓にある四天王寺址の発掘調査が進展し、遺構、遺物が検出されたことが重要である。[注52] 四天王寺址では、早く一九二八年に藤島亥治郎氏による測量調査が行なわれ、双塔一金堂の伽藍配置の寺院であることが知られていたが、二〇〇六年より発掘調査が行なわれ、金堂、東西二基の木塔、回廊、中門、講堂などの遺構が検出された。金堂の基壇は二重基壇であった。また、塔の基壇からは多数の緑釉塑造像塼などが出土し、緑釉塑造像塼などによって周囲を外装する塼積基壇であることが判明した。『三国史記』巻七、文武王十九年（六七九）条には「四天王寺成る」とあり、この寺が、同年、文武王によって建立されたことが知られている。この二基の塔を持つ伽藍は、新羅の新しい様式のものであった。

日本では、藤原京に薬師寺が建立されたが、これは双塔一金堂の伽藍配置（いわゆる薬師寺式伽藍配置）をとっている。奈良県橿原市城殿町には本薬師寺址があり、昭和五十一年（一九七六）より複数回の発掘調査が行なわれ、金堂、東塔、西塔、中門、回廊の遺構や瓦などの遺物が検出された。[注53] この双塔一金堂の様式は、新羅の伽藍配置を取り入れたものであったと考える。

双塔式の伽藍は、この時代の地方寺院建立の動向にしたがって地域社会にも展開していき、大和国、河内国、播磨国をはじめ、諸国にも建立されていった。

むすび

日本は六世紀末～七世紀中期、百済と政治的・文化的に交流し、仏教を主たる回路の一つとして百済の文化を受容した。それは、飛鳥寺を中心に一定の範囲に広がりを見せた。この文化は限定された範囲にしか流通せしめられなかったとはいえ、歴史的意義は大変大きい。これが日本の仏教の第一層を形成した。

やがて七世紀後期になると、日本列島の広い範囲に仏教寺院が建立されるようになり、特に七世紀の第Ⅳ四半世紀には多数の寺院が建立されるようになった。百済の滅亡をうけた日本は、まもなく新羅と政治的・文化的に交流するようになり、新羅の宗教、思想、政治などに関する諸文化を導入し、その一つとして新羅の仏教を受容した。それは日本の仏教の第二層を形成した。これは寺院というネットワークを通じて、中央だけでなく、地域社会へも一定の広がりをみせた。新羅仏教の影響は、その後の奈良時代の日本にも残り、さらに『日本霊異記』の著者景戒が太賢『梵網経古迹記』を参照するなど、平安時代初期以降にも伝統が継承されていった。

だが、こうした傾向は八世紀になると一変する。大宝二年（七〇二）の遣唐使以降、日本の政治的・文化的交流の中心は唐になった。日本の仏教は、これ以後、唐の仏教を直接受容するという傾向が強くなった。その中心に存在したのは入唐・帰国した道慈と玄昉である。これが日本の仏教の第三層を形成した。唐と直接の外交を行ない、唐の政治・文化を積極的に導入するという政治的判断の中心に存在したのは藤原不比等（六五九～七二〇）であり、彼を政界の中央にすえたのは持統天皇（六四五～七〇三）であった。藤原不比等は国家の新しい方向性を明確に打ち出し、これによって日本の政治・宗教は新しい局面を迎えることになるが[注54]、それについて検討することは、小論に与えられた課題の次の時代の問題ということになるだろう。

最後に世界史の観点から、小論で取り上げた時代の特質について触れておきたい。杉山正明氏は〈世界史〉という観点から、チンギス・ハーン（一一六二～一二二七）によるモンゴル帝国の成立の歴史的意義を説いている。氏は、モンゴル帝国の成立によって、はじめて〈ユーラシア史〉、そして〈アフロ・ユーラシア史〉、さらには〈世界史〉が成立したと論じ、東アジアから北アフリカに至る世界の誕生を説いて説得的である。[注55] 日本史に即して考えてみても、元寇の歴史的意義は重く、大きく、その後の日本の国家・社会の変化の重大な契機となっている。

では、それ以前の時代はどうだったのか。私は、最初に述べたように、楊堅による隋の成立と中国統一が、アジア東部の歴史にとって大変重大だったと考えている。これによって、〈ユーラシア史〉が形成されたわけではないが、アジア東部に一つの世界が形成された。それは〈世界史〉からみれば、一つの〈地域史〉の形成にすぎないのだろうが、この地域史の成立は世界史への重要な一段階と見るべきであり、何より日本から見れば、はじめて世界的な歴史の中に参入せしめられていった大きな出来事だった。これによって巻き起こされた朝鮮半島における戦乱そして日本の百済救援戦争敗戦は、日本にとってのちの元寇に匹敵する大事だった。小論は、〈政治と宗教〉の観点から、この時代の歴史と文化について考えるところを述べたものである。

注

1 吉田孝『日本の誕生』岩波新書、一九九七年。

2 森公章『「白村江」以後』〈講談社メチエ〉一九九八年。同『東アジアの動乱と倭国』吉川弘文館、二〇〇六年。李成市「六―八世紀の東アジアと東アジア世界論」『岩波講座日本歴史二　古代2』岩波書店、二〇一四年。

3 道慈については、井上薫『日本古代の政治と宗教』吉川弘文館、一九六一年。薗田香融「古代仏教における山林修行とその意義」『平安仏教の研究』法蔵館、一九八一年。水野柳太郎「日本書紀仏教伝来記事と道慈」『続日本紀研究』一二七、一九六五年。中井真孝「道慈の律師辞任について」『続日本紀研究』二〇〇、一九七八年。佐久間竜「道慈伝の一齣――『愚志』を中心に――」『日本古代僧伝の研究』吉川弘文館、一九八三年。森下和貴子「藤原寺考――律師道慈をめぐって――」『美術史研究』二五、一九八七年。大和田岳彦「大仏造立以前の南都寺院伽藍――道慈の構想と理念――」『日本歴史』五八八、一九九七年。大山誠一『長屋王家木簡と金石文』吉川弘文館、一九九八年。蔵中しのぶ『奈良朝漢詩文の比較文学的研究』翰林書房、二〇〇三年。拙稿「『日本書紀』と道慈」『古代仏教をよみなおす』吉川弘文館、二〇〇六年、拙稿「国分寺国分尼寺の思想」（須田勉・佐藤信編『国分寺の創建　思想・制度篇』吉川弘文館、二〇一一年）、拙著『仏教伝来の研究』吉川弘文館、二〇一二年、などがある。

4 三﨑良章『五胡十六国』〈東方選書〉東方書店、二〇〇二年。妹尾達彦「中華の分裂と再生」『岩波講座世界歴史　九　中華の分裂と再生』岩波書店、一九九九年。

5 塚本善隆「北周の廃仏」「北周の宗教廃毀政策の崩壊」（塚本善隆著作集二『北朝仏教史の研究』大東出版社、一九七四年）。野村耀昌『周武法難の研究』東出版、一九七六年。鎌田茂雄『中国仏教史』三、五、東京大学出版会、一九八四年、一九九四年。

6 藤善真澄『隋唐時代の仏教と社会』〈白帝社アジア史選書〉白帝社、二〇〇四年。氣賀澤保規『中国の歴史06絢爛たる世界帝国　隋唐時代』講談社、二〇〇五年。

7 榎本淳一「『隋書』倭国伝について」（大山誠一編『日本書紀の謎と聖徳太子』平凡社、二〇一一年）。

8 礪波護・武田幸男『世界の歴史　6隋唐帝国と古代朝鮮』中央公論社、一九九七年（第二部　武田幸男執筆「朝鮮の古代から新羅・渤海へ」）、氣賀澤保規注6著書。

9 安田純也「新羅における講経儀礼の受容――百座講会を中心として――」（吾妻重二・二階堂善弘編『東アジアの儀礼と宗教』雄松堂出版、二〇〇八年）。

10 小峯和明・増尾伸一郎編訳『新羅殊異伝』〈東洋文庫〉平凡社、二〇一一年。

11 覚訓著・小峯和明・金英順編訳『海東高僧伝』〈東洋文庫〉平凡社、二〇一六年。

12 一然著・金思燁訳『三国遺事』六興出版、一九八〇年。

13 『続高僧伝』は、大正新修大蔵経五〇、No. 2060。

14 安田純也注9論文。

15 浜田耕策「新羅の神宮と百座講会と宗廟」『新羅国史の研究』吉川弘文館、二〇〇二年。

16 友永植「不空訳「仁王護国般若波羅蜜多経」小考」『別府大学紀要』三五、一九九四年。中田美絵「唐朝政治史の『仁王経』翻訳と法会――内廷勢力専権の過程と仏教――」『史学雑誌』一一五―三、二〇〇六年。

17 拙著『仏教伝来の研究』吉川弘文館、二〇一二年。

18 拙稿「飛鳥寺成立の歴史的意義――仏教の国家的伝来をめぐって――」（注17拙著所収）。

19 奈良国立文化財研究所『飛鳥寺発掘調査報告』一九五八年。
20 坪井清足『飛鳥の寺と国分寺』岩波書店、一九八五年。
21 亀田修一『日韓古代瓦の研究』吉川弘文館、二〇〇六年。菱田哲郎「畿内の初期瓦生産と工人の動向」『史林』六九―三、一九八六年。花谷浩「寺の瓦作りと宮の瓦作り」『考古学研究』四〇―二、一九九三年。同「飛鳥寺・豊浦寺の創建瓦」（古代瓦研究会編『古代瓦研究』Ⅰ、奈良国立文化財研究所、二〇〇〇年）。李タウン「百済の瓦からみた飛鳥時代初期の瓦について」（帝塚山大学考古学研究所歴史考古学研究会・古代の土器研究会編『飛鳥・白鳳の瓦と土器――年代論――』帝塚山大学考古学研究所、一九九九年）。清水昭博「瓦の伝来――百済と日本の初期瓦生産体制の比較――」（奈良県立橿原考古学研究所『考古学論攷』二七、二〇〇四年）。同「古代日本と百済の造瓦技術交流」『帝塚山大学考古学研究所研究報告』一三、二〇一一年。
22 佐川正敏「王興寺と飛鳥寺の伽藍配置・木塔心礎設置・舎利奉安形式の系譜」（鈴木靖民編『古代東アジアの仏教と王権――王興寺から飛鳥寺へ――』勉誠出版、二〇一〇年）。
23 国立扶余博物館『百済王興寺』二〇〇八年。金容民「王興寺跡と舎利器・荘厳具の発掘調査成果」（注22『古代東アジアの仏教と王権――王興寺から飛鳥寺へ――』所収）。
24 鈴木靖民「百済王興寺の舎利容器・荘厳具と飛鳥寺――飛鳥文化の源流――」『東アジアの古代文化』一三六、二〇〇八年。同編『古代東アジアの仏教と王権――王興寺から飛鳥寺へ――』勉誠出版、二〇一〇年。同「七世紀の倭国仏教と百済・中国北朝」『倭国史の展開と東アジア』岩波書店、二〇一二年。
25 大山誠一「仏教伝来年次について」『アリーナ』七、二〇〇九年。同『天孫降臨の夢』〈ＮＨＫブックス〉二〇〇九年。同「『日本書紀』の解明に向けて」（大山誠一編『日本書紀の謎と聖徳太子』平凡社、二〇一一年）。
26 富田林市教育委員会『新堂廃寺跡・オガンジ池瓦窯跡・お亀石古墳』（本文編・図版編）〈富田林市埋蔵文化財調査報告第三五〉二〇〇三年。同『平成一八年度　富田林市内遺跡群発掘調査報告書』〈同三八〉二〇〇七年。同『平成一九年度　富田林市内遺跡群発掘調査報告書』〈同四〇〉二〇〇八年。
27 『大阪府文化財調査報告書　第一二輯　河内新堂廃寺烏含寺跡の調査』大阪府教育委員会、一九六一年。
28 花谷浩「飛鳥寺同笵瓦二題」『奈良文化財研究所年報一九九七』一九九七年。
29 亀田博・清水昭博「豊浦寺址の発掘調査」『仏教芸術』二三五、一九九七年。

30 清水昭博「高句麗系軒丸瓦の分布とその背景」『古代文化』五二―一〇、二〇〇〇年。
31 亀田博「最古の尼寺、豊浦寺」『飛鳥の考古学』学生社、一九九八年。
32 注30に同じ。
33 拙稿「元興寺伽藍縁起幷流記資財帳の研究」（注17拙著所収）。
34 福山敏男「豊浦寺の創立」『日本建築史研究』墨水書房、一九六八年。
35 『明日香村史』上（明日香村史刊行会、一九七四年）の「古代（2）」（岸俊男）。直木孝次郎「豊浦寺と古瓦」『飛鳥――その光と影――』吉川弘文館、一九九〇年、清水昭博注30論文など。
36 石田茂作『法隆寺雑記帳』学生社、一九六九年。法隆寺昭和資財帳編集委員会『昭和資財帳一五　法隆寺の至宝　瓦』小学館、一九九二年。千田剛道「法隆寺若草伽藍出土の鬼瓦と百済」『奈良文化財研究所紀要二〇〇五』二〇〇五年。
37 林正憲「若草伽藍から西院伽藍へ――年代論の再整理――」（奈良文化財研究所学報第七六冊『法隆寺若草伽藍跡発掘調査報告』奈良文化財研究所、二〇〇七年）。
38 枚方市文化財研究調査会『楠葉瓦窯跡・粟倉瓦窯跡発掘調査報告』一九八四年。
39 網伸也「日本における瓦積基壇の成立と展開――畿内を中心として――」『日本考古学』二〇、二〇〇五年。
40 拙著『日本古代社会と仏教』吉川弘文館、一九九五年。同『古代仏教をよみなおす』吉川弘文館、二〇〇六年。拙稿「仏教の伝来と流通」（末木文美士他編『新アジア仏教史一一　日本Ⅰ　日本仏教の礎』佼成出版社、二〇一〇年）。
41 三舟隆之『日本古代の王権と寺院』名著刊行会、二〇一三年。
42 奈良文化財研究所「古代寺院遺跡データベース」二〇一七年三月三一日更新。http://mokuren.nabunken.go.jp/NCPstjiin/NCPstrJ-hanrei.htm
43 この説話については、三舟隆之「『日本霊異記』地域関係説話形成の背景――備後国を中心として」『『日本霊異記』説話の地域史的研究』法藏館、二〇一六年。
44 三次市教育委員会『備後寺町廃寺――推定三谷寺跡第一次～四次発掘調査概報――』一九八〇～八三年。
45 この説話については、三舟隆之「『日本霊異記』上巻一七縁の「建郡造寺」について」（注41著書所収）。
46 森公章注2『「白村江」以後』。
47 三舟隆之「天武天皇十四年三月壬申詔の再検討」（『日本古代地方寺院の成立』吉川弘文館、二〇〇三年）は、同詔を地方豪族に対

して寺院建立を奨励する詔だと読解する。確かにこの詔の「仏舎」を寺院、「氏」を地方豪族と理解するのは妥当な読解だと考える。しかし、この詔に地方豪族による寺院建立を奨励する効果があったとしても、この詔が国家の命令になり、それに従って多数の地方寺院が建立されたと見ることはむずかしい。私見は本文の通りである。

48 関晃「遣新羅使の文化史的意義」『関晃著作集三　古代の帰化人』吉川弘文館、一九九六年。鈴木靖民「古代東アジアの中の日本と新羅——文字文化の受容——」『日本の古代国家形成と東アジア』吉川弘文館、二〇一一年。

49 増尾伸一郎「天皇号の成立と東アジア」『日本古代の典籍と宗教文化』吉川弘文館、二〇一五年。

50 関晃注48論文。堀池春峰『南都仏教史の研究』上、東大寺篇、法蔵館、一九八〇年。田村圓澄『飛鳥白鳳仏教史』下（第四章二「新羅と新羅仏教」）吉川弘文館、一九九四年。崔鉛植「日本の古代華厳と新羅仏教——奈良・平安時代の華厳文献に反映した新羅仏教学——」『東アジア仏教』八、二〇一〇年。

51 鎌田茂雄『新羅仏教史序説』大蔵出版、一九八八年。

52 国立慶州文化財研究所・国立慶州博物館『四天王寺』（図録）二〇〇九年。この特別展では、出土した緑釉塑造像塼がずらりと並び、また「四天王寺」「卍」「消災」などの銘を持つ瓦が展示された（同年八月八日見学）。四天王寺については他に、国立慶州文化財研究所四天王寺址発掘調査団「大韓民国　慶州四天王寺址」『考古学研究』五五—二、二〇〇八年。李柱憲「韓国の四天王寺址の創建伽藍と緑釉神将壁塼の復元」『奈良美術研究』一五、二〇一四年など。

53 千田剛道他「本薬師寺の調査」『奈良文化財研究所年報　一九九七—Ⅱ』一九九七年。花谷浩「本薬師寺の発掘調査」『仏教芸術』二三五、一九九七年。

54 上山春平『埋もれた巨像——国家論の試み』岩波書店、一九七七年。大山誠一注25『天孫降臨の夢』。鐘江宏之「藤原京造営期の日本における外来知識の摂取と内政方針」（鐘江宏之・鶴間和幸編『東アジア海をめぐる交流の歴史的展開』東方書店、二〇一〇年）。同「「日本の七世紀史」再考——遣隋使から大宝律令まで」『学習院史学』四九、二〇一一年。

55 杉山正明『クビライの挑戦』〈朝日選書〉朝日新聞社、一九九五年。同『モンゴル帝国の興亡』上下〈講談社現代新書〉、一九九六年。同『世界史を変貌させたモンゴル』〈角川叢書〉角川書店、二〇〇〇年。同『遊牧民から見た世界史・増補版』日経ビジネス人文庫、二〇〇三年。同『モンゴル帝国と長いその後』講談社、二〇〇八年など。

氏族の伝・国家の伝・寺院の伝

―「大安寺文化圏」成立以前の僧伝―

藏中　しのぶ

はじめに

伝とは中国の文体の名で、個人の生涯の事跡を叙述して後世に伝えるものをいう。近藤春雄氏によれば漢の司馬遷が『史記』に「列伝」を立ててから、これに倣って、正史以外に伝を作ることが行われ、史伝・家伝・託伝・小伝・別伝・外伝などの名目を生じた（近藤春雄『中国学芸大事典』五七一頁）。

しかし一方、梁・昭明太子撰『文選』には銘・誄・哀・碑文・墓誌・行状・弔文・祭文等の文章があり、六朝の文体論を論じた梁・劉勰撰『文心雕龍』では、文学理論にもとづき、これらを伝の文体として分類している。[注1]日本でも八世紀後半にはその影響を色濃く受けた渡来僧の高僧伝が大安寺とその周辺で成立する。

これまで筆者は、これら一連の僧伝と仏教的な漢詩文を、日本古代における伝の達成期、「大安寺文化圏」の産物として考証を加えてきた。「大安寺文化圏」とは渡来僧が止住した官大寺・大安寺、鑑真一行の住した唐招提寺とその周辺をさし、唐の長安・西明寺の出典体系を継承・共有する僧伝をはじめとする奈良朝漢詩文述作の場である。注2 これに比すれば、それ以前の時期は中国の伝の影響がいまだ十分には浸透していない段階と捉えることができよう。本稿ではこの「大安寺文化圏」成立以前の段階に注目し、伝の生成の歴史的経緯をたどるとともに、古代寺院を場と基盤とする草創期の僧伝生成の一端をあきらかにすることを目的とする。原初の墓誌の段階にさかのぼり、僧伝の古態とみられる表現を導きだすことで、古代日本における伝の生成をより体系的にとらえることをめざす。

一　日本古代の伝

旧稿では、日本古代の伝を主に形態の面から五分類（①墓誌・碑文・誄、②氏族伝承的漢文伝、③律令的漢文伝、④仏教的漢文伝、⑤道教的神仙譚）して示した。注3 今回はその生成の場と基盤から、あらためてこれらを、①氏族の伝（氏族伝承的漢文伝）、②国家の伝（律令的漢文伝）、③寺院の伝（仏教的漢文伝）という三つの属性から捉え直してみたい。本章ではその前提として、天平宝字年間（七五六〜七六五）以降、「大安寺文化圏」で中国的な伝の成立に至るまでの伝の歴史をたどっておきたい。

1　伝の嚆矢――墓誌・碑文・誄

伝存する最も原初的な伝の形態は、墓誌に認めることができる。墓誌とは死者の生前の名前や爵位、徳行・功績等を金石に刻して墓に副葬する金石文であり、中国に遡源が求められる。中国の墓誌は唐代だけでも八七三七例（二〇〇九年現在）の出土例が報告されているが、その形状がそのまま日本に伝わったわけではない。[注4] 現存する日本古代の墓誌は一九七九年に奈良市で発見された『古事記』撰者「太安万侶墓誌」をはじめ、七世紀後半の天智天皇七年（六六八）「船王後墓誌」を嚆矢として、八世紀末の延暦三年（七八四）「紀吉継墓誌」にいたる十六点が確認されている。[注5]

文献史料のうえでも、『日本書紀』天智八年（六六九）十月辛酉条に、船王後とほぼ同時期に没した藤原鎌足の死没と殯にあたって次の記事がある。

辛酉、藤原内大臣薨。『日本世記』曰、内大臣、春秋五十、薨于私第。遷殯於山南。天何不淑、不憖遺耆。嗚呼哀哉。「碑」曰、春秋五十有六而薨。

（辛酉に、藤原内大臣薨《みう》せぬ。『日本世記』に曰はく、「内大臣《うちつおほおみ》、春秋《とし》五十にして、私第《わたくしのいへ》に薨せぬ。遷して山の南に殯《もがり》す。天《あめ》何ぞ淑《よ》からずして、憖《なかじひ》に耆《おきな》を遺さざる。嗚呼《ああ》哀しきかな。「碑《ゑりし》」に曰へらく、「春秋五十有六にして薨せぬ」といへり」といふ。）

（『日本書紀』引用は岩波日本古典文学大系本による。適宜表記を改めた箇所がある、以下同）

高麗僧釈道顕が著した『日本世記』には鎌足の殯に際して、「誄」の特徴的表現である哀歎の辞「嗚呼哀哉」がみえ、[注6] 鎌足に「誄」が進上された可能性を示唆する。

続いて引かれる鎌足の「碑」について、『藤氏家伝』上「大師」巻末には「碑文」という語が次のようにある。

百済人、小紫沙宅昭明、才思穎抜、文章冠世。傷令名不伝、賢徳空没。仍製「碑文」。今在別巻。有二子貞慧・史。々[倶イ]別有伝。

（百済の人、小紫沙宅昭明、才思穎抜にして、文章世に冠とあり。令名伝はらず、賢徳空しく没せむことを傷みて、仍りて、「碑文」を製る。今、別巻に在り。二子貞慧・史有り、史は〔別に／倶に〕伝有り。）
（『藤氏家伝注釈と研究』による。適宜表記を改めた箇所がある）

ここには百済人沙宅昭明が製作した鎌足の「碑文」が別巻に収録されていたこと、鎌足の子「史（不比等）」に「別（異文「倶」）」に「伝」があることが記される。現存する『藤氏家伝』上巻には「貞慧誄」のみが収載され、「不比等伝」は伝存しない。この鎌足の「碑文」は『日本書紀』原注に引く「碑」とされており、これを藪田嘉一郎氏は「伊福吉部徳足比売骨蔵器」に「故謹録錍」とあることから、「錍」「碑」は同字で、墓誌は「碑」と呼ばれたとし、『藤氏家伝注釈と研究』は鎌足の「墓碑銘」とみる。[注7] したがって、七世紀後半の天智朝には、氏族内部で原初的な個人の伝が「誄」「墓誌」「碑文」の形態で生じていたとみてよい。

ただし、この七世紀末の鎌足の「碑文」が墓誌であるとすれば、八世紀後半の「大安寺文化圏」で成立する中国の「碑文」体の伝とは異なる可能性がある。日本では墓誌の副葬は七世紀後半に始まり、八世紀末以降、ほとんど途絶えてしまう。東野治之氏は、墓誌の盛衰が火葬の一般化と並行していることに着目し、その理由として、墓誌には墓地を明示・確保する役割があったとして、次の可能性を想定された。

早くから行われていた墓碑や、仏教と結びついて造立されるようになった墓塔が、より直接的な標識として次第に墓誌の役割にとってかわっていった。[注8]

八世紀末の墓誌の衰微と軌を一にするかのように、大安寺にあっては天平宝字四年（七六〇）のふたりの渡来僧の遷化を契機として、仏教と結びついた道璿の「碑文」（成立年代未詳。吉備真備撰『道璿和上伝纂』所引）と菩提僊那の『南天竺婆羅門僧正碑幷序』（神護景雲四年〔七七〇〕弟子修栄撰）が、「碑文」の形をとった「伝」として成立する。さらに、『文選』巻五九「碑文」下に収める王簡棲「頭陀寺碑文」の影響を濃厚にうけた寺碑、淡海三船撰『大安寺碑文』（宝亀六年〔七七五〕四月十日）が成立する。ふたりの渡来僧の「伝」が、衰退に向かいつつあった墓誌・墓碑ではなく、『文選』『文心雕龍』にみえる中国の「碑文」の文体で撰述されたことは、渡来僧が多く住する官大寺である大安寺が、いち早く新たな「伝」の形式として「碑文」の文体を採り入れたことを示すものであったと考えられる。注9

2　氏族の伝から国家の伝へ

『日本書紀』持統天皇五年（六九一）八月条には、十八氏族に先祖の系譜に関わる記録を提出させた次の記事がある。

八月己亥朔辛亥、詔十八氏〈大三輪・雀部・石上・藤原・石川・巨勢・膳部・春日・上毛野・大伴・紀伊・平群・羽田・阿倍・佐伯・采女・穂積・阿曇。〉、上進其祖等墓〔纂イ〕記。

（八月己亥朔辛亥、十八氏〔大三輪・雀部・石上・藤原・石川・巨勢・膳部・春日・上毛野・大伴・紀伊・平群・羽田・阿倍・佐伯・采女・穂積・阿曇〕に詔して、其の祖等の〔墓／纂〕記を進め上らしむ。）

佐藤宗諄氏は、これがただちに墓誌の集成とは考えられないにしても、七世紀末の持統朝には、氏族内部で諸氏族の系譜に関わる「墓記」または「纂記」が纂修されており、国家によってこれらが集約される動きがあったとされた。注10

『続日本紀』の伝記記事の素材は、坂本太郎氏、林陸朗氏、佐藤氏によって式部省で作成・保存された伝記や考課の際の評定文書と推定されている。注11 その原史料のひとつとされるのが『唐令』に引く「功臣家伝」である。職員令式部省に卿の職掌としてみえる「功臣家伝田」はその費用に充当するものとみられ、次の記述がある。

功臣家伝田〈謂。有功之家。進其家伝。省吏撰修。釈云。家伝書名也。仮如。三史列伝之類。跡云。家伝。謂功臣之子孫嫡々相継状注置也。〉（巻二職員令式部省）

（功臣家伝田〔謂はく、有功の家、其の家の伝を進り、省吏撰修す。釈して云はく、家伝は書名なり、仮如。三史

列伝の類のごとし。跡云はく、家伝とは功臣の子孫嫡々相続の状を注し置くを謂ふなり。〕

功臣家伝田謂。有功之家。進其家伝。省吏撰修。事。（『令義解』巻一職員令式部省）

〔功臣の家伝田〔謂はく、有功の家、其の家の伝を進り、省吏撰修す。〕の事。〕

これらによれば、功臣の氏族は「子孫嫡々相続の状を注し置」いた三史列伝の類の家伝を式部省に提出し、式部省がこれを撰修した。「三史」は『史記』『漢書』『後漢書』であり、「功臣家伝」はその列伝に類するという。佐藤氏は日本の「功臣家伝」の原史料が各家（氏）が作成提出したものか、官の記録に基づくものかは定かではないものの、その内容は私撰にもとづく独自の記録と見るべきとされた。

同様の国家的な動向は天平宝字五年（七六一）に開始された『氏族誌』編纂事業にもみられる。その記事は、『中臣氏系図』所引「延喜本系」に次のようにみえる。

案依去天平宝字五年撰氏族志所之宣、勘造所進本系帳云。

〔案ずるに、去る天平宝字五年「撰氏族志所」の宣に依りて、勘造し進る所の「本系帳」に云はく。〕

これによれば、「撰氏族志所」の「宣」によって、『氏族志』編纂のため諸氏族に「本系帳」の提出が命じられた。しかし『氏族志』編纂事業は同八年（七六四）九月に起こった恵美押勝の乱で頓座する。乱の影響からか、『続紀』にも『氏族志』編纂の記載はないが、『続紀』の内部徴証から、これが実際に行われたものとする佐伯有清氏の説がある。[注12]『氏族志』の計画は平安朝に入ってから、桓武天皇が諸氏族に「本系帳」を進上させ、弘仁六年（八一五）に至って嵯峨天皇の勅命によって『新撰姓氏録』三〇巻目録一巻に結実することになる。

宝字之末、其争猶繁。仍聚名儒、撰氏族志。抄案弗半、逢時有難。諸儒解体、輟而不興。（『新撰姓氏録』序）

〔宝字の末、其の争ひ猶ほ繁し。仍りて名儒を聚めて、『氏族志』を撰ばしむ。抄案 半ばならざるに、時の難有るに逢へり。諸儒 体を解きて、輟みて興らず。）

六国史の伝記記事の原史料には、これら諸氏族から提出された氏族レベルの記録があったことが推定されるが、いずれも伝存しない。注目すべきは、これらの氏族の伝や系譜を集約しようとする国家的事業が唐化政策をとる仲麻呂政権下の天平宝字年間（七五七〜七六五）に次々と実施されたことである。仲麻呂が携わったとされる天平宝字元年（七五七）までの淳仁朝の正史『続日本紀』編纂、同五年（七六一）『氏族志』編纂計画、さらに天平宝字四年（七六〇）〜六年（七六二）頃の成立とされる藤原仲麻呂の撰になる家伝『藤氏家伝』がそれである。こうした国家的な動きが、墓誌の衰退と官大寺大安寺における「碑文」体の伝の成立と呼応するかのように、天平宝字年間の七六〇年代に生じていたことは重要である。

3 『続日本紀』における官人伝と僧伝

墓誌の文体は『続日本紀』の伝に類似している。『続日本紀』（以下、『続紀』と略称）は淳仁朝から桓武朝延暦十六年（七九七）まで、三十数年の歳月と三度の編纂を経て、延暦十六年（七九七）二月に奏進された。[注13]六国史においては、『続紀』に至って初めて、皇族・律令官人や僧侶の薨卒記事に伝が付載される形式がみられるようになる。以下、これらを薨卒伝とよぶ。旧稿では、編纂の三段階に対応して、全体をⅠ期（文武・元明・元正・聖武・孝謙朝）／Ⅱ期（淳仁・称徳・光仁朝前期）／Ⅲ期（光仁朝後期・桓武朝）の三期に区分して薨卒記事を検証し、すべての薨卒伝に共通する次の形式を抽出した。[注14]

官職＋位階＋（勲等）＋氏姓名＋薨／卒

これを仮にA型と呼ぶ。そして時代が下るにつれ、A型に加えて、次の[1]〜[6]の項目が付加されてゆき、Ⅲ期の光仁朝にいたって薨卒伝の次の形式が完成したことを確認した。

A型〔官職＋位階＋勲等＋氏姓名＋薨卒〕
　＋1遣使弔賻・宣詔贈位・監護喪事＋2係累出自＋3官歴＋4性格＋5功績逸事＋6薨卒時年齢

律令官人とともに、『続紀』には僧侶の死没に際しての記事が①道照・②義淵・③道慈・④玄昉・⑤行基・⑥鑑真・⑦道鏡・⑧良弁の八例掲載され、②義淵・⑧良弁を除いて伝が付載される。このうち、①道照・②義淵・③道慈・④玄昉・⑤行基の五伝は、Ⅰ期に収載されている。Ⅰ期は淳仁朝の「曹案三十巻」をもとに、光仁朝に再修して三十巻としたものを、延暦十三年（七九四）八月以降に再訂した部分である。淳仁朝の古い原史料に基づくためか、薨卒伝の形式も未完成で伝も短く、皇族・律令官人の薨伝、卒伝には疎漏が目立つ。にもかかわらず、①道照伝・③道慈伝・⑤行基伝は、Ⅰ期には不釣り合いなほど長文の伝になっている。それは原史料の段階ですでに、僧伝としての特徴を備えていたからだと考えられないだろうか。

佐藤氏は、天平勝宝三年（七五一）十一月成立の『懐風藻』に立伝される詩人伝八伝のうち、僧伝が四伝を占め、しかも僧侶詩人四名（①釈智蔵・②釈弁正・③釈道慈・④釈道融）にはすべてに伝が付されている状況を指摘し、官人の詳細な伝記が予想しがたいなかで、逆に僧伝についてはむしろその存在を想定してもよいように思われる。わたくしは、このような事情を『延暦僧録』の背景として考えている。何ゆえ僧伝が官人の「伝」よりも先んじて成立したかは定かではないが、仏教の思想としての特質に根ざすものかもしれない。と、出家して氏族を離れたことによる、僧侶独自の伝の生成基盤の存在を予見された。[注15]この指摘は、僧侶の場合、伝の生成基盤は寺院であったということを示唆するであろう。

これはつまり、伝の原史料の成立の場のちがいが、氏族に属する官人伝（氏族伝承的漢文伝）と寺院に属する僧伝（仏教的漢文伝）の性格を異質なものにしたことを意味する。出家して氏族を離れ、寺院に帰属した僧侶は、師僧から弟子僧へと師資相承される寺院の文化のなかに生き、死没に際しての葬送儀礼やこれに伴う伝も、氏族ではなく、寺院で述作されたと考えられる。また、寺院だからこそ、最新の知識や漢籍仏典が導入され、仏教ならではの仏伝・高僧伝の伝統を吸収できる環境があり、時流に先立つ、その先進性が際立つのではないか。

事実、天平宝字年間に官大寺である大安寺で成立した僧伝には、中国高僧伝の影響が顕著になってゆく。それ以前の段階において、寺院を生成基盤とする僧伝には、どのような特徴的な表現が見出されるのか。

二　師僧から弟子僧への遺嘱——道照・道慈・行基の伝——

前章に基づき、本章では寺院において生成した僧伝の特徴について検討してゆく。

はやく墓誌にも、僧侶のものが「佐井寺僧道薬墓誌」と「行基大僧正舎利瓶記」の二点伝存する。「佐井寺僧道薬墓誌」の全文は「表面：佐井寺僧道薬師族姓大楢君素止奈之孫／裏面：「和銅七年歳次甲寅二月廿六日命過」と短い。対して、「行基墓誌」とも呼ばれる「行基大僧正舎利瓶記」（以下、『瓶記』と略称）は長文であり、生涯の事跡を述べて伝としての性格をもっている。そこで以下、行基の死没に関して残された諸資料に注目して原初の僧伝の様相をみていきたい。

日本古代の墓誌の形状には、墓に副葬された短冊形、長方形、蓋付きのもののほかに、墓誌銘を刻んだ容器形の骨蔵器として、慶雲四年（七〇七）「威奈大村骨蔵器」、和銅元年（七〇八）「下道圀勝・圀依母夫人骨蔵器」、和銅三年（七一〇）「伊福吉部徳足比売骨蔵器」、天平二十一年（七四九）『瓶記』の四点が伝存する。このうち、八世紀初頭のものが三点を占め、『瓶記』のみが八世紀半ばで、成立が四十年ほど下る。ここでは、墓誌としての『瓶記』の特質として、骨蔵器という形状に注目し、その他の骨蔵器銘文と比較してみることとする。[注16] 表1は、これら四

表1　骨蔵器銘文と「行基大僧正舎利瓶記」　＊記事冒頭の【　】は筆者が任意に付した。

威奈大村骨蔵器	下道圀勝・圀依母夫人骨蔵器	伊福吉部徳足比売骨蔵器	行基大僧正舎利瓶記
		【生前の事跡】 因幡国法美郡、伊福吉部徳足比売臣、藤原大宮御宇大行天皇御世慶雲四年歳次丁未春二月二十五日、従七位下被賜仕奉矣。	表3参照。
			【薨時年齢】 壽八十二。
【死没年月日】 以慶雲四年歳在丁未四月廿四日、寝疾終於越城。	**【死没年月日】**〔蓋最外区〕以和銅元年歳次戊申十一月廿七日己酉成	**【死没年月日】** 和銅元年歳次戊申秋七月一日卒也。三年庚戌冬十月**火葬**。	**【死没年月日】** 廿［一年二月二日丁］酉之夜、右脇而臥、正念如常、奄終［於右京］菅原寺。
【薨時年齢】 時年卅六。			
【埋葬・墓地】 輿以其年冬十一月乙未朔廿一日乙卯、帰葬於大倭国葛木下郡由君里狛井山岡。		**【埋葬・墓地】** 即殯此処故。	**【埋葬・墓地】** 二月八日、**火葬**於大倭國平群郡生馬山之東陵。**是依遺命**也。
	【骨蔵器】〔蓋中間区〕銘　下道圀勝弟圀依朝臣右二人母夫人之骨蔵器。		**【骨蔵器】** 弟子僧景靜等、攀號不及、瞻仰無見。唯有砕殘舎利、然盡輕灰。故藏此器中、以為頂禮之主、界彼山上、以慕多寶之塔。
	【後人】 故知後人明不可移破。	**【後人】** 末代君等、不応崩壊。上件如前、故謹録錍。	
		【識語】 和銅三年十一月十三日己未	**【識語】** 天平廿一年歳次己丑三月廿三日沙門眞成

点の骨蔵器銘文を対照したものである。なお、煩雑を避けるため、『瓶記』の薨時年齢以前の記載は省略し、章を改めて後掲する。

骨蔵器銘文はいずれも、墓地と骨蔵器納骨という文脈になっており、後人に注意を促すメッセージや、末尾に識語を添えるものもある。やや長文で生前の事跡に遡るもの（「伊福吉部徳足比売骨蔵器」『瓶記』）もあるが、一般的に墓誌は短文で、基本的に生前の被葬者について詳しく述べることはしない傾向にある。その中で『瓶記』は、その伝記叙述の詳細さが際立っており、特に次の薨時年齢以下の記載が詳しい。

　和上、法諱法行、一號行基。薬師寺沙門也。（中略）壽八十二、廿［一年二月二日丁］酉之夜、右脇而臥、正念如常、奄終［於右京］菅原寺。二月八日、火葬於大倭國平群郡生馬山之東陵。是依遺命也。弟子僧景靜等、攀號不及、瞻仰無見。唯有碎殘舍利、然盡輕灰。故藏此器中、以為頂禮之主、界彼山上、以慕多寶之塔。天平廿一年歳次己丑三月廿三日　沙門眞成

末尾の識語「天平廿一年歳次己丑三月廿三日」から、この記述が、行基没後（二月二日丁酉之夜）二十一日の、三七忌にあたって述作されたものと知られる。銘文はまず、行基の所属寺院と係累出自を述べたあと、出家と功績、それにともなう朝廷の厚遇が記され、「壽八十二」と薨時年齢を記して臨終の様子を伝える（次章表2参照）。これによれば行基は、天平勝宝元年（七四九）二月二日、菅原寺で「右脇にして臥し、正念常の如し」という状態で「奄終」した。「奄」はふさがる、息が絶えるさま、「正念」は仏語で、心の乱れを去った安らかな心、安定した心の状態をいう。このように臨終の様子を詳しく書き留めた墓誌は他にみられない。やや時代が下る淡海三船撰の鑑真伝『唐大和上東征伝』、唐僧思託撰『延暦僧録』等では、僧侶はどのようにこの世を去るのかが問題とされる。その死に際の姿が、生涯の修行の結果、到達した菩薩の階位を示すのである。正念常の如く、息

絶えた行基の最期の描写は、その原初的な表現であったのではないか。

ここで『瓶記』が「是依遺命也」と記すことに注目したい。行基は二月八日「大倭國平群郡生馬山之東陵」で火葬に付された。火葬と墓地を定めたのは行基の「遺命」による。「弟子僧景静等」をはじめ、行基の弟子たちが悲嘆に暮れながらも遺灰を骨蔵器に納め、山上（現・竹林寺境内）を結界し、多宝塔を建てて墓地としたことが記される。行基の「遺命」に弟子たちは応えたという『瓶記』の伝記叙述は臨場感に満ち、漢籍仏典による文飾が施された様子もない。師僧に先立たれながらも、「遺命」を遵守しようとする弟子たちの姿が主題となっている。

三　『続日本紀』における伝の形式

行基については『続紀』にも伝が収録されている。『瓶記』が寺院内部で成立した伝（仏教的漢文伝）であるのに対して、『続紀』行基伝は寺院から提出された原史料をもとに、官が撰修した国家レベルの伝（律令的漢文伝）である。そこには、律令国家の伝としての形式や価値観が反映していることが想定される。そこで以下、両者を比較してみたい。表2は対照のため、『瓶記』と『続紀』行基伝を上下に配置したものである。

まず、『続紀』行基伝の「皆守遺法」の配置について検討したい。『続紀』薨伝において、長文の伝は、薨卒伝の基本形式A型に加えて、時系列にしたがって、官歴の間に4性格・5功績逸事を挟みこむ形式をとる。[注17]『続紀』行基伝も長文であり、この時系列の書式に従っているとみてよい。

しかし【7功績・遺法】で述べられるのは没後の事跡で、『瓶記』では【9遷化】以下に該当する内容であ

表2　「行基大僧正舎利瓶記」と『続日本紀』行基伝

「行基大僧正舎利瓶記」	『続日本紀』行基伝
	A型：二月丁酉《丙申朔二》、大僧正行基和尚遷化。
【1所属寺院】和上、法諱法行、一號行基。**藥師寺**沙門也。	**【1所属寺院】和尚**、**藥師寺**僧。
【2係累出自】俗姓高志氏、厥考諱才智、字智法君之長子也。本出於百濟王子・王爾之後焉。厥母蜂田氏、諱古爾比賣、河內國大鳥郡蜂田首虎身之長女也。	**【2係累出自】俗姓高志氏**。和泉國人也。
【3生誕】近江大津之朝戊辰之歳、誕於大鳥郡。	×
	【4性格】和尚眞粹天挺、徳範夙彰。
【5出家・功績】至於飛鳥之朝壬午之歳、**出家**歸道、苦行精勤、誘**化**不息。人仰慈悲、世稱**菩薩**。是以天下蒼正、上及人主、莫不望塵頂礼、奔集如市。	**【5出家・功績】**初**出家**。讀瑜伽唯識論即了其意。既而周遊都鄙、教**化**衆生。道俗慕化追從者、動以千數。所行之處、聞和尚來、巷无居人、爭來礼拜。隨器誘導、咸趣于善。又親率弟子等、於諸要害處、造橋築陂。聞見所及咸來加功。不日而成、百姓至今蒙其利焉。
【6朝廷の厚遇】遂得　聖朝崇敬、法侶歸服。天平十七［年、別］**授大僧正之任**、**竝施**百戸之封。于時僧綱已［備、特居其上、雖］然不以在懐、勤苦彌厲。	**【6朝廷の厚遇】**豊櫻彦天皇、甚敬重焉。詔**授大僧正之**位、**并施**四百人出家。
×	**【7功績・遺法】**和尚靈異神驗觸類而多。**時人号曰、行基菩薩**。留止之處皆建道場。其畿內凡四十九處。諸道亦往々而在。**弟子相繼、皆守遺法、至今住持**焉。
【8薨時年齢】壽八十二、	**【8薨時年齢】**薨時年八十。
【9遷化】廿［一年二月二日丁］酉之夜、右脇而臥、正念如常、奄終［於右京］菅原寺。	×
【10埋葬】二月八日、火葬於大倭國平群郡生馬山之東陵。是依**遺命**也。	×
【11骨蔵器】弟子僧景靜等、攀號不及、瞻仰無見。唯有碎殘舍利、然盡輕灰。故藏此器中、以為頂禮之主、界彼山上、以慕多寶之塔。	×
【12識語】天平廿一年歳次己丑三月廿三日 沙門眞成	×

る。また『続紀』においては、後述するように、時人の評を記載する場合には、一生の事跡に対する評価という意味合いからか、伝の末尾に時人の評を添える構成をとっている。したがって、『続紀』行基伝の「時人号曰、行基菩薩」(【7】)も、本来は伝の末尾に配すべき内容である。つまり、時系列でいえば行基伝の記載は【5→6→8→7】となるのが自然であり、内容面でみても、行基の功績についての記事が【5】【7】の二つに分かれているかのような印象をうける。言葉を換えれば、なぜ、行基伝は【8薨時年齢】で終わるのか。

ここで『続紀』薨卒伝全体に視野を広げてみたい。旧稿における『続紀』官人薨卒伝すべての調査の結果、【薨時年齢】の後に何らかの記載がある伝は、僧伝を除けばⅠ期には皆無であり、ⅡⅢ期に次の七伝が確認された。[注18]

Ⅱ期称徳紀

①巻二七　藤原真楯　薨時年五十二。／賜以大臣之葬、使民部卿正三位下兼勅旨大輔侍従勲三等藤原朝臣縄麻呂、右少弁従五位上大伴宿禰伯麻呂弔之。

Ⅱ期光仁紀

②巻三三　吉備真備　薨時年八十三。／遣使弔賻之。

Ⅲ期光仁紀

③巻三四　藤原良継　薨時年六十二。／贈従一位、遣中納言従三位物部朝臣宅嗣、従四位下壱師濃王弔之。

④巻三五　藤原百川　時年四十八。／及薨甚悼惜焉。延暦二年、追思前労、詔贈右大臣。

Ⅲ期桓武紀

⑤巻三六　石上宅嗣　薨時年五十三。／時人悼之。

⑥巻三七　藤原魚名　薨時年六十三。／詔別賜絁布米塩及役夫等。

⑦巻三八　藤原種継　時年四十九。／（燭下被傷、明日薨於第）。天皇甚悼惜之、詔贈正一位左大臣。

いずれも被伝者は高位高官であり、吉備真備と石上宅嗣を除けば、藤原氏が五名を占める。これら七例から、行基伝が収載されるⅠ期には薨時年齢の後の記載はなく、ⅡⅢ期の七つの薨伝は、遣使弔賻（①②③⑥）・追詔贈位（③④⑦）・天皇や時人の追悼（⑤⑦）に限って追記していることが確認される。

したがって、『続紀』薨卒伝は、少なくともⅠ期においては、基本的に伝の最末尾に【薨時年齢】を配して記事を終えるという構成をとるとみてよい。行基伝も薨時年齢の後の記載がないⅠ期の形式に従って記事を終えている。

つまり、『続紀』行基伝の原史料が墓誌である『瓶記』とその祖を共通にしているとすれば、薨時年齢のあとに没後の功績（【7】）が述べられていたかもしれない配置が、編集方針に従って入れ替えられた可能性がある。このような形式上の操作は、史料の集積という性格を基本的に有し、国家レベルで纂修された『続紀』の伝にはしばしば見られる。翻って言えば、『続紀』行基伝の「皆守遺法」「時人」の評を含む部分（【7】）は、ⅡⅢ期の形式に従えば、【薨時年齢】の後、伝の最末尾に記されるべきものが、Ⅰ期の形式に準じて【薨時年齢】の前に配されたと考えられる。行基伝は『続紀』Ⅰ期にはそぐわないほどの分量を擁するため、林陸朗氏は後補の可能性を指摘されたが[注19]、その反証のひとつとしても捉えることができるのではないだろうか。

四　『続日本紀』における「遺教」

『瓶記』の「遺命」と同じく、『続紀』でも「皆守遺法」と、行基の「遺法」が記されることに注目したい。二章にみたように、『瓶記』の「是依遺命也」は、弟子たちが行基の「遺命」によく応えたことを意味していた。『続紀』行基伝の「皆守遺法」も、行基の遺した「遺法」を弟子たちが「皆守」ったことを明記する。『続紀』「遺法」は四十九院の継承であり、『瓶記』「遺命」は火葬と埋葬地であって、両者は対象を異にするが、師僧の「遺命」「遺法」を弟子が大切に守り、しっかりと受け継いだという文脈は両者に共通する。師僧の「遺命」「遺法」は、『瓶記』と『続紀』行基伝に共通する重要なテーマであった。

しかし、これは必ずしも、弟子が述作した行基の墓誌に限られた特殊なテーマではなかった。

師僧の「遺命」が記されるのは、行基だけではない。『続紀』最初の僧伝、巻一文武天皇四年（七〇〇）三月己未〔十日〕条の道照（六二九〜七〇〇）物化伝にも「遺教」が次のように記される。

弟子等奉二遺教一、火二葬於粟原一。天下火葬、従レ此而始也。世伝云、「火葬畢、親族与二弟子一相争、欲下取二和上一骨斂上之。飄風忽起、吹二颺灰骨一、終不レ知二其処一。時人異焉」。後遷二都平城一也。和尚弟及弟子等奏聞、徙二建禅院於新京一。今平城右京禅院是也。此院多有二経論一、書迹楷好、並不二錯誤一。皆和上之所二将来者一也。

（弟子ら、遺せる教を奉けて、粟原に火葬せり。天下の火葬此より始まれり。世伝へて云はく、「火葬し畢りて、親族と弟子と相争ひて、和上の骨を取りて斂めむと欲るに、飄風忽に起りて、灰骨を吹き颺げて、終にその処を知らず。時の人異ぶ」といへり。後、都を平城に遷すとき、和尚の弟と弟子らと奏聞して、禅院を新京に徙し建てつ。今の平城の右京の禅院、是なり。この院に多に経論有り。書迹楷好にして、並に錯誤あらず。皆和上の将ち来れるものなり。）

ここでは、道照の「遺教」により、「弟子等」が粟原で火葬に付したこと、「世伝」として道照の遺灰を「親族」と「弟子」が争ったところ、つむじ風が遺灰を飛散させたこと、さらに「和尚弟及弟子」が飛鳥の禅院にあった道照の将来経典を平城遷都にともなって「平城右京禅院」に移管したことが記される。これも、師僧である道照没後に弟子僧たちがその遺志を継いだことを示す記載とみることができよう。

さらに、『続紀』天平十六年（七四四）年十月辛夘〔二日〕条、道慈（?~七四四）の卒伝では、道慈が著述した『愚志』一巻の趣旨を「弟子伝業者、于今不絶」と、師僧道慈の「遺教」を弟子僧たちが伝えていることを述べる。

冬十月辛夘、律師道慈法師卒。［天平元年爲律師。］（中略）著述愚志一巻、論僧尼之事。其略曰、今察日本素緇行、佛法軌模、全異大唐道俗伝聖教法則。若順經典、能護國土。如違憲章、不利人民。一國佛法、万家修善、何用虚設、豈不愼乎。弟子伝業者、于今不絶。属遷造大安寺於平城、勅法師、勾當其事。法師尤妙工巧、構作形製、皆禀其規摹。所有匠手、莫不歎服焉。卒時、年七十有餘。

（冬十月辛夘、律師道慈法師卒しぬ。［天平元年、律師と為る。］（中略）『愚志』一巻を著し述べて、僧尼の事を論ふ。その略に曰はく、「今日本の素緇の行ふ佛法の軌模を察るに、全く大唐の道俗の傳ふる聖教の法則に異なり。若し經典に順はば能く國土を護らむ。如し憲章に違はば人民に利あらず。一國の佛法万家修善せば、何ぞ虚設を用ゐむ。豈愼まざらめや」といふ。弟子の業を伝ふる者、今に絶えず。属《このごろ》大安寺を平城に遷し造るに、法師に勅してその事を勾當せしめたまふ。法師尤も工巧に妙なり。構作形製、皆その規摹を稟く。有らゆる匠手、歎服せぬは莫し。卒する時、年七十有余。）

このように、道照（六二九~七〇〇）・道慈（?~七四四）・行基（六六八~七四九）の伝には、師僧の遺嘱である「遺命」が弟子僧へと受け継がれる記述が共通して認められる。これらは単に情緒的・感傷的なものではなく、天平宝字四年（七六〇）に相次いで没する大安寺の唐僧・道璿の「碑文」や『南天竺婆羅門僧正碑幷序』、さらには鑑真伝等、天平宝字四年（七六〇）年以降に成立する渡来僧の僧伝に顕著にみられる法統意識にもとづいた師資相承の系譜の原初的な表現であるととらえることはできないであろうか。[注20] 師僧の遺嘱「遺教」「遺命」は、初期の僧伝の生成段階から不可欠なものとして配され、僧伝の特徴を形づくっていたのである。

ここまで、『続紀』道照・道慈・行基伝における「遺命」「遺法」という字句に託された、被伝者である師僧と弟子僧の遺嘱の関係性を捉えてきたが、『続紀』薨卒伝には他にも、被伝者の「遺〜」が記された伝がある。次の文室真人浄三薨伝・石上朝臣宅嗣薨伝である。

表3　『続日本紀』道照伝と「行基大僧正舎利瓶記」と『南天竺婆羅門僧正碑并序』

『続紀』①道照伝	「行基大僧正舎利瓶記」	『南天竺婆羅門僧正碑并序』
【遷化】 和尚周遊凡十有餘載、有勅請還止住禪院。坐禪如故。或三日一起、或七日一起。倏忽香氣從房出。諸弟子驚怪、就而謁和尚、端坐縄床。无有氣息。	**【薨時年齢】** 壽八十二、 **【遷化】** 廿［一年二月二日丁］酉之夜、右脇而臥、正念如常、奄終［於右京］菅原寺。	**【遷化】** 但夜貿遷、閻浮業謝。以天平宝字四歳次庚子二月二十五日夜半、合掌向西、辞色不乱、如入禅楽、奄爾遷化。
		【火葬】 即以同年三月二日、闍維於登美山右僕射林。
【薨時年齢】 時年七十有二。		**【薨時年齢】** 春秋五十七。
【遺教】 **弟子等奉遺教、火葬於栗原**。天下火葬、從此而始也。 **【時人】** 世傳云、「火葬畢、親族与弟子相争、欲取和上骨斂之。飄風忽起、吹颺灰骨。終不知其處。時人異焉」。	**【遺命】** 二月八日、火葬於大倭國平群郡生馬山之東陵。是依**遺命**也。	**【遺旨】** 臨終告諸弟子云、「吾常観清性、直厳自性身。而猶尊重弥陀、景仰観音。汝曹、宜抽吾帑蔵衣物、奉造阿弥陀浄土。」又云、「吾生在之日、普為四恩、奉造如意輪菩薩像。而情願更造八大菩薩像、列坐其像。而無常行迫、其事不諧。汝曹、不忘疇昔、宜共相助畢功。」
【弟・弟子】 後遷都平城也。和尚弟及弟子等、奏聞、徙建禪院於新京。今平城右京禪院是也。此院多有經論、書迹楷好、並不錯誤。皆和上之所將來者也。	**【弟子】** 弟子僧景静等、攀號不及、瞻仰無見。唯有碎殘舍利、然盡輕灰。故藏此器中、以為頂禮之主、界彼山上、以慕多寶之塔。	**【弟子】** 弟子等、奉遵**遺旨**、備飾八像。

Ⅱ期・巻三一文室真人浄三薨伝　臨終遺教薄葬、不受鼓吹。諸子遵奉、当代称之。遺使弔賻。

Ⅲ期・巻三六石上朝臣宅嗣薨伝　臨終遺教薄葬、薨時年五十三、時人悼之。

文室浄三は天平勝宝五年（七五三）亡妻茨田女王のために「薬師寺仏足石記」を発願した。『続紀』によれば、石上宅嗣は旧宅を阿閦仏寺とし、邸内に芸亭を設けた。ふたりは共に、鑑真の弟子の唐僧思託撰『延暦僧録』にそれぞれ「浄三菩薩（文室浄三）伝」（巻第一菩薩伝）、「芸亭居士（石上宅嗣）伝」（巻第五居士伝）と立伝される篤信の在俗仏教徒である。

この二伝は伝の末尾に「遺教」による「薄葬」と「当代」「時人」の評言を付す。「遺教」という字句と、薨時年齢の後に事績を記す形式には、ここまで見てきた行基伝の原史料となったであろう寺院由来の伝の存在がうかがわれる。「遺教」は『続紀』全記事においても、用例はこの二伝と、先にみた道照伝、以下に引く『続紀』宝亀元年（七七〇）七月乙亥（十五日）条の称徳天皇の勅の四例にとどまる。

宝亀元年七月乙亥［十五日］、勅曰。朕荷負重任。履薄臨深。上不能先天奉時。下不能養民如子。常有慚徳。實无榮心。撤膳菲躬。日愼一日。禁殺之令立國。宥罪之典班朝。而猶疫氣損生。變異驚物。永言疚懷。不知所措。唯有佛出世遺教應感。苦是必脱。災則能除。

（宝亀元年七月乙亥［十五日］、勅して曰はく、「朕、重任を荷ひ負ひて、薄きを履み深きに臨めり。上は天に先ちて時に奉ふること能はず、下は民を養ひて子の如くすること能はず。常に徳に慚づること有りて、實に心に榮とすること无し。膳を撤てて躬を菲《うすく》すること、日に一日を愼めり。禁殺の令、國に立て、宥罪の典、朝に班《わか》てり。而れども、猶、疫氣生を損ひ、変異物を驚かす。永く言《ここ》に懷を疚《や》みて、措く所を知らず。唯、仏出世の遺教に応感すること有らば、苦は是れ必ず脱れむ、災は則ち能く除かれむ。）

この勅は、称徳天皇が疫病の除災を祈願して京内の寺院に『大般若経』転読を命じたものであるが、称徳天皇はこの記事で初めて不予が記され、この勅の半月後、八月四日に崩御する。ここでは「仏出世の遺教に応感すること有らば」と、「遺教」が「仏出世の教え」の意味で用いられていることが確認される。

旧稿では「遺教」が仏教的な伝の表現であり、『続紀』ⅡⅢ期に至って、在俗仏教徒の律令官人の死没を契機として、僧伝の表現が『続紀』官人薨卒伝に摂り入れられたという可能性を論じた[注21]が、文室浄三の薨去は、称徳天皇崩御からわずか二ヶ月足らずの十月四日であり、『続紀』薨伝としても、称徳崩御後、最初の薨伝である。この「遺教」の語は、『遺教経』をはじめ、漢訳仏典にも用例は多く、仏教的表現の流入であることに加え、直近の称徳天皇最後の勅の「遺教」の影響を受けた可能性も指摘できよう。

あらためて、これまで辿ってきた師僧の「遺命」「遺法」「遺教」等、薨卒伝における師僧の遺嘱を同時代の史料から検索すると、日本最初期の僧伝における師僧の遺言は、道照（六二九〜七〇〇）・行基（六六八〜七四九）・菩提僊那（七〇四〜七六〇）の伝に、類型的な構成をとって次の三例が確認される。

『続紀』Ⅰ期①道照伝　　‥弟子等　奉　**遺教**、火葬於粟原。
『続紀』Ⅱ期文室浄三薨伝　‥臨終**遺教**薄葬、不受鼓吹。諸子　遵奉、　当代称之。
『南天竺婆羅門僧正碑幷序』‥弟子等　奉遵　**遺**旨、備飾八像。

ここでも叙述されるのは、師僧の遷化に際して、後に遺された諸子・弟子僧たちが、師僧の「遺教」「遺旨」を遵守し、いかにその遺志に応えたかということである。約八十年ほど下り、漢籍仏典による出典語の多い「碑文」の形式をとる『僧正碑』も、構成はこれに準じている。その背後には、行基が菩提僊那を難波に迎接して以来、三度にわたって面会したというふたりの僧の関係性があり、伝の構成にも影響をおよぼしたことが推測されるが、これについては別稿に論じる。

八世紀前半の伝にみえる「遺教」「遺法」「遺命」などの表現は、八世紀後半の「大安寺文化圏」で成立する中国の「碑文」体の伝以前の僧伝の古態を示すものであり、それは当時の寺院社会における師弟関係のありかたを如実に反映するものであった。

むすび

本稿では、日本古代において、『続日本紀』等の原史料となって、それ自体は失われてしまった原初の僧伝の古態をさぐってきた。めざしたものは、中国で完成された「碑文」の文体をもつ伝が成立する以前の、草創期の僧伝の姿である。草創期の僧伝には、以降の高僧伝に顕著な典籍による出典語や文飾はほとんどみられない。しかし、後世の往生伝に展開してゆく師僧の遷化の姿と、法統意識や師資相承に発展してゆく師僧が遺した教えとこれに応える弟子僧の姿は、原初的な表現ながら、すでに僧伝には欠くことのできないきわめて重要なテーマとして叙述されていた。この時代を経て、以降、大安寺・唐招提寺周辺で共有された「大安寺文化圏」と呼ぶべき仏教の知的体系にもとづき、鑑真伝述作の中心人物となった思託、淡海三船らの手により「碑文」体の高僧伝が成立してゆくことになる。

注

1　近藤春雄「唐代小説の伝と記」（『愛知県立大学説林』第二一号、一九七二年十二月）。

2　拙稿「伝の文体」（古代文学講座11『霊異記・氏文・伝』勉誠社、一九九五年六月。『奈良朝漢詩文の比較文学的研究』所収、翰林書房、二〇〇三年七月）。
堀池春峰「入唐留学僧と長安・西明寺」（笠原一男博士還暦記念会編『日本宗教史論集』上巻、吉川弘文館、一九七六年十二月。『南都仏教史の研究』下　諸寺篇所収、法藏館、一九八〇年九月）。

杉山二郎『大仏以後』（学生社、一九八六年七月）。

拙稿「玄奘三蔵伝と『南天竺婆羅門僧正碑并序』――祇園精舎・長安西明寺・大安寺創建説話の背景――」（説話と説話文学の会編『説話論集』第五集「仏教と説話」清文堂、一九九六年八月。前掲書所収）。同「大安寺文学圏――奈良朝漢詩文における『広弘明集』の受容をめぐって――」（『仏教文学とその周辺』研究叢書227、和泉書院、一九九八年五月）。

山本幸男「早良親王と淡海三船――奈良末期の大安寺をめぐる人々――」（『弘法大師の思想とその展開』高野山密教文化研究所紀要別冊1、一九九九年一月。『奈良仏教論攷』法藏館、所収）。

藤善眞澄「薬師寺東塔の檫銘と西明寺鐘銘」（『アジア遊学』第四号〈特集・日本の遣唐使〉勉誠出版、一九九九年五月。『道宣伝の研究』所収、京都大学学術出版会、二〇〇二年五月）。

拙稿「渡来僧と大安寺文化圏――新羅僧元暁と淡海三船――」（『アジア遊学』第四号〈特集・日本の遣唐使〉勉誠出版、一九九九年五月。前掲書所収）。同「長安西明寺の学問と奈良朝漢詩文――大安寺文化圏の出典体系――」（『上代文学』第八九号、二〇〇二年十一月、上代文学会）。同「大安寺をめぐる出典テキスト群と蔵書ネットワーク――長安西明寺の類聚編纂書群受容の手法と継承」（『国語と国文学』第八七巻第十一号、二〇一〇年十一月）。同「大安寺文化圏から文学史の再構築へ」（『水門――言葉と歴史――』第二三号《小特集》上代における文化圏とは何か――文化圏から文学史の再構築へ、勉誠出版、二〇一一年八月）。

山本幸男「道璿・鑑真と淡海三船――阿弥陀浄土信仰の内実をめぐって」（『仏教史学研究』第五五巻第一号、二〇一二年十一月、前掲書所収）。

拙稿「『南天竺婆羅門僧正碑并序』の沈黙――菩提僊那の「阿弥陀浄土」と光明皇后追善事業――」（『文学語学』二一八号、二〇一七年三月）。

3　注1の前掲論文。旧稿で「漢文伝」という呼称を用いたので、本稿においても伝の分類に関わる部分には「漢文伝」という呼称を用いた。拙稿「上代漢文伝の成立と『続日本紀』――官人薨卒伝と僧伝の性格のちがいから――」(『上代文学』第六四号、一九九〇年三月、上代文学会。前掲書所収)。

4　中田勇次郎『中国墓誌精華』(中央公論社、一九七五年十二月)。
大場脩「大化薄葬令と墓誌」(『大化の薄葬令――古墳のおわり――』近つ飛鳥博物館、一九九八年十月)。

氣賀澤保規『新版　唐代墓誌所在総合目録(増訂版)』(明治大学東洋史資料叢刊5、汲古書院、二〇〇九年十月)。

小笠原好彦「日本古代の墓誌」(『日本古代学』第四号、明治大学、二〇一二年三月)。

5　日本古代の金石文の主な研究に次のものがある。
狩谷棭斎『古京遺文』『古金石逸文』(勉誠社文庫所収)。

藤澤一夫「墳墓と墓誌」(『日本考古学講座』「6歴史時代」、河出書房、一九五六年)。

岡崎敬「日本の古代金石文」(奈良国立文化財研究所編『古代の日本』資料編、一九七一年、角川書店)。

石村喜英「墓碑・墓誌」(『新版仏教考古学講座』「7墳墓」雄山閣、一九七五年)。

藪田嘉一郎『石刻――金石文入門』(綜芸舎、一九七六年十一月)。

東野治之「日本古代の墓誌」(『日本古代の墓誌』奈良国立文化財研究所飛鳥資料館図録第三冊、一九七七年。『日本古代の墓誌　銘文篇』一九七八年)。「銘文について」(同『飛鳥・白鳳の在銘金銅仏』一九七六年)。同「墳墓と墓誌の日唐比較」(同『古墳から奈良時代墳墓へ』近つ飛鳥博物館、二〇〇四年)。同『日本古代金石文の研究』(岩波書店、二〇一六年八月)。

上代文献をよむ会編『古京遺文注釈』(桜楓社、一九八九年)。

6　『文心雕龍』誄碑第十二。

7　藪田嘉一郎『日本上代金石叢攷』(綜芸社、一九四九年)。
沖森卓也・矢嶋泉・佐藤信『藤氏家伝 鎌足・貞慧・武智麻呂伝 注釈と研究』(吉川弘文館、一九九九年五月)。

8　注5前掲、東野「銘文について」。

9　拙稿「古代寺院における「伝」と「肖像」の制作活動」(『考古学ジャーナル』二〇一七年十一月号、ニューサイエンス社、二〇一七年十一月刊行予定)。同「大安寺の三つの碑」(『仏教文学』第四四号、二〇一八年五月刊行予定)。

10 佐藤宗諄「古代官人伝の形成――公卿伝研究序説――」（岸俊男教授退官記念会編『日本政治社会史研究』中巻、塙書房、一九八四年十月）。『平安前期政治史序説』（東京大学出版会、一九七七年三月）。「薨卒伝の諸相」（『水門――言葉と歴史――』第二三号、勉誠出版、二〇一一年八月）。
拙稿「上代漢文伝の達成と『続日本紀』――氏族伝承的漢文伝から律令的漢文伝へ――」（『記紀と漢文学』和漢比較文学叢書第十巻、汲古書院、一九九三年九月）。

「墓記（纂記イ）」には、荻原千鶴氏が本書で説かれたように、諸氏族の神話伝承が含まれて『古事記』の神話と神々のネットワークを形成する原史料となった可能性もある。

11 坂本太郎「六国史と伝記」（『日本古代史の基礎的研究　上　文献篇』東京大学出版会、一九六九年）。同「六国史の文学性」（『国語と国文学』一九六四年四月。『古典と歴史』所収、吉川弘文館、一九七二年）。
林陸朗「『続日本紀』掲載の伝について」（岩崎小弥太博士頌寿記念会編『日本史籍論集』）。同「『続日本紀』の功臣伝について」（坂本太郎博士古希記念会編『続日本古代史論集』中巻、吉川弘文館、一九七二年）。

12 佐伯有清『新撰姓氏録の研究　考證篇第一』（吉川弘文館、一九八一年十二月）。
天平宝字五年十二月丙寅条から七年八月己丑条までの賜姓記事の間に、賜姓のことがまったく記されていないのは、天平宝字五年（七六一）十二月から同七年（七六三）八月までの、およそ一年八ヶ月の間、賜姓の発令を中止したことの反映であり、賜姓の審理・認可を中断して、『氏族志』編纂のため、あらたな賜姓による混乱をさけ、またその間に同書の材料となる本系帳の提出を諸氏族に求め、同書の編纂に備えたことをうかがわせる。

13 藤原継縄の上表文（『類聚国史』巻一四七国史）、菅野真道の上表文（『日本後紀』延暦十六年二月己巳条・『類聚国史』巻一四七国史）によれば、第一段階は淳仁朝にⅠ期巻一～巻二十の「曹案三十巻」が編集され、第二段階は光仁朝の宝亀九年（七七八）後半以降に開始された石川名足・淡海三船・当麻永嗣等の編纂によって、宝字元年紀一巻を欠く三十巻の書として奏進された。第三段階は宝亀九年十一月以降、巻二一～巻三四の「案牘」二十巻が石川名足・上毛野大川等によって編まれた。
柳宏吉「続日本紀の成立――丸山忠綱氏の論を読みて――」（『続日本紀研究』第一〇巻第一～四・五合併号、通巻一〇九～一一二・一一三号、一九六三年一～五月、続日本紀研究会）。

笹山晴生「続日本紀と古代の史書」（新日本古典文学大系12『続日本紀（一）』岩波書店、一九八九年三月）。

池田温「中国の史書と続日本紀」（新日本古典文学大系14『続日本紀（三）』岩波書店、一九九二年一一月）。

14 注3の前掲論文。
15 注8の前掲論文。
16 行基墓誌に関する代表な研究に注3および次のものがある。
梅原末治「行基舎利瓶記に見えたる其姓氏と享年について」（『考古学雑誌』第五巻十二号、一九一五年）。

井上光貞「行基年譜、特に天平十三年記の研究」（竹内理三博士還暦記念会編『律令国家と貴族社会』吉川弘文館、一九六九年六月）。

井上薫『行基』（吉川弘文館、一九五九年七月）。
17 注3の前掲論文。
18 注10の前掲論文。
19 注11の前掲論文。
20 二〇一七年度仏教文学会四月例会シンポジウム後、大橋直義氏より中世僧伝においても「師資相承の物語」の存在があるとのご賛同をいただいた。後世への展開を示唆し興味深い。
21 注3ならびに注10の前掲論文。

［付記］本稿は、日本学術振興会科学研究費補助金・基盤研究(C)「古代寺院における「伝」と「肖像」の制作活動――長安と平城京の諸寺院間ネットワーク――」【研究課題番号：16K02373】（代表・藏中しのぶ）の研究成果の一部です。

官大寺僧の交通・交流・ネットワークと在地社会の仏教

藤本　誠

はじめに

奈良時代から平安時代前期における官大寺僧の平城京から在地社会への都鄙間交通については、夙に薗田香融氏による山林修行の実践に伴う都鄙往還についての研究があったが、[注1]その後鈴木景二氏は、『東大寺諷誦文稿』（以下、『諷誦文稿』）や『日本霊異記』（以下、『霊異記』）を素材として、当該期における中央の官大寺僧が在地の寺堂に訪れ、在地の論理に規定された説法を行うことにより在地秩序の維持・形成の一端を荷う役割を果たしていたこと、さらに官大寺僧が在地の僧侶と師弟関係を結びネットワークを形成していたとの見解を提示された。[注2]また近年、川尻秋生氏は、在地から中央へあるいは在地と中央の往復という視点から、『伊勢国近長谷寺資財帳』などの地方寺院の資財帳の分析を行い、東大寺僧や延暦寺僧が自らの出身氏族の氏寺に修正会・修二会などの中央の仏教儀礼をもたらし、そのような仏教儀礼に際し周辺地域の有力者が除病延命や一族の追善供養による土地施入をしていたこと、また官大寺僧の出身母体は郡司層であり、在地の仏教が郡司主導であったことなどを明らかにされた[注3]。その後、筆者は鈴木氏や川尻氏の研究を深め、『諷誦文稿』や『霊異記』の考察に基づき、官大寺僧が在地社会の村落レベルの法会においても導師を務め、中国仏教に基づく中央の仏教儀礼の式次第などの知識・情報を在地に齎していたこと、法会の場では在地の宗教者がそれぞれにふさわしい仏教的言辞で讃えられ、官大寺僧が在地の宗教構造や宗教者を権威づけする役割を果たしていたことなどを指摘した[注4]。

以上のような官大寺僧の都鄙間交通と在地での活動についての研究が深化する一方で、古代仏教史研究では、国家の仏教政策や制度的側面から国師[注5]や国分寺僧[注6]による在地社会への影響についての研究や定額寺制度の研究[注7]も深められてきた。在地社会の仏教の中核となっていたと考えられる在地寺院、とりわけ定額寺の存在は、官大寺僧と在地の官僧・優婆塞・優婆夷や在地社会の交流の接点として重要であると思われるが、これまでの研究では史料的な制約もあり、官大寺僧の交通・交流についての研究と十分に関連づけられていなかったように思う。本稿では、これまでの研究を踏まえつつ定額寺の在地社会で果たした役割にも注目してみたい。

またこれまでの官大寺僧の都鄙間交通の研究では、畿内及び畿内周辺と畿外における交通・交流の差異について十分考慮されていなかったように思われる。官大寺僧の交通・交流という視角からすれば、当然区別すべき問題と思われるため、本稿ではこれらを区別して考察を加えたい。

ところで、官大寺僧の交通・交流と関わり、日本文学研究の立場から出された蔵中しのぶ氏による研究が注目される。氏は奈良朝高僧伝の出典考証に基づき、八世紀なかばから後半にかけて、僧侶を軸とする出家・在家の人的ネットワークにささえられた、渡来僧が多く止住した大安寺・唐招提寺を中心とする、高僧伝をはじめとする奈良朝漢詩文を生みだした文学と学問の場を「大安寺文化圏」と概念化した[注8]。このような仏教的知的体系の伝授の場としての寺という視角も交通・交流を考察する上で重要であると考える。本稿では寺に保管される内典や外書の果たした役割にも留意し、国家の仏教政策や僧侶の交通を背景に在地に蓄積されたと考えられる内典・外書の文化的影響の一端についても言及したい。

一　官大寺僧の活動と畿内及び畿内周辺の在地社会の仏教

近年、官大寺僧の都鄙間交通についての研究は蓄積されているが、宮都に近い畿内及びその周辺と、畿外の地域的な差異については殆ど論じられてこなかった。本章では、まず畿内及び畿内周辺の官大寺僧の活動の事例として、元興寺の智光と大安寺僧の勤操を取り上げて検討していきたい。

1　元興寺僧智光の活動と在地の仏教

【史料一】『日本霊異記』中巻七話[注9]

釈智光者、河内国人、A其安宿郡鋤田寺之沙門也。俗姓鋤田連、後改二姓上村主一也。〈母氏飛鳥部造也。〉天年聡明、智恵第一。B製二盂蘭瓫・大般若・心般若等経疏一、為二諸学生一、読二伝仏教一。（中略）以二天平十六年甲申冬十一月一、任二大僧正一。於レ是智光法師、発二嫉妬之心一、而非之曰、「吾是智人。行基是沙弥。何故天皇、不レ歯二吾智一、唯誉二沙弥一而用焉」。恨レ時、罷二鋤田寺一而住。儵得二痢病一、経二一月許一。C臨二命終時一、誡二弟子一曰、「我死莫レ焼。九日間置而待。学生問レ我、答之応レ曰下、『有レ縁二東西一而留供養』上。慎、勿レ知レ他」。弟子受レ教、閉二師室戸一、不レ令レ知レ他。而竊涕泣、昼夜護闕、唯待二期日一。学生問求、如二遺言一答二「留供

養」也。（後略）

本話は、行基を誹謗した智光が冥界で責め苦に遭い、罪を償った上で蘇生し、その後自らの罪を行基に懺悔するという内容である。[注10]本稿と関わる官大寺僧の交通の視点からは、既に川尻秋生氏により、智光が元興寺と鋤田寺を往復しながら在地社会においても活動していたことが指摘されているが、[注11]改めて詳細に史料をみると、その具体相の一端を明らかにし得るように思う。

まず傍線部Aには「鋤田寺之沙門」とあり、鋤田連氏の氏寺の沙門と考えられるが、同時に母の氏族も記されている。「俗姓」とは別に母の氏族名を記す形式はあまり見られないものであり、智光が父方と母方の両氏族と関係を有していたことを推測させる。飛鳥部造氏については、『新撰姓氏録』[注12]右京諸蕃と河内国諸蕃にみえるように渡来系氏族であり、『続日本紀』には、神護景雲二年（七六八）癸未条に「外従五位下飛鳥戸造少東人」[注13]が長門介に任じられた記事や、同延暦二年（七八三）四月甲子条に「飛鳥戸造弟見」が外従五位下に叙せられた記事があり中級官人を輩出していた。また正倉院文書には「飛鳥戸造弟見」と同一人物の可能性がある「坤宮下任安宿弟見」[注14]が見え、天平宝字二年（七五八）八月三十日に勅に基づく大般若経一巻の書写を願う文書を出しており、仏教信仰が確認できる。『延喜式』神名式上の安宿郡五座の中に「飛鳥戸神社〈名神大、月次・新嘗〉」[注15]があることからも、飛鳥戸造氏は安宿郡を本拠とする氏族であったと見られる。そのように考えられるとすれば、智光は安宿郡に立地する鋤田寺の沙門として活動していることからしても、出身地域を基盤とした仏教活動ができる環境にあったといえる。

傍線部Bは、智光が実際に著述した『盂蘭盆経疏述義』・『大般若経疏』・『摩訶般若波羅密多心経述義』などの具体的実績を踏まえた記述と評価されているが、[注16]智光の著述はこの三書に止まるものではない。[注17]この三書が盂蘭盆会と関わる盂蘭盆経、在地寺院の知識経として多数確認できる大般若経、最も短編である般若心経の注釈であり、智光が在地社会の「諸学生」のために「読伝」していたことは、官大寺僧が在地寺院において必要とされた諸経典の知識の伝授をしていたと考えることができるのではなかろうか。また傍線部Cからは、①「弟子」の存在から鋤田寺で氏や周辺地域の僧侶の養成を行っていたこと、②智光は「東西」に縁があって各地に請来され、さらに請じられた地に留まり追善供養の儀礼を行っていたこと、③在地社会の学生が仏教を学ぶために鋤田寺に頻繁に往来していたこと、の三点がわかり、おそらく鋤田寺は多数の内典や外書を所蔵していたであろうことも推察される。また平城京に近いことからも必要な経典は元興寺で参照することもできたであろう。したがって、官大寺僧が畿内の出身氏族の寺を拠点として活動することは、在地社会に官大寺僧の仏教的知的体系を齎すことともなっていたと評価することができよう。

さらに智光については、正倉院文書にも名がみえることが知られる。

【史料二】 紫微中台請経文（大日古一三―一五四・一五五）

「奉請陀羅尼集経十二巻

「如意輪陀羅尼経一巻

右、奉請八田智光師所如件

天平勝宝七年八月廿一日付舎人江野靺鞨

（自署）「判少忠山口忌寸沙弥万呂」

本史料の八田について、波々伯部守氏は、行基の母蜂田氏の本拠の家原寺に隣接する堺市八田寺町として智光の別所の存在を推測され[注18]、岩城隆利氏は、「智光が鋤田寺に近い和泉国の八田寺をも住房としていたらしいことがわかる。」[注19]と指摘された。近年、この見解を踏襲した霧林宏道氏は、『行基年譜』から蜂田寺が行基によって開かれた寺院であることから、「少なくとも智光と行基の弟子との間には、何らかの交渉があ」り、「人々はもとより智者の僧であっても人を誹謗することは戒められることであり、それを近しい人々を通して描こうとしたのではないであろうか。」[注20]と指摘され、さらに本史料から智光と行基は本質的には対立関係になかったとまで述べられている。しかしながら、その一方で『霊異記』中七の内容や鋤田寺周辺地域が行基の社会事業の足跡のない地域であることを踏まえ、行基の大僧正補任当初に行基集団と智光集団との対立関係を推測された勝浦令子氏の見解も注目される。[注21]そこで問題となるのは、そもそも「八田」＝蜂田寺説は成立するのかという点である。「八田」を〈はちた〉と読んだことは論証されてなく、〈はた〉と読むとすれば『霊異記』上三三には「河内国石川郡八田寺」があり、天平勝宝二年（七五〇）三月二十三日勘藉に「河内国石川郡」に「波太郷」の存在が確認できることから、その所在地であると推測されている。[注22]あくまで可能性としてではあるが、石川郡が安宿郡ともそれほど遠くない地域であることからすれば、石川郡の八田寺が智光の活動範囲内であったとも考えられよう。また仮に「八田」が直接「八田寺」に繋がるものでなかったとしても、活動拠点の一つを示すとすれば、智光は鋤田寺以外の拠点を有していたことを指摘することができる。また注目すべきは奉請経典が陀羅尼集経であることである。最近吉田一彦氏は、東大寺二月堂修二会の所依経典が陀羅尼集経であるとの見解を出されている。[注23]『霊異記』中十一に紀伊国伊刀郡桑原の狭屋寺で薬師寺題恵禅師を請じて十一面観音悔過が行われていたことや、『諷誦文稿』から在地において追善供養と悔過儀礼が一体化して行われていたことが窺えることからすれば、[注24]智光が八田寺を拠点として陀羅尼集経による十一面観音悔過法要を行っていた可能性もあり、出身寺院周辺地域での広範な仏教活動が推測されよう。

2　大安寺僧勤操と在地の仏教

智光については出身地域を拠点とした活動であったが、官大寺僧の畿内での活動をみると必ずしも出身地域周辺に限らない広範な活動も見うけられる。その一例として大安寺僧の勤操に注目したい。

【史料三】『類聚三代格』天長五年（八二八）二月廿五日太政官符

太政官符

応レ修二文殊会一事

右得二僧綱牒一偁、贈僧正伝燈大法師位勤操、元興寺伝燈大法師位泰善等、畿内郡邑広設二件会一、弁二備飯食等一、施二給貧者一、此則所レ依下文殊般涅槃経云、若有二衆生一聞二文殊師利名一、除二却十二億劫生死之罪一、若礼拝供養者、生々之処、恒生二諸仏家一、為二文殊師利威神一所レ護、若欲三供養修二福業一者、即化レ身作二貧窮孤独苦悩衆生一至二行者前一者上也、而今勤操遷化、泰善独存、相尋欲レ行、増レ感不レ已、望請、下二符京畿七道諸国一、同修二件会一、須下国司講読師仰二所部郡司及定額寺三綱等一、郡別於二一村邑一、屈二精進練行法師一、以為二教主一、毎年七月八日令上レ修二其事一、兼修二理堂塔経教破損等一、当二彼会日一、同供二養之一、当会前後幷三箇日、禁二断殺生一、会集男女等、先授二三帰五戒一、次令レ称二讃薬師文殊宝号一、各一百遍、庶使下普天之下、同修二福業一、率土之内、倶期中快楽上者、中納言兼左近衛大将従三位行民部卿清原真人夏野宣、奉レ勅、依レ請者、其会料者、割二救急料利稲一、量レ宜充行、若国郡司百姓等、割二随レ分物一加施、不レ在二制限一、

天長五年二月廿五日

本史料によれば、大安寺僧の勤操は、国家的な文殊会が成立する以前に、元興寺僧泰善とともに、独自の活動として「畿内郡邑」に広く文殊会を行い、貧窮孤独者を救済するとともに文殊般涅槃経の経説も弘めていたことがわかる。勤操については、近年小林崇仁氏が、空海撰『故贈僧正勤操大徳影讃幷序』[注25]（以下、『勤操讃』）を用いて勤操の活動の具体相について考察し、勤操に法華八講の起源伝承があることに加え、『勤操讃』に「八座の法華を講ずること三百余会」、「男女角い奔て発心し、花野に産を忘れて会を設く」の一節があることなどから、朝野の檀主に請われての私的講会を行い、八日間の法華経講会を主導したと推察されている。[注26]『勤操讃』には「師吼の雅音は聴者を絶腸せしめ、迦陵の哀響は見者を愛死せしむ」ともあり、勤操が説法に優れていたことを推測させる。法会の説法の手控えの作成過程の史料である『諷誦文稿』八〇～八二行には、「／今日旦主〈某甲〉三尊の福庭を掃ひ灑き、四徳の宝殿を荘厳し、【薬師如来を心の内に〈謹んで〉敬したてまつる。法華一経乗〈乗経〉、堪能〈の〉供具を三業の頂に捧け】薬師如来を供養したてまつり、〈八〉講の法会に〈奉仕せむと〉志す者は、〈云〉。夫れ【報恩の高行】世雄の尊徳は、巍々として測〈量〉（朱消）り難し。[注27]」と法華八講を想定した文例がみえることから、少なくとも天長年間以降においては在地社会にも法華八講が広範に流布していたことが推測される。おそらく勤操などの官大寺僧が中心となって、文殊会だけでなく法華八講も各地で行われ、在地社会に弘まったことが想定されよう。

智光や勤操のような著名な官大寺僧の史料を用いて論じてきたが、その他の官大寺僧についてはどうであろうか。

【史料四】『類聚三代格』巻三　延暦四年（七八五）五月二十五日太政官符

太政官符

禁三断僧尼出二入里舎一事

右奉レ勅。出家之人本事レ行レ道。今見二衆僧一多乖二法旨一。或私定二檀越一出二入閭巷一。或誣二称仏験一詿二誤愚民一。非二唯比丘之不レ慎二教律一。抑是所司之不レ勤二捉搦一也。不レ加二厳禁一。何整二緇徒一。自今以後如有二此類一。擯二出外国一。安下置有二供養一定額寺上。

延暦四年五月廿五日

本史料は、官大寺僧も含まれると想定される「僧尼」が村里を往来し、私的に檀越を定めて、国家の仏教政策に反する教化活動が行われていたことを示すものである。その後延暦十四年（七九五）四月二十三日勅・承和二年（八三五）十一月七日太政官符にも引用されており、八世紀後半から九世紀前半における恒常的状態を示すと考えられるが、「擯出外国」という文言からもわかるように畿内地域の状況を示すものといえる。おそらく本史料は勤操のような著名な僧侶のみならず、官大寺僧の多くが畿内の在地社会において私的な檀越を定めて活動していたことを物語っている。『霊異記』下三の「沙門の十一面観世音の像に憑り願ひて、現報を得し縁」には、「沙門弁宗は、大安寺の僧なりき。天年弁有りき。白堂を宗とし、多く檀越を知り、高く衆の気を得たりき。」とあることなども、このような状況と関わりがあろう。

また在地社会も含む私的法会の盛行を示す史料としては以下のものがある。

【史料五】『日本後紀』大同元年（八〇六）六月辛亥条

辛亥。制。頃年追孝之徒。心存二哀慕一。事務二豊厚一。眩二人耳目一。各競求レ名。至二於貧者一。或売二却田宅一。還滅二家途一。凡功徳之道。信心為レ本。因二物多少一。寧有二軽重一。宜二誦経布施一者。親王。一品商布五百段已下。二品三百段已下。三品四品各二百段已下。諸王諸臣。一位五百段已下。二位三百段已下。三位二百段已下。四位一百段已下。五位五十段已下。六位已下卅段已下一。宜下依二件差一。莫上レ令二相超一。又世俗之間。毎至二七日一。好事二修福一。既无二紀極一。為レ弊不レ少。宜二三七日。若七七日。一度施捨一。其非二商布一者。亦宜レ准二此数一。

本史料は、追善供養の誦経に伴う布施の上限を制限する制であるが、親王から六位已下に至るまで広範に行われていたと考えられる。[注28]親王・諸王・貴族層から中下級官人までをも対象としているが、平城京段階において中下級官人は在地との結びつきを色濃く残した存在形態であり、京内居住がわかる一方、畿内にも本拠地を持つ例が多いことが知られる。[注29]当該期においても同様であるとすれば、畿内地域の状況を反映した法令と見られよう。このような追善供養の法会の需要も一因となり、官大寺僧は畿内各地の私的法会に招請されたことが推測されるのである。

以上から、畿内及び周辺地域においては、官大寺僧による出身氏族の寺院やその周辺寺院を拠点とした活動に加え、官人層の追善供養法会の需要を背景にして、官大寺僧を導師とする私的な法会の開催が各地において広範に行われることにより、畿内の諸寺院や都の官大寺に蓄積された内典・外書の知識が在地に齎され、更に法会を開催する在地寺院を拠点とした在地の人々も含めたネットワークにより、都を中心として形成された仏教的知的体系が在地に拡散していったものと推測されよう。

二　国師・定額寺と畿外在地社会の仏教

本章では、官大寺僧の畿外での活動を通じた在地社会における仏教の浸透を考えていきたい。畿内や畿内周辺以上に史料的制約があるが、ルートの一つとして国師（講師）の活動が考えられる。国師（講師）とは、先行研究によれば、『続日本紀』大宝二年（七〇二）丁巳条に「任二諸国国師一」とあるように、宗教的職務のために諸国に置かれた僧であり、当初は国司の仏教行政の顧問的役割を果たしていたが、延暦期には部内諸寺を単独で検ずる職掌となるなど、桓武朝までにその権限を拡大していった。その後、延暦十四年（七九五）に講師と改名し、講説に専念させることとする一時的な改革があったが、延暦十六年（七九七）以降徐々に職掌を広げていき、延暦二十四年（八〇五）には任期が四年から六年となり、職掌もほぼ延暦十三年以前の状況に戻ることとなった。十世紀後半には「国講師が担っていた一国内の行政的教導的機能が解体した」[注30]とされているが、少なくとも九世紀後半まで地方の仏教行政においても重要な役割を担っていたことが明らかにされている。[注31]また定額寺は、概念規定については、（一）一定数を限った寺院、（二）一定量の経済的支給物を受ける寺院、（三）一定人員の官僧が置かれる寺院、（四）公に寺号を定め、官より寺額を授与される寺院、（五）国家による存立の承認を得たる寺院の各説があり現段階においても通説がないが、もともと皇族・貴族・豪族・僧侶など本願の主が私に建てた寺院・道場を国家が公認し、これに相当の保護と統制を加えた寺院であり、次第に大寺・国分寺と並ぶ寺格と化したものとされている。[注32]また近年では荒井秀規氏により、霊亀二年（七一六）から天平七年（七三五）にかけて施行された寺院併合令によって荒廃私寺を統合する一方で、その対象外とされた主要私寺を官寺化して国家仏教政策の一翼を担わせる寺院制度で、国分寺制度の創始と軌を一にして始まったものとの見解が出されている。[注33]いずれにしても後述のように、寺院併合令には国師が関わっており、その後定額寺となっていくと考えられる地方の有力私寺は早くから資財の検校などを通じて国師の影響化にあったと考えられる。国師には「中央官大寺を本寺とし、その三綱あるいはそれに近い階層」、「中央僧界で僧綱に次ぐ高い階層」の官大寺僧が任命されていたことが指摘されていることからも、[注34]在地の有力私寺に及ぼした影響も大きかったと考えられる。

1　国師・定額寺と在地の仏教

国師の具体的な役割が見えるのは、『続日本紀』霊亀二年（七一六）五月庚寅条が初見である。

【史料六】『続日本紀』霊亀二年（七一六）五月庚寅条

庚寅。詔曰。崇二餝法蔵一。粛敬為レ本。営二修仏廟一。清浄為レ先。今聞。諸国寺家。多不レ如レ法。或草堂始闢。争求二額題一。幢幡僅施。即訴二田畝一。或房舎不レ脩。馬牛羣聚。門庭荒廃。荊棘弥生。遂使下無上尊像永蒙二塵穢一。甚深法蔵不上レ免二風雨一。多歴二年代一。絶無二構成一。於レ事斟量。極乖二崇敬一。今故併二兼数寺一。合成二一区一。庶幾。同レ力共造。更興二頽法一。諸国司等。宜下明告二国師衆僧及檀越等一。条二録部内寺家可レ合并財物一。附レ使奏聞上。又聞。諸国寺家。堂塔雖レ成。僧尼莫レ住。礼仏無レ聞。檀越子孫。摠二摂田畝一。専養二妻子一不レ供二衆僧一。因作二諍訟一。諠二擾国郡一。自今以後。厳加二禁断一。其所レ有財物田園。並須二国師衆僧及国司檀越等相対検校一。分明案記。充用之日。共判出付一。不レ得二依レ旧檀越等専制一。（後略）

本条によれば、国師はいわゆる寺院併合令において、国司や衆僧・檀越とともに部内の寺家の併合と財物の條録、また諸国寺家の所有の財物田園の検校と分明の案記、充用の日における「共判出付」など在地寺院の資財と密接に関わる存在であったことがわかる。本条から、国家の仏教政策に関わる私寺は、国師の影響下にあったと考えられる。つづく天平六年十月十四日太政官符は寺院併合令の緩和処置と推定されているものである。[注35]

【史料七】『貞観交替式』嘉祥二年閏十二月五日太政官符所引天平六年十月十四日太政官符

太政官符

応四修二理荘三厳定額寺堂塔雑舎及仏像経論一事

右検二案内一、太政官去天平六年十月十四日符偁、諸寺仏像経巻安二置穢所一、露二当風雨一理不レ可レ然。宜下取集
安二置浄寺一処一。以令中施香礼拝供養上、若檀越等請下置二浄所一供養上者許レ之者。（後略）

本史料は、諸寺の仏像・経巻が「穢所」（荒廃した寺院）にあるため、「取集」めて「浄寺一処」に安置し供養せよという内容であるが、私寺の併合が必ずしも順調に進まなかったため、伽藍の整備された寺に仏像・経巻を集めたことを指示したものと考えられる。これが定額寺に関わる史料として引用されていることは、「浄寺」が定額寺かそれに相当する有力私寺に相当するものと見做しうる。すなわち国家側が求めた定額寺や各地域の有力私寺の機能として、仏像・経巻を安置・保管し、供養する機能が重要な意味を持っていたことがわかる。その理由を考えるならば、下記にみるような定額寺や有力私寺における臨時の国家的仏教儀礼の実施の機能との関わりが想起される。

【史料八】『続日本紀』天平二十年（七四八）五月丁丑条

五月丁丑。勅令下天下諸国奉二為太上天皇一。毎レ至二七日一。国司自親潔斎。皆請二諸寺僧尼一。聚二集於一寺一。敬
礼読経上。

本史料は、元正太上天皇の斎会を行った記事であるが、荒井秀規氏により本来国分寺で行われるはずの法会が国分寺の完成していない多くの国においては定額寺で行われたことを示す史料と位置づけられている。[注36] すなわち、八世紀半ばまでにおいては諸国の定額寺が国分寺の代行機能を果たしていたため、[注37] 定額寺には仏像と経典の充実が求められたと考えられよう。そして国師には、そのような定額寺において行われる臨時法会を管理する役割があったことが、以下の史料から確認できる。

【史料九】『続日本紀』宝亀元年（七七〇）七月乙亥条

乙亥。勅曰。朕荷二負重任一。履レ薄臨レ深。上不レ能二先レ天奉一レ時。下不レ能二養レ民如一レ子。常有レ慙レ徳。実无レ栄レ心。撤レ膳菲レ躬。日慎二一日一。禁殺之令立レ国。宥罪之典班レ朝。而猶疫気損レ生。変異驚レ物。永言疚レ懐。不レ知レ所レ措。唯有二仏出世遺教応感一。苦是必脱。災則能除。故仰二彼覚風一。払二斯祲霧一。謹於二京内諸大小寺一。始レ自二今月十七日一。七日之間。屈二請緇徒一。転二読大般若経一。因レ此。智恵之力忽壊二邪嶺一。慈悲之雲永覆二普天一。既往幽魂。通二上下一以証覚。来今顕識及二尊卑一而同栄。宜レ令下普告二天下一。断二辛肉酒一。各於二当国諸寺一奉上レ読。国司国師共知。撿二挍所レ読経巻幷僧尼数一。附レ使奏上。其内外文武官属。亦同二此制一。称二朕意一焉。

【史料十】『続日本後紀』承和五年（八三八）十一月辛酉条

十一月乙卯朔辛酉。勅。廼者妖祥屡見。氛祲不レ息。思二民与一レ歳。忘二寝与一レ食。其令下黎庶無二疾疫之憂一。農功有中豊稔之喜上。不レ如二般若妙詮之力一。大乗不二之徳一。普告二京畿七道一。令レ書二写供二養般若心経一。仍須下国郡司幷百姓。人別俾レ出二一文銭。若一合米一。郡別於二一定額寺若郡舘一収二置之一。国司講師惣加二検校一。所レ出之物。分為二二分一。一分充二写経料一。一分充中供養料上。其米。来年二月十五日各於二本処一。屈下請精進練行堪二演説一者上。開二設法筵一。受持供養。当レ会前後幷三ケ日内。禁二断殺生一。公家所レ捨之物。毎二一会処一。以二正税稲一百束一充レ之。庶使下普天之下旁薫二勝業一。率土之民共登中仁寿上。

【史料十一】『続日本後紀』承和八年（八四一）四月壬寅条

壬寅。勅。神明之感。非レ信不レ通。帝王之功。非レ道何達。宜丁仰二五畿内七道諸国一。令丙国司講師相共斎戒。於二部内諸寺一。転乙読金剛般若経甲。庶使下紫宸増二宝算之長一。赤県絶二夭折之患一。兼復風雨調適。年穀豊登上。

史料九によれば、当国諸寺で大般若経を「奉読」するために、国司と国師が「共知」し、「所読経巻幷僧尼数」を「検校」し、使いに附して奏上させたことがわかる。史料十では、般若心経を書写・供養させるために、人ごとに「一文銭」か「一合米」を出させ、郡ごとに「一定額寺」か「郡舘」に「収置」き、国司と講師が「検校」を加えて二分して写経料と供養料に充てている。史料十一では、金剛般若経の転読のために国司と講師が共に斎戒をし、部内諸寺に指示を下したことが推測される。すなわち、かかる国家の臨時法会実施の際の指示・管理をするためにも国師（講師）は、部内諸寺の仏像・経典の状況を把握する必要があったといえよう。

なお、史料十のように国司・講師の監督のもと郡レベルで読経の実施体制がなされていたことについては、古代の出羽国置賜郡家跡ではないかと推定されている山形県東置賜郡川西町に所在する道伝遺跡の木簡が注目される。

【史料十二】道伝遺跡出土木簡

・「四天王［　　］
　　合三百卅□〔部カ〕観世音経一　精進経一百八　十一面陀一百十
　　　多心経十六　涅般経陀六十五　八名普密陀卅」

本木簡は八世紀末のものと見られ、経典とその部数を列記し、木クギが二か所に残存することと冒頭に「四天王［　　］」と見えることから、古代の辺要国の守護を祈願して実施された「四天王法」関連の資料で、どこかに打ち付けられていたものと考えられている。[注38] このような地方官衙における経典は、官衙に用意されていた可能性もあるが、郡司層の私寺や定額寺の経典が用いられた可能性も考慮されよう。

そのような定額寺や部内の有力私寺がどの程度の経典を保有していたかについては、史料的制約があるが、下記の史料が参考になる。

【史料十三】『多度神宮寺伽藍縁起并流記資財帳』[注39]（延暦七年〔七八八〕成立・部分。）

仏物

板障子釈迦浄土　金泥弥勒菩薩像壱軀

薬師仏木像壱軀　金泥観世音菩薩像壱軀

金泥得大勢至菩薩像壱軀

金泥弥勒像壱軀　脇侍菩薩弐軀〈並漆塗、未押金、〉

画像阿弥陀浄土〈三副〉　画像観世（音脱）菩薩参軀〈三副〉

画像薬師浄土〈三副〉

太子像壱軀

大般若経壱部〈六百巻〉　法華経拾部〈八十巻〉

大宝積経壱部〈百廿巻〉　最勝王経三部〈卅巻〉

花厳経弐部〈百六十巻〉　金剛三昧経壱巻

灌頂経拾弐巻　金剛般若経佰巻

瑜伽論壱部〈百巻〉　智度論弐部〈二百巻〉

金剛三昧論壱部〈三巻〉　金剛三昧頌壱巻

多度神宮寺が定額寺であるとの史料は見られないが、『多度神宮寺資財帳』には伊勢・尾張二国の国師が寺領などの検察と関わり署名しており、[注40]二国にまたがる寺領を有する地方の有力私寺であった。内容を見ると、八世紀代から国家的に最重要視された最勝王経や法華経に加え、上記にみた九世紀の国家の臨時法会で用いられる大般若経・金剛般若経などが完備されていることが注目されよう。また仏像も釈迦・弥勒・観世音・薬師と多岐に亘っており、在地での信仰を反映したと見ることもできるが、国家的な臨時法会に対応するためであったと考えることもできるのではなかろうか。

以上から国師（講師）は、部内の定額寺や有力私寺の仏像経典をも含む資財の把握・管理の役割を担っていたことがわかるが、私的にも在地寺院に関わっていたことを示す史料が以下のものである。

【史料十四】『日本霊異記』下一九

大安寺僧戒明大徳、任二彼筑紫国府大国師一之時、宝亀七八箇年比頃、肥前国佐賀郡大領正七位上佐賀君児公、設二安居会一。請二戒明法師一令レ講二八十華厳一之時、彼尼不レ闕、坐二衆中一聴。講師見レ之、呵嘖之言、「何尼濫交」。尼答之言、「仏平等大悲故、為二一切衆生一、流二布正教一。何故別制レ我」。因挙レ偈問レ之、講師不レ得二偈通一。諸高名智者怪レ之、一向問試。尼終不レ屈。乃知二聖化一、而更立レ名、号二舎利菩薩一。道俗帰敬、而為二化主一。（後略）

当該史料については、大領を檀越とする在地寺院の安居会に国師である官大寺僧が導師として屈請されていたことを示すものであるが、戒明が宝亀七・八年頃に入唐するために筑紫に下向し、遣唐使の出発が延期となったために大国師に任命されたことや、『華厳経』に精通していたことは史実を反映したものであることが指摘されている。[注41] 国師（講師）は日常的に部内の有力私寺や定額寺の資財や臨時法会などに際して関わっていたために、有力私寺や定額寺の檀越氏族と結びつき、私的法会の導師としても屈請される関係性が生じたものと考えられる。おそらく中央の最新の仏教的知識を有し、官大寺僧としての権威を有する国師（講師）は、他の国々でも同様の関係が生じていたことが推測されよう。

2　定額寺浄水寺と肥後国の在地の仏教

本節では、前節までの考察を踏まえた上で、『日本後紀』天長五年（八二八）十月乙卯条に、「冬十月乙卯。美濃国菩提寺、伊予国弥勒寺、肥後国浄水寺、預二定額寺一。」とあり、定額寺であった肥後国の浄水寺の碑文から、在地の仏教の具体相について考察を加えたい。つぎに掲げる史料は、熊本県下益城郡豊野村大字下郷字清水寺にある浄水寺の碑文で、下郷神社と薬師堂の境内にある古跡群の中の一つである[注42]。

【史料十五】『浄水寺南大門碑』（延暦九年〔七九〇〕成立。以下、『南大門碑[注43]』）

［南面］（正面）南大門幷びに碑文の開

夫れ独り（彼岸に）登れるものにあらず、登れるは法（による）なり。法は独り弘まらず、弘むるは人なり。然れば玄奘法／師は早に四忍を苞み、先に三空を悟りて、智は無累（累無き）に通じ、神は未形（未だ形れざる）を測り、六／塵を超えて逈かに出でて、千古に掩りて対無かりき。正法の陵遅を悲しみ、深文／の訛謬を慨き、遠く百州千余国を渉り、□万里の山川を従りき。積雪に／地を失ひ、砂に驚き天に迷ひ、西域に□□。八蔵五乗の教、梵本の経／論は一千夾六百五十七部ならん。然れば仍ち奘善は／骸乞浄水寺に治田壱拾か所、益城と宇土の郡の間の□宮□の椅料、栗林七か所〈益城三か所宇土四か所〉、寧問料、内典外書合わせて六／千四百□巻　前□□親□等。幷びに祀用の者（たちにいたるまで）、妙／見菩薩及び一千七百の善神□、茲に監を知ろしめされんことを。成道□命□せしめられんことを。道□／を□□寺に名づけぬ。

延暦九年二月廿三日

［北面］（裏面）　北弥勒寺廟之院
［東面］（右側面）東仏像経塔幷妙見之院
［西面］（左側面）西仏塔幷灯楼之院

『南大門碑』からは当該期の在地の有力私寺及び定額寺の実態が窺える。まず本文の構成については、前半は『大唐三蔵聖教序』の字句を適宜引用し（ゴチック体で表示）、それらを繫ぎ合わせることによって玄奘の入竺求法について述べ[注44]、後半に浄水寺の寺領や所蔵する内典・外書や仏像を記すというものである。前半の叙述のあり方は、上代の漢詩文に典型的なものであり、とりわけ玄奘に関わる中国史料からの影響は、官大寺である大安寺や唐招提寺に関わる史料に頻出することが蔵中しのぶ氏によって指摘されている。[注45]また仏教が中国西域求法僧によって将来されたことを意識した言説としては、『諷誦文稿』三〇〇行に「昔の代に賢人は七百丈飛び騰り、流沙を〈度りて〉法を求め、千里の火坑を越えて法を求めき」との文例があり、『諷誦文稿』を執筆した官大寺僧たちは、日本の仏法が中国の求法僧によってインドから持ち還ってきたものであることを明確に意識し、法会の場でも語っていたことがわかる。以上からすれば、『南大門碑』には官大寺僧の仏教的知識の影響、少なくとも中央からの仏教的知識の影響があったことを推測することができよう。また『南大門碑』の典拠となった中国史料を考える上で「内典外書合わせて六／千四百□巻」とあることは注目に値する。例えば、史料十三にみた多度神宮寺の所有する経典は合計で一二九七巻であり、外書を含めているとはいえ四倍以上の分量がある。おそらくここには、最勝王経・法華経・大般若経・金剛般若経・般若心経などの国家的な臨時法会を行うための経典に加え、天長三年（八二六）二月三日の日付をもつ『浄水寺寺領碑』（以下、『寺領碑』）には「盂蘭盆会料」の記載があることから盂蘭盆経も存在し、「布薩田」を有することから布薩に関わる諸経典も有していたことであろう。また『南大門碑』から『大唐三蔵聖教序』を蔵していたことは間違いなく、上記の事実から浄水寺は地域の最先端の文化センターとして地域における文化圏の中心的役割を担っていたと考えられよう。そして東面にある「東仏像経塔」は経蔵的機能を有する塔として、地域文化の象徴的な塔であったことが推察されるのではなかろうか。このような地方寺院における大部の経典の所蔵例としては、以下の史料がある。

【史料十六】『続日本後紀』承和元年（八三四）五月乙丑条

乙丑。勅。令下相摸。上総。下総。常陸。上野。下野等国司。勠レ力写二取一切経一部一。来年九月以前奉進上。

其経本在二上野国緑野郡緑野寺一。

本史料では、勅による東国六国による一切経の書写にあたり、経本を緑野寺に求めており、良質な写本を蔵していたことが窺える。緑野寺は浄院寺とも言われ、鑑真の持戒第一弟子とされる道忠とその弟子たちによる教化活動の拠点となった寺院であり、最澄への写経援助も含め活発な書写活動が行われていたことで知られる。[注46] その他、『上野国交替実録帳』にみえる長和三年（一〇一四）の国司交替時におけるものとされている[注47]「定額寺項」[注48]が注目される。すなわち、法林寺に「萱葺経蔵一宇〈長一丈一尺五寸　広一丈　高一丈〉」、弘輪寺に「法蔵一宇〈長二丈五尺　広一条五尺　高一丈五尺〉」とあり、十一世紀段階にはほぼ無実の状態であったものの、かつては定額寺が「経蔵」・「法蔵」を有しており多くの経典を所蔵していたことを想起させるものである。したがって、六千部以上もの内典・外書を蔵していた浄水寺についても、定額寺になる以前から定額寺に匹敵する地域における有力私寺であったと考えられる。

それでは浄水寺に蓄積された内典・外書の知識はどのような形で在地社会に浸透したと考えられるであろうか。注目されるのは、延暦二十年（八〇一）七月十四日の日付をもつ『浄水寺燈籠竿石』（以下、『燈籠竿石』）に記名のある「化僧薬蘭」の存在である。「化僧」とは既に指摘のあるように化主と同義であり[注49]、地域社会において教化活動の中核的役割を担った僧に対する尊称である[注50]。『寺領碑』には、「□寂□院者僧薬蘭之私伽藍地成如件」とあることから、薬蘭は浄水寺に留まって教化活動をしたことが明らかであり、浄水寺は地域の仏教布教の拠点となっていたことが指摘できる。具体的な教化の場としては、『寺領碑』に「盂蘭盆会料四段」、「吉祥悔過料五段」を領していたことが確認できることから、浄水寺における盂蘭盆会と吉祥悔過の法会の場が考えられよう。盂蘭盆会は七月十五日に行われる追善供養法会であり、吉祥悔過は吉祥天悔過のことで正月七日から十四日に行われ、吉祥天に悔過することにより国家安泰・五穀豊穣を祈願するための儀礼である[注51]。すなわち、定額寺の認定以前から地方の有力私寺は、周辺地域も含めた追善供養と五穀豊穣を祈願する法要を恒例仏事として行っていたことがわかる。『燈籠竿石』には「真上日乙」、「肥公馬長」の二名が「化僧薬蘭」と共に名を連ねていることから浄水寺の檀越と考えられ[注52]、彼らの一族の追善供養も行われていたことが想定される。また、『寺領碑』には「□松岡田一町四段此者故僧□□師所進」とあるが、おそらく「故僧□□師」が一族の追善供養のために寺田を施入した可能性が推測され、そのように考えられるとすれば、周辺地域の有力者の追善供養が浄水寺で合わせて行われていたものと考えられる。さらに『南大門碑』には、「益城と宇土の郡の間の□宮□の椅料、栗林七か所〈益城三か所宇土四か所〉」との記述がある。「椅料」の存在は、寺院周辺には小熊野川が流れていることから、浄水寺が小熊野川などの河川の橋を恒常的に修理していたことを示し、「栗林」はその材料であったと推定される。「家原邑知識経」など知識写経と架橋事業が結びついていた事例が知られており[注53]、おそらく架橋事業と教化活動は一体化して行われていたことが推察されよう。

寺院内の宗教活動としては、『寺領碑』に「山家里三□三百八十八歩定浄水寺布薩田」とあることが注意される。布薩とは、毎月の満月の十五日と新月の三十日に同一地域内に住する比丘が集合して仏教教団の規律・罰則を定めた戒本を誦して自省し、過ちがあれば、告白し懺悔する行事とされるが、[注54]古代においては寺院内の食堂[注55]・講堂で行われたと推測される。『燈籠竿石』には、「奘善和上」とあるが、小林崇仁氏によれば、「和上」とは日々親近して教えを受けるべき教師であり、特に律典においては戒和上・戒和尚ともいい、授戒の時の戒師を意味するとし、戒律に精通し、弟子に戒を授けるという意味で用いられている可能性があるという。[注56]『寺領碑』には「韜戒□明珠」と戒律の優れていることに用いられる表現が見えることからも浄水寺において戒律を重視した実践活動が行われていた可能性がある。

　ところで、板楠和子氏は、浄水寺は奘善によって建立され、二代目の薬蘭が継承して寺院の発展に尽力したものと推定し、彼らが肥公一族の僧であった可能性を推論されている。[注57]彼らの仏教的知識や膨大な蔵書は、前述のように中央からの継続的な影響が想定されるとすれば、第一に都から訪れた国師（講師）や官大寺僧の影響が考えられよう。例えば『霊異記』下十九・下三五・三七など九州と関わる説話が平城京薬師寺の景戒のもとに最終的に集まった事実からすれば、国師も含む官大寺僧の活動はかなり広範囲に亘った可能性があろう。第二には、第一の点とも関わるが、官大寺僧が出身地との繋がりを強く有していた事実からして、浄水寺の檀越氏族から官大寺僧を輩出していた可能性があろう。加えて第二の点とも関わるが、第三として、浄水寺の檀越氏族から都の官人層を輩出していた可能性も考えられる。古い時期から官人層が出身地域に仏教を齎していたことは、発掘された火葬墓に伴う墓誌の存在からも窺える。[注58]地方出身氏族の著名な墓誌としては、①因幡国法美郡の豪族である伊福吉部氏（伊福部氏）と関わる「伊福吉部徳足比売骨蔵器」、②備中国窪屋・賀夜・小田郡の三郡に集住していた下道氏と関わる「下道圀勝圀依母夫人骨蔵器」がいずれもその出身地で出土している。①については伊福吉部徳足比売が、文武天皇の慶雲四年（七〇七）二月二十五日に従七位下を授けられて仕えたことが記され、②については、墓誌にみえる下道圀勝が吉備真備の父であり右衛士府少尉であったことが知られるので、いずれも地方から官人として出仕していた人物であった。また実物は残ってなく年代も不明であるが、肥後国玉名郡人の権少領と記された日置部公墓誌の存在が知られ、その背景に「地方豪族の子弟として舎人や兵衛などの形で中央とさまざまな関係があった[注59]」可能性が推測されている。以上からすれば、地方豪族の子弟を媒介として仏教的知識や内典・外書が地方に齎された可能性は高いといえよう。その他には、『霊異記』下三五には肥前国松浦郡人として「火君」（肥公）が登場し、「火君」の大宰府への解により、平城京に情報が伝えられるという話がある。大宰府からの解という形であるが、そのような情報の経路を熟知し解を大宰府に送っていることからも大宰府や平城京とのネットワークを有していた可能性があろう。八・九世紀の地方豪族は中央と地方の両方に拠点を持ち、各地方豪族層の勢力変化や方向性により、どちらかにウエイトが置かれていたことが指摘されていることなどから[注60]も、檀越氏族と考えられる肥公一族が官大寺僧や官人となり彼らによる買得や書写により、膨大な内典・外書が在地に集積された可能性も考慮されよう。

おわりに

本稿では、官大寺僧の在地社会での交通及び活動とその影響について、畿内及び畿内周辺と畿外という視角から検討し、特に畿外については国師（講師）制度や定額寺制度との関係を踏まえて考察を行った。畿内の事例では、元興寺僧の智光と大安寺僧の勤操の事例から、出身氏族の寺院がある場合は、出身地を拠点として仏教的知識の伝授や追善供養の勤修などの広範な活動を展開していたと考えられること、また都との往還が比較的容易なため、在地において求められた追善供養などの私的法会の実施も頻繁に行われ、多くの官大寺僧が私的な檀越を持ち導師としての活動を行っていたことを推定し、そのような中で在地のネットワークが築かれていったことを推測した。

一方、畿外においては、中央から訪れる国師（講師）が在地の有力私寺や定額寺の資財を監督し、国家的な臨時法会実施に際し、仏像・経論を検校する役割を担っていたことから、在地寺院における国師の影響力が大きかったことを指摘し、伊勢国の多度神宮寺や肥後国の浄水寺、上野国の緑野寺と定額寺の事例などから、地方の有力私寺や定額寺は相当の経巻数を所有し、法会などを通じて教化活動を展開することにより当該地域の仏教文化をも担っていたこと、とりわけ浄水寺の事例からは中央からの直接的な仏教的知識体系が受容されていたことを指摘し、畿外の有力私寺や定額寺は、国師（講師）を含む官大寺僧の交通・交流、さらには檀越氏族出身の官大寺僧や官人の都鄙間交通も含めたネットワークによって、内典・外書をも含む仏教的知識が在地に齎された可能性を示した。

以上、推測を重ねた部分も多く、国分寺僧の在地での活動など論じ残した点も少なくないが、一まず擱筆し諸賢のご叱正を請う次第である。

注

1 薗田香融「古代の山林修行とその意義」（『平安仏教の研究』法藏館、一九八一年。初出は、一九五七年）。
2 鈴木景二「都鄙間交通と在地秩序――奈良・平安初期の仏教を素材として――」（『日本史研究』第三七九号、一九九四年）。
3 川尻秋生「日本古代における在地の仏教の特質」（大金宣亮氏追悼論文集刊行会編『古代東国の考古学』慶友社、二〇〇五年）。
4 拙著『古代国家仏教と在地社会――日本霊異記と東大寺諷誦文稿の研究――』（吉川弘文館、二〇一六年）。拙稿「日本古代の在地社会の法会――『東大寺諷誦文稿』「卑下言」を中心として――」（『仏教史学研究』第五八巻第一号、二〇一五年）。
5 佐久間竜「国師について」（『続日本紀研究』第一二三号、一九六四年）。藤井一二「律令国家展開過程の国師について」（『続日本紀研究』第一五三・一五四号、一九七一年）。難波俊成「古代地方僧官制度について」（『南都仏教』第二八号、一九七二年）。柴田博子「国師制度の展開と律令国家」（『ヒストリア』第一二五号、一九八九年）。角田文衛「国師と講師」（角田文衛編『新修国分寺の研究』第六巻、一九九六年）。前田慶一「諸国講読師制度の成立と展開」（『南都仏教』第八四号、二〇〇四年）など。
6 追塩千尋「九世紀の国分寺」（『国分寺の中世的展開』吉川弘文館、一九九六年。初出は、一九八〇年）。また同氏の「国分寺史研究の動向」（前掲著書）に国分寺の研究史についての整理がある。
7 荒井秀規「奈良時代の定額寺制度について」（『日本宗教史年報』第七号、一九八六年）。定額寺制度の研究については、竹島寛「寺院の師資相続と血統相続」（『王朝時代皇室史の研究』名著普及会、一九八二年）、魚澄惣五郎「王朝時代の寺院制度」（『古社寺の研究』星野書店、一九三一年）、竹内理三『律令制と貴族政権』第二部（御茶の水書房、一九五八年）、速水侑「定額寺の研究」（『北大史学』第六号、一九五九年）、石村喜英「定額寺の性質とその始源について」（『日本歴史』第一六四号、一九六二年）、西口順子「定額寺について」（『平安時代の寺院と民衆』法藏館、二〇〇四年。初出は、一九六五年）、平岡定海「定額寺考」（『大手前女子大学論集』第一号、一九六七年）、仲野浩「奈良時代における定額寺」（坂本太郎博士古稀記念会編『続日本古代史論集』中巻、吉川弘文館、一九七二年）、中井真孝「定額寺の原義」（『日本古代仏教制度史の研究』法藏館、一九九一年。初出は、一九七六年）、宇佐美正利「定額寺の成立と変質――地方定額寺を中心として――」（下出積與編『日本史における民衆と宗教』山川出版社、一九七六年）、など多数。荒井論文及び前掲注6追塩論文「国分寺史研究の動向」などに近年までの定額寺の研究史が整理されている。
8 藏中しのぶ『奈良朝漢詩文の比較文学的研究』（翰林書房、二〇〇三年）。
9 史料の引用は、中田祝夫校注訳『日本霊異記』〈新編日本古典文学全集一〇〉小学館、一九九五年）に依拠した。以下同じ。

10 『霊異記』中七については、堀一郎『我が國民間信仰史の研究（二）』（創元社、一九五五年）、志田諄一『日本霊異記とその社会』（雄山閣、一九七五年）、波々伯部守「智光説話の形成」（『古代史の研究』第五号、一九八三年）、根本誠二『奈良仏教と行基伝承の展開』（雄山閣、一九九一年）、勝浦令子「行基の活動と畿内の民間仏教」（『日本古代の僧尼と社会』吉川弘文館、二〇〇〇年。初出は一九八六年）、米山孝子「中巻第七縁考・行基と智光の説話伝承」（『行基説話の生成と展開』勉誠社、一九九六年。初出は一九九二年）、岩城隆利「平城京と元興寺の建立」（『元興寺の歴史』吉川弘文館、一九九九年）、霧林宏道「『日本霊異記』中巻第七の成立背景と撰者景戒」（『国学院雑誌』第一〇四巻第七号、二〇〇三年）など多数。

11 前掲注3川尻論文。

12 佐伯有清『新撰姓氏録の研究　本文篇』（吉川弘文館、一九六二年）。

13 史料は、青木和夫・稲岡耕二・笹山晴生・白藤禮幸校注『続日本紀』一～五〈新日本古典文学大系十二～十六〉岩波書店、一九八九～一九九八年）に依拠した。以下同じ。

14 『大日本古文書』巻四―二九七頁。以下、『大日古』四―二九七のように略記する。

15 虎尾俊哉編『延喜式　上』（〈訳注日本史料〉集英社、二〇〇〇年）。

16 前掲注10霧林論文。

17 岩城隆利氏によれば、『中論疏記』・『大恵度経論』・『正観論』・『初学三論宗義』・『法華玄論略述』・『般若灯論釈』・『玄音論』などの著述があったとされる（前掲注10岩城論文、七九頁）

18 前掲注10波々伯部論文。

19 前掲注10岩城論文、七九頁。

20 前掲注10霧林論文、四一頁。

21 前掲注10勝浦論文、三三七～三三九頁。

22 本郷真紹監修・山本崇編『考証日本霊異記上』（法蔵館、二〇一五年）三六九頁。

23 吉田一彦「修二会と陀羅尼集経――呪師作法の典拠経典をめぐって――」（『芸能史研究』第二一二号、二〇一六年）。

24 前掲注4拙著。

25 空海撰『故贈僧正勤操大徳影讃幷序』の訓読については、中谷征充「空海漢詩文研究「故贈僧正勤操大徳影讃幷序」考」（『高野山大学密教文化研究所紀要』第二六号、二〇一四年）に依った。
26 小林崇仁「勤操の生涯（三）」（『蓮華寺佛教研究所紀要』第九号、二〇一六年）一三四～一四〇頁。
27 築島裕編『東大寺諷誦文稿總索引』（〈古典籍索引叢書八〉汲古書院、二〇〇一年）に依拠した。【　】は挿入符による省略部分。／は合点、〈　〉は書き入れられた文字であることを示す。以下同じ。
28 前掲注26小林論文。
29 渡辺晃宏「平城京の構造」（田辺征夫・佐藤信編『古代の都2　平城京の時代』吉川弘文館、二〇一〇年）。
30 平雅行「中世移行期の国家と仏教」（『日本中世の社会と仏教』塙書房、一九九二年。初出は、一九八七年）八九頁。
31 前掲注5前田論文。
32 『国史大辞典』「定額寺」の項（中井真孝氏執筆）。
33 荒井秀規「国分寺と定額寺」（『国分寺の創建　組織・技術編』吉川弘文館、二〇一三年）。寺院併合令と定額寺の成立を結びつける見解としては、前掲注7竹島論文、中井論文がある。
34 前掲注5柴田論文、一三七頁。
35 前掲注7荒井論文、九五頁
36 前掲注33荒井論文、二〇二～二〇三頁。
37 前掲注33荒井論文、二〇二～二〇三頁。
38 平川南「道伝遺跡」（木簡学会編『日本古代木簡選』岩波書店、一九九〇年）、二〇五～二〇六頁。
39 『平安遺文』二〇号。以下、『多度神宮寺資財帳』とする。
40 川尻秋生「『多度神宮寺資財帳』の作成目的」（『日本古代の格と資財帳』吉川弘文館、二〇〇三年。初出は、一九九八年）、二〇四頁。
41 松本信道「『霊異記』下巻十九縁の再検討――その史実と虚構――」（『駒沢大学文学部研究紀要』第五三号、一九九五年）。
42 「定額寺と碑群――熊本県浄水寺碑群」（国立歴史民俗博物館編『古代の碑』一九九七年）、五八頁。
43 本史料の翻刻及び訓読は、田熊信之「古碑略説（五）承前」（『武蔵野女子大学紀要』第三一号、一九九六年）によるが、一部改めた箇所がある。〈　〉は小字割書の部分。

44 前掲注42、五九頁。
45 前掲注8蔵中著書。
46 田村晃祐『最澄』（吉川弘文館、一九八八年）。
47 前沢和之「史料解説」（群馬県史編さん委員会編『群馬県史　資料編4原始古代4』、一九八五年）、一二七五頁。
48 群馬県史編さん委員会編『群馬県史　資料編4原始古代4』（一九八五年）。
49 板楠和子「浄水寺の歴史的背景」（前掲注42『古代の碑』）。
50 吉田靖雄「菩薩僧と化主僧の実体」（『日本古代の菩薩と民衆』吉川弘文館、一九八八年）。
51 吉田一彦「御斎会の研究」（『日本古代社会と仏教』吉川弘文館、一九九五年。初出は、一九九三年）。
52 板楠和子氏は、真上氏は、元々白髪部であったが延暦四年に真髪部に改名した後の氏名であり、『続日本後紀』天長十年（八三三）三月丙申条に「丙申。肥後国葦北郡少領外従八位上他田継道叙三階。同郡白丁真髪部福益賜出身焉。以各輸私物済飢民也。」と肥後国内に富豪化した氏族がいることを挙げられ、肥公氏は肥後国では八代郡・宇土郡に勢力を有し、徐々に益城郡にも及んだものと推測されている（前掲注49板楠論文、九五～九六頁）。
53 中井真孝『日本古代の仏教と民衆』（評論社、一九七三年）。
54 『国史大辞典』「布薩」の項。
55 藤井恵介「醍醐寺における布薩と仏堂」佐藤道子編『中世寺院と法会』法蔵館、一九九四年）。
56 小林崇仁「菩薩としての徳一」（『蓮華寺佛教研究所紀要』第七号、二〇一四年）、一四八頁。
57 前掲注49板楠論文、九六頁。
58 奈良国立文化財研究所飛鳥資料館編『日本古代の墓誌』（同朋舎、一九七九年）。以下の内容も本書による。
59 前掲注58、一六四頁（東野治之氏執筆）。
60 長谷部将司「平安初期の京貫と在地社会――和気氏・賀陽氏と備前・備中――」（『吉備地方文化研究』第十九号、二〇〇九年）。

〈可能態〉としての仏典注釈

――善珠『本願薬師経鈔』を題材に――

冨樫　進

はじめに

『日本書紀』によると、日本（倭）における仏教公伝は欽明十三年（五五二）年、百済の聖明王から欽明大王に対する金銅製釈迦像一点・幡蓋数点・経論若干巻の「献上」に求められる。[注1]この記事は義浄訳『金光明最勝王経』本文中の表現に基づいており、[注2]公伝の際にもたらされた経論類が何であったか、そもそも倭王朝への仏教公伝が欽明紀の記載通りであったか否かという点について、厳密には不明というほかない。

しかし、聖明王から欽明大王への上奏文とされる「①是法、於二諸法中一、最為二殊勝一。難解難入、周公・孔子、尚不レ能レ知。…（中略）…且夫、②遠自二天竺一、爰泊二三韓一。依レ教奉持、無レ不二尊敬一。由レ是百済王臣明《めい》、謹遣二陪臣怒唎斯致契《ぬりしちけい》一、③奉レ伝二帝国一、流二通畿内一、果二佛所レ記二我法東流一。[注3]」という記述から、世俗社会の思考を超越した形而上的な真理を説く（傍線①部分）仏教の教線がインドから朝鮮半島にまで拡大しており（傍線②部分）、朝廷の仏教受容は欽明期の段階においてもはや避けられない状況にあった（傍線③部分）という歴史認識が、『日本書紀』成立段階で広く共有されていたのは確かだろう。このような認識は、漢訳仏典に依拠する大乗仏教が、中華思想を背景として、東アジア世界の国家間交渉に一定の影響を与える統治イデオロギーとして機能していた事実[注4]をふまえたものと考えられ、古代における国家間レベルの仏教受容の内実が、教理教説の理解というよりも、外交政策上の問題という側面に、より大きく依存していたことを窺わせる。

その一方で、仏教の統治イデオロギーとしての機能が、為政者の崇仏行為によってはじめて有効化すると考えられていた点を看過してはならない。中国皇帝への授戒師を輩出した南山律の一門・鑑真による聖武・孝謙父子への大乗菩薩戒授与[注5]、玄宗・粛宗・代宗三代の帰依を承けた不空（七〇五〜七七四）の弟子にして、自らも代宗・徳宗・順宗の帰依を承けた恵果（七四六〜八〇六）から金剛・胎蔵両法を承けた空海（七七四〜八三五）による平城上皇・高岳親王父子への授灌頂[注6]、あるいは仏教思想の総体たる一切経に基づき整序された、王権主導の国家的仏教法会[注7]という諸事例（とそれに関する諸研究）から判断すると、古代において仏教が人々の信心のみを頼りに、水の高きより低きへと流れるが如く広まっていったというよりは、仏教思想それ自体の論理に即したかたちで、為政者の崇仏行為を軸として、戦略的な受容・普及が進められていたと理解するほうが自然であろう。

これらの点を意識して、古代日本における仏教受容の流れを俯瞰的に見直す際、中国・朝鮮仏教と比較しての教学的オリジナリティの低さや「鎌倉新仏教」と比較しての実践性・革新性の希薄さから、かつてはほとんど研究対象とされる機会のなかった〈仏典注釈〉というジャンルに、改めて注目する必要が生じるのである。

日本古代の仏典注釈は、国語学など一部分野を除いて、ごく最近に至るまで、本格的な研究対象となる機会に恵まれなかった。しかし、今後はテキストクリティークや注釈、典拠となる仏典・漢籍との比較対照といった基礎研究をさらに促進・発展させていくと同時に、教学的オリジナリティや実践性の有無といった「物差し」から仏典注釈群を解放するため、それぞれの仏典注釈を八・九世紀の（仏教）思想史上に位置づけた上で、俯瞰的視点に基づいて仏典注釈群の史的意義をできるだけ積極的に評価していく作業も必要になるだろう。

また、これまでのさまざまな研究によって、日本人僧侶が「典拠」としての漢訳仏典・漢籍から、いかなる言説をいかなるかたちで自著に引用していたのかという点が詳細に分析された結果、「知識の集積媒体」としての仏典注釈の側面はかなり明確化した。その一方、集積された知識がいかなるかたちで発信され、いかなるかたちで日本文学・日本文化へと受容されていったのかという問題、すなわち「知識の発信媒体」としての仏典注釈の側面については、史資料面での制約もあって、必ずしも明確化しているとは言い難い状況にある。

仏典注釈という文献史料を対象とする研究にあって、明確な具体的根拠なきままに、憶測を重ねる態度は厳に慎まなくてはならない。しかし、これまでに積み重ねられた様々な研究成果の意義を総体として評価するとともに、仏典注釈研究を仏教教学や比較文学における特殊な一ジャンルから、より広大な人文学研究のフィールドへと解放するためには、隣接諸学の成果をも援用し、精密な文献実証の枠外へと踏み出すことも必要だと考えられる。

隣接諸学の確固たる成果の助けを借りることで、従来その存在を軽視されてきた仏典注釈たちは、過度に細分化し硬直化した既存の学問諸分野の枠組みを超越し、史料としてのさらなる価値を顕現させるのではないだろうか。アリストテレスに倣い、仏典注釈というジャンルを植物の種子に喩えられる〈可能態〉（dynamis/dunamis）と位置づける所以である。

小稿では右のような問題意識に基づき、仏典注釈のポテンシャルを探る一つの試みとして、奈良時代末期から平安時代最初期に活躍した法相宗《ほっそうしゅう》僧・善珠（七二三〜七九七）撰述『本願薬師経鈔（以下『薬師経鈔』）』を題材に、①『薬師経鈔』に認められる薬師信仰の特質の明確化②『薬師経鈔』に認められる薬師信仰が世俗界へと普及していく道筋の素描、という二点を目標とする。

一　善珠『本願薬師経鈔』に関する主な先行研究

『薬師経』（以下、訳者の別を問わない場合にこの呼称を使用）とは、釈迦如来が文殊菩薩や救脱《ぐだつ》菩薩・阿難《あなん》といった仏弟子に対し、東方の浄瑠璃世界の教主・薬師如来（東方瑠璃光如来）が菩薩として修行していた時に発願した十二の本願・成仏後の功徳・浄瑠璃世界の様相などを説くとともに、薬師の眷属である十二神将が一切衆生に対し利益・安楽を与えることを誓約するという内容の経典である。[注8] 梵本・チベット語訳・漢訳・コータン語訳・ウィグル語訳の存在が知られ、漢訳テキストとしては伝東晋・帛尸梨蜜多羅《はくしりみったら》訳『灌頂抜除過罪生死得度《かんじょうばつじょかざいしょうじとくど》経』（一巻。訳出者・訳出時期不明。偽経説あり）隋・達摩笈多《だるまぎゅうた》訳『薬師如来本願《やくしにょらいほんがん》経』（一巻。六一五年訳出）唐・玄奘訳『薬師瑠璃光如来本願功徳《やくしるりこうにょらいほんがんくどく》経』（以下『玄奘訳経』）（一巻。六五〇年訳出）唐・義浄訳『薬師瑠璃光七仏本《やくしるりこうしちぶつほん》願功徳《がんくどく》経』（以下『義浄訳経』）（二巻。七〇七年訳出）の四訳が現存する。うち『薬師経鈔』が注釈対象とするのは『玄奘訳経』であり、その理由として善珠は「勘二前後本一（『玄奘訳経』以外の三訳を指すか：筆者補記）、文辞雑糅、或繁或約、令三伝レ之徒、多生二疑慮一。奘法師訳者、去レ史去レ野、非レ繁非レ約。故今択二其所レ訳之本一。」[注9]と、『玄奘訳経』が他に比して文飾の程度や経文の分量が適切である点を挙げている。

『薬師経鈔』については名畑崇・山口敦史による研究が存在するが、[注10] 薬師過悔《けか》と八斎戒《はっさいかい》（在家信者が一日一夜を期して受持する基本的な八戒）の趣旨に詳細な点を以て『薬師経鈔』が特定の斎会を意図して書かれたものとする名畑の指摘は、治病延命をはじめ『玄奘訳経』が強調する現世利益的効能が滅罪行為を前提として初めて発揮されるという点を的確にふまえており、ややもすると密教的呪術信仰としての側面のみが強調されがちな『薬師経』信仰の本質を捉え直すという点でも重要な主張といえる。一方、山口は『薬師経鈔』の主要典拠として名畑が挙げた新羅僧太賢《たいけん》の『本願薬師経古迹』および唐僧遁倫《とんりん》（道倫とも）の『薬師（本願）経疏』（散逸）に加え、敦煌本『薬師経疏』（スタイン本二五五一。『大正新修大蔵経』第八五巻所収）から数多くの引用が行われている事実を指摘した。

現存の『薬師経鈔』テキストには撰述時期を具体的に示す記述が認められない。名畑は『薬師経鈔』に収められた受戒文（後述）とその文中にみえる「先帝聖霊」「現在聖朝」をそれぞれ光仁天皇・桓武天皇に比定した上で、本書の成立時期を桓武即位の天応元年（七八一）四月から善珠卒寿の延暦十六年（七九七）までの十六年間と推定し、『薬師経鈔』を国家による法会の開催を念頭に記されたものと規定した。名畑自身述べるように、本書撰述の具体的動機となった斎会・法会を特定することは困難であるが、その成り立ちゆえに生じた汎用性により『薬師経鈔』がさまざまな時期・場所において開催された法会の雛型としても用いられる機会があったと考えることができるのではないだろうか。

二　皇権・国家に対する功徳の〈廻施〉——悔過・持戒の実践をめぐって——

以下の部分では章を改め、『薬師経鈔』の史的意義を評価するための前提作業として、当該期の時代背景をふまえた上で『薬師経鈔』撰述の目的について考えてみたい。

『薬師経』は薬師悔過と八斎会を勧める内容の経典であり、そこでは病気平癒をはじめとする現世利益や、薬師如来が主宰する瑠璃国往生という果報も悔過・持戒の功徳という善因に起因すると説かれている。

したがって、『薬師経鈔』の撰述目的を考えるにあたっては、

悔過・持戒（善因）→病気平癒などの現世利益／東方瑠璃浄土往生（善果）

という因果律を前提に、善珠がいかなる功徳を期待しているかを確認する必要がある。

前節において、『薬師経鈔』に具体的な法会を想定した受戒文が含まれていると述べた。この受戒文は『玄奘訳経』の終盤、救脱《ぐだつ》菩薩が阿難《あなん》に対して薬師供養の方法とその功徳について説いた部分をふまえてまとめられている。そこで、当該箇所における救脱と阿難との問答を引用し、救脱菩薩の応答部分（＝薬師供養の方法および功徳）について述べた箇所を罫線で示し区別した上で、内容を大きく（A）～（E）に区分し概観する。

爾時、阿難問二救脱菩薩一曰。善男子。応下云何恭二敬供三養彼世尊薬師琉璃光如来一、続命幡燈復云何造上。

救脱菩薩言。大徳（阿難を指す：筆者補記）、若有二病人一欲レ脱二病苦一、当下為二其人一、七日七夜受中持八分斎戒上。応下以二飲食及余資具一、随二力所一レ辦供二養苾芻僧一、昼夜六時、礼二拝供三養彼世尊薬師琉璃光如来一、読二誦此経一四十九遍、然二四十九燈一、造二彼如来形像七軀一、一一像前各置二七燈一、一一燈量大如二車輪一、乃至四十九日光明不レ絶、造中五色綵幡長四十九搩手上。応下放二雑類衆生一至中四十九上。可レ得下過二度危厄之難一、不上レ為二諸横悪鬼所一レ持。 …（A）

復次阿難。若刹帝利・灌頂王等、災難起時。所謂、人衆疾疫難・他国侵逼難・自界叛逆難・星宿変怪難・日

月薄蝕難・非時風雨難・過時不雨難。彼刹帝利・灌頂王等、爾時、応下於二一切有情一起二慈悲心一、赦二諸繋閉一、依二前所レ説供養之法一、供中養彼世尊薬師琉璃光如来上。由二此善根及彼如来本願力一故、令三其国界即得二安隠一。風雨順レ時、穀稼成熟、一切有情無レ病歓楽。於二其国中一、無レ有下暴虐夜叉等神悩二有情一者上、一切悪相皆即隠没。而刹帝利・灌頂王等寿命・色力無レ病自在、皆得二増益一。…（B）

阿難、若帝后・妃主・儲君・王子・大臣・輔相・中宮・采女・百官・黎庶、為二病所一レ苦及余厄難、亦応下造二立五色神旛一、然レ燈続レ明。放二諸生命一、散二雑色華一、焼中衆名香上。病得二除愈一、衆難解脱。…（C）

爾レ時、阿難問二救脱菩薩一言、善男子。云何已尽之命而可二増益一。

救脱菩薩言。大徳。汝豈不レ聞二如来説レ有二九横死一耶。是故、勧下造二続命旛・燈一、修中諸福徳上。以レ修レ福故、尽二其寿命一不レ経二苦患一。…（D）

…（以下、九横の説明。中略）…

復次阿難、彼琰魔王主二領世間名籍之記一。若諸有情、不孝五逆、破二辱三宝一、壊二君臣法一、毀二於信戒一、琰魔法王随二罪軽重一考而罰レ之。是故、我今勧二諸有情然レ燈造レ幡放生修福一、令下度二苦厄一不上レ遭二衆難一。[注11]…（E）

〔玄奘訳『薬師経』〕

右の引用によると、疾病の苦を脱したいと願う者は、八斎戒を終日七日間受持した上、能う限りの財を以て僧侶を供養するとともに、一日を六時に分かって（晨朝《じんちょう》・日中・日没・初夜・中夜・後夜）薬師如来を供養すること、四十九回『薬師経』を読誦すること、七柱の薬師如来像を造立し、各像の前に車輪大の灯火を七つずつと長さ四十九搩手《ちゃくしゅ》（長さの単位。一搩手は最大限に伸ばした親指と中指との両先端間の寸法）に及ぶ五色の幡を供えることと、四十九に及ぶ種々の衆生を放生することによって、様々な厄難や横死、悪鬼による災異を免れる（A）という。（A）に説かれた薬師供養は身分の上下を問わず有効であり（C）、人衆疾疫難《にんしゅしつやくなん》（人民の病気・疾病の流行）他《た》国侵逼難《こくしんひつなん》（外国からの侵略）自界叛逆難《じかいほんぎゃくなん》（クーデター）星宿変怪難《しょうしゅくへんげなん》（流星等の異変）日月薄蝕難《じつがつはくじき》（日蝕・月食）非時風雨難《ひじふううなん》（時季外れの長雨・暴風）過時不雨難《かじふうなん》（旱魃・渇水）といった七難《しちなん》に見舞われた刹帝利《せつていり》（ksatriya の音訳。王侯・武士階級）や灌頂王《かんじょうおう》（灌頂儀礼を経て即位した王）による薬師供養と併せ、王法によって拘禁される者たちを釈放する放生行の果報として、災異の沈静化のみならず自身の無病・長寿をも実現し得る（B）。また九種の原因による非業の死（九横《くおう》・九種横死《くしゅおうし》）（D）、さらには不孝や五逆（一般的には殺父・殺母・殺阿羅漢・出仏身血・破和合僧すなわち僧団破壊）、三宝（仏・法・僧）や君臣の法・戒律を破り穢したことで琰魔《えんま》王による処罰の対象となった者（E）も、（A）に示す薬師供養によって救済されるという。

ここでは供養方法や果報に加え、王や王族といった支配者層をも含めて病苦や災異・厄難を被った本人が持戒（悔過）・供養を行うべきことが説かれている点に注目しておきたい。

前節にて確認したように『薬師経鈔』には具体的な法会の開催を想定したと考えられる受戒文が収められている。果たして、そこではいかなる果報が期待されているのであろうか。

先の『玄奘訳経』に準じ、内容を大きく（F）～（J）に区分した上で検討していく。

我某甲、今日一日一夜、帰二依三宝一、為二浄行優婆塞一。三度説。我某甲、帰二依三宝一竟、一日一夜、為二浄行優婆夷一。三度説。弟子某甲、以二至誠心一、一日一夜、受二持八戒一。…（中略）…今、捧二所修功徳一、廻施発願。謹発願。

…（F）

我今日懺悔・受戒、所レ生功徳、取総捧二持先帝聖霊一、次奉レ厳二現在聖朝一。以二懺悔力一、排二祛天災・地妖・水火風難等七難一。由二持戒功一、摧二滅厭禱・呪咀（ママ）・逆賊・災横等九横一。

…（G）

玉儀与二天地一而無レ動、宝命将二日月一而長久。為二千代之聖皇・万葉之天朝一、次天下平安、百官尽レ忠、万民安楽。　…（H）
至レ心廻二施三業所レ修諸功徳一。廻二此福聚一施二四恩及以法界有情類一。未レ離レ苦者令レ離レ苦、未レ得レ楽者令レ得レ楽。未二発心一者令二発心一、未レ証レ道者令レ得レ道。獲二勝生一増二福慧一、疾証二広大無上道一。　…（I）
先用三荘二厳鸞輿一、起二華厳之宝刹一。慈魂遊二縁起之性海一、永滅二塵劫之罪一、早証二十身之果一。[注12]　…（J）
［善珠『薬師経鈔』上］

『薬師経鈔』では、薬師悔過と八斎戒持戒とを通じて浄行の優婆塞《うばそく》（男性在家信者）優婆夷《うばい》（女性在家信者）となることが誓約（F）されたのち、悔過・持戒によって生じるところの功徳をすべて「先帝聖霊」「現在聖朝」両者に振り向けるとした上で、懺悔の功徳が七難の排除に、受戒（持戒）の功徳が九横の殲滅にそれぞれ充てられる（G）ことが願われる。この論拠となるのが、続く（H）の内容であろう。玉儀（王の意か）は天地と同様に不動の存在であり、宝命（王の命令）は太陽や月と同様に永久のものであるから、玉儀・宝命が永続することによって初めて、天下の平安や官人らの尽忠・黎民の安楽も実現するというのである。また、身《しん》（身体）口《く》（言語）意《い》（心意）を用いた修法によって獲得された諸々の功徳（三業所修諸功徳）や福聚は四恩（父母の恩・衆生の恩・国王の恩・三宝の恩）と法界衆生《ほっかいしゅじょう》（意識の対象たる衆生）とに廻らされることで、あらゆる存在が離苦・得楽・発心・得道、さらには真理を獲得できるよう（I）願われている。「三業所修諸功徳」とは『薬師経』に説かれる「供養之法」の実践による功徳ということであろう。（G）で言及された悔過・持戒の功徳同様、他者への振り向けすなわち〈廻施〉が求められており、小稿ではこれを〈廻施の論理〉と名付けることとする。（J）は（G）と類似する内容だが、①鸞輿《らんよ》（本来の意味は「天子の乗り物」。ここでは皇位・皇権の意か）の荘厳が実現することで②華厳の宝刹《ほうせつ》（仏土。ここでは薬師如来が主宰する東方瑠璃浄土の意か）が生起・顕現し、③慈悲心に満ちた魂魄が縁起の性海《しょうかい》に遊び（得道する、という程度の意か）／過去に犯した無数の罪業が永久に消滅し／速疾に真理を悟って成仏する、という時系列的配置が為されているようであり、（G）～（I）で示された〈廻施〉の論理の展開様相を示唆する表現とみていいだろう。〈廻施の論理〉は『玄奘訳経』を含む『薬師経』各テキストはもとより、『薬師経鈔』が部分的に依拠する『本願薬師経古迹』および敦煌本『薬師経疏』のいずれにも認められず、『薬師経』解釈上の問題に限定すれば、善珠によって独自に提起された論理である可能性が高い。

ここで『薬師経』を離れ、広く奈良末期～平安初期成立の史料群に広く目を向けていくと、善珠よりも四十歳あまり若い最澄（七六七～八二二）の著作に「廻施（廻施・回施）」の用例が散見される点が注目される。紙幅の都合で全ての用例を挙げることはできないが、小稿の論旨に関わると判断される二例を以下に引用する（いずれも傍点は筆者）。

三際中間所レ修功徳、独不レ受二己身一、普回二施有識一、悉皆令レ得二無上菩提一。[注13] …（K）［最澄『願文』］

以レ是今我等　三輪清浄心　所レ修大小福　及長講功徳　普回二施楽国一　倶回二向佛道一、自佗（ママ）倶覚レ夢
永使レ無二夢人一　自佗（ママ）倶覚満　永受二寂滅楽一。[注14] …（L）［最澄『長講法華経先分発願文』］

『願文』は延暦四年（七八五）、具足戒受戒直後に比叡山に入った最澄が、自らの入山意図を五つの願に託して述べた文書であるが、うち第五願では、過去世・現在世・未来世における修行を通じて獲得した功徳を独占することなく、あらゆる衆生に廻らすことによって、共に真理を獲得することが誓願される（K）。一方、弘仁三年（八一二）に著された『長講法華経先分発願文』（以下『法華発願文』）では回（廻）施と回向《えこう》とがほぼ同義の語として用いられ、三輪清浄心《さんりんしょうじょうしん》（清浄な身《しん》・口《く》・意《い》の三業《さんごう》によって律せられる心の意か）によって修得されたさまざまな

福徳や『法華経』長講による功徳が悉く楽国（極楽浄土）への往生、自他の覚悟へと廻らされることが期待されている（L）。これらの例では廻施・回向の対象、および目的が広く衆生全般の覚悟・浄土への往生へと向けられており、国家や皇権の荘厳を最優先とする『薬師経鈔』とはややニュアンスを異にするようだ。注15

三　〈廻施の論理〉の原形は何か——法進『沙弥十戒幷威儀経疏』との関連——

一方「廻施」「回向」の語こそ用いられていないものの、鑑真とともに唐より来日した律僧法進《はっしん》（「ほっしん」とも。七〇九〜七七）によって編纂された、『沙弥十戒威儀経《しゃみじっかいいぎきょう》』（以下『威儀経』）』の注釈書である『沙弥十戒《しゃみじっかい》幷《ならびに》威儀《いぎ》経疏《きょうそ》』（以下『威儀経疏』）』において、〈廻施の論理〉と酷似する構造の護国誓願がなされている。『薬師経』および『薬師経鈔』がいずれも悔過・持戒を推奨する内容を有する点を考える際、『薬師経鈔』成立に先立つ天平宝字五年（七六一）に成立した『威儀経疏』の誓願表現を見逃すことはできない。

以下に該当部分を引用し、検討を加えていくことにする。

広付二後時一、有レ用二此講経讃嘆一、（Ⅰ）所レ生功徳一、先用三荘二厳国家一。惟願、①金輪御宇、十善之化弥新、文思統レ天。八正之風逾扇、万方事広、檀那之行靡レ虧、庶務殷繁。遊玄之心无レ捨。②色身堅固、寿命延長。③率土之浜、重レ駅来貢。竜王歓喜、雨沢以レ時。稼穡秋成、人无二飢饉一。山无二朽壊一、海息二横波一。天下太平、万姓安楽。

…（中略）…

又（Ⅱ）用三功徳、荘二厳今日建レ講設レ供施主一。惟願、逸気孤標、神清爽利、修二行三学一、広樹二檀那盛徳一、播二於九重一。金声聞二於擲地一、施二一獲於万倍一。…（中略）…

又（Ⅲ）用三功徳、荘二厳僧綱及両京・天下諸寺師僧・当寺三綱・竜象・徒衆等一。惟願、覚意三昧、宝二飾身田一。四弁如レ流、灑二潤七衆一。張二大教網一、亘二生死河一、漉二人天魚一、置二於彼岸一。紹二隆仏種一、興二建法幢一、普為二四生一、作二大師友一。

又（Ⅳ）荘二厳現在諸聴衆・沙弥等一。並是聡明俊器、宿善縁強。早遇二天恩一、披レ緇入レ道、事レ師勲レ学、不レ憚二劬労一。一遍聴二其経論一、義味更無二遺落一。速開二五眼一、汎以二智舟一、載二運人天一、斉昇二仏果一。注16

〔法進『威儀経疏』巻二〕

右の誓願では『威儀経』講説・讃歎の功徳によって「荘厳」される優先順位が（Ⅰ）国家（Ⅱ）施主（Ⅲ）南都僧綱および両京（平城京および当時近江国に存在した陪都・保良宮《ほらのみや》とを指すか）、国内各地所在の諸寺所属の師僧・当寺（法進の所属する東大寺、もしくは『威儀経疏』講説の場となる寺院を指すか）の三綱および賢聖・高僧や弟子衆たち（Ⅳ）講説・讃歎の場に同席する諸聴衆や沙弥たち、という具合に序列化されている。

とくに（Ⅰ）のくだりでは、『威儀経』講説・讃歎の功徳が国家の荘厳に用いられることで（皇権を背景とした）正法の興隆（波傍線①部分）と天皇の長命（波傍線②部分）国家の繁栄と四時の順行、災異の未発から天下太平・黎民の安楽（波傍線③部分）の保証がうたわれており、『薬師経鈔』の受戒文とほぼ同じ趣旨の内容となっている。また『威儀経疏』全体における位置関係を見ると、この誓願が『威儀経』の主題となる十善戒の注釈に先行する冒頭部分に配されている点は注目される。以上のような内容・構成上の特色から、『威儀経疏』もまた『薬師経鈔』同様に実際の講経の場面を想定して撰述されたものと考えられ注17、実際の講経の場面においては主題となる十善戒講説・讃歎を導き出す機能を果たしたはずである。

さらに『威儀経』と『薬師経鈔』とでは、各々が採り上げる戒の性質や対象者という面においても、共通点を有している。『威儀経』の主題となる十善戒とは、釈迦が実子・羅睺羅《らごら》に対して説いたとされる初学者向けの戒律である。『威儀経』では十善戒を沙弥《しゃみ》（具足戒を受けていない十四歳以上二十歳未満の男性出家者）対象の戒律と規定するものの、実際には在家信者すなわち優婆塞・優婆夷が十善戒を受けることもあったらしく[注18]、対象として想定される持戒者層の面でも『威儀経』の十善戒と『薬師経鈔』の八斎戒とは共通する。『威儀経疏』で説かれるのは『威儀経』講説・讃歎の功徳であり、『薬師経鈔』のように悔過と受戒の実践による功徳に関する直接の言及はない。しかし、そもそも『威儀経』自体が十善戒の実践を前提とする内容であること、先の引用の（Ⅳ）において功徳の対象に受戒対象者である沙弥が明記されていることから、法進は『威儀経疏』の講説・受戒とそこに説かれる十善戒の授受・実践とを一連のものと見なしていた、と判断していいだろう。

すなわち『威儀経疏』と『薬師経鈔』とは①実際の講経・講会の展開を意識した構成になっている点②受戒によって生じた功徳を優先的に国家荘厳へと振り向けようとする点③沙弥や在家信者を対象とした初歩的な戒の功徳に焦点を当てる点、の三点が共通することとなり、『薬師経鈔』に対する鑑真一門の戒律思想の影響を想定できるのである。

鑑真（六八八〜七六三）が属する南山《なんざん》律宗は唐皇帝の授菩薩戒師を輩出した法系であり、彼を受戒師とする天平勝宝六年（七五四）の聖武太上天皇・光明皇太后・孝謙天皇の受菩薩戒は隋代以来続く中国皇帝の菩薩戒受得に倣い、大乗仏教思想の権威を皇権に内在化させる狙いがあったようだ[注19]（既述）。『威儀経』に説かれた十善戒や『薬師経鈔』が重視する八斎戒に対しては、東アジア通有の支配イデオロギーの一翼を担う戒律思想において、その裾野を支える機能が期待されていたと考えても不自然ではない。

『威儀経』に説かれた十善戒の修習・通暁は本来、沙弥が一人前の比丘《びく》（具足戒を受けた二十歳以上の男性出家者で、得度の対象）となる上で必須の要件であったものの、天平宝字二年の段階の日本仏教界では『威儀経』の内容に即した適切な実践が為されていなかった。そのため、沙弥用解説テキストとしての『威儀経疏』執筆が要請されるに至ったものと考えられる。[注20]法進は当時東大寺戒壇院の戒和上、僧綱における律師の地位にあり、名実ともに鑑真の後継者として南都の授戒を一手に司る存在であった。

法進の戒和上就任は唐招提寺が創立された天平宝字三年（七五九）八月一日以降のことと考えられ、当時壮年期にあった善珠が法進から沙弥戒や具足戒を受けたとは考え難い。ただ『威儀経疏』はその性質上、八世紀後半の南都仏教界において広汎に普及したはずであり、『薬師経鈔』に見える〈廻施の論理〉が鑑真一門の戒律思想から影響を受けたものであったという想定は十分に成り立ち得る。

四　善悪という〈功徳〉

第二節にて確認したように、『薬師経鈔』に見える〈廻施の論理〉とは悔過・持戒によって生じた功徳がまず国家・皇権の荘厳に廻施され、法会の主宰者及び薬師信仰の実践者自身の滅罪・救済はあくまで副次的に据えられるという構図をもつものであった。

ここで『薬師経鈔』が法会の雛型として一定の汎用性を有していたとする立場に即して〈廻施の論理〉を考える際、法会の場において功徳の〈廻施〉がいかなるかたちで実践されたのか、「いかなる功徳を、いかにして〈廻施〉したのか」を明らかにする必要がある。〈廻施の論理〉が単なる観念や理念の問題に止まらず、（たとえ象徴化された行為であったとしても）薬師信仰の現場における実践の具体相に注意を向けることで、『薬師経鈔』が現実社会に対して与えた影響の可能性を探る手がかりが得られるはずだ。

薬師信仰の現場における〈廻施の論理〉の内実を考える上で視野に入れるべきは、懺悔・受戒の主体となる在家信者の戒律観であろう。ここでは在家信者の戒律観を窺い得る貴重な史料として、山上憶良（六六〇～七三三？）「悲二歎俗道一仮合即離易レ去難レ留詩一首幷序（以下「易去難留詩」。『万葉集』巻五所収）」を採り上げる。「易去難留詩」では釈子（釈迦）・慈氏（弥勒）によって定められた在家者対象の三帰五戒《さんきごかい》と、周公・孔子の両名が教え示した中国伝統思想の三綱五教《さんこうごきょう》とを得悟の手段として、以下のように併記する。

窃以　釈慈之示教謂二釈子・慈氏一。、①先開二三帰謂三帰二依仏・法・僧一。五戒一、而化二法界一、謂二一不殺生・二不偸盗・三不邪婬・四不妄語・五不飲酒一也。周孔之垂訓、前張二三綱謂二君臣・父子・夫婦一。五教一、以済二邦国一。謂二父義、母慈、兄友、弟順、子孝一也。故知、②引導雖レ二、得レ悟惟一也。　［山上憶良「易去難留詩」］

ここからは、三帰五戒の護持によって法界《ほっかい》（意識の対象である現実世界）を教化するという〈功徳〉が実現される（傍線①部分）、という憶良の認識を読み取ることができる。唐における儒教・仏教研鑽の経験をもち、帰国後は伯耆守・筑前守などを歴任した士大夫《したいふ》的人物たる憶良の側面を重視するならば、法界の教化とは「武力や法刑などの強制によらずに統治の身を挙げる」ことを目的に「皇帝をはじめとする統治者層が教によってそれぞれの身心を陶冶し、庶民を化育し撫循（ママ）する」注21ために為されるべき事柄として意識されていたと考えられる。憶良のような篤信の在家信者の悔過・受戒によって発生した〈功徳〉は、家族的・政治的色彩の濃厚な三綱五教と三帰五戒とを同質視する（傍線②部分）儒仏一致観を回路として、善珠の如き授戒者の操作により、天皇・国家の荘厳へと〈廻施〉されるということになるであろう。

それでは、授戒者は在家信者の悔過・受戒によって発生した〈功徳〉を、如何にして〈廻施〉するのか。ここでは『薬師経鈔』とほぼ同時期に成立したと考えられる仏教説話集『日本国現報善悪霊異記（以下『霊異記』）』を用いて、その過程を想定してみたい。

まず、在家信者の悔過・受戒によって発生した〈功徳〉の一例として、『霊異記』下巻「怨病忽嬰レ身因レ之受レ戒行レ善以現得レ愈レ病縁第卅四」を採り上げる。

巨勢呰女者、紀伊郡名草郡埴生里之女也。以二天平宝字五年辛丑一、怨病嬰レ身、頸生二瘻肉疽一、如二大瓜一。痛苦如レ切、歴レ年不レ愈。①自謂、宿業所レ招、非二但現報一。滅レ罪差レ病、不レ如レ行レ善。剃レ髪受レ戒、著二袈裟一、住二其里於大谷堂一、誦二持心経一、行レ道為レ宗。逕二十五年一、行者忠仙、来共住レ堂。②忠仙見二之此病相一相憫、看病咒語、発レ願云、為レ愈二是病一、奉レ読二薬師経・金剛般若経各三千巻、観世音経一万巻、観音三昧経一百巻一也。③歴二十四年一、奉レ読二薬師経二千五百巻・金剛般若経千巻・観世音経二百巻一。唯千手陀羅尼、無レ間誦之也。…（中略）…④至二於延暦六年丁卯冬十一月廿七日之辰時一、瘻腮癰疽、自然口開、流二出膿血一、平復如レ願也。⑤実知、大乗神咒奇異之力、⑥病人・行者積レ功之徳。…（後略）

［景戒『霊異記』下巻第三十四縁］

天平宝字五年（七六一）、巨勢呰女《こせのあさめ》という女性は頸部に患った巨大な腫瘍を過去世の宿業と自覚し、罪を滅ぼし病を癒やすための善行として受戒剃髪の上、出家を遂げた（傍線①部分）。十五年後、呰女の住む堂を訪れた行者忠仙は彼女を哀れみ、病を治すために『薬師経』をはじめとする諸経典や千手陀羅尼《せんじゅだらに》の読誦を誓願（傍線②部分）し、十四年間にわたって成就に向けた実践を継続した（傍線③部分）ところ、延暦六年（七八七）に至って願が叶い、呰女の腫瘍は快癒した（傍線④部分）という。

『霊異記』編纂者景戒はこの説話に対し、千手陀羅尼の絶え間なき読誦による功徳を意識した論評を加える（傍線⑤部分）。しかし【業病としての自覚➡悔過・受戒➡『薬師経』読誦の発願・実践➡発願の成就＝業病の平癒】という物語の流れを傍線①～④部分より抽出し得ること、「受レ戒行レ善以現得レ愈レ病」という表現を含む標題を付されていることから、本説話の原形は『薬師経』の教説に基づいた悔過・受戒・『薬師経』読誦という一連の実践行という善因により、治病成就という善果がもたらされた顛末を記録したものであったと考えるのが適切であろう。すなわち、行者忠仙による指導の骨格として『薬師経鈔』受戒文の如き薬師信仰の存在を想定し得るということになる。[注22]

それでは、右の『霊異記』説話において〈廻施〉の対象となる〈功徳〉に相当するのはどの部分なのか。業病を根治する方法が「行善」すなわち悔過・持戒以外にないと考える呰女の判断は、因果応報思想に基づく悪行の自覚と善行の希求とが悔過・受戒の契機となる認識を象徴する。ここで、悔過・受戒の〈功徳〉によって法界の教化が実現されるという憶良「易去難留詩」の認識を想起するならば、〈廻施〉の対象となる〈功徳〉の本質とは、悔過・受戒という実践行によって具現化される、因果応報思想に基づく仏教的倫理観そのもの、ということになるのではないか。

この点において、以下に示す『霊異記』下巻の序文は示唆的な内容を含んでいる。

今探二是賢劫尺迦一代教文一、有二三時一。一、正法五百年。二、像法千年。三、末法万年。①自二仏涅槃一以来、迄三于延暦六年歳次二丁卯一而逕一千七百廿二年。過二正・像二一而入二末法一。然日本従二仏法僧適一以還、迄二于延暦六年一而逕二二百卅六歳一。…（中略）…②観レ代、修レ善之者、若二石峯花一、作レ悪之者、似二土山毛一。③匪レ⿰石善二因果一作レ罪、以比二無目之人履叵レ失二虎尾一。…（中略）…④昔有二一比丘一、住レ山坐禅。毎二斎食時一、

拆レ飯施レ烏。々常啄効、毎レ日来候。比丘斎食訖後、嚼二楊枝一漱レ口洒レ手、把レ礫而翫。烏居二籬外一。時彼比丘、不レ瞪レ居レ烏。投レ礫中レ烏。々頭破飛即死、々生レ猪。々住二其山一。彼猪至二於比丘室上一、頽レ石求レ食、徑下中二比丘一而死。⑤猪不レ思レ賊、石自来殺。無記作レ罪、無記報レ怨。何況乎発二悪心一殺、無二彼怨報一歟。⑥殖レ悪之因、怨レ悪之果、是吾迷心。……（中略）……⑦注二奇異事一、示二言提流一、授レ手欲レ勧、濡レ足欲レ導。⑧庶掃レ地共生二西方極楽一、傾レ巣同住二天上宝堂一者矣。

〔景戒『霊異記』下巻序文〕

ここでは『霊異記』が一応の成立を見た（と考えられる）延暦六年（七八七）が末法、すなわち仏教の形骸化した時代という前提のもと（傍線①部分）、善行を修する者は岩山の嶺に咲く花のように稀少である一方、悪事を行う者は土山に生える雑草のように夥しい（傍線②部分）という下降史観的当代認識が示される。

景戒のいう「修善之者」が意識的に仏教的倫理観を遵守する者であることは疑いないものの、それに対する「作悪之者」が必ずしも意識的に仏教的倫理観を毀損する者とは限らない。このことを示すのが、比丘の過失による烏の殺害（無記作罪《むきさざい》）烏の生まれ変わりである猪の過失による比丘の殺害（無記報怨）とを巡る寓話である（傍線④部分）。比丘の行為と猪の行為は、いずれも「悪心」による故意のものではないにせよ、結果的に因果応報の摂理によって、各々の意思を離れたところで罪や怨恨を生じるに至る（傍線⑤部分）し、悪を増殖させる原因・悪を怨む結果生じた果報のいずれも、自身の迷える心が起こしたものである（傍線⑥部分）。そのような望ましからざる状態を是正するため、景戒は因果応報をめぐる不思議な出来事を記録し、人々に示すことを通じて、人々を善行へと誘い（傍線⑦部分）最終的には自らとともに阿弥陀仏主宰の弥勒浄土、もしくは弥勒菩薩の住処たる兜率天への往生を誓願する（傍線⑧部分）。

出雲路修によると、延暦六年に一旦完成した『霊異記』は日本国における因果の理の普遍性（現報善悪）と仏の常住（霊異）とを確認するために編纂されたものだという。[注23] 右の一節からは、因果律を知らないがため無意識のうちに悪行を犯す「無目」（傍線③部分）の如き無知なる人々に対し『霊異記』編纂を通じて明確化された「現報善悪」「霊異」という仏教的倫理観を〈功徳〉として〈廻施〉することで、悪行の自覚と善行の希求とを促すと同時に、来世における浄土での共生を願う景戒の実践意識を窺うことができる。

『霊異記』では前節に見た最澄同様、実践によって生じた〈功徳〉を広く衆生に対して振り向けようとする意識が認められ、「国家・皇権の荘厳」への優先的〈廻施〉を志向する『薬師経鈔』および『威儀経疏』との間に明確な相違が見られる。その一方で、『薬師経鈔』と『霊異記』とがいずれも末世意識に基づき、悔過・持戒の実践によって発生した仏教的倫理観を、無知なる衆生へと普及させようという狙いを共有する点は特筆される。

今我等類、无数劫中、随二邪業風一、漂二生死海一。…（中略）…⑨今僅受二報人倫一矣。浄土无量、而随二昔罪業一、生二此穢土一、短命多病。⑩五濁末代、着我為レ事、貪欲為レ心。善軽二絲髪一、悪重二丘山一。福薄二春氷一、罪多二秋雨一。…（中略）…

⑪当二於此時一、由下生生中浩侍二聖朝一之因上、幸蒙二聖朝虚空无量之恩・法界无辺之徳一。俗衆啓二福氏中一伝二千代之大祥一、道人韜二悟懐内一流二万代之慧津一。⑫落二髪玄門一被二解脱輪之田衣一、改二服律蔵一預二栴檀林之僧数一。如レ斯大恩、遠兼レ現生生難レ報。然、石火雖レ小以レ縁助レ之。豈无下酬二聖徳一之力上。然則、自レ非二聖心懺レ罪投レ誠求一レ戒、何以報二天朝之慈一謝二君王之徳一。

是故、⑬大衆深照二此意一、欲レ奉下厳二聖朝之大願一、報二国家之広恩一、懺二三業罪一受中八斎戒上。[注24]

［善珠『薬師経鈔』上］

世は五濁《ごじょく》の末世、人々は実体のない我《が》に執着して飽きることなく財物を貪り、善因善果はごく稀であるのに対して、悪因悪果は数限りない（傍線⑩部分）。しかし、我らは生々世々日本国に生を承け続けたという因縁によって、僧俗の別を問わず朝廷や仏国土による広大無辺の恩徳に浴することができている（傍線⑪部分）――自らは得度者の列に加えられたという大恩に酬いるため（傍線⑫部分）、大衆に対しては朝廷の大願荘厳と国家の恩徳への報答として（傍線⑬部分）善珠は自他に対し等しく懺悔・受戒の実践を呼びかける。

ここで善珠は、無数劫中における生死輪廻の過程で辛うじて人間界に転生できたものの、過去世の罪業によって短命多病の身として穢土に生を承けるに至った（傍線⑨部分）という自覚的慨歎を示す一方、自らの境遇を「聖朝」による恩徳の賜物と見なしてもいる。罪深い自身の生きる場が末世の穢土であるという否定的認識と、自身に有縁の日本国が天皇の広大な恩徳によって満たされた特別な空間であるという肯定的認識とは、善珠において必ずしも矛盾しない。[注25] 末法の穢土では釈迦の教えが辛うじて残る状況であるが、正法・像法の経過に伴って既に失われた（衆生による）修行と証果とを回復させることによって、日本国は名実ともに「聖朝」と称するに相応しい仏国土となる。

『薬師経鈔』においては、自身の悔過・持戒によって生じた〈功徳〉としての〈因果応報思想に基づく〉仏教的倫理観を悔過・持戒の実践という手段で無知なる衆生へと〈廻施〉し、彼らに悪行の自覚と善行の希求とを促すことを通じて、日本国および皇権を仏教的に荘厳していこうという方針が採られていたのである。

おわりに――仏典注釈を〈ひらく〉視点――

皇后（後の持統天皇）の病気平癒を願う天武天皇によって薬師寺建立が発願された[注26]事実に象徴されるように、

古代日本において薬師信仰は現世利益の側面から広く朝野の信仰を集めた。しかし、薬師如来による救済は本来、各々の衆生による悪行の自覚と善行の希求とを前提として初めて発動するものであった。善珠は『薬師経鈔』撰述にあたり、恐らくは鑑真一門が中国からもたらした戒律思想の影響によって、自他の悔過・受戒を通じて発生した仏教的倫理観としての〈功徳〉を広く〈廻施〉することを企図したと考えられる。

中国や朝鮮からの仏教移植によって、世界の本質を「吉善《よごと》」（本居宣長『古事記伝』）と見なす固有の肯定的人生観とは対照的な、世間を悪・苦に満ちた空間と見なす否定的人生観が初めて日本にもたらされたとする家永三郎の説[注27]をふまえるならば、否定的人生観の基盤となる仏教的倫理観の〈廻施〉によって、それまで崇仏意識を持たなかった人々の行動規範が仏教的因果律の中へと取り込まれていくことになる。

廻施・回向の語の有無に拘らなければ、私たちは〈廻施の論理〉と類似の構造をもつ認識を八世紀後半から九世紀初頭にかけて成立した複数の仏教文献（法進『威儀経疏』景戒『霊異記』最澄『願文』『法華発願文』など）の中に見出すことができるのも確かである。うち、宝亀年間に没した法進を除く景戒・最澄と善珠とは活動時期が重複する上、各々の著作中に末法意識を窺い得る点でも共通する。〈廻施の論理〉の原形を『威儀経疏』戒願文に見る拙稿の見立てに大過なければ、善珠・景戒・最澄の三者は鑑真一門によって弘められた護国的戒律思想の影響下に育ち、末法下の穢土において修行と証果とをどのように回復させていくかという課題を共有していたと考えることができよう。[注28]

一方、『薬師経鈔』に見える〈廻施の論理〉がいかなるかたちで南都仏教界の外へと発信・実践されていたのかという点を明らかにするには、史料上大きな制約がある。ただ、『薬師経鈔』の〈廻施の論理〉が先ず何よりも国家・皇権の荘厳を第一の目的に掲げていたこと、さらに善珠が重用された桓武政権下においては対蝦夷《えみし》政策が新都（平安京）造営事業と並ぶ最重要事業であった[注29]ことを併せ考慮すると、蝦夷との武力衝突が絶え間なく続いていた東北地方における仏教的教化[注30]に『薬師経鈔』が供されていた可能性を考慮してもいいのではないか。華夷思想に基づき、王土の周縁に居住する未開野蛮の存在として観念化された蝦夷[注31]に対して皇権主導の仏教的教化が実践されることで、蝦夷の皇民化と大和朝廷の勢力拡大というかたちで国家・皇権の荘厳が実現することになるからだ。

九世紀前半以前の造像と考えられる[注32]勝常寺《しょうじょうじ》（福島県河沼郡湯川《ゆがわ》村）の薬師三尊像・四天王立像や双林寺（宮城県栗原市）の薬師如来坐像や持国天・増長天立像、貞観四年（八六二）の造像銘を有する黒石《こくせき》寺（岩手県奥州市）伝存の薬師如来坐像など、古代東北には『薬師経』悔過の開催を窺わせる尊像が極めて多く存在する。その理由の一つとして、狩猟を生業とする（と考えられた）蝦夷が仏教という中央の制度に吸収・同化される際、滅罪による身心の清浄性が強く求められたという事情を想定でき、上述の尊像を用いて『薬師経鈔』の内容に即した悔過・受戒の儀礼が執行された可能性は極めて高い[注33]。

また、九世紀初頭の関東地方北部・東北地方南部において、善珠の属する法相宗の教線が広汎に及んでいた[注34]事実も見逃せない。とくに、『法華経』に説かれる一乗の教えが真実であるか否かをめぐる最澄との論争（三一権《さんいつごん》実《じつ》論争）で知られる法相宗僧・徳一《とくいつ》（生没年不詳）は若年期における南都での修行生活を経て東国へと下り、筑波山や磐梯山の山岳信仰圏を中心に、薬師信仰を主体とした民衆教化を実践して大いに尊宗を集めていた[注35]。

方法論の構築や具体的な論証については今後の課題とせざるを得ないものの、これらの事実をふまえての積極的な研究の積み重ねにより、仏典注釈はその魅力をさらに増していくこととなろう。

［付記］
本稿は、平成二十七年～三十年度（予定）科学研究費補助金（基盤研究C・課題番号一五K〇二〇六九・課題名「日本古代仏教史上における異言語受容の思想史的研究」）による成果の一部である。

注

1 『日本書紀』巻十九、欽明天皇十三年冬十月条。

2 井上薫「日本書紀仏教伝来記載考」（『日本古代の政治と宗教』所収。吉川弘文館、一九六一年）

3 『日本書紀』巻十九、欽明天皇十三年冬十月条。

4 石母田正『日本古代国家論　第一部』（岩波書店、一九七一年）河上麻由子『古代アジア世界の対外政治と仏教』（山川出版社、二〇一一年）

5 上川通夫「大乗戒主義への基本視覚」（初出一九九七年。『日本中世仏教形成史論』所収。校倉書房、二〇〇七年）

6 阿部龍一「平安初期天皇の政権交代と灌頂儀礼」（サムエル・C・モース、根本誠二編『奈良・南都仏教の伝統と革新』所収。勉誠出版、二〇一〇年）。

7 中川隆之『日本古代国家の仏教編成』（塙書房、二〇〇七年）

8 以下『薬師経』に関する記述は主に西本照真「阿閦仏国経　弥勒三部経　薬師経典解題」（由木義文・蓑輪顕量・西本照真校註『新国訳大蔵経7　浄土部3』所収。大蔵出版、二〇〇七年）に拠る。

9 『増補改訂日本大蔵経（以下『日蔵経』）』第九巻、一五六頁下段一六行目～一五七頁上段一行目。『薬師経鈔』本文の返り点は、私に一部改めた箇所がある。

10 名畑崇「日本古代の戒律受容――善珠『本願薬師経鈔』をめぐって」（初出一九八一年。根本誠二編『論集奈良仏教3　奈良時代の僧侶と社会』再録。雄山閣出版、一九九四年）山口敦史「善珠撰述『本願薬師経鈔』をめぐって」（初出二〇〇二年、『日本霊異記と東アジアの仏教』所収。笠間書院、二〇一三年）同「『本願薬師経鈔』と東アジアの仏典注釈」（初出二〇〇一年、前掲書所収。）同「奈良時代・仏典注釈と霊異――善珠『本願薬師経鈔』と「起尸鬼」」（前掲書所収）。

11 『大正新修大蔵経（以下『大正蔵』）』一四巻、四〇七頁C一～四〇八頁A一三。

12　『日蔵経』第九巻、一五六頁上段一行目〜同一七行目。
13　『伝教大師全集』（以下『伝全』）巻一、二頁。
14　『伝全』巻四、二四一頁。
15　『法華発願文』には廻施・回向という表現こそ用いられないものの、天皇位を追贈された早良親王を含む天地開闢以来の天皇霊、及び桓武・平城・嵯峨・淳和（但し、当時は即位前）ら歴代天皇に対して『法華経』長講の功徳を振り向けようという誓願が存在する（『伝教大師全集』四、二四二〜二四五頁）。但し、列記される順序は二十八天衆はじめ天部の守護神に次ぐ位置に配されており、皇権の荘厳を最優先する旨の表現も認められない。
16　『日蔵経』第四十巻、一六六頁上段一三行目〜一六七頁上段四行目。
17　『威儀経疏』脱稿からほぼ半年後に当たる天平宝字五年十月、淳仁天皇・孝謙上皇の保良宮行幸に同行した法進は近江国・国昌寺において東大寺僧慧山・元興寺僧聖一・山田寺僧行潜の三名を対象に、十月二十三日から十二月十七日までの期間に『威儀経疏』を「略読一遍」した（『威儀経疏』巻五。『日蔵経』第四十巻、三二一頁）。この事実は『威儀経疏』が実際の講経を想定して編纂されたことを示唆するものといえる。
18　例えば『日本霊異記』中巻「贖二蠏蝦命一放レ生現報蠏所レ助縁第十二」では聖武天皇治世下のこととして、山背国紀伊郡に住む篤信の女性在家信者が、在家信者を対象とする五戒（不殺生戒・不偸盗戒・不邪婬戒・不妄語戒・不飲酒戒）と共に十善戒をも重ねて護持していたと伝える。
19　上川通夫、注5前掲論文。
20　曽根正人「唐僧法進の沙弥戒と沙弥像――『沙弥十戒並威儀経疏』を巡って」（薗田香融編『日本仏教の史的展開』所収。塙書房、一九九九年）
21　中嶋隆藏「士大夫の仏教受容」（沖本克己編集委員・菅野博史編集協力『新アジア仏教史07中国Ⅱ隋唐　興隆・発展する仏教』所収。佼成出版社、二〇一〇年）
22　中村史は『霊異記』所収の各説話を標題（話の題目）素体（話そのもの）説示（話の説明／素体の後に付された評論的、教訓的言辞）の三つに区分した上で、編纂者の意図が反映された標題・説示と素体との間に何かしらの矛盾や不整合を抱えた説話は「素材としての原説話」「説話集を構成する単位となった説話」という二段階の機能を併せ持つとする（中村史『日本霊異記と唱導』三弥井書店、一九九五年）。標題・素体と説示との間に齟齬が存在する本説話には、中村のいう「原説話」の機能とは異質の、景戒による積極的な編纂意識を見出すことができよう。

23　出雲路修「解説」（『新日本古典文学大系30　日本霊異記』。岩波書店、一九九六年）

24　『日蔵経』第九巻、一五三頁下段一五行目～一五四頁上段一一行目。

25　『霊異記』下巻序文では当代を末法と見なす認識が存在する（既述）一方、下巻「智行並具禅師重得二人身一生二国皇之子一縁第卅九」では嵯峨天皇を聖君と見なす立場が併存しており、『薬師経鈔』の「聖朝」観との関連について考える余地があろう。

26　皇后、体不予。則為二皇后一誓願之、初興二薬師寺一。［日本書紀巻第二十九・天武九年（六八〇）十一月癸未条］

27　家永三郎『日本思想史に於ける否定の論理の発達』（新泉社、一九六九年）。
関口一十三《ひとみ》は、祝詞「大祓詞」（『延喜式』巻八）における罪の概念に達摩笈多訳『薬師経』からの影響が認められるという説（青木紀元『祝詞古伝承の研究』国書刊行会、一九八五年。小林信彦『オホ・ハラへと『薬師経』の関係――ヤクシ・ケクヮの成立に連動して起こったハラへの変貌』桃山学院大学総合研究所、二〇〇六年）をふまえ、『薬師経』を「抜除」の経典と定義付けた『薬師経鈔』によって大祓の儀礼と『薬師経』理解とが相互的に影響を与え合った可能性を指摘する（関口一十三「大祓の詞の成立――日本古代の薬師経受容をめぐって」山口敦史編『聖典と注釈――仏典注釈から見る古代』所収。武蔵野書院、二〇一一年）。

青木・小林・関口の指摘は、日本における善悪観の一淵源を『薬師経』『本願経鈔』のような仏教典籍に求め得ることを傍証するものとして、倫理学的視点からも注目される。

28　景戒は善珠と同じく法相宗に所属する（鹿薗大慈「日本法相家の系譜――『日本霊異記』の思想的立場」『龍谷大学論集』三五七、一九五七年）一方、『霊異記』中において教学的に対立するはずの天台教学にも強い関心を表明している（山口敦史「日本霊異記における「天台智者」と末法思想」初出一九九八年。注10前掲書所収。拙稿「『日本霊異記』における「天台智者の問術」と「天台智者甚深の解」」『奈良仏教と古代社会――鑑真門流を中心に』所収。東北大学出版会、二〇一二年）。また、善珠は延暦十三年（七九四）に延暦寺根本中堂落慶の導師を務めており（三善為康「伝教大師伝」巻上。『伝善』附録七三・七四頁）三者の間に思想的な接点を確認できる。

29　天皇、徳度高峙、天姿凝然。不レ好二文華一、遠照二威徳一。自登二宸極一、励二心政治一、内事二興作一、外攘二夷狄一。雖二当年費一、後世頼焉。［『日本後紀』巻十三、大同元年四月庚子（七日）条］

30　持統三年（六八九）には、陸奥国優嗜曇《うきたま》郡（山形県置賜《おいたま》地方）設置の城柵下に居住する蝦夷の麻呂・鉄折《かなおり》兄弟に対する出家得道の許可（『日本書紀』巻三十、持統三年正月丙辰条）越国の蝦夷沙門道信に対する仏像・仏具・綿・布・鍬・鞍の下賜（同上、同年同月壬戌条）陸奥国の蝦夷沙門自得に対する「金銅薬師仏像・観世音菩薩像各一軀」および仏具の下賜（同上、同年七月壬子条）がそれぞれ実施されている。とくに、自得に関する記事は、薬師如来像・観音菩薩像を用いた滅罪儀礼（後述）が蝦夷出身の僧侶によって実践されていた可能性を窺わせるものとして興味深い。

31 また、郡山遺跡（宮城県仙台市太白区《たいはく》）Ⅱ期官衙（七世紀末～八世紀初頭。七二四年の多賀城落成まで存置）後庭には飛鳥・石神遺跡（奈良県明日香村）の須弥山園池と形状・構造の酷似した石組池が存在したことが分かっており、仏教的世界観に依拠した蝦夷対象の服属儀礼に供されていたと考えられている（今泉隆雄「郡山時代の遺跡」花登正宏編『東北――その歴史と文化を探る』所収。東北大学出版会、二〇〇六年。熊谷公男「古代蝦夷と仏教」『歴史と地理』六二五、二〇〇九年）。

華夷思想（中華思想）に基づく蝦夷の観念化の典型例として、『日本書記』巻七・景行四十年七月癸未条に見える以下の記事を挙げることができる。

其東夷之中、蝦夷是尤強焉。男女交居、父子無レ別。冬則宿レ穴、夏則住レ樔。衣レ毛飲レ血、昆弟相疑。登レ山如二飛禽一、行レ草如二走獣一。承レ恩則忘、見レ怨必報。是以、箭蔵二頭髻一、刀佩二衣中一。或聚党類、而犯二辺堺一。或伺二農桑一、以略二人民一。撃則隠レ草、追則入レ山。故往古以来、未レ染二王化一。

32 久野健『東北古代彫刻史の研究』（中央公論美術出版、一九七一年）

33 長岡龍作「みちのくの仏像――造形と風土」（花登正宏編、注30前掲書所収）

34 天長七年（八三〇）、法相宗の一大拠点である興福寺（＝山階寺）僧智興によって陸奥国信夫郡に建立された菩提寺が定額寺に定められた（『日本紀略』天長七年十月十九日条）。この菩提寺は西原廃寺跡（福島県福島市）に相当すると考えられる（窪田大介『古代東北仏教史研究』法藏館、二〇一一年）。また、承和十一年（八四四）天台僧安慧《あんえ》が講師として下向する以前の出羽国では専ら法相教学が学ばれていたといい（『元亨釈書』巻第二・慧解二之一・釈安慧伝）、現在の福島県から山形県（若林繁「慧日寺金堂の歴史と仏像」磐梯町・磐梯町教育委員会編『徳一菩薩と慧日寺Ⅱ』所収。福島県磐梯町、二〇〇九年）さらには坂東諸国（堀裕「東北の神々と仏教」鈴木拓也編『東北の古代史4　三十八年戦争と蝦夷政策の転換』所収。吉川弘文館、二〇一六年）にかけての広域における法相教学の影響を窺わせる。

35 高橋富雄『徳一と最澄――もう一つの正統仏教』（中公新書、一九九〇年）

Ⅳ 文学創造の「場」と集団

「献忍壁皇子歌」・「献舎人皇子歌」とその背景

平舘　英子

一　はじめに

『萬葉集』巻九の人麻呂歌集には、天武天皇の皇子に対する献歌が見える。「献二忍壁皇子一歌」（一六八二）・「献二弓削皇子一歌」（一七〇一～一七〇三、一七〇九、一七七三）・「献二舎人皇子一歌」（一六八三～一六八四、一七〇四・一七〇五、一七七四～一七七五）である。総じて人麻呂歌集中の作品の題詞は地名のみ、作歌者のみといった簡略なものが殆どであるのに、皇子達への「献歌」という作歌事情が記されていることは、人麻呂が公的要素のゆるやかな立ち位置で、皇子たちの文学環境に関与する場合のあったことを考えさせ、注目される。

柿本人麻呂が、天智・天武天皇の皇子・皇女たちと幅広い関係を有していたことは、人麻呂作歌として、軽皇子宿二于安騎野一時歌（巻一・四五～四九）、長皇子遊二猟路池一時歌（巻三・二三九～二四一）・献二新田部皇子一歌（二六一～二六二）、殯宮之時挽歌に日並皇子尊（巻二・一六七～一七〇）・明日香皇女（巻二・一九六～一九八）・高市皇子尊

（巻二・一九九〜二〇二）への作があり、献㆓泊瀬部皇女忍坂部皇子㆒歌（一九四〜一九五）は左注に泊瀬部皇女の夫君川島皇子薨去に際して皇女に献じた作とあり、また、天皇御雷丘時の歌（巻三・二三五）は或本では忍壁皇子への献歌とされることなどから知られるところである。こうした皇子たちとのあり方に着目し、人麻呂がその文学形成期において、当時年長であった忍壁皇子の宮に奉仕していたとする、人麻呂の具体像を提示されたのは阿蘇瑞枝氏であった。[注1] 一方で、人麻呂と皇子・皇女たちとの関係を個別に考えるのではなく、皇子達による文学形成の場に対する「皇子文学圏」という名付け[注2]を受けて、皇太子草壁皇子を中心とする皇子の宮における文学圏を想定したのは渡瀬昌忠氏であった。[注3] この文学圏という把握について、池田三枝子氏は志貴皇子・長皇子の交遊の内容の検証を通して「漢籍に対する共通理解」という要件を把握し、両皇子たちの背後に渡来系氏族勢力や母方の氏族および同族氏族の支援による文学的環境を想定し、とくに志貴皇子の背後には引田系阿倍氏があったことを説かれている。[注4] また、藏中しのぶ氏は仏教との交渉を視野に入れている。[注5] 影山尚之氏はさらに池田氏の論を踏まえつつ、そうした環境が世代間継承をされていったことを指摘されている。[注6] 皇子達を取り巻く文学的環境を考えるときに、内的要件としての「漢籍に対する共通理解」という主たる教養のあり方と、それを育む外的な要件としての養育氏族という背後への視線は重要であろう。小稿は、こうした先行研究の驥尾に付すものである。

皇子達を取り巻く文学的環境に人麻呂がどのように関与していたか、実態の詳細は不明といわざるを得ない。また、人麻呂歌集における「献歌」を人麻呂作と定めがたいという考え方も成り立たないわけではないが、人麻呂の作歌と考えるのが穏当ではあろう。作品の理解を通して、皇子たちの文学的環境に視線を向け、人麻呂との関係を考察することは可能と考えられる。

「献歌」については、人麻呂歌集および人麻呂作歌における皇子・皇女達への「献歌」の多くが皇子・皇女を中心とした集宴の席などにおいて、作歌され、披露されたであろうことは、渡瀬昌忠氏・伊藤博氏によって論じられている。[注7] さらに、吉井巖氏が題詞に「献」とある歌について口誦による披露ではなく、文字に書いて書面として献られた意であると説かれること、門倉浩氏が「歌を献ずるという行為そのものに力点が置かれた時に『献』を使う」とされることが注意される。[注8]

人麻呂歌集に見える三皇子達に対して、阿蘇瑞枝氏は忍壁皇子の母方が越前を本貫とし、阿倍氏の同族とされる宍人臣であり、そことの人麻呂の関与も推測している。また、弓削皇子は忍壁皇子を通しての縁と推測する。[注9] 弓削皇子にとって忍壁皇子は、母大江皇女と同母の兄妹である川島皇子が忍壁皇子の同母妹泊瀬部皇女の夫であるという近しい関係故である。忍壁皇子は天智天皇二年（六六三）から五年（六六六）頃誕生で慶雲二年（七〇五）五月薨去、弓削皇子は天武二年（六七三）頃誕生で文武三年（六九九）七月薨去。[注10] 忍壁皇子と弓削皇子との間には十歳位の開きがあったと推測される。一方、舎人皇子は、母方の曾祖父が阿倍倉梯麻呂（内麻呂）という姻戚関係を有しており、母新田部皇女は飛鳥（明日香）皇女とは姉妹、有間皇子とは母方の従兄弟に当たる。なお、人麻呂歌集出として人麻呂は有間皇子の結松を詠む歌を残してもいるという関係である。舎人皇子は天平七年（七三五）十一月薨去、年六十とあるので、天武五年（六七六）の誕生となり、さらに若い。巻九には皇子達の作品が四箇所に分散して配列されている。そこで、小稿では雑歌部に続けて配列されている「献忍壁皇子歌」（巻九・一六八二）と「献舎人皇子歌」（巻九・一六八三〜一六八四、一七〇五〜一七〇六）とを中心に作品を読むことを通して、皇子達の文学的環境に視線を向け、人麻呂との関係とその背景を探りたい。

二　忍壁皇子への献歌

献二忍壁皇子一歌一首［詠二仙人形一］

とこしへに夏冬行けや裘扇放たぬ山に住む人

（巻九・一六八二　人麻呂歌集）

題詞に「仙人の形を詠む」とあり、仙人の絵画を見て詠んだ歌と理解されている。明日香藤原京出土の木簡に人物画像らしきもの（『飛鳥藤原京木簡』二）が見え、平城京長屋王邸宅出土木簡には「倭画師大虫」（『木簡研究』四）「□□画師　阿倍□」（『平城宮発掘調査出土木簡概報』二一）「画師二人」（『平城京木簡』）「障子作画師一人」（『木簡研究』一二）等と記されたものの他に役人顔の落書きも見られ、専属の絵師が働いていたことが推測される。また、同じ邸宅地跡から土器に猿の絵を描いたものも出土していて、下書きだったかとされている。平城京の時代にはかなり高度な絵画技術が発達し、貴族の邸宅内でも日常的に多用されていたのであり、藤原京時代にも、貴族の館において、それに準ずる絵画の存在を推測して良いのであろう。絵を見て歌を詠むというあり方も頷ける。

当該歌が対象とした「仙人の形」がどのように描かれていたかは不明だが、「裘扇放たぬ山に住む人」という表現からは、裘を着、扇を手にした姿が描かれていたことは充分推測できる。しかし、仮にそうした姿が描かれていたとしても、その姿をそのままに詠むこと、しかもそれを忍壁皇子に「献」とし得たことには、どのような理解があったのであろうか。

冒頭の句「とこしへ」は早く允恭紀歌謡に見える。允恭天皇十一年三月、茅渟の宮（大阪府泉南部にあったか）

で暮らす衣通郎姫の許を訪れた天皇に郎姫が歌った歌。

　とこしへに　君も逢へやも　いさな取り　海の浜藻の　寄る時々を　（紀六八）

　時天皇謂二衣通郎姫一曰、是歌不レ可レ聆二他人一。皇后聞必大恨。

「とこしへ」は、末句の「時々」の反対語としてあり、その状況を「永久の意でなく、むしろ不変・継続の意に解すべきである」（土橋寛『古代歌謡全注釈　日本書紀』）とされる。君がやってきてくれて逢えるという現在の状況が続いて欲しいという願望は、「やも」の反語を伴う詠嘆によって、それが叶わないことを嘆かれる。「とこしへ」との関係において注目されるのは対立する意の「時々」が下の句にあることである。海の波が寄ることは定期的に繰り返され、継続性のある情景であるのに対して、浜藻は常に寄るとは限らない。ここには、海の波の定期的な反復による継続性と浜藻が不定期に寄る偶然性との対比がある。「とこしへに　君も逢へやも」と詠まれる背景に具象的な継続性を想起させる「とこしへ」のあり方が窺われる。『萬葉集』中では、家持が「はしきよし　その妻の児と　朝夕に　笑みみ笑まずも　うち嘆き　語りけまくは　とこしへに　かくしもあらめや　天地の　神言寄せて　春花の　盛りもあらむと　待たしけむ　時の盛りそ　離れ居て　嘆かす妹が……」（巻十八・四一〇六）のように「いつも」の意味で反復性は目立たない例が見られるが、当該歌においては、気候とそれに伴う景との推移が繰り返される四季の中の「夏冬」が取り出されることによって、その状況が繰り返しつつ継続することを意味していると解される。紀六八に近い用法であったと推測される。

「夏冬行けや」は諸注で「夏と冬が同時に進行する」という把握がなされている。集中に「夏冬」の語は当該歌のみである。持統天皇四年十一月「甲申（十一日）奉レ勅始行三元嘉暦与二儀鳳暦一」（日本書紀）の記事は実質的な暦の施行を意味する。持統天皇の御製「春過ぎて夏来るらし白たへの衣干したり天の香具山」（巻一・二八）

は季節の巡行と暦法との関係を示唆する。「春過ぎて夏きたるらし」に把握されるのは暦法上の知識を前提とした、新しい季節の実感と同時に巡行する季節の実感とである。[注11] 集中では、巡行による季節の推移が把握され、その表現は「うちなびく　春見ましゅは　夏草の　繁きはあれど　今日の楽しさ」（巻九・一七五三　検税使大伴卿）、「白雪の　常敷く冬は　過ぎにけらしも　春霞　たなびく野辺の　うぐひす鳴くも」（巻十・一八八八）のように展開してゆく。人麻呂は季節に関係して、推移だけでなく、対比の形式を春秋に把握している。しかし、それは吉野讃歌における「たたなはる　青垣山　やまつみの　奉る御調と　春へには　花かざし持ち　秋立てば　黄葉かざせり」（巻一・三八）のように栄えの繰り返しとしてあって、対比の意識は必ずしも明晰ではない。後の家持作「立山賦」では「神ながら　み名に帯ばせる　白雲の　千重を押し別け　天そそり　高き立山　冬夏と　別くこともなく　白たへに　雪は降り置きて」（巻十七・四〇〇三）のように冬と夏とが分けられないことに神秘性を表現している。ただし、そこに表現されるのは常に「雪降り置きて」とある冬としての景の継続に神秘性を見出しているということである。その把握の根底には、冬と夏とはその質が異なる季節としてあるという理解はあるが、その表現を異質な要素の対比というには不十分といえよう。では、当該歌における「夏冬行けや」はどのような観点から詠まれているのであろうか。

　当該歌が「裘扇放たぬ山に住む人」と詠む根拠として、その姿が絵画に描かれていたであろうという推測は充分可能であろう。後の明代の『列仙全伝』では、李八百が「鶴氅裘（鶴の羽で織った羽衣）」を着用し、麈尾扇（大鹿の尾の毛で造ったもの）を持つ姿として描かれており、新編日本古典文学全集『萬葉集』はそれを挿絵として掲載して、いずれも仙人特有の物とする。ただし、『神仙伝』において、李八百がそうした姿を記述されているわけではない。しかし、「（王）恭、美二姿儀一、人多愛悦、或目レ之云、濯濯如二春月柳一。嘗被二鶴氅裘一、渉レ雪而行、孟昶窺見レ之、歎曰、此真神仙中人也」（晋書巻八四、王恭伝）とあって、仙人は美しい姿や振る舞いの持ち主として把握されていたことが理解できる。麈尾扇についても「（張）融、年弱冠道士、同郡陸脩静以二白鷺羽一麈尾扇遺。融曰、此既異物以奉二異人一」（南斉書巻四一張融伝）、「（陳）顕達謂二其子一曰、麈尾扇、是王謝家物。汝不レ須レ捉レ此。自随」（南斉書巻二六陳顕達伝）とあって、貴重な品で、高貴な者や道士が手にするものであったらしい。『列仙伝』『神仙伝』あるいは『抱朴子』といった書籍には鶴氅裘と麈尾扇との関係は見られず、裘を着た者は描かれるが、扇との直接的な関係も描かれないようである。その一方で、漢籍において、裘と扇とは寒さ・暑さを象徴するものとして把握されていたことが知られる。

裘と扇の対比は『淮南子』に「夫夏日之不レ被レ裘者、非レ愛レ之也。燠有レ余二於身一也。冬日之不レ用レ翣者、非レ簡レ之也。清有レ余二於適一也」（巻二俶真訓）と見える。翣は扇のこと。夏の裘と冬の扇とが、それぞれの季節の気候にそぐわないことを明記している。『淮南子』には「譬猶二失レ火而鑿レ池、被レ裘而用レ箑也耳」（巻十八人間訓）ともある。箑は扇の意。失火して池を掘り、裘を着て扇を用いても、役に立たないの意。いずれも『芸文類聚』[注12]にも見える。また、『抱朴子』に「貢二軽扇於堅冰之節一、炫二裘爐乎隆暑之月一、必見レ捐於無用、速二非レ時之巨嗤一」（外篇巻一嘉遁）とある。氷の張る寒い季節に扇を差し出し、暑い盛りの時期に裘や暖炉を見せびらかす行為は無用なことであり、季節外れとして笑われるとしている。さらに『芸文類聚』は、晋の時に石勒が建てた趙の国の逸話として「趙書曰、汲桑六月盛暑、重レ裘累レ茵、使二人扇一、患不二清涼一、斬二扇者一。時、軍中為レ之。謡曰、士為二将軍一何可レ羞。六月重レ茵被二豹裘一不レ識二寒暑一斬二他頭一」（巻十九　謳謡）を載せる。汲桑が、六月の夏の暑い時期に裘を重ね着し敷物を重ねていて、涼をとろうとして人に扇がせたが、涼しくならなかったために、扇いでいた人を斬り殺してしまったというこの逸話は人口に膾炙していたらしく、『北堂書鈔』にも載り、『楽府詩集』では「幷州歌」に歌われてもいる。こうした例は夏は暑く、冬は寒いという身体的感覚に対応した物の扱いを対比させ、身体的感覚にそぐわない扱いの不適切さを説くのが主眼であろう。ところが当該歌では、逆にそうした不適切さを象徴する二つの物を身に着けた姿に人間界の不適切さが通じない神秘な世界を読み取り、暦法の示す巡行とも身体的実感とも無縁の、「夏冬」が同時に進行する世界に住む者として仙人絵を把握していると考えられる。それを象徴するのが裘と扇である。仙人の絵画に対して、裘と扇を選び出して詠む背景にこうした漢籍の知識と当時における暦法への関心とを想定することが可能ではないだろうか。

忍壁皇子は国家的な史書の記定や律令の選定を託された人物である。

・丙戌（十七日）、天皇御二于大極殿一、以詔二川島皇子・忍壁皇子・広瀬王……大山下平群臣小首一、令記二定帝紀及上古諸事一。大嶋・子首親執レ筆以録焉。（天武紀十年三月）

・甲午（十七日）、勅二浄大参刑部親王、直広壱藤原朝臣不比等、直大弐粟田朝臣真人……直広肆調伊美伎老人等一、撰二定律令一。（続日本紀　文武四年六月）

忍壁皇子は皇子達の中で、年長であるだけでなく『懐風藻』に詩を残す川島皇子と共に名があり、当代一流の教養人であったことが窺われる。人麻呂の文学形成が、忍壁皇子の許に奉仕する中で行われた可能性を阿蘇瑞枝氏が論じる所以でもあろう。今、直接的な主従関係には踏み込まないが、当該歌が教養人としての忍壁皇子に「献歌」とされたという点からは、単に絵画を見て詠んだからという把握では不十分かと思われる。当時の季節の把握において、「夏冬」の対比は新しい観点だったであろう。人麻呂に夏と冬という体感としての季節の相違への気付きはあったであろうが、季節観としての対比の意識が明確にあったとは考えにくいからである。むしろ、寒さと暑さを象徴する裘と扇を共に持つという仙人の姿に、その物の負う意味を漢籍の知識に基づいて、

「夏冬行けや」という暦法とは異なる世界を把握して表現してみせた、その面白さが「献歌」に値したのではなかったか。忍壁皇子と人麻呂とはその面白さを共有できる関係であった。

三　舎人皇子への献歌――その一――

献㆓舎人皇子㆒歌二首

妹が手を取りて引き攀ぢふさ手折り我がかざすべく花咲けるかも　（巻九・一六八三）

春山は散り過ぎぬとも三輪山はいまだ含めり君待ちかてに　（巻九・一六八四）

巻九の人麻呂歌集に載る舎人皇子への献歌二首ずつ三組の中で配列の順の早い二首である。この二首については、その「献歌」としての理解が多様であり、「献歌」としてある意図への理解が定まっているとは未だ言いがたいと思われる。二首への理解には皇子への恩光への期待といった政治的な寓意を詠む作[注13]、宴席などでの即興の作[注14]などの他に、男女問答の戯笑歌説[注15]や歌垣的な春山での宴での女の愛の誓約[注16]、春の野遊等の季節祭式、成年式の場を背景とする求婚の舞唱曲[注17]、国見・歌垣的な歌の表現の継承[注18]といった指摘、或いは一七〇四・一七〇五番歌と共に恋の歌物語とする理解[注19]などがある。なお、「献㆓舎人皇子㆒歌」三組の内、配列順の早い二組は雑歌に、残る一組は相聞に配列されている。当該二首の前には、前述した「献㆓忍壁皇子㆒歌」（巻九・一六八二）が配列されているが、「詠㆓仙人形㆒」と題詞に付されている事情とは異なっており、直接の関係性は窺えない。

一六八三番歌における「妹が手を」は「取る」にかかる枕詞。「妹が手を取る」は「仙柘枝歌」に「あられ降り吉志美が岳を険しみと草取りかなわ妹が手を取る」（巻三・三八五）とあり、仁徳記歌謡に類歌がある。女鳥王に対する速総別王の歌「梯立の倉梯山をさがしみと岩懸きかねて我が手取らすも」（記六九）であり、[注20]『古事記』の文脈では、仁徳天皇の追っ手から逃れる困難さの中で女鳥王に対する恋情のにじむ作として理解される。ただし、三八五番歌は雑歌に配列されており、相聞歌とは異なる理解が求められよう。もう一例「妹が手を取石《とろし》の池の波の間ゆ鳥が音異に鳴く秋過ぎぬらし」（巻十・二一六六　詠レ鳥　雑歌）では類音によって地名「取石」にかかっており、やはり雑歌に配列されている。「妹が手を取る」に相聞的情緒が感得されることはあるとしても、相聞的情緒を歌全体に及ぼしうるかは疑問である。

「ふさ手折り」は本文に「引与治捄手折」とある。「捄」は『説文解字』に「盛二土於梩中一也。从レ手求声。一曰、捊也。詩曰、捄之陑陑」とある。『毛詩』（大雅・緜）の「捄レ之陾陾」に対して毛伝には「捄、虆也。陾陾、衆也」、鄭箋には「捄、捊也」とする。土をかき集めて、運搬車などに盛る、その量の多いことを意味している。なお、「陾」は『玉篇』（原本系）に「隭」とし、その「謳」とされる。「ふさたをり」という和語に対する「捄」の表記には、花の咲いた枝を手折るだけでなく、たくさん集めて豊かなまとまりとする意が託されていよう。「ふさたをり」の語は集中に五例。「捄」の表記は他には人麻呂歌集の「献二舎人皇子一歌」（一七〇四番歌）と巻十三・三二二三番歌にみられ、他は「総手折」（巻八・一五四九　紀朝臣鹿人）「布左多乎里」（巻一七・三九四三　家持）とある。「ふさ」に対する「捄」は人麻呂及びそれに近い時期の表記にみえる。巻十三・三二二三は「ふさたをり」を次のように詠う。

かむとけの　日香空の　九月の　しぐれの降れば　雁がねも　いまだ来鳴かぬ　神奈備の　清きみ田屋の
垣内田の　池の堤の　百足らず　みそ槻が枝に　みづ枝さす　秋のもみち葉　巻き持てる　小鈴もゆらに
たわやめに　我はあれども　引き攀ぢて　峰もとををに　ふさ手折り　我は持ちて行く　君がかざしに

（巻十三・三二二三）

三二二三番歌は、「引き攀ぢて」「ふさ手折り」「かざし」という語句を、一六八三番歌と共通にする。その「かざし」の対象は「清きみ田屋の　垣内田の　池の堤」という、聖なる場に生じた「みづ枝さす　秋のもみち葉」である。「かざし」が呪術的な要素を本来は負っていたことに加えて、[注21]「みづ枝さす」とある「もみち葉」であることに注目される。人麻呂が吉野讃歌（巻一・三八）において春の花の栄えと秋の黄葉とを共に栄えとして詠むことは前述した。秋の黄葉の美しさは栄えとして愛でられているのであって、ここには春から秋へという季節の推移の把握はなく、黄葉も植物が枯れてゆく秋の象徴としての存在ではない。巻十三の歌において、暦法における自然の推移の知識は既にあったとしても、眼前の自然の美に季節の推移の認識がまだ追いつかない作品であることを窺わせる。手弱女である「我」は、その黄葉の豊かな分量を折り取って、長寿を願う「かざし」として君に差し出しているのである。神事歌謡と見る説もあり、[注22]何らかの神事に関連するような行事を推測しても良いのであろう。

一六八三番歌も「かざし」という語があることにそうした要素を考え得る。しかし、一六八三番歌で「我」は「花」を実際に手折る訳ではない。「かざすべく花咲けるかも」の「べく」は「状況より判断して……確信ある推測を表わす」「～して然るべきであるという、当然の意や……～するを可とするという、適当の意」（時代別国語大辞典　上代編）のように把握される「べし」の連用形で、「咲ける」にかかり、「かも」は詠嘆を示す。

水底の玉さへさやに見つべくも照る月夜かも夜の更け行けば　（巻七・一〇八二　詠ㇾ月）

草枕旅行く人も行き触ればにほひぬべくも咲ける萩かも　（巻八・一五三二　坂上郎女）

霜枯れの冬の柳は見る人の縵にすべく萌えにけるかも　（巻十・一八四六　詠ㇾ柳）

一〇八二番歌は水底の玉さえくっきりと見えると思えるほどの意で、実際に玉が見えるわけではないが、水底の玉を想起させることで月夜の鮮明に明るい景を表現する。一五三二番歌は行きずりに触れるならば色が移り染まるほどの意で、萩の花盛りの描写である。「行き触れば」と仮定形であることは「にほふ」が実際には起きていないことを示している。一八四六番歌は霜枯れによって真っ赤に染まった柳を詠む。そこには、長寿を寿ぐ「縵」にふさわしいほどの眼前の赤さを愛でつつ、その実体が凋落を意味する赤さであることへの気付きが窺える。「縵」にすることはないのである。この「〜べく〜かも」はいずれも実行されない嘆息を表現する用法[注23]と言える。同様に一六八三番歌の花も「ふさ手折り」という量としての豊かさと「我がかざし」の神聖性とを想起させることで「かざし」にふさわしいほどに咲いている盛りを愛でているのであって、歌の主眼はあくまでも「花咲けるかも」にある。実際に「我」が「かざし」にするわけではなく、むしろしない、或いはできない状況が推測される。花の盛りの状況のみを伝えているのである。

四　舎人皇子への献歌――その二――

一六八四番歌は春山と三輪山との対比を詠む。春山は「春山の友うぐひすの鳴き別れ帰ります間も思ほせ我を」（巻十・一八九〇　春相聞　人麻呂歌集）のように相聞的情感を誘発する場としての意味を持つ。一方で、「藤原宮御井歌」では「あり立たし　見したまへば　大和の　青香具山は　日の経の　大き御門に　春山と　しみさび立てり　畝傍の　この瑞山は　日の緯の　大き御門に　瑞山と　山さびいます」（巻一・五二）と「見したまへば」という国見歌としての要素に加えて、春山は瑞山（畝傍山）と対をなして香具山を讃美する表現としてある。岡野裕恵氏は天津神ゆかりの香具山と国津神ゆかりの三輪山の対比に目を留められるが、踏み込んだ解釈はせず、[注24]五二番歌は、春山と瑞山とが対になる讃美の表現としてあることに留意される。一方で「春山の咲きのををりに春菜摘む妹が白紐見らくし良しも」（巻八・一四二一）と春菜摘みの行事が詠まれる地とされる。雑歌に配列された意図には、むしろ春という季節への関心と春山における菜摘の行事などへの関心が想起されてよいであろうし、固有名詞をとらない点には、名指している三輪山を強調する意図が窺えよう。なお春山については、同じく「献㆓舎人皇子㆒歌」とする一七〇四番歌が一六八三番歌と同じく、冒頭句を「ふさ手折り」とするところから、両者に「連作的関係」を示唆する説もある。[注25]一六八四番歌は同時の「献歌」としてあることからすると、「花咲けるかも」と詠まれたのが春山だった可能性が考えられる。そうした把握において、我はその春山の花の盛りを愛でた体験を皇子に伝えると共に、視線を三輪山に転じて「三輪山はいまだ含めり」と詠んだのではないだろうか。この三輪山について、影山尚之氏が神聖な祭儀の場ではあるものの、「万葉びとは一般に三輪山を畏怖畏敬の対象として和歌に描くことはなく」と指摘し、さらに巻九における皇子達への「献歌」は、「天武系皇子によって主催された文雅な営みを背景に生み出された歌々である」[注26]とされたのは示唆的である。春山に対して三輪山が選ばれた意図は祭祀としてではなく、春の花の盛りを愛でる地としてであり、皇子が訪れるのにふさわしい地としての意識を推測できるのではないか。「君待ちかてに」とある主体は春山と考えられるからである。

「待ちかてに」の「かてに」については「可能をあらわすカツの未然形に、否定の助動詞ヌの連用形ニの接したもの」（時代別国語大辞典　上代編）とされるのが一般的であり、「〜しきれなくて・〜できないで」の意（同上）となる。なお、日本古典文学大系『萬葉集』（巻四・四八五補注）は、「奈良時代にはその語源意識は失われ、カテニはガテニに移行しつつあり、ガテニで一まとまりとして意識されていた」とし、その意識の形成に否定ニの衰退と「難し」という意味・語形の類似する語の存在を指摘している。当該歌の「待ちかてに」の理解については、ほとんどの諸注釈書が上四句で切れるとするものの、「待ちかてに」の対象については三輪山とする説と春山とする説とがある。かつどちらか曖昧な説も多い。その理解には『萬葉代匠記』(精撰本)が「君カ恩光ニ因テ愁眉ヲ開カム事ヲ待カヌ(ル)トヨメルニヤ」と三輪山への寓意を推測したことが、影響しているように思われる。『萬葉童蒙抄』が「春山は皇子御座所近所なるか。そなたの春山は花散り過ぬ共、こなたのみわ山は君を待ちがてに未だ咲だにもせぬとの義也」と三輪山説を唱えるのに対して、『萬葉集古義』は「君の来て御覧ぜむことを待ど、未ゝ待得ぬ故に、なべての春山は散過ぬれども、三輪山は未ゝつぼみてありといふなるべし」として春山説をとる。前者は『萬葉集総釈』などが、後者は『萬葉集全釈』が踏襲しているが、上四句で切り、「あなたを待ちかねて」(萬葉集注釈)とのみする注釈書が多くその関係性は曖昧である。「待ちかてに」を検討したい。( )は本文。

己夫に乏しき児らは泊てむ津の荒磯まきて寝ぬ君待ちかてに(君待難)　(巻十・二〇〇四　柿本人麻呂歌集)

夕されば野辺の秋萩末若み露に枯れけり秋待ちかてに(秋待難)　(巻十・二〇九五　柿本人麻呂歌集)

しきたへの衣手離れて玉藻なすなびきか寝らむ我を待ちかてに(我乎待難)　(巻十一・二四八三　柿本人麻呂歌集)

なにすとか使ひの来つる君をこそかにもかくにも待ちかてにすれ(待難爲礼)　(巻四・六二九　大伴四綱)

うぐひすの待ちかてにせし(麻知迦弖尓勢斯)梅が花散らずありこそ思ふ児がため　(巻五・八四五　筑前掾門氏石足)

相見ては千年や去ぬるいなをかも我や然思ふ君待ちかてに(待公難尓)　(巻十一・二五三九)

二〇〇四番歌は、夫に逢いがたい織女星が待ちきれずに寝てしまっている状況であり、二四八三番歌も同様に逢う機会が無くなって、待ちきれずにすでに横たわっている状況への推量である。二〇九五番歌は萩の枝先が枯れてしまった描写であるが、本来、秋になって枯れるべき萩に対して、「秋待ちかてに」と秋を待つことができなかった理由を「置く露」に求めている。人麻呂歌集の例はいずれも「難」の字を当てて待つことが難しい事情を表現し、「寝ぬ」「枯れけり」或いは「寝らむ」によって、結果的に待つことが不可能だったことを意味している。ただし、六二九番歌・八四五番歌いずれも動詞「す」が「かてに」を受けている。通常、打消の助動詞連用形の「に」を受ける「す」は「思う」意（時代別国語大辞典　上代編）とされ、六二九番歌・八四五番歌は「不可能を思う」意と考えられる。すなわち、六二九番歌は使いが来たにも関わらず相手が来ないことに対して、待つことができないと思ういらだちを表した表現である。八四五番歌も鶯を擬人化した同様の用法であり、鶯が開花を待てないと苛立っていたその梅の花は散らないで欲しいの意である。二五三九番歌は相手が訪れないままの時間の長さを嘆く歌で、下の句の文脈の理解は「我や君待ちかてに然思ふ」であり、六二九番・八四五番と類似の用法と考えられる。一六八四番歌の「待ちかてに」は、「す」の接続はなく、待つことができないという実態の表明である。「三輪山は未だ含めり」の「いまだ」は現在を基準にする用法であり、三輪山は花が現在もなおつぼみの状態で継続していることを意味する。その状態「含めり」に対して「君待ちかてに」とする、すなわち「待つことができない」結果「つぼみのままである」というのは、文脈上、意味が通じない。「君待ちかてに」は『萬葉集古義』のように「春山」に対する語句であり、「君待ちかてに春山は散り過ぎぬとも」と解するべきであろう。その上で「三輪山は未だ含めり」に「アナタ様ノオイデヲ気長ニオマチシテ居リマス」（萬葉集全釈）という心情を想像させるのであろう。

一六八三番歌と一六八四番歌とを二首一組として献られたとする理解において、両者に時間の経過は考えにくい。「花咲けるかも」は咲いている状況の存続であり、「未だ含めり」は現在の時間をさすからである。新編日本古典文学全集『萬葉集』が仮定逆接の接続助詞を受ける用法について、一四九番歌の「人はよし思ひ止むとも……影に見えつつ忘らえぬかも」（巻二・一四九）を例に挙げ、「既定的事実を述べる文で結ぶ事もあり、その場合、上句は他人の言説を受けるなど、多少未確認な内容にわたると思われる」としていることが参考にされる。「散り過ぎぬとも」という逆接の仮定は我が目にしていない未確認の事柄であり、二首一組に対しては挿入的に詠まれている仮定法と考えられる。二首は三輪山への誘いに他ならないであろう。以上のような歌の内容に即すると、春山の行事に参加しえなかった皇子に対して、春山を訪れたものの、皇子を慮ってかざしもしなかった我が、改めて皇子を春の三輪山へと誘い出す、そうした構図を見いだせるように思われる。そこに見えてくるのはかなり親しい関係ではないのか。

なお、巻九雑歌部には「献二舎人皇子一歌」として次の二首も見え、舎人皇子御歌が続いて配列されている。

献二舎人皇子一歌二首

ふさ手折り多武の山霧繁みかも細川の瀬に波騒きける　（巻九・一七〇四）

冬ごもり春へに恋ひて植ゑし木の実になる時を片待つ我ぞ　（巻九・一七〇五）

舎人皇子御歌一首

ぬばたまの夜霧は立ちぬ衣手の高屋の上にたなびくまでに　（巻九・一七〇六）

冒頭句「ふさ手折り」は枕詞。「ふさふさと、手折ってたわむというので、タムに冠する」（萬葉集全註釈）とされる。本文に「捄手折」とあり、一六八三番歌の「ふさ手折り（捄手折）我がかざすべく」への連想が働く。

ただし一七〇四番歌では山霧に深く覆われて、波の騒ぎが聞こえるばかりという見えない山容が詠まれる。多武は桜井市多武峰にある山の意。天香具山・耳成山と共に十市郡（『和名抄』（高山寺本）に「トホチ」とある）にある。集中には一例のみだが、斉明天皇二年の条には後飛鳥岡本宮について「於二田身嶺一冠二以周垣一。田身山名。此云二大務一。復於二嶺上両槻樹辺一起レ観、号二両槻宮一。亦曰二天宮一」とある。周垣は軍事的な施設かと言われ、天宮は道教の思想による命名かとされる。[注27] 三輪・飛鳥・吉野・宇陀・初瀬などへ至る要衝であり、軍事的な意味を有するとともに、神聖性を帯びる地でもあったと考えられる。霧が覆うという表現は、その地に一層の神秘性を付与しよう。対して一七〇五番歌は「植ゑし木」とあるので、居宅の庭などに植樹した木であろう。春に花が咲き、その実が熟することをひたすら待つ意であり、「皇子ノ御年モ壮ニ成給ハヽ、繁キ木ノ如クナル御陰ニ隠レ（テ）ムト待参ラスル吾ナレハ」（『萬葉代匠記』類撰本）といった寓意を読む説もあるが、皇子の将来への予祝はあっても、自らへの恩寵までも読み取ることは行き過ぎと思われる。「ふさ手折り」「木の実になる」といった表現に相聞的な要素を見る説（萬葉集釈注）もある。しかし、音は騒がしいものの、その山容のはっきりしない様子とこれから実をつけてゆく間近な樹木との対比には、いずれも現在は実体を顕していないが、それが顕れたときの「ふさ手折り」が連想させる山や実の豊かさへの願望が籠もっていると考えられる。若い皇子の成長に対する率直な期待の表明が把握される。雑歌部にある「献歌」としてふさわしいと言えよう。

皇子の御歌一七〇六番歌は夜霧が高屋にたなびく様を詠む。高屋は、『萬葉集略解』の説く、『延喜式』神名帳に「大和国　城上郡　高屋阿倍神社三座並名神大。月次。新嘗」とある地と推測される。『萬葉集注釈』は、高屋阿倍神社のある桜井市大字谷の地が市内の平地であることに疑問を呈し、桜井市高家ではないかとされる。現在、高屋阿倍神社は若桜神社と同一境内に祀られているが、『奈良県磯城郡誌』[注28]には「社伝に本社は元来阿倍村松本山に在りしも、霖雨の爲め、一山崩壊社殿破壊し、終に若桜神社の境内に遷座せりと」と伝えている。[注29]松本山は若桜神社の南方四〇〇メートルにあったとされ、その山麓から西の文殊山にかけての地域には艸墓古墳・風呂坊第一号～第三号墳・文殊院東古墳・西古墳などの他、円墳が多数存在する地で、阿倍氏の本拠地周辺の丘陵地であったと推測される。[注30]同書には「祭神は土御門家譜に孝元天皇の子大彦命後胤倉橋麻呂一名内麻呂明神と称す」ともある。。倉橋麻呂（内麻呂）は、『日本書紀』に倉梯麻呂とする人物である。現在の研究では、阿倍氏の系譜について、「土御門家譜」の記すそれとは異なる理解がなされている（後述する）が、そうした伝承があったのであろう。倉梯麻呂は舎人皇子にとって母方の曾祖父（後述）に当たる。「ぬばたまの夜霧は立ちぬ」は「献歌」の「多武の山霧」に応じた（萬葉集全註釈）とされるが、阿倍氏にゆかりの高屋の地名を挙げて、その上に夜霧がたなびくという光景を詠む意図はどのようなものだったのであろうか。「献歌」を受けた「挨拶程度のもの」（窪田空穂『評釈萬葉集』）だったのであろうか。安倍氏との関係について考察したい。

五　皇子達と阿倍氏

忍坂部皇子は舎人皇子とは、共に知太政官事という、臨時的に太政官の政務全般を総知する職についているほか、忍坂部皇子は『大宝律令』選定に、舎人皇子は『日本書紀』撰修にあたっている。当代一流の教養人であり、その養育に影響を与えたであろう背後のあり方が注目される。

人麻呂歌集における「献二忍壁皇子一歌」（巻九・一六八二）が、両者の漢籍に対する共通理解に基づく歌であろうことは前述した。が、そこにどのような背景が考えられるのであろうか。人麻呂が、その文学形成期に忍壁皇子に奉仕していたとする阿蘇瑞枝氏の説については既に触れている。[注31] 忍壁皇子について、天武紀二年二月の条は、天武天皇の皇子であって、宍人臣大麻呂の女㰗媛娘を母とし、泊瀬部皇女とは同母の兄妹であることを記している。『萬葉集』中の「柿本朝臣人麻呂献二泊瀬部皇女忍坂部皇子一歌一首〈并短歌〉」（巻二・一九四・一九五）の左注には「右、或本曰、葬二河嶋皇子越智野一之時、献二泊瀬部皇女一歌也。日本紀云、朱鳥五年辛卯秋九月己巳朔丁丑浄大参皇子川嶋薨」とあって、妹の泊瀬部皇女は川島皇子と婚姻していたと推測され、川島皇子とは懇意であったことが知られる。

　川島皇子・忍壁皇子は、共に「以詔二川島皇子忍壁皇子……大山下平群臣小首一令レ記二定帝紀及上古諸事一」（天武紀十年三月十七日条）とある記定に携わっている。それに関連して、金井清一氏は忍壁皇子の命名が刑部氏による養育、あるいは忍坂の地での成育によっており、そこに倭漢系の渡来系氏族たる刑部氏を主とする伝承の通路を関連づける。[注32] また、阿蘇氏は、雄略紀（二年十月条）における忍坂大中姫による宍人部の設置と宍人部を管掌した膳臣からの宍人臣の派生といった宍人臣の伝承が『古事記』にはなく、『日本書紀』に見られることに、忍壁皇子の外戚である宍人臣氏との繋がりと皇子の『日本書紀』編纂への関与を推測し、さらに忍壁皇子が慶雲二年四月に越前の野一町を賜ったほかに、宍人臣氏の名が越前国との関係に複数見られることなどから、宍人臣氏の本貫が越前国であったと考えられた。[注33] 池田三枝子氏は『新撰姓氏録』左京皇別上に「宍人朝臣　阿倍朝臣同祖。大彦命男、彦背立大稲腰命後也。日本紀合」とあることから、越前が宍人部の本貫であるとする阿蘇説を踏まえつつ、忍壁皇子の妹多紀皇女の夫である志貴皇子の外戚である越道君と極めて近い関係にあり、さらに斉明紀に東北遠征をした阿倍引田臣比羅夫との関係を推測されている。[注34]

　忍坂の地は『和名抄』（高山寺本）に「忍坂於佐加」とあり、「辟田」と共に城上郡に属しており、現桜井市大字忍阪に比定される。『日本書紀』に「一云」として「其一千口大刀者蔵二于忍坂邑一、然後従二忍坂一移之蔵二于石上神宮一」（垂仁天皇三九年冬一〇月）とあり、後に「遣二忍壁皇子於石上神宮一、以二膏油一瑩二神宝一」（天武三年秋八月）とある。『延喜式』兵庫寮に猪膏を「瑩レ刀料」とあり、忍壁皇子と忍坂の地との関係が考えられるところである。辟田は三輪山西方の元桜井市大字東田に比定される地で、阿倍引田臣との関係が推察される。

なお、川島皇子は『懐風藻』に詩を残すなど漢籍の素養を有した人物である。天智天皇の皇子で、母は忍海造小竜の女色夫古娘。同母姉大江皇女は天武天皇との間に長皇子と弓削皇子とを設けている。忍海氏は葛城山麓の新羅系渡来氏族や葛城氏との関係の深い氏族で[注35]、葛城地方在住の渡来系氏族の伝承と主張に耳を傾けた結果が、『日本書紀』のみに見られることを指摘されている[注36]。その関係は忍壁皇子のそれに類似する。そして、直接ではないが、甥にあたる長皇子・弓削皇子が阿倍引田氏と関係のあったことが池田三枝子氏によって指摘されている[注37]。忍坂部皇子が母方の宍人臣氏を通じて阿倍氏との繋がりを有していたことが推察できよう。

舎人皇子は天武天皇と新田部皇女との間の皇子である。天武天皇の皇子の中で最年少が新田部皇子と推測され、舎人皇子はその次である[注38]。母新田部皇女は、天智天皇と阿倍倉梯麻呂の女橘娘との間の皇女、橘娘と姉妹関係にある小足媛は孝徳天皇の寵姫であり、有間皇子の母でもある。曾祖父阿部倉梯麻呂は、推古紀から孝徳紀に活躍した人物で『公卿補任』は「左大臣阿倍倉橋麿（日本紀梯）、一名内麿、大鳥大臣子云々」とする。

阿倍氏の初出は、孝元天皇が欝色謎命（穂積臣が遠祖欝色雄命の妹。記でも「穂積臣等が祖、内色許男命の妹」とする）を立てて、皇后とし、そこに生まれた二男一女（第一を大彦命、第二を開化天皇、第三を倭迹迹姫命）の中の大彦命を祖とする七族（阿倍臣・膳臣・阿閉臣・狭狭城山君・筑紫国造・越国造・伊賀臣）の中の一族とするが、垂仁紀には伊勢神宮を祭祀する詔に、臣下の筆頭として「阿倍臣が遠祖武渟川別」が挙げられていることから、阿倍氏の直接の祖は武渟川別であり、大彦命は七族をまとめた単一の始祖とされる。[注39] 宣化天皇の頃に、朝廷での位置を確保し始めたようで、宣化天皇元年二月壬申の朔に、従来通り大伴金村大連と物部麁火大連を大連とし、蘇我稲目宿禰を大臣とし、阿倍大麻呂を大夫とする記事が見える。崇峻天皇の時代以後は阿倍臣は蝦夷との国境の防備に従事する者（枚吹）が出る一方で、蘇我氏に協力して物部守屋大連を滅ぼす側に立ったと見られる。推古紀に氏上として中央での活躍が見えるのは阿倍臣鳥（倉梯麻呂の父）であり、北陸の征討に活躍するのが阿倍引田臣比羅夫である。阿倍氏の本拠地は桜井市南部で、阿倍山田道の周辺とされている。大唐からの客、裴世清が訪問した際は阿倍臣鳥が導者となり、皇帝の親書を受け取る役を果たしている（推古紀十六年秋八月十二日）。裴世清は難波から大和川をさかのぼり、初瀬川を利用して海石榴市で上陸し、山田道を通って、飛鳥の小墾田宮に向かったと推測される。その路傍に阿倍氏の居宅があり、それも導者に選ばれる一因だったとされる。[注40] こうした阿倍氏の実態について、前田晴人氏は「阿倍＝饗の解釈と大嘗祭に参加した諸氏族の名簿を把握する職務との関係から、宮廷で古くから行われていた服属儀礼としての食物供御儀礼を統率すること」という固有の職掌の説明に加えて、「対外交渉の饗客の任務」を推測されている。[注41] 対外交渉という職掌にふさわしい学識・教養の蓄積を阿倍氏の内部に推察して良いのであろう。

その後阿倍臣鳥は舒明天皇擁立を謀る蘇我氏に協力するがその後を継いだ倉梯麻呂（内麻呂）は軽皇子（後の孝徳天皇）に娘（小足媛）を嫁がせ、後に妃とする。その子が有間皇子である。孝徳天皇の即位に際して、中大兄は皇太子、阿倍倉梯麻呂は左大臣、蘇我倉山田石川麻呂は右大臣、中臣鎌足は内臣となっている。阿倍倉梯麻呂は政権の中枢を担っていたが孝徳天皇大化五年三月一七日薨去する。薨去に対して『日本書紀』は「天皇、幸二朱雀門一、挙哀而慟。皇祖母尊（皇極上皇）・皇太子（中大兄皇子）等及諸公卿、悉随哀哭」（大化五年三月十七日）と記述する。孝徳朝において、阿倍倉梯麻呂が重用されたことが把握できる。舎人皇子が一七〇六番歌に高屋を詠む遠因であろうか。ただし、倉梯麻呂の後継者は『日本書紀』に見えず、持統朝に至って台頭するのは、阿倍内臣氏ではなく阿倍布勢氏である。『公卿補任』は持統朝の大臣名を次のように記している。

持統朝　太政大臣＝高市皇子　　右大臣＝多治比島真人
　　　　大納言＝大神高市麻呂朝臣　　納言＝布勢御主人朝臣

この後、布勢御主人朝臣は大宝元年右大臣となるが、大宝三年（七〇三）閏四月一日薨去。翌年「改㆓従四位引田朝臣宿名麻呂姓㆒、賜㆓阿倍朝臣㆒」（慶雲元年〔七〇四〕十一月十四日）とされ、阿倍氏の氏上が布勢氏から引田氏に変わったことが知られる。ただし、御主人の功封の四分の一は子の広庭に伝えられている。内臣・布勢臣・引田臣は阿倍氏の複姓氏とされ、遠い血縁関係があるとも[注42]、血縁家系に基づく繋がりではないともされる[注43]。氏上の変更も踏まえて、『日本書紀』の斉明天皇の条において、阿倍引田臣比羅夫である人物の名を「阿倍臣（闕名）」と闕き、持統五年八月十七日「詔㆓十八氏㆒、大三輪……阿倍・佐伯・采女・穂積・阿曇。上㆓進其祖等墓記㆒」とされる墓記に複姓を意図的に記さなかったとして、持統朝において傍系複姓氏族が布勢・引田をそれぞれ中心とする二派に分かれて対立していたことが推測されている[注44]。しかし、持統紀五年の記事は阿倍氏としてのまとまりを示すものとも読める。阿倍氏は他氏に比べて祖先の人数が少ない。これは複姓氏が分裂の結果生じたものではなく、遠祖武淳川別は複姓諸氏をまとめた阿倍臣全体の祖先であり、状況は奈良時代を通じて阿倍（朝）臣としての強固な繋がりが続いたことを示唆するとされる説[注45]に納得される。人麻呂と阿倍氏との関係は詳らかでは無いが、人麻呂が阿倍内臣氏系の皇子と阿倍引田氏系の皇子との双方に「献歌」し得ているからでもある。さらに、阿倍倉梯麻呂の孫に当たる飛鳥（明日香）皇女への挽歌（巻二・一九六～一九八）を詠み、有間皇子の結松（巻二・

一四六）を詠んでいることは、皇子達の文学的環境の背後にあったであろう阿倍氏の複姓諸氏に受け入れられていたことを推察させる。

巻九の人麻呂歌集に見える「献㆓忍壁皇子㆒歌」（一六八二）と「献㆓舎人皇子㆒歌」（一六八三〜一六八四、一七〇四〜一七〇五）は、一方は漢籍に対する理解に基づく興趣であり、一方は若い皇子への期待を籠めた遊宴への誘いと予祝であろう。「献歌」からは、その皇子達と興味のあり処や状況の把握に共通の認識を持ちうるような親しみの籠もる関係が垣間見える。その背後には、推古朝から台頭して、外交交渉手腕を発揮し、やがて大夫氏族の筆頭に立ち、持統朝にも大きな権力を持って皇子達を支えていたであろう阿倍氏の存在が窺える。舎人皇子が高屋を詠むのは、その情景描写に留まらず、阿倍氏への関心が籠められていよう。若い皇子からはその心情の感得が期待されていたはずである。そうした皇子達への「献歌」を詠む人麻呂は、その背後を露わにはしないが、皇子達の要求に自在に対応しつつ、作歌していたのであろう。

注

1　「柿本人麻呂と忍壁皇子――人麻呂文学の形成期――」『国語と国文学』第四九巻一〇号、昭和四七年一〇月

2　中西進「人麿をめぐる人々」『万葉史の研究』上（中西進万葉論集　第四巻）講談社、平成八年、初出昭和四三年六月

3　「人麻呂の宮廷詩の場――島の宮の歌人――」『国文学――解釈と教材の研究――』第二一巻五号、昭和五一年四月

4　池田三枝子「竟陵志貴皇子文学圏考――その背後勢力と万葉集巻一後半部の編纂について――」『芸文研究』（五六号、平成二一年一月）、同「志貴皇子文学圏の形成と展開」『万葉集の今を考える』（新典社、平成二一年）

5　「皇子文化圏と仏教の交流――初唐文化と道昭――」『東アジア比較文化研究』五号、平成一八年八月

6 「風流の系譜と万葉集――市原王を中心に――」『万葉集の今を考える』新典社、平成二一年
7 渡瀬昌忠「人麻呂歌集非略体歌における戯笑性」『人麻呂歌集非略体歌論』上（おうふう、平成一四年、初出昭和四四年三月）、伊藤博『万葉集の表現と方法』上（塙書房、昭和五〇年、初出昭和三六年一月）
8 吉井巖「倭太后の歌一首について」『萬葉集への視角』（和泉書院、平成二年一〇月）、門倉浩「新田部皇子への献呈歌」『万葉の歌人と作品』第二巻（和泉書院、平成一一年）
9 『柿本人麻呂論考（増補改訂版）』おうふう、平成一〇年、初版昭和四七年
10 皇子達の生年については寺西貞弘「天武天皇所生皇子生年考証」『古代天皇制史論』（創元社、昭和六三年）による。
11 内田賢徳『萬葉の知』（塙書房、平成四年）参照。
12 『芸文類聚』（巻六十九扇）には「又曰、炎火鑠レ池、披レ裘而扇、不レ能レ救也」とする。
13 『萬葉代匠記』精撰本
14 『萬葉集全註釈』など。
15 注7前掲書
16 真下厚「人麻呂歌集『献舎人皇子歌』考」『立命館文学』（第四三五・六合併号、昭和五六年一〇月）、「人麻呂歌集皇子献歌群〈万葉集巻九〉と皇子の旅」（『日本文学　伝統と近代』和泉書院、昭和五八年）
17 本田義寿「『献舎人皇子歌』と『舎人皇子御歌』」『記紀万葉の伝承と芸能』和泉書院、平成二年、初出昭和五六年
18 岡野裕恵「万葉集巻九『献皇子歌』考（その二）」『甲南女子大学大学院論叢』第一五号、平成五年三月
19 池原陽斉「「献舎人皇子歌」の表現と類想」『東洋大学大学院紀要』第四五集、平成二一年三月
20 仙覚『万葉集註釈』（冷泉家本）が引く『肥前国風土記』（杵嶋郡）に載る類歌も「妹が手を取る」とする。
21 拙著『萬葉歌の主題と意匠』（塙書房、平成一〇年、初出平成四年六月）参照
22 神事歌謡とする説は久松潜一『万葉秀歌』（講談社学術文庫、平成五一年）、中西進『万葉集』（講談社文庫、昭和五六年）など。
23 集中に当該歌以外に十二例。他は巻四・五九九、巻七・一三七八、巻八・一五六四、巻十・二一九二、巻十・二二四六、巻十二・三一三三、巻十三・三二六六、巻十七・三九一四である。
24 注18前掲論文

25 注19前掲論文
26 「三輪山文学圏——祭祀から遊戯へ——」『そのだ語文』四号、昭和一七年三月
27 日本古典文学大系『日本書紀』頭注による。
28 奈良県磯城郡編、大正四年
29 『五畿内志』中の『大和志』も伝聞として遷座を記す。『日本の神々——神社と聖地』第四巻（白水社、昭和六〇年）参照。
30 平成二四年度特別展図録『阿倍氏～桜井の古代氏族～』（桜井市立埋蔵文化財センター、平成二四年一〇月）参照。
31 注1前掲論文
32 「日本書紀における帰化人伝承と川嶋・忍壁皇子」『五味智英先生還暦記念 上代文学論叢』桜楓社、昭和四三年）
33 注1前掲論文
34 注4前掲論文「志貴皇子文学圏の形成と展開」、「万葉集と皇子文化圏」『水門』二三号、平成二三年七月
35 菅野雅雄「忍海部とその伝承」『名城大学人文紀要』第六集、昭和四三年五月
36 注32前掲論文
37 注4前掲二論文「志貴皇子文学圏の形成と展開」、「万葉集と皇子文化圏」『水門』二三号、平成二三年七月
38 注10前掲書
39 竹本晃「阿倍氏の系譜とその変遷」『東アジアの古代文化』（一三二号、平成一九年八月）、志水正司「古代の阿倍氏について」『れきし』（五号 昭和六二年六月）
41 前田晴人「飛鳥の朝廷と阿倍氏」『東アジアの古代文化』一一一号、平成一四年五月
42 加藤謙吉「複姓成立に関する一考察」『大和政権と古代氏族』吉川弘文館、平成三年、初出昭和四八年八月
43 注39前掲論文
44 坂本太郎『日本古代史の基礎的研究 上 文献編』（東京大学出版会、昭和三九年）、注42前掲書

大宰府の集団詠

―「梅花歌」と「松浦河に遊ぶ」―

鉄野　昌弘

一　はじめに

『万葉集』における「文化圏」「文学集団」と言う時、まず想起されるのは、大伴旅人が帥として赴任していた時期、神亀五年（七二八）～天平二年（七三〇）に、筑紫の大宰府で展開された、官人たちによる一連の創作活動であろう。旅人と、筑前守であった山上憶良との間に始まった交流は、やがて府に集まる官人集団へと拡大されたと思しい。

その作品の多くは『万葉集』巻五に日付順に収載されているが、それらは漢文と和歌とを組み合わせた形式を取るのが共通の特徴となっている。それは、これらが集団の詠作とは言っても、単に顔を合せて互いに歌う体のものには止まらないことを示す。口頭で歌われた歌も、書きとめられることによって時や場を超え、更に漢文や別の和歌と合体されて、より大きな作品群の一部となってゆくのである。

本稿では、その作品群の成長の過程を追うとともに、その成長をもたらす動力がいずれにあったかを考えてゆきたい。

二　都への渇望

かつて益田勝実氏は、旅人を「鄙に放たれた貴族」と呼び、次のように記している。

古代貴族が、民衆の社会を蔑視し、みずからの特権を強調するために生みだした〈都誇り〉の思想は、やがてみずからに刃向かう巨大な怪物として、成長した。〈天ざかる鄙〉に生きねばならない地方官僚貴族の心に底知れぬ苦悩を与え、かれらをさいなんだ。最上層貴族大伴の旅人といえどもその例外ではなかったのだ。注1

まことに、大宰府にあって、旅人の心は常に都に向かっていた。

大宰帥大伴卿、冬の日に雪を見て、京を憶ふ歌一首

沫雪のほどろほどろに降り敷けば奈良の都し思ほゆるかも　（8・一六三九）

沫雪がはらはらと地に降り敷くと、奈良の都が思われると歌う。僻遠の大宰府でも、雪で白く染まれば都と同じように見える。それを契機に都を想起するのである。注2

旅人は、その子家持が越中で、その風土に関心を寄せたほどには、九州の自然を歌わなかった。職務として九州各地を巡行したはずであるが、例えば、

隼人《はやひと》の瀬戸の巌も鮎走る吉野の瀧になほ及かずけり　（6・九六〇）

「隼人の瀬戸の巌」（鹿児島県長島と本土側の阿久根市との間の海峡かという）といった名勝を訪ねても、若い頃にたびたび行幸に供奉して行った――近くは神亀元年の行幸でも中納言として訪れ、讃歌を奉った（3・三一五〜六）――吉野離宮の前を流れる激流を思い起こして、それにはやはり及ばないと歌うのみである。

都恋しさは、旅人同様、都から赴任してきた下僚たちにも共有されている。巻三には、旅人を中心に、大宰府の官人たちが集まって奈良の都を偲んだ歌々が見える。

まず大宰少弐小野老《おゆ》が口火を切る。

あをによし奈良の都は咲く花のにほふがごとく今盛りなり　（3・三二八）

平城京の繁栄の讃美として知られるこの歌は、しかし都でなく、大宰府で歌われたのである。老は都まで往復してきたらしい。そこに防人司佑《すけ》大伴四綱《よつな》が続けて

やすみしし我が大君の敷きませる国の中《うち》には都し思ほゆ　（三二九）

藤波の花は盛りになりにけり奈良の都を思ほすや君　（三三〇）

と歌う。我が大君の治め給うこの国の中でも、やはり偲ばれるのは都だと言い、次いで、藤の盛りの季節になりました、奈良の都を思われますか、あなたは、と問う。問われたのは帥、旅人である。旅人は次のように応えた。

我が盛りまたをちめやもほとほとに奈良の都を見ずかなりなむ　（三三一）

自分の男盛りがまた戻ってくることなどあろうか。もうほとんど奈良の都を見ずに終わるのではなかろうか。まことに気弱な返答である。老が「奈良の都は…今盛りなり」と述べ、四綱が「藤波の花は盛りになりにけり」と受けた、その「盛り」の語を、二度と戻って来ない我が人生のそれと捉え直したのである。六十を過ぎた旅人の

老いの嘆きとともに、京への思いの切なることも窺い知れよう。

しかし旅人は続いて、次のような歌々を残している。

我が命も常にあらぬか昔見し象《きさ》の小川を行きて見むため　（三三二）

浅茅原つばらつばらに物思へば古りにし里し思ほゆるかも　（三三三）

忘れ草我が紐に付く香具山の古りにし里を忘れむがため　（三三四）

我が行きは久にはあらじ夢《いめ》のわだ瀬にはならずて淵にしありこそ　（三三五）

「象の小川」は吉野離宮の前で吉野川に流れ込む小川。昔見たその川を見るために、自分の命が失われずにいてくれないかと願う（三三二）。また、つくづくと物思いに耽ると、生まれ育った古い里が思われると歌う（三三三）。そこは香具山の麓、飛鳥・藤原京の地である。しかし忘れ草を服の紐に付けて、そこのことは忘れたいともいう。戻りようもないその場所を思うのは苦痛でしかないからである（三三四）。そして僅かな救いは、自分の大宰府暮しも長くはないだろうということである。象の小川が流れ込む辺りの吉野川の「夢のわだ」は、再び訪ねるまで、浅瀬にならず、淵のままであってほしいと望む（三三五[注3]）。

旅人の追想は、下僚たちによって引き出された奈良の都に始まるが、その後、吉野へ、また故郷飛鳥・藤原へと向かって、都には戻らない。それは、旅人の中には、単なる都恋しさに止まらない思いがあったことを示すのではなかろうか。

旅人に都を思うかと問うたのは、四綱が初めてではない。少弐石川足人との間に、次のようなやりとりがあった。

さすだけの大宮人の家と住む佐保の山をば思ふやも君　（6・九五五）

やすみしし我が大君の食す国は大和もここも同じとそ思ふ　（九五六）

大宮人たちが家として住んでいる都の佐保の山が思われますか、と足人は問う。佐保は旅人の父、安麻呂以来、一族が住んだ土地である。しかし旅人は、我が大君が治められる土地であるのは、大和にある都も、筑紫の大宰府も同じだと思う、と答えている。

石川足人は神亀五年中に任期を終えていることが、その餞別の歌によって知られる（4・五四九～五一）。旅人より前から大宰府に居て、赴任したばかりの旅人に、都が懐かしいですかと不躾に尋ねたのであろう。それに対して「都もここも同じだと思う」と答えるのは、強がりに過ぎない。しかし一方で、その答えは、旅人の中にあるのが、益田氏の言う〈都誇り〉だけではなかったことをも示すように思われる。そしてそれは、四綱の同じような問いかけに、一旦、都への帰還に思いを致したものの、間もなく吉野や飛鳥・藤原京の追憶へと赴き、そのまま都には戻らなかったことと通ずると考える。

ただし四綱への答は、足人への答の昂然としているのに対して――四綱は、足人と旅人のやりとりを知っていて、同様の答を期待していたのではなかったか――、見る影も無く悄然としている。この間に、旅人にどのようなことが起こったであろうか。

三　亡妻と長屋王の変

大宰府に赴任したばかりの旅人を、まず襲った衝撃は、妻大伴郎女の死である。弔問のために勅使が立てられ、その儀が終わって、使者と府吏とで近くの記夷城《きいのき》（基山）に登って望遊したのは、ホトトギスの鳴く神亀五年の初夏の候であった（8・一四七一〜二）。

その後、都から追い打ちをかけるように、都から訃報が届く。誰が亡くなったのかは明らかでないが、同母弟の宿奈麻呂ではないかと言われる。旅人は六月二十三日付の返事に、「禍故重畳し、凶問累集す」と記し、「凶問に報ふる歌」を添えている。

世間《よのなか》は空しきものと知る時しいよよますます悲しかりけり　（5・七九三）

そうした旅人に、漢文・詩・長反歌の三部に及ぶ大作を奉ったのが憶良である。憶良は、漢文では、仏教語彙をちりばめつつ、この世の無常の理を嘆き、故人が寝室に残した物を見ては、悲しみを新たにすることを述べる。また七言絶句には、この世の煩悩がすっかり無くなって、今は浄土への転生を願うのみと歌う。妻が居なくなったこの世への執着はもはや無いというところに、かえって亡妻への強烈な未練を感じさせる一首である。そして「日本挽歌」は、長歌に反歌五首を添えた長編で（5・七九四〜九）、長歌（七九四）では、筑紫まで付いて来た妻が一息つく間もなく倒れた経緯を語り、都の家に居れば無事だったろうに、なぜ話し合った通り、家に留まっていなかったのか、と嘆く。続く反歌では、家に帰った時、自分はどうしたらよいのだろうかと惑い（七九五）、妻は自分を慕って下ったのだから（七九六）、自分が筑紫などに下らず、妻と大和国内をくまなく巡るような生活をすれば良かったのだと悔やむ（七九七）。妻が最後に見た楝の花も散ろうとするが、自分の涙は乾かない（七九八）。秋になって、大宰府に霧が立つのも、自分の溜息のようだと歌う（七九九）。憶良がこれらを献上したのは、同じ年の秋、七月二十一日のことである。[注4]

六十四歳にして筑紫に下り、そこで妻を喪った旅人に身を為して、文を綴り、作歌するという体験は、六十九歳でそこに居た憶良の創作意欲を、いたく刺激したと思われる。憶良は、漢文・詩・「日本挽歌」の三部作を献呈したのと同じ七月二十一日の日付で、国守としての巡行先である嘉摩郡（福岡県嘉穂郡）において、漢文序と長歌・反歌一首の形で統一された三つの歌群を「撰定」している。すなわち家族を捨てて出奔し、仙術を学ぶ者をたしなめる体で、生き難いこの世を生きることの意味を問う「惑へる情を反さしむる歌」（5・八〇〇～一）、煩悩と知りながら盲目的な子への愛に溺れる自己を描く「子等を思ふ歌」（八〇二～三）、そして老年に至って、若く楽しい日々が速やかに去って帰らぬことを嘆き、人に嫌がられながら、それでも命が惜しいと告白する「世間の住《とどま》り難きことを哀しぶる歌」（八〇四～五）の三部作である。高木市之助氏の説くように、まことに旅人・憶良の文学的な出会いは、旅人の妻の死を契機にしていたと言ってよい。注5

しかし旅人の不幸は、以上のような身内の事柄ばかりではない。大宰帥在任中に起こった最大の事件は、神亀六年二月十日、左大臣長屋王が、「私《ひそ》かに左道を学びて国家を傾けむとす」と密告され、十二日には妻吉備内親王らとともに自尽したことである。十一日に旅人の同族、大伴道足が権参議に任じられているので、大伴氏が打撃を蒙ったわけでは必ずしもない。注6 しかし三月、中納言だった藤原武智麻呂（五十歳）が旅人を超えて大納言となり、八月に天平に改元、夫人藤原光明子を皇后とするというその後の経緯は、この事件が、生後二カ月で立太子された、光明子所生の某王が神亀五年九月に薨じたことに危機感を抱いた藤原四子によるクーデターだったことを明らかに示している。「左道」云々が誣告であったことは、四子が揃って疫病で没した次の年（天平十年）には公にされたが、それは事件当時から常識だっただろう。そうした激変のさなか、遠い大宰府に居続けることは、名門大伴氏の氏上としては、それだけで政治的敗北であったと思われる。

『万葉集』は、長屋王の変について、二首の挽歌を記録している。

神亀六年己巳、左大臣長屋王、死を賜はりし後に、倉橋部女王の作る歌一首

大君の命《みこと》恐《かしこ》み大殯《おほあらき》の時にはあらねど雲隠ります　（３・四四一）

膳部王を悲傷する歌一首

世間は空しきものとあらむとそこの照る月は満ち欠けしける　（四四二）

右の一首、作者未だ詳らかならず。

倉橋部女王は伝未詳だが、長屋王の縁者であろうという。一方、膳部王は長屋王の息で、従四位下に昇っていたが、父の自尽とともに自経した。その作者は未詳とされているが、「世間は空しきもの」という、仏教語「世間空」の翻訳らしき成句を、「凶問に答ふる歌」（前掲）と『万葉集』中唯一共有することからして、実際は旅人の作で、事柄上、記名を憚ったと見る説（西宮一民『全注』巻三など）もある。いずれにしろ、旅人が同様の思いを抱いたであろうことは想像に難くない。

先に挙げた小野老の歌から始まるやりとりは、四綱の歌によれば藤の咲く初夏のことだったと知れるが、それは長屋王の変後、大宰府に残された人々によって行われた蓋然性が高い。[注7]旅人が下向当初とは打って変わって悄然としていることも、この事変が強く影響していると推測される。四綱の「藤浪の花は盛りになりにけり奈良の都を思ほすや君」は、大宰府に咲く藤を見て、都の佐保山にかかる藤を思われますかの意に違いないけれども、あるいは都を藤原氏が席巻しつつあることを暗示しているのかも知れない。少なくとも旅人にそう受け取られた可能性はあるだろう。[注8]

天平二年十一月、帰京を前にして、旅人は亡妻を思いながら、

帰るべく時はなりけり都にて誰が手本《たもと》をか我が枕かむ　（３・四三九）

都なる荒れたる家にひとり寝ば旅にまさりて苦しかるべし　（四四〇）

と歌っている。待望の帰京のはずなのに、誰とともに寝たらよいのかとか、不在によって荒れた家での独り寝は、旅路よりもなお辛いだろうと思うのみである。その上に、政権の内部でも既に居場所が無いとなれば、現実の平城京よりも、過去の世界、飛鳥・藤原京や吉野へと思いが向くのも当然であろう。注9

では、主の度重なる不幸によって、大宰府の文学集団は沈滞してしまったのか、と言えば、そうではない。それがまとまった集団として一つの作品を形成するようになるのは、むしろ長屋王の変の翌年、天平二年に入ってからのことなのである。

四　「梅花歌三十二首」

「梅花歌三十二首」（5・八一三～四六）は、大宰府の文学集団が、その総力を結集して行った創作活動の記録である。大宰府・西海道諸国の官人ら三十二人、それぞれ一首ずつの梅の花の歌が並び、漢文序が前に置かれている。

天平二年正月十三日に、帥老の宅に萃《あつ》まりて、宴会を申《の》ぶ。時に、初春の令月にして、気淑《よ》く風和《な》ぐ。梅は鏡前の粉を披《ひら》き、蘭は珮後の香を薫らす。加以《しかのみにあらず》、曙の嶺に雲移り、松は羅《うすもの》を掛けて蓋《きぬがさ》を傾け、夕の岫《くき》に霧結び、鳥は縠《うすもの》に封《と》ぢられて林に迷ふ。庭に新蝶舞ひ、空には故雁帰る。ここに天を蓋にし地を坐《しきもの》にし、膝を促《ちかづ》け觴《さかづき》を飛ばす。言を一室の裏《うち》に忘れ、衿を煙霞の外に開く。淡然に自ら放し、快然に自ら足りぬ。もし翰苑にあらずは、何を以てか情を攄《の》べむ。詩に落梅の篇を紀《しる》す。古と今と夫《そ》れ何か異ならむ。園梅を賦して、聊かに短詠を成すべし。

序は、天平二年正月十三日に、旅人の邸に集まって宴を開くと語り出す。初春の良き季節のこととて、陽気は快く、風は和やか、庭の梅の白さはおしろいの如く、蘭の香は匂い袋のよう。外に目を向ければ、曙の山には雲がたなびき、松は薄物の絹笠を傾けたようであり、夕方の峰には霧が立ち込め、鳥はその薄絹に閉じ込められて、林の中をさまよう。庭には今年生まれの蝶が舞い、空では去年来た雁が帰ってゆく…。

これら遠近の情景は、事実を述べたものではない。陽暦二月八日であるから、大宰府の実際は寒々としたものであろう。序は、理想的な春の世界を描くのである。その中で人々は、天を絹笠にし、地を蓆にし、膝を近づけ、杯を酌み交わす。部屋の中では言葉を交わさずとも心通じ合い、外では煙霞の中、襟をくつろげる。こだわりなく思い通り、快く満足した気分。堅苦しい日常から離れ、自然と合一し、老荘的な境地に至るのである。

その心は、文筆以外にどうして表現できようか、と序は言う。中国漢詩には「落梅の篇」を記している。[注10]その昔も今も、どうして異なることがあろう。さあこの園の梅を賦して、短歌を作ろうではないか。

こうした集団詠の序は、『万葉集』の中には他に例を見ないが、中国に「蘭亭集序」というモデルがあり、作者王羲之の書とともに、上代日本にも既に周知であった。「言を一室の裏に忘れ」云々は、「蘭亭集序」に「言を一室の内に悟る」とあるのをもじりつつ、「意を得て言を忘る」(『荘子』)の意を持たせたものである。一方、無論中国でも「蘭亭集序」に倣う詩序は作られており、特に初唐の王勃の詩序はよく知られて、日本にも舶載されていた。日付―「于時」―「加以」―「於是」という「梅花歌序」の構成は、「蘭亭集序」には見られず、王勃の詩序に倣うとされる。[注11]

この序には筆者の氏名が記されていない。宴の主人旅人を「帥老」と記すのが、旅人自身による謙称なのか、他者による敬称なのかも、はっきりとは決められないようである。[注12]『懐風藻』に詩一首を載せる旅人か、渡唐経験を持ち、『万葉集』にも「沈痾自哀文」をはじめ、多くの漢詩文を残す憶良か、また両者の共作によるものか。いずれにしろ、漢詩文に堪能な筆者に拠ることは疑いない。

そもそも梅は、ウメという呼び名自体が「梅」（mei）という字音に由来する外来種であり、序の中に「詩に落梅の篇を紀す」とある如く、漢詩文に盛んに詠じられてきた素材であった。そして「園梅を賦して」と序の述べる「詠物」という態度もまた、六朝後半以降の詩賦に顕著に見えている。「梅花宴」は、ほとんどすべての要素が中国風に染められた催しなのである。しかし、その漢文序と併せられたのが、漢詩ではなく和歌である点に、この催しの最大の意義はあるだろう。

三十二首の歌は、ほぼ作歌者の官位順に配列されている。ただし最高位者である旅人（正三位）が「主人」として八番目に置かれているのは、それ以前の七人を正客として遇する意図に基づくのであろう。その七人は、大弐紀卿（男人《をひと》か。正五位上相当）、少弐小野大夫（老。従五位下相当）、粟田大夫（必登《ひと》か）、筑前守山上大夫（憶良。従五位下）、豊後守大伴大夫（御依《みより》か。従五位下相当）、葛井大夫（大成《おほなり》。従五位下相当）、笠沙弥《さみ》（満誓。俗名麻呂。造観世音寺別当。もと従四位上）の順で、同じ位階では大宰府の官が先、諸国司が後で、僧は、在俗時は高位者であるが最後に回されている。「主人」の後は、六位以下の官人たちであるが、概ね六位・七位の集団と、八位・初位の集団に分けられ、その中ではやはり大宰府の官が先、諸国司が後であることが山崎健司氏によって明らかにされている。[注13] それは、大宰府が西海道諸国を管掌する上位の官司であることに拠るのだろう。加えて、五位以上の官人が「卿」「大夫」などと称されているのに対し、六位以下は「大監伴氏百代」（八二三、大伴宿祢百代）の如く、官職に続いて、姓を中国風に一字に略して某氏とし、名を記すという区別も行われている。「帥老の宅」での集宴は、私的な会合のように見えるけれども、少なくとも歌の配列には公の序列が貫徹されていることに注意される。

その配列が実際に披露された順であるか否かは議論があって定まらない。歌の対応関係から席順まで想定する論もあるが、それを疑問視する論者もいる。ただし山崎氏によれば、高位者たちに前もって準備してきたと見られる趣向を凝らした作が目立つ一方、下位者たちはその高位者の歌を意識しながら即興的に歌う傾向が見えるという。また下位者たちは、集団ごとにその内部でまとまりがあり、六・七位グループは鶯・柳など梅と取り合わせる主題を展開する傾向、八位初位グループでは、大宰府官人が「宴の楽しさ」を歌い、諸国司が「散る梅」を歌うという特徴があるとする。それは大筋認められると考える。やはり、ある程度は当日の着座の如何が現在見る配列に反映しているのだろう。同時に、高位の官人たちがそれぞれに準備してきたのだとすれば、この催しは彼らの合議によって計画され、配下の官人たちをその場に呼んで行われたという次第が推測されよう。

確かに、高位者たちの歌はそれぞれに個性的である。冒頭の紀卿の歌

正月《むつき》立ち春の来らばかくしこそ梅を招《を》きつつ楽しき終へめ　（八一五）

は、「新たしき年の初めにかくしこそ千歳をかねて楽しき終へめ」（「片降」『琴歌譜』所収。『古今集』巻二十「大歌所御歌」に少異歌あり）といった新年を寿ぐ宮廷歌謡をもじって宴の皮切りに相応しい体裁を整えつつ、「梅を招きつつ」と梅を擬人化する点に趣向を見せる。恋に苦しむよりも、無心な梅になりたい、と歌う大伴大夫の作

世間は恋繁しゑやかくしあらば梅の花にもならましものを　（八一九）

にも、擬人的な趣を認めることができよう。一方、笠沙弥の

青柳梅との花を折りかざし飲みての後は散りぬともよし　（八二一）

は、宴を楽しんだ後は梅などどうとでもなれ、とあえて乱暴に言い捨ててみせたのだろう。

しかし真に異彩を放っているのは、山上大夫すなわち憶良と、主人こと旅人の歌だろう。

春さればまづ咲くやどの梅の花ひとり見つつや春日暮らさむ　（八一八）

憶良の歌は、春になって最初に咲く庭の梅の花を独り見ながら長い春の日を暮すのだろうか、と歌う。宴の歌に相応しくないとされ、様々な解が試みられたが、ヤ…ムという語法からして、孤独に自邸の庭に向かい合う歌と見る以外に無い。[注14] 春の初めに「花の魁《さきがけ》」としてぽつんと咲く梅花と、孤独な自己とが重ね合わされている。

我が園に梅の花散るひさかたの天《あめ》より雪の流れ来るかも　（八二二）

旅人の歌の方は、対照的に景物を歌うのみであるかに見える。しかし白い梅の花（『万葉集』の梅はすべて白梅である）が散るさまを雪に見立てるのは、春なお浅く、寒さの残る季節感を表している。また「天より雪の流れ来るかも」という想像は、宴の賑やかな場を離れた、沈潜した心情を彷彿とさせる。

宴の場からはみ出したような歌が、しかし他ならぬ「主人」と、その最も近いブレーンによって作られているとすれば、むしろそれこそが、ここで歌われるべき歌なのではなかったか。ここで序に「詩に落梅の篇を紀す」とあるのが参考になろう。「落梅の篇」が何を指すのかには諸説があり、小島憲之氏は出典を一つに決めることはむしろ不適当であると言う。[注15] しかし「落梅」と特に言うことからすればやはり、夙に『万葉代匠記』が指摘し、小島氏も最初に挙げる、楽府（中国の歌謡）「梅花落」が、まずは念頭にあったと考えられよう。「梅花落」は楽府ゆえ、様々な歌詞が創作されるが、その中に寒い季節にひとり咲く梅や、雪に交じり、雪に見紛う梅を歌う作が目立つのに注目される。例えば『新大系』は、憶良の歌に隋の江総の「梅花落」の「臘月正月早《つと》に春に驚き、衆花未だ発《ひら》かざるに梅花新たし」（『芸文類聚』梅）、旅人の歌には陳の蘇子卿の同題「祇《た》だ言ふ花は是れ雪なりと、香有つて来たるを悟らず」（『楽府詩集』巻二十四）を挙げている。

早春の寒々とした季節感と、人の孤独感とを対応させる「梅花落」もある。

　戸に対す、一株の梅　新花、故栽に落つ
　燕拾つて蓮井に還り　風吹いて鏡台に上る
　倡家怨思の妾　楼上に独り徘徊す
　啼きて看る竹葉錦　簪罷《や》めて未だ能く裁たず
（陳・徐陵「梅花落」『徐孝穆集』）

そして、それが春の遅い辺境を描くことが多いのにも注意される。

　胡地春来たること少なく　三年落梅に驚く
　偏に粉蝶の散るかと疑い　乍《には》かに雪花の開くに似る
　憐れむべし、香気の歇《や》まんことを　惜しむべし、風の相ひ摧《くだ》かんことを
　金鐃且《しばら》く韻《ひび》くこと莫かれ　玉笛幸ひに徘徊す
（江総「梅花落」『楽府詩集』巻二十四）

旅人らは、あるいは「梅花落」のこうした孤独感の表出や「辺境の歌」としての側面を知って、「落梅の篇」に倣うことを呼びかけたのではなかったか。

　と言うのは、「梅花歌三十二首」の後には、次の六首が続いているからである。

　　員外故郷を思ふ歌両首
　我が盛りいたくくたちぬ雲に飛ぶ薬食《は》むともまたをちめやも　（八四七）
　雲に飛ぶ薬食むよは都見ば賤しき我が身またをちぬべし　（八四八）
　　後に追和する梅歌四首
　残りたる雪に交じれる梅の花早くな散りそ雪は消ぬとも　（八四九）

雪の色を奪ひて咲ける梅の花今盛りなり見む人もがも　（八五〇）

我がやどに盛りに咲ける梅の花散るべくなりぬ見む人もがも　（八五一）

梅の花夢《いめ》に語らくみやびたる花と我思ふ酒に浮かべこそ　一に云ふ、いたづらに我を散らすな酒に浮かべこそ　（八五二）

「員外」は、「右の三十二首の員数の外」（『代匠記』初稿本）すなわち番外とする説と、定員外の官人「員外郎」の作とする説（同精撰本）、あるいはそれに倣って、招待に洩れた身分の低い者を表すとする説（『新大系』）などがあるが、いずれにしろ「梅花歌」と「故郷（ここでは都）を思ふ歌」とが関連付けられているのが重要である。そして自分の身はたいそう衰えてしまい、雲に飛ぶような仙薬を服しても、若返りそうもない、という第一首、仙薬よりも都を見たら、情けない我が身もまた復活するだろう、という第二首を併せれば、旅人の望郷の歌（三三一、前掲）を連想することは容易だろう。

一方の「追和」の歌は、全く無署名である。しかし第一首の「残りたる雪」が「残雪」の翻訳語であり、「雪裏梅」の詩題を思わせること、第二首の「雪の色を奪ふ」が「機中の織素を奪ふ」（梁簡文帝「梅花賦」『芸文類聚』梅）など詩の表現の応用であることは、やはり詩文の素養の深さを思わせる。また梅花が夢に出て来て、雅な花と自負しているから酒に浮べよと語る第四首の趣向も、花を酒に浮べるのが詩に見える趣味であるとともに、神仙譚的で、『遊仙窟』などの強い影響を思わせる。そしてその神仙譚的趣向は、長屋王失脚の後、旅人が藤原房前に対馬産の梧桐で作った倭琴を贈った際、その琴が夢に娘子となって現れ、

いかにあらむ日の時にかも音《こゑ》知らむ人の膝の上我が枕かむ　（八一〇）

いつになったら私は自分の音の分かる方の膝を枕に出来るのですか、と歌ったと語る書簡を付したのと等しい。[注16]
「後に追和する梅歌」もまた、旅人の関与無しに成り立たない。

その「後に追和する梅歌」は、第二・三首に「見む人もがも」と繰り返す。それは、ともに梅花を見る人のいない状況が、「今盛り」の時から「散るべくなりぬ」の時まで続いていることを示すだろう。だとすれば、第一首に「梅の花早くな散りそ」と願うのも、唯一の友である梅花までが喪われることを惜しむのであり、第四首も、独酌を重ねているうちに寝てしまった、その夢に、友たる梅花が現れたのだと捉えられよう。すなわち、四首は相俟って、憶良の「梅の花独り見つつや春日暮さむ」の世界を描くのである。[注17]

「員外」と言い、「追和」と言いながら、計六首は楽しき宴の裏面を歌っている。両者は包み合っていて、都から隔絶されて帰還を夢見る者と、雅びた宴に疎外されて独り梅に向かい合う者とは、姿勢を共有する。[注18]そしてそれは、宴に集まった者たちのふだんの姿でもある。彼らは皆、京から命を受けて「遠のみかど」に下って来たのである。宴の参加者の中には、

梅の花折りかざしつつ諸人《もろひと》の遊ぶを見れば都しぞ思ふ　（八四三、土師氏御道）

と歌う者もあった。雅宴にひととき夷暮しの憂いを忘れる。そのためには紀卿や笠沙弥のような陽気な歌も無論必要ではある。しかしそれだけでは十分ではない。表裏する孤独感や憂いを直截に歌う歌も一体となって初めて「大宰府の文芸」は完結する。少なくとも旅人や憶良ら中枢はそう考えており、彼らの宴中の歌がそれを予告していたと考えられるのである。[注19]

五　「松浦河に遊ぶ」

「梅花歌」に続く作品が、「松浦《まつら》河に遊ぶ」である。「梅花歌」同様、序を伴っている。

余、暫《たまさか》に松浦の県に往きて逍遥し、聊かに玉島の潭《ふち》に臨みて遊覧するに、忽ちに魚を釣る女子等に値《あ》ひぬ。花の容《かほ》双びなく、光りたる儀《すがた》匹《たぐひ》なし。柳の葉を眉の中に開き、桃の花を頰の上に発《ひら》く。意気雲を凌ぎ、風流世に絶えたり。僕問ひて曰く、「誰が郷誰が家の児らそ。けだし神仙ならむか」といふ。娘等皆笑み答へて曰く、「児等は漁夫の舎《いへ》の児、草の庵の微《いや》しき者なり。郷もなく家もなし、何そ称《あ》げ云ふに足らむ。ただ性、水に便《なら》ひ、また心、山を楽しぶ。あるときには洛浦に臨みて徒《いたづら》に玉魚を羨《とも》しび、あるときには巫峡に臥して空しく煙霞を望む。今邂逅《たまさか》に貴客に相遇《あ》ひぬ。感応に勝へず、輙《すなは》ち款曲を陳《の》ぶ。今より後に豈《あに》偕老にあらざるべけむ」といふ。下官対へて曰く、「唯《を》々《を》。敬《つつし》みて芳命を奉《うけたま》はらむ」といふ。時に、日は山の西に落ち、驪馬去なむとす。遂に懐抱を申べ、因りて詠歌を贈りて曰く

序は、自分の体験談を語る。「松浦の県（肥前国。現在の佐賀県唐津市付近）の玉島川に遊んでいると、思いがけず、魚を釣る絶世の美女たちに出会った。どこの誰ですか、もしや仙女では、と問うと、自分たちはただの漁師の娘だという。しかし「洛浦」「巫峡」など神女の住む中国の仙境に遊んでいるというので（宋玉「高唐賦」・曹植「洛神賦」、ともに『文選』巻十九所収）、やはり仙女らしい。彼女たちは貴方のような紳士に逢えて嬉しい、いつまでもお付き合いをと望む。自分は承諾したが、早くも日は西に傾き、乗った馬は家に帰ろうとする。そこで作った歌は…」。

この序は日付を欠くが、美女の形容に「柳葉」「桃花」を用いるのが、季節が晩春であることを表していると見られる。[注20] 執筆者名も欠いていて議論のあるところだが、「梅花歌」序と同様、漢籍の知識の豊富な者であることは動かない。

この序の基礎にあるのは「遊仙窟」である。張鷟《さく》（字は文成、調露元年〔六七九〕の進士）の作は、朝鮮や日本の

遣唐使が大金を以て買い求めたと伝えられる（『旧唐書』）が、この風俗小説もまた、中国では佚書となり、日本に多くの写本が残った。『万葉集』では、憶良が最晩年、「沈痾自哀文」（巻五）に引用しており、あるいは憶良の乗った大宝年間の遣唐使が舶載したかとも言われる。内容は、主人公張郎が神仙の窟に迷い込んで、美女五嫂・十娘の家に招かれ、酒食の接待を受けながら詩のやりとりを重ねた後、遂に十娘と結ばれ、翌朝互いを惜しみながら別れてゆくという筋である。序との類似は明らかだろう。[注21]

ただし歌は、その序にぴったり対応しているとは言えない。

あさりする海人の子どもと人は言へど見るに知らえぬうま人の子と　（八五三）

玉島のこの川上に家はあれど君をやさしみ顕はさずありき　（八五四、「答ふる詩」）

人は海人の子たちと言うけれど、見れば貴人の子と分かります、という男と、この玉島川の上流（仙境）に家があるのだけれど、貴方が余り立派で気恥ずかしく、言わないでいたのです、という女。序の中盤の「けだし神仙ならむか」、「児等は漁夫の舎の児…ただ性水に便ひ、また心山を楽しぶ」云々という会話とは応じているが、「日は山の西に落ち、驪馬去なむとす」という別れ際の贈答としてはいささか間の抜けた印象を否めない。

これで終わりかと思うと続きがあり、それは更に奇怪な展開をする。

蓬客等の更に贈る歌三首

松浦川川の瀬光り鮎釣ると立たせる妹が裳の裾濡れぬ　（八五五）

松浦なる玉島川に鮎釣ると立たせる児らが家道知らずも　（八五六）

遠つ人松浦の川に若鮎《わかゆ》釣る妹が手本《たもと》を我こそまかめ　（八五七）

娘等の更に報ふる歌三首

若鮎釣る松浦の川の川なみのなみにし思はば我恋ひめやも　（八五八）
春されば我家《わぎへ》の里の川門には鮎子さ走る君待ちがてに　（八五九）
松浦川七瀬の淀は淀むとも我は淀まず君をし待たむ　（八六〇）

序には「女子等」「娘等」とあって、釣をする女が複数居ることが明らかであるが、男（余）は一人で「逍遥」「遊覧」している趣である。ところがここには「蓬客（転蓬の如くさすらう旅人《たびびと》の意か）等更に」とあり、急に男の側も複数になっている。

その男の第一首は、松浦川の川の瀬が光るほどに美しい女が、鮎を釣っているうち裳の裾が濡れて、より輝きを増していることを歌う。濡れた赤裳は、女性美の典型として度々歌われた。[注22]「川の瀬光り」のように、水面に反射する光を捉えるのは、詩に倣った新鮮な表現である。[注23]第二首は、松浦の玉島川で鮎を釣りに立っておられるあなたの家に行く道がわからないと歌う。第三首の「遠つ人松浦」の「松」は「待つ」との掛詞。あなたは「遠くに居る人を待つ」「松浦」の女かもしれないが、あなたの袂を枕にするのは私だと述べる。

対する女の第一首は、「若鮎釣る松浦川の川波」を序詞として、「並み」に貴方を思っているならばこんなに恋しがりはしないと歌う。次の第二首は、春になると我が里の川の渡し場では、貴方を待ち顔に子鮎が走り回っていますという。また第三首は、松浦川の瀬が淀んでも、自分は淀むことなく一途に貴方を待つと訴える。

この「贈」「報」は、男の第一首が女の第三首と、男女の第二首同士、男の第三首と女の第一首で対応する（波紋型対応）と言われる。[注24]確かに外の二首に「瀬」、中の二首に「家」、内の二首に「若鮎釣る」という語が共通している。しかし対応はさほど緊密ではない。例えば、男第三首の「遠つ人待つ」に対して、女第三首が「君をし待たむ」と応じていると見ることも可能であろう。それよりも、男第一・二首に「鮎釣ると立たせる」が共通すること、また女第二・三首に「君を待つ」が繰り返されていることに目を惹かれる。ならば男第三首と女第一首の対応も、隣接するために「若鮎釣る」が鸚鵡返しになっているだけなのかも知れない。要するに男女の間で緩い対応しかしていないのである。

同時に気付かれるのは、男女ともに、最初の贈答にも増して、序の設定から大きく逸脱していることである。出会ったばかりの男女の別れ際という、序の設定に沿っていると言えるのは、女の住む仙境を訪ねたいと歌う男第二首、ひたすら貴方を待つという女第三首くらいであろう。男第一首は、女の美しさを外面的に述べるのみである。一方、女の第一首の「我恋ひめやも」や、第二首の「君待ちがてに」は、まるでずっと前から交際してきたような口吻である。

このような序の設定による規制の弱さ・緩さは、先に見た「梅花歌」に通ずるだろう。「落梅の篇」に倣うことが標榜されても、皆が「梅花落」のような歌を作るわけではない。また隣り合った歌の影響関係も、「梅花宴」の下位者の各集団内で主題や表現の相関が見られたことに相似する。「松浦河に遊ぶ」もやはり集団による詠作で、「蓬客等」「娘等」は、実際には大宰府や西海道諸国の官人たちが扮しているのであろう。設定からの逸脱が、物語を散漫にしてしまうのは確かである。しかし各自が自由に「蓬客」と「娘等」のロマンスを歌った方が歌の席は盛り上がるに違いないし、その方が優先されていると見てよいだろう。それはまた、牽牛・織女、果てはそれを見る第三者の立場を取りながら、放恣に空想を拡げた柿本人麻呂歌集の七夕歌（10・一九九六～二〇三三）を思わせる。[注25]

「梅花歌」との類似は、以上に止まらない。「松浦河に遊ぶ」も「追和」を持つのである。

後の人の追和する詩三首 帥老

松浦川川の瀬早み紅の裳の裾濡れて鮎か釣るらむ　（八六一）
人皆の見らむ松浦の玉島を見ずてや我は恋ひつつ居らむ　（八六二）
松浦川玉島の浦に若鮎釣る妹らを見らむ人のともしさ　（八六三）

三首はともに助動詞ラムを用いて、眼前に無い事態を推量する態度を取る。柿本人麻呂の「伊勢国に幸す時に、京に留まれる歌」（1・四〇～二）にも通ずる、「留守歌」の類型に属する歌である。[注26]第二・三首に露わなように、松浦河への「遊覧」に加われなかった者が、それを羨望する趣と概括できよう。それは、「後」の「追和」と題しつつ、行事と同時並行的に、そこに加わり得ない者の孤独を歌う点でも、「梅花歌」の「追和」と共通する。

ただし、この三首の題詞下の小字「帥老」の注記は、『代匠記』の昔から、後世の者が妄りに付したものと疑問視されてきた。これまでの序や歌の匿名に対して、旅人作を明示するように見えるのだが、旅人は作者として相応しくないと考えられたのである。

触れてこなかったが、ここに歌われる「娘等」は、松浦の玉島川で実際に釣をする女をモデルとしている。神功皇后（オキナガタラシヒメ）が新羅征討の成否を占うために、針を曲げて釣針とし、裳の糸を抜いて釣糸として、飯粒を餌に鮎を釣ったという伝説があり、土地の婦女がそれを記念して、毎年四月上旬に同じ体で釣をしていたという（『記』『紀』『肥前国風土記』）。その土俗を見聞し、『遊仙窟』まがいのロマンスに仕立てるとすれば、その機会のあったのは、西海道一円の巡行を職務とする旅人がまず考えられる。ならば旅人は「余」あるいは「蓬客」の側であって、行けなくて羨む「後人」ではあり得ないというのが、注記を誤りとする説の根拠であった。憶良は筑前守であるため、肥前国松浦に行く機会が無く、また後にこの「松浦河に遊ぶ」を揶揄する書簡と歌を作っているので（次節）、「後人」には憶良が相応しいとするのである。

それは用字の面からも補強された。巻五の歌は、全体に借音の万葉仮名（音仮名）を主体に表記されており、「梅花歌」も「松浦河に遊ぶ」も、歌は全面的に音仮名表記である。その際、どの字母を用いるかには歌人それぞれに傾向があって、この「後人追和歌三首」の用字は、憶良の作品に見える傾向と一致する。これによって、三首を憶良の作とする説がある。注27

しかし「帥老」の注記は、やはり作者を示すものとして動かし難いと考える。この作品全体がおよそフィクションなのであるから、巡行した旅人自身が見聞出来なかった者の立場で作歌することがあり得ないわけではない。用字については、憶良の作と見えるように、旅人が憶良の用字傾向を真似たのだとする見方もある。注28 あるいは、憶良が既にそのフィクション化に参加していて、旅人の作歌を筆録していると見る余地もあろう。

ともあれ、注意したいのは、この「後人追和歌三首」が、先の「蓬客等の更に贈る歌三首」と正確に対応していることである。第一首は娘等の裳の裾が濡れることを歌い、第二首は「松浦の玉島」、第三首は「若鮎釣る」を歌うことでそれぞれ一致する。その対応関係は、「蓬客等」「娘等」の即興的で放恣な歌い方によって散漫になりかけた作品全体を引き締め直す効果を持つと思われる。旅人（憶良）ら中枢によって、「追和」が行われ、集団詠がまとめられるという点でも、「松浦河に遊ぶ」は「梅花歌」と共通するのである。

六　「憶良、誠惶頓首、謹啓」三首

「梅花歌」は宴の歌に署名があり、「追和」には無い。逆に「松浦河に遊ぶ」は「追和」にのみ作者注記がある。その点では、両者は対照的である。それは、「梅花歌」が帥が賓客を招いて行った格式ある宴の歌である一方、「松浦河に遊ぶ」は土俗の行事を「遊仙窟」に倣ってロマンスに仕立てた、言わば軟文学であることに拠るのだろう。

しかしそれは必ずしも「松浦河に遊ぶ」が、単なる旅人の個人的興味に基づく私的な営為に止まることを意味しない。その土俗は、帥としての職務である巡行で見聞された行事であり、しかも神功皇后の新羅征討という、日本の半島支配の根拠となる伝説を具現する祭儀だったのである。憶良の次の文と歌とは、その意義を明らかにする。

憶良、誠惶頓首、謹啓す。憶良聞く、方岳諸侯と都督刺史とは、並に典法に依りて、部下を巡行し、その風俗を察ると。意内に端多く、口外に出だすこと難し。謹みて三首の鄙歌を以て、五蔵の欝結を写《のぞ》かむと欲《おも》ふ。その歌に曰く、

松浦潟佐用姫《さよひめ》の児が領巾《ひれ》振りし山の名のみや聞きつつ居らむ　（八六八）

足日女《たらしひめ》神の尊の魚《な》釣らすとみ立たしせりし石を誰見き一に云ふ「鮎釣ると」　（八六九）

百日《ももか》しも行かぬ松浦道《まつらぢ》今日行きて明日は来《き》なむを何か障《さや》れる　（八七〇）

天平二年七月十一日に、筑前国司山上憶良謹みて上《たてまつ》る。

書簡は、何か奥歯に物が挟まったような物言いである。「恐れながら申し上げます。私、憶良が聞くには、大宰府のお偉い方々は、法の定めに従って部内を巡行して風俗を見るとか。言いたいことは沢山ですが、口に出すわけにも行きません。謹んで腰折れ三首で腹蔵を吐き出したいと思います」。「方岳諸侯」「都督刺史」は元来、中国の諸侯、高官の謂いであるが、ここでは旅人ら大宰府の官人たちを仰々しく祭り上げる表現なのだろう。そして「誠惶頓首、謹啓」とやたらに謙《へりくだ》りつつ、わざと口ごもりながら述べるのは、役目で行う巡行・視察の成

果が、「遊仙窟」のごときラブロマンスとは、という非難である。

憶良が堅物で真面目に怒っているわけでは無論ない。しかし最初の二首は、結果的に松浦で「本来見るべきもの」を示すことになっている。第一首の「佐用姫」は、宣化天皇代（六世紀前半）、任那救援のために新羅征討に出発する大伴狭手彦《さでひこ》を慕って、山に登って領巾を振ったと伝えられる女性（『肥前国風土記』）。自分はその山の名（領巾振りの峰）だけを聞いていなければならないのか、と歌う。第二首は、神功皇后が鮎を釣って占うために立たれた岩は、いったい誰が見て来たのかの意で、神事をする女に目を奪われて、肝心なものを見て来なかったのではないか、と揶揄している。そして第三首は、百日かかるわけでもない、今日行って明日帰れるくらいの距離なのに、何が邪魔して松浦に行けないのだろう、と、守として容易に筑前を離れられない身を嘆く。

第三首によれば、憶良の非難は、松浦行きが叶わなかった者の羨望の裏返しであることがわかる。ならばそれは、「松浦河に遊ぶ」の「後人追和歌三首」――旅人作で憶良の用字を持つ歌――と同じ状況において、憶良流に歌えばこうなる、というところを示した作と言えよう。すなわち、この三首は、「松浦河に遊ぶ」の「第二の追和」なのである。

同時にそれは、「松浦河に遊ぶ」が、神功皇后が新羅征討の際、出産を止めるために袖の中に入れたという「鎮懐石」を詠む歌（5・八一三～四）に始まり、これらを挟んで、「佐用姫歌群」（5・八七一～五）――それは大宰府における第三の集団詠で、旅人の送別歌群（八七六～八八二）へと形式上、内容上連続していると見られる[注29]――に至る一連の新羅征討関係歌の中にあることを再認識させる。

新羅はかつて白村江の戦い（天智称制二年（六六三））で打ちのめされた敵国であった。戦後、大宰府は内陸に退き、朝廷は大野城・基肄城や水城の建設、防人や烽の設置などに追われている。その後、新羅が半島を統一して唐と対立すると、倭（日本）に対して朝貢するようになるが、もとの高句麗の地に渤海が建国される（六九八年）と、対唐関係が改善され、日本への朝貢は滞るようになる。神亀四年に渤海が日本に遣使すると、新羅と日本の関係は更に悪化し、天平八年には日本の遣新羅使人が追い返される事態に至る。その時、伊勢神宮などとともに、仲哀天皇・神功皇后を祭る香椎廟（福岡市東区）に奉幣が行われているが、旅人も既に天平元年十一月、府の官人らを率いてそこに参拝しているのであった（6・九五七〜九）。旅人在任時、対新羅関係は悪化の一途をたどっていたのである。注30

緊張関係にある異民族と対峙する最前線という意味で、大宰府はまさしく辺境であり、言わば「辺塞」であった。それは憶良が「松浦河に遊ぶ」をたしなめる所以でもあったが、その「第二の追和」は、「松浦河に遊ぶ」が「梅花歌」と並ぶ「辺境の文学」であることを明確にもするのである。

七　むすびに代えて――「辺境」の両義性

旅人は、天平二年四月六日付で書簡を都の吉田宜《よろし》に送り、その際、「梅花歌」と「松浦河に遊ぶ」の写しを添付したらしい。宜は、もと百済の僧であったが、医術を用いるため還俗して、図書頭、典薬頭を歴任した。『懐風藻』に詩二首が残り、やはり詩文に通じていたことが知られる。宜からの返書は七月十日付で、四首の短歌が付されていた。

書簡は、型通りに旅人の書簡文を誉めた後、「辺城に羇旅し、古旧を懐《おも》ひて志を傷ましめ、年矢停まらず、平生を憶ひて涙を落とすがごときに至りては、ただし達人は排に安みし、君子は悶へなし」と述べる。旅人の書簡には、「辺境に旅しては、故人を懐かしんで心を痛め、年月の経つことの速きを嘆いては、昔を思って涙を流す」ことが述べられていたのだろう。宜は、「達人はあるがままに生き、君子は煩悶しないものだから、どうぞそのようになさって下さい」と慰める。そして「梅花歌」と「松浦河に遊ぶ」について、「梅苑の芳席に、群英藻を摛べ、松浦の玉潭に、仙媛の《の》答へを贈りたるは、杏壇各言の作に類ひ、衡皐税駕の篇に疑たり《に》」と述べる。梅花の宴で優れた方々が作歌したのは、孔子の講壇で弟子たちがそれぞれ志を述べた（『論語』公冶長篇。孔子の講壇には後に杏が植えられた）のに類し、松浦河で仙女が応答したのは、まるで曹植「洛神賦」（『文選』巻十九所収。「駕を衡皐に税く《と》」は冒頭の一節）の神女のようだと言うのである。

宜が右のように擬えたのは、旅人の意を正確に迎えている。「梅花歌」が範に取る「蘭亭の会」は老荘的な雰囲気の濃い催しであったが、『論語』の世界はやはり君子の理想である。また「洛神賦」を初めとする『文選』の情賦（他に宋玉「高唐賦」「神女賦」）は、「松浦河に遊ぶ」序に直接の影響も与えているだけでなく、序が基づく「遊仙窟」の、そのまた下敷きにもなっている。

その上で、宜は、二つの歌群に、次のように和す。

諸人の梅花の歌に和へ奉る一首

後れ居て長恋せずはみ園生《そのふ》の梅の花にもならましものを　（5・八六四）

松浦の仙媛の歌に和ふる一首

君を待つ松浦の浦の娘子らは常世の国の海人娘子かも　（八六五）

後に残されてずっと恋しく思うよりは、いっそお庭の梅の花になれたら、と願う第一首、貴方を待つ松浦の浦の娘子たちは、常世の国の海人娘子でしょうかと問う第二首。平凡ではあっても、元歌の趣向を十分に咀嚼した追和歌は、旅人の期待に沿うものだったはずである。

宜の書簡に見える「辺城」の語は、彼らの認識においても大宰府が辺境であったことを示している。しかしそのことは同時に、大宰府が大陸や半島の進んだ文明との接点でもあったことを意味する。使節を送り出し、迎え入れる窓口であった筑紫では、日常的に異国語が飛び交い、漢文が読み書きされたであろう。その地で、旅人や憶良は、漢詩文が東アジアにおける文芸の標準であることを痛感すると同時に、その世界を日本独自の文芸、やまと歌で実現する試みこそ、そこで興される文学として相応しいと考えていたのではなかったか。

そして、それは中央に伝わってこそ意味を持つのだろう。「追和」によっていったん締められた歌群は、中央から更なる「追和」を得て増幅されてゆく。[注31]そこは今や藤原四子に掌握されているのであった。彼らは、いずれも漢詩文に堪能であったと見られる。[注32]和歌で文雅を繰り広げることは、その中央に対抗する文化を樹立する意味を持ったのではなかろうか。繰り返し述べたように、それらが都の栄華に対する憧憬の所産であることは確かである。文雅の場に立ち会えなかった者による「追和」は、都への憧憬と同形を為す。しかし辺境にあるという意識は、大宰府の人々に対する磁場を作って、遂には都を相対化したように思われる。彼らには、自分たちこそが、最前線にあって、異国・異文化に対峙しているという自負があっただろう。少なくとも現在残る限りにおいて、藤原四子の支配する天平初年に、これほどの質と量で文芸が生まれた例は他に見えない。

見てきたような「辺境の文学」が、この時期の大宰府に成り立ったのは、旅人と憶良という、漢詩文の教養豊かな二人が、旅人の不幸を通じて緊密に結び合ったことを必要条件とする。しかし二人の交流が集団詠に発展するに当たっては、都の政変によって、旅人が都に権力基盤を喪ったことが大きく働いたのではないか。都から切り捨てられたと感じたことが、彼らに都に対抗する意志を持たせたのではないかと考えるのである。

注

1 「鄙に放たれた貴族」『火山列島の思想』筑摩書房、一九六八、初出一九五八。

2 旅人は、都の某人との贈答にも、直截に京への思いを述べている（5・八〇六〜九）。ただし返歌があまりにも旅人の贈歌に付き過ぎているので、贈答全体を旅人による虚構とする見方もある（稲岡耕二『人物叢書　山上憶良』吉川弘文館、二〇一〇）。

3 この一連の作については、拙稿「「大宰帥大伴卿讃酒歌十三首」試論」（『萬葉集研究』三六、塙書房、二〇一六）で触れた。参照、拙稿「日本挽歌」『セミナー万葉の歌人と作品』五、和泉書院、二〇〇〇。

4 『大伴旅人・山上憶良』（日本詩人選4）筑摩書房、一九六二。

5 大宰府からは大弐だった多治比県守が権参議となり、翌三月に従三位に叙せられている。旅人による餞別の歌の題詞によれば、民部卿になって転出したらしい（4・五五五）。

6 旅人の大宰府赴任は神亀五年春を大きく遡らない時期と推定されるが、三三五歌の「我が行きは久にはあらじ」は、赴任後、一定の時間が経過していることを示唆する。また小野老が都との間を往復したのは、神亀六年（天平元年）三月、老が従五位下から上へと昇叙されたことと関わると見られる。

7 家持の「咲く花はうつろふ時ありあしひきの山菅の根し長くはありけり」（20・四四八四）の「花」には、藤原氏や橘氏が託されていると見られる。参照、芳賀紀雄「時の花――勝宝九歳の家持――」『萬葉集における中国文学の受容』塙書房、二〇〇三、初出一九七八。

8 芳賀紀雄「終焉の志」注8書、初出一九七五は、「都が何らのよすがでもなくなった今、観念を前提とした、かつての望京が崩れ落ち、その内部に潜在していた望郷が、明確な意識のもとに、作品化された」と説く。

9 ただし「詩紀落梅之篇」は「詩」を「請」に作る本（細井本など）があり、これを採って「請《ねが》はくは落梅の篇を紀せ」と訓ずる説（小島憲之「天平期に於ける萬葉集の詩文」『上代日本文学と中国文学』中、塙書房、一九六四）もある。

10 注10小島論文。

11 古沢未知男『漢詩文引用より見た万葉集の研究』桜楓社、一九六六。

12 「梅花歌三十二首再読」『萬葉集研究』三六、塙書房、二〇一六。

13 木下正俊「「斯くや嘆かむ」という語法」『萬葉集研究』七、一九七八。

15 「「落梅之篇」私見」『国語と国文学』三六―六、一九五九・六。
16 小島憲之「萬葉集と中国文学の交流」注10書。
17 稲岡注2書は、憶良歌のヤドが、一般に庭を表わすヤド（ド甲類）と異なり、「耶登」とド乙類の文字を用いることに注意する。このヤド（ド乙類）は、宿泊する意のヤドル（ドは乙類）との混同に因るかとされ（『時代別国語大辞典上代編』）、稲岡氏の言うように、任地にあることを意識した用字である可能性があろう。
18 憶良が大宰府で制作した七夕歌において、二星の隔絶が、大宰府の官人たちと京とのそれに擬えられていたと推定されることが想起される。参照、伊藤博「憶良七夕歌の意義」『萬葉集の歌群と配列』下、塙書房、一九九二、初出一九八七、拙稿「後期万葉歌人の七夕歌――その寓意をめぐって――」『大伴家持「歌日誌」論考』塙書房、二〇〇七、初出二〇〇三。
19 参照、拙稿「大伴家持「予作歌」の性格と位置」『芸文研究』一〇九―一、二〇一五・一二。
20 後の「娘子等」の歌（八五九）にも「春されば」云々とある。
21 小島憲之「遊仙窟の投げた影」注10書。
22 「娘子らが赤裳の裾の濡れて行かむ見む」（7・一二七四、人麻呂歌集）など。
23 参照、拙稿「光と音」、注18書、初出一九八八。
24 渡瀬昌忠「柿本人麻呂における贈答歌――波紋型対応の成立――」『著作集』八、おうふう、二〇〇三、初出一九七五。
25 参照、拙稿「佐用姫歌群をめぐって――巻五の歌群構成――」『萬葉集研究』二九、塙書房、二〇〇七。なお、補記参照のこと。
26 神野志隆光「「松浦河に遊ぶ歌」追和三首の趣向」『柿本人麻呂研究』塙書房、一九九二、初出一九八六。
27 原田貞義「「遊於松浦河歌」から「領巾麾嶺歌」まで――その作者と制作事情をめぐって――」『読み歌の成立　大伴旅人と山上憶良』翰林書房、二〇〇一、初出一九六七、稲岡耕二『萬葉表記論』塙書房、一九七六など。
28 稲岡耕二注2書。
29 この歌群については詳述の暇が無い。注25拙稿を参照されたい。
30 拙稿「『万葉集』巻五の政治的側面――「鎮懐石の歌」をめぐって――」『和歌文学大系月報』四二、二〇一五・五。この関係悪化が旅人の筑紫下向の理由とされたのかもしれない。

31 大宰府の集団詠が宜以外にも広がったことは、旅人送別歌群の後に置かれた三嶋王の「後に松浦佐用姫が歌に追和する歌」(5・八八三)からも窺われる。また旅人の子、家持(19・四一七四)、書持(17・三九〇一〜六)に、「梅花歌」に対する「追和」がある。

32 総前(房前)・宇合・万里(麻呂)は父不比等と並んで『懐風藻』詩人。武智麻呂は、大学を再興し、神亀五年秋、習宜の別業でたびたび詩文の会を催したという(『藤氏家伝』)。なお先に触れた旅人と房前との倭琴をめぐる贈答(八一〇〜一二)も、新たな権力者に誼を通ずる意味を持つとともに、中国の神仙譚の趣向で、鄙の地に産する倭琴を歌うやまと歌を、都に向けて提示する試みでもあっただろう。

［補記］

本稿脱稿後、荻原千鶴「大伴旅人考――〈遊於松浦河〉〈龍の馬〉と『楚辞』――」(『萬葉集研究』三七、塙書房、二〇一七)に触れた。荻原氏は「松浦河に遊ぶ」序を、『楚辞』を踏まえた政治的不如意の表現と捉え、続く歌は「蓬客等」「娘等」「後人」の作なども、若い官人たちや憶良の用字を真似つつ旅人が虚構したもので、全体が憶良に対するメッセージであるとする。序の考察には大いに共感させられるが、歌の理解には従い難いものが残る。「蓬客等」に大宰府官人たちを宛てるのは恣意的と荻原氏は批判するが、無記名である以上、旅人作を前提とするのも同じ危うさを持つと言わざるを得ない。また用字を暗号として、専ら憶良に伝わるように仕掛けられたメッセージだとすれば、それが都の吉田宜に贈られた意味が理解できなくなる。本稿の従う旧来の見方の方がやはり穏当と考える。なお荻原氏には、別に「大伴旅人考――〈領巾麾之嶺〉を中心に付、九州風土記乙類の周辺――」(『上代文学』一一九、二〇一七・一一)もある。ともに併読を乞う。

懐風藻詩の表現から文化の共有圏をうかがう

――二つの「春苑応詔」詩を例に――

高松　寿夫

はじめに――注釈的アプローチの必要性

日本上代の漢詩文の担い手が、どのような文化的・人的ネットワークの下で文筆活動を展開していたかを明らかにすることは、非常に魅力的な課題である。

例えば、『懐風藻』によれば、長屋王の邸宅では頻繁に詩宴が催され、多くの文人たちが集い、作詩していた様子が見て取れる。そこに出入りする人物には、一定のネットワークが形成され、知識や作詩に関する情報の交換が行われていただろう。そこにどのような人的交流が繰り広げられていたか、具体的に明らかになるとしたならば、それは非常に興味深いことである。しかし、その具体的な交流の様子や背景を復元することは、意外に難しい。当時の人物個人に関する情報が、一部を除いてあまりにも乏しいからである。ある時期、長屋王宅にそれらの人々が出入りしたことは、『懐風藻』の作品によって明らかなのだが、なぜその人物が長屋王宅に顔を見せるのか、またそこに集った人々が、長屋王宅を離れたところでなにかつながりを持っているのか、そういった事柄を明らかにするために必要な情報が、現存の資料にはほとんど残っていないのが実情である。もちろん、情報が乏しいことを理由に、追及すること自体を放棄してはならない。残されたあらゆる情報を駆使して、人的ネットワークを復元する試みは、なお継続されるべきである。

一方で、我々の前に残されているもっとも豊富な資料は、彼らの残した作品そのものである。結局、この時期の文筆活動の実際を具体的に考えようとするときに、もっとも頼りになるのは、作品そのものだということになる。漢詩文は、単に字書にある文字を組み合わせれば出来上がるというものではない。過去の作例に通じている必要があり、自分が主張しようとする内容にふさわしい修辞や語彙に通じている必要もある。そしてそれらは、情報として共有されることではじめて社会的意味を持ち得る。作品の語句や修辞を分析し、それがどこから作者にもたらされたか、そしてそれがどのように共有されたかを考えることが、結局、この時代の文筆活動の実態を理解することになる。『懐風藻』を例にとるならば、同書にはすでに各種注釈書が刊行されている。注釈書は、八世紀に編纂されたこの詩集に収録された漢詩が、どのようなことを述べているのかを解釈し、現代の読者が理解する仲立ちをする。難解な語句を現代語に置き替え、大意をとる。しかし、そこでとどまってしまうと、その作品の背後にある文筆活動、人びとのつながりやうごめきといったものを浮かび上がらせるまでには至らない。その作品が作られたときに、その語やその修辞を用いることに、どのような意味や来歴があるのか、この点を積極的に見出そうとすることが必要だと思う。

作品の注釈的分析をとおした文筆活動の解明にはどのような可能性が期待できるか、その一端をここでは示してみたい。

一　田辺百枝と石川石足

主な対象とする作品は、左に掲げる『懐風藻』所収の二首である。

田辺史百枝「春苑　応詔」（三八）

聖情敦汎愛　神功亦難陳　　聖情　汎愛に敦く　神功　亦陳《の》べ難し
唐鳳翔臺下　周魚躍水濱　　唐鳳　臺下に翔《かけ》り　周魚　水濱に躍る
松風韻添詠　梅花薫帯身　　松風　韻《おと》　詠《うた》に添ひ　梅花　薫《かほり》身に帯ぶ
琴酒開芳苑　丹墨点英人　　琴酒　芳苑に開き　丹墨　英人を点《さだ》む
適遇上林会　忝寿万年春　　適《たまたま》　遇ふ上林の会　忝《かたじけな》くも寿ぐ万年の春

石川朝臣石足「春苑　応詔」（四〇）

聖衿愛良節　仁趣動芳春　　聖衿　良節を愛で　仁趣　芳春に動く
素庭満英才　紫閣引雅人　　素庭　英才を満たし　紫閣　雅人を引く
水清瑶池深　花開禁苑新　　水清く瑶池深く　花開き禁苑新し
戯鳥随波散　仙舟逐石巡　　戯鳥　波に随ひて散り　仙舟　石を逐ひて巡る
舞袖留翔鶴　歌声落梁塵　　舞袖　翔鶴を留め　歌声　梁塵を落す
今日足忘徳　勿言唐帝民　　今日　徳を忘るるに足る　言ふこと勿れ唐帝の民

田辺百枝・石川石足による、同題・同韻（真韻）の詩である。この二人の作者は、活躍の時期がほぼ重なっていると思われる。

田辺百枝は、『続日本紀』には、文武天皇四年（七〇〇）六月十四日に律令撰定の勅命が下った官人の中に名が見えるのみ（時に追大壱〈正八位上相当〉）で、加えて『懐風藻』の目録に「大学博士従六位上」とあることが、彼の経歴として知られるすべてである（『懐風藻』本文の作者記名には「大学博士」とのみあり、位階を欠く）。『懐風藻』の詩人のむしろ多数が、この程度の記録しか残っていないのが実際で、冒頭に述べたような、人物記録からの文筆活動の復元に困難をきたす所以となっている。

一方の石川石足は、『続日本紀』天平元年（七二九）八月九日に薨去記事が見え、『懐風藻』によると享年は六十三歳であった。逆算により生年は天智天皇六年（六六七）となる。蘇我連子（祖父）・安麻呂（父）という、大化の改新後の蘇我氏宗家の直系に生まれたが、父が早世したと思われることもあってか、歴史記述に名が見えるのは、河内守任命の和銅元年（七〇八）三月記事（『続日本紀』。時に従五位下）と比較的晩年である。しかし、左大弁を十年にわたって務めるなど、実務官僚として活躍、位階も最晩年に従三位に至った。

情報は限られるが、田辺百枝と石川石足とを同時代人と考えることに支障を来す要素はない。出身氏族と位階の履歴によれば、田辺百枝はいわゆる叩き上げの官人であり、律令撰定の実務にあたったり大学博士となったという官歴によれば、知識階層の一員として官界に身を置いたものと思われる。

同時代人による、同題・同韻の作で、『懐風藻』にも接近して掲載されていることから考えて、この二首は同時詠と考えてよいであろう。生涯五位に至らなかった田辺百枝が応詔詩をものしているのは、大学博士として詩作が期待されたためかと考えられ、当該の「春苑応詔」詩は、彼の人生の比較的晩年の作と考えられる。もとより百枝の歿年は不明であるが、石川石足の歿年である天平元年（神亀六年）を下限として、それ以前の数年——

やや幅をとって想定するならば、養老・神亀（七一七〜七二九）ごろ——といったあたりに、とりあえず見当は付けられようか。

二首の大意を示しておく。まずは田辺百枝詩（三八）。

帝の御心は広く人々を慈しむことに厚く
素晴らしき功績もまた言い表すことが困難なほどである
帝堯の時代のごとく鳳凰が楼臺の下を飛び翔り
周の文王の時代のごとく魚は水辺に躍り上がる
松吹く風はその響きが詩の朗詠に対する伴奏のようで
梅花はその香りが列席者の身にまといつく
帝は音楽や酒のもてなしをばこの結構な御苑で催し
趣向としての描画の技をばその道の才人を選んで披露させる
幸運にも御苑における宴会に遭遇することが叶い
僭越ながら帝のこれから万年に及ぶ春を寿ぐことだ

そして、石川石足詩（四〇）。

帝の御心はよき季節である春を愛で
優れた徳あるお気持ちはよき春の陽気に促され
御前の庭をば才能ある人々で満たし
御殿には高潔の士をお招きになる

水の清らかな御苑の池は深く澄み透り
花も咲いて御苑は清新である
舞人の翻す袖は空翔る鶴をも留めるほどに
唱歌の声は梁上の塵をも動かし落すほどに素晴らしい
今日の宴に侍って知らず知らずのうちに恩恵に与っている帝徳を満喫した
堯帝の時代の民のことなど改めて言うには及ばないことだ

二　二首の志向するもの

まずは、二首がそれぞれにどのような主題や表現を示しているのかを、明らかにしておくところから始めたい。

二首の冒頭は、それぞれ「聖情」と「聖衿」であるが、この二語は「天子の思い」といったほぼ同意の語である。偶然であろうか、同意の語ではじまる二首であるが、しかしその後の展開は、なかなか対照的ともいえる質を持っているようである。

田辺百枝詩の冒頭一聯は、当代の天皇が仁徳や功績において非常に優れていると讃美する。それに感応するかのように鳳凰や池の魚がめでたい表徴を示した、というのが第二聯であろう。第二聯の一句目（第三句）「唐鳳」は、堯帝（唐陶氏）の治世に現れた鳳凰。鳳凰は優れた天子の治世に現れる瑞祥とされた。鳳凰の出現は、『尚書』「益稷」に見える舜帝の治世の故事が有名であるが、堯帝の治世における鳳凰出現の記事も確認できる。

『大系』は、『藝文類聚』巻一一「帝王部一・帝堯唐陶氏」に引かれる『帝王世紀』の記事で、有名な撃壌の老人の逸話の直後、帝堯の治世に出現した様々な祥瑞を列挙する中に、「鳳皇止二於庭一」とあるのを指摘する。また、『太平御覧』巻九一五「羽族部二・鳳」によれば、緯書の『春秋合成図』や『尚書中候』にも、堯帝治世の鳳凰出現の記事があったことが確認できる。現在の治世が鳳凰が出現するほどの聖代であることを主張するとともに、「唐鳳」という言い方によって、その治世は堯帝の治世にも等しいと讃美する。「周魚」も同様の表現。こちらは、『毛詩』大雅「霊臺」に拠っている。「王在霊沼、於牣魚躍（王霊沼に在り、於《ああ》牣《み》ちて魚躍る）」との本文があり、鄭箋には「霊沼之水魚、盈二満其中一、皆跳躍、亦言レ得二其所一」と説く。文王の御苑の池の魚類が所を得て盛んに踊躍する様子を言っているという。そもそも「霊臺」という詩は、その小序によると「文王受レ命而民楽下其有二霊徳一、以及中鳥獣昆虫上焉」とあり、文王の徳が動物にまで及んだことを讃美したものとのことなので、水魚の踊躍も文王の徳の現れということになろう。

　つまり田辺百枝詩は、第一聯で現在の天子が汎愛の徳と筆舌し難い功を有する聖天子であると述べ、それを受け第二聯で、聖天子の世であることを証するかのように、周辺には堯帝の治世のごとく鳳凰が現れ、周の文王の治世のごとく池の魚が踊躍していると述べて、当代讃美を行う。冒頭二聯は、天皇讃美に費やされている。一方の石川石足詩の冒頭二聯は、天皇の思いは春のよき時節に注がれ、多くの人材を招いて宴を催したと、詩作の場となっている宴席の由来を述べることに費やされる。

　この冒頭の対照は、両首全体の性格の違いとして徹底しているように思われる。田辺百枝詩では、最後の聯で本日の天皇主催の宴を「上林会」と捉えるのは、司馬相如「上林賦」で描かれるような、漢武帝の壮麗な催しと重ね合わせており、最終句でそれが永遠に繰り返されるようにと祝福する。一方の石川石足詩の最終聯は、さすがに最終句では当代を堯帝（唐帝）の時代に勝るとも劣らないと言わんばかりに天皇讃美を行うが、それも「今日」ただ今の宴席における満足の表明としてある。その前の聯は、第九句「歌声落梁塵」は有名な虞公梁塵の故事を踏まえる。その前の第八句「舞袖留翔鶴」も、特定の典故を持つわけではなさそうだが、梁塵の故事同様、素晴らしい舞が、空翔る鶴をも留まらせたというのであろう。つまり一種の奇跡を描いているわけで、その点で、田辺百枝詩の第二聯に通ずると言えなくもない。しかし、それによって讃美される直接の対象は、現在の宴席に供せられる歌舞である。田辺百枝詩は、あくまでも天皇讃美に主眼を置き、一方の石川石足詩は天皇とともに今日のこの瞬間の享楽を満喫することに主眼を置くと捉えられよう。とかく類型的な作品が多いと考えられがちな『懐風藻』の侍宴詩であるが――それは確かに一面では事実でもあるのだが――、同時代の同題詠であっても、作者によってそれなりの志向の異なりは、明確なのだということが見て取れる。

三　田辺百枝詩の表現が志向するもの

二つの詩の主眼の置きどころの違いは、語句や修辞のうえにも反映しているように思われる。

田辺百枝詩の第一句の「聖情」は、時代に関わらず用例は少なくない語だが、『文選』所収の顔延之詩に二例見える（巻二二「車駕幸二京口一侍レ遊二蒜山一作」・巻二三「拝二陵廟一作」）。知られるように、顔延之は劉宋の文帝・孝武帝二代に仕え、「体裁綺密、情喩淵深」（『詩品』巻二）と評される、荘重で煌びやかな表現によって、王権讃美をよくした。『文選』にも少なからぬ侍宴・従駕に際しての応詔詩が収録される。「聖情」が用いられた二首も、ともに従駕に際しての作である。

続く「汎愛」は『論語』「学而」を典拠とする語。その本文は、左のとおりである。

弟子入則孝、出則悌、謹而信、汎愛レ衆、而親レ仁、行有二餘力一、則以学レ文。

『論語』では、学問を志す者（弟子）の心得を述べているのだが、それに対する皇侃注には「汎、広也、君子尊レ賢容レ衆、故広愛二一切一也」とあり、「君子」の心得であると規定し、「愛」とは賢人を尊重し大衆を許容する度量を指すという。汎愛を天子の徳目として数え挙げる言説も散見する。

当今陛下臨二制天下一、一二斉海内一、汎愛二蒸庶一、布レ徳施レ恵。　（『史記』「淮南衡山列伝」）

右は、伍被が当代の漢武帝について言ったもの。また『続日本紀』掲載の養老六年十一月丙戌条詔に「汎愛之恩、欲レ報無レ由」とあるのは、元明太上天皇一周忌にあたり、元正天皇が元明のことを言った例である。詩語としての用例は必ずしも多くはないが、その数少ない詩における用例の一つが、やはり『文選』詩に認められる。

広筵散汎愛、逸爵紆勝引。（筵を広くして汎愛を散じ、爵を逸《と》ばして勝引を紆《めぐ》らす。）
（殷仲文「南州桓公九井作」『文選』巻二二）

第二句にみえる「神功」は、神妙なる功績。天子の偉大な功績を讃美して用いられる語。『文選』には、左のような例が見える。

神功無レ紀、作物何称。　（任昉「到二大司馬記室一牋」『文選』巻四〇）

梁武帝の功績が神妙で記述不可能なほどであったと讃美するが、田辺百枝詩の第二句「神功亦難陳」は、これとほぼ同趣旨のことを述べている。直接の影響関係が考えられよう。飛んで第九句「上林会」が、その語で司馬相如が「上林賦」（『文選』巻八）で描く、狩猟後の天子の盛宴を思い起こさせるのは述べたとおりである。

田辺百枝詩は、概して『文選』の語彙や嗜好に添った、荘重な物言いで王権讃美が成されていると言える。荘重な王権讃美ということでは、第四句が『毛詩』大雅の「霊臺」を典拠とすることも、軌を一にする語の選択と捉えることができるし、それと対偶を成す第三句の方向性も同断である。

四　石川石足詩の志向するもの

対する石川石足詩では、まず顕著な『文選』志向といったものが認められない。事々しい経典に基づく表現もほとんど見出せない。それに引き換え、対偶表現の語の選択には、明らかに別の志向が見て取れそうである。石川石足詩の第四聯に見える「随」「逐」の対偶については、すでに『大系』が頭注で「「随…逐」は六朝以来詩に例が多い」として、その一例として、左の例を挙げる。

散黛随眉広、燕脂逐臉生。（散黛眉に随ひて広く、燕脂臉を逐ひて生ず。）
（梁簡文帝「美人晨粧」『玉臺新詠』巻七）

大系が指摘するとおり、「随」「逐」を対偶させた例は多いのだが、とりわけ『玉臺新詠』には頻繁に登場する。

瑶草随歩響、幽蘭逐袂生。（瑶草歩に随ひて響き、幽蘭袂を逐ひて生ず。）　（柳惲「擣衣詩」『玉臺新詠』巻五）
水逐桃花去、春随楊柳帰。（水桃花を逐ひて去り、春楊柳に随ひて帰る。）（費昶「和二蕭記室春旦有レ所レ思」同巻六）
恩光随妙舞、団扇逐秋風。（恩光妙舞に随ひ、団扇秋風を逐ふ。）　（孔翁帰「奉レ和二湘東王班婕好一」同巻六）
頓履随疎節、低鬟逐上声。（履を頓して疎節に随ひ、鬟を低れて上声を逐ふ。）　（庾信「奉レ和二詠舞一」同巻八）

影逐斜月来、香随遠風入。（影斜月を逐ひて来り、香遠風に随ひて入る。）（沈約「為二隣人一有レ懐不レ至」同巻一〇）

この種の対偶は、表現に独特の抑揚を生じるものとして好んで用いられたのであろうが、これほどに頻繁に現れていることから、『玉臺新詠』に親しむ者にとって、お馴染みの表現となっていたことであろう。『懐風藻』詩にもそのことはうかがえ、石川石足以前ないし同時代の作品として藤原史「七夕」（三三）、荊助仁「詠二美人一」（三四）にも、この対偶は見えている。『玉臺新詠』の諸作の題や、『懐風藻』詩の「七夕」「詠二美人一」という題が示すとおり、艶やかな情緒を表するにあたって用いられたものと思われる。ちなみにいえば、『玉臺新詠』にこれほど頻繁に見えるこの対偶が、『文選』においては、散文も含めて一切見えない。

もう一例指摘したい。第五聯に見える「舞袖」「歌声」の対偶である。これについても、すでに『大系』が次の一首を指摘している。

舞袖払明燭、歌声繞鳳梁。（舞袖明燭を払ひ、歌声鳳梁を繞る。）（王元長「秋夜」『玉臺新詠』巻一〇）

さらに次のような例も加えることができる。

歌声臨画閣、舞袖出芳林。（歌声画閣に臨み、舞袖芳林を出づ。）（庾肩吾「詠二舞曲一応令」『玉臺新詠』巻一〇）

歌声断且続、舞袖合還離。（歌声断てば且つ続く、舞袖合へば還《また》離る。）

（邢子才「三日華林園公宴詩」『藝文類聚』巻四「歳時部中・三月三日」）

舞袖飄金谷、歌声繞鳳臺。（舞袖金谷に飄り、歌声鳳臺を繞る。）（張正見「門有二車馬客一」『文苑英華』巻一九五）

この対偶は、六朝期にまとまった用例が見られるものの、初唐詩には用例が見られなくなる。[注1] 右に挙げた四例の中では、やはり王元長詩が、「歌声」に「鳳梁」（鳳凰を彫刻した梁）を取り合わせている点に、石川石足詩との類似を特に強く思わせ、『大系』の例示に際しての選択の適切さがうかがえる。これも石川石足詩の『玉臺新詠』享受をうかがう例ということになる。

石川石足詩は侍宴応詔詩ではあるが、艶やかな宮体詩的雰囲気を志向することで、天皇とともに今日のこの瞬間の享楽を満喫することに主眼を置いた一首を成り立たせている。

五　用語の共有性（一）――「聖衿」

両首に用いられる語句には、同時代の日本の漢詩文に共有される語彙の特徴といったものも垣間見える。例えば、石川石足詩の冒頭に見える「聖衿」の語。意味は、田辺百枝詩の「聖情」と同じであることは述べたとおりであるが、「聖情」が『懐風藻』詩における用例が田辺百枝詩一例のみであるのに対し、「聖衿」の方は、他に息長臣足詩（五五）・安倍広庭詩（七〇）・守部大隅詩（七八）にも見える。かなり出現頻度の高い語だといえよう。

この語、もちろん漢籍にも見出せるが、劉孝綽「餞㆓張恵紹㆒応令」（『藝文類聚』巻二九「人部・別上」）に「聖衿惜岐路、曲宴闢蘭堂（聖衿岐路を惜しみ、曲宴蘭堂に闢く）」とあるのが、いまのところ見出せる初唐以前における唯一例である（「衿」を別集や『古詩紀』では「襟」とする。「聖襟」の語も、用例は希少）。ただし、劉孝綽詩は応令詩であるから、「聖衿」とは皇太子（この場合、簡文帝の皇太子・蕭大器か）のそれを言っていることになろう。天子のそれを指す語としては「宸襟」があり、これは初唐詩にいくつか例が認められるが、『懐風藻』には例が見えない。『懐風藻』には類似の語として「神衿」が見え（二〇・八五）、『日本書紀』宣化天皇即位前紀には「神襟」の語も見える。「神衿」「神襟」は、「聖衿」に比べれば、南北朝・初唐の漢籍に用例を見出せる語である。つまり、漢土においてはかなり特殊な語と言ってよい「聖衿」が、八世紀日本の詩壇では歓迎されたことになる。石川石足も含めた作者四人は、おおよそ和銅~神亀のころにともに活躍していたことが確認できる、同時代の官人たちである。「聖衿」の使用は、なにか共通の知識や教養に基づいて学習されたというよりは、たまたま用いられた語が、同時代の作詩の場を同じくする者たちによって共有されたものと考えるべき事例であろう。実は、「聖衿」を用いる四首は、いずれも春の侍宴詩で、かつ真韻を踏む。同時詠の可能性すら想定できる四首であった。四首の本文のみ、一覧にしてみる。


聖衿愛良節、仁趣動芳春。素庭満英才、紫閣引雅人。水清瑶池深、花開禁苑新。戯鳥随波散、仙舟逐石巡。

舞袖留翔鶴、歌声落梁塵。今日足忘徳、勿言唐帝民。

（石川石足「春苑応詔」四〇）

物候開韶景、淑気満地新。聖衿属暄節、置酒引搢紳。帝徳被千古、皇恩洽万民。多幸憶広宴、還悦湛露仁。

（息長臣足「春日侍宴」五五）

聖衿感淑気、高会啓芳春。樽五斉濁盈、楽万国風陳。花舒桃苑香、草秀蘭筵新。堤上飄糸柳、波中浮錦鱗。

濫吹陪恩席、含毫愧才貧。

（安倍広庭「春日侍宴」七〇）

聖衿愛韶景、山水翫芳春。椒花帯風散、柏葉含月新。冬花消雪嶺、寒鏡泮氷津。幸陪濫吹席、還笑撃壌民。

（守部大隅「侍宴」七八）


いずれも春の侍宴詩であることは確かだが、存外、具体的な時期をうかがわせる表現に乏しい。かろうじて、安倍広庭詩に「花舒桃苑香」とあるのは、桃花咲く春も深まった時期を思わせ、守部大隅詩に「冬花消雪嶺、寒鏡泮氷津」とあるのは早春を思わせる。同韻を踏みつつも、詠作の機会が異なるのではないかと思わせる。春という季間でいえば、安倍広庭詩は守部大隅詩よりも後となるが、それは両作の成立時期の前後を意味しない。これ以上、四首の詠作時期の前後を論じることは不毛であろうが、いずれかの作（もちろん、現在では失われた別の作かもしれない）で用いられた「聖衿」なる語が、一時期、流行のごとく用いられた様子がうかがえる。改めて掲出の四首を見比べると、共有の語が、なおいくつか指摘できることが見て取れる。「淑気」（五五・七〇）、「韶景」（五五・七八）、「芳春」（四〇・七〇・七八）、「濫吹」（七〇・七八）、最終句冒頭の「還」（五五・七八）などがそれである。場合によっては直接の参照も含めて、一定の語彙を共有しつつ詠作されていた様子がうかがえる。これは、作者たちが、比較的狭い閉じた社会で活動する官人たちであったことに由来するのではないかと推量する。

六　用語の共有性（二）——「松風」

田辺百枝詩では、第五句の「松風」に注目することができる。

「松風」は、『懐風藻』ではもう一首、巨勢多益須詩（一九）にも見える。

松風催雅曲、鶯哢添談論。（松風雅曲を催し、鶯哢談論に添ふ。）　（巨勢多益須「春日応詔」一九）

巨勢多益須詩では、「松風」が宴席の奏楽を促すかのように音を立てて吹いているといっているのであろう。唱歌と奏楽という違いはあるが、いずれも「松風」が音楽に関わるものとして捉えられている。両者には、共通の感覚が働いていると考えてよかろう。巨勢多益須は和銅三年（七一〇）六月に歿しており、巨勢多益須詩の方が田辺百枝詩に先立って成立したと思われる。

ところで、松を吹く風を音楽に関わらせるモチーフといえば、むしろ平安時代の和歌において馴染み深い。

琴の音に峰の松風通ふらしいづれのをより調べそめけむ

（斎宮女御、『拾遺和歌集』巻八「雑上」）

『和漢朗詠集』をはじめ多くの秀歌撰に入集する著名な一首だが、このような「松風」の音に琴の音の響きを重ね合わせるモチーフは、『古今和歌集』編纂前夜の『是貞親王歌合』や『班子女王歌合』で試みられ、定着して行くもののようである。[注2] その発想の源には、李嶠『百二十詠詩』中の次の一首があることが指摘されている。[注3]

落日正沈沈、微風生北林。帯花疑鳳舞、向竹似龍吟。月影臨秋扇、松声入夜琴。

（落日正に沈々たり、微風北林に生ず。花を帯びては鳳舞かと疑ひ、竹に向ひては龍吟に似たり。月影秋扇に臨み、松声夜琴に入る。）

傍点を振った最終句が踏まえられる。松風の音と琴の音が入り交ざって渾然一体となる趣向を詠んでいると思われ、『懐風藻』の「松風」のモチーフとも確かに通う。この李嶠詩の一句は、琴曲「風入松」を典故とする。琴曲「風入松」は、『楽府詩集』巻六〇「琴曲歌辞」などが引く『琴集』（逸書）の説によると、嵆康の作という。ただし歌詞は伝わらない。したがって、「松風」の音が琴の音に通うというモチーフが、はたして嵆康の段階までさかのぼるものかどうかは、実は不明である。そして、広く南北朝の漢詩文を見渡してみるとき、「松風」の音に楽器の音や歌声を重ね合わせる感覚は、少なくとも、『懐風藻』の巨勢多益須詩や田辺百枝詩に直接つながるような種類の表現としては、まだ成り立っていないようなのである。

『文選』には「松風」の語は一例しか認められない。

松風遵路急、山煙冒壠生（松風は路に遵《したが》って急にして、山煙は壠《をか》を冒《おほ》うて生ず）

（顔延之「拝二陵廟一作」『文選』巻二三）

これは、「聖情」の語が見える作として前節でも触れた顔延之の詠で、田辺百枝詩と「松風」も共有していることは興味深いが、ここで「松風」が景物として取り上げられるのは、陵墓には松柏が植えられることが多かったためである。田辺百枝詩が「松風」を詠む意識とは、明らかに異なる選択意識が働いている。漢籍における「松風」の用いられ方の一般的傾向はどのようなものであったろうか。それをうかがうための方便として、『藝文類聚』に確認できる「松風」の例を列挙してみる。

定対西陵晩、松風飄素帷。（定めて対す西陵の晩、松風素帷を飄す。）

（劉孝綽「銅爵臺妓詩」『藝文類聚』巻三四「人部十八・哀傷」）

鐃吹罷レ音、松風代レ響。

（沈約「斉太尉文憲王公墓誌銘」同巻四六「職官部二・太尉」）

方当下高歩二仙階一、永編中金牒上。繁霜凝而且委、松風凄而暮来。

（梁元帝「光宅寺大僧正法師碑」同巻七六「内典部上・内典」）

葉繞千年蓋、条依百尺枝。属与松風動、時将薜影垂。

（葉は繞る千年蓋、条は依る百尺枝。属きて松風と動き、時に薜影と垂る。）

（劉删「賦二松上軽蘿一詩」同巻八一「薬香草部上・女蘿」）

以上が、『藝文類聚』にみえる「松風」の全用例である。劉孝綽「銅爵臺妓詩」は、西陵（魏武帝の陵）の松に吹く風をいっている。『文選』の顔延之詩と同様、陵墓の松に吹く風のモチーフである。次の沈約「斉太尉文憲王公墓誌銘」は、鐃吹（軍中の鼓吹楽）が音を立てなくなった替りに松風の音が響いているといっており、「松風」を奏楽に関わらせた例として注目されるが、これも墓誌名の一節であることから明らかなように、やはり陵墓の松に吹く風である。次の梁元帝「光宅寺大僧正法師碑」は、俗界とは異なる山中の寺院の様子を捉えたものである。最後の劉删「賦二松上軽蘿一詩」は、松に絡む女蘿《さるおがせ》を主題とするので、その松の縁で松風を詠んでいるに過ぎないのかもしれないが、先掲の梁元帝「光宅寺大僧正法師碑」に一脈通じるような、超俗的雰囲気を醸す景物として選ばれている側面はあるかと思われる。

以上が『文選』『藝文類聚』に見える「松風」の用例であるが、漢籍における「松風」の傾向は、おおよ以上の二つの類型――①陵墓に生える松に吹く風＝哀傷を促す景物、②深山やそこにある寺院（あるいは神仙郷）など超俗的な世界の雰囲気を醸す景物――で把握できるように思われる。この傾向は「松風」と同義の語である「松吟」「松声」等の語についても、当てはまる。

しかし、『懐風藻』の「松風」は、この類型に当てはめ難い。あえて当てはめるならば、宴席の場を超俗的な世界と捉えて讃美しているということになるか。本集の宴席詩では、しばしばその宴席の場を神仙郷のごとく描写することはある。藤原史「遊吉野」詩（三二）に「翻知玄圃近、対翫入松風（翻りて知る玄圃近きことを、対翫す松に入る風）」とあるのは、「松に入る風」と訓じられるので熟語「松風」の例としては挙げなかったが、松に吹く風を扱ってはいる。これなどは、吉野の地を超俗的な場、神仙郷と捉える（前句に「玄圃近し」とあるほか、作品全体で吉野を神仙郷視していることが明らか）ことに呼応して、選び取られた景なのであろう。同様の意識は、他の松吹く風を扱う『懐風藻』詩にも見て取れる。

欲知山人楽、松下有清風。（山人の楽みを知らむと欲せば、松下に清風有り。）（隠士民黒人「幽棲」一〇八）

月後楓声落、風前松響陳。（月後楓声落ち、風前松響陳ぶ。）（葛井広成「奉和藤太政佳野之作」一一九）

隠士民黒人詩は、作者といい題といい、隠棲志向が強く押し出された作であるが、それに相応しい景物として「松下」の「清風」がある。葛井広成詩は先掲の藤原史詩（三二）への追和詩で、冒頭に「物外囂塵遠、山中幽隠親（物外囂塵遠く、山中幽隠親し）」とあり、藤原史詩同様に、俗界を離れた世界として吉野を捉える表現の一環としてある。いずれも、超俗的な世界の雰囲気を醸す景物としての用例である。しかし、巨勢多益須詩や田辺百枝詩が、宴席の場を神仙郷のような超俗的世界と積極的に捉えようとしているようには見えない。

右に指摘した松吹く風に伴うイメージの漢籍における傾向は、唐代に入ると、若干の変化を来すようである。

松吟白雲際、桂馥青溪裏。（松は吟《うた》ふ白雲の際、桂は馥《かほ》る青溪の裏。）（王勃「上巳浮江宴」『王子安集』巻二）

＊蘭気熏山酌、松声韻野弦。（蘭気山酌に熏《かほ》り、松声野弦に韻《ひび》く。）（王勃「聖泉宴」『王子安集』巻三）

＊檀欒竹影、飈颸松声。不煩歌吹、自足娯情。（檀欒たる竹影、飈颸たる松声。歌吹を煩はさず、自ら娯情足る。）

（上官昭容「遊二長寧公主流杯池一二十五首・其三」『唐詩紀事』巻三）

水中看樹影、風裏聴松声。（水中樹影を看《み》、風裏松声を聴く。）（上官昭容「同・其十四」同）

＊桂華堯酒泛、松響舜琴弾。（桂華堯酒泛び、松響舜琴弾く。）

（劉憲「奉レ和三聖製幸二韋嗣立山荘一侍宴応制」『文苑英華』巻一七五）

右に挙げた初唐の五例はいずれも宴席詠である。前提として、その宴の場が超俗的な世界であるという意識はあるかと思われる例が多い。しかし、宴席詩に松を吹く風が景物として詠まれることじたいがこれ以前にはないことであった。しかも挙げた五例のうち＊を付した三例は、いずれも松を吹く風と奏楽・詠歌を関わらせる発想を持つ。『懐風藻』の「松風」をめぐる発想は、このような初唐詩の影響下にあると、一応は考えられる。掲出した五例の作者のうち上官昭容と劉憲は、日本でいえば平城遷都の前後まで存命した人物である。他の事例からも、八世紀の早い時期から日本で受容されていたことが確実な、王勃の作あたりからの影響を想定するのが無難であろうか。

しかし、初唐でもなお「松風」の語自体はそれ以前同様、宴席の美景としての例は見出せない。やはり『懐風藻』の「松風」の用いられ方には、漢土のそれには見られない独自性がある。初唐詩の松に吹く風のモチーフの受容をとおして獲得した感性に基づきながら、そのニュアンスを「松風」の語に込めるという、漢土にはない展開が、個人の営為にとどまらず、複数の作者によって共有されている様子が、『懐風藻』に確認できるわけである。時代的な前後関係でいえば、巨勢多益須詩が田辺百枝詩に先んずる可能性が高い。後者が前者を享受した一対一の関係を考えてもよかろうが、もう少し広がりのある共有状況を想定できそうである。それというのも、『万葉集』に次の例を見るからである。

鴨君足人香具山歌一首　并短歌

天降り付く　天の芳来山　霞立つ　春に至れば　松風に　池浪立ち　桜花　木の晩茂に　奥辺には　鴨妻喚ばひ　辺つ方には　あぢむらさわき　百礒城の　大宮人は　退り出て　遊ぶ船には　梶棹も　無くて不楽《さぶ》しも　こぐ人なしに（巻三・二五七）

異伝である或本歌（二六〇）にも「松風《まつかぜ》」は見える。作品全体は、大宮人の活況が失われてしまった香具山周辺への悲しみを述べているが、「松風」はかつてと変わらずなおそこに認められる自然の美景として捉えられている。大宮人たちの日常の美景であったものとして「松風」が捉えられているのであり、音楽との結びつきこそないが、『懐風藻』の巨勢多益須や田辺百枝の詩の「松風」に通じる感性である。鴨足人歌の詠作年代は、『万葉集』巻三の配列の問題や、大宮人の活況が失われた原因の解釈に諸説があり、[注4]確定し難いものがあるものの、高市皇子薨去後から平城遷都直後くらいの間に見定められる。巨勢多益須・田辺百枝二人の活躍期間の中に納まる時期ということができる。『懐風藻』には、もう一つ松に吹く風を扱った作がある。

夢裏鈞天尚易涌、松下清風信難斟。（夢裏の鈞天尚涌くこと易く、松下の清風信《まこと》に斟むこと難し。）

（紀古麻呂「望レ雪」一二一）

「松下清風」とは、先掲の隠士民黒人詩の語句に類似する。「望レ雪」という詠物風の詩において、掲示した部分をどのように理解すればよいのか、実はかならずしも定見がないのである[注5]が、「夢裏鈞天」の楽（趙簡子が夢で百神とともに天上の楽を聴いたという故事）などよりはるかに得難いものだというその主張から、超俗的雰囲気を醸す景物たる松風（の音？）というモチーフとして、一応は理解できるかと思う。しかし、当該の紀古麻呂詩の冒頭は「無為聖徳重寸陰、有道神功軽球琳。垂拱端坐惜歳暮、披軒褰簾望遥岑。（無為の聖徳寸陰を重みし、有道の神功球琳を軽みす。垂拱端坐歳暮を惜しみ、披軒褰簾遥岑を望む。）」と、天皇が雪見の場に臨御するかのごとき表現を有する。また詩中の景物も必ずしも神仙郷のような超現実的なものとして捉えられるわけでもない。むしろこの「松下清風」は、巨勢多益須詩や田辺百枝詩の「松風」、そして鴨足人長歌の「松風」に近いものとして、見て取ることができる表現と思われる。[注6]紀古麻呂の生歿年は確定し難いが、『続日本紀』では慶雲二年十一月に記事があり、[注7]平城遷都後もなお存命したらしく、享年は五十九歳であった。『懐風藻』の配列などからも、巨勢多益須とほぼ同時期の人物であったかと思われる。

七　用語の共有性（三）――「万年春」

田辺百枝詩には、もう一つ、初唐の営為と強く結びついているのではないかと思われる表現が認められる。それは、最終句にみえる「万年春」という語句である。

漢籍に見出せる「万年春」という語句の用例には、時代的な偏りが認められる。隋以前の用例は、散文も含めて確認できず、唐代になって、詩の表現として見られるようになる。

方期六合泰、共賞万年春。（方に六合の泰を期し、共に賞さむ万年の春。）

（唐高宗「太子納レ妃太平公主出降詩」『唐詩紀事』巻一）

幸承今日宴、長奉万年春。（幸ひに今日の宴を承け、長く万年の春を奉ぜむ。）

（趙彦昭「奉レ和下人日清暉閣宴二群臣一遇雪上応制」『歳時雑詠』巻五）

願得長縄繋取日、光臨天子万年春。（願はくは長縄を得て日を繋ぎ取り、天子に万年の春を光臨せしめむ。）

（閻朝隠「奉レ和二立春遊レ苑応制」『歳時雑詠』巻三）

唯願聖主南山寿、何愁不賞万年春。（唯聖主南山寿を願ひ、何ぞ愁へむ万年の春を賞せざるを。）

（唐玄宗「春日出レ苑遊」『文苑英華』巻一七九）

万年春、三朝日、上御明臺旅庭実。（万年の春、三朝の日、上明臺に御して庭実を旅《なら》ぶ。）

（張九齢「奉レ和二聖製瑞雪篇一」『曲江集』巻二）

洛城三五夜、天子万年春。（洛城三五の夜、天子万年の春。）

（孫逖「正月十五日応制」『文苑英華』巻一七二）

最初に挙げた高宗詩がやや早い例で、皇太子（李弘）が咸亨四年（六七三）に裴居道女を妃に迎えたことを祝したものである。「万年春」は皇太子夫妻の末永き幸いを祝福するのだろう。趙彦昭詩は景龍三年（七〇九）人日宴での中宗御製に和した作で、閻朝隠詩はその翌年の景龍四年正月四日、やはり中宗御製に和した作。玄宗の作は、『文苑英華』ではこの後、この作に和した張説・賈曾の詠も掲載され、その題には「和二同前一応レ令」とある。つまり玄宗が即位以前の作である。『張燕公集』巻一では、この玄宗詩を「先天応令」とし、その後に張説の奉和詩を掲載する。配列や題詞に混乱があるらしいが、つまりは張説の奉和詩が、先天年間の即位以前の玄宗の令に応えた詩であることを言ったものと考えられる。先天元年（七一二）九月に玄宗は即位した。つまり、先天元年＝景雲三年春の作か。張九齢詩については開元八年（七二〇）の作との見方もある[注8]が、疑義を示す見方もあるようだ[注9]。確定できないが、おおよそ開元年間と目途をつければよいか。孫逖詩も詠作時が特定できないが、作者は玄宗朝の重臣である。以上、趙彦昭詩以後の五首は、中宗末期～玄宗前期ごろの十数年間の作と思しい。そこに見える「万年春」は、すべて当代の治世が永遠ならんことを祈念する文脈にある（玄宗詩がやや独特の屈折を有する）。これだけ繰り返し短期間に用いられていることからすると、一種の流行のフレーズとして盛んに用いられたもののようにすら思われる。指摘した玄宗詩の屈折も、世間に流行したフレーズを踏まえていると考えると、理解し易いように思われる。そしてこれ以後になると、また用例はほとんど見られなくなって行く[注10]。このような状況からすると、本詩の「万年春」は、これら中宗末期～玄宗前期の表現の影響下にあると考えてみることができよう。そのころの流行が、おそらくは遣唐使によって日本にもたらされたと考えられる。もっとも早いタイミングとしては、養老元年（七一七）度の遣唐使の帰国（養老二年）によりもたらされたことが想定できる。田辺百枝詩の制作は、それ以後、ほどない時期となろう。ひとつのフレーズの流行が、唐と日本とで共有されているような状況があったことになる。特定の作家や作品の享受といったものとは異なる、流行語の共有といった状況を考える必要がある[注11]。

八　用語の共有性（四）――「仙舟」

石川石足詩では、おそらく「仙舟」という語に、初唐詩の受容をうかがうことができるのだと思う。

「仙舟」という語は、必ずしも多用されるわけではないが、南北朝以来の用例をある程度見出すことができる。例えば、『藝文類聚』には、右の一例が見出せる。

松龕撤暮俎、棗徑落寒叢。仙舟還入鏡、玉軸更乗空。

（松龕に暮俎を撤《なげう》ち、棗徑に寒叢を落《ち》らす。仙舟還《また》鏡に入り、玉軸更に空に乗ず。）

（庾肩吾「乱後経㆓夏禹廟㆒詩」『藝文類聚』巻三八「礼部上・宗廟」）

これは題に「乱後」とあることから、庾肩吾が景侯の乱の際、一時捕われていた会稽を脱して江陵に移動するころであろうか、会稽の禹廟（大禹陵）を通りかかった折の詠かと思われる。掲出の最初の聯は、荒涼とした禹廟周辺の光景を述べ、そのような荒れた廟所の様からして、祀られている禹の霊魂も、乗物に乗ってどこへやらに立ち去ってしまったのではないかと思いを巡らしている叙述かと思われる。つまりこの「仙舟」は、文字どおり神仙である禹王（の霊魂）の乗物としての用例（「玉軸」も乗物の美称である）。しかし、一般によく知られる「仙舟」の故事といえば、『蒙求』で「李郭仙舟」として知られる、李膺と郭泰（郭太とも）の故事（『後漢書』「郭太伝」——郭泰が出世の後、自分を引き立ててくれた李膺とともに舟で帰郷する際、大勢の貴賓の見送りがあるのをみた人々が、まるで神仙の舟だと噂したという）であろう。

仙舟李膺棹、小馬王戎鑣。（仙舟李膺の棹、小馬王戎の鑣。）（江総「洛陽道二首・其二」『文苑英華』巻一九二）

開筵枕徳水、輟棹艤仙舟。（筵を開き徳水に枕し、棹を輟《とど》めて仙舟を艤《よそ》ふ。）

（駱賓王「送㆓郭少府㆒」『駱賓王文集』巻五）

南北朝詩と初唐詩とそれぞれ一首ずつ掲げたが、この「仙舟」は、いずれも「李郭仙舟」故事を典故にとる。行旅・送別詩に出てくる「仙舟」は、総じてこの故事に拠ると考えてよい。そしてもちろん、行旅・送別とは関わらない石川石足詩の「仙舟」は、「李郭仙舟」の故事とは無縁である。どちらかといえば、神仙の乗物を詠んだ庾肩吾詩の用例に近いが、神仙そのものを詠んでいるわけではなく、宴席の光景を美化した表現としてある。宴席の景物を美化する「仙〇」の語は、漢土でも南北朝詩以来例が見え、『懐風藻』詩でも他に「仙蹕」（三六）「仙籞」（三七・六七）「仙宮」（一〇二）など例は少なくない。それらの発想に基づき、特定の故事や先例に拠らずに創り出した語という可能性もないではない。しかし石川石足詩同様に、特定の故事に拠らず、宴席の美化のためだけに用いられた「仙舟」の例が、初唐詩にも散見されるように思われる。

広楽逶迤天上下、仙舟揺衍鏡中酣。（広楽逶迤として天上より下り、仙舟揺衍として鏡中に酣なり。）

（張説「（三月三日詔宴二定昆池官荘一）舟中和二蕭令一」『張燕公集』巻五）

花迎妙妓至、鳥避仙舟発。（花妙妓を迎へて至り、鳥仙舟を避けて発つ。）（張九齢「龍門旬宴」『曲江集』巻五）

張説詩は題によって皇帝による上巳の宴での詠であることが明らかなもの。張九齢詩は冒頭に「恩華逐芳歳（恩華芳歳を逐ひ）」とあり、皇帝主催の宴における詠かと思われる。いずれも、天子主催の宴の場の舟を讃美的に「仙舟」といった例と考えられる。ただし作者の張説は、生年は石川石足と同年で、石川石足が歿した翌年に死去、張九齢は石川石足より九歳年下で、享年は六十八歳だったので、石川石足の歿後なお十一年存命した。掲出した詩の詠作時期については、張説詩については、題詞に見える「蕭令」が中書令であった蕭嵩のことで、彼の同官の在任期間によって、開元十八年（七三〇）の作かとの考証がある。[注12]張九齢詩については、『顔魯公集』巻一四に記録される開元二十年春に玄宗が主催した龍門公宴における作かとの考証がある。[注13]つまりこれらの詠が、天平元年（七二九）歿の石川石足に直接参照されることは、あり得ない。しかし、初唐のなんらかの影響を考えることは、不可能とも言い切れないように思う。それは侍宴詩における「仙〇」語の多彩さである。隋以前の侍宴応詔（応令）詩に見える「仙〇」語の割合は、六パーセント程度であるのに対し、初唐詩のそれは、約二七パーセントに上る。注14 頻度として四倍以上に増えている。「仙遊」「仙吹」「仙藻」など、南北朝詩にも用例が認められる語も少なくないが、「仙酤」「仙榜」「仙梯」「仙櫂」「仙醞」「仙鑣」など、ほとんど一回きりのさまざまな語例が見出せる。御宴を讃美的に捉える手段として、その場の事物に手あたり次第「仙」字を冠しているような印象すら受ける。そのような傾向を学習した結果としての、石川石足詩の「仙舟」なのではなかろうか。『懐風藻』に同様の例として「仙籞」という例もあることは先に指摘したが、この語はやはり漢土の古い例を見出せない。これも指摘したような初唐の侍宴詩の傾向を把握する中で、日本において造語されたものと考えてよいのではないか。つまり、「仙舟」の語を特定の典拠を離れて御宴讃美の表現として用いた石川石足詩と、「仙籞」という語を造語した大石王詩とには、同じ初唐侍宴詩の状況の受容がうかがえる、と言える。さらには、特定の故事にとらわれずに、「仙舟」を御宴讃美に用いるという共通性が認められる、張説・張九齢詩と石川石足詩とには、直接の影響関係こそ存在しないが、同じ状況は共有されている、と言える。

九　散文との共有性

最後に、田辺百枝詩の中で難解とされる第八句「丹墨点英人」について、ひとつの可能性を指摘しておきたい。この句の「英人」は、人並み勝れた才人といった意味で間違いないが、「丹墨」「点」の解釈が定まらない。「丹墨」は朱色の墨を指すこともあるが、本詩では前句「琴酒」（琴と酒）と対偶しているので、丹（朱墨または赤の顔料）と墨の意であろう。問題は、それで何を表しているかである。『新釈』は「丹墨」について、「丹」

を「画のこと」、「墨」を「書のこと」とし、この理解が『杉本注』・『新註』・『学術文庫』でもおおよそ踏襲されている。『大系』は一句を「すぐれた英才の人々は詩文を作る（添削する）」と大意をとる。また『全注釈』は「朱や黒の墨による詩文の創作は、優れた文人たちによって推敲が繰り返されている」と大意をとる。「丹墨」を詩文の添削・推敲の意で捉えるのは、添削・推敲を朱で指示することを念頭に置くだろうが、宴席での詩作でわざわざ朱墨を用いて添削するような場面は考え難く、また実際の表現として、「丹墨」をそのような意で用いた例を見出し難い。注15 一方、絵画に関わって「丹墨」が用いられた例は、確かに見出すことができる。王子年編『拾遺記』の説話として『太平広記』巻二一〇に見える「烈裔」の説話に、秦の時代、騫霄国から来た烈裔という人物が、口に含んだ「丹墨」を壁に吹き付けるだけで「龍獣」を描く技を披露したという。注16 この「丹墨」とは、絵具を意味するだろう。絵具の意味の「丹墨」の例は、他はいずれも後世のものにはなるが、「閻立本在レ唐以二丹墨一名レ世」（『広川画跋』巻二「書二西升経後一」）、「乾坤之容、日月之光、絵画臻《いたるモ》二極訖一弗レ能レ近。矧《いはんや》令三拙工強施二丹墨一」（李燾『進二続資治通鑑長編一原表』）など、あるていど挙げることができる。断言は難しいが、用例に拠る限りでは、「丹墨」は絵を描くことについていっていると考えるべきではなかろうか。

では「点」はどうであろうか。『新釈』は「点筆する」と説き、『杉本注』は「点翰すること」と説く。「点筆」「点翰」は、いずれも「染筆」に等しく、「点」を筆に墨を含ませる意で解釈したものである。また『新註』は「点すは、筆を紙に著けること。書くゑがく」と説く。『大系』が「点《つ》く」と訓じ「ものを著ける、塗る、書くこと」と説くのも、『新註』と同じ理解であろうか。『学術文庫』は第八句の大意を「英才の人たちの詩書また絵を天覧に供している」とするが、「点」の解釈としては意訳が過ぎよう。『全注釈』は、「点」に「推敲する」と注するが、これも「点」の訓詁としては適切とはいえないであろう。かように「点」の解釈は様々なのであるが、問題は、どの解釈も「英人」を「点」の主体と捉えるような解釈になっていることではなかろうか。確かに詩的表現として、主述の位置が転倒したりすることは必ずしもあり得ないわけでなく、『懐風藻』の詩にも、主体に相当する語が動作語の後に来る例が皆無ではない。例えば「曲浦戯嬌鴛、瑶池躍潜鱗」（美努浄麻呂「春日応詔」二四）がその一例。「嬌鴛」「潜鱗」は「戯」「躍」という動作の主体である。しかしこの場合、対偶を成す二句が同じ文の構造を有し、「曲浦には戯る嬌鴛、瑶池には躍る潜鱗」などと訓読することも可能な例である。それに対し田辺百枝詩の場合、対偶を成す前句は「琴酒開芳苑」で、この「芳苑」は「開」の主体とは考えられない。そこからすると、本句も「英人」は「点」の客語ないし補語と考えざるを得ないであろう。「開」「点」の主体は、この宴席を主催する天皇なのだと考えるべきであろう。そこで、上代日本において、動詞的に用いられた「点」の用例を求めると、次のような例が見出せる。

詔諸国司曰、今冬戸籍可㆑造。…（中略）…其兵士者、毎㆓於一国㆒、四分而点㆓其一㆒令㆑習㆓武事㆒。
（『日本書紀』持統天皇三年閏八月庚申〈十日〉条）

遣㆓使七道㆒、始定㆓田租法㆒。町十五束、及点㆓役丁㆒。
（『続日本紀』慶雲三年九月丙辰〈十五日〉条）

始令㆔山背国点㆓乳牛戸五十戸㆒。
（同和銅六年五月丁亥〈二十五日〉条）

いずれも、特定の部分や役割を選び出す、定めるという意味で用いられた「点」である。『日本書紀』の例には、寛文版本ではサダメテと訓が付されている。同様の意味で用いられていると思しい「簡点」という熟語も見える（『続日本紀』大宝二年四月壬子〈十五日〉条・和銅四年九月甲戌〈二日〉条など）。『日本書紀』『続日本紀』に見える動詞的に用いられた「点」は、ほぼ例外なくこの意味と考えてよさそうであり、同様の「点」の例は令の条文にも散見する。上代日本においては頻繁に用いられた「点」の用法だといえようが、本詩の「点」もこの意味なのではなかろうか。宴席の趣向としての描画の技は、「英人」＝その才に長けた者が選ばれてことにあたる、といった意味と考える。そう考えると、石川石足詩の第二聯「素庭満英才、紫閣引雅人」と同様なことを述べている一節であることになる。宴席に特に優れた人物を選んで招くことを述べるのは、『懐風藻』の他の宴席詩でも認められ、類型の中で理解できる表現であることになる。注17

田辺百枝詩の「点」と同じ用法として引き合いに出した例は、『日本書紀』や『続日本紀』の一節であり、それらは元来、その時々の行政文書の一節であった。詩にはあまり用いられない、散文的な用法といってよい。言うなれば、詩に相応しくない文字遣いといえる。田辺百枝詩では、「点英人」の直後、第九句にも散文的な文字遣いが現れているのではないかと思われる。「適遇」がそれである。

「適遇」の「適」はこの場合、副詞的に用いている。一般的な漢文訓読ではタマタマと訓じており、上代では「玉坂《たまさかに》　我見人《わがみしひとに》」（『万葉集』巻一一・二三九六、人麻呂歌集）とあるタマサカニに相当する字。本詩では、幸運にもこのような機会に恵まれて、といった喜びの気持ちが込められていると読める。『懐風藻』では丹墀広成「述懐」（一〇一）に「適逢文酒会（適に文酒の会に逢ひ）」とあるのは、田辺百枝詩と似た文言で注意される。思いがけなく良宴に列席できた喜びを表する類型のようなものがありそうにも思えるが、漢土の宴席詩に類似の表現を見出せない。「適遇」は熟語とまでは言い難いが、この語の続きは散文に多く用例を指摘できる。「適遇二是時一、不レ労以成レ功乎」（『日本書紀』垂仁天皇五年十月己卯条）、「適遇二于逢坂一以破」（同神功皇后摂政元年三月庚子条）、「随レ使入レ唐、適遇二玄奘三蔵一」（『続日本紀』文武天皇四年三月己未条）、「適遇二其王大欽茂差一レ使」（同天平十一年十一月辛卯条）、「適遇二於越前国掾大伴宿禰池主之館一」（『万葉集』巻一九・四二五二題詞）。『日本書紀』には「不レ知二朕之愛一以適逢獮獲」（仁徳天皇三十八年七月条）、「適会下縮見屯倉首縦二賞新室一以レ夜継上レ昼」（顕宗天皇即位前紀）、『続日本紀』には「適値二群品楽生之秋一」（延暦四十年十二月甲午条）、『万葉集』にも「適値二勇士一生而見レ獲」（巻六・一〇二八題詞）といった類似例（訓読すればいずれもタマサカニ――アフ）を見る。そしていずれも、折よく、幸運にも、といったニュアンスを読み取ることも共通する。田辺百枝詩や丹墀広成詩の用字は、そのような彼らの周辺で多用されていた散文の文字遣いが、思わず詩にも現れてしまったものであろう。詩の表現としてはいささか不用意な用字なのであろうが、はからずも『懐風藻』の詩人たちの身辺には、八世紀の行政文書をはじめとする日常的な漢文があったこと――それはあまりにも当たり前といえば当たり前なのだが――を再認識させてくれる事例であるといえる。

注

1 楊炯「幽蘭賦」（『盈川集』巻一）には見える。盛唐以後、再び散見する。

2 三木雅博『平安朝詩歌の展開と中国文学』（和泉書院、一九九九年）第一部。

3 注2三木氏著第一部。

4 諸説については、井実充史「「鴨君足人香具山歌」試論――『懐風藻』侍宴頌徳詩の影響」（『国文学研究』一〇六、一九九二年三月）に詳しい。

5 「松下清風」について、『新釈』は「高士の風」といい、『大系』は賞美の対象としての松風と捉え、『全注釈』は無為自然へのあこがれと捉える。

6 『万葉集』巻六掲載の左の一首にも、詩語や歌語の「松風」と共通する感性が認められそうである。

同年同月十一日、登二活道岡一集二一株松下一飲歌二首（其一）

一つ松幾代か歴ぬる吹く風の声の清きは年深みかも（一〇四二）

右一首、市原王作

天平十六年（七四四）正月の詠で、本稿が扱う田辺百枝詩よりやや後の作となるであろう。

7 「己丑（十三日）、徴二発諸国騎兵一。為レ迎二新羅使一也。以二正五位上紀朝臣古麻呂一、為二騎兵大将軍一。」とある。

8 何格恩「張曲江詩文事迹編年考」（『広東文物』第七巻、中国文化協進会、一九四一年）。

9 飛熊『張九齢集校注』（中華書局、二〇〇八年）。

10 『全唐詩』では本文に挙げた六例の後には、懿宗期（八五九〜八七三）の人物とされる李咸用の作「喩道」（巻六四六）に一例見られるだけである。『全唐文』でも中唐の沈亜之「夢二遊仙一賦」（巻七三四）の一例だけである。

11 なお「万年春」のフレーズは、平安京遷都の翌年、延暦十四年（七九五）正月十六日に行われた踏歌の詞章の囃子詞「新京楽、平安楽土、万年春」にも表れる（『類聚国史』巻七二「踏歌」）。田辺百枝詩と踏歌の囃子詞の間に直接の関係は想定し難いが、踏歌の詞章も、それより七、八十年前の唐中宗・睿宗期の表現に学んだものではあるのだろう。

12 飛熊『張説集校注』（中華書局、二〇一三年）。

13 注7何氏論稿。

14 隋以前の詩については、『先秦漢魏晋南北朝詩』で、題に「奉和」「応詔」「応令」「侍宴」の語いずれかを有する作（三一一首）で「仙〇」語を含む作（一九首）の割合の概数。初唐詩については、『全唐詩』巻三〇から巻一〇〇までで、題に「奉和」「応詔」「応制」「応令」「侍宴」の語いずれかを有する作（四二六首）で「仙〇」語を含む作（一一六首）の割合の概数。

15 歴史書などの本文に校正を施す、虚実を正すといった意味合いでの「丹墨」の用例は、後世の文献に若干認められそうだが、詩文を創作することとは意味が相当隔たるだろう。

16 秦有二烈裔者一、騫霄国人。秦皇帝時、本国進レ之。口含二丹墨一、噀レ壁以成二龍獣一。…（中略）…出王子年拾遺記。（『太平広記』巻二一〇「画一・烈裔」）

17 仮に先に述べた「丹墨」の解釈が正しくないとしても、「点英人」の理解は動かないと思われる。

日本古代書物史序章

小松（小川）靖彦

一 〈書物〉という視点

五世紀から八世紀までの中国文化圏を支えたものの一つに〈書物〉がある。〈書物〉は広大な中国の辺境にも及び、さらに国境を超えて、西域のオアシス国家・朝鮮半島・ベトナム、そして日本へと行き渡った。これらの中国周辺の国々は、直接的な人的交渉以上に、〈書物〉を通して中国の政治システム・思想・宗教、そして文学を学んだ。また、中国の〈書物〉文化を受容し、中国と共通規格の〈書物〉も造った。

〈書物〉は、次のように定義できる。

《主に紙などを継いで、そこに文字・絵・図を連続的に書き連ねて、まとまりのある内容を書き留めたもの。》

中国における〈書物〉の発明は、春秋戦国時代（紀元前八世紀～紀元前三世紀）にまで遡る。五世紀以降に、

〈書物〉は中国を中心とする大きな文化圏を繋ぐ役割を担うようになる。しかし、中国の伝統的な〈書物〉が、そのままこの役割を担う存在となったわけではない。中国とは異なる文明を持ったインドからのインパクトが、中国の〈書物〉を〝普遍的な〟なものに押し上げたのである。

中国文化圏を繋いだ〈書物〉は、紙の巻子本であった。中国では晋代（二六五～三一六）に製紙技術の飛躍的向上によって、書写に適した紙が普及した。[注1]その時、製作も容易で、検索し易い冊子本が直ちに作られたのではなく、わざわざ紙を貼り継ぐ手間をかけ、扱いにくい巻子本という形が選ばれた。それは、巻子本に先行する帛書の聖性を継承するためであった。帛書は、絹布の連続性を活かして、儒教経典の定本、祖先や神霊を祭る時の記録、後世に伝えるべき皇帝や貴族の言行録を、途切れることなく書き記す《聖なる書物》であったのである。[注2]紙の冊子本の登場は、八世紀を待たなければならなかった。

インドからシルクロード、あるいは南海を経て伝わった仏教経典は、漢文に訳され、この紙の巻子本に仕立てられた。紙の巻子本は、漢訳仏典が《聖なる書物》であることを示すとともに、漢訳仏典の厖大な分量とさらにその大量複製に対応できるものであった。そして、五世紀に南朝において、紙の巻子本の漢訳仏典は、帛書では必ずしも明確ではなかった、〈書物〉としての〈形式〉を確立するに至った。[注3]

そのポイントを、藤枝晃氏の研究を基礎に、私の調査結果を加えて整理すると、次のようになる。

①縦一尺（約二七センチメートル）の、表面をキハダ（ミカン科の落葉高木）の樹皮から採った黄色の染料で染めた麻紙を、本文を書き記す「本紙」として用いる。

②これを継いだものに、装潢師が上下にそれぞれ一本の横の界線を引き（界線の間隔は約二〇～二三センチメートル）、その間に約二センチメートル間隔で縦に界線を引く。界線で囲まれた空間は木牘（木簡。中国

の最初期の「書物」は木牘を連ねたもの）一枚の大きさに当たる。
③継がれた紙に写字生が、謹厳な楷書で、一行十七字詰めで本文を書き記す。本文は句読点も加えず、分かち書きもせずに書く。
④本文の書かれた本紙に装潢師が、表紙（「褾紙」）・巻紐・軸を取り付ける。なお、表紙の端には、破損を防ぐために竹製の発装（「八双」とも。中国語「天杆」）を取り付ける。
⑤最も優れた写字生が表紙に外題を記す。

南朝の皇帝や貴族の保護のもと、仏教が興隆する中で、正確かつ大量の漢訳仏典の書写が求められた結果、この〈形式〉が生み出されたのであろう。しかし、実用的な目的に止まらず、この〈形式〉は《正式な書物》の姿を示すものともなった。

この〈形式〉の強い影響力を如実に示すものが、中国西方の辺境のオアシス都市・敦煌郊外の莫高窟第十七号窟（敦煌研究院番号）で発見された大量の漢文文献である。興味深いことに、その中の、この〈形式〉に従った漢文文献のほとんどが敦煌では自生しない竹を発装に用いている。木でも役割を果たせるにもかかわらず、あえて遠方から竹を取り寄せたのである。竹が豊富に採れる江南地方で確立された〈形式〉に、あくまでも忠実であろうとしたことが窺える。

また、敦煌の漢文文献によれば、この〈形式〉が漢訳仏典のみならず、儒教経典・道教経典、漢詩文集でも厳格に守られていたこともわかる。例えば、道教経典『太極真人問功徳行業経』（大英図書館蔵 Or.8210/S.425）の威厳を具えた姿は、漢訳仏典と寸分も違わない。中国の伝統的な著作も、この〈形式〉に従うことで《正式な書物》となったのである。

〈書物〉の特徴は、その物質性にある。物質的素材・装丁・レイアウト・文字が、自在に拡がろうとする内容に一定の規制を加え、著者・編者の意識・無意識にかかわらず、内容を構造的なものとする。また、〈モノObject〉としての〈書物〉には、それを所有していること自体が社会の中で意味を持つという社会性がある。〈モノ〉であるがゆえに、〈書物〉は宗教的政治的権威の象徴や、強い経済力を誇示するものとなり得るのである。中国文化圏を支えた紙の巻子本は、このような〈書物〉の物質性を極めて強く主張するものであった。

ところで、中国文化圏の一部として、紙の巻子本を受容した日本古代の〈書物〉文化については、従来、日本文学研究の基礎学としての書誌学、また、仏教学、写経研究、日本史学、古文書学、美術史学、古筆学などでそれぞれに研究が進められてきた。しかし、中国文化圏の動向を視野に入れつつ、漢訳仏典・漢籍・「国書」(日本で撰述された書物)を、〈書物〉の物質性という視点からトータルに捉えた「日本古代書物史」は未だ描かれていない。

先駆的研究としては、前近代の日本の〈書物〉文化を、素材、写本と刊本、流通、著者と読者、輸出入、検閲、図書館・蒐集などの多様な角度を設定し、それぞれを通史的に記述したピーター・コーニッキ氏の著作がある。その中で、五世紀から八世紀の漢訳仏典・漢籍・「国書」を総合的に捉えることが試みられている。[注4]日本の〈書物〉は、宗教的目的のための漢訳仏典と、官僚の教育のための漢籍の書写に始まり、漢訳仏典は公的事業として大規模に書写され流布し保存されたのに対して、「世俗的なテクスト」である漢籍は多くが失われ、漢籍以上に私的性格の強い「国書」は安定した流布・保存の流れに乗りにくく、極僅かの写本が残るか、あるいは複雑な書写・流布の過程を辿るかになったと述べる。

「聖―俗」「公―私」という二項対立は、確かに五世紀から八世紀の日本の〈書物〉の全体像を捉えるための基本的地図となり得る。しかし、なぜ漢訳仏典が突出した位置を占めたかは、それ自体の「聖性」や「宗教性」に止まらず、中国文化圏全体の動向が大きく作用している。

また、漢籍や「国書」も〈形式〉に即して、《正式な書物》として製作されていた。特に、「私的な」はずの「国書」がなぜ《正式な書物》としての姿を与えられたかを問う必要がある。加えて、『萬葉集』や『古事記』の「原本」が全く現存しないことは、歌も伝承も元来口誦するものであったこととも関係しているように思われる。漢訳仏典が〈モノ〉として崇拝の対象であったのに対し、歌や伝承の〈書物〉としての姿は、一時的なものとして考えられていたようである。しかし、そうでありながら、《正式な書物》の姿を与えようとしたところに日本古代特有の問題がある。

本稿は、「古代の文化圏とネットワーク」の中にあった日本古代の〈書物〉の歴史を素描する試みであり、〈書物〉に関わるさまざまな研究分野に共通する議論の場を作ることをめざすものでもある。[注5]

二 「ふみ」という言葉

古代において、「日本人」[注6]はどのように〈書物〉と出合ったのであろうか。それを考える手がかりは、〈書物〉を意味する日本語である。今日の日本で、一般的な用語となっている「書物」は本来漢語である。長澤規矩也氏によれば、その用例は『後漢書』に見える。[注7]前近代の和文脈で用いられた、〈書物〉を意味する言葉は「ふみ」であった。

「ふみ」の意味は、例えば、『日本国語大辞典（第二版）』では、次のように整理されている（⑤以下略）。

①文書・書物など、文字で書きしるしたもの。かきもの。
㋑漢文の典籍・経典の類をいう。
㋺一般に、文書・記録・日記などの類をいう。
㋩漢詩または漢詩文をいう。
②学問。特に中国の文学・漢学をいう。
③絵図。また、文字。八卦の図のようなものをいうか。
④手紙。書簡。書状。近世以降、特に恋文をいう場合が多い。艶書。

仏教経典と儒教経典を並べて、「うちとのふみ」(『夫木和歌抄』)・「内外《うちげ》の文《ふみ》」(『徒然草』第八十二段)と言うように、「ふみ」にはもちろん仏教経典も含まれる。しかし、「ふみ」は〈書物〉のみを指す言葉ではない。加えて、「ふみ」という言葉の語源も、漢語「文」の字音の転と見る説が有力である。[注8] すなわち、前近代の日本には、〈書物〉を意味する和語は存在せず、漢語「文」を借りてこれを表し、しかも、その意味は〈書物〉に限定されていなかったのである。この事実から、日本古代における〈書物〉の受容のあり方が見えてくる。

〈書物〉を意味するラテン語 **liber** が樹皮の内皮、ギリシャ語 **biblos** がパピルスを指すように、[注9] ヨーロッパの古典古代では、〈書物〉の材質を表す言葉がそのまま〈書物〉を意味する言葉となった。一方、中国古代では、「書」(『周易』)・「書籍」「書物」(『後漢書』)、「図書」(『晋書』)と、「書く」ことを基礎に置き、また、「典籍」(『孟子』)。「籍」は元来木簡の意)のように、〈書物〉の中でも拠りどころとなるものを指す言葉も創り出された。[注10] 「ふみ」の第一義が「文書・書物など、文字で書きしるしたもの」であることに端的に表れているように、古代日本人も、中国古代同様に、「書く」ことを基礎において〈書物〉を捉えた。しかし、中国古代のように、一般的な「書」から〈書物〉を括り出すことはしなかった。しかも、古代日本人が選んだ漢語は「書」ではなく、「文」であった。

漢語「文」は、模様・飾り・彩り、さらに文字を意味する。古代日本人は、漢字で書き記されたものを、複雑で、マジカルな模様として受け止め、その解読と書記には極めて高度な能力が必要であると意識したのであろう。その素材や、書き記されたものの中における〈書物〉の特別な価値などを考える以前に古代日本人が関心を持ったのは、文字の解読と書記であったのである。

それゆえ、日本語で書かれた歌集や物語は、「ふみ」と呼ばれることはなかった。「かな」の発明以前で、漢字のみを用いていても、日本語文を書き記している『萬葉集』は、「ふみ」ではなかった。

三 〈書物〉の伝来

〈書物〉が古代日本に伝来したのはいつか。『古事記』は応神天皇の時代に、百済から和邇吉師が『論語』十巻と『千字文』を齎したと記す。しかし、既に多くの論者によって指摘されているように、『千字文』は六世紀に梁の武帝が周興嗣に撰述させたとされる〈書物〉で、史実の上では五世紀初めとされる応神天皇の時代にはまだ存在していない。『日本書紀』では、具体的書名は挙げずに、優れた博士である王仁を百済から呼び寄せ、「典籍」を太子菟道稚郎子に講義させたとして、『古事記』のような、時代の矛盾は生じていない。

しかし、『古事記』も『日本書紀』も客観的な「史実」を記そうとしていたわけではあるまい。『古事記』『日本書紀』は和邇吉師（王仁）の渡来を記す記事の前後では、朝鮮半島から渡来した人々に池を造らせたこと、百済王が良馬を添えて、学識のある阿知吉師（『日本書紀』では「阿直岐」で、「経典」のよく読める人物とする）を派遣してきたこと、また百済王が製鉄や機織りの技術者を献上してきたことなど、朝鮮半島からの高い文化と技術の伝来を集中的に記している。

『古事記』『日本書紀』は朝鮮半島の文化と技術の伝来を、応神天皇の母・神功皇后の「新羅平定」の結果として位置づけようとしているのである。朝鮮半島の国々が〝日本〟に臣従することによって、朝鮮半島、さらにはその向こうにある中国の文化と技術が伝来したという物語を作為したのである。

『古事記』が『千字文』を挙げたのも〝事実誤認〟ではなく、後述するように、日本古代書物史において重要な意義を持つ、《梁―百済―日本（倭）》というネットワークを意識してのものと思われる。既に応神天皇の時代にこのネットワークの端緒が開かれていたことを、『古事記』は示そうとしたのであろう。

なお、『古事記』『日本書紀』が和邇吉師（王仁）を首《おびと》氏（書《ふみの》首氏）の始祖と記していることは、前節で見た「ふみ」のあり様と対応する。文首氏は外交文書・行政文書の読解・作成に関わった渡来系の氏族であるが、その祖先が儒教の経典を読解・講義したと言うのである。〈書物〉を読むことと外交・行政の文書の読解・作成は地続きのものであったことを、ここにも見ることができる。

実際に〈書物〉が日本に伝来するのは、五世紀後半の雄略天皇の時代以後と推測される。雄略天皇の称号ワカタケルを「獲多支鹵」、天皇の宮殿の地名を「斯鬼」などと記すように、日本の人名・地名を音仮名で表記する金石文が、この時期に登場するからである。[注11] これは、朝鮮半島において、固有の人名・地名を表音の漢字によって書いた経験が踏まえられたもので、「書く」技術の著しい進展が窺える。[注12] また、『宋書』（巻九十七夷蛮・東夷倭国条）に収められた、昇明二年（四七八）に倭王武が順帝に送った上表文が、中国の「典籍」の表現を駆使した駢儷体で書かれていることも、[注13]その根拠である。

しかし、朝鮮半島における表音の漢字を用いた固有の人名・地名の書記が、〈書物〉の形をとっていたのかは定かでない。倭王武の上表文にしても、倭王武の宮廷の書庫にその典拠となった〈書物〉が所蔵されていたことを示す資料はない。中国・朝鮮半島出身の知識階級ならば、「典籍」の主要な表現は暗記していたことも考えられる。

記録として、〈書物〉が明確に姿を現すのは六世紀からである。その第一が、五一三年に始まる、百済からの五経博士の派遣であり、第二が、五三八年（または五五二年）の百済の聖王（聖明王）による仏具と仏典の贈与であり、第三が、五四六年（または五五四年）の百済からの易博士・暦博士・医博士・採薬師の派遣である。

第二の仏典の贈与については、後に見るように、〈書物〉が送られてきたことが史料に明記されている。第一の五経博士については、〈書物〉に関して記さないが、『周易』（『易経』）・『尚書』（『書経』）・『毛詩』（『詩経』）・『礼記』・『春秋』（『春秋左氏伝』を用いる）の儒教経典を公的に講義する五経博士は、当然これらの経典を携えて渡来したであろう。また、『日本書紀』によれば、第三の易博士・暦博士・医博士・採薬師派遣の前年に、欽明天皇は博士らの派遣とともに、卜書・暦本・種々の薬物の付送も求めている。これらの博士たちも、それぞれの職掌に関わる〈書物〉を携えてきたのである。

これらの〈書物〉の伝来は、日本と百済の関係に止まるのではなく、中国南朝の梁の動向と連動している。梁は建国とともに儒教の復興をめざし、五〇五年に五経館を開設し、孔子廟を建立した（『梁書』）。五経博士が設置され、儒教が国教として繁栄した時代として『漢書』に描かれた漢の武帝の治世を、梁の武帝は再現しようとしたのである。[注14]高句麗の圧力によって首都を漢城から南の熊津に移した百済は、高句麗に対抗するために東城王の時代から中国南朝との外交関係を強化していた。日本（倭）に派遣された五経博士は、平野邦雄氏らによれば、梁の学者であった。[注15] 百済は梁の儒教復興に直ちに反応し、自国に五経博士を請じたのである。

日本にその五経博士が派遣されたのが、梁の五経館設置から八年後と、この時代としては早い反応であることが注目される。梁の政治・文化を伝えることで日本（倭）との関係を強化しようとする百済側の思惑と、百済を介して梁の政治・文化を導入することで政権を安定させようとする日本（倭）側の思惑とが一致したのであろう。日本では武烈天皇崩御後、天皇が決まらず、北陸から王族の大迹王（継体天皇）を迎えたものの、即位は河内国で行われ、いまだに大和に入ることができない混乱状態が続いていた。

その後、梁の武帝は仏教への傾倒を深め、同泰寺を建立し、『涅槃経』『般若経』の講義も行うようになる。諏訪義純氏によれば、東晋以後、中国で仏教が隆盛したのは、古代国家の滅亡によって儒教的な世界観が崩壊し、人間の限界が自覚されて、超越的なものが希求されたからである。[注16] 武帝は古代国家の再興をめざしながら、それだけでは満たされないものを、仏教、特に仏の法身の不滅と一切衆生の仏性具足を説く『大般涅槃経』と、空思想を説く『摩訶般若波羅蜜多経』に激しく求めたのである。

中国の周辺国家は、競って梁に使者を派遣し、仏像・「経論」を求めた。その中で最も熱心であったのが百済の聖王である。聖王は最先端の『涅槃経』の注疏（河南王の場合から類推すると武帝による『大般涅槃経』の注疏〈『南史』〉）と寺院建立に必要な工・画師を求め、武帝から許しを得ている（『三国史記』『梁書』）。聖王が日本（倭）に仏像と経典を伝えたのも、日本（倭）を、百済とともに梁の仏教を共有する国として、強固な関係を築くためであったろう。仏像・寺院・経典を持つことは、仏教国であることの証である。なお、梁の漢訳仏典が、完成された〈形式〉をさらに洗練されたものにしていたことを、東京・台東区立書道博物館蔵「摩訶般若波羅蜜多経巻第十四残巻」（天監十一年〔五一二〕写。トルファン出土。重要文化財）の繊細な界線と優美な字姿に見ることができる。[注17]

『元興寺伽藍縁起幷流記資材帳』には、聖王が伝えたのは「説仏起書巻一篋」とある。武帝が帰依した僧祐（元嘉十二～天監十七〔四三五～五一八〕）撰『釈迦譜』五巻であった可能性もある。[注18] いずれにしても、日本（倭）における公的な仏典の受容は、本格的な経典ではなく、仏伝から始まったのである。この時、「説仏起書巻」がどれほど読まれたかは不明である。しかし、仏伝はその後の日本文学に大きな影響を与えてゆくことになる。

五経博士が携えた儒教経典も、聖王が伝えた漢訳仏典も、百済と日本（倭）が、梁の政治と文化に連なるための〈書物〉であった。[注19] 百済からの卜書・暦本などの〈書物〉も、実用のためだけでなく、中国文化に連なることも大きな目的としていたことであろう。

四　推古朝の〝書物〟の問題

六世紀末から七世紀初頭の推古天皇の時代は、日本古代書物史を考える上での大きな問題が存在している。『日本書紀』の推古天皇十四年（六〇六）には次の記事がある。

秋七月、天皇請皇太子、令講勝鬘経。三日説竟之。〔秋七月に、天皇、皇太子《ひつぎのみこ》を請じて、『勝鬘経』を講《と》かしめたまふ、三日に説き竟《を》へつ。〕

是歳、皇太子亦講法華経於岡本宮。天皇大喜之、播磨国水田百町施于皇太子。因以納于斑鳩寺。〔是歳《ことし》、皇太子、亦『法華経』を岡本宮に講く。天皇、大きに喜びて、播磨国の水田百町を皇太子に施《おく》りたまふ。因りて斑鳩《いかるが》寺《でら》に納れたまふ。」

皇太子は廐戸皇子、所謂「聖徳太子」である。「正倉院文書」には「上宮王」（廐戸皇子）撰述の『勝鬘経疏』と『法華経疏』が東大寺写経所に所蔵されていたことが記録されている。そして、今日、聖徳太子自筆とされる『法華義疏』四巻（「義疏」という書名は巻首題による）が御物として現存する。さらに、平安時代初期成立と推測されている『上宮聖徳太子伝補闕記』は、太子の注疏として『維摩経義疏』を加える。

これによれば、推古天皇の時代に、日本人の手になる最初の〈書物〉を、聖徳太子が撰述したことになる。しかし、現存する『法華義疏』については、聖徳太子の自筆か否か、その内容も太子の自撰か未だに決着がついていない。改めて『日本書紀』を見直すと、実は「講《と》いた」とあるのみで、『法華義疏』等を撰述したとは記していない。六世紀前半の日本で、漢訳仏典の講義を直ちに〈書物〉にまとめることができたか疑問が残る。本人が書き記すにしても、弟子が筆録するにしても、日本語で行った講義を、漢文の〈書物〉にすることは容易ではなかったと思われるからである。

また、現存する『法華義疏』は、《正式な書物》の〈形式〉に拠らず（注疏は〈形式〉に拠らないのが通例であるが）、短い料紙を貼り継ぎ、字句の訂正も所々見え、いかにも草稿という印象を与える。しかし、〈書物〉を台本にして講義することが、この時代に可能であったろうか。推古天皇の時代に漢字を用いて日本語文を書くことが始まっていた可能性が推測されている。[注20] それゆえ、漢文を日本語文に直して読む「訓読」も始まっていた可能性もある。しかし、推古天皇の時代の金石文における、漢字による日本語文の書記は小規模に止まる。そうであるとすれば、訓読も小規模なものであり、『法華義疏』四巻全てを訓読できたとは考えにくい。とはいえ、注疏を字音のままに読誦したのでは、意味が伝わらず、「注釈書」としての役割を果たせない。

六世紀前半段階で、聖徳太子が『勝鬘経』や『法華経』の講義をどのように行ったか、さらには行うことができたのかさえも定かでないのである。しかし、少なくとも『日本書紀』が編纂された八世紀の時点では、聖徳太子は当然『勝鬘経』や『法華経』を講義できる存在と考えられたことは確かである。

そのように『日本書紀』が聖徳太子を位置付けたのは、五八一年に建国、五八九年に南北朝の統一を実現した隋の仏教を意識してのことであろう。隋の文帝、その子煬帝は仏教復興に努め、高僧を登用した。二代が特に深く帰依したのが、天台宗の大成者・智顗であり、また、煬帝が優遇したのが三論宗の大成者・吉蔵であった。[注21] 天台宗は『妙法蓮華経』に重きを置き、智顗には『妙法蓮華経玄義』二十巻、『妙法蓮華経文句』十巻または二十巻の注疏がある。前者は、「正倉院文書」には、「坤宮一切経」の一つとしてその写本が所蔵されている。

一方、『中論』『百論』『十二門論』に拠る三論宗は日本古代の仏教に大きな影響を与えたが、吉蔵も『妙法蓮華経』を尊重し、数多くの講義と書写を行い、『法華経遊意』一巻、『法華経玄論』十巻、『法華経義疏』十二巻、『法華経統略』六巻の注疏を著している。四書とも「正倉院文書」にその名が見える。

聖徳太子を、同時代の隋の智顗・吉蔵に並ぶ存在とする意識が、太子の『法華経』の講義の記事には強く働いていると思われる。ちなみに、智顗には『維摩経略疏』十巻、『維摩経玄義』六巻、吉蔵には『勝鬘経宝窟』六巻の注疏もある。それゆえにこそ、『日本書紀』以後には、その証拠として、〝聖徳太子撰述の書物〟という目に見える〈モノ Object〉が強く求められたのであろう。[注22]

ところで、『日本書紀』の推古天皇二十八年（六二〇）には次の記事がある（傍線引用者。以下同）。

是歳、皇太子嶋大臣共議之、録天皇記及国記、臣連伴造国造百八十部幷公民等本記。〔是歳、皇太子・嶋大臣、共に議《はか》りて、天皇記及び国記、臣連伴造国造百八十部幷て公民等の本記を録《しる》す。〕

『日本書紀』の皇極天皇四年（六四五）六月の記事では、中大兄に殺害された蘇我入鹿の父・蝦夷が「天皇記」「国記」を焼き、船恵尺が「国記」を取って中大兄に献上したとある。これによれば、「天皇記」「国記」は実在した可能性がある。しかし、推古天皇二十八年の記事では、「録」としか記していないことに注意したい。『日本書紀』では「録」は次の例のように、記録するという意味である。

(a)校寺及僧尼、具録其寺所造之縁、亦僧尼入道之縁、及度之年月日也。〔寺及び僧尼を校《かむが》へて、具《つぶさ》に其の寺の造れる縁、亦僧尼の入道《おこな》ふ縁、及び度せる年月日を録す。〕

（推古天皇三十二年九月丙子〈三日〉条）

〈書物〉の編纂については、〈編集〉が行われたことが明記される。[注23]

(b)天皇御于大極殿、以詔川嶋皇子・忍壁皇子・広瀬王・竹田王・桑田王・三野王・大錦下上毛野君三千・小錦中忌部連首・小錦下阿曇連稲敷・難波連大形・大山上中臣連大嶋・大山下平群臣子首、令記定帝紀及上古諸事。大嶋・子首、親執筆以録焉。〔天皇、大極殿に御して、川嶋皇子・忍壁皇子・広瀬王・竹田王・桑田王・三野王・大錦下上毛野君三千・小錦中忌部連首・小錦下阿曇連稲敷・難波連大形・大山上中臣連大嶋・大山下平群臣子首に詔《みことのり》して、帝紀及び上古の諸事を記し定めしたまふ。大嶋・子首、親ら筆を執りて以て録す。〕

（天武天皇十年三月丙戌〈十七日〉条）

「天皇記」「国記」は、〈編集〉作業が十分に行われず、あくまでも記録された文書に止まり、《正式な書物》としての〈形式〉を整えるには至っていなかったかと思われる。蘇我蝦夷の邸宅に置かれていたことからも、私的性格の強い文書であった。ただし、大陸の新しい政治・文化の導入に積極的であった厩戸皇子（聖徳太子）と蘇我馬子は、《歴史》を文字に記録することが、口頭伝承とそれが支えてきた旧来の価値観に対抗できるものと考えるようになっていたのであろう。

以上によれば、推古天皇の時代に、日本における〈書物〉の撰述の始まりを直ちに認めることはできない。しかし、日本古代書物史にとって、見逃せない出来事も確かに起こっている。『日本書紀』によれば、推古天皇十八年（六一〇）三月に高句麗王が僧曇徴・法定を日本（倭）に遣わしている。「曇徴知五経。且能作彩色及紙墨、并造碾磑。蓋造碾磑、始于是時歟〔曇徴は五経を知れり。且《また》能く彩色及び紙墨を作り、并て碾磑《みづうす》造る。蓋し碾磑を造ること、是《こ》の時に始るか〕」とある。曇徴は儒教に通じるとともに、仏画用の絵具・経典用の紙墨、水力を利用した臼を造る技術を持っていた。寿岳文章氏らによれば、この時以前（とはいえ推古朝）に紙の抄造技術は伝わっていた可能性があり、曇徴は良質の紙を造る技術を伝えたと見られる。[注24]

高句麗の嬰陽王が、学者で技術者の曇徴を日本（倭）に派遣したのは、五九八年に、高句麗による領域侵犯を口実に、隋が水陸三十万の軍を送って以来、隋と高句麗の関係が極度に緊迫したものとなっていたからである（『隋書』『三国史記』）。六〇二年に、僧隆・雲聡を派遣（『日本書紀』）し、六〇五年に、推古天皇の丈六仏造営のために嬰陽王が黄金三百両を贈ったのも（同）、日本（倭）との関係を強化して、隋に対抗するためであろう。

一方、日本（倭）は、六〇七・六〇八年と立て続けに、隋に小野妹子らを派遣し（『日本書紀』『隋書』）、隋と直接交流する回路を作ろうとした。この動きに素早く対応したものが、六一〇年の曇徴らの派遣であったと見られる。日本（倭）と隋との関係を上回る関係を築く役割が曇徴らには託されたのであろう。それほどに絵具・紙墨・碾磑製造の技術は貴重なものであった。

そして、曇徴の伝えた良質な紙墨の製造技術が、七世紀後半に始まる、漢訳仏典の大量書写を可能にしてゆくのである。

五　「一切経」の読誦と経典の講説

孝徳天皇の改新の詔に基づく新しい政治体制が発足した七世紀半ばから、〈書物〉の歴史は大きく動き始める。『日本書紀』の記す孝徳天皇の事蹟の中で、次の二つが注目される。

①於味経宮、請二千一百余僧尼、使読一切経。是夕、燃二千七百余燈於朝庭内、使読安宅・土側等経。於是、天皇従於大郡、遷居新宮。号曰難波長柄豊碕宮。〔味経宮《あぢふのみや》に、二千一百余の僧尼を請じて、一切経を読ましむ。是の夕《よひ》に、二千七百余の燈《みあかし》を朝《みかど》の庭《おほば》内に燃《とも》して、『安宅』『土側』等の経を読ましむ。是に、天皇、大郡《おほごほり》より、遷りて新宮《にひみや》に居《おはしま》す。号《なづ》けて難波長柄豊碕宮と曰ふ。〕

（白雉二年〔六五一〕十二月晦条）

②請沙門恵隠於内裏、使講無量寿経。以沙門恵資、為論議者。以沙門一千、為作聴衆。〔沙門恵隠《ゑおん》を内裏に請じて、『無量寿経』を講《と》かしむ。沙門恵資《ゑし》を以て、論議者《ろんげしや》とす。沙門一千を以て、作聴衆《さくちやうじゆ》とす。〕

（白雉三年〔六五二〕四月壬寅〈十五日〉条）

①について、田村圓澄氏は、「二千一百余の僧尼」という人数に注目して、隋の彦琮ら撰『衆経目録』五巻に記載された二一一三部五〇七二巻を一部ずつ一人に読ませたか、と推測している。[注25]『衆経目録』は、隋の文帝の勅命により、長安の大興善寺の彦琮を中心に訳経館の僧らが、仁寿二年〔六〇二〕に撰集したもので、[注26]六五一年時点では最新の経典目録であった。[注27]

「一切経」の読誦の後に、新宮・難波長柄豊碕宮の安鎮のための[注28]『安宅』『土側』等の経の読誦が行われて、孝徳天皇は新宮に移った。元日儀礼を行った後に、天皇は一端旧来の大郡宮に戻る。そして、三月九日に新宮に帰り、その最初の事蹟が、②の恵隠による『無量寿経』の講説であった。

この一連の流れによれば、孝徳天皇は、難波長柄豊碕宮で本格的に新しい政治を行うための基礎として「一切経」[注29]を位置付けていたと思われる。それにしても、この時点で孝徳天皇は、「一切経」や『衆経目録』についての知識をどのように得たのであろうか。

遣唐使は舒明天皇二年（六三〇）派遣、四年帰国の第一回以来中断しており、再開されるのは孝徳天皇が難波長柄豊碕宮に本格的に遷った年の翌年の白雉四年である。しかし、遣唐使中断期にも新羅との間では使者が行き来し、『無量寿経』の講義を行った恵隠も、推古天皇十六年（六〇八）に学問僧として隋に派遣されたが、新羅の使者とともに舒明天皇十一年（六三九）に帰国している（『日本書紀』）。

新羅では、入唐していた慈蔵が、六四四年に善徳女王の命で帰国し、「大蔵経」（一切経）一部四百函と妙像幡蓋などを唐から持ち帰った（『続高僧伝』『三国遺事』）。年代的に、この「大蔵経」は彦琮らの『衆経目録』に基づくものであったろう。帰国した慈蔵は、仏教の隆盛が国運の興隆であるという思想のもと、戒律・僧制を整備し、また隣国（『三国遺事』所引の『東都成立記』によれば日本（倭）もその一つ）を降伏させ、新羅の王位を永遠のものとするために皇竜寺九層塔を建立した。[注30]こうした慈蔵の護国仏教の興隆の基盤をなすものが、「大蔵経」の存在であったのである。慈蔵は唐の太宗から篤く崇敬されており、「大蔵経」は太宗の許可を得た、《正式な書物》であったろう。[注31]さらに、新羅は六五〇年に金春秋（後の武烈王）を唐に使者として送り、太宗から信頼を得、また、独自の元号を廃止して中国の元号を用いることを決定し（『三国史記』）、中国との関係をかつてないほどに強化した。

孝徳天皇は「一切経」と『衆経目録』についての知識を新羅経由で得るとともに、これらをめぐる新羅の動きも知ったのであろう。天皇は「一切経」を新しい政治の基礎と位置付け、さらにこれを持つことで新羅に対抗できる地位に立とうとしたように思われる。

この孝徳天皇の「一切経」重視と経典の講説の積極的推進によく似た構図を、天武天皇の時代に見ることができる。

③聚書生、始写一切経於川原寺。〔書生を聚《つど》へて、始めて一切経を川原寺に写したまふ。〕

（天武天皇二年〈六七三〉三月是月条）

④遣使於四方、覓一切経。〔使を四方に遣して、一切経を覓めしむ。〕（天武天皇四年〈六七五〉十月癸酉〈三日〉条）

⑤遣使於四方国、説金光明経・仁王経。〔使を四方の国に遣して、『金光明経』・『仁王経』を説かしむ。〕

（天武天皇五年〈六七六〉十一月甲申〈二十日〉条）

壬申の乱に勝利し、天武天皇二年二月二十七日に即位した天武天皇の最初の大きな事業が、③の「一切経」の書写であった。翌四月に大来皇女を、初めて伊勢の斎王として派遣する準備をしていることを視野に入れると、天皇は仏教と神祇を振興し、国家の基礎を固めようとしたと思われる。

しかし、書写事業は天武天皇四年には未だ完成せず、各地で所蔵されている漢訳仏典の写本を求めて使者が派遣されたことを、④は記しているのであろう。日本で製作された現存最古の《正式な書物》である「金剛場陀羅尼経」（朱鳥元年〈六八六〉写。文化庁蔵。国宝）は、「川内国志貴評」の仏教信徒たちが、七世の父母と一切衆生のために造ったものである（奥書）。川内国（河内国。現在の大阪府東部）には、大陸の学術・文化・技術を身に付けた渡来系の人々が多く居住していた。それらの人々の間では、遅くとも七世紀後半には漢訳仏典の書写が始まっていた。民間で製作された「金剛場陀羅尼経」は極めて高い技術を見せる一方で、《正式な書物》としては未熟なところを残している[注32]。

天武天皇は、こうした民間の写経を蒐集し、「一切経」の書写を完成しようとしたのである。天武天皇四年時点で、「一切経」の書写を急いだ理由は、新羅との関係にあると思われる。六六八年に朝鮮半島を統一した新羅は、唐との関係が悪化し、六七〇年から唐と軍事的に衝突するようになる。天武天皇四年（六七五）二月、三月、四月と立て続けに日本に使者を派遣したのは、日本との関係を強化し、唐に対抗するためであろう。日本からも七月に使者を派遣し、これに応じている（『日本書紀』）。この間に、耽羅（済州島）、新羅領域内に建てられた高句麗移民の国（「高麗」）からも使者が到来している。

一方、天武天皇は、「一切経」を全国に求めた十月に、「諸王以下、初位以上、毎人備兵（諸王より以下、初位より以上、人毎に兵《つはもの》を備へよ）」と、軍備を命ずる詔を下している（庚寅〈二十日〉条）。新羅に対して優位な地位に立つためにも、また緊迫する新羅と唐の関係に対処するためにも（九月に新羅軍と唐軍が衝突）、「一切経」の整備を急いだのであろう[注33]。

この動きに続く、⑤の『金光明経』『仁王経』の全国での講説も、唐・新羅の情勢を視野に入れたものと見られる。この講説の行われた天武天皇五年（六七六）十一月二日には、新羅から金清平が派遣され、政治状況を報告している（『日本書紀』）。日にちは不明であるが、この十一月に、新羅の水軍が伎伐浦で唐の薛仁貴の水軍に勝利し、唐の朝鮮半島からの撤退を導いているのである（『三国史記』）。特に〈護国経典〉である『金光明経』・『仁王経』を選び、しかもそれらを全国で講説させることで、国の防備を固めようとしたのであろう。

こうした流れから見るならば、孝徳天皇が遷都後最初に行わせた、②の恵隠による『無量寿経』の講説も、〈護国〉のためであった可能性が考えられる[注34]。鎌田茂雄氏が、敦煌・莫高窟を発展させた北魏の東陽王元太栄について注目すべき資料を紹介している。元太栄は、五三二年三月二十五日に『無量寿経』『摩訶衍経』『維摩経』『大智度論』など造経してこれらを供養したが、台東区立書道博物館蔵「律蔵初分第十四」（五三二年写。敦煌出土）尾題記には、『無量寿経』一百部を造り、四十部を毘沙天王、三十部を帝釈天王、三十部を梵釈天王のために供養したとある。注35 毘沙天王も帝釈天王も梵釈天王も護法の武神である。

最も普及していた曹魏の康僧鎧訳『仏説無量寿経』二巻で言えば、巻初に次のような表現がある。

釈梵祈勧請転法輪。以仏遊歩。仏吼而吼。扣法鼓。吹法螺。執法剣。建法幢。震法雷。曜法電。澍法雨。演法施。常以法音覚諸世間。光明普照無量仏土。一切世界六種震動。総摂魔界動魔宮殿。衆魔慴怖莫不帰伏。

〔釈・梵、祈勧して転法輪を請ず。仏の遊歩を以て、仏の吼をなし、しかも吼す。法鼓を扣き、法螺を吹き、法剣を執り、法幢を建て、法雷を震ひ、法電を曜かし、法雨を澍ぎ、法施を演《の》ぶ。つねに法音を以て、もろもろの世間を覚らしむ。光明、あまねく無量の仏土を照らし、一切世界、六種に震動す。総て魔界を摂し、魔の宮殿を動ず。衆魔、慴怖《せふふ》して帰伏せざるはなし。〕

帝釈天と梵天が菩薩に説法を願い、菩薩は法によって魔王の宮殿も揺り動かし、魔を悉く帰伏させたというのである。元太栄は、この表現に示唆を得て、『無量寿経』を〈護国経典〉としたのかもしれない。

なお、『日本書紀』によれば、恵隠は舒明天皇十二年（六四〇）五月五日にも、天皇の命で『無量寿経』の講説を行っている。天皇は前年に九重の塔を建立し、講説の年の十月には百済宮に遷都している。この講説も、天皇が最晩年に自ら主導した、新体制確立のための巨大プロジェクトの一環で、〈護国〉のためと見ることもできる。

孝徳天皇の時代以後、揺れ動く東アジアの政治状況の中で、「一切経」と〈護国経典〉は、〈書物〉に強烈なまでに政治的意味を与え、宗教的呪術的な「兵器」とさえ言えるような役割までも担わせ、日本古代書物史を領導してゆくことになるのである。

六　経典に護られた国家

本格的な〈護国経典〉である『仁王護国般若波羅蜜経』（『仁王経』）の講説の記事が『日本書紀』に登場するのは、斉明天皇の時代からである。それらを全て挙げると以下である。

a有司奉勅、造一百高座・一百納袈裟、設仁王般若之会。〔有司《つかさ》、勅を奉じて、一百の高座・一百の納袈裟を造りて、仁王般若の会を設く。〕

（斉明天皇六年〔六六〇〕五月是月条）

b遣使於四方国、説金光明経・仁王経。〔使を四方の国に遣して、『金光明経』・『仁王経』を説かしむ。〕（前節⑤と同じ）

（天武天皇五年〔六七六〕十一月甲申〈二十日〉条）

c己卯始講仁王経於百国。四日而畢。〔己卯より始めて、『仁王経』を百国に講《と》かしむ。四日ありて畢りぬ。〕

（持統七年〔六九三〕十月己卯〈二十三日〉条）

「仁王般若の会」（後代には「仁王会」）は、「敷百高座請百法師。講般若波羅蜜〔百高座を敷き、百法師を請じ、般若波羅蜜を講ずれば〕」国土を護ることできる、という『仁王護国般若波羅蜜経』の文言に従って行われる法会である。aには『仁王経』という名称は直接には表れないが、法会の中心はその講説であった。斉明六年（六六〇）五月に「仁王般若の会」を設けたのは、この年の三月に、唐は、西域・中央アジア征討で名を馳せた勇将・蘇定方を神兵道行軍大総監に任じ、新羅の武列王（金春秋）とともに百済攻略の準備に着手したからであろう（『新唐書』）。そして、百済は蘇定方らの軍によって、七月に滅亡する。注36

斉明天皇はどのようにして、『仁王護国般若波羅蜜経』（a～cの時点では、鳩摩羅什訳二巻）を入手したのであろうか。新羅では、五五一年に高句麗から亡命してきた僧恵亮を国統に任じ、百座講会と八関斎会を初めて設け、以後、仁王般若会を国家的儀礼として度々執り行っている。[注37] しかし、六五〇年頃より朝鮮半島統一を視野に入れ始めていた新羅から、百済と近い関係にある日本（倭）に『仁王護国般若波羅蜜経』を贈与することはあり得ない。

白雉五年（六五四）、斉明天皇元年（六五五）、二年八月、六年正月に到来した高句麗からの使節、または、二年九月に高句麗に派遣された使節が齎したと考えられる。亡命僧の恵亮が新羅に仁王般若会を伝えたことに表れているように、高句麗でも『仁王護国般若波羅蜜経』は〈護国経典〉として重視されていた。[注38]

中国から直接得た可能性も考えられなくはない。白雉四年（六五三）、五年に相次いで遣唐使が派遣されている。そして、『日本書紀』は、四年の遣唐使が中国の皇帝に面会し、多くの「文書宝物」を贈られたことを記す。この二回の遣唐使派遣の時期の中国の皇帝は高宗である。その高宗が崇敬する玄奘は、『仁王護国般若波羅蜜経』に対して慎重な立場をとっており、般若部諸経を集大成する『大般若波羅蜜多経』六百巻（六六三年完成）に、『仁王護国般若波羅蜜経』を収録しなかった。

鎌田茂雄氏によれば、『仁王護国般若波羅蜜経』は梁代には「疑経」（中国撰述経）と考えられていたが、陳代に仁王会が設けられ、隋代には権威ある経典と見なされるようになっていた。[注39] 玄奘の学問的立場に立てば、「疑経」である『仁王護国般若波羅蜜経』を日本（倭）の使者に与えることに大きな問題はなかったろう。しかし、六四五年から高句麗侵攻を始めている唐が、その情勢の中で微妙な立場にある日本（倭）に、「疑経」とはいえ〈護国経典〉を直接与えることは考えにくい。やはり高句麗から日本（倭）に齎されたのであり、唐は高句麗か

ら渡ることについては黙認したのであろう。[注40]

ところで、日本古代書物史を考える上で特に注目されるのがcである。「百国」で『仁王護国般若波羅蜜経』の講説が行われた、というのは、全国規模で「百高座」を設けたということである。そのためには『仁王護国般若波羅蜜経』二巻を、百部二百巻と大量複製することが必要になる。「百国」という数字は、『仁王護国般若波羅蜜経』の文言に合わせた言い方で、持統天皇の時代の国制では「国」の数は百には及んでいない。しかし、百部二百巻の《正式な書物》を製作できるだけの能力を、持統天皇の宮廷が持っていたことを裏付ける史料がある。

七世紀後半から八世紀の〝日本〟の政権にとって極めて重要な存在となった、もう一つの〈護国経典〉である『金光明経』に関する史料である。『日本書紀』では、天武天皇の時代から、『金光明経』の講説の記録が見え始める。天武天皇五年（六七六）十一月二十日には「四方の国」で、同九年五月一日には「宮中及び諸寺」で、同十五年（六八六）七月八日には、「一百の僧を請じて」「宮中」で講説をさせている。しかし、これらに関わる他史料は存在せず、実際にどのように『金光明経』が手配されたかは不明である。

ところが、次の持統天皇の命じた講説については、これに関わる史料が存在する。

以金光明経一百部、送置諸国。必取毎年。正月上玄読之。其布施、以当国官物充之。〔『金光明経』一百部を以て、諸国に送り置く。必ず年毎の、正月上玄に取《あた》りて読め。其の布施は、当国の官物を以て充てよ。〕

（持統天皇八年（六九四）五月癸巳〈十一日〉条）

既に大和田岳彦氏・勝浦令子氏が指摘しているように、この時のものと見られる『金光明経』が法隆寺と大安寺の資財帳に記録されているのである。[注41]

金光明経壱部八巻。

右。甲午年。飛鳥浄御原宮御宇　天皇請坐者。（『法隆寺伽藍縁起幷流記資財帳』）

金光明経一部八巻。

右。飛鳥浄御原宮御宇　天皇。以甲午年請坐者。（『大安寺伽藍縁起幷流記資財帳』）

「甲午」は持統天皇八年に当たり、この時の持統天皇の宮殿は飛鳥浄御原宮であった。そして、二氏も認定しているように、これらの資財帳に記された巻数によれば、この『金光明経』は、五九七年に隋の大興善寺の宝貴が、彦琮・費長房とともにインド僧・闍耶崛多の協力を得て作成した『合部金光明経』八巻であった。このように他史料によっても裏付けられる『日本書紀』の持統天皇八年の『金光明経』の講説の記事は、指示の内容が具体的である点でも信憑性がある。[注42]持統天皇は一百部八百巻の『合部金光明経』を複製させたと見てよいであろう。

さらに、『大安寺伽藍縁起幷流記資財帳』には、次の記録もある。

金剛般若経一百巻。

右。飛鳥浄御原宮御宇　天皇。以甲午年坐奉者。

『金剛般若波羅蜜経』（鳩摩羅什訳が流布。一巻）は除災招福の経典として書写・読誦されていた。[注43]八世紀の史料にも、一百巻をセットにした例が多数見られる（『法隆寺伽藍縁起幷流記資財帳』記載の養老六年〈七二二〉に元正天皇が収めた『金剛般若経』、「正倉院文書」など）。

『仁王護国般若波羅蜜経』一百部二百巻、『合部金光明経』一百部八百巻、『金剛般若波羅蜜経』一百部一百巻の合計一千一百巻の《正式な書物》を短期間に製作するために、料紙の抄造を始め、料紙の継ぎ、界線引き、本文書写、校正、装潢（巻紐・発装・表紙・軸の製作。巻紐は染織の技術者が担当）、外題の書き入れといった様々な工程に関する高い技術が要求される。それに応えられる技術者を、持統天皇の宮廷は擁していたのである。

持統天皇七、八年に集中的に行われた〈護国経典〉の大量書写、『仁王護国般若波羅蜜経』と『合部金光明経』の諸国への配置、その『合部金光明経』の正月上玄（半月となる七、八日頃）の恒常的な読誦は、持統天皇が生涯をかけて行った藤原京の造営事業の一環であったのであろう。持統天皇五年八月二十七日に新益京（藤原京）鎮祭が行われ、八年十二月六日に持統天皇は藤原宮に遷った（『日本書紀』）。律令国家の象徴である都城・藤原京を中心に、律令制度のもとで整備された地方の国々の〈護国経典〉が国家を守護するという体制が作り上げられたのである。[注44]

七　日本古代の〈書物〉文化

八世紀に入ると、〈護国経典〉である紫紙金字の『金光明最勝王経』（義浄訳。十巻。国分寺経。奈良国立博物館〈国宝〉、高野山竜光院〈国宝〉など蔵）を頂点に、高度な〈書物〉文化が開花する。「正倉院文書」によれば、光明皇后は、【白麻紙・白綾表紙・白綺緒・水精軸】と白で統一された『金光明最勝王経』十巻や、【紫紙・紺錦表紙・綺緒・以玉飾軸（玉（ガラス）を以て飾れる軸）】という荘厳な『妙法蓮華経』八巻などを、南洋材の沈香製の厨子に収めていた。阿倍内親王（孝謙天皇）のために書写された『金光明最勝王経』は【紅紙・紅表紙・斑綺・赤木軸（南洋材の花梨製）】という赤で統一された華やかなものであった。[注45] その一方で、光明皇后発願の「五月一日経」を始め、五千巻を超える「一切経」の書写が繰り返し行われた。

この八世紀の〈書物〉の歴史の詳細な記述は別稿を期し、本稿では「日本古代書物一覧（年表）」を提示し、五世紀から八世紀に至る日本古代の〈書物〉文化のポイントをまとめて結びとしたい。

第一に、日本古代の〈書物〉文化は常に中国・朝鮮半島の政治＝文化の動向と深く関わっていた。《梁―百済―日本（倭）》（後には、《高句麗―日本（倭）》も加わる）という友好的な「ネットワーク」が日本古代の〈書物〉文化に関わっただけではなく、同じ「文化圏」に属する新羅との対立と協調によってもその進展が促された。白村江の戦い（六六三年）以来悪化していた唐との関係も八世紀には好転し、玄奘らの最新の訳経や、玄奘の住した長安・西明寺で道宣が編んだ、それらを含む経典目録『大唐内典録』十巻、さらにその誤りを正した、崇福寺の智昇の編んだ『開元釈経録』二十巻が、遣唐使によって伝えられ、日本古代の〈書物〉文化に大きな影響を与えた。しかし、それだけではなく、「正倉院文書」によれば、新羅僧の元暁・円測・勝荘・憬興らの注疏も数多く書写されていた。

第二に、文書と〈書物〉を、解読と書記に極めて高度な能力が必要とされる「ふみ」としてまとめて意識していた日本人は、儒教経典の輸入、「一切経」の具備、〈護国経典〉の大量複製を通じて、文書とは区別される、〈モノ Object〉としての〈書物〉を意識していったと見られる。《正式な書物》としての姿を整え、それが存在するだけで価値を持ち、さらに読誦・講説されると特別な力を発揮するものが〈書物〉であったのである。

このような〈書物〉についての意識が、『萬葉集』『古事記』などの「国書」を造る原動力になったと思われる。「主要日本古代書物一覧（年表）」を通覧すると、規模の大きな漢訳仏典の書写事業が行われる時に、『萬葉集』や『古事記』の編纂もまた行われていることがわかる。①持統天皇の〈護国経典〉書写の時期に『萬葉集』巻一原撰部、[注46]②長屋王発願の『大般若波羅蜜多経』書写の時期に、『萬葉集』巻一・巻二と『古事記』、③光明皇后勅願の「五月一日経」書写の時期に、『萬葉集』巻三～巻十六が編まれているのである。

規模の大きな書写事業が、〈書物〉の製作技術を急速に進展させるとともに、天皇に関わる「やまと歌」や

「歴史」に、《正式な書物》としての姿を与える意識を昂揚させたのであろう。しかし、『萬葉集』『古事記』の「原本」がそのまま保存されることはなかった。それが「私的」な〈書物〉であることが理由であるならば、光明皇后所持の経典群のように、完全に歴史上から姿を消したかもしれない。ところが、『萬葉集』『古事記』は〈写本〉という形で歴史を生き延びた。しかも、それらの〈写本〉も決して絶対的なものではなく、系統の異なる、失われた他の〈写本〉の存在を暗示している。[注47]

ギリシャ・ローマの古典や聖書の〈写本〉を比較して、原型から展開してゆく系統樹を描くという理論を提唱し、日本の文献学に大きな影響を与えたカール・ラッハマンが、『ニーベルンゲンの歌』にこの理論を適用することを断念したように、[注48]歌や伝承は流動してゆく性質を本来持っているのである。その歌や伝承に力わざで《正式な書物》の姿を与え、〝日本〟の政治＝文化の基礎としようとしたのが、『萬葉集』『古事記』であった。

第三に、日本古代の〈書物〉文化は、中国文化圏の〈書物〉文化の上澄みを掬い取ったものであった。実は敦煌・莫高窟で発見された漢文文献には、〈形式〉に捉われない、個人的な〈書物〉が数多く含まれている。例えば、仏教徒が守るべき生活上の細々した規則を「入布薩堂説謁文」（「謁」は「偈」の誤り）とともに収めた写本（Or.8210/S.1516）は、一行の文字数もまちまちで、界線も太さ・濃さが一定せず、いかにも素人の手造りの巻子本である。[注49]原表紙が剝がれた後にも、本紙第一紙の右端を折って表紙替わりにし、簡素な紐で縛っており、持ち主がこの写本を繰り返し読んでいた様子がさながらに伝わってくる。八世紀の日本では、まだこのような〈書物〉は造られなかった。

中国の〈書物〉文化は、八世紀には極めて広い裾野を持つようになっており、《正式な書物》はその頂点に位置するものであった。日本の〈書物〉文化は、頂点を受容する、純粋培養的なものから始まったのである。[注50]

注

1 潘吉星『中国製紙技術史』（佐藤武敏訳、平凡社、一九八〇）など。

2 銭存訓『中国古代書籍史――竹帛に書す――』（宇都木章他訳、法政大学出版局、一九八〇）など。

3 Fujieda, Akira. "The Tunhuang Manuscripts: A General Discription, Part 1, Part 2." (*Zinbun* 9, 10, 1966, 1967)，藤枝晃『文字の文化史』（講談社学術文庫、講談社、一九九九）など。

4 Kornicki, Peter. *The Book in Japan: A Cultural History from the Beginnings to the Nineteenth Century*. Leiden: Brill, 1998. Honolulu: University of Hawai'i Press, 2001（Paperback edition）. 特に、Chapter 3: Manuscript Culture, Chapter 7: Transmission を参照。

5 イギリス、アングロ―アメリカでは、歴史学・文学研究・書誌学が共同して〈書物〉とは何かを解明する、「書物研究」の分野が立ち上がっている。Howsam, Leslie. *Old Books and New Histories: An Orientation to Studies in Book and Print Culture*. Toronto: University of Toronto Press, 2006 参照（その極一部を小松（小川）が翻訳した。「書物研究の学際的好機」『文字のちから――写本・デザイン・かな・漢字・修復――』学燈社、二〇〇七）。

6 本稿では古代について「日本」「日本人」という用語を使用するが、「日本」は近代国家としての「日本」ではなく日本列島を、「日本人」は日本列島に住んだ人々をゆるやかに指す。ただし、「日本」が国号となる以前の政治体を指す場合に「日本（倭）」、また、それ以後の、政権の国家意識の表れとしての「日本」については、〝日本〟と記した。

7 長澤規矩也『古書のはなし――書誌学入門――』冨山房、一九九四（新装版）。

8 近いところでは、中西進『日本文学と漢詩』（岩波書店、二〇〇四）。

9 ブリュノ・ブラセル『本の歴史』（木村恵一訳、創元社、一九九八）など。

10 長澤注7書。

11 稲荷山古墳出土鉄剣（埼玉県立さきたま史跡の博物館蔵。国宝）の銘文〈四七一年〉、江田船山出土銀象嵌銘大刀（東京国立博物館蔵。国宝）銘文〈前者と同じ頃〉、人物画像鏡（和歌山・隅田神社蔵。国宝）の銘文〈五〇三年〉。

12 小林芳規『図説 日本の文字』（大修館書店、一九九八）など。

13 福井佳夫「倭国王武『遣使上表』について（上・下）」『中京国文学』第一四号・第一五号、一九九五―三、一九九六―三。

14 漢代における五経博士の設置が事実か否か多くの議論が交わされている（城山陽宣「五經博士の設置に關する疑義の再檢討――

15　『史記』『漢書』における『五經』を中心として――」（『関西大學中國文學會紀要』二八、二〇〇七―三〉参照）。少なくとも『漢書』が五経博士設置を古代国家の理想像として扱っていることは動かない。

16　平野邦雄『大化前代社会組織の研究』（吉川弘文館、一九六九）、水谷千秋『継体天皇と朝鮮半島の謎』（文春新書、文藝春秋、二〇一三）など

17　諏訪義純『中国南朝仏教史の研究』法蔵館、一九九七。

18　中村不折コレクションの一点。台東区立博物館編『台東区立書道博物館図録（改訂）』（台東区文化財団、二〇〇七）にその写真を掲載する。

19　『釈迦譜』は「正倉院文書」によれば、奈良時代に図書寮などに所蔵されていた。なお、田村圓澄氏は、『太子瑞応本起経』二巻や『修行本起経』二巻のように釈迦の本縁を述べたものとしている（「百済仏教史序説」田村・黄壽永編『百済文化と飛鳥文化』吉川弘文館、一九七八）。

20　五経博士の派遣と仏教の伝来を一体のものとして捉える論としては、崔福姫「古代韓日仏教文化交流について――人的交流に見られる二・三の問題点を中心に――」（『佛教大学大学院紀要』第三〇号、二〇〇二―三）があるが、梁との関係には言及されていない。

21　沖森卓也『古代の表記と文体』（吉川弘文館、二〇〇〇）など。

22　隋代仏教と智顗・吉蔵については、鎌田茂雄『中国仏教史』第五巻・第六巻〈隋唐の仏教（上）・（下）〉（東京大学出版会、二〇〇二〈第二刷〉）に拠る。

23　さらに、平安時代初期成立の『上宮太子菩薩伝』では、聖徳太子は南岳慧思の生まれ変わりとする説が登場する。太子は智顗の先達となったのである。聖徳太子信仰とその研究状況については、加藤志乃「古代における聖徳太子信仰の一考察――その発生と成立を中心として――」（『歴史研究（愛知教育大学）』第四七号、二〇〇一―三）を参照した。

24　『日本書紀』では、字書『新字』については「造」とある（天武天皇十一年三月丙午〈十三日〉条）。『古事記』序文には、『古事記』について「撰録」とある。

25　寿岳文章『日本の紙』（吉川弘文館、一九六七）、『日本書紀㈣』（岩波文庫）など。

田村圓澄『古代国家と仏教経典』吉川弘文館、二〇〇二。

26　鎌田注21書（第五巻）。

27　『開元釈経録』は、貞観（六二七〜六四九）初年作成の玄琬『唐衆経目録』五巻を載せるが、彦琮らの『衆経目録』と大差ないとも記す。次の本格的な経典目録は、竜朔三年（六六三）から麟徳二年（六六五）の間に、唐の静泰がこの『衆経目録』を増補した『衆経目録』五巻である。

28　『日本書紀㈣』（岩波文庫）、青木紀元「日本書紀に見える仏典――大雲経・安宅経・土側経――」（『福井大学教育学部紀要』第二三号、第一部・人文科学〈国語学・国文学編〉、一九七三―一一）。

29　禿氏祐祥氏によれば、「一切経」という用語は、『隋書』経籍志（六三六年に『隋書』に追加）が初見（『東洋印刷史研究』青裳堂書店、一九八一）。

30　平安時代の最澄が経典を日本に持ち帰る際に、明州刺使から公的な許可を得ていることが参照される（『請来目録（越州録）』）。

31　慈蔵については、松林弘之「朝鮮三国鼎立時代の仏教」（『仏教史学』第一四巻第一号、一九六八―九）、鎌田茂雄『朝鮮仏教史』（東京大学出版会、一九八七）などを参照した。

32　「金剛場陀羅尼経」の界線は、その細さ、墨色の薄さ、太さの均一性などには極めて高い技術が認められる。反面、料紙の横寸法は一定せず、そのため一紙の行数も二十二行から二十七行までと多様である。同じ横寸法であっても行数が異なる場合さえある（赤尾栄慶氏によれば、唐代写経では一紙二十八行が標準〈「敦煌写本の料紙と書写の形式について」研究代表者・赤尾『敦煌写本の書法と料紙に関する調査研究』平成八・九・十年度科学研究費補助金【国際学術研究・学術調査】研究報告書、一九九九〉）。なお、「金剛場陀羅尼経」については、浅井和春氏・加藤詩乃氏と原本調査をする機会を得、その結果を「文化庁蔵『金剛陀羅尼経』（国宝）についての調査報告書」にまとめ、文化庁の担当官に提出した。

33　この「一切経」の書写が容易な事業でなかったことによれば、孝徳天皇が実際に「一切経」二一一三部五〇七二巻二を所蔵していたことについては疑問が残る。全くの虚構ではないにしても、『日本書紀』編纂者による誇張が多分に含まれているように思われる。なお、「一切経」の政治性については、山下有美「五月一日経『創出』の史的意義」（『正倉院文書研究』6、吉川弘文館、一九九九）などの先行研究がある。

34　恵隠が所属する学派は明らかではない。専ら『観無量寿経』に拠った道綽・善導の浄土教ではなく、『無量寿経』を重視した慧遠（五二三〜五九二）・吉蔵（五四九〜六二三）の流れに連なると思われる。恵隠が入唐した時期（六〇八〜六三九）に存命であったのは吉蔵である。

吉蔵は三論宗の大成者で、恵隠の講説の論議者となった恵資も日本の三論宗の拠点・元興寺の僧であった（『三国仏法伝通縁起』）。しかし、吉蔵撰述『無量寿経義疏』（大正新脩大蔵経No.1746）には、『無量寿経』を〈護国経典〉とする解釈は見られず、恵隠は北魏系の仏教を通して『無量寿経』を重視したのかもしれない。

35 磯部彰編『中村不折旧蔵禹域墨書集成 台東区立書道博物館蔵』（文部科学省科学研究費特定領域研究〈東アジア出版文化の研究〉総括班、二玄社、二〇〇五）に尾題記の写真を収める。

36 斉明天皇の「仁王般若の会」が百済の危機と関わる見方は、松本信道「天武・持統朝の護国経典の受容について――特に祈年的性格の始源をめぐって――」（『駒沢史学』第二四号、一九七七―三）にも示されている。

37 鎌田注31書など。六一三年、六三六年の仁王般若会が記録に残る（『三国史記』）。

38 藤谷厚生「金光明経の教学史的展開について」『四天王寺国際仏教大学紀要 大学院』第四号、二〇〇五―三。

39 鎌田茂雄『中国仏教史』第四巻〈南北朝の仏教（下）〉、東京大学出版会、二〇〇二（第二刷）。

40 なお、鎌田注21書によれば、唐では、『仁王護国般若波羅蜜経』を新たに訳した不空が力を持った、八世紀後半の代宗の時代に百座道場が設けられるようになる。

41 大和田岳彦「奈良時代における『金光明経最勝王経』の受容過程」『仏教史学研究』第四一巻第二号、一九九九―三、勝浦令子「『金光明最勝王経』の舶載時期」『続日本紀の諸相』塙書房、二〇〇四。

42 『日本書紀』に「諸国に送り置く」とあること、法隆寺・大安寺に納められたこととの関係は、『日本書紀』持統天皇六年閏五月丁酉〈三日〉条に、「詔して京師及び四畿内をして、『金光明経』を講説せしむ」とあるのが参考になる。諸国の内に都と大和国も入っており、持統天皇八年書写された『合部金光明経』が改めて主要寺院に納められたのである。

43 日本古代における『金剛般若波羅蜜経』の読誦については、青木紀元「日本書紀に見える仏典――金剛経・仁王経――」（『福井大学教育学部紀要』第二一号、第一部・人文科学〈国語学・国文学編〉、一九七三―一一）が詳細。

44 「正倉院文書」の各国正税帳には、毎年正月上玄の頃に、諸国の国衙で『金光明経』四巻（曇無讖訳）・『最勝王経』十巻を転読していたことが見える（『日本書紀㈤』〈岩波文庫〉）。持統天皇は諸国の政庁で『合部金光明経』を読ませたのである。この着想をどのようにして得たかが今後の課題である。

45 小松（小川）作成「日本古代巻子本書誌データベース」（http://japanese-scroll.cl.aoyama.ac.jp/）を参照されたい。関連するものとして、小川靖彦「天平初期における呉桃紙を用いた体系的経典書写――山階寺西堂経の意義――」(『正倉院文書研究』13、吉川弘文館、二〇一三）がある。

46 『萬葉集』の成立過程については、小川靖彦「持統王家の集としての『萬葉集』巻一――巻一の増補をめぐって〈書物としての『萬葉集』〉――」(『日本女子大学文学部紀要』五〇、二〇〇一―三)、『万葉集 隠された歴史のメッセージ』(角川選書、角川学芸出版、二〇一〇）を参照されたい。

47 池原陽斉氏は、現在の『萬葉集』の写本から失われた一首が、平安時代の私家集『赤人集』に遺っている可能性を指摘している(『萬葉集訓読の資料と方法』笠間書院、二〇一六)。

48 Greetham, David C. *Textual Scholarship: An Introduction*. New York/ London: Garland Publishing, 1994.

49 この写本の画像は、国際敦煌プロジェクト (International Dunhuang Project) のサイト (http://idp.bl.uk/) で見ることができる。

50 ただし、山上憶良のように、唐(憶良が渡唐した時は則天武后の統治する周)で、『鬼谷先生人相書』などの俗書を蒐集した人物も居た(「沈痾自哀文」〈『萬葉集』巻五〉)ことも指摘しておきたい。

主要日本古代書物一覧（年表）

〔　〕＝その時制作されたものが現在散佚しているもの。〔　〕の紙質についての情報は、園田直子「素材としての和紙に関する基礎的研究」（『国立歴史民俗博物館研究報告』第五七集、一九九四─三）に拠る。「紀」は『日本書紀』。

	書物（除、法典）	公文書（含、法典）	（参考）手紙	
推古朝 593～628	【600 第一次遣隋使派遣（隋書倭国伝）】 【607 第二次遣隋使派遣（608 帰国）（紀）】 【608 第三次遣隋使派遣（609 帰国）（紀）】 【610 第四次遣隋使派遣（隋書煬帝紀）】 【611 高句麗の嬰陽王、曇徴・法定を日本に遣わす（紀）】 611〔聖徳太子撰『**勝鬘経義疏**』〕（聖徳太子伝補闕記）《存疑》 613〔聖徳太子撰『**維摩経義疏**』〕（聖徳太子伝補闕記）《存疑》 【614 第五次遣隋使派遣（615 帰国）（紀）】 615 聖徳太子撰『**法華義疏**』（聖徳太子伝補闕記）《存疑》 620〔「**天皇記**」「**国記**」（佚）〕（紀）			隋
舒明朝 629～641	【630 第一次遣唐使派遣（632 帰国）（紀）】			618 唐
皇極朝 642～645				
孝徳朝 645～654	【645 大化改新（乙巳の変）、翌年、改新の詔（紀）】 651 味経宮にて二一〇〇余の僧尼に〔**一切経**〕を読ませる。（紀） 652 恵隠を内裏に請じ、〔『**無量寿経**』〕を講説させる。（紀） 【653 第二次遣唐使派遣（654 帰国）（紀）】 【654 第三次遣唐使派遣（655 帰国）（紀）】	645〔高麗の使への詔〕〔百済の使への詔〕〔東国国司への詔〕〔鐘匱制定の詔〕（紀） 646〔改新の詔〕〔大化二年二月詔〕〔東国国司への詔〕〔東国朝集使への詔〕など（紀）		
斉明朝 655～661	【659 第四次遣唐使派遣（661 帰国）（紀）】 660 仁王般若の会を設ける〔『**仁王護国般若波羅蜜経**』〕（紀）			

天智朝 662～671	**【665** 第五次遣唐使派遣（**667** 帰国）（紀）**】** **【669** 第六次遣唐使派遣（紀）**】**		
		670〔**庚午年籍**〕（紀）［後に基準戸籍とされ永久保存］	
天武朝 672～686	673 書生を聚めて〔**一切経**〕を川原寺で書写させる。（紀） 675 使を派遣して、〔**一切経**〕を求めさせる。（紀） 682〔『**新字**』四十四巻（佚）〕 686『**金剛場陀羅尼経**』（一巻、川内国志貴評内知識発願・書写、文化庁蔵。国宝）《現存する日本最古の写経》 天武朝、稗田阿礼による「帝紀」「旧辞」の誦習。（記）	672 頃〔『**安斗宿禰智徳日記**』〕〔『**調連淡海日記**』〕（壬申の乱軍況記録） 683 以後〔『**伊吉博徳書**』〕（第六次遣唐使の抑留の記録）（紀） 不明〔『**難波吉士男人書**』〕	
持統朝 687～697	693〔『**仁王護国般若波羅蜜経**』一〇〇部二〇〇巻〕を百国に遣わす。（紀） 694 天皇、〔『**合部金光経**』一〇〇部八〇〇巻、『**金剛般若波羅蜜経**』一〇〇部一〇〇〇巻〕を書写させる。（紀など） ◎ 694 藤原京へ遷都 694～698 の間、〔『**萬葉集**』巻一原撰部〕 持統朝か〔『**柿本朝臣人麻呂之歌集**』（佚。『萬葉集』に吸収）〕	689〔**飛鳥浄御原令**一部二十二巻〕班賜。 689 石上麻呂・石川虫名を筑紫に遣わし、位記を送る。 690〔**庚寅年籍**〕（紀） 691 大三輪・雀部・石上・藤原・石川・巨勢・膳部・春日・上毛野・大伴・紀伊・平群・羽田・阿倍・佐伯・采女・穂積・阿曇ら十八氏に詔して、〔「墓記」〕を献上させる。（紀）	691,692〔弓削皇子、歌を手紙に書いて松の枝に結び付け、額田王に送る〕（萬葉集）
文武朝 697～707		697〔文武天皇即位詔〕［続日本紀宣命の第一］（続紀） 700〔**大宝令**十一巻〕撰定・賜録。（続記） 701 冠の授与を改めて、位記の交付とする。（続紀） 701〔**大宝律**六巻〕撰定・賜録（続紀） 701 御野国味蜂間（あはちま）郡春部（かすかべ）里戸籍（正倉院古文書正集二二巻）[28.5×56.2cm、楮。繊維が均等にからまり、漉きむらなく、溜漉としては優秀] 701 御野国山方郡三井田里戸籍（正倉院古文書正集二五巻）[29 × 58.5cm、楮。材料が拙く、ぼってりとしていて漉きむらもある]	
	【702 第七次遣唐使派遣 **704** 帰国）（紀）**】**		
	706『**浄名玄論**』（現存五巻、京都国立博物館蔵）		

元明朝 707～715	707『**王勃詩序**』一巻（正倉院中倉。白・茶・黄・褐・紅・緑・縹・灰などその濃淡を含めて十数種の色麻紙に書写）《染色加工紙の早い例》 ◎平城京へ遷都 710 **沙門知法発願一切経**（『舎利弗阿毘曇論』一巻（根津美術館蔵）《存疑》 711〔『**古事記**』三巻〕 712『**大般若波羅蜜多経**』六〇〇巻（長屋王発願。「和銅経」。根津美術館・太平寺・見性庵・常明寺など蔵） 712～721 間、〔『**萬葉集**』巻一・巻二〕 713〔『**風土記**』〕撰進の命が下る。（続紀） 元明朝『**大唐内典録**』渡来していたか		
元正朝 715～724	【717 第八次遣唐使派遣（718 帰国）（紀）】		
	720〔『**日本書紀**』三十巻系図一巻〕 721『**大般若波羅蜜多経**』六〇〇巻（「養老経」。天理図書館・知恩院蔵） 721?〔山上憶良撰『**類聚歌林**』（佚。『萬葉集』に一部吸収）〕	718〔**養老律令**〕撰定	
聖武朝 724～749	728『**大般若波羅蜜多経**』六〇〇巻（長屋王発願。「神亀経」。根津美術館など所蔵） 730『**大般若波羅蜜多経**』六〇〇巻（黄君満侶写。九州国立博物館蔵）〔書写開始〕 730〔『**論語**』『**漢書**』〕『**晋書**』〔写経所での書写〕（正倉院文書） 731『**聖武天皇宸翰雑集**』一巻（正倉院北倉） 731〔『**住吉大社神代記**』一巻〕 731〔『**文選**』『**文選音義**』『**漢書**』〕〔写経所での書写〕（正倉院文書）	730 大倭国大税並神税収納帳（正倉院古文書正集一〇巻）［28.5 × 59cm、雁皮繊維を混入。繊維の叩解は緻密、また上下に流れる］	729〔大伴旅人と藤原房前、梧桐日本琴についての風流な手紙を交わす〕（萬葉集） 730〔吉田宜、大伴旅人の手紙に返書〕（萬葉集）
	【733 第九次遣唐使派遣（734･735 帰国。玄昉、『**開元釈教録**』を持ち帰る）。（紀）】		
	734 **聖武天皇勅願一切経**〔書写開始〕《写経所による最初の写経》 738 **光明皇后勅願一切経**（「五月一日経」）〔書写開始、740 年五月一日願文起草〕 740 **藤原夫人発願一切経**〔発願〕 743 **藤三女**（＝光明皇后）**御願一切経**〔発願〕		

	744 光明皇后筆『楽毅論』一巻（正倉院北倉） 744? **大方広仏華厳経**（紺紙銀字大方広仏華厳経、「二月堂焼経」） 745〔『**萬葉集**』**巻一～巻十六**〕、これ以前に〔『古歌集』『笠朝臣金村之歌集』『高橋朝臣虫麻呂之歌集』『田辺福麻呂之歌集』。いずれも佚。『萬葉集』に吸収〕 746 **紫紙金字金光明最勝王経**（国分寺経）、一応完成 748 以前〔元正天皇宸筆『孝経』一巻〕（東大寺献物帳） 聖武朝『**過去現在因果経**』四巻〔「絵因果経」。奈良国立博物館・出光美術館など蔵〕	747『大安寺伽藍縁起幷流記資財帳』 748『元興寺伽藍縁起幷流記資財帳』	
孝謙朝 749～758	750～757 **賢愚経（大聖武）** 〔茶毘紙（料紙は、竹と麻を材料にして、伽羅系の香抹などを混ぜ、白土を漉き込んでいるらしい（日本の国宝31〈朝日新聞社〉））〕		750～757 藤原豊成の手紙（千手千眼菩薩画像を造るに際して、画布を織るための糸六十勾を献上）（正倉院）
	【752 第十次遣唐使派遣（753・754 帰国）（紀）】		
	755 **六人部東人発願一切経**〔願文起草〕 751〔『**懐風藻**』一巻〕 756 光明皇后筆『杜家立成』一巻（正倉院北倉）〔東大寺に献納〕 756～759 **善光朱印経**（一切経） 760 **坤宮官御願一切経**〔書写開始、761 年完成〕 760『**藤氏家伝**』二巻	756『国家珍宝帳』『種々薬帳』『屛風花氈等帳』（東大寺献物帳。正倉院北倉） 758 孝謙天皇譲位詔（草案）（正倉院文書） 758『大小王真蹟帳』『藤原公真跡屛風帳』（東大寺献物帳。正倉院北倉）	754 鑑真の手紙（良弁から経典を借り出す）（正倉院）
淳仁朝 758～764	【759 第十一次遣唐使派遣（761 帰国）（紀）】		
称徳朝 764～770	766 吉備由利発願一切経 767『大般若波羅蜜多経』六〇〇巻（法隆寺行信経） 768 称徳天皇勅願一切経〔発願〕		
光仁朝 770～781	772〔『歌経標式』一巻〕		
	【777 第十四次遣唐使派遣（十二・十三次中止）（778 帰国）（紀）】 【779 第十五次遣唐使派遣（781 帰国）（紀）】		

執筆者一覧

石上　英一	いしがみ えいいち	日本古代史･奄美諸島史	東京大学名誉教授
石見　清裕	いわみ きよひろ	中国隋唐史	早稲田大学教授
大石　泰夫	おおいし やすお	日本文学・民俗学	盛岡大学教授
荻原　千鶴	おぎはら ちづる	日本上代文学	お茶の水女子大学名誉教授
落合　俊典	おちあい としのり	仏教学	国際仏教学大学院大学教授
梶川　信行	かじかわ のぶゆき	上代日本文学	日本大学教授
金田　章裕	きんだ あきひろ	歴史地理学	京都大学名誉教授
北川　和秀	きたがわ かずひで	国語学・上代文学	群馬県立女子大学名誉教授
藏中しのぶ	くらなか しのぶ	日本文学･日中比較文学	大東文化大学教授
小松(小川)靖彦	こまつ やすひこ	日本上代文学・書物学	青山学院大学教授
鈴木　貞美	すずき さだみ	日本文芸文化史	国際日本文化研究センター名誉教授
十川　陽一	そがわ よういち	日本古代史	山形大学准教授
平舘　英子	たいらだて えいこ	日本上代文学	日本女子大学名誉教授
高松　寿夫	たかまつ ひさお	日本上代文学	早稲田大学教授
鉄野　昌弘	てつの まさひろ	日本上代文学	東京大学教授
冨樫　　進	とがし すすむ	日本思想史	東北福祉大学講師
中田　美絵	なかた みえ	唐代史	関西大学東西学術研究所非常勤研究員
藤本　　誠	ふじもと まこと	日本古代史･古代仏教史	慶應義塾大学助教
前田　耕作	まえだ こうさく	アジア文化史	和光大学名誉教授
吉田　一彦	よしだ かずひこ	日本古代史･日本仏教史	名古屋市立大学教授

監修

鈴木　靖民	すずき やすたみ	日本古代史･東アジア古代史	横浜市歴史博物館館長

古代の文化圏とネットワーク　〈古代文学と隣接諸学２〉

2017年11月10日　発行

編　者　藏中　しのぶ

発行者　黒澤　廣

発行所　竹林舎
112-0013
東京都文京区音羽1-15-12-411
電話03(5977)8871　FAX03(5977)8879

印刷　シナノ書籍印刷株式会社

ISBN 978-4-902084-72-6

古代文学と隣接諸学〈全10巻〉

監修　鈴木靖民

第1巻	古代日本と興亡の東アジア	編集　田中 史生
第2巻	古代の文化圏とネットワーク	編集　藏中 しのぶ
第3巻	古代王権の史実と虚構	編集　仁藤 敦史
第4巻	古代の文字文化	編集　犬飼 隆
第5巻	律令国家の理想と現実	編集　古瀬 奈津子
第6巻	古代寺院の芸術世界	編集　肥田 路美
第7巻	古代の信仰・祭祀	編集　岡田 莊司
第8巻	古代の都城と交通	編集　川尻 秋生
第9巻	『万葉集』と東アジア	編集　辰巳 正明
第10巻	「記紀」の可能性	編集　瀬間 正之